BALI

Pulau Menjangan — Singaraja
Bali Barat National Park — Lovina — Danau Buyan — Danau Batur
Negara — Danau Tamblingan — Kintamani
Jati Luwih — G. Agung — Amed
Bangli — Pura Besakih — Tirtagangga
Tabanan — Ubud — Semarapura
Tanah Lot — Gianyar — Goa Lawah
Denpasar — Sanur — Nusa Penida
Kuta
Jimbaran

LOMBOK

Bayan
Gili-Inseln — Air Terjun — Sidang Gila — Danau Segara Anak — Taman National Gunung Rinjani — G. Rinjani — Riesenbäume
Senggigi — Labuhan Lombok
Mataram — Tetebatu
Sekotong
Kuta
Gerupuk

UNTERWEGS MIT SUSANNE BEIGOTT UND OTTO BRAUN

Es ist noch dunkel, als wir ins Taxi steigen. Noch vor dem Start müssen wir uns ausgiebigen Preisverhandlungen mit dem Fahrer unterziehen. Viel zu früh am Morgen! Erst ein theatralischer Griff ans Herz, mit dem wir unser gedehntes und taumelndes *„bankruuuut!"* untermauern, heitert die müde Mine des Fahrers auf, lässt uns einig wer-

den und den Fahrpreis halbieren. Wir machen uns auf den Weg zum Geburtstag unseres Freundes Putu. Kein gewöhnlicher, sondern ein balinesischer Geburtstag, bei dem eigentlich auch nicht unser Freund, sondern sein Dank an die Götter im Mittelpunkt steht. Deshalb müssen wir auch um 6 Uhr früh da sein. In der ersten Morgendämmerung sausen kleine Dörfer, Palmenhaine und Reisfelder an uns vorbei. Angekommen wird uns die Ehre zuteil, die Spanferkel mitzugrillen. Aufgespießt sind die Tiere schon, zum Glück. Wir sind übermüdet, der Schlaf sitzt uns noch in den Gliedern … im Bett wäre es doch viel schöner. In der einen Hand einen herrlich duftenden *kopi bali* in der anderen süßlichen *brem*, blicken wir aufs angrenzende Maisfeld. Die Sonne geht auf, der Duft des Kaffees steigt in die Nase, der Palmwein in den Kopf, und im Hintergrund ertönt schallendes Gelächter aus dem Familienanwesen. Gerade ist die Schwester mit drei Kindern gekommen, der Bruder steigt noch schnell über die Mauer des Nachbarn – ein entfernter Verwandter –, um ein paar Mangos für den ersten Imbiss des Tages zu stibitzen. Putus Mutter lächelt uns an – mit dem breitesten Grinsen der Welt. Und plötzlich möchten wir nirgends lieber sein als auf dieser herrlichen Insel unter diesen unglaublich liebenswerten Menschen!

Text und Recherche: Susanne Beigott und Otto Braun **Lektorat:** Anja Elser, Ute Fuchs, Ines Marberg, Peter Ritter **Redaktion und Layout:** Sven Talaron **Karten:** Hana Gundel, Judit Ladik, Michaela Nitzsche, Gábor Sztrecska **Fotos:** alle Fotos von Susanne Beigott und Otto Braun, außer: S. 74 Thai Airways und S. 475 Jan Michel (www.jamidea.de) **Covergestaltung:** Karl Serwotka **Covermotive:** oben: Sonnenuntergang in Seminyak unten: Hinduistischer Tempel an der Küste

1. AUFLAGE 2012

BALI & LOMBOK

SUSANNE BEIGOTT | OTTO BRAUN

Bali – Die Vorschau

Bali – Hintergründe und Kultur

Bali & Lombok – Reisepraktisches von A bis Z

Bali – Die Reiseziele

Süd-Bali

Zentral-Bali

Kartenverzeichnis

Zeichenerklärung für die Karten und Pläne

mehrspurige Straße
Fernstraße
Asphaltstraße
sonstige Straße
Piste
Fußweg
Strand
Gewässer
Grünanlage
Aussichtspunkt

Kirche
Moschee
Tempel
Museum
Flughafen/-platz
Bushaltestelle
Leuchtturm/Stadion
buddhistischer Tempel
hinduistischer Tempel

Hütte
Surfen/Tauchen
Wasserfall
Information
Post
Reisebüro
Krankenhaus
Badestrand
Berggipfel

 Nachhaltig reisen mit dem Michael Müller Verlag

Alles im Kasten

Wohin auf Bali und Lombok?

① Süd-Bali → S. 142

Die bekannteste Region Balis wartet gleich mit drei touristischen Hot Spots auf: Das entspannte Sanur zieht Familien an, das quirlige Kuta lockt jugendliche Surfer und Partylöwen, und Nusa Dua sowie Tanjung Benoa versprechen Wassersport und Entspannung in anspruchsvollen Luxusoasen. Weniger Bekannt ist die Halbinsel Bukit Badung mit abgelegenen Buchten und Surfspots, die ihresgleichen suchen.

② Zentral-Bali → S. 230

Hier warten geschichtsträchtige Orte sowie Zentren des Kunsthandwerks auf neugierige Besucher. In Ubud, dem kulturellen Puls der Insel, beziehen die meisten Reisenden Quartier – und nutzen dort die Zeit, um sich in einem der zahlreichen Spas verwöhnen und von abendlichen Tanzdarbietungen verzaubern zu lassen.

③ Ost-Bali → S. 280

Um das noch recht ursprüngliche Amed im äußersten Osten Balis und die vorgelagerte Insel Nusa Penida finden sich ausgezeichnete Tauchreviere. Die Küste verwöhnt mit Stränden, die von Weiß bis Schwarz in allen möglichen Schattierungen glitzern und im Inland kann man zwischen grünen Reisterrassen wandeln, verspielte Wasserpaläste und bedeutende Tempel bestaunen oder den Gunung Agung, den über 3000 m hohen Berg der Götter, besteigen.

④ Nord-Bali → S. 348

Ein schimmernder Kratersee, mächtige Vulkane und versteckte Wasserfälle prägen das Bild des ruhigen Inselnordens. An der dortigen Küste kann man im familiären Lovina herrlich an dunklen Stränden entspannen und Delfine sichten. Ausflüge führen zu skurrilen Tempeln, heißen Quellen und einem buddhistischen Kloster.

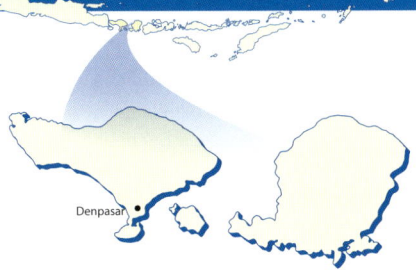

⑤ West-Bali → S. 390

Dünn besiedelt und ursprünglich – so präsentiert sich der Inselwesten mit dem einzigen Nationalpark Balis, der ausgezeichnete Trekkingmöglichkeiten bietet. Taucher werden in den Gewässern um das unbewohnte Inselchen Pulau Menjangan glücklich, und wer Reisterrassen in vollendeter Schönheit erleben möchte, macht sich auf nach Jati Luwih am zweithöchsten Inselberg, dem Gunung Batukaru.

⑥ Lombok → S. 422

Abgesehen von den viel gerühmten Gili-Inseln und Senggigi ist Lombok touristisch noch weitgehend unbeleckt und ein Ziel für echte Entdecker. An der Küste finden sich paradiesische Strände, die Sonnenanbeter oder Surfer gleichermaßen glücklich machen. Im Herzen der Insel thront einer der imposantesten Vulkane Indonesiens, und besonders im äußersten Südwesten kann man sich unter Wasser an unberührten Korallenriffen austoben. So muss sich Lombok keinesfalls vor seiner berühmten Nachbarinsel verstecken.

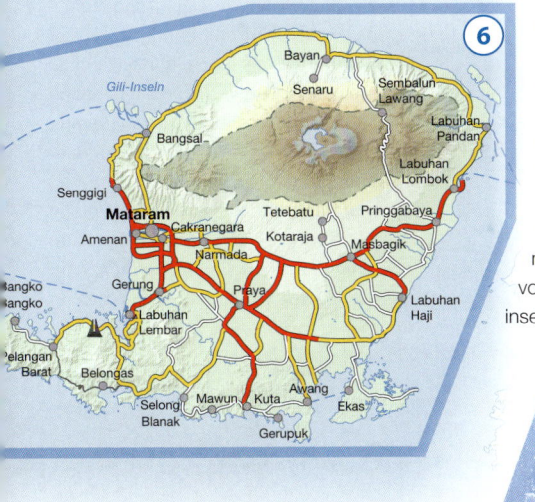

Bali: Die Vorschau

Willkommen auf Bali

Ein weiser Mensch hat einmal gesagt: „Das Leben ist wie ein Buch, und wer nicht reist, liest nur ein wenig davon."

(Jean Paul)

Sie haben sich entschlossen, das Kapitel Bali aufzuschlagen. Ein erstaunlich abwechslungsreiches Kapitel voller Exotik und Sehnsucht. Voller Widersprüche und Überraschungen. Sie werden z. B. feststellen, wie süß und saftig eine Ananas tatsächlich schmecken kann, dass Monsunregen durchaus warm auf der Haut ist und dass auch dunkle Strände überwältigend schön sein können. Wenn Sie Augen, Ohren und ihre Seele offen halten, ein wenig zwischen den Zeilen lesen, dann werden Sie feststellen, dass das Kapitel Bali mehr Zeit und Raum in Anspruch nimmt, als Sie anfänglich vielleicht dachten.

Von der Küste ins Reisfeld

Die bekannteste Insel des Indonesischen Archipels kann schon in puncto Natur mit Abwechslung pur aufwarten – und das auf nur 5600 km² Fläche (→ ab S. 28). Vulkane, von deren Gipfel aus man auf kristallklar schimmernde Kraterseen blickt, wollen erklommen werden. Wer es weniger schweißtreibend mag, bricht zu Trekkingtouren und Wanderungen entlang von Reisfeldern und Bananen-Hainen auf, entdeckt reißende Flüsse und kühlt sich unter eiskalten Wasserfällen ab.

Eine ganz anderes Gesicht präsentiert Bali an der Küste. Außer den gut besuchten, langen Strände um Kuta hat Bali – und seine vorgelagerten Inseln – noch weitere Traumstrände in petto: Sowohl weiß als auch dunkelsandige Küstenabschnitte verteilen sich entlang der Götterinsel. Einige davon verstecken sich in kleinen Buchten, andere werden von eindrucksvollen Steilklippen umrahmt, manche sind ein Dorado für Surfer, wieder andere laden zum Schwimmen in Lagunenatmosphäre ein, und wer tiefer geht, kann z. B. in

Pulau Menjangan, vor Amed oder um Nusa Penida eine noch intakte, bunte Unterwasserwelt entdecken und Mondfischen, Meeresschildkröten oder Mantarochen zuzwinkern.

Eine Insel voller Künstler

Wer sich für Kultur und Kunst interessiert, kann in Bali in eine Welt exotisch schöner Tänze eintauchen. Hier wird von Prinzessinnen und Prinzen, Dämonen und Riesen, weißen Affen, Riesenvögeln und grässlichen Hexen erzählt (→ ab S. 34). Außergewöhnliche Abendunterhaltung wird beim balinesischen Schattenspiel, dem *wayang kulit*, geboten. Statt Actionhelden flimmern hier die Schatten von kunstvoll gefertigten Puppen über den Schirm und ziehen allabendlich Touristen wie Balinesen in ihren Bann. Und natürlich gibt es noch mehr zu entdecken: Wer Kunst von Kitsch unterscheiden kann, wird sich an detailversessener Malerei und allerhand Kunsthandwerk erfreuen können:

Holz, Stein, Metall … Kaum ein Natur-Material, das unter der Hand der Balinesen nicht zum Kunstwerk wird.

Bali, Insel der Götter

Religion: Die ganze Insel ist durchdrungen vom unerschütterlichen Glauben der Balinesen (→ ab S. 42). Die Hindu-Dharma-Religion ist eine einzigartige Melange aus Hinduismus, Buddhismus und animistischen Elementen. Wer diese ausblendet, nimmt nur ein Bruchstück von Bali war.

Die bedeutendsten Sehenswürdigkeiten sind natürlich Tempel, die sowohl durch ihre Architektur und ihre besondere Atmosphäre beeindrucken. Daneben wird das ganze Leben von der Religion bestimmt. Religiöse Riten und Bräuche sind Tag und Nacht allgegenwärtig und beeindrucken durch ihre Authentizität. Wer Augen und Ohren offen hält, kann die ein oder andere farbenprächtige Zeremonie miterleben … und wenn man sie auch nicht versteht,

so doch als schillernd-bunte Urlaubsfotos mit nach Hause nehmen.

Die Welt der Gewürze

Essen ist in ganz Indonesien das unangefochtene Zentrum aller Freizeittätigkeiten. Und so wundert es keinen, dass die Gerichte hier paradiesisch lecker schmecken und mitunter höllisch scharf sind (→ ab S. 54). Wer sich traut und sich auf raffinierte Gewürzkombinationen einlässt, macht sich auf zu neuen Ufern der kulinarischen Genüsse. Wer lieber in bekannten Gewässern bleibt, verpasst zwar so einiges, kann sich aber in den Touristenzentren (z. B. in Seminyak) in eine Flut aus exquisiten Restaurants stürzen und durch die Küchen der Welt schlemmen.

Wellnes pur!

Abseits von so schönen und profanen Genüssen gilt die Insel nicht zu Unrecht als sehr spiritueller, heilender Ort.

Perfekt für Yoga- und Meditations-Fans. Doch auch weniger spirituelle Naturen können auf Bali ihr Nirwana finden. In den vielen Spas werden die von der Schnelligkeit der westlichen Welt gestresste Körper wieder hergestellt, während der Dynamo der Seele in Blütenbädern wieder aufgeladen wird. Alte Rezepte kurieren äußerliche und innerliche Leiden. Schon alleine beim Schlendern durch Straßen und Gassen kann man den Alltag hinter sich lassen und Land und Leute kennenlernen …

Kinder

Genau wie Erwachsene können auch Kinder auf Bali glücklich werden. Da gibt es exotische Tiere und Pflanzen zu entdecken, Sandburgen zu bauen und Muscheln zu suchen. Neben dem Spielplatz Natur hat die Insel auch eine Menge an Tier-, Wasser- und Freizeitparks, die dafür sorgen, dass keine Langeweile aufkommt. Nicht zu

vergessen die ungemein kinderfreundlichen Balinesen, die Ihren Nachwuchs mit Freude in die eigene Familie integrieren werden. Wundern sie sich also nicht, wenn ihre Kinder nach dem Urlaub sowohl Balinesisch als auch Indonesisch sprechen, hübsche Opfergaben basteln und das Rezept für den besten gebratenen Reis beherrschen.

Begegnungen

Der Umgang mit den Balinesen selbst ist die beste Medizin. Der Alltag der herzlichen Balinesen ist geprägt von Geldnöten und Pflichten gegenüber lenkender Götter, unheilvollen Dämonen und fordernden Schwiegereltern. Jeder ist eingebettet in ein Gewirr von Aufgaben, die innerhalb eines komplexen sozialen Netzwerkes bewältigt werden müssen (→ ab S. 49). So eilen sie von Zeremonie zu Feierlichkeit von Dorfrat zur Familie und weiter aufs Feld oder zum Job. Und trotzdem schaffen sie es mit scheinbarer Leichtigkeit, den Mythos der asiatischen Herzlichkeit immer wieder aufs Neue zu bestätigen. Tun Sie es den Balinesen gleich, ein Lächeln sagt hier mehr als tausend Worte, und davon haben die Balinesen gleich mehrere: vom anmutigen Lächeln über das verschmitzte Grinsen bis hin zum endlosen Gackern. Doch Einzelgänger aufgepasst: Sie werden über kurz oder lang ihren einsamen Status aufgeben müssen. Das Volk der Indonesier ist nicht nur eine herzliche, sondern auch eine äußerst kommunikative Spezies, und man bleibt hier nie lange alleine. Gut, wenn man ein paar Brocken Bahasa Indonesia spricht. Die indonesische Sprache kommt einem dabei entgegen, denn sie ist in ihren Grundzügen wohl eine der einfachsten Sprachen der Welt. Wer sich jedoch auf Balinesisch spezialisieren möchte, muss sich gleich drei Sprachen auf einmal aneignen (→ ab S. 51).

Bali

Hintergründe & Infos

Nationaldenkmal Margarana: Gedenken an den Unabhängigkeitskrieg

Eine kurze Geschichte Balis

vor ca. 1,5 Mio. Jahren   Fossile Funde in Ost- bzw. Zentral-Java belegen die erste frühmenschliche Besiedlung des heutigen indonesischen Archipels durch Homo erectus. Nach neusten wissenschaftlichen Erkenntnissen fand sie mindestens vor etwa 1,5 Mio. Jahren statt. Dies würde die zeitlichen Abfolgen, mit der die gängige Out-of-Africa-Theorie operiert, deutlich nach hinten versetzen: Der sog. Java-Mensch kam demnach weit früher aus Afrika hierher als ursprünglich angenommen.

ab 15.000 v. Chr.   Gegen Ende der letzten Eiszeit verschwinden die bis dato noch bestehenden Landbrücken zum asiatischen Kontinent. Funde bei Sembiran und Terunyan in Nord-Bali belegen die Existenz einer ersten altsteinzeitlichen Kultur auf der Insel.

3000 bis 2500 v. Chr.   Erste nachweisbare Besiedlung Balis durch Altmalaien in der Nähe des heutigen Celuk. Einige Wissenschaftler gehen von einer zweiten Besiedelungswelle um 1500 v. Chr. aus.

600 bis 200 v. Chr.   Kultureller Einfluss der Dong-Song-Kultur aus Nordvietnam. Fundstücke aus dieser Zeit kann man sich noch heute z. B. in Pejeng anschauen (→ Mond von Pejeng, S. 273). Auch eine Kultstätte am Standort der heutigen Tempelanlage Pura Besakih in Ost-Bali soll um diese Zeit entstanden sein.

um 500 n. Chr.   Das Großreich Srivijaya auf Sumatra konstituiert sich, seine Anfänge liegen auf dem Gebiet der heutigen Stadt Palembang. Bereits am Ende des 7. Jh. hat sich das Reich zu einer bedeutenden Wirtschaftsmacht im Überseehandel mit China und Indien entwickelt.

ca. 670	Der chinesische Gelehrte Yi Tsing hält sich einige Zeit auf Bali auf. Aus seinem Reisebericht geht hervor, dass die Insel zu dieser Zeit buddhistisch geprägt ist.
700 bis 800	Srivijaya expandiert in den südostasiatischen Raum nach Malaysia, Südthailand und in große Teile des heutigen Indonesien.
732	In Zentral-Java entsteht die hinduistische Sanjaya-Dynastie. Diese begründet das Reich von Mataram.
um 750	Auf Java erringt die buddhistische Sailendra-Dynastie die Macht, ihre Herrscher werden als Gottkönige verehrt. Unter ihrer Ägide wird der Bau des eindrucksvollen Borobudur-Tempels in Zentral-Java in Angriff genommen.
898	Mataram wird unter dem König Balitung die vorherrschende Macht in Zentral-Java.
um 900	Die Inschrift auf einer 1932 gefundenen Steinsäule verweist auf den ersten erwähnten balinesischen Herrscher: Raja Sri Kesari. Er begründet die Warmadewa-Dynastie, die in der Folgezeit großen kulturellen Einfluss auf die Insel haben wird.
910	Im Auftrag des Königs Balitung beginnt der Bau der hinduistischen Tempelanlage Prambanan auf Java.
928/929	Mehrere starke Eruptionen des Gunung Merpati werden für die Verlegung des Königreiches Mataram von Zentral- nach Ost-Java verantwortlich gemacht. Zu dieser Zeit werden auch sämtliche Bautätigkeiten auf Java eingestellt.
989	Udanaya, ein Spross der Warmadewa-Dynastie, der später den Königsthron besteigen wird, heiratet Makutawang Hana, die Schwester Dharmawangsas, des Königs von Mataram. Diese Verbindung verstärkt wieder die javanischen und hinduistischen Einflüsse auf die Politik und Kultur Balis.
991	Einer der bedeutendsten Herrscher in der indonesischen Geschichte wird geboren: Airlangga, der Sohn von Udanaya und Makutawang Hana. Dieser gilt bis heute in Indonesien als Vorbild für religiöse Toleranz und Einheit.
1006	Matarams Regierungssitz wird von einer Invasionsarmee Srivijayas angegriffen, der Königspalast zerstört, König Dharmawangsa getötet und der Großteil der Dynastie ausgelöscht. Mataram versinkt für mehrere Jahre im Chaos und bleibt ohne Herrscher.
	Nach dem Tod Udanayas übernimmt sein Sohn Airlangga die Herrschaft über Bali.
1019	Von Bali aus organisiert Airlangga den Wiederaufbau Matarams und sorgt für das Erstarken eines neuen Reiches namens Kahuripan. Es kommt zum politischen Zusammenschluss Balis mit Ost-Java. Der kulturelle Einfluss Javas nimmt in den folgenden Jahren immer weiter zu. Inschriften und Dekrete werden in altjavanischer Schrift verfasst, wodurch das Altbalinesische zurückgedrängt wird.
1025	Unter Airlanggas Herrschaft kommt es zum Ausbau von noch heute bedeutenden Häfen wie z. B. Surabaya (Ost-Java) und deren Einbindung in den Seehandel mit Indien und China. Die Gründe für den nach dem Fall raschen Wiederaufstieg Ost-Javas sind vor allem in der

politischen Instabilität der bis dahin unumstrittenen Hegemonialmacht Srivijaya zu suchen.

ca. 1030   Auf weitere machtpolitische Ambitionen lässt die Heirat Airlanggas mit der Tochter des Königs von Srivijaya schließen. König Airlangga will vermutlich auf einen stabilen Frieden zwischen beiden Reichen hinarbeiten. Auch in religiöser Hinsicht herrscht zwischen dem Buddhismus (Srivijaya) und dem Hinduismus (Kahuripan) unter Airlangga Harmonie.

1045   König Airlangga spaltet den javanischen Teil seines Herrschaftsgebiets in die Reiche Kediri und Janggala auf und übergibt diese seinen beiden Söhnen. Er selbst dankt ab und verbringt sein Leben bis zu seinem Tod (1049) als Eremit in Askese. Hierzu soll er sich in die Eremitenhöhlen von Gunung Kawi in Zentral-Bali zurückgezogen haben.

um 1050 bis 1079   Auf Bali herrscht Paduka Anak Wungsu, der jüngste Bruder Airlanggas. Während seiner Regentschaft erlangt Bali eine relative Unabhängigkeit von Java und kann sich somit sowohl kulturell als auch religiös weiterentwickeln.

1117   Im ostjavanischen Kediri besteigt Kamesvera den Thron. Durch seine Verbindung mit der Königstochter der „Zwillingsschwester" Janggala werden beide Territorien wieder vereint. Dieses neue Staatsgebilde sorgt für eine Blütezeit der altjavanischen Schriftgelehrtheit und Kultur. Kediri breitet seine Macht Richtung Westen über den Großteil Javas aus. Es herrscht weiterhin ein friedliches Miteinander von Buddhismus und Hinduismus.

1222   Singasari, ein früherer Vasallenstaat Kediris, steigt neu in das Machtspiel um die Vorherrschaft auf Java ein, besiegt Kediri und übernimmt nun die vollständige Kontrolle über Ost-Java.

Ruhe im Fels: Königsgräber von Gunung Kawi

1284	Singasari erobert unter seinem letzten Herrscher Kertanegara Bali. Die bis dahin herrschende Wharma-Dhewa-Dynastie von Pejeng wird zwar vorübergehend entmachtet – jedoch nicht für allzu lange Zeit.
1293	Aufgrund abgelehnter Tributzahlungen beginnt eine Invasion von mongolischen Flottenverbänden, die einen gezielten Angriff auf Singasari starten. Die Invasion wird zwar zurückgeschlagen, Singasari ist jedoch so weit geschwächt, dass die Tage des Königreiches gezählt sind. Auch die Kontrolle über Bali geht verloren, sodass die Könige von Pejeng dort wieder in Amt und Würden kommen.
	Nach diversen Ränken innerhalb des javanischen Königshauses und einer Art Schein-Koalition mit den Mongolen reißt Raden Wijaya, der Schwiegersohn Kertanegaras, die Macht an sich. Seine Stadt- bzw. Residenzgründung Majapahit wird zum Namen eines Reiches, das sich in der Folgezeit kontinuierlich ausbreitet und in seiner territorialen Ausdehnung mit dem heutigen Indonesien nahezu identisch wird.
1343	Gajah Mada, bedeutender Militärstratege des Majapahit-Reiches, erobert Bali, womit das kurze Zwischenspiel der erneuten Autonomie beendet ist.
zweite Hälfte des 14. Jh.	Bali erlebt eine „Javanisierung" und wird vom Majapahit-Reich in Sachen Verwaltung, Gesetzgebung, Kunst und Kultur abhängig.
1479 bis 1520	Handelskontakte befördern bereits zu Beginn des 15. Jh. eine zunächst noch punktuelle Islamisierung Javas. Verstärkt wird die Entwicklung durch die Gründung des Sultanats von Demak im nördlichen Zentral-Java, das schon bald unaufhaltsam gen Osten expandiert. Auch das Reich von Mataram wird besiegt und somit muslimisch. Die hinduistische Oberschicht des Majapahit-Reiches (Brahmanen, Adel, Gelehrte, Künstler) gerät immer mehr ins Hintertreffen und sieht sich schließlich gezwungen, nach Bali auszuwandern. Das Majapahit-Reich ist damit Geschichte.
	Die „Elite-Emigranten" begründen in Gelgel auf Bali ein neues Königreich. Die religionspolitischen Auswirkungen der ganzen Umgestaltung haben bis heute Bestand: Bali ist hinduistisch, der Rest Indonesiens muslimisch.
ab 1550 bis 1639	Balis Goldenes Zeitalter beginnt. Der Fürst Batu Rengdang herrscht unter dem Titel Dewa Agung (etwa „erhabener Gott") über ganz Bali, Lombok und Sumbawa wie auch über Teile Ost-Javas, wo noch einige hinduistische Enklaven erhalten bleiben (z. B. das Reich von Blambangan). Die übrigen balinesischen Fürstentümer werden von Gelgel dominiert, ihre Herrscher sind dem Dewa Agung zu absoluter Loyalität verpflichtet, denn der Hof von Gelgel betrachtet sich als direkter Erbe des untergegangenen Majapahit-Reiches.
	In diese Zeit fällt auch das Wirken des aus Java stammenden Gelehrten und Priesters Danghyang Nirartha, der als Wanderprediger, königlicher Ratgeber, religiöser Erneuerer und Tempelneugründer die Kultur Balis wesentlich beeinflusste.
1580	Sir Francis Drake, der berühmte Abenteurer und Pirat im Dienste von Königin Elisabeth I. von England, soll der erste Europäer gewesen sein, der das Eiland betrat. Ihm folgen fünf Jahre später portugiesische Seefahrer, die vor der Insel Schiffbruch erlitten haben.

1597   Unter Cornelis de Houtman landen die Niederländer erstmals auf Bali, zeigen aber noch kein reges wirtschaftliches Interesse an der Insel. Obwohl de Houtmann von der Schönheit der Insel „über alle Maßen angetan" ist, bietet Bali aufgrund der geografischen Gegebenheiten keine ideale Grundlage für den Plantagenanbau.

1619   Offensiver gehen die Niederländer im benachbarten Java vor. Am 1. Juli 1691 erobern sie Jakarta und machen die Stadt unter dem Namen Batavia zum Sitz ihres Kolonialgebiets in Asien. Im Laufe des Jahrhunderts nehmen sie ganz Java ein.

1639   Di Made Bakung, der bis dahin alles beherrschende Dewa Agung von Gelgel, provoziert einen Krieg mit dem benachbarten, expandierenden Reich Mataram auf Java, den er wegen militärischer Fehlentscheidungen verliert. Damit einher gehen nicht nur territoriale Verluste (Lombok und deren östliche Nachbarinsel Sumbawa), sondern auch der Verlust an Prestige und Einfluss bei den anderen balinesischen Fürsten. Das wesentlich auf der uneingeschränkten Macht Gelgels beruhende Goldene Zeitalter Balis nähert sich damit seinem Ende. Auch Blambangan, das letzte hinduistische Königreich auf Java, wird vom inzwischen muslimischen Mataram besiegt.

1686   Im Glauben, auf dem bisherigen Herrschersitz laste ein Fluch, verlegt ein Spross der Königsfamilie den Hof von Gelgel ins nur wenige Kilometer entfernte Klungkung. Zwar bleibt der Herrscher von Klungkung auch in der Folgezeit noch eine Art „Erster unter Gleichen" unter den balinesischen Fürsten, die einstige Machtfülle ist aber unwiederbringlich verloren. Wirtschaftlich jedoch floriert der Handel mit Sklaven, die die Niederländer für ihre zahlreichen Plantagen auf Java benötigen, ungemein. Die menschlichen Ressourcen resultieren aus den kriegerischen Auseinandersetzungen der balinesischen Fürsten untereinander, die in den folgenden Jahrzehnten an der Tagesordnung sind.

1815   Der Ausbruch des Tambora-Vulkans auf Sumbawa hat auch für Bali verheerende Folgen: Bis in die 1840er-Jahre hinein kommt es zu Ernteausfällen, denen Hungersnöte folgen. Die Niederländer, die inzwischen über weite Teile des indonesischen Archipels das Handelsmonopol ausüben, nutzen diese Phase der Schwäche, um nun auch auf Bali allmählich wirtschaftlich Einfluss zu nehmen. Durch verlockende Handelsverträge bewegen sie die unter Druck geratenen balinesischen Rajas zum Anbau von Handelsgütern wie Kautschuk und Kaffee, die natürlich nur für den Export bestimmt sind und keine leeren Bäuche füllen können.

1830   Weniger aus wirtschaftlichem als aus machtpolitischem Interesse führen die Niederländer auf Bali ein Zwangsanbausystem ein, welches den Bauern vorschreibt, was sie anzubauen haben. Dies stört natürlich immens das traditionelle Bewirtschaftungssystem der Balinesen und ist in der Folge für weitere Hungerkatastrophen verantwortlich.

1846–1848 In Singaraja startet die erste groß angelegte Militärstrafexpedition der Niederlande gegen das nordbalinesische Fürstentum von Buleleng. Der (von den Niederländern offenbar herbeigesehnte) Anlass ist die Plünderung mehrerer gestrandeter niederländischer Schiffe, die vom traditionellen balinesischen Riffrecht *(tawang kerang)* gedeckt ist und demzufolge von den Einheimischen als legal angesehen wird. Es kommt zu wiederholten kriegerischen Auseinandersetzungen, deren Folge über 1000 Tote auf niederländischer und eine ungleich höhere Anzahl Gefallener auf balinesischer Seite sind. Die Konsequenz dieses Konflikts ist die Unterstellung Nordbalis unter die direkte Herrschaft der Niederlande.

um 1880   Die Fürstentümer Mengwi und Klungkung liefern sich kriegerische Auseinandersetzung mit dem zu dieser Zeit mächtigsten balinesischen Fürstentum Gianyar. Das schwächt alle drei Konfliktparteien; Profiteure sind die Niederländer, die die innerbalinesischen Ränkespiele geschickt für den Ausbau ihrer eigenen Machtstellung nutzen.

1895   Die geschwächten Fürstentümer Gianyar und Karangasem erkennen auch formal die Souveränität der Niederländer an und erkaufen sich dadurch eingeschränkte Autonomie.

1904   Vor Sanur im Süden Balis läuft ein mit Waren und Münzen beladenes Schiff aus ungeklärter Ursache auf Grund. Der chinesische Besitzer des Schoners vermutet einen Sabotageakt der Einheimischen, legt bei der niederländischen Kolonialverwaltung Beschwerde ein und fordert Schadensersatz. Die Bewohner Sanurs bestreiten die Vorwürfe, werden aber dennoch zu Strafzahlungen verdonnert. Der für Sanur zuständige Raja von Badung (heute Denpasar) wiederum betrachtet die ganze Angelegenheit als taktisches Manöver der Niederländer: Die Kolonialmacht suche einen Vorwand für eine weitere militärische Intervention, um ihren Machtbereich bis in den Süden Balis auszudehnen. Zwei Jahre laufen daraufhin die diplomatischen Mühlen auf Hochtouren, um den Streit zu schlichten. Vergebens.

1906   Die holländische Kriegsmarine bezieht vor Sanur Stellung. Im Schutz von Dauersalven der Schiffskanonen geht die Invasionsarmee schließlich an Land: Kavallerie, Infanterie und Artillerie – eine gewaltige Machtdemonstration. Ohne größere Gegenwehr stehen die Truppen schon nach wenigen Tagen vor Badung. Nach den ersten Kanonaden auf den dortigen Palast ordnet Raja Agung Made den *puputan* an: Der gesamte Hofstaat – einschließlich des Rajas – begeht Selbstmord. Die Krieger des Rajas laufen blind in das Dauerfeuer der Holländer. Weit über 1000 Tote säumen den Platz vor dem Palast.

1908   Die tragischen Ereignisse des Jahres 1906 wiederholen sich in Klungkung: Anlass für die erneute militärische Machtdemonstration der Niederländer ist der Überfall auf einen Opiumtransport in der Nähe der Stadt; der Hof reagiert auch hier mit dem *puputan*, der rituellen Selbsttötung. Die Kolonialmacht indes hat ihr Ziel erreicht und ganz Bali unter ihre Kontrolle gebracht. Allerdings werden international Stimmen laut, die mit Blick auf die Ereignisse eine „humane" Kolonialpolitik fordern – manche davon sind angesichts der französischen, deutschen oder britischen Kolonialpolitik durchaus scheinheilig.

ab 1914   Die niederländische Kolonialverwaltung versucht, ihren international mittlerweile stark angegriffenen Ruf aufzupolieren. Zu diesem Zweck stoppt sie die rigorose landwirtschaftliche Ausbeutung Balis und reduziert gleichzeitig die Einfuhr ausländischer Handelsgüter, um die balinesische Wirtschaft zu stärken. Darüber hinaus verständigt man sich mit Vertretern der balinesischen Oberschicht über Maßnahmen zur Kulturbewahrung und Kunstförderung und führt ein modernes Schulsystem ein, das allerdings eben jener Elite vorbehalten bleibt.

Zur Imageverbesserung soll schließlich auch die erste Tourismusinitiative beitragen: Man bewirbt die Insel als eines der letzten Paradiese und gründet eine Dampfschifflinie, die Reisende aus Europa nach Bali bringen soll – ein eher hilfloser Versuch, die Massaker von 1906/08 vergessen zu machen.

1920er-Jahre   Immer mehr europäische Künstler, Intellektuelle und Weltenbummler kommen nach Bali. In den folgenden Jahren befruchten sich die westliche und die balinesische Kultur gegenseitig stark. Noch heute sind die Gemälde von Künstlern wie Le Mayeur, Walter Spies und Han Snel in balinesischen Museen zu bewundern. Auch literarische Werke wie z. B. Vicky Baums Roman „Liebe und Tod auf Bali" sind bis heute Zeugen dieser Zeit.

Gleichzeitig bildet sich eine aufstrebende politische Elite junger Balinesen heraus. Diese propagiert ein neues nationales Bewusstsein in Anlehnung an die Entwicklung auf Java, wo unter Sukarno erste politische Kreise die nationale Unabhängigkeit anstreben.

1929   Die niederländische Kolonialverwaltung gesteht den balinesischen Fürstentümern gewisse Autonomierechte zu – jede Einflussnahme auf die Gesetzgebung ist davon aber ausgeschlossen. So konzentrierten sich die Rajas vornehmlich auf die Bereiche Wirtschaft, Kultur und Religion.

19. Februar 1942   Der Zweite Weltkrieg erreicht Bali. Eine modern ausgestattete japanische Invasionsarmee landet am Strand von Sanur und trifft nur auf den geringen Widerstand eines unzureichend ausgerüsteten niederländischen Hilfscorps. Schnell wird das von den Niederländern weder abgesicherte noch vorsorglich zerstörte Flugfeld von Denpasar eingenommen, und so ist die Insel binnen weniger Stunden unter japanischer Kontrolle. Zum raschen Gelingen der Invasion trägt auch das wohlwollend-unterstützende Verhalten der einheimischen Bevölkerung bei, die die Japaner mehrheitlich als Befreier von der niederländischen Kolonialmacht und nicht als Besatzungsmacht begreift. Schon im Vorfeld der militärischen Operation hatte die japanische Propaganda genau auf diese Karte gesetzt und den Balinesen bzw. ganz Indonesien die Teilhabe an einer Art „großasiatischer Wohlfahrtsgesellschaft" in Aussicht gestellt.

Kurz nach der Eroberung Balis fallen die letzten noch verbliebenen Reste Niederländisch-Indiens an die Japaner. Am 9. März 1942 schließlich erfolgt die Kapitulationserklärung der Niederländer.

1942–1945   Auf Bali zeigt die japanische Besatzungsmacht indes ihr wahres Gesicht: Nahrung und Medikamente werden stark rationiert und Teile der Bevölkerung zu härtester Zwangsarbeit verpflichtet. Zudem ahnden die „großen asiatischen Brüder" jedes noch so kleine Vergehen mit drakonischen Strafen: Wer beispielsweise ausländische Radiosender hört, muss damit rechnen, die Trommelfelle durchstochen zu bekommen. Dies alles verändert natürlich die Einstellung der Bevölkerung gegenüber den Japanern, und es kommt zu zahlreichen Sabotageakten und Überfällen auf deren militärische Einrichtungen.

Japans militärische Stellung ist aber ohnehin schon geschwächt, der amerikanische Vormarsch im Pazifik bündelt viele Kräfte. Und so bieten die Japaner den Führern der indonesischen Freiheitsbewegung Verhandlungen über die Gründung eines unabhängigen indonesischen Staates an. Schon kurze Zeit später sind die Gespräche Makulatur: Japan ist militärisch am Ende und erklärt nach den Atombombenabwürfen von Hiroshima und Nagasaki seine bedingungslose Kapitulation.

17. August 1945   Bis heute ein großer Tag für alle Indonesier: Sukarno erklärt die Unabhängigkeit Indonesiens und wird tags darauf von einem Nationalkomitee zum Präsidenten gewählt. Die drei Jahre vorher von den Japanern ausgebooteten Niederländer sehen die Dinge naturgemäß anders und beharren auf der Wiederherstellung ihres Kolonialreiches.

1946–1949   Drei Jahre währt der Indonesische Unabhängigkeitskrieg gegen die einstigen Kolonialherren. Ihre militärischen Einsätze zur Rückgewinnung des verlorenen Terrains bezeichnen die Niederländer als „Polizeiaktionen", um die Auseinandersetzung so zur rein innerniederländischen Angelegenheit umzudeuten. Über die Brutalität des Vorgehens kann die propagandistische Wortwahl nicht hinwegtäuschen, teilweise kommt es zu schlimmen Massakern auch an Zivilisten. Dies und der Umstand, dass währen der zweiten „Polizeiaktion" von 1947/48 ranghohe Repräsentanten der indonesischen Unabhängigkeitsbewegung inhaftiert werden (darunter Sukarno), stachelt jedoch erst recht den Kampfeswillen der Bevölkerung an.

Der folgenschwerste militärische Einsatz auf Bali findet am 20. November 1946 statt, als die balinesischen Streitkräfte unter der Führung von I Gusti Ngurah Rai bei Marga nach mehrstündigen Gefechten von der niederländischen Übermacht komplett aufgerieben werden. Über 1300 Balinesen kommen ums Leben, teilweise wieder durch rituelle Selbsttötung. Ngurah Rai, der ebenfalls unter den Toten ist, werden später zahlreiche Ehrungen zuteil: 1975 wird er in die Liste der indonesischen Nationalhelden aufgenommen, seitdem ziert sein Konterfei die 50.000-Rupien-Note. Außerdem ist der Flughafen von Denpasar nach ihm benannt.

25. August 1949 bis 27. Dezember 1949   Der Unabhängigkeitskrieg wird begleitet von zahlreichen diplomatischen Initiativen, bei denen naturgemäß ganz unterschiedliche Interessenlagen zutage treten. Insgesamt jedoch verliert die niederländische Betonpolitik zunehmend an Unterstützung, insbesondere die der USA, die befürchten, dass eine fortdauernde Behinderung der indonesischen Autonomiebestrebungen am Ende kommunistisch orientierten Kräften in die Hände spielen könnte.

So kommt es im August 1949 in Den Haag zu direkten niederländisch-indonesischen Verhandlungen, an deren Ende die Souveränitätsrechte an ein neues indonesisches Staatswesen übergehen. Dass sich das Ganze unter dem formalen Dach einer losen Niederländisch-Indonesischen Union vollzieht, ändert nichts am Status der Unabhängigkeit einer nun international anerkannten *Republik Indonesia Serikat* (Republik der Vereinigten Staaten von Indonesien). Präsident ist bzw. bleibt Sukarno.

17. März 1963 Der Gunung Agung in Zentralbali bricht aus. Weil in der Tempelanlage Pura Besakih am Hang des Vulkans gerade die Vorbereitungen für die bedeutende Eka-Dasa-Rudra-Zeremonie stattfinden, fordert der Ausbruch über 2000 Todesopfer. Viele Brahmanen führen die Katastrophe auf den Zorn der Götter zurück, denn die eigentlich nur alle hundert Jahre anstehenden Feierlichkeiten waren von Präsident Sukarno kurzerhand vorverlegt worden. Dies spiegelt im Übrigen Sukarnos quasidiktatorische Machtfülle wider, die sich auch formal in seiner Wahl zum Präsidenten auf Lebenszeit niederschlägt (ebenfalls 1963). Einzige ernst zu nehmender Mitspieler im Machtpoker sind die Kommunistische Partei und das Militär. Erstere wird schon bald ausgeschaltet sein, Letzteres Sukarno am Ende zu Fall bringen.

30. September 1965 In Jakarta versuchen linksorientierte Offiziere einen Putsch und ermorden sechs hochrangige Generäle. Das Unternehmen wird äußerst dilettantisch durchgeführt, und bis heute ist nicht klar, ob der Putsch nicht sogar vom indonesischen Geheimdienst inszeniert wurde, um die Kommunisten von der politischen Landkarte zu fegen. Einige behaupten auch, eine Beteiligung der CIA nachweisen zu können.

1965/1966 Infolge des Umsturzversuchs kommt es zu einer aggressiven Hetze gegen (vermeintliche) Kommunisten und deren (nicht minder vermeintliche) Sympathisanten. Schwarze Liste mit Todesurteilen kursieren, Unzählige stehen im Verdacht, Mitverschwörer gewesen zu sein. Die Armee inszeniert eine Art Gegenputsch, dem nach heutigen Schätzungen zwischen 500.000 und 1.000.000 Menschen in ganz Indonesien zum Opfer fallen. Allein auf Bali werden schon in den ersten Wochen des blutigen Gemetzels über 80.000 Tote gezählt, das schlimmste Massaker ereignet sich in der Nähe des Dorfes Petulu (→ S. 263).

An der Spitze des militärischen Feldzuges gegen Teile der eigenen Bevölkerung steht General Suharto. Der geriert sich als Retter der Nation und gewinnt in gleichem Maße an Einfluss, wie ihn der amtierende Präsident Sukarno verliert. Ende 1966 hat Suharto de facto die Macht übernommen, offiziell zum Präsidenten ernannt wird er im darauffolgenden Jahr. Er bleibt es bis 1998 und regiert in dieser Zeit mit diktatorischer Machtfülle, seine Politik der „Neuen Ordnung" stützt sich auf Terror und Gewalt. Das Kommunistenpogrom, das ihn an die Macht befördert hat, ist bis heute ein sensibles Thema in der indonesischen Öffentlichkeit: Vieles wird verdrängt, die Vergangenheitsbewältigung ist noch lange nicht abgeschlossen.

1970er-Jahre Zu Beginn dieses Jahrzehnts setzt auf Bali verstärkt der Tourismus ein, zuerst in kleinen und dann in immer größeren Schritten. Die ersten „Touris" sind vor allem Aussteiger, Weltenbummler sowie eine große Zahl an Hippies – alle auf der Suche nach dem paradiesischen Traum. Der Ngurah Rai Airport bei Denpasar wird gebaut, womit die Touristenzahlen in die Höhe gehen und insbesondere der Süden der Insel zum Mekka von Reisenden aus aller Welt wird – mit teilweise gewöhnungsbedürftigen massentouristischen Auswüchsen wie in Kuta. Schließlich investiert die indonesische Regierung mit finanzieller Unterstützung der Weltbank in das Nusa-Dua-Projekt (→ S. 223). Mit dem Bau dieser Feriensiedlung aus der Retorte hält auch der exklusivere Pauschaltourismus Einzug auf Bali.

22. März 1979 Die Eka-Desa-Rudra-Zeremonie beginnt. Das Datum der nur alle hundert Jahre stattfindenden Feierlichkeiten wurde nach der Katastrophe von 1963 (→ 17. März 1963) neu bestimmt. Hundert Jahre können ja so schnell verstreichen …

1998 Die schon seit Jahrzehnten anhaltende wirtschaftliche Instabilität und die grassierende Korruption führen zu Massendemonstrationen in Indonesien. Die Wirtschaftskrise der SOA-„Tigerstaaten" (wie Singapur, Malaisia, Brunei, Taiwan) in den Jahren 1997/98 bringt das Fass zum Überlaufen. Tagelange Massenproteste und blutige Straßenkämpfe sind die Folge, etwa 1200 Menschen fallen den Unruhen zum Opfer. Politisches Ergebnis der Ereignisse ist der Rücktritt Präsident Suhartos (21. Mai 1998). Sein Nachfolger wird Jusuf B. Habibie. Dieser veranlasst erste Reformen, entlässt zahlreiche politische Gefangene und strebt freie Wahlen an. Doch bereits nach einem Jahr Regierungszeit wird er von Abdurraham Wahid abgelöst.

Eine alte Steinsäule bezeugt den ersten balinesischen König

23. Juli 2001 Megawati Sukarnoputri, Tochter des Staatsmitgründers Sukarno, wird Präsidentin des Landes.

12. Oktober 2002 Die größte Katastrophe, die Bali seit dem Ausbruch des Gunung Agung trifft. In der Jl. Legian in Kuta explodiert vor der stets stark frequentierten Paddy's Bar eine Bombe und wenige Minuten darauf eine zweite, weitaus gewaltigere – nur ein paar Meter weiter vor dem Sari Club. Die schreckliche Bilanz dieses von der radikalislamischen Gruppierung Jemaah Islamiyah durchgeführten Terroranschlags sind 202 Tote – mehrheitlich Einheimische. Aus Angst vor weiteren Anschlägen geht auch der Tourismus dramatisch zurück und wird sich in den folgenden Jahren erst langsam wieder erholen.

Oktober 2004 Susilo Bambang Yudhoyono wird der erste direkt vom Volk gewählte Präsident Indonesiens.

1. Oktober 2005 In Jimbaran und Kuta kommt es erneut zu Terroranschlägen, bei denen 20 Menschen sterben und weit über 100 Personen verletzt werden. Auch diese Anschläge gehen auf das Konto von Jemaah Islamiyah.

2007 In Nusa Dua im Südosten Bali findet die UN-Klimakonferenz statt.

Balis vielfältige Landschaften

Herrliche Küsten, majestätische Berge, schimmernde Seen, wilde Dschungelland-
schaften, fruchtbare Reisterrassen und reißende Flüsse. Das alles vereint sich unter
dem klingenden Namen Bali auf nur 5633 m² Fläche.

Über allem thront der **Gunung Agung.** Keiner vereint die Gesichter Balis besser als
der heilige Vulkan, brachten doch seine wiederholten Ausbrüche neben tausend-
fachem Tod und Zerstörung auch Fruchtbarkeit und Neubeginn. Der Gunung
Agung und seine kleineren Geschwister **Gunung Abang** und **Gunung Batur** schu-
fen die klaren Bergseen im Inland, die heute Touristenscharen in ihren Bann ziehen. An den Hängen der Vulkane und um die Bergseen, wo noch vor wenigen Jahrzehnten trostlose Mondlandschaften die Szene beherrschten, gedeihen heute in der
oft nebelverhangenen kühlen Bergregion auf ertragreichem Boden verschiedenste
Feldfrüchte – von der Süßkartoffel bis zur Erdbeere. Die serpentinenartigen Straßen
schlängeln sich über viele Kilometer der Küste entgegen, das Klima wird dabei spürbar wärmer, wenn man die ersten Reisterrassen passiert. Diese sind kunstvoll in die
Hänge gehauen, jeder Quadratmeter wurde den Bergen in schweißtreibender
Arbeit abgetrotzt – die beeindruckendsten Kunstwerke, die der Mensch in der Natur
geschaffen hat. Die Farben wechseln mit den Jahreszeiten: Aus den schimmernden
Oberflächen der frisch bewässerten Felder wird sattes Grün, das nach der Ernte in
stoppelige gelbbraune Felder übergeht. Das fruchtbare Herz der Insel ist durchzogen von unzähligen Kokoshainen, kleinen Flüsschen und Bewässerungskanälen.

Während das fruchtbare Herz der Insel durchweg kultiviert wird, kann man im
zentralen **Westen** noch ungezähmten Dschungel erleben. In der am dünnsten be-
siedelten Region Balis liegt der weitläufige Bali-Barat-Nationalpark (Taman Nasional Bali Barat) mit seinen Geheimnissen und Naturwundern. Er vereint Steppen,
Monsunwald und tropischen Regenwald genauso wie Mangroven und eine schillernde Unterwasserwelt. So ist er ein Refugium für viele Pflanzen und Tiere, die
inzwischen von weiten Teilen der Insel verschwunden sind.

Im **Südwesten** zwischen Negara und Tabanan kann man auf dem langen Streifen zwischen den Bergen und der Küste Reisfelder einmal ganz anders erleben. Die flache Landschaft ist durchzogen von unzähligen fruchtbaren Feldern, die von skurrilen Vogelscheuchen geziert werden. Wasserbüffel durchpflügen die Kornkammer Balis, und wer seinen Weg zur Küste bahnen will, muss sich erstmal im Labyrinth der kleinen Feldwege, die Felder und winzige Siedlungen verbinden, zurechtfinden. Wer auf den Hauptstraßen bleibt, kann rechts und links des Weges vereinzelt Moscheen sowie sakrale Bauten der wenigen christlichen Gemeinden Balis entdecken.

Der **Süden** ist Balis unumstrittenes Touristenmekka. Entlang der endlos langen Strände haben sich die Touristenmetropolen Kuta, Legian und Seminyak (im Südwesten) und Sanur (im Südosten) angesiedelt. Quirlige Gassen voller Restaurants und Bars füllen sich abends mit lärmendem Verkehr und nachts mit Partyvolk. Einen Kontrast bildet die trockene Halbinsel Bukit Badung. Auf der flachen Kalksteinplatte, die ursprünglich mit Nusa Lembongan und Nusa Penida verbunden war, herrscht ein ganz anderes Klima als an den umgebenden Stränden: heiß, trocken und relativ unfruchtbar. Dafür locken die rauen Klippen mit dem tosenden Meer zahlreiche Surfer in die felsigen Buchten.

Fährt man weiter in den **Osten** der Insel, hat man ständig das majestätische Antlitz des heiligen Gunung Agung vor Augen. Doch nicht nur beim Panorama, sondern auch bei der Gestaltung der Küste hatte wieder einmal der Vulkan seine Finger im Spiel. Er sorgte mit seinen Ausbrüchen für das sich wandelnde Aussehen der Strände – aus manch perlweiß schimmernder Bucht wurde in kürzester Zeit ein Strand in glitzernd schwarzem Gewand. Schon wenige Meter hinter den vielen kleinen Buchten erhebt sich eine durch die Lava geprägte, steinige und steil ansteigende Landschaft. Aufgrund der Trockenheit ist dieser nur wenig an Feldfrüchten abzuringen, und so widmeten sich die Bewohner verstärkt dem Salzabbau.

Wer wieder Laubbäume sehen möchte und nichts gegen dunkle Strände einzuwenden hat, begibt sich in den ruhigeren **Norden** der Insel. Hier ist die Landschaft grüner, und die Berge ziehen sich ein Stück weiter ins Inland zurück. Wer genau hinsieht, entdeckt Weinberge, die sich zwischen den tropischen Pflanzen verstecken.

Flora und Fauna

Auf und um Bali kreucht und fleucht, schwimmt, wächst und gedeiht so einiges. Manches wie die gängigen Nutztiere oder Laubbäume kennt man schon, anderen Tieren und Pflanzen ist man bisher nur im Zoo oder botanischen Garten begegnet, und ein paar Arten kommen tatsächlich nur auf der Insel der Götter vor.

Fauna

Das Meer um Bali und seine vorgelagerten Inseln bieten mancherorts (z. B. bei Pula Menjangan und um Nusa Penida) noch intakte Riffe voller **Weich-** und **Hartkorallen,** die von den unterschiedlichsten Fischen bevölkert werden. Neben den farbenfrohen, in subtropischen Gewässern allerorten anzutreffenden Kleinfischen wie **Napoleon-Lippfischen, Trompeten-, Kaiser-, Papagei-** und **Anemonenfischen** sowie zahlreichen **Seeschlangen** und **Rochen** finden sich auch die bizarr anmutenden **Mondfische** – bis zu 2,5 m lange Knochenfische – und eindrucksvolle Schwärme von **Mantas** in den zerklüfteten Buchten Nusa Penidas. Auch verschiedene **Hai-Arten** ziehen vor den Küsten der Inseln ihre Kreise. **Schildkröten** durchstreifen den Ozean, legen ihre Eier an den Stränden Balis und Lomboks ab und stehen heute zum Glück unter Schutz. Nur die Küsten

Lomboks werden einmal im Jahr von den als heilig geltenden **Palolowürmern** besucht. Und **Delfine** sowie **Fliegende Fische** begleiten so manchen Bootsausflug.

Dem **Bali-Tiger** wird man nicht mehr auf der Insel begegnen. Ein gezielter Schuss im Jahr 1937 beendete das Leben des letzten Exemplars. Dafür trifft man auf einem Trip durch den Dschungel noch viele Affenarten wie **Makaken** und **Schwarze Haubenlanguren** und im Bali-Barat-Nationalpark den seltenen **Banteng,** eine kleinwüchsige Rinderart, von der es nur noch wenige Exemplare gibt. Weiter verbreitet sind die hübschen **Muntjaks.** Die unter dem Namen Barking Deer (dt. bellender Hirsch) besser bekannten Tiere ähneln einer grazilen Mischung aus Reh und Antilope.

Schwärme von **Fledermäusen** und **Flughunden** mit erstaunlichen Flügelspannweiten bevölkern den Himmel zwischen Dämmerung und Morgenröte. Besonders nach Einbruch der Dunkelheit kommen auch die vielen **Geckos** und ihre größeren Verwandten, die **Tokehs,** im Schein der Lampen zur Insektenjagd hervor. Wer an Zahlenmystik glaubt, sollte bei ihren bellenden Lauten mitzählen: Ungerade Zahlen verheißen prinzipiell Glück, und wer einen siebenmal schreienden Tokeh im Haus hat, der ist nicht nur vor allerlei Insekten, sondern auch in vollem Umfang vor Unheil geschützt ...

Neben diesen Glücksbringern hat die Reptilienwelt Balis auch wahre Drachen zu bieten: **Leguane** und **Warane,** in freier Wildbahn beide allerdings eher in kleineren Formaten.

Für Vogelfreunde gibt es zwischen den Mangroven, im Wald und auf der Flur vieles zu entdecken. Das Highlight ist jedoch der weiß gefiederte, nur auf Bali heimische **Balistar.** Wer weniger anspruchsvoll ist, wird an den weißen **Reihern** bei Petulu seine Freude haben.

Auch Plage- und Quälgeister sollen nicht verschwiegen werden: **Moskitos** (indon. *nyamuk*) machen sich – besonders zur Regenzeit – durch Stiche bemerkbar, vor denen man sich unbedingt schützen sollte (→ Gesundheit, S. 90). **Blutegel** sind in manchen Gewässern ein harmloses, aber dennoch ungeliebtes Mitbringsel. Relativ ungefährliche **Skorpione** verstecken sich unter Steinen und **Schlangen** winden sich im Dschungel und in den Reisfeldern (→ Giftige Tiere, S. 94). Leider begegnet man sogar in den besten Hotels ab und an einer **Kakerlake** (indon. *kecua*) und auch manch größere **Spinne** kann mal vorbeischauen.

Weder auf Bali noch auf Lombok gibt es für gesunde Erwachsene tödlich giftige Exemplare an Spinnen und Skorpionen.

Flora

Besonders zur Regenzeit blühen die grünen Lungen der Insel und spätestens am zweiten Urlaubstag wird klar, welch Meister der Gärten die Balinesen tatsächlich sind. Denn was wir hierzulande nur in botanischen Gärten und Gewächshäusern bewundern, gedeiht auf der Insel der Götter in freier Natur – oft in vielfacher Größe.

Besonders eindrucksvoll sind die **Banyan-Bäume**. Die Riesen gehören zur Familie der Maulbeergewächse. Oft wachsen sie an heiligen Orten oder sind Mittelpunkt der Dörfer. Gelegentlich wird dieser Baum fälschlicherweise mit dem Baum in Verbindung gebracht, unter dem Buddha seine Erleuchtung fand. Tatsächlich soll diese ihm aber unter dem **Pepul-Baum** zuteilgeworden sein. Kein Problem, auch diesem begegnen Sie auf der Insel.

Mit farbenfroher Blütenpracht erfreuen Gewächse wie die teils haushohe **Bougainvillea,** der wunderschöne **Feuerbaum** oder der allgegenwärtige **Frangipani,** der erst im dritten Jahr nach seiner Aussaat zu blühen beginnt. **Jasmin** und **Hibiskus** erfüllen die Luft mit ihrem schweren süßlichen Duft.

Wer sich eher für die kulinarischen Aspekte der Flora interessiert, der freut sich sicher, dass hier **Mango-, Guaven-** und **Zitronenbäume** genauso wachsen wie **Nelken-, Kakao-** und **Jackfruchtbäume,** um nur einige der leckeren Exoten zu nennen.

Kokospalmen und **Bananenstauden** sind allgegenwärtig. Ob als endlose Plantagen entlang der Hauptstraßen oder als Zierrat am Strand. **Zuckerpalme** und **Lontarpalme** werden auf vielfache Weise genutzt: Aus dem Blütennektar der Zuckerpalme wird brauner Zucker sowie Palmwein gewonnen, die Blätter dienen als Dach für die Tempel. Die Lontarpalme dient neben der Alkoholgewinnung auch heute noch zur Bewahrung der balinesischen Literatur. Die Blätter werden beschrieben und dann zu kleinen Büchern zusammengeheftet (→ Singaraja, S. 349).

Für den Bau von Häusern ist neben Kokospalmen und anderen Nutzbäumen v. a. **Bambus** wichtig. In dichten Wäldern gedeiht die meterhohe Pflanze, bis die Stämme den Durchmesser von Suppentellern erreicht haben.

Am wichtigsten jedoch – und in vielen Gebieten kaum zu übersehen – sind die **Reisplantagen.** Diese wandeln sich je nach Reifegrad von spiegelnden Wasserflächen mit hellgrünen Pflänzchen zu wogenden Feldern in sattem Grün, um dann in reifem Gelb zu strahlen.

Eine ganz eigene Welt bilden die **Mangroven** an den Küsten. Die Wassergewächse stellen einen bedrohten und fragilen Lebensraum, der Platz für viele Wassertiere, Insekten und Vogelarten bietet.

Indonesien auf einen Blick

Charakteristik: Archipel mit 17.508 Inseln (davon 6000 bewohnt) inmitten des Indischen und Pazifischen Ozeans

Fläche: 1.904.569 km², davon 1.811.569 km² Land und 93.000 km² Wasser; somit ist Indonesien das fünfzehntgrößte Land der Welt mit 2.830 km Grenzlinie und 54.716 km Küstenlinie

Landwirtschaftlich genutzte Fläche: ca. 11 %

Höchster Punkt: Der Puncak Jaya auf Papua mit 5030 m

Klima: tropisch

Bevölkerung: 248.216.193 Menschen, damit Rang 4 in der Welt. Davon ca. 27 % unter 15 Jahren, ca. 66 % unter 65 Jahren und 6,1 % über 65 Jahre

Bevölkerung unterhalb der Armutsgrenze: 13,3 %

Bevölkerungswachstum 1,04 %; jede Frau bekommt durchschnittlich 2,23 Kinder

Ethnische Gruppen: ca. 40 % Javaner, 15 % Sundanesen, 15 % Maduresen, 3,3 % Minangkabau, 2,7 % Betawi, 2,4 % Bugis, 2 % Banten, 1,7 % Banjar, 1,5 % Balinesen und 28,4 % andere

Religion: ca. 86 % Muslime, ca. 8 % Christen, ca. 2 % Hindus und ca. 3,4 % andere

Sprachen: offizielle Sprache ist Bahasa Indonesia, daneben lokale Dialekte und Fremdsprachen wir Englisch und Niederländisch

Alphabetisierungsrate: 90,4 % der über 15-jährigen können lesen und schreiben

Volljährigkeit: ab dem 17 Lebensjahr, verheiratete Personen gelten unabhängig vom Lebensalter als volljährig

Wirtschaftswachstum: 6,4 %

Arbeitslosenrate: 6,7 %, Jugendarbeitslosigkeit 22,2 %

Hauptstadt: Jakarta

Unabhängigkeit: 17. August 1947 ausgerufen, am 27. Dezember 1949 offiziell anerkannt

Staatsform: Präsidialrepublik

Staatschef: Präsident ist Susilo Bambang Yudhoyona (seit Okt. 2004), Vizepräsident Boediono (seit Oktober 2009), die nächsten Wahlen finden 2014 statt

Flagge: zwei gleich große horizontale Balken; der rote Balken oben symbolisiert Mut und Tapferkeit, der untere, weiße Reinheit (die Farbgebung hat ihren Ursprung im Majapahit-Reich)

Nationalsymbol: der Garuda, ein mythischer Riesenvogel

Nationalhymne: „Indonesia Raya" von Wage Rudolf Soepatman

Bali auf einen Blick

Fläche: ca. 5633 km²

Lage: ca. 8° südlich des Äquators, westlichste der kleinen Sunda Inseln

Koordinaten: 8°20'S 115°00'E

Zeitzone: MEZ +7

Klima: tropisch

Höchster Punkt: Gunung Agung mit 3142 m

Längster Fluss: Ayung mit ca. 75km

Vorgelagerte Inseln: Nusa Penida, Nusa Ceningan, Nusa Lembongan und Pulau Serangan

Bevölkerung: ca. 3,9 Mio. Menschen, stetig ansteigend

Ethnische Gruppen: knapp 90 % Balinesen, daneben gibt es Bali Aga (ca. 1 %), Maduresen (ca. 1 %) sowie javanische (ca. 7 %) und chinesische Gemeinden

Religion: ca. 92 % Hinduisten, ca.: 6 % Muslime, ca. 1,4 % Christen, ca. 0,6 % Buddhisten

Sprachen: Amtssprache ist Bahasa Indonesia, daneben wird Balinesisch *(basa Bali)* gesprochen; Fremdsprachen wie Englisch und Niederländisch sind weit verbreitet

Hauptstadt: Denpasar

Gouverneur: I Made Mangku Pastika (seit 2008)

Politische Gliederung: unterteilt in acht Landkreise *(kabupaten)*: Badung, Bangli, Buleleng, Gianyar, Jembrana, Karangasem, Klungkung, Tabanan; hinzu kommt der Stadtkreis *(kota)* von Denpasar

Beschäftigungszweige: ca. 60 % Landwirtschaft, ca. 21 % Tourismus, Gastgewerbe und Finanzwesen, 19 % Textilindustrie, Baugewerbe, Handel und HandwerkAuf einen Blick

Dämonen, Hexen und Prinzessinnen

Ayu tanzt, die Blicke der Touristen ruhen auf ihr, im warmen Schein der Fackeln schimmert ihr Kostüm golden, und zu den treibenden Klängen des Chors dreht sie sich. Heute ist sie Sita, für 60 Minuten wird sie ganz die Prinzessin sein. Sie ist gefangen in der Gewalt ihres Widersachers. Jetzt reißt sie die schwarz geschminkten Augen weit auf. Ihr sonst sanftes Gesicht wirkt grotesk, wenn sie wild und bedrohlich von links nach rechts blickt.

Mit Präzision führt sie die *mudra* aus, jene fein abgestimmten Handbewegungen, die sie von Kindheit an in hartem Training erlernt hat. Die Balinesen kennen jede Bedeutung der winzigsten Bewegungen und kunstvollsten Verbiegungen der Finger, sie kennen auch die Geschichte des Ramayana auswendig. Die staunenden Touristen dagegen nicht, sie lesen im Begleitheft von Sita und dem Prinzen Rama, die ineinander verliebt sind. Von dem bösen Dämon Raksasa, der durch eine gemeine List die Geliebte raubt, und von Ramas Rettungsversuch. Sie lesen von der Hilfe des weisen Affengenerals Hanuman und wie dieser die Dämonenstadt in Brand steckt.

Auf der Freilichtbühne sehen die Zuschauer die bildliche Umsetzung: kunstvoll, glänzend, farbenfroh. Mit furchterregenden Masken und herrlichen Kostümen, die im Schein der Fackeln geheimnisvoll strahlen. Das Ganze untermalt vom monotonen Gesang der 50 stolzen Männer, die *kecak*, *kecak*, *kecak* murmeln. Die Stimmen schwellen an, die nackten Oberkörper ragen als eine menschliche Pyramide in den Himmel, die Hände zu den Göttern erhoben ... bis sie die Zuschauer in den Bann des Spiels gezogen haben. Für 60 Minuten sind diese in einer fremden Welt, in der nur das ständige Blitzen der Fotoapparate störend an das moderne Heute erinnert.

Dieses Schauspiel findet jeden Abend an verschiedenen Orten auf Bali statt. Die meisten Touristen sehen sich den berühmtesten Tanz Balis auf dem Areal des Pura Luhur Uluh Watu an. Die Kulisse ist einzigartig: Wer den Blick über die Schauspieler hinweg zur Klippe schweifen lässt, kann im Dämmerlicht das Meer und den heiligen Tempel im Hintergrund erblicken. Aber auch in Ubud und anderen

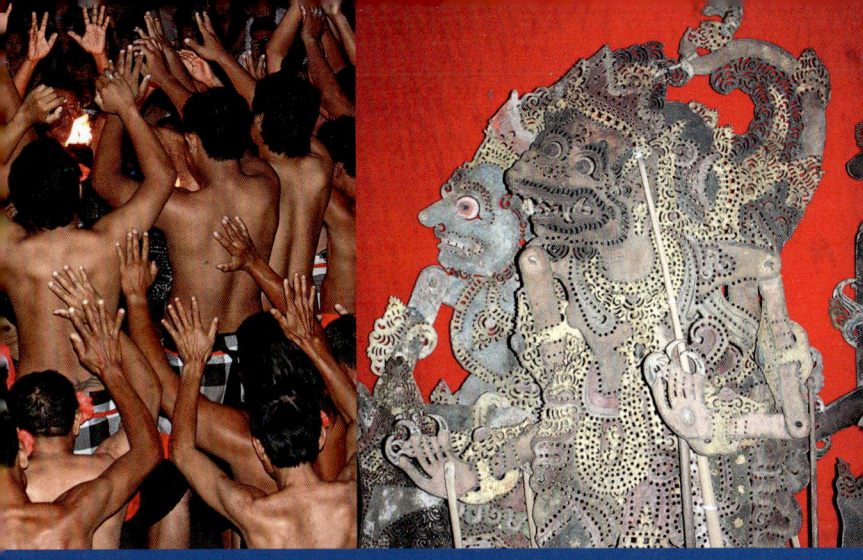

– die mythische Welt der Tänze auf Bali

Touristenorten kann man in den Genuss dieses Schauspiels kommen – wieder, zum Glück! Das verdanken wir Staunenden dem deutschen Maler Walter Spies, der 1930 dafür sorgte, dass der Kecak und andere Tänze aus ihrem Dornröschenschlaf wach geküsst wurden.

In Zusammenarbeit mit dem begnadeten Tänzer Wayang Limbak fügte Walter Spies Fragmente des exorzistischen Trance-Tanzes Sanghyang Dedari mit dem Inhalt des Epos Ramayana zusammen und kreierte so den weltlichen Kecak-Tanz. Wurden dabei früher heranwachsende Mädchen in Trance versetzt, um als Medium zur Ahnen- und Götterwelt zu fungieren, erleben heute Millionen von Zuschauern fesselnde Unterhaltung. Ganz nebenbei erweckte Walter Spies das Interesse der Balinesen an ihrer eigenen Tanzkultur zu neuem Leben.

Und diese Tanzkultur hat so viel zu bieten. Neben den Tänzen, die speziell für Touristen aufgeführt werden, gibt es noch eine Fülle an weit mystischeren Variationen. Um die Unterschiede zwischen Tanzritual, religiösem Tanz und Unterhaltung herauszustellen, teilte man das Repertoire in drei Gruppen ein: **Balih-Balihan** sind weltliche Aufführungen, zu denen u. a. der *Legong*, der *Kecak*, der Solo-*Baris* und ein *Topeng* gehören. **Bebalih** sind rituelle Tanzdramen, die oft in Zusammenhang mit Ritualen im mittleren Tempelhof oder am Hof balinesischer Fürsten aufgeführt werden. Es handelt sich um Tänze wie *Topeng*, *Wayang-Wong*-Spiel und das *Gambuh*-Tanztheater. Die dritte Gruppe, **Wali,** sind sakrale Tänze, die Bestandteil von religiösen Zeremonien sind und ausschließlich in diesem Rahmen dargeboten werden wie der *Baris* und der *Sanghyang*.

Besucher bekommen meist nur die Balih-Balihan zu sehen, die ausschließlich der Unterhaltung dienen – nicht nur von Touristen, sondern auch von Balinesen! Von professionellen **Tanzgruppen** werden neben dem *Kecak* auch der *Legong*, der als Inbegriff an Weiblichkeit und Schönheit gilt, der aufregende Kriegstanz *Baris* und der *Barong*, die Schlacht zwischen dem heiligen Barong und der bösen Hexe Rangda, in farbenprächtiger Ausstattung aufgeführt. Letzterer präsentiert das Spiel zwischen Gut und Böse in höchst eindrucksvoller Form und ist der bekannteste der rituellen Tänze.

Eine Auswahl der wichtigsten Tänze und ihrer Geschichten

Auf Bali gibt es eine große Anzahl an Tänzen. Sie alle aufzuzählen, würde eine ermüdend lange Liste ergeben. Die meisten bekommen Nichteingeweihte sowieso nicht zu Gesicht. Die nachfolgenden dagegen werden regelmäßig aufgeführt.

Legong – Bewegung gewordene Grazie

Anmutig, edel und fesselnd ist der *Legong*, der bei den Balinesen besonders beliebt ist. Und so fällt es leicht, sich vorzustellen, dass dies der Tanz von Himmelsnymphen sein soll. Traditionell wird der *Legong* von drei jungen Mädchen dargeboten, und so ist es verständlich, dass es der Traum aller heranwachsenden Balinesinnen ist, für eine anerkannte Gruppe tanzen zu dürfen. Ein Traum, der allerdings auch für die Auserwählten mit der ersten Menstruation vorbei ist. Die geschmeidigen, fließenden Bewegungen werden von einem Gamelan-Orchester begleitet und erzählen die Geschichte der schönen Prinzessin Rangkesari, die sich in die dunklen Wälder von König Lasem verirrt. Als dieser die Prinzessin findet, raubt er sie und versucht – vergeblich –, das junge Mädchen zu verführen. Entsetzt über das Schicksal der Prinzessin zieht ihr Bruder Daha gegen den Entführer in den Krieg. Der Höhepunkt des Tanzes ist jedoch nicht die Schlacht, sondern eine Vorahnung Lasems. Durch ein böses Omen wird ihm sein baldiger Tod vorausgesagt, als er von einem goldenen Vogel attackiert wird. Die zauberhaft getanzte Abschiedsszene, in der sich Rangkesari und der feindliche König vor der Schlacht trennen, hat schon so manchen Zuschauer in ihren Bann gezogen.

Barong – magischer Tanz um das Gleichgewicht der Welt

Bekannt, geheimnisvoll und durchdrungen von Magie ist dieser rituelle Tanz, der oft auch für Touristen aufgeführt wird. Hier treten in anschaulich personifizierter Form das Böse und das Gute gegeneinander an. Einen Sieger gibt es nie, denn nach balinesischer Glaubensauffassung müssen Gut und Böse nebeneinander existieren, um das Gleichgewicht der Welt zu sichern. Und so kämpfen sie immer wieder von Neuem gegeneinander: Der die guten Mächte verkörpernde Barong in seiner eindrucksvollen Gestalt ähnlich einem Löwen, das Gesicht eine Maske mit Hauern und einer langen Mähne, und die alles Böse verkörpernde Rangda mit ihren krallenartigen Fingernägeln, schrecklichen Reißzähnen und der langen scharlachroten Zunge.

Erzählt wird die Geschichte von Prinz Sadewa, der der Todesgöttin Durga geopfert werden soll. Der Gott Shiva – verkörpert durch einen Priester – hat Mitleid mit dem Königssohn und verleiht ihm übermenschliche Kräfte und Unsterblichkeit. Als Durga erkennt, dass sie ihren Gegner nicht besiegen kann, bittet sie um den Tod, der ihr Erlösung verheißt. Sadewa weigert sich und rasend vor Wut verwandelt sich die Todesgöttin erst in einen Eber, dann in einen Greif, wird aber immer vom Prinzen besiegt. Erst als sie sich in die schreckliche schwarze Hexe Rangda verwandelt, kann Sadewa ihr nicht mehr die Stirn bieten und wird zum Barong. Beide sind nun gleich stark und auch die zu Hilfe gerufenen Anhänger des Guten können die Schlacht nicht entscheiden. Von Rangda in Trance versetzt versuchen sie, sich selbst mit dem Keris zu töten, lediglich der Anblick des Barongs hält sie immer wieder davon ab.

Die Tänzer, welche diese verzauberten Helfer spielen, befinden sich oft in einem tatsächlichen Trancezustand und müssen am Ende der Vorführung von einem Priester mithilfe von heiligem Wasser und der Darbringung von Opfergaben wieder ins Hier und Jetzt geholt werden. Die Masken der Hauptprotagonisten – besonders aber die von Rangda, da ihr todverheißende magische Kräfte nachgesagt werden – werden sofort nach dem Tanz verhüllt und an dem dafür vorgesehenen Platz im Tempel verwahrt.

Baris – Tanz todesverachtender Krieger

Der *Baris* ist eigentlich ein ritueller Kriegstanz, der die Götter vor Schlachten gnädig stimmen und ihren Beistand sichern sollte. Oft wird er zum Odalan (Fest der Tempelweihe) oder anderen rituellen Festen aufgeführt. Das Gamelan-Orchester, glanzvolle Kostüme, aufwendig geschminkte Gesichter, Tänzer, die

Der Barong

jede Sehne ihres Körpers unter Kontrolle haben, und v. a. Waffen sind fester Bestandteil sämtlicher Variationen des *Baris*. In einem beeindruckenden Showkampf treten die Männer gegeneinander an, um sich und dem Publikum mit Tanzbewegungen und starker Mimik ihre Unerschrockenheit zu beweisen. Als Variation kann der Baris auch von nur einem Tänzer dargeboten werden.

Topeng – pantomimische Verwandlungskunst

Man nehme einen Mann sowie 30 Masken und lasse ihn ohne Worte von Taten wie Verfehlungen der alten Könige und Fürsten berichten. Schon ist der Grundstein für das Tanzdrama *Topeng* gelegt. Eine herrliche Mischung aus pantomimischem Erzählen und Tanz, während der sich der Schauspieler nur durch seine Kunstfertigkeit und die zur Verfügung stehenden Masken in eine Vielzahl von Personen verwandelt. Zwei *Topeng*-Tänze werden unterschieden: der religiöse *Topeng Pajegan*, der nur im Rahmen wichtiger Zeremonien aufgeführt wird, und der weltliche, unterhaltende *Topeng Panca*. Der wichtigste Unterschied besteht in der Benutzung bzw. Auslassung einer Maske: Die *Sida Karya*, eine heilige und magische Maske, garantiert beim *Topeng Pajegan* das Wirken und Gelingen der durchgeführten Zeremonie. Eben diese wird beim meist von fünf Personen gespielten *Topeng Panca* nicht benutzt. Dafür wird dieser Tanz dann auch oft von ein bis zwei Erzählern oder Clowns kommentiert, während das Gamelan-Orchester Stimmung und Situationen durch Soundeffekte verstärkt.

Gambuh – Unterhaltung der Götter

Der *Gambuh* ist eine der ältesten Tanzformen und wird bereits im Jahr 1007 erstmals erwähnt. Schon Walter Spies vermerkte, dass dieser Tanz die „Grundlage aller Tänze" sei. Während der *Gambuh* früher als ungemein kostspielige Unterhaltung an den Fürstenhöfen aufgeführt wurde, findet er heute nur noch zur Unterhaltung der Götter während Zeremonien und Tempelfesten statt. Man braucht auch wirklich ausdauerndes Sitzfleisch, um die Originalform des Tanzes zu erleben, da der gesamte Zyklus durchaus eine Woche dauern kann und zudem ausschließlich im altjavanischen Kawi-Dialekt vorgetragen wird. Gut, wenn man da weiß, dass die Geschichte, die von einem von Flöten und Streichinstrumenten dominierten Gamelan-Gambuh-Orchester begleitet wird, vom Prinzen Panji und seiner Verlobten handelt.

Der Meister lässt die Puppen tanzen – das Wayang-Spiel

Wenn Balinesen zur Abendunterhaltung aufbrechen, entscheiden Angebot und Vorlieben. Sie selbst unterscheiden nicht nach Tanz oder Theater, denn die Übergänge sind, wie bereits beschrieben, fließend. Man geht entweder zum *Legong* oder zum *Joged* oder man geht zum Drama, dem *Wayang Kulit*, taucht ein in die Welt der Schatten und erlebt „Kino" einmal ganz anders. Scheinbar einfacher, puristischer, und dennoch so magisch wie es kein Hollywood-Blockbuster je schaffen könnte.

Die Bezeichnung *wayang kulit* deutet an, was der Zuschauer erleben wird: ein Spiel mit den Schatten (*wayang* bedeutet Geist) von lederbezogenen Puppen (*kulit* bedeutet Haut) – und das ist immer ein besonderes Ereignis. Weit nach Sonnenuntergang beginnt die Vorstellung auf der extra errichteten Bühne. Sogar die Kinder in den ersten Reihen vor der Leinwand schweigen und starren gespannt auf die flackernden Schatten der Könige, Dämonen und Helden, die über das beleuchtete Laken huschen. Begleitet von den Stimmen, die ihnen der Puppenspieler (*dalang*) verleiht, nur erleuchtet vom *damar*, einer besonderen, aus Kokosnussholz gearbeiteten Öllampe, die ausschließlich für das Schattenspiel benutzt wird.

Im Hintergrund zieht ein Mann die Fäden bzw. lässt wortwörtlich die Puppen tanzen. Keine gewöhnlichen Puppen. Sie sind allesamt einzigartig, aus Leder in filigraner Kleinarbeit von begnadeten Handwerkern – oft dem *Dalang* selbst – nach bestimmten Regeln angefertigt. Bunt bemalt, edel und mit magischen Kräften aufgeladen. Für die Aufführung und bestimmte Rituale kann der Puppenspieler natürlich auch nur die makellosesten Puppen ohne einen einzigen Verarbeitungsfehler benutzen, um seine Aufgabe zu erfüllen. Und derer hat er viele.

Der *Dalang* fungiert als Geschichtenerzähler und Lehrer, als Philosoph und Unterhalter. Er vereint auf der Leinwand Mikrokosmos und Makrokosmos: Die Lampe stellt die Sonne dar, der Bananenstamm, auf dem er sitzt, ist die Erde. Und auf dem Schirm, der den Himmel verkörpert, spielen sich die Geschichten ab. In ihnen treten alle Wesen auf, die zwischen Himmel und Erde zu finden sind: Menschen, Geister, Tiere, Götter. Sie werden vom *Dalang* gesteuert, der während der Aufführung zu einer Art Gott wird.

Während einer oft vierstündigen Aufführung kombiniert der Puppenspieler aktuelle Themen mit alten Geschichten und dem Wissen aus uralten Lontar-Schriften – immer darauf bedacht, die Gratwanderung zwischen Lehren, Belehren und Unterhalten zu meistern.

Erst beim *wayang lembah* kommt die Schönheit der Puppen zur Geltung

Deshalb ist ein guter *Dalang* auch ein ausgezeichneter Kenner der Hintergründe seiner Gesellschaft, deshalb waren Puppenspieler schon zu Zeiten der Königshäuser anerkannte Berater. Deshalb musste er auch eine jahrelange Ausbildung absolvieren, deshalb ist er ein angesehener Mann, spricht die altjavanische Sprache *Kawi*, kennt mehr als 100 Geschichten auswendig, kann diese kombinieren und beherrscht fließend alle drei Sprachebenen des Balinesischen. Diese verleiht er den jeweiligen Figuren je nach Rang und Daseinsform: Götter drücken sich ausschließlich in Hochbalinesisch aus, die Elite und Fürsten in mittlerem Balinesisch und einfache Charaktere sprechen in niederem Balinesisch. Er kann jedem Charakter eine einzigartige Stimme verleihen.

Der *Dalang* ist aber auch ein Vermittler zwischen den Menschen und den Göttern und hält so das Gleichgewicht der Welt aufrecht. Denn neben der Unterhaltung führt er auch Zeremonien durch. So verwandelt sich während des Spiels *wayang lembah* Wasser in *thirta*, wird zu heiligem Wasser, das für bestimmte Zeremonien benutzt wird. Da dieses Stück nur tagsüber stattfindet, kommen die Figuren – befreit vom Schirm, welcher sonst nur ihre Silhouette erkennen lässt – in all ihrer Schönheit zur Geltung. Aber auch alte Texte mit religiös-magischem Inhalt werden auf die Leinwand gebracht, meist während bestimmter Rituale: zu Tempelgeburtstagen, Hochzeiten, Zahnfeilungszeremonien oder wenn ein Kind an einem unglück verheißenden Tag geboren wurde. Durch sein Spiel entreißt der *Dalang* dieses Kind der Todesgöttin Kali. All das kann ein guter *Dalang*.

Natürlich sind noch mehr Personen am Gelingen des Schattenspiels beteiligt: Zum einen hat der *Dalang* Helfer, die ihm die entsprechenden Puppen reichen. Und was wäre eine Wayang-Kulit-Aufführung ohne Gamelan-Orchester? Dieses wird vom Puppenspieler mit kleinen Holzstöcken, die er mit den Zehen hält, dirigiert und untermalt die Szenen mit rhythmischer Musik, die immer zu den Figuren und deren Aktionen passt. Dazu bedient sich das Orchester aus einem Repertoire verschiedener Stile, die dem Publikum anzeigen, worum es gerade geht. Erst jetzt kann man von einem abendfüllenden Erlebnis sprechen, das die Zuschauer in eine schaurig-fremde Welt aus anmutigen Schatten und Licht entführt.

Das kosmische Ordnungssystem

Der heilige Vulkan Gunung Agung ist der Sitz der Götter, allgegenwärtig, wunderschön und mächtig. Wie mächtig und wichtig er aber wirklich ist, wie viel Einfluss er auf das Leben der Balinesen hat, wird erst klar, wenn man sich intensiver mit der Gliederung des balinesischen Lebenssystems auseinandersetzt – oder einfach einen älteren Menschen nach dem Weg fragt. Vielleicht bekommt man die Antwort, man solle sich an der Kreuzung *kelod* halten und dann nach *kaja* abbiegen. Verwirrend? Nicht für Balinesen. Diese besitzen sozusagen einen eingebauten Kompass, der ihnen in jeder Lage die richtige Richtung weist – die Richtung zu leben, ihre Häuser zu bauen und zu schlafen.

Im dreigeteilten Weltsystem (Götter – Menschen – Unterwelt mit Geistern und Dämonen) herrschen die Mächte *kaja* und *kelod*. *Kaja* ist alles, was auf den Gunung Agung ausgerichtet ist und damit oben, heilig und rein. *Kelod* ist alles, was Richtung Meer liegt, Richtung der Heimat böser Geister und Dämonen. Es ist somit unten, wird weniger verehrt und gilt oft als angsteinflößend und unrein. Für einen Südbalinesen bedeutet das, dass *kaja* im Norden, *kelod* im Süden ist – für Nordbalinesen ist es genau umgekehrt. Sollte dieser innere Kompass durcheinandergeraten, stellt sich für Balinesen schnell ein Gefühl der Unbehaglichkeit ein, das Gefühl für „richtig" und „falsch" gerät aus den Fugen. Konform zu diesen nur der Insel der Götter eigenen Himmelsrichtungen sind auch die Dörfer entlang der vom heiligen Berg Richtung Meer verlaufenden Hauptstraßen aufgebaut, genauso wie die Anwesen innerhalb der Dorfgemeinschaft und die einzelnen Häuser innerhalb eines Anwesens: Der Unterwelttempel Pura Dalem, der Shiva oder Durga geweiht ist, steht an dem Ende des Dorfes, das *kelod* ist. Der zentrale Dorftempel Pura Puseh, welcher oft Vishnu geweiht ist, findet sich im *kaja*. Wo sonst?

Um nun Außenstehende vollkommen zu verwirren, kommt auch noch die Sonne ins Spiel. Die Richtung, in der sie aufgeht, wird *kangin* genannt und verehrt. Die Richtung, in der sie untergeht – also der Westen –, ist *kauh* und gilt als bedrohlich. Folglich ist die verehrteste, heiligste Himmelsrichtung *kaja-kangin*, in der in jedem Anwesen der Familientempel steht. Das Familienoberhaupt wiederum wohnt in dem Gebäude, das von allen dem Vulkan am nächsten ist. Hier schläft es mit dem Kopf Richtung Vulkan, zumindest aber Richtung Osten und legt die Kleidung nie-

mals zur Fußseite. Die Küche ist am weitesten Richtung Meer verlegt, ebenso der Müllplatz und die Ställe, wenn möglich noch in westliche Richtung. Im Nachbaranwesen liegt hinter der Mauer vis-à-vis zum Komposthaufen – was keinen stört – der Familientempel ordnungsgemäß in der heiligsten Richtung.

Genau wie die Welt der Balinesen geordnet ist – unterteilt in die Welt der Götter, den Sitz der guten Kräfte, in die Welt der Menschen, in der man ständig um den Ausgleich der waltenden Kräfte bemüht ist, und in die Unterwelt, der die negativen Kräfte entspringen, um die angestrebte Harmonie zu stören –, so ist es auch der Körper des Balinesen. Der Kopf als Sitz der Seele und höchster Teil des Körpers gilt als heilig. Er ist der Welt der Götter am nächsten, und ohne Erlaubnis sollte er nicht berührt werden. Dieser sitzt auf der Körpermitte, die ihn mit den Füßen verbindet. Sie gelten als schmutzig, haben sie doch ständigen Kontakt zur Erde, die der Unterwelt am nächsten ist. Deshalb sollten Füße auch niemals auf Menschen zeigen bzw. über oder gar auf Opfergaben treten.

So verwundert es auch nicht, dass der Lebenslauf ebenfalls dieser Dreiteilung unterliegt: Geburt, Leben und Tod. Neugeborene und sehr alte Menschen sind auf dem Weg vom bzw. zum Himmel und werden daher besonders geschätzt und entsprechend behandelt. Neugeborene dürfen z. B. den Boden nicht berühren. Erst nach drei Monaten wird eine Zeremonie abgehalten, während der das Kind erstmals in Kontakt mit der Erde kommt. Bei höher gestellten Personen wird manchmal sogar 210 Tage – also ein Jahr des balinesischen Kalenders – gewartet, bis das Kind den ersten Schritt in die Welt tut.

Im weiteren Leben steht der Mensch ständig zwischen den beiden Welten und ist dem Einfluss und den Kämpfen zwischen Gut und Böse unterworfen. Uns scheint es sonderbar, dass der Mensch nicht die Aufgabe hat, das Böse zu zerstören. Aufgrund der notwendigen Koexistenz der beiden Kräfte ist dies aber gar nicht erst möglich, vielmehr soll der Mensch durch seine Taten einen Ausgleich schaffen. Daneben wird ständig versucht, mit Opfergaben die guten Mächte bei Laune zu halten und die bösen Mächte zu besänftigen – Tag für Tag, ein ganzes Leben lang –, während man nachts den Kopf in Richtung der aufgehenden Sonne bettet.

Allgegenwärtige Religion

Wer nach Bali kommt, betritt nicht nur eine wundervolle Insel, sondern auch eine zauberhafte Welt voller Götter, bevölkert von Geistern und Dämonen. Überall zu jeder Tages- und Nachtzeit wird dies offenbar und wer davon tatsächlich nichts mitbekommt, muss blind, taub und geruchsunempfindlich zugleich sein.

Schon morgens stolpert der unbedarfte Tourist vor seiner Tür über hübsche Blumenarrangements in kleinen aus Bananenblättern geflochtenen Schalen. Beim Frühstück und später auch beim Abendessen verwebt sich der Duft der Speisen mit dem süßlich-holzigen Geruch von Räucherstäbchen, die die Bedienung an einem Altar für die Ahnen und Götter anzündet. Der Spiegel des gemieteten Autos ist mit glückbringenden Blumenketten verziert, und vor der Windschutzscheibe liegt eine kleine Opfergabe.

Der Hinduismus auf Bali unterscheidet sich schon rein äußerlich von dem z. B. in Indien praktizierten. Die Hindu-Dharma-Religion Balis ist durchdrungen von animistischen Riten und Regeln, durchsetzt von buddhistischen Elementen und daher eine balinesische Besonderheit. Die vielen Opfergaben sollen die Dämonen und bösen Geister besänftigen. Und so muss man bei einem Spaziergang durch die Straßen immer wieder aufpassen, nicht auf sie zu treten, denn das wäre ein großer Fauxpas. Eine Trennung von Leben und Glauben gibt es nicht und genau deshalb sieht man ständig festlich gekleidete Gläubige, die auf der Ladefläche von Lastwagen miteinander scherzend zu einer Zeremonie in einem der Abertausend Tempel der Insel fahren. Immer und überall ist der Alltag der Balinesen durchdrungen von ihrer Religion. So mag man zwar hinter den hohen Mauern eines Gehöftes die Klänge von Gamelan-Instrumenten einer Tanzgruppe hören, den Blick ins Innere verwehrt jedoch die Geistermauer, die vor Dämonen schützen soll – diese können nämlich nur geradeaus laufen.

Ein Leben im Ausgleich

Alles steht mit allem in Verbindung, jeder Einzelne ist Teil des Ganzen. Nicht die eigenen Interessen, sondern die Umwelt und deren Gleichgewicht stehen im Vordergrund. Das *dharma*, eine Art Gesetz, das die richtige Erfüllung des Gleichgewichts regelt und die Welt im Ganzen verwaltet, muss von jedem durch die eigenen Taten (*karma*) erfüllt werden. Erst dann entsteht Harmonie.

Und so sind die gläubigen Balinesen ständig damit beschäftigt, in ihrer Welt einen Ausgleich zu schaffen, ein Gleichgewicht zwischen Gut und Böse, den Göttern und Dämonen herzustellen und das Kräftegefüge zu ihren Gunsten zu beeinflussen. Die Götter wohnen mit den Ahnen auf dem Vulkan Gunung Agung (*kaja*), die unheilbringenden Dämonen leben in der Unterwelt oder Richtung Meer (*kelod*) (→ S. 42/43). Zwischen oben und unten (*kaja* und *kelod*) ist der Mensch gefangen im Kreislauf der Wiedergeburt. Nur wer ein dem *dharma* angemessenes Leben führt, kann am Ende den Kreislauf durchbrechen, indem er die *moksha* erreicht und eine Vereinigung mit der großen Gottheit Sanghyang Widhi Wasa eingeht – doch dies ist meist nur den Asketen vorbehalten, die ein Leben frei von jeglichem Verlangen führen.

Heilige Männer und Heiler

Zahlreiche heilige Männer und Priester regeln das Gleichgewicht der Insel und ihrer Bewohner, wobei jeder spezielle Aufgaben hat. Ein *pedana*, Brahmanenpriester, hat den höchsten priesterlichen Stand. Seine Gottheit ist Shiva. Als gelehrter Mann beschäftigt er sich sein ganzes Leben mit der Religion, liest und kennt alte Schriften über Medizin, Philosophie und Theologie, aber auch Gesetzestexte und Mythen und er ist auch des Sanskrits mächtig – nur so kann er die geheimen Lontar-Schriften verstehen, die in der vergessenen Sprache verfasst sind. Der *pedana* ist Meister in der Herstellung von heiligem Wasser (*thirta*), das bei fast allen Zeremonien benötigt wird. Jeden Morgen führt er die komplizierten Rituale durch, spricht

Mantras und Gebete und segnet das Quellwasser durch bestimmte Handbewegungen (*mudra*). Wenn der helle Klang des kleinen Glöckchens zum letzten Mal erklingt, ist das Ritual beendet und das Wasser zu *thirta* geworden. Dieses kann unterschiedliche Reinheits- und Reinigungsgrade besitzen – je nachdem, ob es bei Zeremonien wie z. B. Hochzeiten und Geburten, zur Heilung oder als Opfergabe im Alltag verwendet wird. Daneben ist der *pedana* für Feste, welche die Familie betreffen (Geburt, Zahnfeilung, Hochzeit, Tod), wichtig und wer es sich leisten kann, engagiert dafür einen Brahmanenpriester. Bestimmte Reinigungszeremonien, wie sie z. B. bei Todesfeiern stattfinden, kann nur er durchführen – aufgrund seines Standes und seines Wissens besitzt er eine natürliche Immunität gegen viele böse Mächte und die verheerenden Wirkungen von Beschwörungsformeln, die er anwenden muss.

Sozusagen der Hilfspriester des *pedana* ist der *pemangku*. Da dieser oft aus der untersten Kaste kommt, ist er die Verbindung zwischen Tempel und Volk. Jeder einzelne der Abertausend Tempel auf Bali hat seinen eigenen *pemangku*, große Tempel auch mehrere. Der Priester kümmert sich um die Tempelpflege und die Opfer. So ist auch das Einladen der Ahnen und Götter zu den vom *pemangku* organisierten Tempelfesten seine Aufgabe.

Auch für die dunklen Mächte gibt es einen wichtigen Mann, den *sengguhu*. Er verehrt vorrangig Vishnu und kümmert sich v. a. um die Unterwelt. Der Priester opfert dabei Geistern und Dämonen im Pura Dalem, dem Unterweltstempel, besitzt das Wissen um exorzistische Riten und tritt besonders bei Leichenverbrennungen und den damit verbundenen Zeremonien zur Seelenreinigung öffentlich in Erscheinung. Im alltäglichen Leben bestimmt er die günstigen Tage für wichtige Feste, segnet Häuser und kann auch Kranke heilen.

Letzteres ist allerdings oft das Fachgebiet des *balian*, der eine Mischung aus Magier, Medium und Mediziner ist und sich im Laufe der Zeit auf ein Metier spezialisiert. Sowohl Frauen als auch Männer können diesen „Beruf" ausüben und haben ihr Können als Geschenk der Götter erhalten, es oft aber durch Meditation und das Wissen aus geheimen Büchern erweitert. Sie können mit den Ahnen kommunizieren, opfern den Dämonen, legen günstige wie ungünstige Tage für bestimmte Handlungen, Rituale und Heilungen fest und finden den richtigen Platz für Altäre und Häuser. Die meisten nutzen ihr Wissen für gute Taten, einige aber auch für schlechte.

Bereitung von Opfergaben

Ein großer Gott in vielen Manifestationen

Das Pantheon der Götter Balis ist mächtig. Was bei den Griechen der Olymp, ist auf Bali der Gunung Agung. Hier wohnen Götter und Ahnen, und derer gibt es Unmengen.

Die wichtigsten Götter sind Brahma, Vishnu und Shiva, die als heilige Dreigestalt (*trimurti*) eine Manifestation des höchsten Gottes Sanghyang Widhi Wasa sind und von den Balinesen verehrt werden. In so gut wie jedem Tempel – außer dem Pura Dalem – gibt es einen Schrein für jede der drei Gottheiten. Ihnen und allen anderen Göttern übergeordnet ist Sanghyang Widhi Wasa, der allmächtige Gott, Schöpfer aller Dinge und Elemente, Herrscher über Himmel, Erde und Universum. Oft thront er auf dem höchsten Schrein des Tempels als goldglänzender tanzender Gott. Ihm wird nicht direkt, sondern durch die anderen Götter – die allesamt Manifestationen verschiedener Charakteristika Sanghyang Widhi Wasas sind – geopfert. Alle Gaben sind letztendlich für ihn bestimmt, auch die Seelen derer, die den Kreis der Wiedergeburt verlassen haben, vereinigen sich am Ende mit der obersten Gottheit. So ist Brahma seine Manifestation als Schöpfer von Erde und Universum, Shiva die des Todes und des Zerstörers, Vishnu hingegen die des Beschützers des Lebens und der Lebenden.

Nur durch Sanghyang Widhi Wasa konnte die balinesische Hindu-Dharma-Religion im indonesischen Staat Anerkennung finden. Obwohl offiziell Religionsfreiheit herrscht, werden durch die Regierung nur Religionen anerkennt, die wie der Islam oder das Christentum monotheistisch sind, also einen Gott verehren – in Bali eigentlich ein Ding der Unmöglichkeit, das nur durch den großen Sanghyang Widhi Wasa, der gleichberechtigt neben Allah steht, möglich wird.

Die Götter stellen sich vor

Die Vielzahl von Göttern mit ihren unterschiedlichsten Erscheinungsformen ist schwer zu überblicken. Für nahezu alles gibt es eine Gottheit – die Göttin Mutter Erde (Dewi Ibu Partiwi), den Gott der Sonne (Surya), den Gott der Liebe (Dewa Semara), den Gott des Regens (Dewa Indra) usw. Noch verwirrender ist, dass jeder Gott in verschiedenen Manifestationen auftreten kann, die oft gegensätzliche Charakterzüge widerspiegeln. Zudem ist jedem männlichen Gott eine weibliche Gottheit zugeteilt: Sie verkörpert als göttliche, schöpferische Energie das weibliche Prinzip (*shakti*) eines Gottes. Noch komplizierter wird es durch die zahlreichen Erscheinungen, in denen ein Gott auftreten kann – nicht umsonst wird z. B. Shiva der Gott der 1008 Namen genannt.

Dewa Brahma – Schöpfer und Verwalter des Wissens

Der viergesichtige Gott ist der Ursprung allen Lebens. Er schuf Himmel, Erde, das Reich der Geister und das Universum als perfekte Umgebung für seine Geschöpfe. Zur Orientierung schuf er die Himmelsrichtungen und legte die vier Kasten fest. Zusammen mit seiner Frau Dewi Saraswati, die die Göttin der Weisheit, der Kunst und der Literatur ist, brachte er Kreativität und das Wissen auf die Erde. Er reitet – wie seine Frau – auf einem weißen Schwan und herrscht über die südliche Himmelsrichtung. Seine Farbe ist Rot und der Tempel seiner Verehrung der Pura Desa.

Der Chef tanzt: Sanghyang Widhi Wasa

Inkarnation von Vishnu: Rama

Dewa Vishnu – Bewahrer des Lebens

Eindrucksvoll auf dem Garuda – einem riesigen, starken Vogel – reitend, wird der mächtige Gott Vishnu dargestellt. Er ist der Bewahrer und Spender allen Lebens. In dieser Eigenschaft ist er ein überaus barmherziger Gott – eigentlich der barmherzigste von allen. In seiner Reinkarnation als Rama, Krishna oder Buddha kam er schon viele Male auf die Erde, um den Bewohnern aus großer Not zu helfen. In seiner Aufgabe wird er von seiner Frau Dewi Sri – der Göttin der Fruchtbarkeit und des Reises – und von Dewi Lakshmi, die Freude, Reichtum und Glück auf die Welt bringt, unterstützt. Mit seiner Waffe, dem gada (eine Art reich verzierte Keule), herrscht er über die nördliche Himmelsrichtung. Ihm ist die Farbe Schwarz zugeordnet, Verehrung findet er im Pura Puseh.

Dewa Shiva – Zerstörer und Reiniger

Sobald Vishnu etwas nicht mehr beschützt bzw. die Zeit eines Wesens abgelaufen ist, schließt Shiva den Kreislauf des Lebens. Er ist der Zerstörer der Welt und führt alles wieder in den anfänglichen Zustand zurück. Dabei reinigt er allerdings auch die Welt vom Bösen. Wie Vishnu erscheint der mächtige Gott in verschiedenen Manifestationen: Als Kala herrscht er zum Zeitpunkt des Todes, als Maha Dewa – der Gott des heiligen Berges Gunung Agung – ist er der Anführer der Götter, als Surya ist er der Sonnengott und als Bhatara guru, der große Lehrer, weist er den Menschen den Weg, der Sünde zu entsagen. Oft reitet er auf einem Stier. Er herrscht über das Universum und wird im Pura Dalem verehrt. Seine Farbe ist Weiß.

Dewi Durga –
die Kinder fressende Hexe

Dewi Durga ist neben Dewi Uma eine der Manifestationen von Shivas Frau Dewi Parwati. Als der Gott der Zerstörung sich zur Meditation zurückziehen wollte, bat er Dewi Uma seinen neugeborenen Sohn zu hüten. Als das Kind sich verletzte, wurde Dewi Uma von einem gewaltigen Blutdurst gepackt und konnte sich nicht gegen das unbändige Verlangen wehren, das Blut des Kindes abzulecken und das Baby zu verschlingen. Als Shiva von ihrer Tat erfuhr, verwandelte er die schöne Dewi Uma in die dämonische Dewi Durga und befahl ihr von nun an die Friedhöfe zu bewachen. So wurde aus der Muttergottheit, der Göttin des Lichtes und der Schönheit, die Göttin des Todes. In ihrer Gestalt als schwarze Hexe Rangda bringt sie Seuche, Krankheit und Tod über die Lebenden. Neben diesen beiden Erscheinungsformen kann sich Dewi Parwati auch noch in der schrecklichsten und grausamsten aller Gottheiten, Dewi Kali, manifestieren. Dewi Durga wird oft als zehnarmiges Wesen, noch öfter aber als Kinder verschlingende Schauergestalt mit krallenartigen Fingernägeln, langer heraushängender Zunge und unsäglichen Hängebrüsten dargestellt. Ihre Verehrung findet im Pura Dalem statt.

Bhoma –
Beschützer und Richter

Diesem Gott begegnet man auf Schritt und Tritt. An jedem Tempel und über vielen Haustüren wacht der Sohn von Mutter Erde (Ibu Pertiwi) und Dewa Vishnu über die Eingänge. Sein Name bedeutet „aus der Erde geboren" und so manifestiert er sich in allen Pflanzen. Sein Antlitz, oft umrankt von einer Krone aus Blumen, kann furchtbar oder freundlich wirken – abhängig von

Grässlich und furchteinflößend: Rangda

Allgegenwärtig über Tempeltoren: Bhoma

Intention und Gesinnung des Eintretenden. So schützt Bhoma die Gebäude und hält Böses fern.

Dewa Ganesha – ein kluger Elefantenkopf

Sehr sympathisch und überaus gebildet ist der Gott mit dem außergewöhnlichen Haupt. Dieses hat er seinem Vater Shiva zu verdanken. Seine Mutter Parwati schuf den Sohn, um ihre Privatsphäre zu schützen. Als sie ein Bad nehmen wollte, beauftragte sie den jungen Mann, niemandem Einlass zu gewähren. Ganesha hielt Wache und verwehrte auch Dewa Shiva den Eintritt. Dieser geriet so in Rage, dass er seinem ihm unbekannten Sohn im Kampf den Kopf abschlug. Als Dewi Parwati ihren toten Sohn erblickte, geriet sie in schreckliche Wut und klärte ihren Mann auf, wen er soeben enthauptet hatte. Dieser nahm den Kopf des erstbesten Wesens, das ihm unter die Augen kam, und setzte ihn auf den Rumpf Ganeshas. Wie man in den zahlreichen Abbildungen unschwer erkennen kann, war dies der Kopf eines Elefanten. Die Balinesen bitten Ganesha um Hilfe für das Gelingen ihrer Pläne, und oft beschützt er die Eingänge der Inselbewohner – wie schon damals das Gemach seiner Mutter.

Gütig und weise: Ganesha

Schön wie immer: Dewi Danu

Dewi Danu – die Göttin des Sees

Die Göttin des Wassers, der Seen und der Flüsse erfährt in Bali besondere Verehrung. Sie speist die Felder mit Leben spendendem Wasser. Aus den Quellen des Danau Bratan, ihrem Wohnsitz, wird Wasser gewonnen, das in *thirta* verwandelt für viele Zeremonien wichtig ist. Im Pura Ulun Danu Bratan wird sie von allen Balinesen verehrt.

Die Dorfgemeinschaft als Stütze des Einzelnen

Um nun all diese Götter auf Dauer friedlich zu stimmen und Geister und Dämonen zu besänftigen, ist eine gut funktionierende Dorfgemeinschaft nötig. Diese ist so ganz anders und weitaus komplexer aufgebaut als alle, die wir hierzulande kennen. Gleichzeitig zeigt sich im Dorfgefüge wieder der Allzusammenhang: Jeder in der Gemeinschaft ist verpflichtet, die Feste und Zeremonien mit vorzubereiten. Jeder ist ein Teil des Ganzen – ohne den Einzelnen wäre die Allgemeinheit nicht komplett. Das heißt aber auch, dass neben der täglichen Arbeit so gut wie immer irgendein Fest vorbereitet wird. Das Leben der Dorfgemeinde wird somit neben dem Arbeitsrhythmus von einem Festrhythmus – der Ersterem definitiv übergeordnet ist – bestimmt.

Für die Ordnung ist *adat*, eine Art Recht aus vorhinduistischer Zeit, besonders wichtig. Es bestimmt das Verhalten, die Rechte und Pflichten innerhalb der Dorfes und der Familie als Teil der Gemeinschaft und des Einzelnen als Teil der Familie.

Banjar – Regeln fürs Zusammenleben

Organisation ist alles, und so kann ein Dorf aus mehreren Siedlungsgemeinschaften (*banjar*) bestehen, die alle unabhängig voneinander das Leben der Bewohner regeln. Da wird sogar Denpasar – unterteilt in unzählige *banjar* – wieder zum Dorf. Die Mitgliedschaft in einem *banjar* ist für jede Familie verpflichtend. Auch religiöse Rituale gehören zu den Aufgaben, die von der Gemeinschaft der erwachsenen, verheirateten Männer aller Berufsgruppen und Kasten überwacht werden. Natürlich werden auch alle weiteren Dinge von diesem Zusammenschluss geregelt, ja eigentlich wird in einem *banjar* so gut wie alles innerhalb der Gemeinschaft geregelt: vom Reisanbau, über die Pflege der Tempel bis zum Ausrichten der Feste und der Aufrechterhaltung eines eigenen Gamelan-Orchesters. So werden von einem *banjar* neben der Überwachung von Recht und Ordnung auch persönliche, aber Geld verschlingende Zeremonien wie Hochzeiten oder Zahnfeilungen gemeinschaftlich organisiert. Häuser werden unter Mithilfe aller errichtet, das Dorf zusammen ausgebaut und instand gehalten. Auch berät das *banjar* über den Bau neuer Schulen, die Anschaffung von Nutzfahrzeugen, es verwaltet die Ernte und sorgt für ärmere Mitglieder. Da das alles nicht umsonst ist, finanziert sich ein *banjar* über Mitgliedsbeiträge, Aufnahmegebühren und den Verkauf der Ernte. Die Mitglieder sind verpflichtet, an den monatlichen Versammlungen teilzunehmen, sich an den Unternehmungen zu beteiligen und körperliche Arbeit zu leisten. Die gleiche Zeit bekommt man aber in Form von Unterstützung wieder zurück. Wer sich weigert, hat Glück, wenn er nur mit finanziellen Strafen belangt wird. Viel schlimmer ist der Ausschluss aus dem *banjar*, denn dieser ist mit dem Ausschluss aus der Dorfgemeinschaft gleichzusetzen. Und so bemüht sich jeder Einzelne, ein Teil des Ganzen zu sein.

Individuelle Neigungen innerhalb der Pflichten können in den *sekar* verwirklicht werden. Dies sind Zusammenschlüsse verschiedener Personen, die sich um eine oft auch zeitlich begrenzte Aufgabe kümmern. So entscheiden sich einige Balinesen, sich der Tempelpflege zu widmen, während andere sich der Musik oder dem Tanz hingeben und wiederum andere eine neue Straße bauen. Je nach Talent, Beruf und Neigung.

Subak – organisierter Reisanbau

Die Wichtigste dieser *sekar* ist zweifellos die *sekar subak*. Die treffendste Übersetzung für *subak* wäre Reis- und Bewässerungsgenossenschaft, denn die Verwaltung von

Anbau, Bewässerung und Ernte der sog. göttlichen Pflanze ist diesem Zusammenschluss unterstellt. Die Mitgliedschaft in einem *subak* ist Pflicht für alle Bauern, deren Felder an ein Bewässerungssystem grenzen. Eine Satzung garantiert den reibungslosen Ablauf, regelt die Zuflussmenge des den einzelnen Feldern zugeteilten Wassers und die finanzielle sowie tatkräftige Zuwendung der einzelnen Mitglieder. Meist sind in einem *subak* um die 200 Bauern, die wiederum bis zu 100 ha Land bewirtschaften. Und dies tun sie unter Befolgung von strikten Regeln, unter Anwendung bestimmter Zeremonien und nur zu festgelegten günstigen Terminen für die einzelnen Schritte.

Für Außenstehende sind die Kulthandlungen, die den Reisanbau von der Aussaat bis zur Ernte begleiten, so gut wie nicht erkennbar. Lediglich die kleinen Schreine, die auf jedem Feld zu finden sind, lassen umsichtige Beobachter auf einen tieferen Hintergrund der schweißtreibenden Arbeit schließen. Diese *bedugul* genannten Tempelchen sind der Göttin Dewi Sri geweiht. Die Schutzgöttin des Reises steht im Mittelpunkt aller Zeremonien und Feste um die nahrhafte Pflanze. Ihr werden täglich Opfer und heiliges Wasser gebracht, damit sie die Felder schützt und eine gute Ernte garantiert.

Nachdem der *subak* den Termin für die neue Aussaat festgelegt hat, finden Opferungen zu Ehren der Göttin statt – die sich in regelmäßigen Abständen wiederholen. Sobald der Reis blüht, heißt es, die Göttin sei schwanger. Auf den kleinen Schreinen werden ihr Speisen, die auch im täglichen Leben schwangere Frauen ansprechen, und symbolische Hochzeitsgeschenke dargebracht: Süßigkeiten und Saures genauso wie edle Stoffe und duftende Essenzen. Die Göttin soll schließlich zufrieden sein und eine gute Ernte „gebären" – und diese Ernte wird erst fünf Monate später eingefahren. Genug Zeit für Unwetter und böse Geister, die Saat zu zerstören. Genug Zeit für Schädlinge, die reifen Früchte kurz vor der Ernte zu vernichten. Unterstützend werden in vielen Dörfern Trancetänze und Zeremonien abgehalten, die Unheil verhindern oder Schädlinge wie Ratten zu Sanghyang-Tänzen einladen, die sie unterhalten und von ihrem bösen Tun ablenken sollen. Wenn Dewi Sri gnädig gestimmt ist, ist es nun bald Zeit, die Ernte einzuholen. Auch dies geschieht, wie alles, was mit dem Reisanbau zu tun hat, nur an einem günstigen Tag. Zunächst aber wird in einer rituellen Handlung vom Reisbauern und seiner Familie die Aussaat (*nini*) für die nächste Ernteperiode geschnitten. Sie besteht aus den besten Ähren, die das Feld hervorgebracht hat, und wird würdevoll ins Dorf getragen. Dann beginnt am nächsten Tag die Ernte, zu der Männer wie Frauen auf die Felder strömen und gemeinsam die Ähren schneiden, zu Garben bündeln und in die Reisspeicher tragen. Nun wird das Erntefest zu Ehren der Reisgöttin vorbereitet. In jedem Dorf läuft dieses bis zu vier Tage dauernde Fest anders ab. Gehuldigt und gedankt mit Opfergaben, Tänzen und Zeremonien wird jedoch immer Dewi Sri. Die Göttin ist dann wie die Dorfbauern erneut bereit, in den folgenden Tagen die Felder für den nächsten Reisanbau vorzubereiten.

Natürlich werden vom *subak* auch viele profane Aufgaben bewältigt. So müssen die ausgeklügelten Bewässerungssysteme instand gehalten, Dämme, Schleusen und Kanäle gebaut und ausgebessert werden. Skurril anmutende Vogelscheuchen werden auf den Feldern aufgestellt, Schädlinge durch Lärm vertrieben und neue Felder auf den wenigen noch freien Stellen der Insel durch harte Arbeit erschlossen. Auch die Opferschreine und der Dorftempel müssen von den Mitgliedern des *subak* gepflegt werden. Bei diesen Arbeiten können sich die Grundbesitzer, z. B. während der Ernte, von Helfern vertreten lassen. Hierdurch eröffnet sich auch für Landlose die Chance, für ihren täglichen Reis arbeiten zu können und ihn nicht teuer auf dem Markt einkaufen zu müssen. Reis ist schließlich nicht nur das Grundnahrungsmittel der Insel, sondern auch ein Geschenk der Götter.

Bali – ein sprachliches Labyrinth

Stellen Sie sich vor, Sie bewerben sich um einen Job – sagen wir als Redakteur in einem boomenden Reiseführerverlag – und gehen zum obligatorischen Vorstellungsgespräch. Sicher werden Sie dort Ihr bestes Hochdeutsch auspacken, sich möglichst gewählt ausdrücken, insbesondere jeden derben Kraftausdruck vermeiden, und natürlich werden Sie Ihren Gesprächspartner siezen und ihn vielleicht noch mit seinem vollen akademischen Titel anreden. Kurz: Sie werden alles tun, die Regeln der sprachlichen Höflichkeit einzuhalten, die Sie sich mehr oder minder bewusst während Ihrer sprachlich-kommunikativen Sozialisation angeeignet haben.

Wären Sie Balinese und würden dasselbe Gespräch auf Ihrer Heimatinsel führen, wäre alles prinzipiell genauso ... und doch so ganz anders. Denn die Balinesen leben seit Jahrhunderten in einem **Kastensystem,** und in solch einer hierarchischen Ordnung sind Fragen der (sprachlichen) Höflichkeit und Respektbekundung grundsätzlich von einem ganz anderen Kaliber als in westlichen Gesellschaften. Rein statistisch gesehen würden Sie wohl der Kaste der Sutra angehören, die über 90 % der Gesamtbevölkerung abdeckt. Die *sutra* ist die Kaste der Bauern und Arbeiter und steht in der Rangordnung an unterster Stelle. Über Ihren tatsächlichen Beruf sagt die Zuordnung allerdings nichts aus: Sie gehören per Geburt und Abstammung in die Sutra-Kaste und vererben die Kastenzugehörigkeit auch an Ihre Kinder weiter. Beruflich können Sie dennoch (fast) alle Karrieren einschlagen: Redakteur, Ingenieur, ja sogar hoher Beamter – was Sie wollen, nur eines nicht: Priester. Alle religiösen und zeremoniellen Tätigkeiten sind nämlich Angehörigen der ranghöchsten Kaste vorbehalten, den *Brahmanen.* Umgekehrt gilt das übrigens nicht: Sie können theoretisch auch als Brahmane beispielsweise als Tankwart Ihre Brötchen verdienen, d. h., der Priesterberuf ist exklusiv ans Brahmanentum geknüpft, aber das Brahmanentum nicht exklusiv ans Priesterdasein. Die Brahmanen werden mit den zwei noch übrigen Kasten, der *satria* (Fürsten, Könige bzw. prinzipiell hoher Adel) und der *wesia* (ehemalige Kriegergeschlechte und Kaufleute), zusammenfassend als *triwangsa* bezeichnet. So kann man – etwas vereinfacht gesagt – von einer Art Zweiklassensystem ausgehen: Auf der einen Seite die kleine und exklusive Gruppe der *triwangsa,* auf der anderen Seite die Sutra, die den Großteil der Gesellschaft bilden und sich selbst folgerichtig als *jaba* (= gewöhnliche Menschen) bezeichnen.

Doch zurück zu Ihrem Vorstellungsgespräch. Sich sprachlich-kommunikativ so zu verhalten, wie es die Konventionen erfordern, bedeutet auf Bali im Wesentlichen, die richtige Wahl zwischen zwei **Sprachniveaus** zu treffen: Diese Sprachniveaus weisen erhebliche Unterschiede im Wortschatz und teilweise auch in der Grammatik auf und sind mit der uns geläufigen Unterscheidung zwischen Hochsprache und Umgangssprache nur unzureichend zu fassen. Das eine Niveau bildet die **basa alus,** was am besten mit „feine, vornehme Sprache" übersetzt werden kann. Sie basiert auf der alten javanischen Hofsprache und hat unter anderem einen erheblichen Anteil an Wörtern aus dem Sanskrit, der Sprache der klassischen indischen Literatur (eine Folge der Hinduisierung Javas und Balis), und dem Niederländischen (eine Folge der Kolonialzeit). Die andere Sprachebene heißt **basa biasa**, wörtlich die „gewöhnliche, niedere Sprache". Ihr Wortschatz geht im Wesentlichen auf altindonesische Wurzeln zurück. Die Unterschiede zwischen den Niveaus sind entsprechend frappierend: „Schlange" heißt auf basa alus *ula,* auf basa biasa *lelipi,* „Straße" *margi* bzw. *jalan,* „Tempel" *kayangan* bzw. *pura,* und der Satz „Ich weiß nicht" muss in basa biasa mit *Cang sing nawang* übersetzt werden, während er in basa alus *Tiang tan uning* lautet.

Das Spannende ist, wer wen in welcher dieser zwei Sprachniveaus anspricht bzw. ansprechen muss. Das entscheidende Kriterium ist das der Kastenzugehörigkeit von Sprecher und Gesprächspartner. Dabei gilt: Wer einer niedrigeren Kaste angehört als sein Gesprächspartner, orientiert sich gewissermaßen „nach oben", d. h., er benutzt die basa alus, die „feine Sprache", und zollt dem in der sozialen Rangskala Höherstehenden damit den ihm gebührenden Respekt. Der wiederum antwortet in basa biasa, spricht also gewissermaßen „nach unten". Das alles gilt sogar, wenn man als Angehöriger der niedrigeren Kaste nicht mit, sondern über Kastenhöhere spricht: Man muss auch in diesem Fall die Respektsprache benutzen, also beispielsweise das Basa-alus-Wort *kayangan* für Tempel verwenden, wenn man einem Dritten berichtet, dass sich ein Kastenhöherer im örtlichen Tempel aufgehalten hat.

Die strikte Einhaltung dieser Regularität kann zu einem aus westeuropäischer Sicht paradoxen Ergebnis führen: Angenommen, Ihr Vorstellungsgesprächspartner ist ein *jaba*, gehört also der Sutra-Kaste an, und Sie selbst sind per Geburt Zugehöriger einer Triwangsa-Kaste – dann erfordert es die Konvention, dass Sie Ihren potenziellen zukünftigen Chef „nach unten" ansprechen, während er zu Ihnen „heraufspricht". Verkehrte Welt. In der Praxis wird diese Konvention allerdings nur noch bedingt befolgt. Wenn wie hier die Kastenzugehörigkeit durch einen anderen Hierarchieunterschied überlagert wird (zukünftiger Chef vs. Stellenbewerber), greifen gewöhnlich beide Gesprächspartner zur basa alus und bezeugen sich damit wechselseitig ihren Respekt. Und in der Alltagskommunikation hat sich inzwischen eine dritte Niveaustufe etabliert, die **basa madya** („mittlere Sprache, Marktsprache"), die auf der „niederen" Sprache basiert und lediglich Bestandteile der Respektsprache in sich aufgenommen hat. Sie gilt insbesondere auch dann als unverfänglich, wenn man nicht weiß, welcher Kaste der jeweilige Gesprächspartner angehört.

Das alles mag für Einheimische einigermaßen beherrschbar sein, und doch kann die Sache mit den Sprachniveaus für so manch einen Balinesen zur heiklen Angelegenheit werden. Denn selbst wenn man mit den Regeln vertraut ist, wen man in welcher Situation wie ansprechen muss bzw. darf, bleibt eine Hürde bestehen: Man muss die Sprachniveaus beherrschen, was bei der höchsten Niveaustufe längst nicht immer in ausreichendem Maß der Fall ist. Und so scheuen sich nicht wenige, wichtige religiöse oder zeremonielle Angelegenheiten mit einem Brahmanen zu besprechen – schlicht aus Furcht, dort nicht den richtigen Ton anschlagen zu können.

Vier Namen für die ganze Insel

Manch einer wundert sich, warum sich auf Bali so gut wie alle Bewohner – egal ob Männlein oder Weiblein – vier Namen teilen. Die Zahl an Wayans, Mades, Nyomans und Ketuts ist auffällig hoch, die Erklärung ganz einfach: Eine Mutter nennt ihr erstes Kind Wayan, das zweitgeborene Made, das dritte Nyoman und das vierte Ketut, d. h., sie „nummeriert" sie gewissermaßen durch. Für die ersten drei Positionen gibt's allerdings noch Varianten: anstatt Wyan geht auch Putu oder Gede (ausschließlich bei Jungen) bzw. Luh (ausschließlich bei Mädchen); anstatt Made auch Nengah oder Kadek; anstatt Nyoman auch Komang. Zur Signalisierung des Geschlechts dient jeweils ein Zusatz: I für Jungen, Ni für Mädchen (also z. B. I Wayan bzw. Ni Wayan). Was aber tun, wenn Kind Nummer fünf unterwegs ist: Kein Problem, man beginnt wieder von vorne, allerdings aus Respekt vor dem/der Erstgeborenen meist erst wieder bei Namensposition zwei (Made, Negah oder Kadek).

Dass dieses sehr überschaubare Repertoire an Namen zu Identifizierungsproblemen führt, liegt auf der Hand. Und genau deswegen kommt zum „Rangfolgenamen" immer noch mindestens ein Rufname *(nama belakang)* hinzu, der meist eine charakterisierende Eigenschaft seines Trägers bezeichnet: *alit* (klein), *gede* (groß), *rai* (jüngerer Bruder), *raka* (älterer Bruder) etc. Im Grunde also ein System, aus dem im Deutschen und anderen europäischen Sprachen die Familien- bzw. Nachnamen entstanden sind.

Jugendliche geben sich mit solch profanen Namen natürlich nicht mehr gerne ab. Und so ergänzen bzw. ersetzen sie ihre familiär verliehenen Rufnamen durch trendigere westliche Namen und nennen sich Bob, Jimmy, Ronny oder was immer grade en vogue ist.

Bei Angehörigen höherer Kasten ist das Ganze übrigens noch komplizierter, denn die werden per Geburt mit Titeln geschmückt: Brahmanen „heißen" Ida Bagus oder Ida Pendada, Satria werden u. a. Cokorde oder Ida I Dewa Agung genannt, für Wesia reserviert sind Dewa, Gus oder I Gusti. Dass es jeweils auch weibliche Pendants gibt, versteht sich von selbst. Aber wir wollen Sie nicht in noch größere Verwirrung stürzen …

Herrliche Düfte, fremde Gewürze, exotische Zutaten – die Küche Balis ist ein wahres Mekka für experimentierfreudige Feinschmecker. Sogar die Gewürze haben fremde und dennoch wohlklingende Namen: Kemirinüsse, Galgant (indon. laos), Palmzucker, Kurkuma, Chili, Terasi, Koriander, Kaffir-Limette und Tamarinde.

Alles duftet nach Fremde und Sehnsucht, nach Zitronen und Nelken, nach aromatischer Schärfe und milder Harmonie. Hierzulande unbekannte Zutaten wie Wasserspinat, Jackfrucht, Tempeh und Farnspitzen gehen mit altbekannten Zutaten wie Kartoffeln, Fleisch oder Bohnen Verbindungen ein, die die Geschmacksnerven jubeln und einem das Wasser im Munde zusammenlaufen lassen. Umso trauriger ist es, dass viele Menschen, die die Insel der Götter besuchen, heimkehren, ohne von den einheimischen Speisen gekostet zu haben. Eine Sünde, vor der wir Sie nur zu gerne bewahren möchten ...

In Indonesien gibt es eine häufig verwendete Begrüßungsformel, die auch auf Bali ausgesprochen wird: *„Sudah makan nasi?"* (Hast du schon Reis gegessen?). Bereits in diesem Satz wird die Bedeutung des Reises als wichtigster Teil der Speise deutlich. Man kann Nudeln oder Kartoffeln mit leckeren, würzigen Beilagen essen – satt ist man allerdings erst, wenn man die Pflanze der Götter zu sich genommen hat. Deshalb macht der Reis auch den größten Teil auf dem Teller aus. Kombiniert wird er mit verschiedenen Speisen wie gebratenem Fisch, gegrilltem Fleisch oder Gemüsevariationen sowie verschiedenen fruchtig-scharfen Soßen (*sambals*), die zusammen mit dem Getreide eine ebenso nahrhafte wie schmackhafte Mahlzeit bilden.

Für jede Hauptzutat (Fisch, Gemüse, Fleisch oder Tempeh) werden verschiedene Grundwürzpasten hergestellt. Hierzu werden die unterschiedlichsten Gewürze meist mit Schalotten und Ingwer, oft auch mit Knoblauch und Nüssen so lange im Mörser zu einem groben Brei verarbeitet, bis eine Paste entsteht. Diese wird dann z. B. in das Fleisch eingearbeitet und verleiht ihm eine typische Würze, bevor es ge-

grillt, fein gehackt in Bananenblättern gedämpft oder in dicken Soßen aus Kokosnussmilch gar gekocht wird.

Man sieht schon, das Essen auf der Insel Bali ist vielfältig. Und auch für Vegetarier besteht Grund zur Freude (→ Speisenlexikon, S. 63). Im Alltag wird viel Gemüse, wenig Fisch und gar nicht viel Fleisch gegessen. Letzteres kann sowohl vom Huhn als auch vom Schwein oder Rind stammen. Viele balinesische Hindus verzichten aber – auch wenn es nicht verboten ist – aus Überzeugung, so weit es geht, auf Rindfleisch. Daneben gibt es noch Tofu (Kuchen aus gemahlenen Sojabohnen) und Tempeh (Sojabrot aus fermentierten Sojabohnen), die in vielen Gerichten als Fleischersatz und Eiweißlieferant dienen.

Essen für Menschen und für Götter

Die Esskultur der Insel ist von unserer so verschieden wie die verwendeten Gewürze. Meist werden zwei Hauptmahlzeiten eingenommen, im normalen Tagesablauf jedoch nicht in Gruppen, sondern oft alleine in einer Ecke der Küche sitzend, schnell und still, um den Hunger zu vertreiben. Gegessen wird mit der rechten Hand – die linke Hand gilt als unrein, denn sie ist der Körperreinigung vorbehalten. Oft kommen auch Löffel und Gabel zum Einsatz, Messer werden so gut wie nie verwendet, da die Zutaten der meisten Gerichte schon in mundgerechte Portionen geschnippelt wurden. Die Speisen werden von den Frauen schon am Morgen aus frisch vom Markt besorgten Zutaten gekocht und in einem speziell dafür vorgesehenen Schrank oder unter Hauben verwahrt. So kann sich die ganze Familie, die oft aus mehreren Generationen besteht, den Tag über bedienen.

Zwischen den Mahlzeiten stärken sich die Balinesen gerne mit kleinen Snacks (*jaja*), die man so gut wie überall und zu jeder Zeit bekommt. Meist sind es Straßenverkäufer (*pedagang*), die mit vollgepackten Körben durch die Straßen ziehen

Auch die Götter lieben Süßes

oder sog. Fünfbeiner (*kaki-lima*), Verkäufer mit dreirädrigen Wagen, die dampfende Töpfe enthalten, aus denen sie leckere Kleinigkeiten anbieten. Kräftige Suppen, Gebratenes, Frittiertes, Früchte mit sauer-scharfer Soße, in Bananenblätter gewickelte Häppchen – es gibt nichts, was es nicht gibt.

Das Essverhalten ändert sich schlagartig an Festtagen, den wenigen Anlässen, zu denen sich die Balinesen in Gruppen – häufig nach Männlein und Weiblein getrennt – dem Genuss ihrer Küche hingeben. Dann wird zusammen, meist auf einer Matte am Boden sitzend, das gegessen und geschlemmt, was vorher gemeinsam gekocht wurde. Der mit Kurkuma gefärbte Reis (*nasi kuning*) türmt sich z. B. bei der Reistafel festlich zu einer gelben Pyramide, um die sich in kleinen Schälchen Köstlichkeiten als Beilagen reihen. Bananenblätter dienen als Unterlage und ersetzen Teller.

Doch nicht nur an das eigene leibliche Wohl wird gedacht. Vor der ersten Mahlzeit des Tages und vor so gut wie jedem Essen opfert man einen Teil den Göttern – meist ein paar Reiskörner. So überrascht es nicht, dass es neben den alltäglichen Gerichten auch viele rituelle Speisen für die Götter gibt. Diese werden frühmorgens, oft auch schon am Vortag der Feste in großen Mengen zubereitet. Dabei übernehmen die Männer den körperlich anstrengenden Teil, also das Mörsern und Stampfen der Gewürze, während die Frauen Berge von Gemüse schälen. Bestimmte Speisen wie das *lawar* dürfen hierbei nur von Männern gemischt werden. Für Tempelfeste werden allerlei essbare Opfergaben wie kleine Reiskuchen, buntes Gebäck, frische Früchte, aber auch gebratenes Fleisch zubereitet, denn diese lieben wohl auch Götter. Und so werden körbeweise Früche und Gaben von den Gläubigen zu den Zeremonien in die Tempel getragen. Nachdem sich die Götter gestärkt haben, können die Speisen von den Familien gemeinsam genossen werden.

Einfach und authentisch – Nachtmärkte

Gegen Abend öffnen die Nachtmärkte (*pasar malam*) ihre Pforten. Diese sind entweder eine kleine Ansammlung von nur zwei bis vier mobilen Ständen oder sie nehmen ganze Straßenzüge mit fahrbaren *kaki-lima*, improvisierten Essensständen und festen Warungs ein. Die Essensauswahl reicht von berühmten Gerichten der balinesischen Küche bis zu Speisen anderer Inseln – jeder Stand hat seine Spezialität, einige sind so-

Straßenstände in Singaraja

gar über die Stadtgrenzen hinaus bekannt. So gut wie immer kann der Hungrige seiner Nase trauen, die ihn durch die unterschiedlichsten Düfte zum gewünschten Stand leitet:

Es gibt zartes balinesisches Spanferkel (*babi guling*), das oft mit Kokosgemüse (*lawar*) serviert wird, oder verschiedene Variationen von lecker marinierten Fleischspießchen (*satee*) mit Erdnusssoße. Im Warung Muslim bekommt man sicher kein Schweinefleisch, dafür Köstlichkeiten aus Java und oft auch Rindfleischspezialitäten wie *rendang sapi*. Vielleicht soll es aber doch lieber *murtabak* sein, ein ursprünglich aus Indien kommender und v. a. in Malaysia beliebter Pfannkuchen, der sowohl süß als auch herzhaft mit Ei, Käse und Gemüse gefüllt serviert wird. Oder doch eher eine Auswahl an verschiedenen kräftig frittierten Leckereien (*gorengan*) wie gefüllter Tofu, knusprig gebackene Tempeh-Schnitten oder geröstete Süßkartoffeln? Vielleicht steht der Sinn auch nach *rujak* – frisch geschnittenen Früchten, die mit einer so süßen wie sauren und scharfen Soße übergossen werden – oder doch eher nach *bakso*, einer kräftigen Suppe mit verschiedenen Fleischbällchen und gepresstem Reis, aufgepeppt mit unterschiedlichsten Soßen.

Viele nehmen die nahrhafte Beute mit nach Hause – Suppe und Softdrinks gibt es in der Plastiktüte – oder verzehren sie gleich vor Ort. Gegessen wird auf Plastikhockern an wackeligen Tischchen, die bei Einbruch der Dämmerung einfach auf der Straße aufgestellt werden. Und wandert der Blick zum Eimer am Bordstein, in dem die gebrauchten Teller, Töpfe und Schüsseln abgespült werden, verzichtet so mancher Tourist gleich ganz auf das Essen. Ein Fehler! Denn nirgends gibt es die Speisen so original und frisch direkt vor den Augen der Hungrigen zubereitet. In den Großstädten findet man immer häufiger die moderne Variante der Nachtmärkte: Essensstände (engl. *food stalls*), die meist einen großen Teil der Einkaufszentren ausmachen. Auch hier kann man von angrenzenden Garküchen Gerichte wählen – sie aber in klimatisierter, recht sauberer Umgebung genießen.

Einkehr für den schmalen Geldbeutel – Warung und Masakan Padang

Eine Alternative zum (Nacht-)Markt ist der Warung, der eigentlich eine Mischung aus kleinem Laden, Café und Imbiss ist, in dem von Chips über Seife, Getränke und

Tempeh – veredelte Sojabohnen

Das vielseitige Sojabrot hat es erst in jüngster Vergangenheit wieder auf die Karte einiger Restaurants gebracht. Schlichtweg deshalb, weil der unglaublich eiweißhaltige Fleischersatz noch immer als Speise der armen Leute gilt, die es sich nicht leisten können, ein Huhn oder Fleisch zu kaufen. Dabei ist es – besonders für Vegetarier – eine willkommene Abwechslung auf dem Teller und auch so mancher Nicht-Vegetarier wird die knusprigen Tempeh-Chips als Beilage lieben lernen.

Hergestellt wird Tempeh aus geschälten gekochten Sojabohnen. Diese werden mit *Rhizopus oligosporus*, einem Edelschimmelpilz, vermischt und für ein bis zwei Tage an einem warmen Ort aufbewahrt. Durch den Fermentierungsprozess verbinden sich die Bohnen zu einem festen Kuchen mit pilzigem Geruch. Das Endprodukt ist nicht nur schmackhaft, sondern auch überaus gesund: Tempeh ist eine Quelle für Eiweiß und ungesättigte Fettsäuren, die neben vielen Vitaminen der B-Gruppe auch große Mengen an Kalzium und Eisen enthält und mit 53 mg cholesterinsenkenden Isoflavonen pro 100 g aufwarten kann. Ganz nebenbei macht die Fermentierung das Sojabrot sehr gut verdaulich.

Zigaretten auch ein paar Gerichte sowie heißer Kaffee angeboten werden. Aber er ist auch ein Ort der Kommunikation und Zerstreuung, wo man sich trifft, um den neuesten Tratsch aufzuschnappen und das Tagesgeschehen zu diskutieren. Wer schlau ist, bestellt sich gemischten Reis (*nasi campur*) und bekommt einen großen Berg Reis mit verschiedenen Beilagen wie gebackene Hühnerschenkel, Fisch, in *sambal* gebratene Eier, Jackfrucht-Curry, frittierte Tempeh und knackiges Gemüse – gekrönt von den allseits beliebten Krabbenchips (*krupuk*) und gerösteten Erdnüssen. Die Beilagen wählt man einfach durch Fingerzeig (mit dem Daumen!) aus der Auslage ... bis der Teller überquillt. Der Preis liegt – je nach Auswahl – zwischen 0,60 € und 1,80 €.

Gleiches gilt für die zahlreichen Masakan-Padang-Restaurants. Diese bieten meist Speisen aus Sumatra, welche im Schaufenster auf hübsch gestapelten Tellern zu bewundern sind. Die Gerichte werden immer wieder frisch nachgekocht. Hier kann es passieren, dass der Betreiber wortlos die vielen Teller um den Gast herum aufreiht. Dann nimmt man sich, worauf man Lust hat, auf den Teller – doch Vorsicht, wer schon das balinesische Essen als scharf empfindet, lernt hier die Steigerung kennen.

Eine Bakso im Stehen ...

Einheimisch und westlich – Restaurants

Wer sich für die traditionelle Darreichung authentischer Speisen in Warung oder Garküche so gar nicht erwärmen

... oder lieber internationale Küche im schicken Ambiente ?

kann, der sollte die – besonders in den Touristenorten zahlreichen – *Resto(w)ran* und *Rumah Makan* aufsuchen. Hier wird die Küche Indonesiens auf unterschiedlichstem Niveau gepflegt angeboten. Kleinere Restaurants nennen sich traditionell Warung und bestehen oft aus nicht mehr als fünf Tischen, aber auch der eine oder andere Gourmettempel schreibt sich Warung vor den Namen. Daneben gibt es immer mehr Lokale, die sich auf italienische, indische, chinesische, griechische und sogar deutsche Küche spezialisiert haben. Die Spanne reicht von hochwertiger balinesischer und internationaler Kost, die hübsch dekoriert zu gutem australischen Wein serviert wird, bis zu minderwertigem, in unterkühlter Atmosphäre dargebotenen Essen. Die meisten Restaurants haben auch eine kleine Auswahl an westlichen Gerichten auf der Speisekarte: Spaghetti und Sandwiches sind die beliebtesten Vertreter. Oft werden auch Pizza, Süppchen, Steaks, Burger und Salate angeboten – und ab und an gerne von Einheimischen genossen. Umgekehrt gilt dasselbe: So gut wie alle Restaurants offerieren ein paar indonesische Speisen – egal, welcher Landesküche sie sich verschrieben haben.

Im Reiseteil finden Sie in den einzelnen Ortskapiteln unter den Restaurantempfehlungen unsere persönlichen, als Tipp gekennzeichneten Favoriten. Lokale, die uns bei unserem Besuch überzeugt haben. Entweder war das Essen schlichtweg hervorragend, besonders authentisch oder ausgefallen. Oder es waren Restaurants, die durch ihr Ambiente, die Atmosphäre sowie individuelle Ideen hervorgestochen sind. Die Tipps sind logischerweise subjektiv und natürlich kann die Qualität der Gerichte aus zahlreichen Gründen, z. B. einem neuem Koch oder neuem Management, schwanken.

Einheitsessen mit Exotik – Fast Food

Wer auf Fast Food steht, wird v. a. in den Großstädten fündig. Hier gibt es sie alle: von McDonald's und Burger King über Pizza Hut und Kentucky Fried Chicken bis zu Dunkin' Donuts und wie sie sonst noch heißen. Sogar hier kann ein Besuch interessant werden. Man sieht Jugendliche bei ihren Dates und vielleicht erlebt man die Geburtstagsfeier eines Kindes aus guter Familie. Daneben kann man sich das allseits bekannte Fast Food einverleiben, aber auch vollkommen neue Kreationen entdecken – Donuts haben plötzlich Füllungen mit exotischen Früchten wie Durian. Es gibt aber auch immer ein Gericht mit Reis oder eine landestypische Suppe (natürlich nie so frisch und lecker wie im Warung). Neben den internationalen Ketten entdeckt man v. a. in großen Malls auch indonesische und bei uns unbekannte asiatische Schnellrestaurants. Besondes beliebt sind Mr. Bakso, der Suppen in vielen Variationen serviert, Hoka Bento, der gebackene Snacks aus Meeresfrüchten und Hühnchen kredenzt, und Großbäckereien, die allerlei gefüllte Teigwaren und unglaublich süße, quietschbunte Küchlein anbieten.

Geselligkeit pur – alkoholische Lokalgrößen

Bier wird von den Balinesen nicht so häufig getrunken – es ist für viele einfach zu teuer. Touristen brauchen dennoch nicht auf den Gerstensaft zu verzichten. Neben importierten Biersorten wie Heineken, Guinness und Carlsberg sind auch die heimischen Abfüllungen wie Anker, Bali Hai (das allerdings auf Java gebraut wird) und die am häufigsten vertretene Marke Bintang nicht zu verachten.

Besonders zu Festtagen, aber auch zur gemütlichen Trinkrunde werden sie aufgetischt: Arrak, Tuak und Brem – harte Burschen, die meist im Kreis der Freunde genossen werden. **Arrak** ist der lokale Reisschnaps, der in einigen Warungs sehr

Gemütliche Palmweinrunde

günstig in PET-Flaschen verkauft wird. Qualität und Geschmack schwanken dabei je nach Herstellung und Preis erheblich: vom rauchigen, leicht bitteren Aroma bis zum beinahe schon milden Erstdestillat, das gut mit Tequila und anderen Spirituosen mithalten kann. Destilliert wird Arrak aus Palmwein (Tuak) und Reiswein (Brem). Besonders in letzter Zeit kam ab und an gepanschter Arrak in Umlauf – mit verheerenden Folgen. Aus diesem Grund verzichten immer mehr Restaurants in den Touristenzentren auf Mixgetränke mit Arrak – obwohl dieser als einheimisches Produkt nicht der Alkoholsteuer (bis zu 400 % (!) Aufschlag auf ausländische Spirituosen) unterliegt und somit erheblich billiger ist. Die Balinesen selbst lassen sich ihren Spaß in der Trinkrunde nicht verderben, und wer an den gleichen Stellen wie sie kauft oder sich auf den im Supermarkt angebotenen Arrak beschränkt, sollte auch keine Probleme bekommen. Genossen wird die ca. 50–60 %ige Spirituose als Mixgetränk und in Trinkrunden am liebsten pur oder mit einem Schuss Zitrone und ein wenig Honig vermengt. Das Glas, der Joghurtbecher, die Tasse oder was immer als Gefäß benutzt wird, geht im Kreis herum – bis irgendwann die Flasche leer ist. Die Balinesen glauben, dass dem Trinker nach übermäßigem Arrakgenuss die Hexe Rangda im Schlaf erscheint und sonderbare Träume bringt … Dafür bleiben die Kopfschmerzen am nächsten Tag (angeblich) aus.

Arrak Madu – der balinesische Caipirinha

Wer aus seinem Urlaub auf Bali zurückkehrt und eine Flasche Arrak im Gepäck hat, wird sich freuen, das erfrischende süß-saure Mixgetränk zu den Urlaubserinnerungen zu genießen. Allen anderen dient es zur Vorfreude auf gesellige Abende in den balinesischen Bars.

4 cl Arrak
Saft von einer halben Limette
1 TL Honig (am besten Akazienhonig)
½ Glas Eiswürfel
Limettenscheiben zum Garnieren

In einem Whiskeyglas gut mischen, probieren und bei Bedarf mit mehr Limettensaft säuern oder Honig süßen. Wer es spritziger möchte, gibt einen Schuss Sodawasser in sein Getränk.

Tuak ist der in ganz Asien beliebte Palmwein, der aus dem Saft verschiedener Palmenarten gewonnen wird. Dazu wird der Blütenstand der Pflanze abgeschnitten und der ausfließende süße Saft in Gefäßen aufgefangen. Hierbei ist es ganz entscheidend, wann der Saft gesammelt wird. Die frühmorgendliche Ernte verheißt leichten, dafür aber besonders süßen Alkoholgenuss. Wird mittags geerntet, ist der Palmwein durch die einsetzende Fermentierung schon stärker und das Ergebnis weniger zuckrig. Den herbsten, aber nach lokaler Meinung keinesfalls besten Tuak, gewinnt man aus der abendlichen Ernte. Tuak muss frisch getrunken werden, denn je länger der Palmwein steht, desto stärker und saurer wird er, bis er sich nach spätestens drei Tagen in ungenießbaren Essig verwandelt hat.

Brem hingegen ist eine balinesische Spezialität und wird aus drei Vierteln weißem Reis und einem Viertel schwarzem Reis hergestellt. Dieser wird gekocht, mit Hefepilzen versetzt und so zum Gären gebracht. Die abgeschöpfte Flüssigkeit reift weitere zwei Wochen, bis sie bereit zur Abfüllung ist. Guter Brem ist mit ca.

5 % Alkoholgehalt relativ leicht, recht süß und hat Ähnlichkeit mit unserem Federweißen.

Sowohl Arrak als auch Brem sind Bestandteil einiger Zeremonien. Und vermengt mit heilenden Kräutern wird v. a. Arrak von vielen balinesischen Heilern (Balian) als äußerliches Heilmittel angewendet.

Nichtalkoholisches: Vitamin-, Koffein- und Zuckerbomben

Natürlich hat Bali auch so einiges aus dem alkoholfreien Segment zu bieten. Eine Insel, auf der so viele exotische Früchte gedeihen, kann natürlich auch mit vitaminreichen **Fruchtshakes** aufwarten. Oft werden die Früchte mit Eis püriert oder als Shake auch mit Sahne oder Kokosnussmilch gemischt. Die Klassiker Mango, Ananas, Orange und Melone sind genauso vertreten wie ausgefallene Früchte, z. B. *salak bali* (die geschmacklich an Apfel und Birne erinnernde Schlangenhautfrucht), *rambutan* (eine der Litschi ähnliche süße Frucht, die von einer behaarten Schale geschützt wird) oder Limettensaft. Tomate und Avocado werden gesüßt getrunken, Durian sollte den Mutigen vorbehalten bleiben – die Indonesier behaupten: „Die Frucht stinkt wie die Hölle und schmeckt wie der Himmel." Wir können nur Ersterem zustimmen. Ein erfrischendes Highlight ist der Saft einer jungen, frisch von der Palme gepflückten Kokosnuss (*kelapa mudah*) – purer geht es einfach nicht mehr!

Wer auf die zahlreichen **Saftvariationen** in Dosen zurückgreift, findet wahrlich Exotisches, aber meist auch Pappsüßes. Ein Ausflug zum Getränkekühlregal enttäuscht Neugierige so gut wie nie: Da gibt es durchsichtige Flüssigkeiten mit Geleestückchen, Getränke in bunten Farben und malzig-süßes Root Beer. Aber auch **Softdrinks** wie Cola, Limo und zuckersüßer Eistee in Flaschen sind weit verbreitet. Gegen Durst hilft am besten „Aqua" bzw. *air putih* – sprich das saubere **Wasser** in Flaschen.

Balinesen trinken gerne Tee. Noch stolzer sind sie allerdings auf ihren **Kaffee** – und das vollkommen zu Recht! Der balinesische Kaffee braucht den Vergleich mit anderen bekannten Sorten nicht zu scheuen. Schon das kräftige Aroma vor dem Aufbrühen überzeugt. Gäste werden so gut wie immer auf einen Kaffee eingeladen, und beim Schwätzchen im lokalen Warung trifft man sich auf das aromatische Getränk. *Kopi bubuk* ist duftendes, fein gemahlenes Kaffeepulver, das mit kochendem Wasser übergossen zu einem starken Kaffee wird. Der Satz bleibt am Ende in der Tasse zurück. Eigentlich selbst schuld, wer auf die allseits beliebten Instantvarianten „à la Nescafé" (so auf den Speisekarten) zurückgreift. Traditionell wird Kaffee mit Unmengen an Zucker (*gula*) versetzt und eher selten mit Milch getrunken. Wer seinen Kaffee schwarz liebt (*kopi pahit*, wörtlich bitterer Kaffee), steht vor einer Herausforderung und wer ihn gerne ungesüßt mit Milch (*susu*) trinkt (*kopi pahit dengan susu*), hat in kleineren Restaurants meist Pech. Statt Milch wird oft eine dickflüssige, gesüßte Variante aus Tube oder Dose kredenzt.

Eine ganz besondere Spezialität in Sachen Kaffee hat Bali noch zu bieten: *kopi luwak* (→ Kasten S. 160). Weltweit sind Gourmets bereit, große Summen für diese besondere Bohne zu bieten. Sie wird im Magen der Zibetkatze fermentiert und dann wieder ausgeschieden. Das sanfte, dennoch kräftige Aroma mit einer Kakaonote hat schon so manchen Skeptiker überzeugt.

Nur ein Bruchteil der gängigen Zutaten

Speisenlexikon

Den herrlich ungewohnten Geschmack verdankt die Küche Balis ihrem Universum an Ingredienzen. Fremdartige Zutaten und die gekonnte Kombination vonexotischen Gewürzen lassen eine neue, unbekannte, aber bei den meisten Europäern doch schnell liebgewonnene Welt an Gaumenfreuden entstehen.

Die wichtigsten Gewürze (bumbu-bumbu)

Chili	*cabe/tabia lombok*
(lang, rot und milder als z.B. die Vogelaugenchili)	
Erdnuss	*kacang (tanah)*
Frühlingszwiebel	*daun bawang*
Galgant	*laos/isen*
Garnelenpaste	*petis*
Gewürzlilie	*kencur*
Honig	*madu*
Ingwer	*jahe*
Kaffir-Limettenblätter	*daun jeruk purut*
Kerzennüsse	*kemiri/tingkah*
Knoblauch	*bawang puthih/kesuna*
Kokosnuss	*kelapa/nguh*
Kokosmilch	*santan*
Koriandersamen	*ketumbar*

Krabbenpaste (getrocknet)	*terasi*
Kurkuma	*kunyit*
Limette	*jeruk nipis*
Nelke	*bunga cengkeh/cengkeh*
Öl	*minjak*
Palmzucker	*gula merah/gula bali*
Schalotte	*bawang barak*
Sojasoße (süß und dickflüssig)	*kejap manis*
Sojasoße (flüssig und dunkel)	*kejap asin*
Tamarinde	*asam/lunak*
Vogelaugenchili	*tabia/kerinji*
Zitronengras	*sereh*
Zucker	*gula*

Bakso (oben mit Fleisch, unten mit Fisch) in der Deluxe-Version

Suppen

Die indonesischen Suppen werden oft an Straßenständen verkauft und sind in den meisten Fällen schon beinahe ein Hauptgericht. Als Sättigungsbeilage ist es ganz normal, Reis dazuzubestellen.

bakso: Eigentlich das Leibgericht aller Indonesier. Die kräftige, klare Suppe wird mit Bällchen unterschiedlicher Fleischsorten – meist Rind- oder Schweinefleisch, selten Fisch – zubereitet. Wer möchte, bekommt noch Röllchen aus gepresstem Reis oder Gemüse als weitere Beilage. Aufgepeppt wird das Ganze mit unterschiedlichen Soßen, die jeder nach Geschmack in die Suppe gibt.

soto ayam: Klare Hühnersuppe mit gegarten, gezupften Hühnerstreifen, oft um Glasnudeln und Gemüse als Einlage ergänzt.

soto sayur: Klare Gemüsesuppe, nur manchmal mit Nudeln, doch immer würzig im Geschmack.

gedang mekuah: Die Hauptzutat dieser würzigen, dezent säuerlichen Suppe ist grüne Papaya. Diese wird mit Zitronengras, Kurkuma, Galgant und Koriandersamen in einer Brühe (meist Hühnerbrühe) gar gekocht.

cap chai: Klare Suppe aus Gemüse, manchmal mit Fleisch versetzt. Perfekt für gestresste Mägen, da sehr mild im Geschmack.

Gemüse und fleischlose Gerichte

Zahlreiche Gerichte ohne Fleisch ergänzen den täglichen Speiseplan. Oft werden sie ‚z. B. bei gebratenem Huhn oder Saté, zum Reis gereicht oder sind kleine Beilagen. Im Restaurant können sie auch als Hauptgericht bestellt werden.

Gemüse und andere Produkte

Aubergine	*terong*	Kartoffel	*kenteng*
Bohne	*tumis*	Karotte	*wortel*
Eier	*telur*	Kohl	*kol*
gebratene Eier	*telur goreng*	Milch	*susu*
Spiegelei	*telur mata sapi*	Sojabrot	*tempeh*
Gemüse	*sayur-sayuran*	Sojakuchen/Sojaquark	*tahu*
Gurke	*(ke)timun*	Sojasprosse	*tauge*
Jackfrucht	*nangka*	Tomate	*tomat*
Käse	*keju*	Wasserspinat	*kangkung*

Zubereitungsbeispiele

lawar: Hauptbestandteile dieses würzigen, warmen Salates sind grüne Bohnen und Kokosraspeln. In den meisten Fällen wird mariniertes gekochtes und gezupftes Hühnerfleisch untergerührt.

tempeh/tahu goreng: Diese knusprige Beilage aus frittierten Tempeh- und Tofuscheiben wird oft mit süß-würzigem Dip serviert.

urap: Gemischtes Gemüse (z. B. Kohl oder Schlangenbohnen) wird mit Kokosraspeln, Zitronenblättern, Chilis und Knoblauch gewürzt und angebraten.

sayur lodeh: In einer Soße aus Kokosmilch gekochtes Gemüse. Je nach Koch und verwendeter Kokosmilch wird es als leichte Suppe oder als cremiges Gericht serviert.

gado gado: Salat aus gekochtem Gemüse wie Kartoffeln, grünen Bohnen, Karotten, Gurke, oft ergänzt durch ein gekochtes Ei, frittierten Tempeh oder Tofu. Alles wird mit einer dicken Soße aus Erdnüssen übergossen und lauwarm serviert.

kangkung goreng: In einer würzigen Soße aus Schalotten, Knoblauch und Garnelenpaste gebratener Wasserspinat. Manchmal mit milderen, roten Chilis, manchmal mit gerösteten Garnelen und, besonders in Lombok (als *tumis kangkung*), mit einer roten feurig-scharfen Soße serviert.

sajur hijau: Grünes Gemüse – oft Wasserspinat – in leichter, schmackhafter Soße gegart. Oft mit Fleisch versetzt.

lalapan: Rohes Gemüse wie Kohl, Bohnen, Sprossen, Gurken, die mit Dip-Soßen als Beilage serviert werden. Nicht für jeden Magen zu empfehlen.

Zubereitungsarten

Curry	*kari/kare*	scharf	*pedas*
gebraten (oft in der Pfanne frittiert)	*goreng*	dicke Soße, in der die Zutaten geschmort werden	*gulay*
gefüllt	*isi*	süß-sauer (mit Tamarinde und Knoblauch gewürzt, daher nicht mit dem chinesischen „süß-sauer" zu vergleichen – außer natürlich, Sie speisen beim Chinesen)	*asam manis*
gegrillt/geröstet	*bakar*		
kochen	*(me)masak*		
kalt	*dinging*		
mit/ohne Eis	*dengan/tampa es*	Suppe/Eintopf	*soto/sop*

Fleisch (daging)

Fleisch ist nicht so wichtig und in der balinesischen Küche nicht unbedingt üppig gesät und wird im Alltag oft mit verschiedenen Gemüsegerichten serviert. Wenn es auf den Tisch kommt, ist es in vielen Fällen festlich zubereitet. Wer Steak-Fan ist, sollte sich übrigens vor dem Bestellen die balinesischen Kühe genauer ansehen ... Leider ist hier Importware oft erfolgversprechender, da weniger zäh.

Fleischsorten

Fleisch (allgemein)	*daging*	Huhn	*ayam*
Ente	*bebek*	Kalb	*anak sapi*
Hackfleisch	*daging cincang*	Rind	*sapi*
Hammel (manchmal auch Lamm)	*kambing*	Schwein	*babi*

Zubereitungsbeispiele:

ayam goreng: Zunächst „nur" ein gebratenes Huhn, meist die Schenkel. Addiert werden je nach Küche und Küchenchef würzige Soßen (z. B. *sauce merah* = eine scharfe rote Soße) oder Gewürzmischungen (*bumbu*) nach geheimen Rezepten, womit es dann entsprechende Namenszusätze erhält, die auf die Zubereitungsart oder die Herkunft (z. B. *padang* = aus Sumatra) hinweisen.

ayam pelalah: Mit einer Würzmischung mariniertes und gebackenes Huhn, dem nach dem Abkühlen die Haut abgezogen wird. In feine Streifen gerupft, wird das Fleisch mit Limettensaft und Chili-Mischungen vermengt.

opor ayam: In gewürzter Kokosnussmilch zartgekochtes Hühnerfleisch. Wird auch mit anderen Fleischsorten oder Gemüse zubereitet.

bebek betutu: Ein Festgericht, das sich keiner entgehen lassen sollte. Eine ganze Ente wird mariniert, in Bananenblätter gewickelt, gedämpft und anschließend gegrillt. Meist muss das Gericht vorbestellt werden.

babi guling: Das balinesische Spanferkel ist ein wahres Festessen, da schon alleine die Zubereitung einen halben Tag in Anspruch nimmt. Zum Glück gibt es die zahlreichen Babi-Guling-Stände (v. a. um den Ort Mengwi, auf der Straße, die den Süden mit dem Norden verbindet). Hier kann man das leckere Ferkelchen portionsweise ordern und mit *satay babi* (Saté aus Schwein), *lawar*, scharfem *sambal guling* und Reis genießen.

be celeng base manis: Das Schweinefleisch in Sojasauce wird mit Knoblauch, Ingwer, Schalotten und – natürlich – *kejap manis* angebraten.

tum bebek/tum ayam: Die kleinere, feinere Version der *bebek betutu*. Fein gehacktes Entenfleisch wird raffiniert mit Kokosnussmilch, Knoblauch und einer speziellen Würzmischung (*base gede*) gewürzt und in Bananenblätter gewickelt gedämpft. Anstelle der Ente können auch Hühnchen oder Fisch verarbeitet werden. Das Gericht heißt dann natürlich *tum ayam* oder *tum ikan*.

satay: Marinierte Fleischspießchen, über Kohle oder Kokosschalen-Feuer gegrillt. Diese werden so gut wie immer mit einer speziellen Soße aus geriebenen Erdnüssen serviert.

Snacks (jaja)

So gut wie überall finden sich Stände und fliegende Händler, die leckere, knusprige, salzige oder süße Snacks anbieten. Kein Wunder also, dass man Indonesier zu jeder Tages- und Nachtzeit naschen sieht …

kerupuk: Im gesamten südostasiatischen Raum beliebter Knabberspaß und die Beilage zu nahezu jedem Gericht sind die luftigen, ausgebackenen Chips. Meist bestehen sie aus Krabbenmehl, manchmal sind sie mit Erdnüssen oder Gemüse versetzt.

murtabak: Ein Pfannkuchen, der mit Vorliebe auf den Nachtmärkten zubereitet wird. Gerne wird er süß gegessen, aber auch Variationen mit Ei und Käse, manchmal sogar Fleisch sind sehr beliebt.

gorengan: Frittierte Snacks aus Süßkartoffeln, Tempeh und gefüllten Tofuschnitten, die gerne an fahrbaren Essensständen verkauft werden. „Das Frittierte" wird mit rohen Chilis und Sojasoße aus der Tüte gefuttert.

tahu isi: Frittierte Tofupäckchen, meist mit Garnelen oder Huhn, oft auch nur mit einer Gemüsemasse aus Sojasprossen, Zwiebeln, Karotten und Kohl gefüllt.

lumpia: Klassische kleine Frühlingsrollen, meist mit Hühnchen, ab und an auch mit Garnelen gefüllt.

kenteng goreng: Die indonesische Version der Pommes. Kartoffelstreifen – manchmal auch -scheiben – werden in heißem Öl ausgebacken. Oft nicht ganz so knusprig wie das europäische Pendant.

kachang goreng: Geröstete Erdnüsse

Früchte (buah-buah)

Unglaublich, wie süß und saftig eine Ananas wirklich schmecken kann. Die Vielfalt an tropischen Früchten auf Bali und Lombok ist umwerfend. Schon zum Frühstück werden kleine Schalen mit Fruchtsalat serviert und die Marktstände quellen förmlich von Pyramiden der gesunden Köstlichkeiten über. Gut, wenn man weiß, was was ist.

durian: Die große, stachelige Stinkfrucht macht ihrem Namen alle Ehre. Die meisten Europäer scheitern schon am Geruch. Indonesier lieben sie.

jambu bol: Java-Apfel. Das wässrige und dennoch knackige Fruchtfleisch ähnelt manchen Apfelzüchtungen. Die Form gleicht eher einer Mischung aus Apfel und Birne.

jambu meté: Cashew-Frucht. Hierzulande kennen wir nur den Kern, in Indonesien wird auch der größte Teil der Frucht, der Cashew-Apfel, gegessen.

jeruk manis: Kleine Orangen, die in der Farbe eher Limetten, von der Größe eher Mandarinen ähneln.

jeruk nipis: Limette

kelapa: Kokosnuss

mangga: Mango

manggis: Mangostane. Hinter der faustgroßen dunkellila Schale versteckt sich das süße bis süß-saure, helle und sehr saftige Fruchtfleisch, das dem einer Litschi ähnelt.

markisa: Passionsfrucht

nanas: Ananas

nangka: Jackfrucht. Das reife, gelbe Fruchtfleisch der großen, stacheligen Früchte schmeckt saftig-süß. Die unreife Frucht ist Bestandteil vieler Currys.

papaya: Papaya

pisang: Bananen. Allein in Indonesien wachsen 7 unterschiedliche Sorten in den verschiedensten Größen. So gibt es spezielle zum Kochen, bestimmte zum Braten und fruchtig-süße zum einfach so essen.

rambutan: Das süße Fruchtfleisch ist dem einer Litschi ähnlich und versteckt sich hinter einer lustigen haarigen Schale – daher auch der Name (rambut = Haar).

salak bali: Schlangenhautfrucht. Enthält ein cremefarbenes, festes Fruchtfleisch, das nach einer Mischung aus säuerlichem *Apfel und milder Birne* schmeckt.

***semangka**: Wassermelone*

tamarillo: *Ähnelt vom Äußeren einer roten bis purpurfarbenen Tomate. Das reife, süßsäuerliche* Fruchtfleisch ist von weicher Konsistenz.

Für Schatten, Snacks und Getränke sorgen die gemütlichen Warungs am Strand

Reis (nasi) und Nudeln (mi) vs. Brot (roti) und Kartoffeln (kenteng)

Reis ist das Grundnahrungsmittel in ganz Indonesien. Eigentlich kommt kein Essen ohne die Sättigungsbeilage auf den Tisch. Wer sich Reis nicht leisten kann, weicht auf Kartoffeln oder Mais aus. Kein Wunder also, dass diese nicht das höchste Ansehen genießen. Im Restaurant bestellt man zu den meisten Gerichten *satu posi nasi putih* (eine Portion weißen Reis). Wenn es keinen Reis gibt, dann wenigstens Nudeln. Brot ist für Ausländer und wird meist in weicher, luftiger Form in den Supermärkten, aber auch als süßes Gebäck in den Bäckereien angeboten. So kann das gewünschte Knoblauchbrot eine ganz neue Kreation sein.

Nasi campur: Meint wörtlich „gemischter Reis" und ist die perfekte Gelegenheit für alle, die möglichst viel von der indonesischen Küche probieren wollen. Der gekochte weiße Reis wird mit einer Auswahl an Speisen wie gebratenem Huhn, gebackenem Fisch, Gemüse, Sambal und gebratenen Eiern serviert. Oft kann man an einer Theke die Gerichte (die übrigens immer frisch nachgekocht werden, doch meist lauwarm auf den Teller kommen) durch Fingerzeig selbst wählen.

Masakan padang: Eine spezielle Form ist die Padang-Küche. Hier werden die Speisen aus der Küche Sumatras am Tisch aufgereiht. Man nimmt sich von den einzelnen Gerichten und zahlt nur, was man auf seinen Teller lädt. Doch auch hier kann man oft einfach nur aus der Auslage wählen.

Nasi goreng: Gebratener Reis mit Schalotten, Knoblauch, süßer Sojasoße und terasi gewürzt. Oft noch mit verschiedenem Gemüse, auf Wunsch auch mit Fleisch oder Garnelen vermengt. Wird so gut wie immer mit einem Spiegelei und kerupuk serviert.

Mi goreng: Gebratene Eiernudeln mit Sojasoße, verschiedenem Gemüse und oft auch unterschiedlichen Fleischsorten in der Pfanne gerührt.

Bak mi: Getrocknete Nudeln in würziger Soße mit Gemüse und/oder Fleisch.

Nasi kuning: Zu vielen Zeremonien wird dieser Reis bereitet. Die gelbe Farbe entsteht durch Kurkuma. Serviert wird er zur Reistafel, umringt von vielen weiteren Gerichten.

Bihun: Glasnudeln, oft als Suppeneinlage, aber auch zu pfannengerührten Gerichten verwendet.

Longtong: Gepresster, gedämpfter Reis im Bananenblatt. Die Stangen werden erst kurz vor dem Servieren aufgeschnitten und der Inhalt in Würfel geschnitten.

Nasi lemak/basu gurih: Kokosreis

Nasi putih: Gedämpfter weißer Reis. Die Grundlage zu jedem indonesischen Gericht.

Roti: Brot. Meist allerdings süßer, weißer und weicher als das bei uns bekannte. Der Ausdruck wird oft auch für süßes Gebäck verwendet. An manchen Straßenständen bekommt man das malaiische *roti canai*, gebackene, weiche Teigfladen, die in verschiedene Currysoßen gedippt werden.

Meeresfrüchte

Trotz der Nähe zum Meer essen Balinesen relativ wenig Fisch. Dennoch: Für Fischliebhaber sind die indonesischen Inseln ein wahrer Gourmettraum. Meist wird der Fang des Tages frisch von den Fischern eingekauft und mit herrlichen Soßen gekocht, in Bananenblättern gedämpft oder einfach gegrillt. Pasten aus Krabben und getrockneten Anchovis sind würzige Bestandteile vieler Gerichte.

Meeresfrüchte

Fisch	*ikan*	Wels	*ikan lele*
Anchovis	*ikan bilis*	Kalmar	*cumi cumi*
(so gut wie immer getrocknet)		Krabbe	*ketam*
Roter Schnapper	*ikan merah*	Garnele	*udang*
Goldmakrele	*mahi mahi*	Hummer	*udang karang*

Zubereitungsarten

cumi cumi goreng: Die indonesische Version von Calamaris. Oft jedoch mit süßer Sojasauce und sambal statt mit Tomatenketchup serviert. Kann ab und an auch wirklich ein indonesisch gewürzter (ganzer) Kalmar in leckerer Soße sein.

Cumi cumi masak ketchup: Tintenfisch in Sojasoße gekocht.

Cumi cumi denus mebase bali: Die Tintenfischtuben werden in einer Brühe, die mit einer speziellen Würzpaste für Meeresfrüchte versehen ist, zart gekocht.

Satay udang: Große Garnelen, werden mit Chili, Limettensaft und vielen anderen Gewürzen mariniert, aufgespießt und auf dem Grill zubereitet.

Udang bakar: Mit Knoblauch, Chilis, Tamarindenmark und Sojasoße marinierte Garnelen, über Feuer gegrillt.

Ikan pepes: Feine, mit Gewürzen wie Ingwer, Kurkuma, Tamarinde sowie Schalotten und Knoblauch marinierte Fischfilets werden in Bananenblätter gewickelt und gedämpft oder gegrillt.

Satay lilith: Eine Paste aus gehacktem Fisch und Garnelen wird mit raffinierten Gewürzen wie Kaffir-Limette, Kokosraspeln, Ingwer und Koriander gewürzt und auf einen Zitronengrasstängel gepresst. Anschließend werden die leckeren Spießchen gegrillt.

Ikan bakar: Meist ein ganzer marinierter, gegrillter Fisch. In Restaurants kann er manchmal paniert und frittiert sein.

Soßen (sambal)

Die würzig-scharfen Soßen werden Touristen oft nur auf Anfrage serviert und machen jedes Gericht erst komplett. Alle sind scharf, manche sogar höllisch scharf.

Ist dieses Essen scharf?	*Makanan ini pedas?*
Bitte nicht scharf!	*Minta, tidak pedas!*
Ich kann/will nicht scharf essen.	*Saya tidak boleh/mau makan pedas.*

sambal mata: Soße aus fein geschnittenen Schalotten, Zitronengras und Chilis, verfeinert mit Limettensaft, getrockneter Krab-

Unser Menüvorschlag:
Knuspriges *satay* als Vor-,
frisches *babi guling* als Haupt- und
bunte Mini-Donughts als Nachspeise

benpaste sowie Knoblauch. Da das Sambal nicht gekocht wird, ist es himmlisch scharf.

sambal tomat: Eine dicke, scharfe Soße aus Tomaten, Chilis, Knoblauch und Schalotten. Diese werden eingekocht und anschließend püriert.

sambal terasi: Unterschiedliche Chilisorten, Tomaten und geröstete Garnelenpaste werden im Mörser zerrieben und mit Limettensaft sowie Palmzucker vermengt. Entzündungsgefahr!

Süßspeisen

Wie überall in Indonesien sind süße Speisen sehr beliebt. Besonders auf Märkten findet sich ein tolles Angebot für Schleckermäuler. Doch auch jedes Restaurant hat mindestens eine Süßspeise im Angebot.

pisang goreng: Frittierte Bananen im Backteig. Oft mit Honig gesüßt, als urap pisang in Kokosnussraspeln gewendet.

bubu injin: Ein Pudding aus schwarzem und weißem Klebreis, Kokoscreme und sehr viel Palmzucker. Sehr süß, nahrhaft und außerordentlich lecker.

rujak: Eine interessante scharfe, süß-saure Nachspeise. Frische Marktfrüchte wie Ananas, Papaya und Mango werden mit einer warmen Soße aus Tamarinde, Krabbenpaste, Chili und Palmzucker vermengt und lauwarm serviert.

wajik, pancong und andere Süßigkeiten: Süße Küchlein, gewöhnlich in den schillerndsten Farben. Diese werden aus Klebreis oder Reismehl hergestellt und oft mit Kokosmilch verfeinert. Eines haben sie alle gemeinsam: Sie sind zuckersüß.

lemper ayam: Interessante Mischung aus gedämpftem Klebreis und gehacktem Hühnchen. Mundgerecht in Bananenblätter eingewickelt.

onde onde: Frittierte Klebreisbällchen, oft mit süßer Bohnenpaste gefüllt.

Vegetarisch und vegan auf Bali – (k)ein Problem

Zugegeben, Vegetarier haben es nicht ganz so leicht in Bali. Besonders, wenn sie strikte Vegetarier oder Veganer sind und auf sämtlichen Fisch und alle Meeresfrüchte verzichten. Denn durchs Hintertürchen schleichen sich oft tierische Produkte ins Essen ein, meist in Form von Garnelen- oder Krabbenpasten und Hühnerbrühen. Diese werden als Hauptbestandteil der balinesischen Würzpasten in so gut wie jedem Essen – außer in einigen Fleischgerichten – verarbeitet. Zeremonielle Gerichte – darunter z. B. auch *lawar* – werden zur Feier des Tages oft mit frischem Blut vermengt.

Trotzdem gibt es ein paar Gerichte, die diese tierischen Produkte so gut wie sicher nicht enthalten. Dazu zählen *tempeh* und *tofu goreng, cap chai, soto sayur, mi und nasi goreng sayur.* Auch im warmen Salat *gado gado* und bestimmten Gemüsegerichten wird oft auf diese Zutaten verzichtet. Wer den Koch darauf hinweist, kann sein Gericht sicher rein vegetarisch zubereitet bekommen.

Tofu und Tempeh statt Fleisch

Besonders in den touristischen Zentren haben sich viele Restaurants schon auf vegetarisches Publikum eingestellt. Fast immer sind fleischlose Gerichte auf der Karte enthalten und auch die Bedienung hinter dem Masakan-Padang-Stand wird einem gerne die Speisen ohne Fleisch zeigen (sofern Sie sich verständlich machen können).

Da Huhn noch immer nicht wirklich zum Fleisch gezählt wird, empfiehlt es sich (zumindest in ländlichen Gebieten), seine Bestellung mit dem Hinweis zu versehen, dass man nicht vorhat, dieses Tier zu verzehren.

Saya vegetarir.	Ich bin Vegetarier.
Saya tidak makan daging.	Ich esse kein Fleisch (allgemein).
Saya tidak bisa makan daging ayam/ daging babi/daging sapi/daging kambing/ ikan/udang/telur.	Ich kann kein Hühner-/ Schweine-/ Rind-/ Hammelfleisch/ Fisch/Garnelen/Eier essen.
Bisa anda memasak ini (auf das Gericht zeigen) *tampa terasi dan tampa petis?*	Können Sie dieses Gericht (auf das Sie zeigen) ohne Garnelenpaste/Krabbenpaste kochen?

Besorgte Bedienungen, die bereits von Veganern gehört haben, werden dann oft fragen:

Bisa (makan) telur?	Können Sie Eier essen?

Balinesische Strandboutique

Reisepraktisches von A bis Z

Anreise

Mit dem Flugzeug

Während in den 60ern die Anreise über den Landweg ein beliebtes Abenteuer war, erreichen heute die meisten Urlauber Bali auf dem Luftweg und kommen am Ngurah Rai International Airport südlich von Kuta bei Tuban an. Sie sehen schon, obwohl auf den meisten Buchungsseiten als Denpasar (DPS) aufgeführt, liegt er gar nicht in der Hauptstadt der Insel. Meist geht die Reise über Bangkok, Singapur oder verschiedene arabische Staaten – wer Zeit hat, kann dies für einen interessanten Stopover nutzen. Egal ob Sie das Ticket im Reisebüro, im Internet oder bei der Airline direkt buchen, Preisvergleiche lohnen sich immer. Die Spanne erstreckt sich von Sonderangeboten ab 680 € bis hin zu Preisen von 1800 € pro Ticket; für ein Economy-Ticket hat sich der Preis in den letzten Jahren bei ca. 750–950 € eingependelt. Die günstigsten Flugtickets werden bei Nichtantritt der Reise nicht mehr zurückerstattet, meist wird auch noch eine Stornierungsgebühr verlangt; Umbuchungen schlagen mit 50–100 € zu Buche. Der Abschluss einer Reiserücktrittsversicherung, die einen Bruchteil der Ticketgebühren ausmacht, ist daher eine Überlegung wert. Wer sichergehen will, dass es bei den Abflugzeiten zu keinen Änderungen gekommen ist, sollte sein Flugticket ca. drei Tage vor Ab- bzw. Rückflug bei der Airline telefonisch rückbestätigen lassen.

Wer seine Reise auf mehrere asiatische Länder oder Inseln Indonesiens ausdehnt, kann sparen, indem er mit einer asiatischen Fluggesellschaft anreist. So kann man z. B. nach Bangkok oder Kuala Lumpur fliegen und von dort aus mit den **innerasiatischen Fluglinien** für wenig Geld nach Bali gelangen. Wer von Jakarta aus wieterfliegt, spart sich zudem einmalig die Ausreisesteuern. Die Preise schwanken je nach Angebot und Abflughafen zwischen 20 und 150 €. Am günstigsten ist es, die Flüge über die Homepage der Airlines via Kreditkarte zu buchen. Auch hier sollte sicherheitshalber drei Tage vor Abflug eine telefonische Rückbestätigung erfolgen.

Kleine Notiz am Rande: Außer Air Asia, Garuda Indonesia, Mandala und Batavia Air werden die meisten indonesischen Fluggesellschaften zurzeit auf der sog. **Schwarzen Liste** geführt und dürfen nicht von europäischen Flughäfen starten bzw. dort landen. Die Liste können Sie unter http://ec.europa.eu/transport/air-ban/doc/list_de.pdf im Netz einsehen.

Fluglinien ab Deutschland Thai Airways, www.thaiair.de. Die Airline hat auch interessante und günstige Stopover-Angebote in Bangkok im Programm, bei denen Erkundungstouren in der Metropole und Ausflüge in die nähere Umgebung zugebucht werden können.

Asiana, http://flyasiana.com. Cathay Pacific, www.cathaypacific.com. Qatar Airways, www.qatarairway.com. Malaysia Airlines, www.malaysiaairlines.com. KLM, www.klm.com. Gulfair, www.gulfair.com. Korean Air, www.koreanair.com. Quantas, www.qantas.com.au. China Airlines, www.chinaairlines.de. British Airways, www.britishairways.com.

Lufthansa, www.lufthansa.com. Fliegt im Moment nur nach Jakarta auf der Nachbarinsel Java.

Bei der Ausreise wird eine De-parture Tax fällig. Diese beträgt bei Flügen innerhalb Indonesiens 50.000 IDR, bei Flügen ins Ausland 150.000 IDR. Das Geld sollte man passend bereithalten.

Innerasiatische/internationale Fluglinien Air Asia, www.airasia.com. Bietet ein ausgedehntes Netz an Zielen, darunter Flughäfen in Indien, Südkorea, Malaysia, Thailand, Taiwan und Städte wie Singapur sowie zahlreiche Destinationen innerhalb Indonesiens. Fliegt z. B. zu teils sehr günstigen Preisen ab Paris oder London nach Denpasar.

Garuda Indonesia, www.garuda-indonesia.com. Von 19 internationalen (darunter z. B. Amsterdam, Singapur, Bangkok, Kuala Lumpur, Sydney und Dubai) und 31 indonesischen Flughäfen wird die Insel der Götter angeflogen.

Mandala, www.mandalaair.com. Fliegt von Hongkong, Macao, Singapur und vielen indonesischen Flughäfen nach Bali.

Lyon Air, www.lionair.co.id. Von zahlreichen indonesischen Flughäfen sowie Kuala Lumpur/Malaysia und Singapur gehen regelmäßig Flieger nach Bali.

Merpati Nusantara Airlines, www.merpati.co.id. Fliegt von vielen innerindonesischen Flughäfen nach Denpasar.

Jet Star, www.jetstar.com. Fliegt regelmäßig von Singapur sowie in Australien von Perth, Sydney, Darwin und Melbourne nach Bali. Auch von anderen Destinationen wie Manila und Bangkok geht es nach Jakarta.

Batavia Air, www.batavia-air.com. Verbindet die indonesischen Flughäfen Ende, Waingapu, Maumere und Jakarta mit Denpasar. Außerdem geht's von Jakarta und Surabaya nach Lombok.

Weiterflug nach Lombok Die Verbindung von Denpasar zum 2011 neu eröffnete Flughafen Bandara Internasional Lombok ein paar Kilometer südlich von Praya (→ S. 490) stellen folgende Fluglinien her:

Garuda Indonesia, ☎ 080/41807807 (mobil), www.garuda-indonesia.com.

Merpati Nusantara Airlines, ☎ 0370/62111, www.merpati.co.id.

Lion Air und die Tochtergesellschaft **Wings Air**, www.lionair.co.id.

Batavia Air, www.batavia-air.com.

Sky Aviation, www.sky-aviation.co.id.

Trans Nusa Air, www.transnusa.co.id.

Auch auf Lombok muss der Passagier die **Flughafensteuer** (Departure Tax) von 30.000 IDR für Inlandsflüge und 100.000 IDR für Flüge ins Ausland bar bezahlen.

Achtung: Viele der genannten innerasiatischen Fluggesellschaften haben es sich zur Angewohnheit gemacht, Flüge bei zu geringer Auslastung einfach zu canceln!

Auf dem Seeweg

Natürlich kann man auch mit dem Schiff oder der Fähre nach Bali gelangen. Von **Ketapang in Java** fahren die Fähren rund um die Uhr nach Gilimanuk. Die Überfahrt dauert – gutes Wetter vorausgesetzt – nicht einmal 30 Min. Erwachsene zahlen 5700 IDR, Kinder 4200 IDR. Dazu kommt noch das Gefährt, mit dem man anreist: Fahrräder 7500 IDR, Motorräder 27.000 IDR, Autos 87.500 IDR.

Weiter nach Lombok und Sumbawa: Von Padang Bai in Bali kommt man alle 1,5 Std. mit den öffentlichen Fähren in 4–6 Std. nach Lembar auf Lombok. Erwachsene zahlen 31.000 IDR, Kinder 19.000 IDR. Wer ein Auto dabei hat, zahlt noch mal 555.000 IDR, Motorräder kosten 86.000 IDR. Von Lombok ist es nur noch ein Katzensprung bis Sumbawa. In Labuhan Lombok legen stündlich Fähren nach Porto Tano auf der Nachbarinsel ab. Die Überfahrt dauert – bei guten Wetterbedingungen – ca. 1,5 Std. Erwachsene und Kinder zahlen 18.000 IDR, Autos kosten 42.000 IDR, Motorräder 320.000 IDR extra.

Wer viel Zeit hat und mehrere Inseln des **indonesischen Archipels** erkunden möchte, kann auch mit den staatlichen PELNI-Fähren an- bzw. weiterreisen. Die Fähren bedienen regelmäßig festgelegte Routen, die je nach Zeit, Lust und Laune kombiniert werden können. In Bali legen die Schiffe in Benoa, in Lombok in Lembar ab. Die Tickets sind relativ günstig und sollten frühzeitig reserviert werden. Da die Fahrpläne oft geändert werden, sollte man vor der Abfahrt noch einmal die Zeiten checken. Preise und Fahrpläne unter www.pelni.co.id.

Hauptoffice in Jakarta auf Java: Jl. Gajah Mada 14, ℡ 021/6334342, 🖂 021/63854130.

Office in Benoa: Jl. Pelabuhan, ℡ 0361/723483, -720962, 🖂 0361/720962.

Office in Padang Bai: Jl. Pelabuhan, ℡ 0361/235552.

Office in Ampenan: Jl. Industri 1, ℡ 0370/37212, 🖂 0370/31604.

Mit Überlandbus und Zug

Von so gut wie allen Großstädten auf **Java** verkehren Überlandbusse. Diese fahren meist über Nacht und beinhalten bereits das Fährticket. Von Gilimanuk geht es weiter bis zum Ubung Terminal in Denpasar. Für die Fahrt von Jakarta nach Denpasar sollte man 24 Std. einrechnen. Die Preise variieren stark, doch in der Regel gilt: Wer etwas mehr bezahlt, reist bequemer, zudem verfügen die teureren Busse oft über eine Klimaanlage. Bei Preisen um die 500.000 IDR von/nach Jakarta sollte man sich jedoch überlegen, ob man die langen Strecken nicht lieber bequemer mit einem kurzen und oft nicht teureren Inlandflug bewältigen möchte.

Eine weitere Alternative von Jakarta, Yogjakarta oder anderen Großstädten auf Java ist die Weiterreise mit dem Zug. Oft muss man dann spätestens in Surabaya den Zug wechseln, um Banyuwangi in Ost-Java zu erreichen. Von dort geht es mit dem Taxi oder dem Bemo bis nach Ketapang, wo man auf die öffentliche Fähre nach Gilimanuk umsteigt.

Von **Lombok** aus verkehren zahlreiche Überlandbusse nach Sumbawa oder über Bali nach Java. Die Tickets hierfür können am Mandalika Terminal in Mataram gekauft werden.

Fahrpläne und Verbindungen kann man unter www.kereta-api.co.id einsehen, leider nur auf Indonesisch: Gleich auf der Startseite begegnet Ihnen das Wort „Jadwal", das bedeutet hier Verbindung. Darunter wählen Sie unter „Tanggal" das Datum, unter „Asal" den Abfahrtsort und unter „Tujuan" den Ankunftsort aus. Dann auf „Tampilkan" klicken und die Suche startet.

Ärztliche Versorgung

Der Standard des indonesischen Gesundheitssystems ist mit dem europäischen nicht zu vergleichen. Lediglich in Touristenzentren und Großstädten wie Denpasar findet man Ärzte und Kliniken, die unseren Ansprüchen ansatzweise gerecht werden, auf Lombok sieht die Sache eher schlechter als besser aus. Auf Bali gilt: Wer Geld hat, kann sich im Krankheitsfall die nötigen Behandlungen leisten. Wer keines besitzt, vertraut auf die Macht der Götter. Kleine Wehwehchen behandelt man ohnehin in der Apotheke, wo man meist von geschultem Personal gut beraten wird. Die gängigsten Medikamente wie Kopfschmerztabletten und Erkältungsmittel bekommt man auch in kleineren Läden und in Supermärkten. Bei schlimmeren Beschwerden sucht man am besten gleich ein Krankenhaus auf. Untersuchung, Beratung und verschriebene Medikamente sind sofort bar zu bezahlen. Wer ernsthaft erkrankt ist oder operiert werden muss, sollte sich z. B. nach Singapur ausfliegen lassen. In jedem Fall ist eine Auslandskrankenversicherung vonnöten. Diese kann man bei nahezu allen Krankenkassen, beim ADAC und bei vielen Banken im Heimatland abschließen. Im Allgemeinen decken die Policen aber nur vier bis sechs Wochen ab. Bei längerem Auslandsaufenthalt (und hier zählt meist die Gesamtzahl der während des Jahres außerhalb der eigenen Landesgrenze verbrachten Tage) verlieren sie ihre Gültigkeit. Unbedingt enthalten sein sollten in den Versicherungsbedingungen die Möglichkeit des Rücktransports und die freie Wahl des Krankenhauses. Für die Kostenrückerstattung (Kleingedrucktes in der Versicherungspolice berücksichtigen!) ist es wichtig, dass Name und Geburtsdatum des Patienten auf der Rechnung stehen und diese nach Möglichkeit auf Englisch ausgestellt wird. Anderenfalls müssen Sie in Deutschland die Übersetzungskosten tragen.

Krankenhäuser und Ärzte

Die Deutsche Botschaft nennt auf Nachfrage folgende Krankenhäuser und Ärzte, weist aus rechtlichen Gründen allerdings darauf hin, dass damit keinerlei Wertung oder Empfehlung verbunden ist. Bei den genannten Adressen werden Sie von Ärzten mit guten Englischkenntnissen (in wenigen Ausnahmefällen auch Deutschkenntnissen) betreut:

Allgemeine Krankenhäuser auf Bali RSUP Sanglah Genera Hospital, Jl. Kesehatan Selatan 1, Sanglah, Denpasar, ✆ 0361/227911, 227914.

Kasih Ibu Hospital, Jl. Teuku Umar 120, Denpasar, ✆ 0361/220336, www.kasih ibu.co.id.

R. S. Prima Medika, Jl. Pulau Serangan 9 X, Denpasar, ✆ 0361/236225, www. primamedika.com.

RSU Surya Usadha, Jl. Pulau Serangan 1–3, Denpasar, ✆/✉ 0361/235041.

RSAD Denpasar (Militärkrankenhaus), Jl. PB Sudirman 1, Denpasar, ✆ 0361/ 228068.

Allgemeine Krankenhäuser auf Lombok Rumah Sakit Umum Mataram, Jl. Pejanggik 6, Mataram, ✆ 0370/ 622254.

Rumah Sakit Katolik Antonius, Jl. Koperasi 61, Mataram, ✆ 0370/633701.

Ambulante Kliniken (24 Std.) auf Bali BIMC (Bali International Medica Center), Jl Bypass Ngurah Rai 100 X, Kuta, ✆ 0361/761263, www.bimcbali.com.

International SOS Clinic Bali/Klinik SOS Medika, Jl. Bypass Ngurah Rai 505 X, Kuta, ✆ 0361/710505.

Weitere Kliniken auf Bali Merdeka Medical Center, Jl. Merdeka Renon, Denpasar, ✆ 0361/233790.

Allgemeinarzt und Vertrauensarzt des Honorarkonsuls Dr. Andre Dipa, geringe Deutschkenntnisse, Jl. Ratna 44, Denpasar, ✆ 0361/234139.

Zahnärzte auf Bali Dr. Retno W. Agung, Jl. Bypass Ngurah Rai, Br. Taman Sari, Sanur, ✆ 0361/288501.

Drg. Sucipto A. H., Jl. Diponegoro 150 A 32, Denpasar, ✆ 0361/222541.

Bali Dental Clinic 911, Jl Patimur 9–11, Denpasar, ✆ 0361/249749, 222445, 7449911.

Penta Dental Service, Jl. Teuku Umar Barat-Marlboro 8 B, Denpasar, ✆ 0361/4907097.

Gynäkologen auf Bali Dr. Alex Hostiadi, englisch- und deutschsprachig, Jl. Patimura 57, Denpasar, ✆ 0361/231215.

Dr. Mulyana Surya, Jl. Raya Sesetan 3, Denpasar, ✆ 0361/223479.

Dr. Suwiyoga Ketut, Jl. Gianyar, Denpasar, ✆ 0361/286541.

Chiropraktiker auf Bali PT Sehat Utama Abadi, Dr. James Buist, Istana Kuta Galeria, Valet 5–6, Jl. Raya Patih Jelantik, Kuta, ✆/✉ 0361/769004, ✆ 0361/ 7435819, www.chiropractic-asia.com.

Behinderung

Für Menschen mit Behinderung ist eine Reise nach Bali sicherlich nicht einfach, mit der nötigen Vorbereitung aber durchaus machbar. Die Einheimischen sind sehr hilfsbereit und in brenzligen Situationen wird sich so gut wie immer eine helfende Hand finden. Rollstuhlfahrer werden dennoch mit vielen Problemen konfrontiert, denn das Land ist einfach gar nicht auf sie eingestellt ... Dafür aber stets bereit, zu improvisieren. Nur die wenigsten Restaurants verfügen über mit dem Rollstuhl zugängliche Toiletten. Fehlende Fahrstühle und hohe Bordsteine stellen zusätzliche Hindernisse dar und nur bei wirklich großen Supermärkten gibt es Rampen, äußerst selten auch einmal einen Fahrstuhl. Dennoch ist Hoffnung in Sicht: Immer mehr Hotels ab der Mittelklasse verfügen über barrierefreie Räumlichkeiten und auch in einigen Bars bzw. Restaurants bemüht man sich, nach und nach bessere

Zugangsmöglichkeiten zu schaffen ... Leider sind es immer noch zu wenige. Die öffentlichen Verkehrsmittel kann man getrost vergessen: zu klein, zu eng, zu hoch. Besser ist es, sich einen geeigneten Mietwagen zu nehmen. Ein Klapprollstuhl ist einem Elektro-Rollstuhl vorzuziehen, da man so nicht auf mit Rampen versehene Kleintransporter angewiesen ist – welche hier schlichtweg nicht zu bekommen sind.

Rollover Bali bietet individuell zugeschnittene Touren. Ob Sie beim Schnorcheln die Schätze unter Wasser oder bei Tagestouren die Schönheiten an Land erkunden möchten, mit E-Rolli oder Klapprollstuhl: Die gelernte Krankenpflegerin Claudia Kurz und ihr Team machen es möglich. Jl. Sarinande 15, Kuta, Seminyak, ✆ 0361/733805, ✆ 0361/733605, http://rolloverbali.tripod.com.

Auch **VW Bali Tours** bietet Rollstuhlfahrern die Möglichkeit, entweder individuelle Touren zu buchen oder an geführten Gruppentouren teilzunehmen. www.bali vwtour.com.

In Sanur bietet **Bali Access Travel** (→ Karte S. 167, **14**) einen ausgezeichneten Service: Geführte Ausflüge, Transport im speziell ausgerüsteten Fahrzeugen, Vermittlung von barrierefreien Unterkünften oder medizinische Betreuung (in Zusammenarbeit mit der lokalen Klinik). Auch medizinische Ausrüstung wie z. B. Rollstühle, Sauerstoff oder Duschsitze können geliehen werden. ✆ 0361/8519902, 081/337766544 (mobil), www.baliaccesstravel.com.

Besonders einige Tauchanbieter wie **Bali International Diving Professionals** in Sanur (→ S. 163) oder **Joe's Diving** in Tulamben (→ S. 327) haben sich auf die Bedürfnisse von körperlich behinderten Menschen eingestellt.

Drogen

Die Republik Indonesien bestraft Drogendelikte ungemein hart. Schon der Konsum und der Besitz werden – abhängig von der Art bzw. Menge der Droge – mit mehrjährigen Haftstrafen geahndet. Bei größeren Mengen und Schmuggel drohen Gefängnisstrafen von bis zu 20 Jahren für Vergehen mit Marihuana, bei härteren Drogen noch länger bis hin zu lebenslänglich, im schlimmsten Fall wird sogar die Todesstrafe verhängt. Mitwisser müssen ebenfalls mit Haftstrafen von bis zu einem Jahr rechnen. Auch wenn zahlreiche Drogen in den Touristengebieten wie Kuta und Gili Trawangan beinahe öffentlich angeboten werden, können wir nur raten: Finger weg! Oft arbeiten die Dealer mit der Polizei zusammen, die schon um die nächste Ecke wartet. Außerdem kann der Stoff auch mit unbekannten Substanzen gestreckt oder in der heimischen Küche zusammengepanscht worden sein. Dubiose Bitten von noch so netten „Bekannten", ein verschlossenes Paket für Verwandte oder Freunde ins Heimatland mitzunehmen, sollte man ebenfalls immer ausschlagen. Ein böses Erwachen am Flughafen und eine unfreiwillige Ausdehnung des Urlaubs im Gefängnis von Kerobokan könnten die Folge sein. Auch die Magic Mushrooms, die v. a. um Kuta, Lovina und auf den Gili-Inseln pur oder als Zutat in Shakes oder Omeletts angeboten werden, sind mit Vorsicht zu genießen, denn erstens ist der Konsum dieser Pilze entgegen anderer Behauptungen nicht legal und zweitens sind ihre Auswirkungen so gut wie nie vorhersehbar. Der enthaltene Wirkstoff Psilocybin ist kein Kinderkram, sondern dem LSD verwandt. Neben den erwünschten Wirkungen kann der Genuss des „Ticket to the Moon" auch Halluzinationen, Panikattacken und wirklich schlechte Trips auslösen ... Mal ehrlich, wer möchte das schon im Urlaub durchmachen?

Wer sich ein genaueres Bild über die Zustände im Gefängnis von Kerobokan machen möchte, kann sich durch die folgenden (nur auf Englisch erhältlichen) Tatsachenberichte schmökern:

Schapelle Corby und Kathryn Bonella: No More Tomorrows. The Compelling True Story of an Innocent Woman Sentenced to Twenty Years in a Hellhole Bali Prison.

Kathryn Bonella: Hotel K. The Shocking Inside Story of Bali's Most Notorious Jail.

Cindy Wockner und **Madonna King:** Bali 9. The Untold Story.

Einkaufen

Ob es nun ein hübsches Souvenir, ein kleines Mitbringsel oder eine komplett neue Garderobe sein soll – auf Bali werden Sie fündig. Nichts macht so viel Spaß, wie die neue Umgebung bei einem Einkaufsbummel kennenzulernen. Bevor man etwas kauft, sollte man sich jedoch immer erst einmal einen Überblick über Angebot und Wert der Waren verschaffen und mit dem Verkäufer handeln (→ S. 80). Ein übereilter Spontankauf stellt sich im Nachhinein sehr häufig als Nepp heraus.

Kunsthandwerk

Auf Bali ist jeder ein Künstler: So gut wie jeder Einheimische beherrscht hier irgendein Kunsthandwerk. Filigrane Opfergaben, kunstvolle Stoffe, Häuser und Tempel mit detaillierten Reliefs – die Insel ist mit Kunsthandwerk aus den unterschiedlichsten Bereichen geradezu gesegnet. Bis vor wenigen Jahrzehnten wurde Kunst nicht von Handwerk unterschieden auf Bali. Kunstvoll angefertigte Skulpturen, Steinmetz- und Holzschnitzarbeiten dienten ausschließlich zur Gestaltung von Tempeln und Häusern, Stoffe als Bekleidung und in besonderen Fällen als Element religiöser Zeremonien. Wer besser war als andere, schönere Stücke fertigte, bekam mehr Aufträge und wurde höher honoriert. Kunst war sozusagen meist Arbeit für die Götter. Der Tourismus hat dies natürlich verändert. Neben echten Kunstwerken findet sich auch viel Kitsch in den Läden. In nahezu jedem Touristenort sind die Straßen von Souvenirläden gesäumt. Außerdem gibt es noch Märkte, auf denen neben T-Shirts, allerlei Krimskrams und in Fabriken hergestellten Waren wie Wandteppiche, Aschenbecher und Geschirr auch Kunsthandwerk angeboten wird. Manche Sachen kauft man jedoch besser nur beim Hersteller bzw. beim Künstler direkt.

Gold- und Silberschmuck: Individuell angefertigten Schmuck aus Gold und Silber können Sie v. a. in Celuk, nahe Ubud, und in Kamasan erwerben. Wenn Sie bereits konkrete Vorstellungen haben, wie das gewünschte Schmuckstück aussehen soll, ist es gut, ein Bild als Vorlage mitzubringen. Am besten kauft man direkt beim Goldschmied, die Ware ist dort so gut wie immer günstiger als in den großen Läden.

Schnitzarbeiten: Besonders in Mas, Tegallalang, Teges, Sukawati und Batuan, aber auch in Ubud finden sich begnadete Holzschnitzer. Ihre Arbeiten können winzige Figuren oder auch meterhohe Skulpturen sein. Man kann wuchtige Möbel aus Batuan, kleine Aufbewahrungsboxen und Blumen aus Teges oder heil- und unheilbringende Masken aus Sukawati oder Mas erstehen. Gefertigt werden die Stücke oft aus dem weichen Balau-Holz, manche verströmen den Duft von Sandelholz, andere sind gar aus Edelhölzern wie Mahagoni gefertigt. Selten, aber genauso kunstvoll wird Horn zu Kochbesteck oder Masken verarbeitet. Falls Sie sich entschließen, eine solche Maske zu kaufen, erkundigen Sie sich doch vorher über ihre Bedeutung – denn wer möchte schon gerne die grässliche Hexe Rangda oder einen Totendämon über dem Bett hängen haben ...

Korbflechterei: Für schöne Korbwaren fährt man am besten nach Tenganan bei Candi Dasa. Von kleinen Boxen bis zu großen Körben findet sich hier so einiges.

Wayang Kulit: Die filigranen, bunt bemalten Wayang-Kulit-Figuren für das Schattenspiel werden u. a. in Sukawati hergestellt. Gefertigt werden die Götter, Dämonen und Helden aus dünner Rinder- oder Büffelhaut. Die Details werden mit speziellem Werkzeug herausgestanzt oder mit Farbe aufgemalt. Bei der Herstellung muss der Künstler genaue Regeln befolgen und die Puppen nach festgelegten Maßstäben z. B. in der Farbgebung, Form etc. bearbeiten. Nur so kann die fertige Figur ihre Rolle beim Schattenspiel erfüllen. Die Touristen bekommen oft „nur" die „Mängelexemplare" zum Kauf angeboten, die durch „Fehler" für die Wayang-Kulit-Zeremonien unbrauchbar wurden – für Laien sind sie aber dennoch wunderschön!

Steinmetzarbeiten und Töpferhandwerk: Lebensgroße Figuren des Göttervogels Garuda, kleine Haustempel, ausgefallene Springbrunnen und Tiere aller Art: So manch einer gerät in Versuchung, seinen Vorgarten mit einer balinesischen Skulptur aufzupeppen. Fündig werden Sie v. a. in Batubulan, aber auch in Kutri und Singapadu. Bei größeren Stücken sollten Sie sich vor dem Kauf allerdings kurz Gedanken über den Transport machen. Die Sendung per Spedition ist meist nicht billig und die Lieferzeit beträgt ein paar Wochen bis mehrere Monate.

Geschirr, Vasen und Aschenbecher aus Keramik finden Sie v. a. in Kapal und Pejanteng. Wer sich den Weg dorthin sparen möchte, kauft auf den lokalen Märkten ein. Gute Töpferwaren in erdigen Brauntönen werden auf Lombok im Dörfchen Penujak hergestellt und zu erstaunlich günstigen Preisen verkauft.

Malerei: Ubud und die umliegenden Dörfer gelten als Zentrum der Malerei auf Bali – wer hochwertige oder auch einfach nur schöne Gemälde kaufen möchte, sollte sich hier umsehen. Man kann sich in den örtlichen Museen und Galerien gut einen Überblick über Qualität und Preise verschaffen und in den einzelnen Werkstätten den Künstlern bei der Arbeit zusehen. Moderne Malerei finden Sie hauptsächlich in Ubud, dunkle, detailbeladene Gemälde im traditionellen Stil kauft man am besten in Kamasan. Wer sich für den Stil der Young Artists begeistert, sollte Penestanan besuchen.

Textilien und Accessoires: Die in langwieriger, oft 5–8 Jahre andauernder Arbeit gefertigten **Ikat-Stoffe** *geringsing* werden ausschließlich in Tenganan hergestellt. Dementsprechend haben sie natürlich ihren Preis und man wird auch nie ein absolut fehlerfreies Exemplar erhalten, da diese magische Kräfte besitzen sollen. Neben den *geringsing* können Sie noch viele andere wunderschöne Ikat-Stoffe in diesem Dorf erwerben. Eine große Auswahl an Textilien und **Batikarbeiten** finden Sie in Gianyar, Ubud und auf den Märkten in Denpasar. Auf Lombok sollten Sie Sukarara, das Zentrum der Webkunst, besuchen.

Wer nach **Kleidung** sucht, fährt am besten nach Kuta und Seminyak. In den unzähligen Boutiquen, die schicke Sommermode und noble Kleider von (noch) unbekannten Designern anbieten, sollte jeder etwas finden. Auch für **Accessoires** wie Taschen, Schuhe, Geldbörsen ist bestens gesorgt. Zudem bieten Filialen bekannter Designermarken besonders in Seminyak edle Stücke an. Bei namhaften Ketten sowie in kleineren Boutiquen wird Surfbekleidung renommierter Hersteller, Badebekleidung und Tageskleidung verkauft. Wer sich für Stoffe, Wandteppiche, Decken oder Sarungs interessiert, kann sowohl in Supermärkten (zu höheren Preisen) wie auch auf Märkten (hier ist das Gewusel, aber auch die Auswahl größer) fündig werden.

Handeln

In Südostasien ist das Handeln eine eigene Kommunikationsform, eine wichtige Art der Unterhaltung, ein ernsthaftes Spiel. Für uns gänzlich ungewohnt, gehört es in Indonesien zum alltäglichen Leben und wer nicht handelt, ist ein schlechter Geschäftsmann – oder ein reicher Tourist. Gehandelt wird beinahe überall: auf dem Markt genauso wie bei Strandverkäufern oder beim Chartern von Fahrzeugen. Lediglich in Restaurants und Supermärkten sollten Sie den festgesetzten Preis akzeptieren. Mit etwas Übung werden Sie sicher schnell Erfolgserlebnisse verbuchen können und Spaß an der Sache finden. Ein schlechtes Gewissen oder gar Scham müssen Sie beiseiteschieben, wenn das Gefühl, übers Ohr gehauen worden zu sein, nicht zu ihrem ständigen Reisebegleiter werden soll.

Business im Blick

Der genannte Preis liegt meist deutlich über dem Wert der Ware. Reagieren Sie mit einem überraschten Gesicht und nennen Sie einen Preis knapp unterhalb der Hälfte des Genannten. Der Verkäufer wird Sie mit erstaunlich gut vorgetäuschtem Entsetzen ansehen und auf seine fünf Kinder, die erzürnte Ehefrau und die schlechte Allgemeinsituation hinweisen – doch ziemlich schnell einen etwas besseren Preis vorschlagen. Nun könnten Sie sich mit dem Hinweis, dass er Sie ruiniert, ans Herz fassen. Dieses Pingpong-Spiel können Sie bis zu einer halben Stunde weitertreiben. Sie sollten sich etwa bei 30–70 % des Ausgangspreises treffen. In der Hauptsaison werden Sie morgens mehr Erfolg beim Handeln haben als gegen Abend, wenn die meisten Geschäfte schon getätigt sind.

In Touristenzentren werden Sie aufgrund der vielen im Handeln ungeübten Besucher oft extrem hartnäckige Verkäufer finden, die keinen Deut von ihrem überhöhten Preis abweichen. Gehen Sie in diesem Fall einfach weg, das angebotene Stück wird Ihnen bestimmt noch öfter über den Weg laufen. Wenn Sie nicht ernsthaft an etwas interessiert sind, fangen Sie erst gar nicht an zu handeln, denn dies gilt verständlicherweise als unhöflich.

Strandverkäufer/Händler

Sie sind überall zu finden, wo sich Touristen aufhalten: Strandverkäufer und Händler, die Reisende mit Muschelketten, Postkarten, bunt bemalten Tüchern und allem Erdenklichen verfolgen. Von vielen Urlaubern werden Sie als Plage angesehen. Doch auch wenn das ständige Angesprochenwerden oft lästig ist, sollte man die Lebensumstände vieler Verkäufer stets mitberücksichtigen und nach Möglichkeit höflich bleiben. Häufig handelt es sich um arme Menschen, die mit dem Verkauf von Souvenirs an Touristen ihren Lebensunterhalt sowie den der ganzen Familie verdienen. Für sie gilt eine ganz einfache Gleichung: Ausländer = Touristen = Geld. Wie sonst könnten die Urlauber vom anderen Ende der Welt einfach zum Vergnügen nach Bali bzw. Lombok kommen?

In Nobelhotels und Luxusunterkünften wird Strandverkäufern der Zutritt verwehrt. Halten Sie sich länger an einem Ort auf, werden Sie sich jedoch mit den Händlern vertragen müssen. Meist gelingt das mit etwas Humor und durch höfliche, aber bestimmte Worte (*„Terima kasih, saya tidak mau (ini)!"* – „Danke schön, aber ich möchte (das) nicht!"). Vergessen Sie nicht zu lächeln und wiederholen Sie, wenn nötig mehrmals, dass Sie das Angebotene nicht benötigen. Ganz nebenbei können Sie bei den Gesprächen mit den Händlern übrigens durchaus manch interessante Geschichte erfahren. Vielleicht finden Sie aber auch das ein oder andere hübsche Souvenir, das sich am Ende sogar noch als nützlich erweisen kann – wie ein Sarung: Wer seinen eigenen Wickelrock mitbringt, muss am Eingang der Tempel keinen gebrauchten leihen und kann außerdem das nächste Verkaufsgespräch in Sachen Sarung mit den Worten *„Saya suda ada (banjak)"* – „Ich habe bereits (viele)" abwehren. Wenn Sie etwas kaufen, sollten Sie unbedingt handeln (→ Handeln, S. 80).

Zu guter Letzt: In Bali gilt ein Versprechen als feste Abmachung. Sollten Sie also einen Händler mit den Worten „maybe tomorrow" vertrösten, wird er Sie am nächsten Tag lächelnd mit den Worten „you promised – today you buy" erwarten.

Einreisebestimmungen/Visa

Grundvoraussetzungen für die Einreise nach Indonesien sind ein noch mindestens 6 Monate gültiger Reisepass und ein gültiges Rückflugticket (auch Open-End-Tickets werden akzeptiert). Die Visabestimmungen wurden in den letzten Jahren immer wieder geändert. Informieren Sie sich vor Ihrer Reise bei der indonesischen Botschaft über den neuesten Stand. Da Deutschland, Österreich und die Schweiz zu den 64 Ländern gehören, für deren Bürger bei der Einreise ein sog. Visa on Arrival (VOA) ausgestellt wird, brauchen Sie bei einem geplanten Aufenthalt von weniger als 30 Tagen kein Visum vor der Anreise zu beantragen.

Botschaften und Konsulate finden Sie auf S. 510

Visa on Arrival und Touristenvisa

Das „Visum bei Ankunft" oder „Visa on Arrival" (VOA) erlaubt eine Aufenthaltsdauer von 30 Tagen. Erhältlich ist das VOA im Moment am Ngurah Rai Airport auf Bali, am Selaparang Airport auf Lombok sowie an den Seehäfen von Benoa und Padang Bai. Am Immigrationsschalter wird eine Gebühr von 25 $ fällig. Diese sollte man passend bereithalten. Seit 2010 kann das VOA bei den Immigrationsbehörden (Kantor Imigrasi) einmal verlängert werden. Hierfür werden nochmals 25 $ fällig. Eine Fotokopie des Reisepasses und des Flugtickets, eine Kontaktadresse, die im Verwaltungsbezirk des zuständigen Kantor Imigrasi liegt, sowie etwas Zeit sollten mitgebracht werden. Wer sich die Mühen der Verlängerung ersparen möchte, kann schon vor Reisebeginn ein 60 Tage gültiges Touristvisum bei der indonesischen Botschaft beantragen. Dieses ist nicht mehr verlängerbar und kostet 45 €. Zwei Passfotos, der ausgefüllte Visumsantrag, der Reisepass, eine Kopie der Flugtickets und des Reisepasses und ein ausreichend frankierter Rückumschlag müssen zusammen mit einem Bankbeleg über die Zahlung der Visumgebühren an die zuständige Botschaft im Heimatland (→ S. 510) geschickt werden. Manchmal werden auch Auskünfte über die aktuelle Finanzlage des Antragstellers eingeholt. Die Prozedur kann mehrere Wochen dauern, Sie sollten sich deshalb rechtzeitig um die Beantragung des Visums kümmern.

Weitere Informationen unter http://botschaft-indonesien.de. Eine immer aktualisierte Liste der Länder, die zu einem VOA berechtigt sind, sowie eine Liste aller Flug- und Seehäfen finden Sie unter http://botschaft-indonesien.de/de/konsular-visa/visainformationen.htm.

Social Visit Visa

Wer Verwandte besuchen möchte oder im Rahmen eines Praktikums bzw. Austauschprogramms nach Indonesien kommt, hat die Möglichkeit, vorab ein Social Visit Visa bei der indonesischen Botschaft zu beantragen. Je nach Aufenthaltsgrund müssen bestimmte Einladungen und Bürgschaftserklärungen, eine Meldebescheinigung des Wohnortes im Heimatland, ein Schreiben über die Rückkehrabsicht ins Heimatland sowie das Flugticket, der Reisepass und die Visumgebühren von 45 € an die Botschaft geschickt werden. Das Visum gilt für 60 Tage und ist gegen Gebühr in der Immigrationsbehörde einmal verlängerbar.

Verlängerung des VOA

Wer sein Visum auf Bali verlängern möchte, tut dies meist in Kuta. Und dort sollte man für das folgende Prozedere einige Tage einplanen:

Mindestens sieben Tage vor dem Ablauf des VOA begibt man sich am frühen Morgen, mit je einer Kopie des Reisepasses, des Einreisestempels, des Visa on Arival und der dazugehörigen Quittung, zwei Passfotos und reichlich Zeit (wer ganz sicher gehen will, hat noch die Kopien seiner Flugtickets dabei) zum Kantor Imigrasi (Jl. Raya I Gusti Ngurah Rai, Tuban, direkt vor dem Flughafen, ✆ 0361/751039, 🖷 0361/757011).

Dort kauft man am Schalter rechterhand eine Mappe und die nötigen Unterlagen für 10.000 IDR und füllt diese mit schwarzer (!) Tinte in Druckbuchstaben aus. Wichtig: Geben Sie eine Adresse im Verwaltungsbezirk an! Diese Unterlagen zeigt man am Infodesk vor, bekommt eine Nummer und sobald diese aufgerufen wird, übergibt man die Papiere am entsprechenden Schalter den Behörden. Nun wird ein Datum für die Bezahlung der Papiere (meist ein bis drei Tage später) und der Tag der Abholung des Reisepasses festgelegt (meist noch mal ein bis drei Tage später). Lediglich der Tag der Abholung kann verschoben werden, muss aber innerhalb der nächsten Woche nach dem festgelegten Datum erfolgen. Sie sehen schon, einfach erscheinen und Stempel abholen geht nicht. Wer Anfang der Woche kommt, hat gute Chancen, das Visum in wenigen Tagen abholen zu können.

Auf Lombok kann das Visum im Kantor Imigrasi in Mataram (Jl. Udayana, ✆ 0370/632520) verlängert werden. Die Prozedur ist die gleiche, doch meist geht es dort schneller und der Termin für die Bezahlung sowie der für die Abholung des Visums können auf einen Tag gelegt werden (wobei die Zahlstelle vormittags und die Ausgabestelle nachmittags aufgesucht wird).

Visa Run

Wer seinen Urlaub in Indonesien länger ausdehnen möchte, als es das VOA erlaubt, und sich dabei die umständliche Verlängerungsprozedur sparen möchte (→ Kasten), für den besteht die Möglichkeit des sog. Visa Run: Man muss das Land verlassen und bekommt nach 24-stündiger Abwesenheit bei der Einreise ein neues VOA ausgestellt. Dies ist ein legaler und meist auch der günstigste Weg, den Aufenthalt zu verlängern. Es gibt zahlreiche Agenturen, die als kostenpflichtigen Service die Verlängerung der Aufenthaltserlaubnis anbieten, oft aber nur illegale Fälschungen gegen hohe Gebühren aushändigen. Ein Prozedere, von dem wir dringend abraten möchten! Saftige Geldbußen, Gefängnisaufenthalte und Einreiseverbote sind gängige Strafen, falls das Vergehen entdeckt wird.

Die gestattete Aufenthaltsdauer sollte man auf keinen Fall überschreiten. Pro überschrittenen Tag werden normalerweise 200.000 IDR Geldstrafe angesetzt. Während die Behörden bei kurzen Zeiträumen häufig (nicht immer!) noch Milde walten lassen und sich auf das Bußgeld beschränken, muss man bei größeren Überschreitungen der Aufenthaltserlaubnis sogar mit Gefängnisstrafen und Einreiseverbot rechnen!

Feiertage

Das Datum der meisten Feiertage auf Bali ändert sich jährlich. Grund für diese Eigenart sind die unterschiedlichen Kalender – es werden nämlich gleich vier verschiedene Systeme zur Zeitberechnung nebeneinander benutzt. Neben dem gregorianischen Kalender, der im alltäglichen Leben zur Geltung kommt und auch Feiertage wie Weihnachten und Christi Himmelfahrt verzeichnet, wird auf Bali der Pawukon-Kalender) (auch Wuku-Kalender) eingehalten. Er teilt das Jahr in 210 Tage bzw. 30 Wochen zu je sieben Tagen ein. Um das Ganze für Außenstehende noch undurchschaubarer zu machen, werden bei dieser Zeitrechnung zwar nicht die Jahre gezählt, dafür laufen noch neun weitere Zyklen nebeneinander her, die sich immer wieder überschneiden. Der Pawukon-Kalender ist die Grundlage für die Berechnung des Datums von religiösen Festen wie dem Tempelgeburtstag (Odalan), Galungang sowie Kuningan. Nyepi, das jährlich stattfindende Neujahrsfest hingegen berechnet sich nach dem indischen Saka-Kalender. Zusätzlich werden nach dem islamischen Kalender einige in ganz Indonesien geltende Festtage wie z. B. Idul Fitri (auch Eid ul-Fitr, das Ende des Fastenmonats Ramadan) errechnet.

Wichtige feste Feiertage auf Bali und Lombok auf einen Blick

1. Januar	Neujahr
13. Mai	Buddhas Geburtstag/Waisak-Tag
17. August	Unabhängigkeitstag
25. Dezember	Weihnachtsfeiertag

Bewegliche Feiertage

Islamisches Neujahr:15. Nov. 2012, 4. Nov. 2013, 25. Okt. 2014, 14. Okt. 2015.

Chinesisches Neujahr: 23. Jan. 2012 (Jahr des Wasserdrachens), 10. Febr. 2013 (Jahr des Wasserschlange), 31. Jan. 2014 (Jahr des Holzpferdes), 19. Febr. 2015 (Jahr der Holzziege).

Hinduistisches Neujahr (Nyepi): 12. März 2013 (Saka-Jahr 1935), 31. März 2014 (Saka-Jahr 1936), 21. März 2015 (Saka-Jahr 1937), 9. März 2016 (Saka-Jahr 1938).

Mouloud/Mevlid (Geburtstag des Propheten Muhammad): 3./4. Febr. 2012, 23./ 24. Jan. 2013, 12./13. Jan. 2014, 2./3. Jan. 2015.

Lailat al Mifaj (Himmelfahrt des Propheten, Christi Himmelfahrt): 17. Mai 2012, 9. Mai 2013, 29. Mai 2014, 14. Mai 2015.

Karfreitag: 6. April 2012, 29. März 2013.

Ramadan (islam. Fastenzeit): 20. Juli bis 18. Aug. 2012, 9. Juli bis 7. Aug. 2013, 28. Juni bis 27. Juli 2014, 17. Juni bis 16. Juli 2015.

Idul Fitri (Ende des Ramadan): 19. August 2012, 8. Aug. 2013, 28. Juli 2014, 17. Juli 2015.

Eid al-Adha (Opferfest): 25. Okt. 2012, 15. Okt. 2013, 4. Okt. 2014, 23. Sept. 2015.

Balinesische Feste/Feiertage

Besonders zu Vollmond und Neumond finden zahlreiche Zeremonien in vielen Tempeln statt.

Odalan: Der sich alle 210 Tage wiederholende Geburtstag eines Tempels. Aufgrund der Masse an Tempeln, die die Insel aufweist, wird so gut wie immer irgendwo auf Bali ein Tempelgeburtstag gefeiert.

Saraswati: Fest zu Ehren von Dewi Saraswati, der Göttin der Wissenschaften, Kunst und Literatur. Zur Feier des Tages werden Bücher, Schriften und auch die Veden gesegnet. Die Bevölkerung, v. a. aber Studenten, bitten um Weisheit und Wissen. 23. April 2012.

Tumpek Landep: An diesem Festtag zu

Kleine Kunstwerke: die täglichen Opfergaben

Ehren des Sang Hyang Pasupati werden alle Werkzeuge, Waffen und Gegenstände aus Metall geehrt. In der heutigen Zeit erfahren auch Computer Verehrung — zumindest an diesem Tag. 3. Dez. 2012.

Galungan: 10 Tage andauerndes Fest, während dem der Schöpfung des Universums gedacht wird. Das ganze Pantheon der balinesischen Götterwelt – sogar der oberste Gott Sang Hyang Widi Wasa – besucht nun die Erde. Klar, dass dies mit einer Vielzahl von Zeremonien, Barong-Umzügen und Festen gefeiert wird. Auffallender Straßenschmuck sind die allgegenwärtigen Penjor: haushohe, liebevoll mit Kokosnussblättern geschmückte Bambusbögen, die rechter Hand eines jeden Hauseingangs postiert werden.

Festbeginn: 1. Febr. 2012, 29. Aug. 2012, 27. März 2013, 23. Okt. 2013, 21. Mai 2014.

Kuningan: Der Tag ist Abschluss und gleichzeitig Höhepunkt des Galungan-Festes. Man gedenkt v. a. der Seelen der Ahnen und opfert diesen. 11. Febr. 2012, 8. Sept. 2012, 6. April 2013, 2. Okt. 2013, 31. Mai 2014.

Tawur Kesanga, der Nyepi-Tag und Ngembak Geni: Das hinduistische Neujahrsfest beginnt unglaublich laut und endet in vollkommenem Schweigen. Schon Wochen vor seinem Beginn werden überlebensgroße Dämonenfiguren gefertigt. Am drei bis vier Tage vor dem Neujahrsfest stattfindenden Melasti-Ritual- werden Götterfiguren aus den Tempeln zu den nächstgelegenen Flüssen gebracht und dort zeremoniell gereinigt. Am letzten Tag des Saka-Kalenders werden dann Tempel, Friedhöfe, Straßen und Plätze gesäubert und abschließend wird die gesamte Insel von Dämonen und Geistern befreit. Dies geschieht am Vorabend von Nyepi zur **Tawur-Kesanga-Zeremonie** durch einen großen, lautstarken Umzug der Dämonenfiguren (*ogoh-ogoh*), begleitet von Musik in der höchstmöglichen Dezibelzahl, Tanz und infernalischem Geschrei, sodass alles Böse auf der Insel Reißaus nimmt. Nachdem die *ogoh-ogoh* symbolisch verbrannt wurden, gehen die Balinesen jedoch noch einmal auf Nummer sicher: Die Insel selbst wird in Dunkel und absolutes Schweigen gehüllt. So soll den Geistern und Dämonen vorgetäuscht werden, dass Bali komplett verlassen sei. Den ganzen folgenden **Nyepi-Tag** darf kein Feuer gemacht, keine Musik gespielt, nicht Auto gefahren werden (von 6 Uhr früh bis 6 Uhr des Folgetages). Dies gilt übrigens auch für Touristen! Kaum ein Restaurant hat geöffnet, der Check-in oder Check-out ist in keinem Hotel möglich und von A nach B kommen Sie schlichtweg gar nicht. Am besten versorgen Sie sich bereits am Vortag mit Snacks, Getränken, Kerzen und einem guten Buch. Am folgenden Tag, dem **Ngembak Geni**, begrüßen die Gläubigen das neue Jahr, indem sie sich gegenseitig besuchen, danken und um Vergebung bitten.

Termine: 23. März 2012, 12. März 2013, 31. März 2014, 21. März 2015.

Festivalkalender

Februar **Bau-Nyale-Fest:** An den Stränden im Süden Lomboks (→ S. 493) werden jedes Jahr die sog. Nyale-Würmer (Palolowürmer) gefangen. Für Besucher noch interessanter ist das volksfestartige Rahmenprogramm mit Tanz, Gesang und kulinarischen Köstlichkeiten.

März Tawur Kesanga und Nyepi: → S. 85.

Bali Spirit Festival in Ubud: Yoga, Spiritualität, Tanz und Musik stehen im Mittelpunkt des fünftägigen Festes. Tagsüber kann man aus einem Überangebot an Workshops und Kursen zum Thema Heilung, Ernährung, Meditation, Kunst und Tanz auswählen, nachts trifft man sich zu Konzerten und Tanzaufführungen. Der VIP-Pass für die Seelenerweiterung kostet ca. 525 $, man kann also anschließend mit leerem Portemonnaie prima weitermeditieren.

Male'an Sampi auf Lombok: Noch vor der Aussaat werden hier meist Anfang März in Narmada die Büffelrennen abgehalten. Rasant geht es dabei über 100 m lange Strecken!

April **Kartini Day:** Ein Tag zu Ehren der Frauen, der am Geburtstag der Volksheldin und Vorreiterin der Emanzipation, Raden Ajeng Kartini, abgehalten wird. Paraden, Lesungen und viele Festivitäten erwarten die Teilnehmer.

Mai **Bali Art Festival** in Buleleng: Eine ganze Woche lang werden Völkerverständigung und Kulturaustausch ganz großgeschrieben. Die ethnischen Minderheiten Bulelengs berauschen die Zuschauer mit Tänzen und anderen Vorführungen.

Juni **Bali Arts Festival** in Denpasar: Einen ganzen Monat lang feiert die Insel sich und ihre Kultur. Live-Performances traditioneller und neuer Tänze, Ausstellungen, Livemusik und vieles mehr. Ein Muss für jeden Kulturinteressierten. Termine, Zeitplan und Informationen unter www.baliartsfestival.com.

Juli **Bali Kite Festival** in Sanur Beach: Bis zu 4 m große Flugdrachen in allen Farben und Formen mit flatternden Schwänzen von bis zu 100 m Länge sind der Schwerpunkt auf diesem bunten Festival. Begleitet werden die **Wettbewerbe** und Shows von einem interessanten Rahmenprogramm.

August **Indonesischer Unabhängigkeitstag:** Am 17. August wird dieser Tag in je-

Alljährliches Event: der Kuta Karnival

dem Ort gefeiert. Oft mit farbenprächtigen Paraden und großem Aufgebot.

Sanur Village Festival: Gewinnt von Jahr zu Jahr an Bekanntheit und Ausmaß. Über fünf Tage lang kann man Wassersport betreiben, kulturelle Darbietungen wie Tanzaufführungen und Livemusik genießen oder an Workshops teilnehmen.

September/Oktober **Makepung:** Die farbenprächtigen Büffelrennen finden jedes Jahr in der näheren Umgebung von Negara statt. Auf keinen Fall den Fotoapparat vergessen!

Kuta Karnival: Das einwöchige Fest am Strand von Kuta ist mittlerweile eine Institution. Kulturelle Veranstaltungen stehen genauso auf dem Programm wie kulinarische Highlights. Daneben gibt es viel Livemusik, Sportwettkämpfe, Paraden und Spaß für Jung und Alt. Termine und Programm unter www.kutakarnival.net.

Oktober **Ubud Writers & Readers Festival:** Seit 2004 wird das literarische Festival jedes Jahr mit zunehmendem Erfolg in Ubud abgehalten. Indonesische Dichter, Essayisten und Schriftsteller nehmen ebenso teil wie internationale Poeten. Die Lesungen und Diskussionen werden von einem anspruchsvollen Rahmenprogramm begleitet. Infos und Termine unter www.ubudwritersfestival.com.

November/Dezember **Parang Topat:** Der sog. Reiskrieg wird im Pura Lingsar in Lombok bunt und fröhlich gefeiert (→ S. 437).

Dezember **Peresan:** Eindrucksvoll werden die traditionellen Stockkämpfe auf Lombok in Mataram ausgetragen.

Silvester: Wird so gut wie überall als rauschendes Fest gefeiert.

Fotografieren

Wenige Urlaubsziele bieten so herrliche und vielfältige Motive wie Bali und Lombok. Wer mit digitalen Kameras unterwegs ist, hat zumindest in den Touristenzentren kein Problem, seine Schnappschüsse auf CD brennen zu lassen oder Nachschub an Speicherkarten zu bekommen. Die Preise – zumindest in den großen Einkaufszentren – ähneln in etwa denen zu Hause. Filme sind nicht überall erhältlich und sollten besser von zu Hause mitgenommen werden. Trocknungsmittel wie Silikagel schützen empfindliche Elektronik und Filme vor der hohen Luftfeuchtigkeit.

Beim Fotografieren von Menschen und Zeremonien gilt wie überall sonst auch: Ein freundliches Um-Erlaubnis-Fragen ist nicht nur höflich, sondern wird auch dazu beitragen, dass auf Ihren Urlaubsfotos mehr lachende, glückliche Menschen zu sehen sind. Viele Indonesier lassen sich gerne fotografieren und besonders Kinder springen dem Fotografen oft breit grinsend vor die Linse. Nicht-Fragen hingegen wird auch in Gegenden mit noch so freundlicher Bevölkerung viele Menschen verärgern. Abstand sollte man von der Ablichtung badender Personen nehmen. In Tempeln sollte zudem der Blitz ausgeschaltet sein, um die Betenden nicht zu stören.

Frauen allein unterwegs

Verglichen mit vielen anderen Urlaubszielen ist Bali ein sicheres Reiseland, das Frauen auch problemlos allein erkunden können. Frauen mit Kindern oder Schwangere werden in Bali überhaupt keine Probleme haben. Sie genießen den Status der Mutter und werden als heilig angesehen. Eine Babysitterin und nette Gesellschaft zu finden wird ihnen nicht schwerfallen.

Auch ansonsten müssen Frauen, die allein durch Bali reisen, nicht mit großen Schwierigkeiten rechnen. Neugierige Fragen und das Berühren der „schönen weißen" Haut sind nicht zwangsläufig Anmache: Ob Sie schon verheiratet sind, Kinder haben – wenn ja, wie viele, wenn nein, warum denn nicht ... Man versucht schlicht und einfach, ein bisschen Konversation zu machen. Am besten halten Sie ein paar vorher auswendig gelernte Antworten bereit.

Mit etwas Humor und Selbstbewusstsein sollten Sie nie in wirkliche Bedrängnis geraten – vereinzelte, obligatorische Anmachversuche der „Bali Beach Boys " (→ Kasten, S. 88), deren Pendants es natürlich auch auf Lombok, dort v. a. um Senggigi herum gibt, ausgenommen. Haben Sie dennoch Interesse geweckt, ohne es zu wollen, ist ein guter Trick, das Foto des (vermeintlichen) Verlobten bzw. Ehemannes oder den für diese Zwecke angesteckten Verlobungs- bzw. Ehering zu zeigen – schon haben Sie Ihre Ruhe. Sollte dies auch nicht fruchten, können Sie immer noch mit den direkten Worten „Tingalkan saya sendiri!" (Lass mich alleine!) Ihren Standpunkt laut verdeutlichen.

Allerdings versteht es sich von selbst, dass einige grundlegende Verhaltensregeln zu beachten sind. Wie überall auf der Welt sollten Sie in der Nacht nicht allein durch die dunklen Gassen der Großstädte wandeln, alkoholisierten Gruppen v. a. jugendlicher Männer aus dem Weg gehen und nicht auf spontane nächtliche Einladungen an den Strand oder in die Wohnung von fremden Männern eingehen. Auch wenn Bali lockerer und in der Kleiderordnung weitaus toleranter als viele andere Teile Indonesiens ist, empfiehlt es sich, die balinesische Kultur zu respektieren: Nacktbaden und „oben ohne" sind verboten. Solche Vergehen werden mit hohen Geldstrafen, die auch den westlichen Geldbeutel beträchtlich schmälern können, und Gefängnisaufenthalten von bis zu drei Jahren geahndet. In den südlichen Touristengebieten wird das Nacktbaden aus Angst, die Urlauber zu vergraulen, oft nicht bestraft – die Gefühle der Balinesen verletzt es aber ungemein! Frauen, die es trotzdem tun, degradieren sich durch ihre Rücksichtslosigkeit der Bevölkerung gegenüber und verlieren ihr Gesicht. Und bedenken Sie: Wenn Sie sich am Strand oder in der Disco allzu freizügig zeigen, kann und wird dies falsch gedeutet werden – wie zu Hause wohl auch.

Bali Beach Boys

Wayan ist 19: gestählter Body, die Dreadlocks zum Pferdeschwanz gebunden, eine Locke fällt ihm ins Gesicht. Lässig steht er an der Strandbar, gelangweilt, weil nur wenige Touristinnen da sind – jedenfalls keine neuen. Und dann setzt er sein strahlendstes Lächeln auf … Denn Julia aus Castrop-Rauxel hat soeben die Bühne betreten …

Er ist ein sog. Bali Beach Boy, immer auf der Suche nach Touristinnen, die wiederum offensichtlich auf der Suche nach einem Urlaubsflirt sind. In den letzten Jahren hat sich auf Bali regelrecht ein neuer Arbeitszweig entwickelt. Denn Arbeit ist genau das richtige Wort für die meist vorgetäuschte Romanze. Schnell wird sich herausstellen, dass der junge Mann notorisch pleite ist. Nicht nur die Rechnungen für Essen und Trinken wird die Frau bezahlen, bald ist das Motorrad kaputt, die Oma krank, die Schwester verletzt, der Hund angefahren worden … Viele Frauen zahlen – wer würde schon seine neue Liebe im Stich lassen? Ja, auch auf Bali ist nicht alles Gold, was glänzt, und auch nicht jeder Romeo ist der aus Shakespeares Bühnendrama.

Bitte scheren Sie jetzt nicht alle jungen Männer über einen Kamm, es gibt durchaus auch ehrliche Romantiker mit zerbrechlichem Herzen – doch betrachten Sie sich als gewarnt.

Geld

Auf Bali und Lombok wird man schneller zum Millionär, als man denkt: Denn wie überall in Indonesien wird mit der indonesischen Rupiah bezahlt. Scheine gibt es von 1000 bis 100.000 IDR, kleineres Geld in Münzen. Während der letzten Jahre hat sich die indonesische Rupiah auf einen Kurs von 12.000 bis 14.000 IDR für 1 € eingependelt.

Die täglich aktualisierten Wechselkurse können im Internet unter www.oanda.com und www.bankenverband.de/service/waehrungsrechner nachgesehen werden.

Wechselkurs im April 2012

1 €	= 11.995 IDR	10.000 IDR = 0,83 €
1 CHF	= 9.979 IDR	10.000 IDR = 0,99 CHF
1 $	= 9.150 IDR	10.000 IDR = 1,09 $

Travellerschecks und Bargeld in Euro oder gar Dollar braucht man nach dem Bezahlen des Visums am Flughafen immer weniger. Lediglich wer auf Nummer sicher gehen möchte oder schon weiß, dass er sich in entlegenen Gebieten oder auf den vorgelagerten Inseln aufhalten wird, kann sich ein paar saubere Dollarscheine (unzerknittert und nach 2001 gedruckt) bzw. ein paar Euros einstecken, die bei Bedarf gewechselt werden können. In Touristenzentren herrscht eher ein Überangebot als ein Mangel an Banken und Geldwechslern (Money Changer).

Geldautomaten (ATM): In nahezu jeder größeren Stadt steht ein Geldautomat (ATM), an dem mit EC-Karten (mit Maestro-Logo oder Cirrus-Symbol) sowie den gängigen Kreditkarten (Master- und VISA-Card) Geld gezogen werden kann. Die Gebühr hierfür wird von der Bank im Heimatland festgelegt und beträgt mit EC-Karte pro Abhebung ca. 3–6 €, mit Kreditkarte 2–5 % des ausgezahlten Betrags. Einige Banken ermöglichen es ihren Kunden sogar, kostenlos Bargeld mit der Kreditkarte abzuheben. Bei der Postbank sind 4 Auszahlungen im Jahr gratis, bei der DKB alle Auszahlungen mit der Kreditkarte. An den meisten Geldautomaten kann nach der PIN-Eingabe im Menü zumindest Englisch als Sprache ausgewählt und unter *withdrawal* dann ein Festbetrag oder ein anderer Betrag *(other amount)* gewählt werden. Je nach Bestückung der Geldautomaten bekommt man oft allerdings nicht mehr als 500.000–2.500.000 IDR. Die Commonwealth-Bank zahlt in der Regel bis zu 3.000.000 IDR aus. Wer in weniger touristische Gebiete fahren will oder auch nach Nusa Lembongan, Nusa Penida oder auf eine der Gili-Inseln vor Lombok reisen möchte, sollte sich vorher ausreichend mit inländischer Währung eindecken!

Banken: Sollte der Geldautomat kaputt oder leer sein, bekommt man hier in allen größeren Ortschaften Montag bis Freitag von 9 bis 15 Uhr und Samstag von 8 bis 10 Uhr Bargeld mit der Kreditkarte oder für seine Travellerschecks. Die Wechselkurse sind nicht unbedingt besser als bei vielen Geldwechslern (→ Sicherheitshinweise, S. 104). Seriöser ist der Service der Bank in der Regel jedoch immer.

Kreditkarten: Die meisten Hotels ab der Mittelklasse, viele Tauchschulen, noblere Restaurants und immer mehr Geschäfte akzeptieren die gängigen Kreditkarten wie Master- und VISA-Card. Eine Gebühr von 3 bis 10 % des Zahlbetrags wird immer aufgeschlagen.

Travellerschecks: Noch immer sind die sicheren Reiseschecks ein beliebter Begleiter auf Fernreisen. Bei Verlust oder Diebstahl werden sie binnen 24 Std. ersetzt – sofern man den Kaufbeleg mit den Seriennummern getrennt von den Schecks aufbewahrt hat. Allein für diesen Service lohnt sich die Ausstellungsgebühr von 1 % des Betrages. Erhältlich sind Travellerschecks im Wert von 50, 100, 200 und 500 €. Einziger Nachteil: Sie werden nicht in jeder Bank gewechselt – besonders in ländlichen Gebieten ist es manchmal schwer, Travellerschecks umzutauschen. Wer die langen Wartezeiten am Bankschalter umgehen möchte, kann mit etwas Glück bei einem Geldwechsler (Money Changer) die Wertpapiere gegen Bares eintauschen. Die Kurse wechseln, oft wird eine Sondergebühr verlangt.

Infos unter www.americanexpress.com. Notfallnummer in Indonesien (vom Festnetz aus gebührenfrei) ☏ 001803440176. Sollte diese Nummer nicht erreichbar sein, wählen Sie die internationale Notfallnummer ☏ 00442073654846 (Bitte um Rückruf ist möglich).

Western Union: Wenn Geld und Bank- bzw. Kreditkarte plötzlich weg sind, bleibt oft nur noch eine Möglichkeit: der teure, aber zuverlässige und schnelle Geldtransfer von Western Union und MoneyGram. Meist wird ein Personalausweis zur Identifikation verlangt. Für den Service fallen hohe Gebühren an, dafür ist das Geld aber innerhalb von ca. 30 Min. vor Ort. Die Filialen haben Montag bis Freitag von 8 bis 15 Uhr geöffnet.

Western Union Filialen sowie Informationen können unter www.westernunion.de aufgespürt werden.

MoneyGram Infos und Filialen finden Sie unter www.moneygram.com.

Gesundheit

Vor den meisten Krankheiten kann man sich ganz einfach schützen. Wenn Sie die folgenden Tipps beachten und den Ratschlägen Ihres Hausarztes sowie denen des Tropeninstituts folgen, sollte Ihnen nichts Verheerendes die schönsten Tage des Jahres verderben.

Informationen im Internet
www.dtg.org, www.fit-for-travel.de, www.diplo.de, www.tropenmedizin.de, www.die-reisemedizin.de.

Impfungen/Vorsorge

Die Gesundheitsvorsorge sollte man geplant und lange genug im Voraus angehen. Die notwendigen Impfungen benötigen ihre Zeit. Wer ohne diesen Schutz fährt, setzt sich einem unnötigen Risiko aus. In Absprache mit dem Hausarzt oder mithilfe der Beratung bei einem Tropeninstitut sollten Prophylaxe, Medikation und Impfungen individuell auf die Reise abgestimmt werden.

Die auch zu Hause empfohlenen Schutzimpfungen gegen Tetanus, Diphtherie und Poliomyelitis sollten durch Impfungen gegen Hepatitis A und B ergänzt werden. Auch eine Impfung gegen Typhus ist ratsam. Wer sich lange in ländlichen Gebieten aufhält oder weiß, dass er es nicht lassen kann, Tiere zu streicheln, sollte über eine zusätzliche Impfung gegen Tollwut und Japanische Enzephalitis nachdenken. Impfvorschriften gibt es keine, lediglich bei einer Einreise aus Gelbfieber-Endemie-Ländern ist für Personen über neun Monate eine Impfung gegen Gelbfieber vorgeschrieben.

Erkrankungen/Infektionen

Magen- und Darmkrankheiten: Sie zählen zu den häufigsten Reisekrankheiten und werden meist durch das ungewohnte und scharfe Essen hervorgerufen. Den leichten Reisedurchfall – auch Bali-Belly genannt – kann man meist in wenigen Tagen selbst auskurieren. Im Normalfall müsste eine Diät aus leichten Speisen, Reis und Bananen ausreichen. Nehmen Sie viel Flüssigkeit zu sich, um eine Dehydrierung zu vermeiden! Ergänzend sollten Sie Elektrolytlösung oder, falls nicht zur Hand, eine Mischung aus 0,5 l Wasser, 1 TL Salz und 1 TL Zucker trinken. Wer den Durchfall z. B. wegen einer langen Auto- oder Bootsfahrt unbedingt stoppen muss, kann den Wirkstoff Loperamid (z. B. in Imodium enthalten) einnehmen – er hat allerdings keine heilende Wirkung, sondern lindert lediglich die Beschwerden. Halten diese länger als drei bis vier Tage an und kommen noch Magenschmerzen hinzu, sollten Sie unbedingt einen Arzt aufsuchen! Dann könnten eine bakterielle

Alles schälbar und unbedenklich

Infektion oder Parasiten die Ursache sein und die Krankheit muss mit Antibiotika behandelt werden.

Auf jeden Fall sollte man versuchen, mit vorbeugenden Maßnahmen das Risiko einer solchen Erkrankung zu mindern. Die Darmflora stärkende Hefepräparate (z. B. Perenterol) können schon vor der Abreise prophylaktisch eingenommen werden. Ansonsten gilt, besonders für Reisende mit sensiblem Magen, in ländlichen Gebieten auch für die robustesten Naturen: If you can't cook it or peel it, forget it! Dies schließt leider auch Salate, Früchte ohne entfernbare Schale und Eiswürfel mit ein (jedenfalls dann, wenn nicht sicher ist, woraus die Eiswürfel hergestellt wurden – auf Bali sind sie mit hoher Wahrscheinlichkeit aus Trinkwasser). Das Leitungswasser in Indonesien ist nicht als Trinkwasser anzusehen, da es nicht keimfrei ist und Krankheitserreger enthalten kann. Deshalb immer (!) auf das überall erhältliche Wasser in Flaschen ausweichen (Unversehrtheit der Versiegelung überprüfen!). Zur Not können Sie auch Wasser abkochen oder mit speziellen Tabletten entkeimen.

Auch wenn man das ursprünglichste und meist beste Essen an den Straßenständen bekommt, sollten sehr empfindliche Menschen darauf verzichten. Ansonsten gilt: Was vor Ihren Augen frisch zubereitet wird, ist meist unbedenklich. Speisen, die schon länger liegen, bergen immer ein Risiko für unvorbereitete Mägen. Eine Faustregel ist: Je mehr Einheimische in einem der Warungs bzw. Restaurants speisen, desto besser sind in der Regel auch Qualität und Geschmack des Essens sowie die hygienischen Verhältnisse dort. Auch Indonesier bleiben nicht von Magenverstimmungen verschont.

Dengue-Fieber: Die Aedes-Mücke sticht ganzjährig – vorwiegend während der Regenzeit – und ist im Unterschied zum Moskito auch tagaktiv. Deshalb sollte man bereits vor Beginn der Dämmerung auf einen ausreichenden Mückenschutz achten (→ auch Malaria). Die Symptome, wie Fieber und starke Glieder- und Kopfschmerzen, ähneln denen einer schweren Grippe, dürfen aber auf keinen Fall mit Aspirin behandelt werden. Die Einnahme von Acetylsalicylsäure kann bei inneren Blutungen, die im Zusammenhang mit Dengue-Fieber auftreten können, schwerwiegende Folgen haben. Wer erkrankt ist, sollte unbedingt einen Arzt aufsuchen. In den meisten Fällen lassen die Beschwerden, die bisher lediglich mit Paracetamol behandelt werden können, nach 3–7 Tagen von selbst nach. In ca. 2–4 % der Fälle allerdings nimmt die Krankheit einen schweren Verlauf, der unbehandelt zum Tod führen kann.

Hepatitis: Während Hepatitis A besonders durch kontaminierte Speisen und Getränke übertragen wird, infiziert man sich mit Hepatitis B durch den Kontakt mit Körperflüssigkeiten. Geschädigt wird v. a. die Leber. Der Ansteckung kann – und sollte – mit einer Schutzimpfung vorgebeugt werden. In Deutschland wird am häufigsten die Kombi-Impfung Twinrix verabreicht.

HIV: Die Autoimmunkrankheit existiert natürlich auch auf Bali – und ist dort besonders unter Prostituierten weit verbreitet. Das größte Ansteckungsrisiko besteht bekanntlich beim ungeschützten Geschlechtsverkehr. Im Falle eines Falles sollte das Verwenden von Kondomen selbstverständlich sein. Erhältlich sind diese in Apotheken und Supermärkten.

Infektionen: Wunden aller Art sollte man schnellstmöglich säubern und z. B. mit Betaisodona (als „obat merah" in jeder Apotheke erhältlich) desinfizieren. Bei den in Indonesien vorherrschenden tropisch warmen Temperaturen vermehren sich Keime viel schneller als in westeuropäischen Gefilden und aus einem kleinen Schnitt oder aufgekratzten Mückenstich kann schnell eine eitrige Wunde werden.

Malaria: Prinzipiell zählen Bali und Lombok zu den Malaria-Risiko-Gebieten. Die Touristenzentren Balis sowie Denpasar gelten als malariafrei, mittleres Risiko besteht besonders zur Regenzeit in entlegeneren Gebieten der Insel. Lombok hingegen wird – wie alle Inseln östlich von Bali – zu den Gebieten mit hohem Malariarisiko gezählt (wobei die Bewohner des kühleren, hoch gelegenen Inlands Gegenteiliges behaupten). Das Robert-Koch-Institut weist auf einen Anstieg der Infektionen während der letzten beiden Jahre hin. Übertragen wird die Krankheit von der nachtaktiven Anopheles-Mücke, die am häufigsten in der Morgen- und Abenddämmerung sticht. Um eine Infizierung mit Malaria zu vermeiden, empfiehlt sich die Verwendung von Mückenschutzmitteln. Hier haben sich speziell die inländischen Produkte (wie z. B. Sari Puspa, Autan oder Off) bewährt. Auf der Veranda vertreibt ein Coil (eine Räucherspirale) die Mücken und nachts schlummert man sicherer unter einem Moskitonetz oder in Zimmern, deren Räume mit Fliegengittern versehen sind. Elektrisch betriebene Verdampfer können zusätzlich benutzt werden. Lange Bein- und Armkleidung ist besonders in den Abendstunden empfehlenswert. Oft wird zu hellen Farben geraten, manch einer empfiehlt genau das Gegenteil. Auch die Einnahme von Vitamin-B-Präparaten hat sich bei vielen Travellern als hilfreiche Ergänzung erwiesen.

Wer ganz sichergehen will, kann zu einer Chemoprophylaxe mit Tabletten greifen, die aber häufig mit starken Nebenwirkungen verbunden ist. Risiken und Nutzen einer medikamentösen Behandlung muss jeder selbst abwägen, sie sollte aber auf jeden Fall vor Reisebeginn mit einem Reisemediziner abgesprochen werden. Bewährt haben sich die verschreibungspflichtigen Mittel Malerone, Lariam und das (in Deutschland allerdings nicht als Prophylaxe zugelassene) Doxycyclin. Jeder der diesen Medikamenten enthaltenen Wirkstoffe hat seine eigenen spezifischen Nebenwirkungen, von Kopfweh über Magenprobleme bis hin zu seelischen Verstimmungen. Als am besten verträglich hat sich Malerone erwiesen – es ist aber bei Wietem auch am teuersten. Wir empfehlen, Lariam oder Malerone in ausreichender Menge

als Stand-by-Medikament in der Reise-
apotheke mitzuführen, sodass man sich
im Notfall selbst behandeln kann. Fundierte Infos gibt es unter www.dtg.org.

Parasiten: Generell sollten Sie auf feuchten Böden, insbesondere durch Pfützen
nicht barfuß laufen. Denn einige Wurm-
arten, wie der Fadenwurm, lauern meist
auf feuchten Böden und bahnen sich ihren Weg in den Wirtskörper über die
Fußsohlen. Andere lauern in stehenden
Gewässern – in denen Sie auf keinen Fall
ein Bad nehmen sollten. Die meisten sind
nicht allzu gefährlich und ihnen kann mit
einer Wurmkur der Garaus gemacht
werden. Mit einigen Arten jedoch ist
nicht zu spaßen. Wer lange in abgelegenen Gebieten war, schon länger an
Durchfällen leidet oder gar Blut im Stuhl
bemerkt, sollte seinen Stuhl auf Würmer
testen lassen.

Wer an Reizdurchfällen, evtl. auch an
Bauchkrämpfen und Blähungen leidet,
Fettstuhl ausscheidet und starken Ge-
wichtsverlust bemerkt, könnte an Giar-
diasis bzw. Lambliasis leiden. Diese
Krankheit wird durch den einzelligen Parasiten Giardia lamblia ausgelöst, mit
dem man sich meist über kontaminiertes

Wasser und fäkal verunreinigte Lebensmittel infiziert. Die Inkubationszeit beträgt
wenige Tage bis Monate, manchmal kann ein Befall durch das Ausbleiben von Symp-
tomen gar nicht bemerkt werden.

Pilzerkrankungen: Im schwülen, tropischen Klima vermehren sich Pilze besonders
gut. Daher empfiehlt es sich, die Kleidung regelmäßig zu wechseln und zu waschen
und auch den Körper mit regelmäßigen Duschen zu erfreuen. Körperpuder
verströmen nicht nur einen angenehmen Duft, sondern tragen auch zur Reduktion
von Schweiß bei. Frauen sollten prophylaktisch immer ein Mittel gegen Scheiden-
pilz im Gepäck haben.

Tollwut: Die Krankheit tritt seit 2008 wieder vermehrt auf Bali auf. Nicht nur die
überall anzutreffenden Hunde, sondern auch Katzen, Affen, Fledermäuse, Rinder und
Schweine können das Virus übertragen. Zwar wurden in den letzten Jahren vermehrt
Impfungen an Hunden vorgenommen, dennoch gilt: Am besten vermeidet man jeglichen Kontakt mit Tieren. Wurde man gekratzt oder gar gebissen, sollte man die
Wunde umgehend reinigen und schnellstmöglich einen Arzt aufsuchen, um sich vorsorglich impfen zu lassen. Fehlt der Impfschutz, bricht die Tollwut nach ca. 1 bis 3
Monaten aus und führt unbehandelt immer zum Tod. Wer sich lange Zeit auf Ruck-
sackreisen begibt, vorwiegend in ländlichen Gebieten unterwegs ist oder vermehrt
Kontakt mit Tieren hat, sollte sich vor der Reise gegen Tollwut impfen lassen. Im Falle
eines Bisses ist dann allerdings trotzdem eine erneute Impfung vor Ort vonnöten.

Typhus: Die Krankheit äußert sich durch hohes Fieber, trockenen Husten sowie Kopf- und Bauchschmerzen und wird durch verunreinigte Speisen und Getränke übertragen. Auch hier kann man sich ganz einfach mittels einer Impfung schützen.

Vogelgrippe: Unter dem Namen H5N1 ist das Vogelgrippe-Virus weltbekannt geworden, hat es doch zahlreiche Menschen auf dem Gewissen. Um nicht mit ihm in Kontakt zu kommen, verzichten Sie am besten auf den Verzehr von rohen Eiern, essen nur Hühnerfleisch, das gut durchgebraten ist, besuchen keine Vogelmärkte und halten sich generell von ungekochtem Geflügel fern. Über den aktuellen Stand zum Thema Vogelgrippe und eventuell damit verbundene Gefahren informieren Tropeninstitute und das Auswärtige Amt (→ Kasten S. 95, weitere Informationen auch unter www.bmelv.de).

Sonnenstich, Hitzschlag

Die Hitze und die hohe Luftfeuchtigkeit können dem Körper anfangs sehr zusetzen. Lassen Sie es langsam angehen und gewöhnen Sie sich an die neuen Klimabedingungen. Bei Spaziergängen und Wanderungen Sonnenschutz für die Haut, Sonnenbrille und Kopfbedeckung nicht vergessen, ausreichend trinken und genügend Pausen einlegen. Auch wenn der Himmel bedeckt ist, kann man sich schnell einen Sonnenbrand holen – schließlich befinden Sie sich nur 8° südlich des Äquators. Ist es passiert, heißt es, den Körper bedecken und der Sonne fernbleiben. Mit hautpflegenden Produkten, die Aloe vera oder Panthenol enthalten, regeneriert sich die Haut schneller. Besser ist es natürlich, mit einem hohen Sonnenschutz (mindestens Faktor 30, am besten jedoch 40–50) vorzubeugen. Nach dem Schwimmen nachcremen und sich in der Mittagszeit im Schatten aufhalten. Neben einem Sonnenbrand kann man sich auch sehr schnell einen Sonnenstich oder einen Hitzschlag zuziehen. Kopfweh, Schwindel und Erschöpfung, die mit starkem Schwitzen einhergehen, sind Symptome hierfür. Begeben Sie sich an einen kühlen, evtl. klimatisierten Ort und sorgen Sie für ausreichende Flüssigkeitszufuhr. Kommen Erbrechen und Fieber hinzu, muss ein Arzt aufgesucht werden.

Giftige Tiere

Trotz der Nähe zu Australien sind Bali und Lombok nicht von giftigen Tieren überschwemmt. Einige existieren aber doch und die meisten von ihnen halten sich im Meer auf. Gut, wenn man sie erkennt – besonders Taucher sollten sich über potenzielle Gefahren der Unterwasserwelt informieren.

Die Nesseln von vielen **Quallenarten, Hydrozoen** wie Feuerkorallen und bestimmten **Anemonen** können unangenehme bis ernsthafte Verletzungen der Haut verursachen. Brennen, starker Juckreiz, Quaddeln und Blasenbildung, Schweißausbrüche, Kreislaufprobleme und sogar allergische Reaktionen können die Folge sein. Am besten ist es, sich beim Tauchen durch einen Neoprenanzug zu schützen. Korallen und Anemonen sollten sowieso nicht berührt werden! Sind Sie dennoch in Kontakt mit den Nesseln gekommen, sollten Sie folgende Erste-Hilfe-Maßnahmen ergreifen:

Versuchen Sie, sich nicht zu kratzen und die betroffenen Hautpartien nicht zu berühren. Diese sollten sofort mit Meerwasser – keinesfalls mit Süßwasser oder gar Alkohol – abgespült werden. Verwundungen durch Nesseltierchen können mit Lidocain-Salbe behandelt werden. Nach Quallenkontakt ist es ratsam, die schmerzenden Stellen mit 5-prozentigem Essig mindestens eine halbe Minute zu neutralisieren. Bei schwerwiegenden Problemen immer einen Arzt verständigen.

Viele **Knochenfische,** besonders die am Grund lebenden Skorpionfische wie der hervorragend getarnte Steinfisch und der farbenprächtige Feuerfisch, besitzen starke Giftstachel, mit denen sie bei Gefahr Gift in den Körper des „Angreifers" injizieren. Die meisten Unfälle entstehen durch Unachtsamkeit, indem man z. B. auf die Fische tritt. Die betroffene Person sollte sich möglichst wenig bewegen, manchmal lindern Kompressen bis max. 45 °C die Schmerzen. Die Wunde sollte nicht abgebunden und in jedem Fall ein Arzt verständigt werden.

Andere Tiere wie **Muränen** und **Stachelrochen** fühlen sich durch zu nahes Vorbeischwimmen provoziert und zum Angriff herausgefordert. Wenn Sie beim Schnorcheln und Tauchen Abstand halten, stellen diese aber keine allzu große Bedrohung dar. Auch die Gefahr, die von **Seeschlangen** ausgeht, ist relativ gering: Das Gift vieler Arten ist zwar sehr stark, doch wird es nur bei etwa einem Drittel der Bisse injiziert. Und gebissen wird in der Regel sowieso nur, wer die Tiere reizt.

Auch an Land finden sich giftige Tiere, so z. B. einige Arten von **Schlangen,** die sich vorwiegend in den Reisfeldern oder Dschungelgebieten aufhalten. In den seltensten Fällen würden diese scheuen Tiere einfach so angreifen. Treten Sie bei Wanderungen deshalb immer laut auf und leuchten Sie des Nachts mit einer Taschenlampe den Weg ab. Schützen Sie Ihre Füße durch gutes Schuhwerk und dicke Socken. Wurden Sie dennoch gebissen, ist Folgendes zu beachten:

Bewahren Sie Ruhe und bewegen Sie sich möglichst wenig, damit sich das Gift nicht so schnell im Körper verteilt. Von Versuchen, das Gift auszusaugen oder die Bissstelle auszuschneiden, wird mittlerweile abgeraten! Bemühen Sie sich stattdessen lieber schnellstmöglich um ärztliche Versorgung. Um das richtige Gegengift verabreicht zu bekommen, sollten Sie möglichst genau wissen, wie der Feind ausgesehen hat!

Skorpionstiche sind äußerst schmerzhaft, aber bei guter gesundheitlicher Verfassung nicht tödlich (bei kleinen Kindern oder Herz- und Kreislaufproblemen ist dennoch Vorsicht geboten). Punktuelle heiße Kompressen und Schmerzmittel sowie homöopathische Tinkturen können die Beschwerden lindern. Vollkommen unterschätzt werden die großen **Tausendfüßler.** Ihre Bisse können ungemein schmerzhaft sein und Schwellungen auslösen.

Information im Internet

Wer „Bali" im Internet sucht, der findet unzählige Seiten und Informationen – die meisten Websites gehören dabei jedoch zu Hotels oder Reiseagenturen. Um Ihnen die Suche im Netz zu erleichtern, haben wir eine Auswahl an informativen Adressen zusammengestellt:

Websites in deutscher Sprache
www.botschaft-indonesien.de: Website der Indonesischen Botschaft.

www.tourismus-indonesien.de: offizielle Seite des indonesischen Fremdenverkehrsamts.

www.auswaertiges-amt.de: offizielle Website der Bundesregierung. Aktuelle Reisewarnungen und Infos zu Ländern.

www.fit-for-travel.de: nützliche Infos zu Gesundheit, Reise, Impfung und Vorsorge.

www.bad-bad.de/mybali: neue Seite mit interessanten Anekdoten, Infos und Tipps über Land und Leute, Gerichte und Gewohnheiten.

www.warungnet.de: herrlich informative Seite über Kultur, Religion und Hintergründe.

Daneben werden einzelne Destinationen liebevoll vorgestellt.

Websites auf Englisch www.balitourismboard.org: offizielle Website des balinesischen Fremdenverkehrsamts, zuletzt noch im Aufbau.

www.insideindonesia.org: interessante Website zum vierteljährlich erscheinenden gleichnamigen Magazin.

www.thejakartapost.com: Seite der größten englischsprachigen Zeitung in Indonesien.

www.lombok-network.com: Informationen zu Lombok und den Gilis.

www.lombokportals.blogspot.com: Hier finden sich einige interessante Anekdoten und Hintergrundinformationen zur Insel Lombok.

www.bali-thepages.com: bietet einige nützliche Informationen über Land und Leute.

www.bali-paradise.com: recht interessante Hintergrundinfos und ein Forum. Teilweise etwas werbelastig.

www.indo.com: Infos zu ganz Indonesien mit dem Schwerpunkt Bali inklusive Eventkalender und Beschreibung verschiedener Reiseziele.

www.baliguide.com: nette Website mit Anekdoten, Rezepten, Hintergrundinfos und Hotelangeboten.

www.ubudcommunity.com: höchst informative Seite zum gleichnamigen Magazin. Monatlich wechselnde Artikel und ständig aktualisierte Eventkalender.

www.beatmag.com/bali: Hier erfährt man, was im Umkreis von Kuta, Legian und Seminyak gerade angesagt ist, wo die besten Partys steigen, wann welche DJs wo auflegen und welche Villen und Restaurants gerade in oder out sind.

Foren www.bali-board.com: Forum mit Beiträgen zu ganz Indonesien sowie Bali und Lombok im Speziellen.

www.indonesia-forum.de: informatives Forum zu ganz Indonesien. Für Bali und Lombok gibt es jeweils einen separaten Thread.

www.travelforum.org/bali: viel besuchtes Forum zu Bali und Lombok.

www.baliblog.com: gut besuchtes, englischsprachiges Forum.

Kinder

Eine Reise nach Bali kann auch für Kinder ein echtes Erlebnis sein. Exotische Landschaften, traumhaftes Klima, lustig aussehende Tiere und tolle Strände lassen auch die Kleinsten nicht kalt. Zudem sind die Menschen auf Bali unglaublich kinderfreundlich. Auf Extrawünsche für die Jüngsten wird ohne Zögern eingegangen, Zustellbetten, Mal- und Spielutensilien oder Wasserkocher für Babynahrung sind schnell organisiert. Sollten Sie Ihr Kind einmal aus den Augen verloren haben: Keine Panik, mit hoher Wahrscheinlichkeit wurde es in den letzten Minuten in eine balinesische Familie integriert. Bei längeren Aufenthalten wundern Sie sich bitte nicht, wenn Ihr Nachwuchs nach dem Urlaub fließend Indonesisch bzw. Balinesisch spricht, aus dem Effeff Saté zubereiten kann und anfängt, Opfergaben zu basteln.

Das **Essen** auf Bali ist zwar oft nicht nur würzig, sondern richtig scharf, auf Nachfrage werden die Speisen aber gerne kindgerecht zubereitet. Immer finden sich auf der Speisekarte auch europäische Gerichte wie Spaghetti, Pizza, Sandwiches oder Süppchen. Und so gut wie jedes Kind wird die kleinen Saté-Spießchen lieben.

Besonders bei Kleinkindern ist jedoch die Versorgung bzw. notwendige **Ausrüstung** vor der Abreise zu bedenken. Auf Bali gibt es keine Schwierigkeiten: Babynahrung, Windeln und Pflegeprodukte sind – jedenfalls in den größeren Supermarktfilialen von Hardy's oder Bintang – immer zu finden. Sonnenmilch mit sehr hohem Lichtschutzfaktor sollten Sie von zu Hause mitbringen. Wer ins Hinterland von

Lombok reist, stattet sich vorher am besten mit dem Nötigsten aus. Gut sortierte Supermärkte gibt es hier lediglich in den Großstädten.

Das Meer um die Küste Balis kann mitunter recht unruhig und von starken Unterströmungen geprägt sein. Mit Kindern ist beim **Baden** also immer Vorsicht geboten! Relativ gefahrlos sind die langen Strände bei Sanur, Nusa Dua, der Pasir Putih nördlich von Candi Dasa und der dunkle Strand vor Lovina.

Möglichkeiten, das Programm zwischen Kultur und Tempeln für die Kleinen aufzulockern und evtl. aufkommender Langeweile entgegenzuwirken, bietet Bali ausreichend. Hier ein paar Vorschläge:

Tierparks   Immer aufregend ist es, die Tierwelt kennenzulernen. In Singapadu werden im **Bali Reptile Park** (→ S. 233) Kinder aller Altersstufen der Faszination von Reptilien erliegen, im gegenüberliegenden **Bali Bird Park** (→ S. 231) gilt es, die gefiederten Freunde nebst anderen Tieren zu betrachten, im nahe gelegenen **Bali Zoo** (→ S. 233) Exoten in allen Größen zu bestaunen und im **Safari Marine Park** (→ S. 276) auf kleinen Bummelbahnen echte Riesen wie Elefanten und Giraffen zu erleben oder die Unterwasserwelt in großen Aquarien kennenzulernen. Elefantenreiten ist im **Taro Elephant Park** (→ S. 268) nahe Ubud möglich und auch auf dem Rücken eines Kamels kann man, dank **Bali Camel Safari Tours** (→ S. 225), einmal ganz König von Bali sein.

Adventure   Wie ein Affe zwischen den Bäumen die Welt von oben erleben können Kinder im **Bali Treetop Adventure Park** (→ S. 374) in Candi Kuning und im Bali Zoo bei Singapadu. Wilde Wasserschlachten und Rutschpartien im kühlen Nass verheißt der Waterbom Park in Kuta. **Minigolf-Turniere** sind nahe dem Tanah-Lot-Tempel möglich. Für ältere Kinder ist sicher das überall angebotene **Rafting** ein abenteuerliches Erlebnis – am besten zur Trockenzeit, wenn die Wassermassen gezähmter daherkommen. Als waschechter Surfer können Ihre Kinder wieder nach Hause kommen, wenn sie in Kuta einen der auch schon für die Kleinen angebotenen **Surfkurse** besuchen. Und wer über das Schnorcheln hinausgehen

möchte, findet seinen Nachwuchs gut in der Tauchschule **Nautilus Diving** (→ S. 179) in Seminyak aufgehoben.

Tempel   Kultur kann auch für Kinder interessant sein: Davon überzeugt man seine Sprösslinge am einfachsten beim **Pura Goa Lawah** (→ S. 286) zwischen Tausenden von flatternden Fledermäusen oder beim mitten im Meer gelegenen **Pura Tanah Lot** (→ S. 207), wo es in den vom Wasser ausgespülten Minipools und in der Schlangenhöhle oder auch einfach nur auf der großen Einkaufsstraße so einiges zu entdecken gibt. Einen **Höhlentempel**, umgeben von Baumgiganten, kann man durch das Maul eines steinernen Riesenwesens beim Pura Goa Gadja nahe Ubud betreten (→ S. 270) – eine Erfahrung, die sicherlich auch den Nachwuchs staunen lässt. Ausflüge zum **Pura Ulun Danu Bratan** (→ S. 373) kann man mit einer **Bootsfahrt** auf dem See kombinieren, der **Wasserpalast Tirtagangga** (→ S. 316) fasziniert mit zahlreichen Wasserspielen und angelegten Teichen, wo man hervorragend von Stein zu Stein springen kann, sowie schimmernden Koi-Karpfen.

Festivals   Langwierige Zeremonien dürften bei den Kleinen eher ein Gähnen auslösen. Wer jedoch um Galungan unterwegs ist, kann zahlreiche von Kindern geführte

Barongs durch die Straßen ziehen sehen und die Kultur der Insel am überall sichtbaren Festschmuck erklären. Daneben hat Bali auch einige größere Festivals zu bieten: Der Kuta Karnival ist immer ein aufregendes Spektakel und am Tag vor Nyepi, dem balinesischen Neujahr, ist auf den Straßen die Hölle los. Lautstarke Umzüge mit überdimensionierten Figuren, Gesang und Musik sind eine bunte Erfahrung!

Affenwälder Sicherlich faszinierend, doch ein wenig mit Vorsicht zu genießen, sind die Affenwälder. Die dort heimischen Makaken sind sehr an Menschen gewöhnt und deshalb oft rabiat fordernd, professionell diebisch und nicht immer freundlich – echte Waldhalunken eben. Wenn man dies im Hinterkopf behält und achtsam ist, lohnt sich ein Ausflug z. B. zum **Monkey Forest** (→ S. 241) in Ubud oder zum natürlicheren **Affenwald in Sangeh** (→ S. 416) durchaus.

Balis Nachbarinsel Lombok ist für actionverwöhnte Kinder eher eine kleine Herausforderung. Hier gilt es, die Natur als interessanten Spielplatz zu entdecken. Muscheln sammeln und Sandburgen bauen am Strand, Delfintouren (Dolphin Watching) und Schnorcheln vom Boot aus oder Entdeckungstouren zu verborgenen Wasserfällen können die Zeit aber wie im Fluge vergehen lassen.

Klima und Reisezeit

Ganzjährig können Bali und Lombok mit warmem, tropischem Klima erfreuen. Aufgrund der Lage 8°–9° südlich des Äquators gibt es nur zwei Jahreszeiten, treffend benannt als die Trockenzeit (April bis Oktober) und die Regenzeit (November bis März). Während es in der trockenen Jahreshälfte nur durchschnittlich fünf

Bali, Denpasar						
	Ø Lufttemperatur (Min./Max. in °C)		Ø Niederschlag (in mm), Ø Tage mit Niederschlag >= 1 mm		Ø Sonnenschein Std./Tag	Ø Relative Luftfeuchtigkeit (%)	Ø Wassertemperatur (°C)
Jan.	23,7	31	326	16	5,2	80	28
Febr.	23,7	31,1	325	13	5,1	79	28
März	23,5	31,2	209	10	5,4	80	28
April	23,2	31,6	84	6	6,9	79	29
Mai	23,2	31,2	78	5	6,7	80	28
Juni	22,4	30,4	72	5	6,6	78	28
Juli	22,4	29,7	61	4	6,9	77	27
Aug.	22,3	29,9	34	3	7,4	76	27
Sept.	22,6	30,6	54	3	6,9	78	27
Okt.	23,3	31,4	110	5	7,1	78	27
Nov.	23,6	31,5	191	8	6,1	78	28
Dez.	23,6	31,2	293	13	5,8	79	29
Jahr	23,1	30,9	1837	91	6,3	79	28

Lombok, Ampenan					
Ø Lufttemperatur (Min./Max. in °C)		Ø Niederschlag (in mm), Ø Tage mit Niederschlag >= 1 mm		Ø Relative Luftfeuchtig-keit (%)	Ø Sonnenschein-Std./Tag
Jan.	23,2	30,7	221	15	84	4,9
Febr.	23,1	30,7	188	14	82	5,3
März	22,6	30,8	162	11	83	5,2
April	21,7	31,5	96	8	83	6,4
Mai	21,2	31,3	81	7	81	6,3
Juni	20,2	30,6	56	4	78	6,3
Juli	19,5	30	47	3	80	6,7
Aug.	19,9	30,4	31	2	77	6,8
Sept.	21,1	31	37	2	77	6,2
Okt.	22,1	31,4	112	6	77	6,1
Nov.	22,8	31,3	140	11	82	5,5
Dez.	23,1	31,1	248	15	83	5,2
Jahr	21,7	30,9	1418	98	81	5,9

Regentage gibt, nimmt der Regen in der zweiten Jahreshälfte ab Mitte November kontinuierlich zu, verteilt sich jedoch ganz unterschiedlich auf der Insel: Im Norden fallen nur ca. 1000 mm/Jahr, der Süden hingegen kann sich über die doppelte Menge und die zentrale Gebirgsregion sogar über 3000 mm/Jahr freuen. Nachts sinkt die Temperatur in den Küstengebieten so gut wie nie unter 22 °C, tagsüber pendelt sie sich zwischen 29 und 32 °C ein. Perfekt, um den konstant 26–28 °C warmen Ozean zu genießen. Das bergige Inland lockt mit merklich kühleren Temperaturen von 15 bis 25 °C, die in der Nacht im Extremfall auf 5 °C, meist jedoch auf um die 12 °C fallen.

Zu beiden Jahreszeiten ist Bali ein faszinierendes und lohnendes Reiseziel. Aufgrund der vielen Sonnenstunden (7–8 Std./Tag) und der wenigen Regentage (3–6 Tage/Monat) besuchen die meisten Reisenden die Inseln während der Trockenzeit. Hier sind die Monate Mai, Juni und Oktober preislich am günstigsten, weil sie außerhalb der Hochsaison (Juli bis September) liegen. Die Höchstpreise für Hotelzimmer werden um Weihnachten und Neujahr sowie im August erreicht. Da die Regenzeit auf Bali und Lombok bedeutend weniger stürmisch und nass ausfällt als in manch anderen Gebieten Südostasiens, braucht man vor ihr keine große Angst zu haben und kann von Nebensaison-Vorteilen wie weniger Urlaubern und niedrigeren Preisen profitieren. Selten wird man gleich mehrere Tage am Stück vom Monsunregen am Ausgehen gehindert (aber es kann in Ausnahmefällen vorkommen). Meist regnet es ein paar Stunden heftig, dann ist am Himmel wieder Platz für die Sonne. Wer in den Übergangsmonaten März und April kommt, kann die Insel in saftig aufblühendem Grün erleben.

Medien

Wer in den Genuss eines Hotelzimmers mit **TV** kommt, darf nicht unbedingt mit dem Empfang internationaler Kanäle rechnen. Das Einschalten lohnt sich dennoch, denn das indonesische Fernsehen hat so einiges zu bieten: von skurrilen Soaps über abgedrehte Talk- und Gameshows bis hin zu Misswahlen. Auch wenn man nichts versteht, kann man doch einiges über Land und Leute lernen. Auch musikalisch gibt es viel zu entdecken, denn zum einen sind die meisten Formate mit guter Livemusik unterlegt, zum anderen existieren zahlreiche spezielle Musikkanäle.

Die Unterkünfte der mittleren und der gehobenen Kategorie verfügen häufig über **Satellitenfernsehen,** sodass neben Deutsche-Welle-TV auch Pay-Sender wie HBO, Star Channel o. Ä. empfangen werden können. Diese zeigen viele Spielfilme, Serien, Reportagen und Nachrichten in englischer Sprache – darunter einige, die bei uns noch gar nicht laufen. Wer deutsches **Radio** vermisst, kann die über den Satelliten AsiaSat 3S auf fünf Kanälen ausgestrahlten Sendungen von Deutsche Welle hören.

Internet

Nicht immer schnell, nicht immer stabil, aber immer häufiger verfügbar ist das Internet. Die Zahl der Hotels, die ihren Gästen **WLAN-Zugänge** im Zimmer oder zumindest in der Lobby anbieten, nimmt ständig zu. Meist steht für die Gäste auch ein Computer zur Verfügung. In vielen Restaurants und Cafés kann dieser Service ebenfalls – oft sogar kostenlos – genutzt werden, zumindest in den Touristengebieten, wo es in der Regel auch an jeder Ecke ein **Internetcafé** gibt. Wer sich an weniger touristischen Orten auf Bali und Lombok aufhält, hat es etwas schwerer. Meist findet man aber doch ein Internetcafé oder wenigstens ein Hotel oder eine Tauchschule, in der man das Internet nutzen kann. Die Preise variieren zwischen 250 und 400 IDR/Min. Wer gar nicht auf das World Wide Web verzichten kann, sollte sich eine 3G-Karte von Telkomsel holen. Mit dieser kann man immerhin mit seinem Handy ins Netz gehen.

Telefonieren

… zählt neben dem Versenden von SMS zu den Hobbys der indonesischen Jugendlichen. Glücklicherweise gibt es im größten Teil des Landes guten Handyempfang. Gerade wenn man auf eigene Faust unterwegs ist, empfiehlt sich dringend die Mitnahme eines **Mobiltelefons.** So kann man z. B. in Unterkünften nach freien Zimmern fragen, Fährverbindungen überprüfen oder nach einer Wanderung den Rücktransport organisieren – und natürlich in Notfällen Hilfe herbeirufen. Die internationalen Roaming-Gebühren sind nach wie vor sehr hoch, weshalb der Erwerb einer indonesischen SIM-Karte, die Sie beinahe allerorts für ein paar Euro erstehen können, ratsam ist. Man erhält eine indonesische Mobilnummer und ist so auch kostengünstiger erreichbar (eine telefonische Taxireservierung funktioniert z. B. gar nicht ohne Rück-

Ländervorwahlen

Deutschland:	📞 0049
Österreich:	📞 0043
Schweiz:	📞 0041
Indonesien:	📞 0062

Bei Mobiltelefonen ersetzt das + die beiden Nullen; die Null vor der Ortsvorwahl anschließend wird weggelassen.

rufnummer). Beliebte Anbieter sind Telkomsel mit „simPATI" und „Kartu As", XL Axiata mit „XL", Telkom mit „Telkom Flexi" und Indosat mit „Matrix". Immer gibt es Vorwahlen, mit denen die Gespräche ins Ausland noch günstiger werden. Nach diesen sollten Sie die Händler, bei denen Sie die Karte erwerben, fragen. Eine gängige Nummer ist z. B. die ☎ 01017 (nach der die Landesvorwahl ohne 00 gewählt wird). Gespräche z. B. nach Deutschland kann man dann für 3.000–6.000 IDR/Min. führen. Das Versenden einer SMS nach Hause schlägt so meist nur noch mit 300–500 IDR zu Buche.

Falls Sie aus einem anderen Teil Indonesiens nach Bali reisen, müssen Sie bedenken, dass viele Anbieter unterschiedliche Karten für die einzelnen Regionen verkaufen: Mit einer in Jakarta gekauften SIM-Karte telefoniert man auf Bali erheblich teurer als mit einer balinesischen. Das Aufladen des Guthabens (Guthaben aufladen = *top up pulsa*) funktioniert ähnlich wie bei den Prepaid-Handys in Deutschland: Man erwirbt eine Karte (*voucher*) mit einer PIN-Nummer oder lädt, unter der Angabe seiner lokalen Mobilnummer, direkt einen bestimmten Betrag (*voucher electric)* bei einem Händler auf. Sie können Beträge von 1000 IDR bis hin zu 100.000 IDR wählen; der Händler bekommt noch eine kleine Zusatzgebühr – meist 2000 IDR. Eine vom Anbieter automatisch verschickte SMS verkündet anschließend den Erfolg der Transaktion – auf diese sollten Sie allerdings immer warten, bevor Sie den Laden verlassen.

Wer ohne Handy in abgelegenen Gebieten unterwegs ist, muss ein **Wartel** aufsuchen, um Kontakt mit der Heimat aufzunehmen. In diesen kleinen Lädchen kann man gegen Gebühr überallhin telefonieren.

Naturkatastrophen

Bali liegt wie alle Inseln Indonesiens im „Ring of Fire". Eine Kette aus Vulkanen zieht sich von Sumatra über Hawaii und Kalifornien bis zur südamerikanischen Westküste. Sowohl auf Bali als auch auf Lombok gibt es mehrere **Vulkane.** Der Gu-

Im Schutz der Götter: Wie Bali den Tsunami abwendete

Geografen erklären sich die Tatsache, dass Bali und auch Lombok vom schrecklichen Tsunami 2004 verschont geblieben sind, durch die geschützte Lage der Inseln im Schatten Javas. Einige Balinesen allerdings sehen sich selbst in der Verantwortung. So wird v. a. in Süd-Bali folgende Geschichte erzählt: Einige Tage vor der Katastrophe tauchten an vielen Tempeln geheimnisvolle Schriftzeichen auf. Die Leute konnten sich diese und ihre Entstehung nicht erklären. Heilige Männer wurden um Rat gefragt und erklärten der Bevölkerung, die Zeichen seien von kleinen geflügelten Wesen als Warnung der Götter vor bevorstehendem Unheil aufgemalt worden. Die Inselbewohner hätten ihren Glauben vernachlässigt, in der Nähe von Tempeln seien zu viele Unzüchtigkeiten geschehen und die Gebete und Opfer für die Götter seien zu oft unterlassen worden. Daraufhin besannen sich ganze Gemeinden des Eilandes auf ihre Wurzeln. Sie maßen dem Glauben wieder mehr Bedeutung bei und opferten den Göttern aller Himmelsrichtungen und Elemente. Nur deshalb – so erzählt man sich – verschonten die Götter Bali vor den heranbrausenden Wassermassen des Tsunamis.

Bühne frei: der Gunung Agung

nung Agung auf Bali schläft zwar seit seiner verheerenden Eruption 1963, der Gunung Rinjani auf Lombok aber war in den letzten Jahren wiederholt aktiv, wenn auch ohne schwerwiegende Folgen. Wer einen Vulkan besteigen möchte, sollte sich unbedingt vor dem Aufbruch über mögliche Gefahren informieren und Warnungen bzw. Verbote der Guides beherzigen.

Aufgrund der Kontinentaldrift kann es auf bzw. nahe der beiden Inseln vereinzelt zu **Erd- und Seebeben** kommen. Die meisten sind mess-, aber nicht immer spürbar. Die letzten größeren Beben wurden 2009 und 2011 gemeldet: Im September 2009 gab es bei einer Stärke von 6,4 neun Verletzte, im März 2011 bebte die Erde mit einer Stärke von 6,5, schwerwiegende Schäden oder Verletzte blieben diesmal glücklicherweise aber aus. Im Falle eines Erdbebens sollten Sie sich schnellstmöglich ins Freie auf möglichst unbebautes Gelände begeben, allerdings nur, wenn der Weg dorthin nicht über ein Treppenhaus führt bzw. schnell zu bewältigen ist! Ist das nicht der Fall, bleibt man lieber im Gebäude, hält sich von Fenstern fern und sucht Schutz, z. B. unter einer Matratze oder einem robusten Tisch. Die häufig angewendete Methode, sich in den Türrahmen zu stellen, ist auf Bali aufgrund der Bauweise und Beschaffenheit derselben nicht zu empfehlen.

Öffnungszeiten

Das Wort „variabel" beschreibt die Öffnungszeiten auf Bali treffend. Wer dringend etwas erledigen muss, tut gut daran, vormittags (jedoch meist nicht vor 9 Uhr) vorstellig zu werden. Freitag ist der schlechteste Tag, denn viele Geschäfte und Behörden haben nur bis 11 Uhr geöffnet, einige sogar überhaupt nicht. Am Sonntag und an gesetzlichen Feiertagen verriegeln alle Behörden, Ämter und Banken ihre Türen. An Nyepi, dem hinduistischen Neujahrsfest (→ S. 85 u. S. 86), haben zudem alle Restaurants und Geschäfte – ja eigentlich alles und jeder – geschlossen, nicht einmal mehr der Check-in in den Hotels ist möglich!

Banken: In größeren Orten haben die Banken Montag bis Freitag von 8 bis 15 Uhr geöffnet, am Samstag nur von 8 bis 12 Uhr, manchmal auch kürzer. Einige Banken schließen allerdings auch während der Woche schon um 12 Uhr, an gesetzlichen Feiertagen sind alle bereits ab Mittag zu.

Einkaufen: Die Geschäfte und Einkaufsläden öffnen ihre Türen Montag bis Samstag von 8 bzw. 9 bis 19 Uhr, größere Malls oft sogar bis 22 Uhr. Einige Minimärkte wie der Circle K, K-Mart und 7Eleven haben sogar rund um die Uhr geöffnet.

Behörden: Büros und Behörden öffnen Montag bis Donnerstag oft schon um 8 Uhr, schließen dann aber bereits um 16 Uhr (gegen 13 Uhr in der Regel 1 Std. Mittagspause). Freitags wird meist um 11 Uhr Feierabend gemacht, samstags hingegen sind die meisten Offices bis 14 Uhr für den Publikumsverkehr zugänglich.

Post: Lediglich Hauptpostämter nehmen Sendungen bis in die Abendstunden entgegen. Sonst sollte man von Montag bis Donnerstag bis spätestens 15 Uhr, freitags bis spätestens 12 Uhr dort gewesen sein.

Geldwechsler/Touranbieter: Da sie auf Touristen eingestellt sind, bleiben Geldwechsler und private Tourist Offices oft bis zum Abend geöffnet.

Restaurants: Die meisten schließen auch in den Touristenzentren um 22 Uhr die Küche. In weniger frequentierten Gebieten bzw. kleinen Warungs ist spätestens um 21 Uhr der Ofen kalt. Als Alternative für Hungrige bieten sich Nachtmärkte, die zum Sonnenuntergang ihre Grills und Kessel anheizen, oder die 24-Stunden-Delis von Circle K und Co. an.

Nachtleben: Nachtclubs und Bars öffnen in der Regel nicht vor 17 Uhr, und auch nur dann so früh, wenn eine (meist exquisite) Küche angeschlossen ist. In Ersteren kann man bis 3 Uhr in der Frühe feiern, in Bars hingegen ist oft schon um 1 Uhr Schluss.

Sehenswürdigkeiten: Tempel sind meist von 8 bis 19 Uhr geöffnet. Die Schließzeiten richten sich häufig nach dem Sonnenuntergang und können daher um ca. 1 Std. variieren. An Wochenenden und freitags sind manche Tempelareale nur bis zum frühen Nachmittag zugänglich. Museen und andere Sehenswürdigkeiten können in der Regel zwischen 8 und 18 Uhr (mit einem Ruhetag in der Woche) besucht werden, sonntags oft nur bis 15 Uhr. Einige Museen haben über Mittag geschlossen.

Schwule und Lesben

Auf Bali werden Schwule und Lesben weniger Problemen begegnen als im überwiegend islamischen Rest Indonesiens. Zum einen kennt der Hinduismus keine Ausgrenzung von Homosexuellen, zum anderen wird hier im Unterschied zu vielen westlichen Ländern der gleichgeschlechtliche Körperkontakt – wie z. B. das Hand-in-Hand-Spazieren oder herzliche Umarmungen – nicht mit bösen Blicken geahndet, sondern ist in der Kultur des Landes gang und gäbe. Vom Austausch von Zuneigungsbekundungen in der Öffentlichkeit sollten schwule und lesbische Paare allerdings genauso absehen wie heterosexuelle Pärchen – er ist den eigenen vier Wänden bzw. einigen auserwählten Nachtclubs vorbehalten.

Bei einer ernsthaften Partnersuche müssen sich homosexuelle Reisende mit den gleichen Problemen herumschlagen wie alle anderen auch (→ Kasten, S. 88). Oft ist das indonesische Gegenüber mehr an der Aufbesserung seiner Haushaltskasse als an der wahren Liebe interessiert. Für „Dienstleistungen" – auch wenn sie nicht als solche angeboten werden – wird so gut wie immer Geld verlangt. Lange Gesichter am nächsten Morgen, gebrochene Herzen und Enttäuschungen sind da schon mal vorprogrammiert.

Wer Gleichgesinnte Treffen möchte, hat es in Bali nicht schwer. Besonders Seminyak ist d a s Zentrum des Gay-Bali. Neben schmucken Unterkünften, edlen Boutiquen und exquisiten Restaurants bietet der Ferienort in der Jl. Dyanahpura auch zahlreiche Szene-Bars und -Cabarets. Am Callego- oder auch Gay-Beach in der Jl. Petitenget – eigentlich eher eine Wiese als ein Strand – trifft man sich auf einen Plausch und findet bei einfachen Snacks das ein oder andere Date für den Aben – zumindest noch: Da das Grundstück 2011 an einen Hotelkonzern verkauft wurde, liegt das Ende des Szenetreffs aber wohl nicht mehr in allzu weiter Ferne. Wer sowieso nichts dem Zufall überlassen möchte, kann auch schon von zu Hause aus seinen Urlaub – von der Unterkunft über Spa-Anwendungen bis hin zum Tauchtrip – bei einer der zahlreichen Gay-Reiseagenturen buchen.

Infoseiten/Reiseagenturen auf Deutsch

www.gay-bali.de: individuelle Beratung bei Reisefragen, Vermittlung von gay-freundlichen Hotels.

www.gay-reiseforum.de: Wenn man hier „Bali" auswählt, findet man ein sehr gutes, freundliches und mit fundiertem Wissen moderiertes Forum.

www.dive-the-rainbow.com: organisiert Tauchausflüge, -kurse und mehrtägige Safaris in schwulen und lesbischen Gruppen. Interessante Packages.

Infoseiten/Reiseagenturen auf Englisch

www.baligayguide.com: sehr informative, immer aktuelle Seite. Vermittelt auch gay-freundliche Unterkünfte in allen Kategorien.

www.baligaytravel.com: Neben Touren und Ausflügen – mit einem schwulen Guide, versteht sich – bietet diese Seite viele Insiderinformationen und Tipps sowie die Vermittlung von Unterkünften.

www.bali-rainbows.com: Hier kann man einfach alles buchen: vom Resort nur für Männer über Villen und Hotels bis hin zu Sightseeingtouren. Fundierte Infos.

Sicherheit

Kleinkriminalität

Sie dürfen durchatmen: Bali ist alles andere als von diebischen Gaunern bevölkert, die ständig daran denken, wie sie den Touristen das Geld aus der Tasche ziehen können. Im Gegenteil: Die meisten Balinesen würden schon aufgrund des Karmas keinen vorsätzlichen Diebstahl begehen. Eher wird man Sie darauf hinweisen, dass Sie Ihren Fotoapparat haben liegen lassen, als dass man ihn mitnehmen würde. Doch schwarze Schafe gibt es überall und zudem haben viele westliche Touristen besagtes „Handicap" in Form des Karmas nicht. Deshalb kann es wie in jedem anderen Land der Welt passieren, dass das Zimmer aufgebrochen, der Geldbeutel gestohlen oder die Kreditkarte missbraucht wird. Besonders in den Touristenzentren kommt es häufiger zu Diebstählen und Einbrüchen. Hier ist erhöhte Vorsicht angebracht. In den günstigen Unterkünften haben die Türen oft nur sehr schlichte, winzige Schlösser – gut, wenn man sein eigenes dabei hat. Wertsachen deponiert man am besten im Safe. Gibt es keinen im Zimmer, besteht so gut wie immer die Möglichkeit, den Hotelsafe zu benutzen (will man ganz sichergehen, lässt man sich am besten eine Quittung über die abgegebenen Gegenstände und Geldbeträge ausstellen).

Wer ganz offensichtlich mit Geld um sich wirft oder den Fotoapparat und Laptop allzu stolz spazieren führt, zieht schnell die Blicke von Gaunern auf sich. Für Wertgegenstände benutzt man besser unauffällige Fototaschen oder ältere Rucksäcke statt der neuesten Designer-Modelle. Sein Gepäck sollte man nicht unbeaufsichtigt lassen und das Mietfahrzeug – soweit möglich – auf dem bewachten Hotelparkplatz abstellen. Während der Sightseeingtour keine Wertgegenstände im Auto zurücklassen – und damit das auch jeder mitbekommt, einfach das Handschuhfach offen lassen! Dunkle Gassen meidet man, wenn man allein unterwegs ist, am Geldautomaten steckt man das gezogene Geld noch vor Verlassen der Kabine ein.

Besonders bei Geldwechslern ist stets eine gesunde Skepsis angebracht: kaputte Taschenrechner, übertriebene Fingerfertigkeit und andere Ablenkungsmanöver lassen den eigentlich auszuzahlenden Betrag mitunter ganz plötzlich schrumpfen. Man sollte die zu erwartende Summe kurz überschlagen, das Geld mindestens einmal nachzählen und danach auch nicht mehr aus der Hand geben. Und zu guter Letzt seien noch die Trickbetrüger und kleinen Gauner erwähnt, die Ihnen hartnäckig überteuerte Ware, Touren und sonstige Geschäfte anbieten wollen. Gesunder Menschenverstand und gute Beobachtungsgabe dürften Sie vor deren Machenschaften bewahren.

> Wenn der Reisepass weg ist, hilft die Botschaft des Heimatlandes weiter (→ S. 510). Kopien von Flugticket, Pass, Führerschein und Visum sind dabei extrem hilfreich – bewahren Sie diese unbedingt getrennt von den Originaldokumenten auf! Wer ganz sichergehen möchte, sollte Kopien der wichtigsten Dokumente bei Freunden im Heimatland deponieren.

Polizei

Diebstähle und andere Vergehen sollten sofort der nächsten Polizeistation gemeldet werden. In größeren Touristenorten findet sich so gut wie immer eine Touristenpolizei, die rund um die Uhr besetzt ist und deren zuständige Polizisten Englisch sprechen. Bei Unfällen ist die Polizei in Denpasar zuständig. Auf den Gili-Inseln im Nordwesten von Lombok gibt es (noch) keine Polizei. Hier wendet man sich bei Problemen an den Dorfvorsteher (*kepala desa*) oder an die SATGAS, eine nichtuniformierte Sicherheitsvereinigung, die von den Bewohnern der Inseln bezahlt wird. Meist ist sie ziemlich erfolgreich im Aufspüren gestohlener Gegenstände und sorgt dafür, dass Kriminelle der nächsten Polizeistation übergeben werden und zudem ein Inselverbot für sie ausgesprochen wird.

> **Notfallnummern**
> Notruf: ☎ 112
> Die folgenden Nummern funktionieren leider oft nicht aus dem Handynetz:
> Ambulanz: ☎ 118
> Polizei: ☎ 110
> Feuerwehr: ☎ 113
> Rettungsdienst (Search and Rescue): ☎ 115 und ☎ 51111
> Kartensperrung: ☎ 0049/16116

Denpasar: Polda Police, Jl. Supratman, ✆ 0361/227711, Police Office of Badung, Jl. Gunung Agung, ✆ 0361/422323.

Kuta: Touristenpolizei, Jl. Raya Pantai Kuta, Jl. Double Six (westliches Ende), ✆ 0361/7845988 oder -224111; die Polizeistation erreichen Sie unter 0361/751598.

Ubud: Polizei, Jl. Raya Andong (östlich des Zentrums), ✆ 0361/975316.

Ngurah Rai Airport: Touristenpolizei, ✆ 0361/751023.

Senggigi: Die Touristenpolizei befindet sich linker Hand der Hauptstraße nördlich vom Pasar Seni am Ende des Ortes, ✆ 0370/693110, 693267.

Gili Trawangan: Das Büro der SATGAS befindet sich am Hafen.

Straßenverkehr/Transport

Der **Straßenverkehr** auf Bali ist mehr als chaotisch. Auch wenn man noch so umsichtig fährt, muss man immer mit der Unachtsamkeit der anderen rechnen und sich zudem auf ganz andere Straßenverhältnisse und Verkehrsregeln einstellen.

Ebenfalls nicht zu unterschätzen sind die Gefahren, die der **Schiffsverkehr** mit sich bringt. Ein balinesischer Seemann wird Sie – trotz des allgegenwärtigen Respekts der Bevölkerung vor dem Meer – auch bei übelsten Wetterverhältnissen im kleinen Kutter über den Ozean schippern, verheißt die Bootsfahrt doch finanziellen Zugewinn. Abgesehen davon, dass die kleinen Fischerboote in den meisten Fällen weder Radar noch Funkgerät für den Notfall an Bord haben, sind sie oft insgesamt in einem sehr schlechten Zustand. Besonders die kleinen Public Boats, z. B. auf der Strecke Sanur–Nusa Lembongan, sind nicht die neuesten und werden regelmäßig überladen. Nicht selten gibt es dann nur noch die besonders bei Touristen so begehrten Dachplätze. Wer hier sitzt, kann sich bei den bis zu zwei Stunden dauernden Überfahrten nicht nur einen Sonnenstich holen, sondern bei unerwarteten Wellen ganz leicht auch einmal über Bord fallen. Am besten ist es, überladene Schiffe zu meiden und besonders bei schlechten Wetterverhältnissen nur größere Boote zu nehmen. Von Überfahrten in der Nacht ist generell abzuraten, ganz egal, was man Ihnen erzählt! Und natürlich ist es nie falsch, schon vor der Abfahrt zu checken, ob Rettungswesten an Bord sind und wo sich die Rettungsboote befinden.

Das Verkehrsmittel schlechthin: Motorräder

Tickets für die Boote sollte man ausschließlich bei den offiziellen Stellen kaufen. Im besten Fall sind die bei anderen Händlern gekauften Tickets nur überteuert, oft sind sie schlichtweg ungültig.

Sport und Aktivitäten

Ganz ehrlich: Wer es schafft, sich auf Bali zu langweilen, der hat schon fast eine Auszeichnung verdient. Neben Tempeln und Reisterrassen hat die Insel der Götter noch so viel mehr zu bieten. Ob zu Lande oder zu Wasser, es gibt immer etwas zu tun. Hier eine kleine Auswahl:

Angeln

Wer zu Hause gerne angelt, wird sich über die Prachtexemplare von Fischen freuen, die er in den Gewässern um Bali und Lombok aus dem Meer holt. Da sich die Leidenschaft, die viele Ausländer fürs Angeln aufbringen, herumgesprochen hat, kann man mittlerweile auch in einigen Unterkünften Tagestouren auf See buchen. Der Fang wird meist zum Abendessen gegrillt und mit leckeren Beilagen serviert. Ein gutes Angebot für Angelfreunde findet sich um Lovina, in Sanur und bei Kuta/Lombok.

Baden

Was wäre eine Insel ohne ihre Strände? Auf Bali zeigen sie sich in den verschiedensten Ausführungen – im Süden immer lang, hell und gut besucht, im Norden von Vulkanasche dunkel gefärbt und geringfügig leerer. Und noch immer kann man um die ganze Insel herum kleine Buchten finden, die vom großen Besucherandrang bislang verschont geblieben sind. Da in diesen allerdings auch niemand aufräumt, kann es saisonbedingt zu Müllanschwemmungen kommen. Auf Lombok reihen sich entlang der Westküste lange helle Strände, die zur Hauptsaison gut besucht sind.

Strände um Bali

Kuta Beach Ein langer, schier endloser Strand zieht sich von Kerobokan bis hinter Seminyak und lediglich von vereinzelten Felszungen unterbrochen weiter bis nach Canggu. Besonders um Kuta ist natürlich immer viel los und man ist nie allein am breiten Strand. Brandung und Unterströmung können mitunter sehr stark sein. Ein Segen für die Surfer, alle anderen sollten sich strikt an die Anweisungen der Wasserwacht sowie an die Warntafeln halten. Die Bereiche für Wellenreiter sind durch rote Fahnen abgesteckt und von Badenden tunlichst zu meiden – doch darauf wird man so und so durch die gellenden Trillerpfeifen des Aufsichtspersonals mit Nachdruck hingewiesen.

Sanur Der lange, helle Strand wird durch ein Riff vor der Kraft des Meeres geschützt und eignet sich deshalb besonders für alle, die gerne planschen und schwimmen und besonders für Familien mit Kindern.

Ost-Bali Um **Amed** finden sich viele Strandabschnitte, die in dunklen Schattierungen – von Hellgrau bis hin zu glitzern-dem Schwarz – schimmern. In einigen Buchten ist der Zugang zum klaren Wasser über glatte Steine möglich. Badeschuhe sind von Vorteil. Das Meer bricht hier mitunter mit voller Wucht auf die Küste. Strömung und Brandung sollten niemals unterschätzt werden!

Um **Padang Bai** kann der Besucher zwei Buchten mit feinem weißem Sand und sogar eine pechschwarze Alternative südlich des Ortes entdecken. Das Meer kann – je nach Saison – schon mal sehr wild werden. Dann ist Vorsicht beim Schwimmen angebracht! Die ehemaligen Geheimtipps sind mittlerweile bekannt geworden, und so hat man hier immer Gesellschaft. Dies gilt v. a. für den durch Unterkünfte noch nicht erschlossenen, aber mit zahlreichen Warungs gesäumten Pasir Putih nordöstlich von **Candi Dasa**. Mit seinem weißen Sand und dem kristallklaren Meer ist er die ideale Anlaufstelle für alle Wasserratten.

Nord-Bali Ein dunkler, feinsandiger Strand schmiegt sich vor **Lovina** an die Küste. Je nach Strandabschnitt variiert die

Die Traumstrände Kutas (Lombok) warten auf Entdecker

Sauberkeit. Das Meer ist ganzjährig ruhig, und so eignet sich das Touristengebiet v. a. für Familien mit Kindern und alle, die gerne schwimmen gehen. An der Küste bei **Pemuteran** ist der Strand heller als um Lovina und deutlich unbebauter.

West-Bali Die Buchten Balian und Medewi an der Südwestküste sind eher für Surfer interessant. Während **Balian** noch einen grauen, feinsandigen, für geübte Schwimmer durchaus geeigneten Strand besitzt, ist die Küste bei **Medewi** von Steinen durchsetzt und äußerst wild. Der Pantai Rening hingegen lädt viele einheimische Familien zum Picknicken und Planschen ein.

Nusa Lembongan Um die kleine Insel verteilen sich mehrere kleine Buchten mit hellem Sand und hohen Wellen. Den Schönheitspreis gewinnt eindeutig der im Süden gelegene **Dream Beach**. Genauso wie am **Sunset Beach** braust das Meer hier mit großer Wucht an die Küste, sodass beim Schwimmen, sofern es überhaupt möglich ist, große Vorsicht angebracht ist. Ruhiger ist die von malerischen Felsen durchsetzte **Mushroom Bay**. Am langen Hauptstrand drängen sich dicht an dicht Resorts und Unterkünfte.

Nusa Penida Hier gibt es sie noch, die menschenleeren Buchten mit hellem, feinem Sand und Karibik-Feeling. Allerdings sind alle nur über mehr oder weniger beschwerliche Wege zu erreichen – manche sogar nur mit Führer. Der Weg lohnt aber immer und nie sollten Sie die Schnorchelausrüstung vergessen. Das Meer kann hier jedoch mitunter sehr wild und die Strömungen gefährlich werden.

Strände um Lombok

Gili Trawangan/Gili Meno/Gili Air Die drei kleinen Eilande sind von kristallklarem Meer und puderweißen Stränden umgeben. Die schönsten finden sich an den **Ostküsten**. Die Strände an den anderen Küstenseiten eignen sich meist nur bei Flut zum Baden, denn bei Ebbe kommen weite Korallenfelder zum Vorschein. Badeschuhe sind von Vorteil.

Senggigi und Umgebung Der lange, relativ breite Strand am **Hauptort** zeigt sich abwechselnd in hellem und in anthrazitfarbenem Gewand, zur Hauptsaison ist er sehr belebt. Ab und an gibt es starke Unterströmungen, Vorsicht ist also geboten. Wer es idyllischer liebt, zieht zu den nördlich gelegenen Stränden bei **Mangsit**.

Sekotong   Die **Nordküste** der Halbinsel lässt den Durchreisenden immer wieder herrliche Buchten mit puderweißem Sand entdecken. Die Strände bei den Unterkünften sind allerdings oft weniger schön und sehr schmal. Die vorgelagerten Inseln **Gili Nanggu** und **Gili Asahan** warten mit hervorragenden Badeständen auf.

Kuta und Umgebung   Das Surferparadies auf Lombok kann mit einem hellen, langen wie breiten **Hauptstrand** dienen. Falls dieser aufgeräumt ist, wird er durchaus zur Augenweide – der mittlere Strandabschnitt aber ist wegen Verunreinigungen zum Baden (noch) nicht zu empfehlen.

Abhilfe soll die Umsiedelung der Verkaufsstände bringen. Besser, man weicht auf die verträumten **Buchten** weiter nördlich aus, in denen man aus dem Staunen nicht mehr herauskommt. Auch in südlicher Richtung lässt es sich an manchen Tagen gut baden. Wer es bis nach **Bumbang** oder **Ekas** schafft, wird mit idyllischer Ruhe an den resorteigenen Stränden belohnt.

Im Nordosten Lomboks   Die kleinen Inseln **Gili Kondo** und **Gili Lampu** sowie **Gili Sulat** und **Gili Lawang** sind nicht nur ein Paradies für Schnorchler, sondern auch ein Traum für Badenixen und eignen sich bestens für herrliche Tagesausflüge.

Darf's ein bisschen mehr sein …? Nacktbaden und Kleiderordnung

In Europa ist FKK mittlerweile mehr als normal, in ganz Indonesien dagegen, also auch auf Bali und Lombok, ist es nicht nur verboten, sondern gilt auch als extrem beleidigend der Bevölkerung gegenüber! Deshalb wird es auch – zumindest theoretisch – mit hohen Geldbußen und sogar Gefängnisstrafen geahndet. Am Strand sollten die Hüllen einfach anbehalten und außerhalb von diesem bitte noch ein paar Hüllen draufgelegt werden. Denn das Erscheinen im Restaurant oder auf der Dorfstraße im Bikini oder lediglich in Badeshorts ist schlichtweg ungebührlich, zeugt von keinerlei Respekt und könnte mit Geldbußen bestraft werden – mit abfälligen Blicken wird es auf jeden Fall kommentiert.

Freizeitparks

Freizeit- und Abenteuerparks hat Bali ausgesprochen viele im Angebot. Besonders für Kinder sind sie immer ein Highlight.

Für Tierliebhaber

Bali Zoo	→ S. 233
Bali Reptile Park	→ S. 233
Bali Bird Park	→ S. 232
Bali Safari and Marine Park	→ S. 276

Für Pflanzenfreunde

Bali Botanical Garden	→ S. 373
Ubud Botanical Garden	→ S. 242
Bali Orchid Garden	→ S. 159

Mangrove Information Center	→ S. 159

Für Abenteurer

Treetop Adventure Park	→ S. 374
Waterbom Park	→ S. 177

Für Affenliebhaber

Sangeh Monkey Forest	→ S. 416
Ubud Monkey Forest	→ S. 241

Für Bootsfahrer

Taman Rekreasi	→ S. 374

Funsport

Dass Touristen großen Spaß im und auf dem Wasser haben, hat sich auch an Balis Stränden herumgesprochen. So hat sich im Laufe der letzten Jahre das Angebot an Funsportarten deutlich erhöht. Banana-Boote, Jetski, Parasailing und viele skurril anmutende Gefährte, die die zahlungswillige Kundschaft durch die Luft und über das Wasser katapultieren, sind mittlerweile keine Seltenheit mehr. Glücklicherweise treten sie in Massen nur an einigen wenigen Strandabschnitten auf, so z. B. an der Küste von Tanjung Benoa. Diese Gegend hat sich zu einem wahren Mekka für Fans von Wasser-Funsport entwickelt. Doch auch im Inland, z. B. am Danau Bratan und am Danau Tamblingan, kann man mit Gefährten wie kleinen Schnellbooten über die Seen düsen. Die Preise sind nie günstig, aber immer verhandelbar. Wer einen ganzen Tag lang Wassersport erleben möchte, kann über Quicksilver einen Tagesausflug auf die schwimmende (bei den Einheimischen nicht allzu gern gesehene) Plattform vor Nusa Penida buchen – und so von früh bis spät tauchen, schnorcheln, Banana-Boot fahren und Wasserrutschen hinabsausen (→ S. 341).

Geocaching

Die moderne Version der Schnitzeljagd ist seit Kurzem auch auf Bali durchführbar. Lediglich ein GPS-Gerät (auf einen ausreichend hellen Bildschirm und Witterungsbeständigkeit achten!), gutes Schuhwerk, Verpflegung und Spaß am Wandern sollte man selbst mitbringen. Auf über 50 Routen können Abenteurer die Insel der Götter erkunden. Sogar auf Lombok, Nusa Lembongan und Gili Air gibt es Geocaches (Infos unter http://www.geocaching.com, kostenlose Registrierung erforderlich, die meisten Caches sind auf Englisch). Wer erfolgreich war, darf sich in das versteckte Logbuch eintragen.

Golf

Sowohl Bali als auch Lombok können Freunde des Golfsports glücklich machen. Auf den hübsch angelegten Plätzen lässt es sich in exotischer Atmosphäre von Loch zu Loch ziehen. Das Ambiente ist immer exklusiv, und das spiegelt sich nicht zuletzt in den Preisen wider. Auf Bali findet man gute Golfplätze in der Nähe des Pura Tanah Lot, in Sanur, im Nusa-Dua-Komplex und nördlich des Danau Bratan. Auf der Nachbarinsel können sich Golfspieler im Nordwesten, nahe der Ortschaft Sire und in Dusung Golong nahe Mataram austoben. Unter ökologischen Aspekten sind die Golfplätze allerdings äußerst bedenklich. Besonders auf der wasserarmen Halbinsel Bukit Badung kommt es täglich zu wasserverschwenderischen Exzessen, um den Rasen in saftigem Grün erstrahlen zu lassen. Auch die exponierte Lage manch eines Golfareals zeugt nicht von großer Feinfühligkeit gegenüber Umwelt und Bevölkerung. So liegt der Golfclub bei Tanah Lot deutlich sichtbar oberhalb des Tempels – was in den Augen der Balinesen natürlich ein schwerer Affront gegen die Götter ist.

Kajak

Warum die Küste nicht mal mit einem Kajak erkunden? In vielen Unterkünften kann man Kajaks mieten, um die nähere Umgebung vom Wasser aus auf eigene Faust kennenzulernen. Auch die Flüsse und Seen Balis bieten sich an für interessante und mitunter rasante Ausflüge, allerdings nur im Rahmen von organisierten Touren. Meist sind die Fahrt vom/zum Hotel, ein Guide, eine Mahlzeit und Softdrinks im Preis enthalten. Bei größeren Anbietern können auch Kombipakete – z. B. zusammen mit Elefantenreiten und Rafting – gebucht werden.

Auf Gili Trawangan bietet die passionierte Kajakfahrerin Astrid geführte Ausflüge und Tagestouren z. B. nach Gili Meno an. Ausrüstung, Snack, Drinks und ein Lunch am Strand der Nachbarinsel sind im Preis von 250.000 IDR inbegriffen. Buchbar über das **Karma Kayak Resort**, ℘ 081/803640538 (mobil), 081/805593710 (mobil), www.karmakayak.com.

Unter **www.kayuaya.com** kann man geführte Kajaktouren buchen. Ein Tagesausflug zur Amuk Bay kostet 59 $ inkl. Schnorchelmöglichkeit, Ausrüstung, Lunch, Softdrinks und Transport ab Hotel; die Tour nach Jimbaran gibt es ab 36 $/Pers. inkl. Transport, Softdrinks und Ausrüstung.

Etwas rasanter fällt das River Kayaking auf dem Ayung River aus, das von Bali **Adventure Tours** angeboten wird. www.baliadventuretours.com.

Sobek offeriert seinen Kunden auf Anfrage idyllische Kajaktouren auf dem Danau Tamblingan. ℘ 0361/768050, www.balisobek.com.

Kitesurfen

Die relativ neue, jedoch nicht wirklich kostengünstige Trendsportart hat auch auf Bali Einzug gehalten, und so können Sie hier – angetrieben von einem Lenkdrachen – auf einem Board über das Meer brausen. Wer das erst noch lernen möchte, findet ausgezeichnetes Equipment sowie Einzelunterricht im Pro Shop in Sanur. Informationen über Windverhältnisse und Surfbedingungen sind auf der informativen Homepage abrufbar (www.bali-kitesurfing.org).

Kite & Surf Bali the Pro Shop, Anfängerkurs 900.000 IDR, jede weitere Stunde 600.000 IDR inkl. Ausrüstung bzw. 500.000 IDR ohne Ausrüstung. Auch Verleih von Equipment. Jl. Cemara 72, Sanur, ℘ 081/338235082 (mobil), www.bali-kitesurfing.org.

Auch die **Nomadsurfers** bieten Kurse und Camps für erfahrene oder neue Kitesurfer für 1356 $/Woche (inkl. Unterkunft, Verpflegung, Ausrüstung und Transport) an. www.nomadsurfers.com.

Kurse

Wer sich im Urlaub fortbilden möchte, hat dazu auf Bali und Lombok ausreichend Gelegenheit. Ob Sprachkurs, Kochkurs, Mal-, Töpfer- oder Tanzstunden … Vielerorts können Sie all das und noch viel mehr erlernen. Der beste Ort hierfür ist Ubud. Wer sich umhört, findet aber auch in den meisten anderen Orten einfallsreiche und geduldige Lehrer.

Radfahren/Mountainbiking

Eigentlich schreien die herrlichen Reisterrassen und die frische Natur im kühleren zentralen Hochland der Insel förmlich danach, auf dem Fahrrad erkundet zu werden. Wer ein geeignetes Mountainbike leihen kann und über eine gute Kondition verfügt, kann die Radtour seines Lebens erleben. Findige Anbieter zielen auch auf weniger geübte Sportler ab, indem sie Downhill-Touren in der Umgebung von Ubud anbieten. Längere Radausflüge entlang der Küste, im Bergland oder auf der trockenen Halbinsel Bukit Badung sollten erfahrenen, ausdauernden Radsportlern vorbehalten bleiben, denn die schwüle Hitze verlangt dem Kreislauf so einiges ab. Auch sollten die Ballungszentren um Kuta und Denpasar aufgrund des dortigen hohen Verkehrsaufkommens gemieden werden. Auf Lombok hat sich der Ehrgeiz der ausländischen Besucher, die Insel auf dem Drahtesel zu erkunden, inzwischen ebenfalls herumgesprochen. Besonders in Senggigi finden sich gleich mehrere Anbieter, die geführte Radtouren zu Sehenswürdigkeiten und Naturschönheiten in der Umgebung im Programm haben.

In Ost-Bali bieten **Eastbali Bike Tours** die Möglichkeit, Kultur und Landschaft der Insel kennenzulernen. In allen Schwierigkeitsstufen ist etwas dabei. Der Guide, Helme, gute Fahrräder, Snacks und Softdrinks sind im Preis von 400.000–550.000 IDR/Pers. für die 5- bis 6-stündigen Touren inbegriffen. Kinder (300.000 IDR) sollten nur an der leichtesten Tour teilnehmen. ✆ 081/24667752 (mobil), 085/238231850 (mobil), www.eastbalibike.com.

Sobek offeriert Tagestouren inkl. Ausrüstung, Guide, Transport, Lunchbuffet und Softdrinks für 79 $/Erw. und 52 $/Kind. ✆ 0361/768050, www.balisobek.com.

Bei **Sari Profit** kann man Tagesausflüge um Ubud ab 55 $ buchen. ✆/✆0361/978734, ✆ 0361/8511006, 081/337205937 (mobil), www.sariprofitrafting.baliklik.com.

In der Gegend um Tirtagangga und Ababi veranstaltet z. B. **Bungbung Adventure Biking** geführte Radtouren. Die Halbtagestour kostet inkl. Getränken, Mountainbike, Helm und Guide je nach Ziel 250.000–300.000 IDR. ✆ 081/237653467 (mobil).

In Senggigi haben **Lombok Biking Tours** (✆ 0370/692164) und **Lombok Way Out Tour & Travel** (✆ 0370/6669703, www.lombok-way out.com) geführte Radtouren z. B. nach Lingsar oder Sekotong im Programm. Die Preise für die 1,5- bis 5-stündigen Touren liegen zwischen 18 und 32 $.

Rafting

Sowohl der Telaga Waya als auch der Ayung River eignen sich hervorragend zum Raften, und so wird dieser Freizeitvertreib gleich von mehreren Veranstaltern und Hotels angeboten. Alle holen die Teilnehmer am Hotel ab. In der Nebensaison sind hohe Rabatte möglich. Generell gilt: Je nach gebuchter Strecke und Flussabschnitt variieren der Schwierigkeitsgrad, die Dauer und auch der Preis. (Hier lohnen sich Vergleiche!) Während der Regenzeit lassen sich rasante Fahrten flussabwärts erleben – trocken bleibt dabei niemand. In der Trockenzeit dagegen wird das sonst rasante Rafting eher zum entspannten Flussausflug mit grandioser Aussicht auf die Dschungellandschaft und die wild bewachsenen Hänge am Flusstal. Hinter den Kurven tauchen Wasserfälle auf und laden zum Zwischenstopp mit Schwimmmöglichkeit ein. Man erfährt weniger Adrenalinausschüttung, dafür wird das Vergnügen bedeutend billiger und der optische Genuss steht im Vordergrund. Abgeschlossen wird das Abenteuer eigentlich immer mit einem Buffet.

Sari Profit Rafting, meist 11 km Rafting für 65 $/Erw. bzw. 45 $/Kind, auch Nacht-Rafting wird angeboten. Die Touren starten 3-mal tägl. ✆/✆ 0361/978734, ✆ 0361/8511006, 081/33720 5937 (mobil), www.sariprofitrafting.baliklik.com.

Bali Adventure Tours, bieten 8 km Rafting auf dem Ayung River für ca. 76 $/Erw. bzw. 52 $/Kind an, bei Internetbuchungen sind Rabatte möglich. Rafting-Touren am späten Nachmittag beginnen bei 46 $.

✆ 0361/721480, www.baliadventuretours.com.

Bali Star Island, bietet Rafting-Touren über verschiedene Anbieter ab 50 $/Erw. bzw. 35 $/Kind an. ✆ 081/337888700 (mobil), www.balistarisland.com.

Sobek, bietet 2-stündige Rafting-Fahrten auf dem Ayung River und rasante Fahrten auf dem Telaga Waya am Fuße des Gunung Agung für 79 $/Erw. bzw. 52 $/Kind an. ✆ 0361/768050, www.balisobek.com.

Segeln

Wer Zeit, Muße und das nötige Kleingeld hat, sollte sich die Segelangebote um Bali nicht entgehen lassen. Besonders die Route zwischen Bali und den Gili-Inseln vor Lombok wird regelmäßig von verschiedenen Anbietern bedient. Je nach Lust und Laune können Tagesausflüge um Bali und Lombok oder mehrwöchige Bootstouren über Komodo bis nach Papua Barat gewählt werden. Besonderes Schmankerl für Romantiker sind die angebotenen Sunset Cruises inkl. Dinner an Bord.

Folgende Anbieter organisieren Segeltörns ab einem Tag bis zu mehreren Wochen (die Preise beginnen bei 50 € und können je nach Luxus, Länge und Exklusivität des Trips bis in die Tausende gehen): www.bluewatercruises.com, www.balihai

cruises.com, www.quicksilver-bali.com/intro.htm, www.bali-cruise.com, www.balibountycruises.com, www.songlinecruises. com, www.thesevenseas.net, www.wakaexperience.com/wakasailing.php.

Surfen

Schon vor Jahrzehnten haben Surfer die beiden Inseln im Indischen Ozean für sich entdeckt. Während an manchen Surfspots auf Bali, wie z. B. Kuta oder Balangan, v. a. Anfänger das Surfen erlernen und nach und nach der Sucht verfallen können, eignen sich andere Küstenabschnitte, wie z. B. die Küste um die Halbinsel Bukit Badung, nur für Könner. Meist ist das Publikum an diesen Stränden dann auch geprägt von der lockeren Surferattitüde. Immer findet sich eine Bar, oft gibt es auch günstige Unterkünfte und abenteuerlustige, kontaktfreudige Leute. Die Surfplätze auf Lombok sind weit weniger besucht und verstecken sich mitunter in abgelegenen Buchten. Je nach Saison und Wind eignen sich die verschiedenen Küsten Balis unterschiedlich gut zum Surfen (wobei es ganzjährig irgendwo geeignete Wellen und Winde gibt). Die Erfahrung zeigt, dass sich von Oktober bis Ende Februar an der Ostküste und von Anfang April bis Ende September an der Westküste die besten Bedingungen bieten. Bretter können ab 75.000 IDR für die Stunde bzw. zu bis zu 300.000 IDR für den ganzen Tag geliehen werden und so gut wie immer findet sich jemand, der das Board fachkundig reparieren kann. Ausrüstung wie Wetsuit und Schutzkleidung kann man in Kuta kaufen. Über die Insel verteilen sich Surfcamps, die in Paketen Unterkunft, Boards, Transport zu den Surfplätzen und oft sogar Verpflegung anbieten.

Die besten Surfspots um Bali

Bukit Badung: Entlang der Westküste der Halbinsel verteilen sich zahlreiche Surfspots. Einige, wie Balangan, sind auch für mittlere Könner, die meisten, z. B. Padang und Uluwatu, nur für echte Profis geeignet. Alle Breaks sind erst ab dem Einsetzen der Flut surfbar.

Ganz auf Surfer eingestellt

Die Küste im Süden der Insel ist aufgrund der Klippen schwer zugänglich, bietet aber das ganze Jahr über gute Surfbedingungen.

Nusa Dua: Nördlich und südlich der Feriensiedlung laden zur Regenzeit gleich zwei Surfspots zum Wellenreiten ein. Beide sind ca. 1 km von der Küste entfernt.

Kuta: Das Eldorado für alle, die Surfen und Party feiern wollen; aufgrund der Wellenbedingungen und der vorhandenen Infrastruktur, die durchsetzt ist mit unzähligen Surfschulen, Bretterverleihern und Shops für das nötige Equipment, für Anfänger bestens geeignet. Wer es schon kann, zieht nach Legian weiter und Profis paddeln lieber 1 km aufs Meer hinaus zum Kuta Reef.

Canggu: Nördlich vom Touristenzentrum findet man nicht nur einen passablen Strand, sondern oft auch gute Surfbedingungen.

Balian: Die kleine Siedlung bietet einen dunklen Strand mit vielen Surfern. Natürlich gibt es auch eine Handvoll ansprechender Unterkünfte und einige gemütliche Restaurants.

Medewi: Am steinigen, sehr dunklen Strand finden Wellenreiter ihr Glück. Für Schlafgelegenheiten – von günstig bis teuer –, Cafés und Restaurants ist bestens gesorgt.

Sanur: Obwohl der Küstenort eher für sein ruhiges Meer bekannt ist, kann Sanur auch mit guten Surfbedingungen aufwarten. Allerdings befinden sich die Riffe ca. 1–2 km vor der Küste.

Pulau Serangan: Was als Nachteil für das Land und die Korallenriffe vor der Halbinsel gesehen wird, ist gleichzeitig ein großer Vorteil für Surfer: Die Aufschüttungs- und Landgewinnungsbemühungen haben ein paar gute Spots zum Surfen vor der Küste geschaffen.

Pulau Lembongan: Entlang der Westküste locken gleich drei sehr beliebte Surf Breaks erfahrene Wellenreiter. Anfänger sollten sich aufgrund der schwierigen und teils auch gefährlichen Bedingungen lieber nicht in die See wagen.

Die besten Surfspots um Lombok

Batugendeng-Halbinsel: Schwer erreichbar, am westlichsten Ende der Halbinsel, findet sich Desert Point, ein grandioser Surfspot, der nur von wirklich erfahrenen Surfern gemeistert werden kann.

Mawi: Die abgelegene Bucht lockt besonders zur Trockenzeit nicht nur mit einem wirklich schönen Strand, sondern auch mit einem guten Surf Break.

Gerupuk: Die Bucht bietet gleich vier Surf Breaks. Gute Sache, denn egal wie Wind- und Wellenbedingungen sind, es findet sich immer ein Ort, an dem das Meer bezwungen werden kann.

Gili Trawangan: Die kleinste der Gili-Inseln im Nordwesten Lomboks bietet neben Party, Strand und tollen Tauchgebieten auch einen Surfspot vor dem Hotel Vila Ombak.

Tagestouren/Ausflüge

Alle, die in besonders kurzer Zeit besonders viel von den Inseln kennenlernen möchten, sind mit den zahlreichen organisierten Touren gut beraten, die allerorts angeboten werden. Preise und Qualität variieren stark, vergleichen lohnt sich also immer. Vor der Buchung sollten folgende Punkte überdacht werden: Was werde ich sehen? Werden nur die bekannten Hauptattraktionen angefahren oder bekomme ich auch Sehenswertes abseits der Touristenrouten gezeigt? Wie lange kann ich an den einzelnen Punkten bleiben? Sind Verpflegung, Benzin und Eintrittspreise im Preis enthalten? Wo findet der Stopp zum Lunch statt? Wie viele andere Teilnehmer werden mich begleiten? Welche Sprache spricht der Guide?

Größere Tourorganisationen sind oft günstiger, dafür findet man sich nicht selten mit mindestens 10 anderen Gästen (manchmal auch mit erheblich mehr!) an den einzelnen Attraktionen wieder, muss sich an den engen zeitlichen Ablauf halten und diniert in großen, auf Massenabfertigung eingestellten Restaurants. Andere Anbieter haben sich wiederum auf individuell zugeschnittene Touren spezialisiert.

Eine weitere Option sind die ortsansässigen privaten Guides. Oft führen diese genauso gut und freundlich – wenn auch etwas weniger professionell – zu den kulturellen Schätzen ihres Landes und gehen auf Ihre Wünsche und Bedürfnisse ein. Wichtig ist, dass Sie sich mit Ihrem Guide gut verstehen, alle Einzelheiten (s. o.) vor der Abfahrt abklären und das faire(!) Handeln nicht vergessen.

Eigentlich können in jedem Hotel und in den zahlreichen „Tour & Travel"-Büros entlang der Hauptstraßen Tagesausflüge gebucht werden. Daneben bieten – besonders in Touristenzentren – an jeder zweiten Ecke Guides ihre Dienste an. Für die Touren müssen Sie je nach Dauer mit ca. 60.000 IDR (für kurze Ausflüge mit vielen Teilnehmern) bis zu 600.000 IDR (für Tagestrips mit privatem Guide) rechnen.

Tauchen/Schnorcheln

Während andernorts die Plätze, an denen man die Unterwasserwelt erkunden kann, immer weniger werden, haben Bali und Lombok noch eine Handvoll wirklich guter Tauchspots zu bieten. So macht es richtig Spaß, den submarinen Bereich mit seinen bunten Korallen, farbenprächtigen Fischen und großen Schildkröten zu erkunden. Für Schnorchler lohnt sich ebenfalls vielerorts ein Abstecher unter die Wasseroberfläche. Überall auf Bali und in den Touristenorten an der Küste Lomboks finden sich Tauchanbieter und -schulen, die das Equipment vermieten und Schnorchler auf ihre Ausflüge mitnehmen. Wer Wert auf Hygiene legt, sollte zumindest Maske und Schnorchel von Zu Hause mitbringen; wer viel schnorcheln will, sollte sich überlegen, auch die eigenen Flossen einzupacken. Wegen der starken Strömung sind diese an vielen Spots wichtig, werden aber nicht überall verliehen. (Die Leihgebühr für das Equipment zum Schnorcheln liegt bei etwa 30.000 IDR/Tag.)

Tauchplätze um Bali

Pulau Menjangan: Die Insel im Nordwesten Balis steht unter der Verwaltung des Nationalparks Taman Nasional Bali Barat und beglückt mit ihren Unterwasserschätzen vor der Küste und am Drop-off jährlich eine Vielzahl von Tauchern und Schnorchlern. Intakte Weichkorallen, Hartkorallen und großer Fischreichtum inklusive.

Pemuteran: Wirklich erstaunlich sind die angelegten Tauchplätze wie z. B. der korallenbewachsene Unterwassertempel und -garten. Fotografen und Makrotaucher werden hier voll auf ihre Kosten kommen und auch Schnorchler können das ein oder andere entdecken.

Tulamben: Highlight ist zweifelsohne das leicht zu betauchende und zu erschnorchelnde Wrack der USAT Liberty. Doch auch an anderen Plätzen wie z. B. dem Coral Garden kommen sowohl Taucher als auch Schnorchler voll auf ihre Kosten. Der Drop-off der Tulamben Wall verspricht neben zahlreichen Kaiserfischarten auch ab und an eine Begegnung mit Haien.

Makrotaucher werden am Seraya Secrets überglücklich werden und weitere Riffe, z. B. um Kubu, sind nicht weit entfernt und schnell zu erreichen.

Amed: lockt mit einem wundervollen Korallengarten, der in einen Drop-off übergeht. Gorgonien und Blaupunktrochen sind nur zwei der Highlights. Strömungstauchgänge lassen sich entlang der Amed Walls unternehmen. In der näheren Umgebung finden sich noch weitere sehenswerte Tauchplätze: Während Gili Selang und Gili Biah eher für erfahrene Taucher geeignet sind, bietet sich der Strand von Lipah auch für Neulinge an. Auch Schnorchler finden hier ihre Plätze.

Candi Dasa: Schon vom Strand aus sieht man die steinigen Inselchen Gili Mimpang und Gili Tepekong, die besonders für Taucher interessant sind. Während man an ersterer Riffhaie beobachten kann, lockt die zweite mit Schildkröten. Ganzjährig können Mantarochen gesichtet werden und in der Trockenzeit kommt auch mal ein Mondfisch (*Mola mola*) vorbei.

Padang Bai: Vor dem netten Ort befinden sich gleich mehrere Tauchplätze, die mit schönem Korallenwuchs und einer guten Auswahl an Groß- und Kleinfischen aufwarten. Besonders für Anfänger und Schnorchler sind die Tauchplätze an der Blue Lagoon gut geeignet.

Nusa Lembongan: Eher für erfahrene Taucher geeignet ist das Strömungstauchen entlang der endlosen Korallengärten um Nusa Lembongan. Von Aug. bis Okt. schauen auch schon mal die berühmten Mondfische vorbei! An der korallenbewachsenen Cenningan Wall dagegen tummeln sich oft Rochen.

Nusa Penida: Die vorgelagerte, noch weitgehend untouristische Insel ist an etlichen Punkten ringsherum eine wahre Perle, was das Tauchen angeht. Wer Schwärme von Mantas sehen möchte, begibt sich zum – wie könnte er auch anders heißen – Manta Point. Zahlreiche Großfische und Unmengen an bunten Kleinfischen tummeln sich natürlich auch an den anderen Tauchplätzen. Von Aug. bis Okt. hat man an dem bis in weite Tiefen abfallenden Blue Point und an der Gamat Bay die beste Chance, dem skurril anmutenden Mondfisch zu begegnen. Das kristallklare Wasser an der Crystal Bay lädt auch erfahrene Schnorchler ein. Intakte Hart- und Weichkorallen sind so gut wie überall anzutreffen. Bisher einziger Tauchanbieter auf der Insel ist das Penida Dive Resort (→ S. 342), doch auch auf Bali selbst werden Ausflüge zu den Tauchgebieten um Nusa Penida angeboten.

Umweltbewusst tauchen und schnorcheln

Die Unterwasserwelt ist äußerst fragil und dadurch stets extrem bedroht. Faktoren wie Umweltverschmutzung und Klimaerwärmung ziehen das Leben an den Riffen in Mitleidenschaft und gefährden damit auch den Lebensraum zahlreicher Meeresbewohner. Wassersportler sollten sich stets der Tatsache bewusst sein, dass sie nur Gäste im weiten Ozean sind, und sich dementsprechend verhalten. Kurz gesagt bedeutet dies: Überschätzen Sie Ihre Tauchkünste nicht! Besonders unerfahrene Taucher und Schnorchler richten oft schon mit einem Flossenschlag große Schäden an den Riffen an. Wenn die Strömung zu stark wird und Sie gegen die Korallen drückt, sollte der Tauchgang abgebrochen werden. Selbstverständlich gilt: Schauen ist erlaubt, Anfassen dagegen tabu! Ein absoluter Frevel ist es, sich auf die sehr langsam wachsenden Korallen zu stellen oder diese gar abzubrechen! Und dass man keinen Müll hinterlässt, weder unter Wasser noch am Strand, versteht sich von selbst. Kippen, Kaugummis, Wasserflaschen etc. also aufsammeln und mit nach Hause nehmen ... Auch wenn man vielleicht sieht, wie sie der einheimische Bootsmann einfach über Bord wirft.

Tauchplätze um Lombok

Batugendeng-Halbinsel: Die Gewässer entlang der Nordküste der Halbinsel rund um Sekotong bieten an einer Vielzahl von Tauchspots unglaubliche Abwechslung. Makroliebhaber kommen genauso auf ihre Kosten wie die Fans von großen Fischen. Und das Beste: Die Korallengärten sind (noch) so gut wie unberührt! Wie herrlich, dass sich einige der Spots – v. a. um die kleinen, der Halbinsel vorgelagerten Gilis – auch für Schnorchler anbieten, die hier sogar Schildkröten aufspüren können. Der bisher einzige Tauchoperator, der Tauchgänge in der Region um Sekotong anbietet, ist Dive Zone (unter deutscher Leitung, → S. 442).

Belongas Bay: Im Südosten Lomboks warten anspruchsvolle Tauchreviere noch darauf, entdeckt zu werden. Am Magnet z. B. kann die Sichtung von Hammerhaien und anderen Räubern der Meere beinahe garantiert werden. Wegen der starken Strömung sind die meisten Tauchplätze hier den Profis vorbehalten. Doch auch weniger erfahrene Taucher finden Spots in der Bucht, die ihren Ansprüchen gerecht werden und neben allerlei Fischreichtum – vom Anglerfisch bis zum Hai – auch viele intakte Korallen bieten.

Kuta: Die Gewässer vor der Küste des Ferienortes eignen sich – wenn überhaupt – nur fürs Makrotauchen. Besser sind die südlichen und nördlichen Buchten. So gut wie immer finden sich dort unzählige Fische aller Größenordnungen, unberührte Korallengärten und intakte Riffe. Am Mawun Slope z. B. können in der Regenzeit Mantas gesichtet werden. Diese ziehen auch am abwechslungsreichen Borok Bagik vorbei, wo auch Thunfische öfter gesehene Gäste sind. Während die Bucht von Mawun gut für Tauchanfänger und Schnorchler geeignet ist, kann die Brandung an manch anderen Tauchplätzen Schwierigkeiten verursachen.

Gili Trawangan, Gili Meno und Gili Air: Das kristallklare Wasser um die drei Inseln verheißt abwechslungsreiche Tauchgänge. An mehr als 20 Spots rund um die Eilande werden Taucher aller Erfahrungsstufen glücklich und können sowohl über Korallengärten als auch an Steilwänden wie der Meno Wall und der Air Wall schweben – wobei die Strömungstauchgänge eher den Profis vorbehalten sind. Mantas sind in der Regenzeit regelmäßige Gäste vor der Küste. Auch Schnorchler können vor allen Inseln vom Ufer aus die herrliche Unterwasserwelt erkunden und mit etwas Glück sogar Schildkröten sehen.

Trekking/Wandern

Wer auf Bali und Lombok nur am Strand liegt, verpasst so einiges. Die herrliche Natur der Inseln bietet sich für Trekkingtouren, ausgedehnte Spaziergänge entlang wogender Reisterrassen und Wanderungen durch tropische Wälder an. Wer höher hinaus möchte, erklimmt die Vulkane – und davon haben die beiden Inseln gleich mehrere zu bieten.

Für alle, die es entspannter angehen möchten, haben die meisten Trekkinganbieter auch Softtrekkingtouren im Programm. Auf Bali bieten sich besonders die kühleren Gebiete um die Bergseen Danau Batur, Danau Bratan und Danau Tamblingan für interessante Touren an. In Muncan, um Tirtagangga oder um Iseh und Sidemen verführen herrliche Ausblicke und friedliche Natur zu langen Spaziergängen. Die Gegend um Ubud lässt sich ebenfalls hervorragend zu Fuß erkunden. Auf Lombok wird man v. a. in den Gegenden rund um den Gunung Rinjani glücklich werden. Besonders in Senaru, Sembalun und Tetebatu laden die Einheimischen zu geführten Softtrekkingtouren ein, deren Ziel oft verborgene Wasserfälle oder ursprüngliche Dörfer sind. Ein Highlight für Naturfreunde ist der **Nationalpark Taman Bali Barat** im Norden Balis. Das Headquarter in Celuk hat eine Vielzahl an Touren in verschiedenen Schwierigkeitsgraden im Programm.

Bevor man aufbricht, sollte man immer die Ausrüstung überprüfen. Für einfache Wanderungen empfiehlt es sich, eine Kopfbedeckung, gutes Schuhwerk, Sonnenschutz sowie ausreichend Wasser einzupacken. Wer schwierigere Touren in unwegsamem Gelände unternimmt, sollte sich zusätzlich mit langer Beinkleidung ausrüsten. Alle, die die Vulkane erklimmen möchten, sollten die Ausrüstung mit den Guides abstimmen und die aktuelle Lage hinsichtlich Ausbruchgefahr checken.

U-Boot

Eine vollkommen andere Art, seinen Tag zu verbringen und dabei, ohne nass zu werden, die Unterwasserwelt vor der Südostküste Balis zu entdecken, bietet Odyssey Submarine. Das waschechte U-Boot fasst bis zu 36 zahlungswillige Kunden und legt an der Amuk Bay vor Candi Dasa ab. Natürlich kostet der Spaß auch mehr als ein herkömmlicher Bootsausflug.

Erw. 85 $, Kinder bis 12 J. 60 $. Hauptbüro: Submarine Safaris Asia, Jl. Raya Kuta 9 X, Kuta, ☎ 0361/759777, 759888, www.submarine-bali.com.

Yoga und Meditation

Besonders um Ubud findet sich ein buntes Angebot an Yoga- und Meditationskursen. Alle Erfahrungsstufen, ob Anfänger oder Profis, werden bedient. Wer sich gänzlich besinnen möchte, der sollte sich in den Ashram in Candi Dasa oder ins Brahmavihara-Arama-Kloster im Norden der Insel zurückziehen. Auf Lombok hat sich das Via Vacare Resort auf Gili Gede dem ausgleichenden Sport verschrieben.

Strom

In den meisten Unterkünften sollten Sie kein Problem mit dem Stromanschluss haben – vorausgesetzt, Sie finden ihn, denn oft sind die Steckdosen spärlich gesät und gut versteckt (unser Tipp: Folgen Sie dem Kabel der Nachttischlampe oder des Fernsehers). In der Regel beträgt die Netzspannung 230 V und die Dosen können mit europäischen Steckern gefüttert werden. Nur in den seltensten Fällen ist ein Adapter nötig, den man in vielen Lädchen für ein paar Cent erwerben kann. Ein größeres Problem sind, besonders zur Regenzeit, die vielen Stromschwankungen und Stromausfälle, von denen Lombok noch mehr betroffen ist als Bali. Wir empfehlen gute Taschenlampen, damit Sie auch wirklich nie im Dunkeln stehen.

Toiletten

Vom Aussterben bedroht und durchaus gewöhnungsbedürftig: die asiatische Variante des WC. Hier erwartet einen kein Thron, sondern eine in den Boden eingelassene Keramikschüssel mit einer geriffelten Fläche auf der linken und der rechten Seite für die Füße und einem versenkt liegenden Loch in der Mitte. Daneben ein großer Wassereimer mit einer kleinen Schöpfkelle und, bei den modernen Varianten, auch eine Handbrause. Wer den Dreh erst einmal heraushat, wird feststellen, dass die Hockvariante durchaus brauchbar und so gut wie immer hygienischer ist als das Benutzen des vertrauten Sitzklos. Da sich jedoch immer weniger Touristen mit dem traditionellen Klo anfreunden können, haben die meisten Restaurants und Hotels auf westliche Toiletten umgerüstet. Im kleinen Warung, bei einheimischen Freunden und auch als öffentliche Toilette an Busterminals, Tempeln und Märkten kann man es aber noch finden. Im privaten Bereich ist die Toilette oft ins winzige Badezimmer integriert ... Sie werden deshalb oft Zahnbürsten, Hygieneartikel und allerlei Utensilien zur täglichen Reinigung einer Großfamilie entdecken – klar, dass man diesen Raum dann auch nicht mit Schuhen betritt.

Was man allerdings so gut wie nie entdeckt, ist Klopapier! Traditionell reinigt man sich mit viel Wasser und einer speziellen Brause bzw. der linken Hand. Toilettenpapier sollte – sofern man die lokale Tradition der Reinigung nicht 100-prozentig beherrscht – also immer im Rucksack mitgeführt und sparsam eingesetzt werden (auch in den Toiletten im Hotelzimmer). Die Leitungen neigen bei übermäßiger Fütterung gerne zur Verstopfung.

Um Sidemen führen Wanderungen vorbei an Reisfeldern

Trinkgeld

Es ist schwer, das richtige Maß für Trinkgeld zu finden. Wer zu viel gibt, läuft Gefahr, die Preisschraube nach oben zu drehen, wer zu wenig gibt, den plagt oft hinterher das schlechte Gewissen.

In den meisten Restaurants und Hotels wird das Trinkgeld als Service Charge bereits auf den Preis aufgeschlagen und ist so prinzipiell nicht mehr vonnöten. In kleinen Warungs erwartet man sowieso kein Trinkgeld. Wer zufrieden war, kann den Betrag dennoch aufrunden (ca. 5000 IDR, höchstens allerdings 10.000 IDR, immer in angemessener Relation zum eigentlichen Preis), böse wird Ihnen hier niemand sein. Häufig wird das gesamte Trinkgeld unter allen Angestellten aufgeteilt. Wenn Sie speziell Ihrer Lieblingsbedienung im Stammrestaurant, dem zuvorkommenden Zimmermädchen im Hotel oder der netten Massagefrau etwas Gutes tun möchten, sollten Sie es deshalb dem Personal direkt in die Hand geben – nur dann kommt es zu 100 % da an, wo Sie es haben wollen.

Taxifahrer erwarten kein Trinkgeld, dennoch sollte der Betrag auf den nächsten Tausender aufgerundet werden. Oft wird das Trinkgeld sowieso durch fehlendes Wechselgeld oder einen zu hohen Festpreis erschlichen. Die Fahrer der Blue Bird Company fahren grundsätzlich mit Taxameter und sind häufig – besonders auf Lombok – Anfeindungen durch die Konkurrenz ausgesetzt. Ehrlichkeit kann man in diesem Fall durchaus mit einem Bonus von 5000 bis 10.000 IDR belohnen. Wer sein Gepäck tragen lässt, sollte pro Gepäckstück ca. 2000 IDR springen lassen. Gute Guides und Fahrer von Mietwagen freuen sich ebenfalls über einen kleinen Zugewinn. Je nach Leistung und Preis sind 5000–10.000 IDR in Ordnung. Bei Tourguides kann es gerne auch etwas mehr sein.

Lumbungs: einst Reis-, heute Touristen-Lager

Übernachten

Die Unterkünfte auf Bali sind genauso vielfältig wie die Insel selbst. Von der feuchten Einmannzelle bis zum blumenumrankten Lustschlösschen kann der Gast nach seinen Vorlieben wählen – das nötige Budget vorausgesetzt. Günstig muss auf Bali aber nicht unbedingt schäbig heißen und auch teurere Hotels können unter Umständen enttäuschen.

Wer allein reist, zahlt in den meisten Fällen drauf, denn die Preise der Unterkünfte beziehen sich so gut wie immer auf die Belegung mit zwei Personen. Nur selten werden Einzelzimmer vermietet. Meist ist im Übernachtungspreis ein Frühstück inbegriffen. Normalerweise besteht dies aus Kaffee oder Tee und einer Kleinigkeit wie leckeren Pfannkuchen, getoasteten Sandwiches oder Eiern in verschiedenen Variationen, in 90 % der Fälle begleitet von einem gemischten Früchteteller. Wer Glück hat, kann gebratenen Reis ordern oder sich an einem Buffet – meist nur in der mittleren und oberen Preislage – erquicken.

Budgetunterkünfte sind so gut wie immer mit einem Ventilator (engl. Fan) ausgestattet. Dies kann ein schepperndes Ministandgebläse auf dem Nachttisch oder auch die Luxusvariante, sprich ein schnurrender Deckenventilator sein. In der mittleren Kategorie kann so gut wie immer eine Klimaanlage (AC) dazugebucht werden. Bei Unterkünften der oberen Preisklasse sucht man „Fan-Räume" oft vergeblich, meist sind die Zimmer dafür zusätzlich zur Klimaanlage mit Ventilatoren ausgerüstet. Wer auf Ventilator besteht, sollte einfach fragen, ob er einen Rabatt bekommen kann, indem er auf die AC verzichtet und stattdessen einen „Fan" ins Zimmer gestellt bekommt.

In den Touristenzentren kann es zur Hauptsaison (ca. ab Mitte Juli bis Mitte Sept. und Ende Dez. bis Anf. Jan.) schwierig werden, überhaupt ein freies Zimmer zu finden. So zahlt man dann beispielsweise auf Gili Trawangan und in Ubud, aber auch in Kuta oft mehr als erwartet und muss sich mit weniger als gewünscht zufrieden geben. Feilschen ist zu dieser Zeit natürlich auch nicht möglich. Anders zur Nebensaison (ca. Mitte Jan. bis Mitte Juni, Ende Sept. bis Mitte Dez.) – jetzt kann man in Ruhe vor Ort die Unterkünfte vergleichen. Die sowieso schon günstigeren Preise lassen sich bei einem mehrtägigen Aufenthalt und etwas Verhandlungsgeschick zusätzlich noch deutlich nach unten drücken.

Die Preise der im Reiseteil aufgeführten Hotels beziehen sich auf die Hauptsaison 2011. Zur absoluten Hochsaison (im Aug., um Weihnachten und Silvester) ist – besonders in touristischen Ballungszentren – mit einem zusätzlichen Aufschlag zu rechnen. Leider hat sich in den letzten Jahren die Praxis eingeschlichen, die Preise von einer Hochsaison zur nächsten um mindestens 10 % zu erhöhen. Zur Nebensaison ist es oft erheblich günstiger. Sie können dann mit etwas Glück mit bis zu 50 % Ersparnis gegenüber den angegebenen Preisen rechnen.

Losmen, Homestay, Pondok Wisata

Viele Losmen, Pondok Wisata oder Homestays – so die Bezeichnungen für Unterkünfte der unteren bis mittleren Klasse – bieten einfache, saubere, oft kreativ eingerichtete Zimmer oder Bungalows, die so gut wie immer mit Ventilator (engl. Fan) und eigenem Bad und meist auch mit einer kleinen Terrasse ausgestattet sind. Nur in den einfachsten Unterkünften sind noch indonesische Mandis zu finden: Die Dusche wird hier durch ein Wasserbecken ersetzt, aus dem man mit einer Kelle Wasser schöpft, das man sich über den Kopf gießt. Die Toilette entspricht dann auch nicht dem in Europa bekannten „Thron", sondern ist ein – gewöhnungsbedürftiges, aber durchaus hygienisches – Hockklo (→ Toiletten). Immer häufiger zu finden sind dagegen die wundervollen Open-Air-Bäder. Die schönsten unter ihnen sind kleine, mit Sanitäranlagen versehene Gärtchen, in denen man den Sternenhimmel von der Schüssel aus bewundern und sich beim Duschen bräunen kann.

Ein Vorteil dieser Unterkünfte ist häufig die aufgeschlossene und kommunikative Atmosphäre. Meist sind sie familiengeführt, sodass sich der Kontakt zu Land und Leuten oft von selbst einstellt.

Wenn's ein bisschen mehr sein darf

In der mittleren Preisklasse werden in den meist von blumigen Gartenanlagen umgebenen Zimmern mehr Platz und eine hochwertigere Ausstattung mit erlesenen Materialien wie Marmor oder Teakholz geboten. Eine Klimaanlage (AC) sowie Warmwasser, Zimmerservice und hin und wieder beeindruckend große Fernseher verstehen sich eigentlich von selbst. Die Übergänge zur oberen Kategorie sind fließend und oft nur noch am Preis, am Service und an der Größe der Anlage festzumachen. Tolle, architektonisch ausgefeilte, in ein herrliches Ambiente eingebettete Unterkünfte mit Spa, Restaurant und mindestens einem Pool sind keine Seltenheit. Doch auch hier gibt es als unschöne Ausnahmen Betonburgen, deren exotischer „Charme" einzig darin besteht, dass sie sich so gar nicht in ihre Umgebung einfügen.

Luxus, Ruhe und Meerblick

Luxusoasen

Nach oben sind, was den Preis angeht, keine Grenzen gesetzt. Wer das nötige Kleingeld hat, kann sich in private Villen mit eigenem Whirl- sowie Swimmingpool auf mehreren Hundert Quadratmetern einmieten und von rund um die Uhr zur Verfügung stehenden Butlern alle Wünsche erfüllen lassen. Die Chancen, einem Star wie David Bowie oder Mick Jagger über den Weg zu laufen, rücken hier in den Bereich des Möglichen.

Wer sich für ein Hotel der höheren Kategorie entschieden hat, sollte über eine Buchung via Internet nachdenken. Einige Anbieter bleiben mit ihren Angeboten deutlich unter den Listenpreise der Hotels. Folgende Portale können bei der Suche hilfreich sein: www.asiarooms.de, www.baliforyou.com, www.directrooms.com, www.asiatravel.com, www.indo.com/hotels, www.lombokhotels.com.

Villen wider Willen

Wer bei Villa automatisch an eine Unterkunft der Luxus-Kategorie denkt, kann durch dieses auf Bali gern und viel benutzte Wort schnell in die Irre geführt werden. Denn bei den meisten hier als Villa bezeichneten Unterkünften übertreffen die Assoziationen mit diesem Begriff bei Weitem die tatsächlichen Größen- und Ausstattungsverhältnisse. Vom kleinen, frei stehenden Bungalow über das schnuckelig eingerichtete Chalet mit privatem Pool bis hin zum zweistöckigen Haus mit mehreren Schlafzimmern, extra Aufenthaltsraum und Küche kann sich hinter dem Begriff so gut wie alles, was über vier Wände verfügt, verbergen.

Verhaltensregeln

Die balinesische Kultur unterscheidet sich sehr stark von der westeuropäischen. Tief verwurzelter Glaube, Karma, Adat, Gesichtsverlust ... Richtig verstehen wird man sie als Europäer wohl erst nach langjährigem Aufenthalt – oder vielleicht auch nie. Hier jedoch einige Tipps, um Fettnäpfchen zu vermeiden.

Ein Kurz-Knigge für Bali-Besucher

Die wichtigste Regel, die Sie beachten müssen, ist simpel: Wer nach Bali fährt, muss auch bereit sein, sich auf Land und Leute einzulassen!

■ Bringen Sie Zeit mit und lassen Sie allzu enge Denkmuster und Regeln daheim. Ohne Geduld und Gelassenheit kann der Urlaub schnell in Stress ausarten. In Bali läuft nicht alles so, wie wir es gewohnt sind. Busse kommen zu spät und wenn sie „pünktlich" sind, dann fahren sie zu früh. Das humorvoll von den Indonesiern selbst als *jam karet* („Gummizeit", → Kasten S. 138) bezeichnete Zeitempfinden tut sein Übriges: Minuten werden zu Stunden und „gleich" kann leicht auch „viel später" bedeuten. Das bestellte Essen kann aufgrund von Sprachproblemen vertauscht werden und Zimmerreservierungen können verloren gehen. Wer sich hier unnötig laut aufregt, schadet nicht nur seiner Urlaubslaune, sondern verliert auch sein Gesicht und wird im weiteren Verlauf der Unterredung kaum mehr ernst genommen. Besser ist es, sich zurückzulehnen, zu lächeln und mit einem kleinen Witz die unangenehme Situation zu überspielen. Sie sind ja schließlich im Urlaub, also lassen Sie sich einfach vom Lächeln Ihrer Umgebung anstecken!

■ Die asiatische Höflichkeit ist natürlich auch auf Bali gang und gäbe! Niemals sollte man Höflichkeit mit Naivität oder gar Dummheit verwechseln! Und natürlich sollte man diese Höflichkeit auch zurückgeben. Bitte und danke sollten zum Standardrepertoire gehören.

■ Die linke Hand gilt als unrein (da sie zur Körperpflege – auch von heiklen Stellen – benutzt wird). Deshalb sollten Sie nur die rechte Hand zur Begrüßung, beim Bezahlen und v. a. beim Essen benutzen. Bei der Übergabe von Geschenken gilt es als höflich, die Gaben mit beiden Händen (die geöffnete rechte Handfläche liegt über der offenen linken) zu überreichen. Balinesen sehen es den Touristen nach, wenn ihnen ein Fehler in der „Handhabung" unterläuft. Aber wenn Sie zum Abendessen eingeladen wurden, wundern Sie sich nicht, wenn niemand mehr aus der Schüssel isst, in die Sie gerade genussvoll mit der Linken gegriffen haben. Diese wird unter Garantie für den Rest des Mahles allein Ihnen vorbehalten bleiben.

■ Auch sollten Sie im Falle einer Einladung immer warten, bis Sie zum Essen aufgefordert werden. Des Weiteren wird vom Gast erwartet, dass er mehrmals nachnimmt. Also den Teller nie zu voll machen! Wenn Sie satt sind, essen Sie den Teller besser nicht leer, sonst wird Ihnen abermals nachgeladen.

■ Die Füße gelten – wie die linke Hand – als unrein. Achten Sie beim Sitzen darauf, dass Sie nie direkt mit ihren Füßen auf jemanden zeigen! Dies wäre eine Beleidigung. Männer sitzen meist im Schneidersitz, die Füße unter den Oberschenkeln. Frauen hingegen setzen sich auf ihre Fersen, Ober- und Unterschenkel übereinandergelegt. Wer das schon schwer findet, sollte sich einmal an der typischen Hockhaltung der Balinesen versuchen. Diese wird immer ein balancelastiger Drahtseilakt für den ungelenkigen Gast bleiben.

■ Ein balinesisches Haus betritt man ohne Schuhe.

■ Der Kopf ist heilig und beherbergt den Geist. Aus diesem Grund sollten Sie einem Balinesen nie ungefragt an den Kopf fassen, einem Kind nie den Kopf tätscheln. Was bei uns als Ausdruck der Zuneigung gilt, ist in Indonesien eine üble Geste der Respektlosigkeit.

■ „Mit den nackten Fingern zeigt man nicht auf angezogene Leute." Diese deutsche Floskel besitzt auch in Bali Gültigkeit. Wollen Sie auf etwas zeigen, versuchen Sie es mit dem Kinn oder durch ein Nicken anzudeuten. Falls es nicht anders geht, benutzen Sie den Daumen.

■ Wenn Sie einen befreundeten Indonesier treffen, der gerade zu Tisch sitzt, wird dieser Sie mit den Worten „silakan makan" („bitte iss") auffordern, an seinem Mahl teilzuhaben. Umgekehrt sollten Sie natürlich das Gleiche tun. Bei der Aufforderung handelt es sich jedoch lediglich um eine Geste der Höflichkeit – nur in den seltensten Fällen wird das Essen überhaupt angerührt. Ein freundliches „silakan mari" („bitte fahre fort") genügt, um die Geste höflich abzulehnen, und ist natürlich eher angebracht, als sich auf den Teller des Freundes zu stürzen.

Tempelregeln

Es versteht sich von selbst, dass man nicht auf Tempelmauern, Schreine und Figuren klettert und Zeremonien stört. Daneben sind noch zahlreiche, recht einfache Regeln zu beachten. Wer übrigens einen Tempel entweiht, der muss tief in die Tasche greifen. Die Reinigungszeremonien sind langwierig und teuer und müssen vom Frevler selbst bezahlt werden.

■ Die Tempel dürfen nur in angemessener Kleidung betreten werden. Das heißt: Die Schultern sind bedeckt, der Unterleib in einen Sarung gehüllt. Die Hüften werden von einem Tempelschal geziert. Oft können diese Kleidungsstücke am Eingang der Tempel gegen eine geringe Gebühr ausgeliehen werden. Es gibt also keine Entschuldigung, die heiligen Stätten ungebührlich bekleidet zu betreten! Dies gilt natürlich auch, wenn augenscheinlich niemand außer Ihnen im Tempel ist.

■ Während einer Zeremonie sollte man nicht zwischen Betenden hindurchlaufen – wenn es denn unbedingt sein muss, dann in gebückter Haltung. Auch sollte man sich niemals höher als die heiligen Männer und Priester setzen.

■ Wegen des Blutes – das den heiligen Bezirk höchstens als gezielte Opfergabe benetzen darf – gelten Frauen während der Menstruation und auch kurz nach der Geburt eines Kindes als unrein und dürfen kein Tempelareal betreten. Gleiches gilt – natürlich auch für Männer – im Fall von Verletzungen, bei denen Blut geflossen ist (auch wenn sie von einem Pflaster oder einem Verband bedeckt sind).

So steht's geschrieben

Verkehrsmittel auf Bali und Lombok

Öffentliche Busse

Die wenigsten Leute fahren mit den großen Bussen durch Bali, denn die Distanzen zwischen den einzelnen Orten sind oft nicht besonders groß und lassen sich gut mit dem Bemo, Taxi oder Motorrad zurücklegen. Man benutzt die öffentlichen Busse nur, wenn man längere Strecken zurücklegen muss, um z. B. von der Nord- zur Südspitze oder von der West- zur Ostspitze zu gelangen, da die Fahrt mit den überall haltenden Kleinbussen sehr zeitaufwendig ist. Die Hauptrouten verlaufen dementsprechend zwischen Denpasar im Süden, Singaraja im Norden, Gilimanuk im Westen und Amlapura im Osten. Zugestiegen wird an den Bus- und Bemoterminals, dort kauft man auch die Tickets; die Preise variieren je nach Zustand, Ausstattung und Schnelligkeit des Gefährts und hängen an den Terminals aus.

Auf Lombok sind die großen Busse gebräuchlicher. Vom Mandalika Terminal in Mataram werden so gut wie alle Destinationen angefahren. Auch hier hängen die offiziellen Preislisten aus. Bei längeren Routen muss man häufig an den großen Terminals in Pancor oder Praya den Bus wechseln. So können die Fahrten länger werden, als man anfänglich gedacht hat.

Tourist-Shuttlebusse

Die Tourist-Shuttlebusse sind etwas teurer, für Touristen jedoch eine gute Alternative, um schnell und relativ sicher von Ort zu Ort zu kommen und dabei andere Traveller kennenzulernen. Perama ist der größte und zuverlässigste Anbieter, aber natürlich gibt es in den großen Touristenzentren eine Vielzahl anderer Shuttlebus-Services (deren Fahrzeuge man vor der Abfahrt besser genau unter die Lupe nehmen sollte). Perama verbindet die bekanntesten Orte mehrmals am Tag; zu abgelegeneren oder weniger bekannten Destinationen müssen mindestens zwei Fahrgäste an Bord sein, damit der Kleinbus losfährt. Da die Perama-Offices, an denen die Kleinbusse starten und ankommen, oft außerhalb des Zentrums liegen, ist es sinnvoll, den Abholservice für 10.000 IDR in Anspruch zu nehmen und sich darauf einzustellen, nach der Ankunft entweder länger laufen oder öffentliche Transporte nutzen zu müssen (sofern man den Drop-off-Service zum Hotel für noch einmal 10.000 IDR nicht gleich mitgebucht hat).

Auch über die Route sollte man sich Gedanken machen. Wer z. B von Kuta oder Candi Dasa nach Sanur will, muss mit dem Perama-Shuttlebus über Ubud fahren. Für die Strecke braucht man so einige Stunden länger als mit einem Charter. Hier muss man entscheiden, ob man lieber mehr Geld oder mehr Zeit in die Reise investieren möchte. Bei größeren Gruppen lohnt es sich preislich ohnehin, ein Auto zu mieten.

Die Abfahrtszeiten und Preise (Stand April 2012) von Perama finden Sie auf S. 126/127.

Bemos

Die umgebauten Kleinbusse, die auf festgelegten Routen verkehren, sind ein gebräuchliches Transportmittel auf Bali und Lombok. Für die Einheimischen sind sie

START \ ZIEL	Kuta & Flughafen	Sanur	Ubud	Lovina	Padang Bai
Perama Shuttlebus					
Kuta & Flughafen	x	6, 10, 13.30, 16.30 Uhr, 25.000	6, 10, 13.30, 16.30 Uhr 50.000	10 Uhr, 125.000	6, 10, 13.30 Uhr 60.000
Sanur	9.15, 11.15, 12.45, 15.45, 18.45 Uhr, 25.000	X	6.30, 10.30, 14, 17 Uhr, 40.000	10.30 Uhr, 125.000	6.30, 10.30, 14 Uhr, 60.000
Ubud	8.30, 10.30, 12, 15, 18 Uhr, 50.000	8.30, 10.30, 12, 15, 18 Uhr, 40.000	X	11.30 Uhr, 125.000	7, 11.30, 15 Uhr, 50.000
Lovina	9 Uhr, 100.000	9 Uhr, 100.000	9 Uhr, 100.000	X	9 Uhr *, 150.000 9 Uhr v. U.
Padang Bai	9, 13.30, 16.30 Uhr, 60.000	9, 13.30, 16.30 Uhr, 60.000	9, 13.30, 16.30 Uhr, 50.000	9 Uhr v. U., 150.000	X
Candidasa	8.30, 12.30, 16 Uhr, 60.000	8.30, 12.30 Uhr, 60.000	8.30, 12.30 Uhr, 50.000	9 Uhr v .U. 150.000	8.30, 12.30, 16 Uhr, 25.000
Tirta gangga Amed Tulamben	7 u. 11 Uhr *, 185.000	7 u. 11 Uhr *, 185.000	7 u. 11 Uhr *, 175.000	x	7 u. 11 Uhr 125.000
Bedugul	10 Uhr, 60.000	10 Uhr, 60.000	10 Uhr, 60.000	13 Uhr, 80.000	–
Lembonga	8.30 Uhr 125.000	8.30 Uhr 100.000	8.30 Uhr 140.000	–	–
Senggigi	F 10 Uhr, 150.000 S 11 Uhr, 500.000	F 10 Uhr, 150.000 S 11 Uhr, 500.000	F 10 Uhr, 150.000 S 11 Uhr, 500.000	S 11 Uhr * 550.000	F 10 Uhr 100.000 S 11 Uhr 400.000
Gili Islands	F 8 Uhr 250.000 S 8 Uhr 500.000 500.000	F 8 Uhr, 250.000 S 8 Uhr, 500.000	F 8 Uhr, 250.000 S 8 Uhr, 500.000	S 8 Uhr *, 600.000	F 8 Uhr, 200.000 S 8 Uhr, 400.000

Stand April 2012, alle Preise in IDR   * = mindestens zwei Personen / v.U. = Bus fährt via Ubu

Candidasa	Tirtagangga Amed Tulamben	Bedugul	Nusa Lembongan	Senggigi	Gili Islands
6, 10, 13.30 Uhr, 60.000	6, 10 Uhr *, 185.000	10 Uhr, 60.000	10 Uhr, 125.000	F 6 Uhr, 150.000 S 10 Uhr, 350.000	S 10 Uhr, 500.000
6.30, 10.30, 14 Uhr, 60.000	6.30, 10.30 Uhr *, 185.000 *	10.30 Uhr, 60.000	10.30 Uhr, 100.000	F 6.30 Uhr, 150.000 S 10.30 Uhr, 500.000	S 10.30 Uhr, 500.000
7, 11.30, 15 Uhr, 50.000	7, 11.30 Uhr *, 175.000	11.30 Uhr, 60.000	8.30 Uhr 140.000	F 7 Uhr, 150.000 S 11.30 Uhr, 500.000	S 11.30 Uhr, 500.000
Uhr *v. U.*, 150.000	9 Uhr, 150.000	9 Uhr, 60.000	–	S 9 Uhr*, 550.000	S 9 Uhr *, 600.000
9, 13.30, 16.30 Uhr, 25.000	9, 13.30 Uhr, 125.000	–	–	F 9 Uhr, 100.000 S 13.30 Uhr, 400.000	S 13.30 Uhr, 400.000
X	9.30, 14 Uhr *, 125.000	–	–	F 8.30 Uhr, 125.000 S 12.30 Uhr, 400.000	S 12.30 Uhr, 475.000
7, 11 Uhr, 125.000	X	–	–	–	–
–	–	X	–	–	–
–	–	–	X	–	–
F 10 Uhr, 125.000 S 11 Uhr, 400.000	–	–	–	X	S 10 Uhr, 200.000
F 8 Uhr, 225.000 S 8 Uhr, 475.000	–	–	–	8 Uhr, 100.000	X

= Überfahrt mit der öffentlichen Fähre / **S** = Überfahrt mit dem Schnellboot

das günstigste Mittel, um von A nach B zu kommen, und daher auch das gängigste. Zudem sind sie stark belastbar und können in Stoßzeiten, bis ins letzte Eck besetzt,auf ihren Routen immer und überall halten. Für Touristen sind sie eine gute Gelegenheit, das Land und seine Leute auf abenteuerliche Weise kennenzulernen – dabei sollte man sich allerdings auf eine lange, holprige Fahrt einstellen. Eingepfercht zwischen Menschen, Federvieh und Marktwaren kann man ungläubig beobachten, wie noch eine halbe Schulklasse zusteigt. Auch kann eine eigentlich kurze Strecke durch die zahlreichen Stopps mitunter sehr viel Zeit in Anspruch nehmen.

Da die Abfahrts- und Zielorte oft nicht auf dem Gefährt angegeben sind, werden die verschiedene Routen bedienenden Bemos durch ein ausgeklügeltes Farbsystem unterschieden, das für Nichteingeweihte sehr schwer zu ergründen ist. Die Preise sind festgelegt und fangen für kurze Strecken bei ca. 3000 IDR an, abgelegene Ziele müssen allerdings ausgehandelt werden. Wer nach dem Preis fragt, zahlt mehr – also erkundigen Sie sich lieber bei den Mitfahrern. Wer in ein leeres Bemo steigt, sollte dem Fahrer sofort zu verstehen geben, dass er das Gefährt nicht chartern möchte.

Je weiter der Tag voranschreitet, desto mehr nimmt die Frequenz der Kleinbusse ab, bis sie am späten Nachmittag ganz verschwinden. Jetzt muss sich – besonders der ausländische – Fahrgast aufs **Chartern** einstellen, d. h. das ganze Bemo bzw. irgendeinen anderen fahrbaren Untersatz samt Fahrer mieten. Die Preise hierfür variieren je nach Strecke und Notlage zwischen 100.000 und 600.000 IDR.

Taxis

Taxi ist nicht gleich Taxi. Spätestens nach der ersten Abzocke wird sich ein jeder dessen bewusst. Am vertrauenswürdigsten und sichersten sind die Taxis der **Blue Bird Group,** die je nach Insel entweder Bali Taksi oder Lombok Taksi heißen. Sie sind leicht an ihrer hellblauen Farbe und an den Taxischildern mit dem Blue-Bird-Logo zu erkennen, können vorbestellt werden (✆ 0361/701111 auf Bali, ✆ 0370/627000 und 645000 auf Lombok, www.bluebirdgroup.com) und benutzen auch ohne Nachfrage den Taxameter. Bei Beschwerden ist die Nummer des Fahrers (die ohne Ausnahme sichtbar im Taxi aushängt) an die Zentrale weiterzuleiten – wir mussten das noch nie tun ... Die Grundgebühr, in der der erste Kilometer bereits enthalten ist, beträgt 5000 IDR, jeder weitere Kilometer schlägt mit 4500 IDR zu Buche. Eine Stunde Wartezeit wird mit 30.000 IDR berechnet. Beim Bezahlen rundet man auf die nächsten 1000 IDR auf. Wir geben den Fahrern gerne ca. 10 % Trinkgeld, um das ehrliche Verhalten zu belohnen (→ Trinkgeld, S. 119). Besonders in den Touristenzentren um Kuta, Sanur oder Ubud verkehren hervorragende Fälschungen der vertrauenswürdigen Blue Bird Group. Blaue Hemden, blaue Autos und gefiederte Tiere im Logo – doch trotzdem sind die Preise höher und der Fahrer weigert sich standhaft, das Taxameter einzuschalten – genau hinschauen lohnt sich! Gleichfalls ratsam ist es, Fahrer, deren „meter" kaputt oder nicht vorhanden ist, zu meiden.

Am Ngurah Rai International Airport (Bali) und auch am Selaparang Airport (Lombok) befindet sich jeweils am Ausgang ein Taxischalter, an dem die Ankommenden problemlos ein Ticket für eines der **Prepaid-Taxis** zu vielen Destinationen erwerben können. Die Preise sind immer höher als die der normalen Taxis, dafür sparen Sie sich Stress, Verhandlungen und weitere Abzocke. Die Preise hängen aus.

Preise pro Person vom Ngurah Rai International Airport mit Prepaid-Taxis (Stand April 2012):

Tuban	ab 35.000 IDR	Uluwatu	ca. 135.000 IDR
Kuta	45.000–55.000 IDR	Canggu/Pererenan	135.000–190.000 IDR
Legian	55.000 IDR	Tanah Lot	ca. 190.000 IDR
Seminyak	60.000–70.000 IDR	Sanur	95.000 IDR
Kerobokan	70.000–90.000 IDR	Nusa Dua	95.000–115.000 IDR
Denpasar	70.000–105.000 IDR	Tanjung Benoa	ca. 105.000 IDR
Batubulan Terminal	105.000 IDR	Candi Dasa	385.000 IDR
Jimbaran	60.000–80.000 IDR	Padang Bai	365.000 IDR
Pecatu	115.000 IDR	Ubud (Zentrum)	ca. 195.000 IDR
Bukit Badung	ab 135.000 IDR		

Ojek (Motorradtaxi)

Bei hohem Verkehrsaufkommen und im Stau ist ein Ojek, ein Motorradtaxi, nicht un
bedingt das sicherste, bei Weitem aber das schnellste Transportmittel, in abgelegenen
Gebieten oft auch das einzige. Ein Helm steht für die Mitfahrer häufig nicht zur Verfü
gung und die Fahrkünste der Fahrer – besonders in Großstädten – sind meist ebenso
trickreich wie gewagt, was die ganze Angelegenheit ungemein „spannend" macht.
Auch hier müssen die Preise vor der Fahrt ausgehandelt werden. 2000 IDR/km sollte
man mindestens veranschlagen – oft wird von Touristen bedeutend mehr verlangt.

Cidomo und Dokar (Pferdekutschen)

Auf Bali sind sie schon lange von den Hauptstraßen verschwunden. Lediglich in abgele
genen Gebieten trifft man die bunt geschmückten, *Dokar* genannten Pferdekutschen.

Cidomo auf Gili Meno

Auf Lombok heißen sie *Cidomo* und zählen – sehr zum Leidwesen der anderen Verkehrsteilnehmer – zu den zwar selteneren, aber immer noch gängigen Transportmitteln. Anders auf den Gili-Inseln: Hier sind die zweiachsigen Pferdekutschen das einzige Verkehrsmittel. Leider ist der gesundheitliche Zustand der Pferde manchmal bedenklich und die Preise aufgrund der Monopolstellung unverschämt – dafür ist diese Art des Transports recht ausgefallen und sieht hübsch aus. Wer schweres Gepäck dabeihat, wird dort nicht umhinkommen, sie zu benutzen. Die Preise müssen vor der Fahrt ausgehandelt werden! Auf dem Festland zahlt man eigentlich zwischen 2000 und 6000 IDR/km, auf den Gilis das Zehnfache für eine Fahrt, Touristen wird aber so gut wie immer ein höherer Preis abverlangt.

Boote

Wo eine Insel ist, da fahren natürlich auch Boote. Zwischen Bali, Lombok und den Nachbarinseln verkehren verschiedene Modelle: Von der Nussschale über Schnellboote bis zu großen Fähren ist alles dabei. Die Preise für eine Fahrt variieren je nach Bootstyp, Anbieter und selbstverständlich Strecke.

Public Boats

Die sog. Public Boats, also öffentlichen Boote, sind eigentlich Marktboote, die die kleinen Inseln untereinander und eben mit Bali verbinden. Die Abfahrtszeiten sind meist sehr früh am Morgen. Sie sind die günstigste und authentischste Möglichkeit, um sich übers Wasser fortzubewegen. Allerdings können längere Fahrten in den kleinen Nussschalen bei schlechtem Wetter zu einem ungewollten Abenteuer werden. Oft sind sie sehr voll und es gibt keine Sitzplätze mehr. So drängeln sich viele Reisende durch Fracht und Passagiere auf das Bootsdach, wo es weder Sitze, Geländer noch Sonnenschutz gibt. Eigentlich nichts für Kinder und Menschen mit körperlichem Handicap. Die Boote sind oft hoffnungslos mit Waren bzw. Lebensmitteln überladen. Einheimische berichten von Unfällen mit Todesfolgen deshalb. Sollten Sie feststellen, dass ihr Boot bis zum Bersten gefüllt ist, verzichten Sie unbedingt auf die Überfahrt!

Fähren

Noch günstiger als Public-Boote, nicht weniger authentisch und meist noch viel langsamer sind die großen Fähren, die Bali mit Java, mit Nusa Lembongan und mit Lombok verbinden sowie Lombok mit Sumbawa. Die Fähren zwischen den großen Inseln verkehren Tag und Nacht im regelmäßigen Rhythmus (Ketapang/Java–Gili Manuk/Bali alle 20 Min., Dauer der Überfahrt ca. 30 Min., Padang Bai/Bali–Lembar/Lombok alle 90 Min., Dauer der Überfahrt ca. 4–6 Std., Labuhan Lombok/Lombok–Porto Tano/Sumbawa alle 45 Min., Dauer der Überfahrt ca. 90 Min.). Von Bali nach Nusa Lembongan fährt die Fähre 1- bis 2-mal täglich, wobei lange Wartezeiten an den Häfen eingerechnet werden müssen. Tickets für die Fähren kauft man am Schalter am Hafen.

Speed Boats

Immer beliebter wird die Überfahrt mit dem Speed Boat, dem Schnellboot. So können die vorgelagerten Inseln Nusa Lembongan und Nusa Penida vor Bali sowie die Gili-Inseln vor Lombok in weniger als einer halben Stunde erreicht werden. Sogar von Bali aus braucht man heute nur noch 1,5–2,5 Std. auf die beliebten Gilis. Verständlich, dass immer mehr Schnellboot-Anbieter ihre Dienste zur Verfügung stellen.

Allgemein gilt: Außerhalb der Hochsaison sind die Tickets für die Schnellboote günstiger zu bekommen. Preisvergleiche und Handeln lohnen sich so gut wie immer.

Tickets für die Boote gibt es in allen lokalen Reisebüros, zudem können sie auf der Homepage der Anbieter (→ unten) gebucht werden – oft mit 10 % Rabatt. Kombitickets, die Hin- und Rückfahrt beinhalten, sind immer etwas günstiger. Die meisten Anbieter schließen in ihren Service auch den Transport vom/zum Hotel mit ein (bei weiter entfernten Destinationen ist ein Aufpreis zu zahlen).

Achtung: Zur Nebensaison ist besonders bei schlechtem Wetter dringend davon abzuraten, die Boote am Nachmittag zu nehmen! Die Überfahrt ist dann oft nicht nur sehr unangenehm, sondern auch extrem gefährlich! Oft trügt der Schein: Während das Meer vom Ufer aus noch ruhig erscheint, können sich weiter draußen schon meterhohe Wellen aufgetürmt haben. Und auch bei Schnellbooten gilt: Wenn die Vehikel überladen sind, schauen Sie, dass Sie Land gewinnen und verlangen Sie den Fahrpreis zurück!

Zu den Gili Inseln

Die Haupthäfen in Bali für die Überfahrt auf die Gili-Inseln sind Padang Bai und Serangan Harbour. In Lombok legen die meisten Boote für einen Zwischenstopp in Teluk Nara, Teluk Kode oder Mentingi Bay an. Einen guten Überblick über die Boote liefert die Website www.gili-fastboat.com. Die Preise zur Saison belaufen sich auf 500.000–690.000 IDR/Erw. Kinder zahlen bei den meisten Anbietern weniger (→ auch S. 451 ff.).

Ab Padang Bai Perama Fast Boat, ✆ 0363/41419, Office auf Gili Trawangan: ✆ 0370/638514, Hotline: ✆ 0361/751875, www.peramatour.com.

Blue Water Express, ✆ 0361/8951082, 8413421, ✆ 081/338418988 (mobil), www.bwsbali.com.

Gili Gili Fastboat, ✆ 0361/773770, ✆ 081/808588777 (mobil), www.giligilifastboat.com.

Eka Jaya Fastboat, Office in Padang Bai: ✆/✉ 0363/41442, Office auf Gili Trawangan: ✆ 081/934378970 (mobil), www.fastboat.bali ekajaya.com.

Ocean Star Express, ✆ 0361/9271019, ✆ 081/13856038 (mobil), ✆ 081/13856039 (mobil), www.oceanstarexpress.com.

Marina Srikandi, Office in Denpasar: ✆ 0361/2127999, 2128999, 729818, www.baligili.com.

Gili Cat, Office in Sanur: ✆ 0361/271680, www.gilicat.com.

Ab Serangan Harbour Island Getaway, ✆ 0361/8037171 (15–22 Uhr), ✆ 081/37074147 (mobil), ✆ 081/916733051 (mobil), Office auf Gili Trawangan: ✆ 087/864322515 (mobil), www.giligetaway.com.

Blue Water Express, → „Ab Padang Bai".

Ab Amed Kudah Hitam, ✆ 0361/753241, www.gili-fastboat.com. Weitere Schnellboote über Café Indah ✆ 0363/23437, 081/338526657 und Jukung Bali ✆ 0363/23470.

Ab Nusa Lembongan Scoot Lembongan Island Fast Cruise, ✆ 0361/7802255, ✆/✉ 0366/24499, www.scootcruise.com.

Ab Mentingi Bay/Lombok Blue Water Cruises, ✆ 082/145956861 (mobil), www.bluewatercruises.com.

Nach Nusa Lembongan

Nach Nusa Lembongan kommt man mehrmals tägl. Die meisten Boote legen in Sanur ab und in Jungut Batu oder am Mushroom Bay auf Nusa Lembongan an. Die Preise haben sich zwischen 180.000–380.000 IDR/Erw. eingependelt, Kinder zahlen weniger. Neben den unten genannten Anbietern legen je nach Saison 1- bis 3-mal tägl. auch öffentliche Schnellboote ab (→ auch S. 331/332).

Ab Sanur Scoot Lembongan Island Fast Cruise, ✆ 0361/7802255, ✆/✉ 0366/24499, www.scootcruise.com.

The Tanis Express, ✆ 081/24683654 (mobil), 082/83687447 (mobil), www.tanisvillas.com.

Rocky Fast Cruises, ✆ 0361/8012324, 283624, ✆ 082/897005565 (Lembongan, mobil), www.rockyfastcruise.com.

Ocean Star Express, ✆ 0361/9271019, ✆ 081/13856038 (mobil), ✆ 081/13856039 (mobil), www.oceanstarexpress.com.

Von den Gili-Inseln Scoot Lembongan Island Fast Cruise, → „Ab Sanur".

Nach Nusa Penida

Lange Zeit war die Nachbarinsel von Nusa Lembongan nur mit öffentlichen oder gecharterten Booten zu erreichen. Seit Ende 2011 jedoch bedient das Schnellboot von Maruti Express 3-mal tägl. die Strecke Nusa Penida–Sanur für ca. 250.000 IDR (→ auch S. 341/342).

Maruti Express, Office in Sanur: ☎ 081/23831639 (mobil), Office in Nusa Penida: ☎ 085/268617972 (mobil), ☎ 081/338754848 (mobil), www.balimarutiexpress.com.

Mietfahrzeuge

Schon innerhalb der ersten Minuten auf der Insel wird jedem klar: Hier läuft so einiges anders im Straßenverkehr, als man es als Westeuropäer gewohnt ist. Und das betrifft nicht nur das Fahren auf der linken Seite, sondern auch die Verkehrsordnung und das Fahrvermögen. Für absolute Neulinge ist es schwer, sich in den Trubel einzuordnen. Wer ohnehin nur ein paar Tage Zeit hat, verzichtet lieber gleich auf den Stress eines eigenen Fahrzeugs.

Achtung: Sowohl auf Bali als auch auf Lombok müssen die Lichter auch am Tag an sein! Bei Kontrollen wird ein Vergehen mit 100.000–150.000 IDR geahndet.

Selbstfahren auf Bali und Lombok ist gewagt, mitunter gefährlich und immer anstrengend. Doch die Freiheit, wann immer man will vollkommen unabhängig von Transportunternehmen jeden Winkel des Landes erreichen zu können, ist unbezahlbar! Wer länger bleibt und viel von den Inseln und ihrem herrlichen Inland erkunden möchte, kommt mit einem guten Mietwagen oder Motorrad schneller und oft auch billiger ans Ziel. Besonders, wer auf Lombok abgelegenere Gebiete erkunden möchte, kommt fast nicht darum herum, sich einen eigenen fahrbaren Untersatz zu besorgen. Egal, welches Gefährt man mietet, ein **internationaler Führerschein** ist immer vonnöten.

Tankstellen …

… sind in regelmäßigen Abständen über die Inseln verteilt und alle ausnahmslos mit Bedienung. Man fährt vor und nennt den Betrag, für den man tanken möchte, den Rest erledigt der Tankwart. Achten Sie darauf, dass der Zähler der Zapfsäule auf null steht! Wer normales Benzin tanken möchte, wählt Premium an der Zapfsäule. Diesel bekommt man unter dem Namen Solar. Ein Liter schlägt mit traumhaften 4500–5000 IDR zu Buche. Über ein paar Tausender Trinkgeld freut sich das Personal immer. Auch in abgelegeneren Gebieten muss niemand auf dem Trockenen sitzen: Hier finden sich ab und an Holzgestelle voller Glasflaschen – keine Getränkedepots, sondern improvisierte Tankstellen! Der Liter kostet etwa 500–1000 IDR mehr, der Sprit ist nicht immer der beste, aber man fährt.

Motorräder

Motorräder – meist die 125er mit Automatik – werden so gut wie überall vermietet. Die Preise beginnen bei 40.000 IDR/Tag, in abgelegenen Gebieten wie Bukit Ba-

Unterwegs im Sembalun-Tal

dung, im Inland oder auf Nusa Lembongan sind sie erheblich höher. Niemals sollte man ohne Helm fahren. Fehlt dieser, setzt man sich nicht nur einem unnötigen Risiko aus – auf den Inseln ereignen sich jährlich Tausende von Motorradunfällen –, sondern man wird auch leicht zur Zielscheibe der Verkehrspolizei. Auf den Straßen fährt man am Fahrbahnrand, die Mitte gehört den Autos. Bedachtes Fahren ist generell von Vorteil – sonst hat man sich schnell das bekannte „Bali-Tattoo" am Bein geholt.

Autos

Bevor man ein Auto mietet, sollte die Frage „Wohin will ich damit?" beantwortet werden. Ein schicker Flitzer taugt wenig für den, der über holprige Straßen zu abgelegenen Stränden fahren oder mal kurz die hügeligen Serpentinen in die Berge nehmen will. Unser Favorit war immer der Geländewagen. Wer es lieber kleiner möchte, kann einen Suzuki Jimny wählen. Für mehr Power und Platz sorgt ein Toyota oder ein Daihatsu Jeep. Schritt zwei sollte dann immer eine genaue Inspektion des Fahrzeugs sein. Fehler und Mängel werden bei seriösen Firmen in einem Übergabeprotokoll festgehalten – und hier zählt auch die kleinste Schramme oder ein Brandloch im Sitz! Fotomaterial hilft bei evtl. Streitigkeiten – am besten, Sie lichten den Vermieter gleich mit ab, um Diskussionen zu vermeiden. Wer Schäden verursacht, muss bei vielen Firmen pauschal eine vorher festgelegte Summe (ca. 350.000 IDR) bezahlen. Wer sein Auto bei Privatpersonen mietet – dies ist oft auf Lombok der Fall –, muss für den kompletten Schaden aufkommen.

Anbieter gibt es wie Sand am Meer – vom kleinen Familienunternehmen, das den eigenen fahrbaren Untersatz vermietet, bis zu professionellen Firmen, die neben ihrem Service oft auch bessere Konditionen bieten. Versicherungen, häufig mit Selbstbehalt, können meist nur bei größeren Autoverleihern abgeschlossen werden. Die meisten Verleiher bringen dem Kunden das Fahrzeug – ein Service, der zumindest in den Touristenzentren in Süd-Bali und oft auch am Flughafen kostenlos ist.

Regeln und Tipps für Selbstfahrer

Regel 1: Fahren Sie links!

Regel 2: Finden Sie die Hupe und benutzen Sie sie! Das soll natürlich nicht heißen, dass Sie immerzu hupend durchs Land brausen sollen – doch scheuen Sie sich nicht, das Warnsignal einzusetzen: Anders als bei uns spielt die Hupe eine zentrale Rolle im Verkehrsgeschehen. Sie dient dazu, zu warnen und zu grüßen. Vor allem aber zeigt der Hupton den anderen Verkehrsteilnehmern: „Achtung, hier bin ich!" Dies ist wichtig in schlecht einsehbaren Kurven, beim Überholen und auch beim Anfahren am Straßenrand. Nachts wird die Hupe oft durch die Lichthupe ersetzt. Wenn Sie tagsüber jemand mit den Scheinwerfern anblinkt, bedeutet dies allerdings, dass er nicht vorhat, Ihnen aus dem Weg zu gehen.

Regel 3: Was im Straßenverkehr zählt, ist das, was vor einem ist. Dies bedeutet, dass ein am Straßenrand startender Motorradfahrer nur in 10 % der Fälle nach hinten schauen wird. Er fährt einfach los und ordnet sich ein. Für Sie heißt das: Hupen, wenn Sie von hinten kommen! So machen Sie den Anfahrenden auf sich aufmerksam.

Regel 4: Der Größere hat immer recht! Und außerdem gilt: Wer seine Stoßstange oder irgendeinen Teil seines Wagens vor das andere Fahrzeug gebracht hat, hat ebenfalls recht! Legen Sie sich also nicht mit LKWs, Bussen oder sonstigen Giganten der Straße an und lassen Sie besonders im Gedränge lieber Nachsicht walten, anstatt auf Ihrem Vorfahrtsrecht zu beharren.

Regel 5: Der Mittelstreifen zählt. Versuchen Sie immer, so weit wie möglich vom Fahrbahnrand entfernt und so nah wie möglich am Mittelstreifen (falls vorhanden) zu fahren. Der Fahrbahnrand gehört Motorrädern, Essenswagen und anderen langsameren Verkehrsteilnehmern. Am Mittelstreifen wird gefahren und überholt. Wer zu weit links fährt, läuft Gefahr, die schöne „Ordnung" durcheinanderzubringen, und wird oft abgedrängt.

Regel 6: Licht an! Auch tagsüber herrscht in Indonesien – theoretisch – die Pflicht, das Licht am Fahrzeug an zu haben. Ab und an wird dies auch von der Polizei überprüft und ein Vergehen mit entsprechend hohen Geldbusen (100.000–150.000 IDR) geahndet.

Regel 7: Lernen Sie zu improvisieren – viele Verkehrsregeln scheinen hier nur als Empfehlungen betrachtet zu werden. Bitte versuchen wenigstens Sie, sich im Groben an bekannte Regeln zu halten.

Weitere Regeln und Tipps

- Ein winkender oder anmutig in Wellenbewegungen auf und ab schwingender Arm aus dem Beifahrerfenster signalisiert nicht unbedingt, dass die Insassen gerne tanzen oder gerade ein fröhliches Liedchen summen. Meist ist dies der Ersatz für einen kaputten **Blinker** und bedeutet: Ich werde bald abbiegen.

- Zwei **Spuren** bedeutet nicht, dass nur zwei Autos nebeneinander Platz haben! Jede einzelne Fahrspur bietet locker Raum für zwei Pkws und zwei Motorräder …

- Besonders in Süd-Bali, z. B. an der Jl. Bypass, sind die Straßen mehrspurig. Wer die Fahrtrichtung ändern möchte, muss sich auf der rechten Spur zum „U-Turn" ein-

Wie gesagt: Es handelt sich um Richtlinien

reihen und sich dann mutigen Herzens in den Verkehr auf der Gegenseite stürzen. Rote Ampeln haben sich bei einem solchen Vorhaben als äußerst nützlich erwiesen.

- **Ampeln** sind grundsätzlich zu beachten, besonders wenn Polizisten in der Nähe sind. Viele andere Verkehrsteilnehmer werden das nicht ganz so eng sehen. Lassen Sie sich durch das Hupkonzert hinter Ihnen nicht entmutigen und fahren Sie erst, wenn die Ampel Grün zeigt. Beim Linksabbiegen sieht die Sache allerdings anders etwas aus: Sofern die Ampel nicht explizit einen roten Pfeil nach links zeigt, fährt man einfach langsam los und reiht sich in den Verkehr ein. Schilder mit der Aufschrift *belok kiri jalan terus* („Linksabbieger fahren zu") ermutigen sogar dazu.

- **Nachtfahrten** sollten Bali-Fahranfänger besser vermeiden.

- Entweder sind **Polizisten** Freunde und Helfer, die den verirrten Touristen milde lächelnd aus der Einbahnstraße hinauslotsen, oder aber sie sind auf die schnelle Rupiah aus. Schneller, als man denkt, ist man bei kleinen Vergehen größere Geldsummen los. Wer ohne internationalen Führerschein erwischt wird, muss offiziell bis zu 1.500.000 IDR berappen. Ohne Helm wird es ebenfalls teuer. Und auch, wer vergessen hat, sein Licht am Tag einzuschalten, muss zahlen. Schnell wird mit Gerichtsverfahren und langwierigen Aufenthalten auf der Wache gedroht. Wer „Glück" hat, muss den Beamten vor Ort die Strafe zahlen, die dann oft viel geringer ausfällt. Wichtig daher: nicht zu viel Geld im Portemonnaie mitführen. Behaupten Sie, Sie hätten ihr Geld im Hotelsafe deponiert. Meist pendelt sich die Strafe um die 100.000 IDR ein. Diskussionen und ein unhöflicher Tonfall erhöhen den Preis. Am besten ist natürlich, sich von vornherein nichts zuschulden kommen zu lassen.

Bei größeren Firmen gelten folgende Preise für Selbstfahrer: Der kleine Suzuki Jimny (Suzuki Katana) liegt bei 15–28 $/Tag. Für einen Daihatsu Feroza sollte man zwischen 20 und 35 $ einrechnen. Für geräumige, neue Familienkutschen wie Toyota Avanza, Daihatsu Xenia oder Toyota Kijang sollte man je nach Modell 25–50 $ einplanen. Kleine Flitzer wie der Suzuki Swift oder das Stadtauto Suzuki Karimun schlagen mit 24–40 $ zu Buche, neuere Modelle (z. B. Kia) sind entsprechend teurer. Für neue Wagen mit kräftigem Motor werden 30–70 $ verlangt. Preisvergleiche lohnen immer! Zudem werden bei längerer Mietdauer 10–30 % Preisnachlass gewährt. In der Nebensaison gibt es wechselnde Aktionen und satte Rabatte. Bei Privatvermietern sind die Preise oft günstiger – besonders in Touristenzentren wie Kuta.

Avis. Hier werden gepflegte, gute Autos zu allerdings auch höheren Preisen vermietet. Das Mindestalter für den Fahrer beträgt 23 Jahre, die Selbstbeteiligung liegt bei 700 €. Stationen in Sanur (Jl. Danau Tamblingan 27, Sanur Denpasar, ☎ 0361/282635) und am Ngurah Rai International Airport (Meet Greet Service, ☎ 0361/282635), www.avis.de.

André Sewatama Rent a Car. Der Deutsche André vermietet nahe Sanur Autos vom kleinen Suzuki Katana (Suzuki Jimny) bis zum großen Toyota Kijang und steht den Kunden mit Rat und Tat zur Seite. In der Nebensaison und bei längerer Mietdauer sind Rabatte möglich. Auf Wunsch werden Kunden kostenlos abgeholt und zur Filiale gebracht. Die Eigenbeteiligung liegt bei 100 €, für 10 % Aufpreis kann eine Haftpflichtversicherung abgeschlossen werden – nach Meinung des Vermieters die beste Versicherungsleistung der Insel. Wir hätten diese auch beinahe in Anspruch nehmen müssen, da in unserem Mietwagen sowohl Bremse als auch Kupplung versagten. Ein Fahrer kann für 20 € am Tag zur Verfügung gestellt werden. Jl. By Pass Ngurah Rai 330, zwischen Sanur und Denpasar. ☎ 0361/288359, 288126, 289744, www.andre-sewatama-bali.com.

PT Safari Bulan Madu. Zully Hamzah-Schulz bietet vom Suzuki Jimny über verschiedene Daihatsu-Modelle bis zum Toyota für jeden den passenden Mietwagen. Eine Kaution von 150 € muss bei Übergabe des Wagens hinterlegt werden. Versicherungen gibt es keine. Der Wagen wird in Süd-Bali kostenlos zur Unterkunft gebracht und dort abgeholt. Jl. Pantai Berawa 100, Canggu, Denpasar 80361, ☎ 081/337534097 (mobil), 081/338194740 (mobil), www.baliabc.com/autovermietung.html.

Bali Rent Cars. Im Angebot sind zahlreiche Automodelle in allen Größen von nagelneu bis älter, dazu ständig wechselnde Sonderangebote. Bei längerer Mietdauer kann ein guter Rabatt ausgehandelt werden. In Süd-Bali erfolgt die Anlieferung kostenlos, an anderen Orten gegen geringen Aufpreis. Eine Mindest-Selbstbeteiligung von 350.000 IDR ist in der Versicherung vorgegeben. Sehr freundlicher, kompetenter Service. Die Autos –übrigens auch mit Fahrer zu haben – sollten allerdings vor der Abfahrt gründlich gecheckt und Lackschäden o. Ä. abfotografiert werden. Arbeitet mit Bali Car Hire zusammen. Jl. Tunjung Sari 69, Denpasar Barat, ☎ 0361/411499, 411462, ☎ 081/23871684 (mobil, 24 Std.), www.balirentcars.com.

Bali Car Rental. Vermietet die unterschiedlichsten Autos (auch mit Fahrer), vom Suzuki Jimny über den Daihatsu Feroza bis hin zum Honda CR-V. ☎ 0361/974923, 081/23952032 (mobil), www.balicarrental.org.

Bali Cheap Car Rental. Macht seinem Namen alle Ehre: Hier gibt es die gängigsten Autos zu unglaublich günstigen Preisen. Es empfiehlt sich, ein bisschen mehr zu zahlen und die Versicherung (mit 350.000 IDR Selbstbeteiligung) abzuschließen. Für rund 100.000 IDR Aufschlag kann ein Fahrer hinzugebucht werden. Jl. Gunung Sari 1, Kerobokan, ☎/✆0361/410571, 081/236103966 (mobil), 081/999148015 (mobil), www.balicheapcarrental.com.

Swa Dana Bali Tours. In Ubud stehen bei diesem Anbieter verschiedene Suzuki-Modelle zur Auswahl. Eine Versicherung ist bereits im Mietpreis enthalten, bei Schäden beträgt die Eigenbeteiligung höchstens 300 $. Die Mindestmietdauer beträgt 5 Tage, ab 14 Tagen gibt es Rabatt. Die Autos werden wahlweise zum Flughafen (24 Std.) oder zum Hotel in Süd-Bali (8–20 Uhr) gebracht. GPS-Geräte gibt es ab 8 € zu mieten. Jl. Raya Ubud (nahe Museum Puri Lukisan), ☎ 081/2386262 (mobil), www.balicarfinder.com.

In Mataram vermietet **TRAC Astra Rent a Car** gute Autos und Motorräder mit ausgezeichnetem Service – allerdings zu nicht verhandelbaren hohen Preisen: Auto ab 360.000 IDR/Tag. Auch Chauffeurdienst Mataram, Jl. Adi Sucipto 5, ☎ 0370/626363, www.trac.astra.co.id.

E-One Tours and Travel in Senggigi hat neben älteren Jimneys die gängigen Modelle Toyota Avanza und Daihatsu Xenia im Angebot. Wagen vor dem Mieten testen! Das Office befindet sich an der Hauptstraße vor dem Hotel Asmara, ☎ 081/907229053, www.lomboktoursandtravel.com.

Fahrräder

Trotz des tropischen Klimas wird das Fahrrad als Transportmittel für kurze Wege bei Touristen immer beliebter. Besonders in weitläufigeren Ferienorten kann so die Strecke zwischen Restaurant, Sehenswürdigkeit und Unterkunft schnell und unkompliziert zurückgelegt werden. Immer mehr Unterkünfte vermieten inzwischen Fahrräder (ab 25.000 IDR/Tag), auf stark befahrene Straßen sollte man sich aus Sicherheitsgründen allerdings nicht wagen. Auf den Gili-Inseln ist das Fahrrad neben dem Cidomo (Pferdekutsche) das einzige Verkehrsmittel, die Mietpreise liegen hier deshalb häufig über dem Durchschnitt. Für eine entspannte Inselumrundung eignet sich das Fahrrad auf den Gili-Inseln aber nicht immer. Die holprigen Straßen werden oft von langen Sandstrecken unterbrochen, die ein Vorankommen unmöglich machen. Wer Fahrradfahren als Sport betreiben möchte, kommt auch auf Bali nicht zu kurz (→ Sport und Aktivitäten, S. 107).

Wellness/Spa

Die Verheißung von Glückseligkeit zieht immer mehr Menschen auf die Insel der Götter. Und glückselig ist man wahrlich nach einer mindestens einstündigen Behandlung in einem der vielen Spas. Schon allein der Königinnen-Behandlung – um nur eine zu nennen – entsteigt man tatsächlich einer Maharani gleich. Nachdem man massiert, mit raffinierten Essenzen eingerieben, wieder abgerieben und parfümiert wurde, entspannt man sich gepeelt und frisch im Blütenbad mit Blick auf die herrliche Natur. Behandlungen gibt es für und gegen beinahe alles: schöne Haut, Übergewicht, Falten, trockene Haare, hässliche Füße, schmerzende Muskeln und, und, und. Doch die meisten wollen einfach nur eines: sich in der schönsten Zeit des Jahres nach Strich und Faden verwöhnen lassen! Und, oh ja – das können Sie auf Bali. In jeder Ortschaft gibt es mindestens ein Hotel mit integriertem Spa zusätzlich zu den Salons entlang der Hauptstraßen. Meist werden bei den Behandlungen Heilkräuter und Massagen kombiniert, aber auch einfache Massagen – ob balinesisch, thai, schwedisch oder aus Lombok – sind neben Maniküre und Pediküre zu bekommen. Besonders Ubud hat sich zum wahren Mekka der Schönheits- und Verwöhnsalons entwickelt, hier kann man sogar mehrtägige Verwöhnpakete buchen. Die Preise variieren je nach Angebot und Standard – nicht immer sind die Teuersten unbedingt die Besten. 10 bis 40 € sollte man für eine gute Wellnessbehandlung von 1 bis 2 Std. veranschlagen. Einstündige Massagen sind ab 8 € zu bekommen – am Strand natürlich immer günstiger, im exklusiven Salon dagegen oft teurer.

Zeit

Aufgrund seiner weiten West-Ost-Ausdehnung erstreckt sich Indonesien über drei Zeitzonen. Bali und Lombok liegen in der mittleren und weichen von der mitteleuropäischen Zeit (MEZ) um +7 Std. ab, wobei keine Umstellung auf die Sommerzeit erfolgt. Das heißt, die Inseln sind in unserer Winterzeit 7 Std. und während unserer Sommerzeit 6 Std. voraus. Wer von Java nach Bali kommt, wechselt mit der Provinz auch die Zeitzone und muss seine Uhr eine Stunde vorstellen.

Zoll

Einfuhr

Nach Indonesien dürfen pro Person 1 l Spirituosen, 200 Zigaretten oder 100 g Tabak eingeführt werden. Unter Strafe verboten ist die Einfuhr von pornografischem Material, Schusswaffen, Munition sowie natürlich Drogen aller Art. Grundsätzlich können Gegenstände des persönlichen Bedarfs zollfrei eingeführt werden, theoretisch müssen aber technische Geräte beim Zollbeamten deklariert werden. Bei Laptops, Fotoapparaten und Handys wird jedoch kein großes Aufheben gemacht. Tiere nach Indonesien mitzubringen ist stets mit dem Ausstellen unzähliger Papiere verbunden, die Mitnahme von Hunden und Katzen nach Bali ist aufgrund der Tollwutgefahr generell verboten. In der Regel wird aber sowieso kaum ein Urlauber seinen Liebling den Strapazen im Flugzeug, der langen Quarantäne nach der Ankunft und dem heißen Inselklima aussetzen wollen.

Ausländische Währungen dürfen in unbegrenzter Menge ins Land gebracht werden, bei Indonesischen Rupiah müssen Beträge ab einer Höhe von 100.000.000 IDR deklariert werden.

Ausfuhr

Beträge von mehr als 100.000.000 IDR dürfen nur mit einer Genehmigung der Bank of Indonesia ausgeführt werden. Auch bei Antiquitäten ist in vielen Fällen eine Exportlizenz notwendig.

Nach Österreich und Deutschland dürfen selbstverständlich ebenfalls weder Drogen, Waffen noch Munition gebracht werden. Mitbringsel und Gegenstände, die für den persönlichen Bedarf bestimmt sind, können bis zu einem Warenwert von 430 € (175 € bei Kindern bis 15 Jahre) zollfrei eingeführt werden (bei größeren Einkäufen die Rechnung aufbewahren!). Hier ist allerdings Vorsicht geboten, damit Sie am Flughafen zu Hause keine bösen Überraschungen erleben, wenn die Erinnerungsstücke vom Zoll beschlagnahmt werden oder gar Strafen folgen: In vielen Schmuckstücken und Souvenirs sind Teile von nach dem Washingtoner Artenschutzübereinkommen geschützten Tier- und Pflanzenarten verarbeitet, zu denen Nashörner und Elefanten, viele Krokodil- und Schlangenarten, Schildpatt, Seepferdchen, aber auch Korallen und Muscheln wie die Riesenmuscheln und das Gehäuse der Fechterschnecke gehören, weshalb sie strengen Einfuhrbestimmungen unterliegen. Auch für die Einfuhr von Orchideen und Kakteen benötigt man eine Genehmigung und Geflügelprodukte dürfen gar nicht mit nach Hause gebracht werden. Weitere Infos unter www.zoll.de.

Freigrenzen der EU

Ab 17 Jahren sind entweder 1 l Spirituosen mit einem Alkoholgehalt von mehr als 22 % oder 2 l Spirituosen mit weniger als 22 % Alkoholgehalt sowie zusätzlich entweder 4 l nichtschäumende Weine und 16 l Bier zollfrei. Gleiches gilt für die Menge von 200 Zigaretten oder 100 Zigarillos oder 50 Zigarren oder 250 g Rauchtabak. Waren, die für den persönlichen Bedarf bestimmt sind, dürfen die zollfreie Grenze von 430 €/Erw. und 175 €/Kind bis 15 Jahre nicht überschreiten. Stand: April. 2012, Update auf www.zoll.de.

Freigrenzen Schweiz

Ab 17 Jahren dürfen 2 l Spirituosen mit einem unter 15 % liegenden Alkoholgehalt und 1 l Spirituosen mit mehr als 15 % Alkoholgehalt sowie 200 Zigaretten oder 50 Zigarren oder 250 g Schnupf-, Kau- oder Rauchtabak zollfrei eingeführt werden. Waren für den privaten Gebrauch im Wert von bis zu 300 CHF sind zollfrei. Natürlich gelten auch hier die Bestimmungen des Washingtoner Artenschutzübereinkommens. Bei Lebensmitteln gelten zusätzliche Beschränkungen. Stand: April. 2012, Update unter http://www.ezv.admin.ch/zollinfoprivat.

Bali

Die Reiseziele

Süd-Bali

Im Süden der Insel pulsiert es unermüdlich: das touristische Herz Balis. Seinen Sitz hat es in der quirligen Orts-Trias Kuta-Legian-Seminyak, im gemütlichen Sanur und im noblen Nusa Dua. Grandios lange Strände und eine nahezu perfekte touristische Infrastruktur voller Restaurants, Bars, Boutiquen und Hotels sind der Grund, warum der Süden Balis der meistbesuchte Teil der Insel ist. Wer ein wenig über den Tellerrand hinausschaut, findet aber noch anderes: Wildromatische Buchten und beste Surfbedingungen erwartet die Besucher im Westen der trockenen Halbinsel Bukit Badung, und stimmungsvolle Sonnenuntergänge krönen den Besuch beim sagenhaften Tempel Tanah Lot. Wer weg vom Strand will, macht einen Ausflug in die Verwaltungshauptstadt Denpasar, shoppt sich durch gigantische Malls, schlendert durch grüne Parks oder besucht informative Museen.

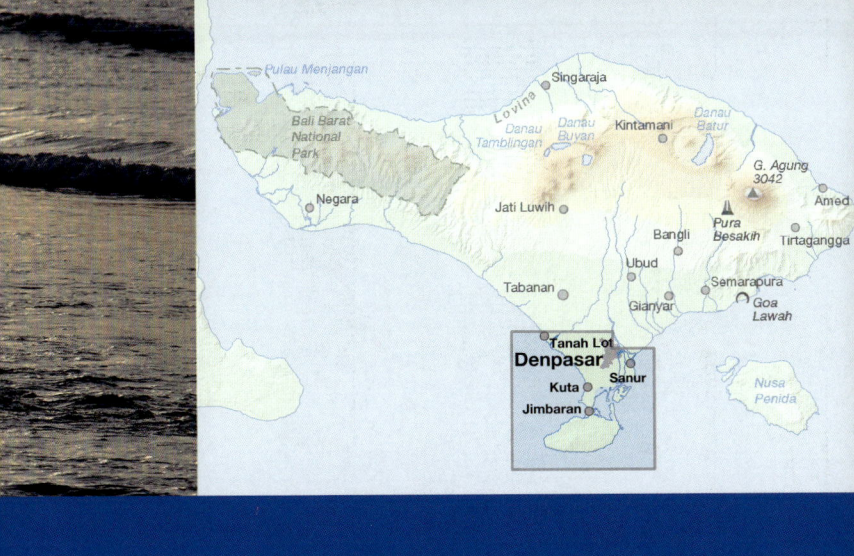

Denpasar

Alle Straßen führen nach Denpasar – und noch Tausende mehr durch die geschäftige Hauptstadt der Insel hindurch. Wer sich in die größte Stadt Balis begibt, wird vom Lärm und der allgegenwärtigen Hektik einer typisch asiatischen Großstadt wohl erst einmal schier erschlagen.

Denpasar ist eine sehr junge Hauptstadt. 1946, im Jahr nach der Unabhängigkeitserklärung Indonesiens, löste die bis dahin Badung genannte Stadt das ehemalige Verwaltungszentrum Singaraja (→ S. 349) im Inselnorden ab. Badung wurde in Denpasar – was so viel wie „Neuer Markt" heißt – umbenannt und wächst seit seiner Ernennung zur Hauptstadt der Insel von Jahr zu Jahr merklich. Heute hat die Metropole die Halbe-Million-Grenze an Einwohnern überschritten, und ihre Vororte erstrecken sich bis zu den Touristenzentren Sanur, Kuta und Legian.

Wer Denpasar mit dem eigenen Gefährt besucht, muss viel Geduld und starke Nerven mitbringen. Chaotischer Verkehr, dröhnende Motoren, verschlungene Einbahnstraßen, katastrophale Ausschilderungen und endlos scheinende Staus prägen das Straßenbild. Doch der Aufwand lohnt sich. Einmal im Zentrum angelangt, kann man sich in hübsche Parks fliehen, ausladende Monumente in grünen Oasen bestaunen, in informativen Museen allerlei über die Geschichte der Insel in Erfahrung bringen und auf wuseligen Märkten oder in gigantischen Einkaufzentren Nötiges und auch vollkommen Unnötiges erwerben.

Süd-Bali

2,5 km

Im Zentrum um den Taman Puputan

Der größte öffentliche Platz, der Taman Puputan Badung, ist dank seiner zentralen Lage ein guter Ausgangspunkt für eine Erkundung der Hauptstadt und an sich schon sehenswert. Gesäumt wird er von Sehenswürdigkeiten wie dem Bali Museum an seinem Südende und dem Tempel Pura Jagatnatha nördlich davon.

Nicht zu übersehen ist das eindrucksvolle **Puputan Monument,** das – von einem Springbrunnen umspielt – an der Nordseite des Platzes steht. Die drei Menschen, die todesmutig und lediglich mit Bambusspeeren und dem traditionellen Keris (einem kunstvoll gefertigten Dolch) bewaffnet, ihrem Gegner entgegenstürmen, erinnern an ein geschichtsträchtiges Ereignis am 20. September 1906. Um der Unterwerfung durch die Niederländer zu entgehen, leistete der Raja von Badung zusammen mit seinem gesamten Hofstaat, Frauen und Kindern den Besatzern Widerstand. Gekleidet in feine Gewänder, den besten Schmuck am Leibe, strömten Tausende von Balinesen todesverachtend den kolonialen Gewehrkugeln entgegen. Das daraus unweigerlich resultierende Massaker ging in die Geschichte Balis als Puputan von Badung (→ Kasten unten) ein und in der Presse um die ganze Welt.

Vor allem von den Einheimischen wird der Platz gerne für Pausen und Picknicks genutzt. Und wenn von Zeit zu Zeit Tanzveranstaltungen oder Märkte um das Gelände abgehalten werden, füllt sich der Taman Puputan mit Leben und Geselligkeit.

Pura Agung Jagatnatha: Der Name des wichtigen Staatstempels bedeutet übersetzt „Tempel des Herrschers über die Welt". Er ist als einziger Tempel der Insel der obersten Gottheit Sanghyang Widhi Wasa gewidmet. Dieser ziert als goldglänzende Figur einen siebenstufigen, aus Korallengestein gefertigten Lotusthron. Tanzend erhebt sich die Gottheit über den Tempel. Besonders an hohen Feiertagen sowie zu Neu- und Vollmond ist die heilige Stätte Schauplatz aufwendiger Zeremonien.

Gereja St. Yoseph Kristen: Irgendwie vertraut und dennoch fremd zeigt sich diese kleine katholische Kirche unweit des Puputan-Denkmals in der Jl. Kepundung, die kurz hinter der Touristeninformation in nördliche Richtung abzweigt. Innen wie außen findet sich eine gelungene Synthese aus christlicher Symbolik und balinesischer Ornamentik. Oder wann haben Sie zuletzt einen Engel mit Sarung gesehen?

Süd-Bali → Karte S. 144

Der Puputan von Badung

„Dreimal hörten die Holländer auf zu feuern, fast als wollten sie diese Wahnsinnigen aufwecken oder schonen oder retten. Nichts in der Welt konnte sie in ihrem Todesrennen aufhalten, weder die Haubitzen noch die unfehlbaren Gewehre der Scharfschützen, noch die plötzliche Stille, die entstand, wenn das Feuern unterbrochen wurde. Hunderte von ihnen fielen unter den Kugeln, und hundert andere reckten ihre Krise hoch und stießen sie sich in die Brust; sie senkten sie oberhalb des Schlüsselbeines ein, sodass die Spitze das Herz traf nach der alten und heiligen Weise. Hinter den Männern kamen jetzt die Frauen daher und die Kinder, Knaben und kleine Mädchen mit Blumen im Haar und Säuglinge in den Armen der Mütter und alte Sklavinnen mit ihren Jünglingsbrüsten und den weißen Haaren. Sie alle waren geschmückt mit Blumen, und deren Duft vermischte sich mit den Pulverdämpfen und mit dem süßlichen Aroma von Blut und Tod, das bald den Platz einhüllte.

Es gab Offiziere, die ihre Augen abwandten oder ihre Hände vors Gesicht schlugen, um nichts sehen zu müssen. Leutnant Dekker konnte es nicht ertragen, anzuschauen, wie Männer ihre Frauen töteten und dann sich selbst und wie Mütter den Kris in die Brust ihrer Säuglinge stießen. Er wandte sich ab und übergab sich."

Aus: Vicki Baum: Liebe und Tod auf Bali. Kiepenheuer & Witsch 2007.
S. 514f.

Im Vorhof des Bali-Museums

Bali Museum

Das große, 1932 errichtete Museum südöstlich des Taman Puputan ist die ideale
Adresse für alle, die sich eine verständliche und informative Einführung in Geschichte, Kunst und Tradition der Insel wünschen. Unterteilt ist das im Stil
balinesischer Paläste und Tempel errichtete Museum (sogar ein Kulkul-Turm steht
auf dem Gelände) in vier Hauptgebäude mit jeweils anderem thematischem
Schwerpunkt. Wendet man sich hinter der Kasse nach links und läuft vorbei am
Kulkul-Turm, kann man die Besichtigung im Gedung Tabanan beginnen und sich in
östliche Richtung vorarbeiten. Doch auch außerhalb der Gebäude sollte man die
Augen offen halten, denn so kann man u. a. kunstvolle Steinskulpturen, eine alte
Kolonialuhr und zwei reich verzierte Kanonen entdecken.

Gedung Tabanan – die Welt der Masken, der Tänze und des Schattenspiels: Das
Gebäude wurde im Stil des Königshofes von Tabanan erbaut. Schon die sonderbar
anmutenden Skulpturen von Gamelanspielern am Eingang lassen vermuten, um
welches Thema es hier geht. Und so beherbergt der Pavillon eine sehenswerte
Sammlung an Masken und Kostümen für den Barong-Landung-Tanz und allerlei
Informationen zum Schattenspiel Wayang Kulit. Mit solchen Impressionen und
Informationen gewappnet, erlebt man die Aufführungen im späteren Verlauf der
Reise gleich doppelt so intensiv.

Gedung Karangasem – die Welt der Riten und Zeremonien: In diesem Gebäude
bekommen Sie einen Einblick in die Geheimnisse der Insel, in die Welt der Götter
und Dämonen. Und gleichzeitig die (verkürzte) Anleitung dazu, diese zu besänftigen. Es werden verschiedene Zeremonien und Rituale der Hindu-Dharma-Religion
sowie rituelle Gegenstände vorgestellt und beschrieben.

Gedung Buleleng – die Welt der Gewänder und Stoffe: Zeremonielle Gewänder in strahlenden bis gedeckten Farben wie z. B. der Doppel-Ikat aus Tenganan können hier bestaunt werden. Natürlich wird auch über die Herstellung der Webarbeiten und die dazu verwendeten Utensilien informiert.

Gedung Timur, Erdgeschoss – die Welt der archäologischen Schätze: Hier ist der Ort für alle, die sich für Geschichte und Archäologie interessieren. In chronologischer Reihenfolge werden vorgeschichtliche Funde, Exponate aus späteren historischen Epochen, Fotos zu wichtigen Ereignissen sowie Lontar-Schriften ausgestellt. Man wandert sozusagen durch die Vergangenheit Balis in die Gegenwart.

Gedung Timur, erster Stock – die Welt der Kunst und des Kunsthandwerks: Wer sie schon vermisst hat, findet Kunst im ersten Stock des Gedung Timur. Hier kann man Skulpturen und klassische, traditionelle bis moderne Malerei sowie allerhand Kunsthandwerk bestaunen.

So–Do 8–16 Uhr, Fr 8–12.30 Uhr, Erw. 5000 IDR, Kinder 2000 IDR. Oft werden schon für das Mitführen einer Kamera noch mal 1000 IDR verlangt. Englischsprachige Führer warten hinter der Kasse auf Kunden. Jl. Mayor Wisnu, ✆ 0361/222680.

Westlich des Taman Puputan

Wendet man sich an der Jl. Surapati Richtung Westen, passiert man unweigerlich die den Kreisverkehr beherrschende **Statue des Gottes Batara Guru** – praktischerweise der Gott der vier Himmelsrichtungen. Da das östliche Antlitz der viergesichtigen Statue den Gott Indra darstellt, blicken Sie diesem jetzt direkt ins Angesicht. Nach dem Kreisverkehr geht die Jl. Surapati in die Jl. Gaja Mada über. Dieser folgt man, bis man kurz vor dem Badung-Fluss linker Hand Denpasars Hauptmarkt, den Pasar Badung, erreicht.

Pasar Badung (Hauptmarkt): Der traditionelle Markt ist vom Morgengrauen bis nach Sonnenuntergang geöffnet und offeriert, begleitet vom Geschrei der Händler und durchsetzt von bekannten wie unbekannten Gerüchen, auf drei Stockwerken klassische Haushaltswaren, Ritualgegenstände, Frischwaren wie Obst, Gemüse und Fleisch sowie Unmengen von intensiven Gewürzen. Ein Rausch der Sinne.

Pasar Kumbasari: Hier warten – nur durch den Fluss vom Pasar Badung getrennt – Stoffballen, Berge von Textilien, Kunsthandwerk, Souvenirs, Batikarbeiten sowie alles, was sich sonst noch verkaufen lässt. Auch ein Bereich für Frischwaren ist zu finden. Die Dezibelzahl entspricht einem klassischen balinesischen Markt, was Unvorbereitete schon mal überfordern kann.

Pasar Burung (Vogelmarkt): Wendet man sich an der viergesichtigen Batara-Guru-Statue nicht nach Westen, sondern in nördliche Richtung, erreicht man nach ca. 350 m auf der Jl. Veteran den Vogelmarkt. Wer sich allerdings ein idyllisches Plätzchen mit zwitschernden Vögelchen vorstellt, irrt gewaltig. Zwar werden neben einer Vielzahl anderer Tiere in der Tat auch Vögel, die sozusagen nicht bei drei auf den Bäumen waren, feilgeboten; dennoch ist die Atmosphäre nicht beschaulicher als auf anderen Märkten: Statt Haushaltswaren und Früchten werden hier eben Lebewesen in Hunderten von Holz- und Bambuskäfigen und Eimern angeboten. Tierliebhaber sollten eher einen Bogen um diesen Markt machen.

Pura Maospahit: An der Jl. Dr. Sutomo liegt dieser aus rotem Ziegelstein erbaute Tempel, der in das 14. Jh. datiert wird und gerade wegen seiner Schlichtheit und des Verzichts auf überladene Zierelemente besticht. Nicht nur der Name, sondern

Süd-Bali → Karte S. 144

auch architektonische Eigenheiten des Pura Maospahit verweisen auf das Majapa-hit-Reich, unter dessen herrschaftlichem und kulturellem Einfluss die Insel knapp 150 Jahre lang stand (14.–15. Jh.). Eine kleine Höhle zur Rechten des Schreins im Inneren des Tempels soll übrigens Wünsche erfüllen können. Wenn das nicht einen Besuch wert ist!

Ehemaliger Fürstenpalast Puri Pemecutan: Folgt man der Jl. Dr. Sutomo in südli-che Richtung, bis diese nach der großen Kreuzung in die Jl. Thamrin übergeht, und lässt das große Kino Cineplex 21 auf der rechten Seite liegen, gelangt man am Ende der Straße zum ehemaligen Fürstenpalast von Badung. Der geschichtsträchtige Bau – eine Rekonstruktion des 1906 von den Niederländern zerstörten Palastes – lässt noch immer die Pracht vergangener Tage erahnen und beherbergt heute ein einfa-ches Hotel. Geführt wird es von Ida Cokorda Pemecutan, einem Nachkommen der Herrscherdynastie Badungs.

Südlich des Zentrums

Monumen Perjuangan Rakyat Bali (Bajra Sandhi Monument): Das dem Unab-hängigkeitskampf der Balinesen gewidmete Denkmal erhebt sich eindrucksvoll in-mitten eines Parks. In jahrelanger Planung wurde die symbolträchtige Architektur des Gebäudes entwickelt. Angeregt wurde der Bau des Monuments vom ehemali-gen Gouverneur Ida Bagus Mantra, den Auftrag sicherte sich nach einer Aus-schreibung im Jahr 1981 der Architekt Ida Bagus Gede Yadnya. Mehr als 15 Jahre (1988–2003) dauerten die Bauarbeiten, und wir müssen sagen: Es hat sich gelohnt! An jeder Ecke, von der Spitze des Gebäudes bis in die letzten Ausläufer, spiegelt sich die Idee und die Philosophie der Hindu-Dharma-Religion wider. Auch das Da-tum der Unabhängigkeitserklärung Indonesiens wird dargestellt: 17 Stufen führen zur Haupthalle, getragen von 8 Hauptsäulen, bei einer Gebäudehöhe von 45 m. Er-gibt schlau kombiniert den 17.8.1945.

Wer etwas Zeit hat, sollte die Ausstellung im Inneren besuchen. Liebevoll wurde der Freiheitskampf der Inselbewohner in zahlreichen Schaukästen im Stil eines Dioramas nachgebildet und mit den wichtigsten historischen Eckdaten versehen (auch in englischer Sprache). Und besonders bei großen Schlachten wurde an roter Farbe nicht gespart. Lediglich die Zeit blutiger politischer Verfolgung im eigenen Land scheint niemals stattgefunden zu haben ... Auf keinen Fall sollten Sie verges-sen, die skurrile Wendeltreppe bis zur Aussichtsplattform zu erklimmen. Hier be-findet man sich im obersten Stockwerk der Hauptstadt und hat je nach Wetterlage einen perfekten Rundumblick über Denpasar.

Außer an Feiertagen ist das Monument Mo–Fr 8.30–17.30 Uhr, Sa/So 9–17.30 Uhr geöffnet. Erw. 5000 IDR, Kinder 2000 IDR. Im Park an der Jl. Puputan Niti Mandala Raya, ℡ 0361/264517.

Östlich des Zentrums

Taman Budaya (Werdhi Budaya)/Bali Art Centre: Das Kulturzentrum liegt ca. 2 km östlich des Taman Puputan und wurde in den 1970er-Jahren von Ida Bagus Mantra ins Leben gerufen. Der schön gestaltete, ca. 5 ha große Park ist unter anderem Standort einer Dauerausstellung, die einen Einblick in die balinesische Kunst bie-tet: von der traditionellen Wayang-Malerei über verschiedene Kunststile und -strö-mungen bis zu Holzschnitzerei, rituellen Masken und Batiken (leider etwas spärlich erklärt). Auch eine Tanzbühne für Großveranstaltungen befindet sich auf dem Ge-lände. Diese wird vornehmlich von Mitte Juni bis Mitte Juli genutzt (7.30–15 Uhr),

Symbolik in Vollendung: das Monumen Perjuangan Rakyat Bali

wenn sich der Komplex beim Bali Art Festival mit buntem Leben füllt. Wer zu dieser Zeit zufällig im Süden der Insel unterwegs ist, sollte keine Anstrengungen und Mühen scheuen, um sich das Spektakel anzusehen.

Am nördlichen Ende des Areals ist das Indonesian Arts Institute (ISI) untergebracht. Die 1967 gegründete Akademie bildet Studenten auf hohem Niveau in den balinesischen Künsten aus: Puppenspiel, Tanz und Musik.

Täglich 8–15 Uhr. Eintritt frei. Nähere Informationen zum Festival unter www.baliartsfestival.com. Jl. Nusa Indah.

Basis-Infos

(→ Karte S. 152/153)

Information Das **Denpasar Government Tourism Office** in der Jl. Surapati 7 ist die wohl beste Informationsstelle in ganz Bali. Die freundlichen Mitarbeiter geben kompetent und geduldig Auskunft zu Sehenswürdigkeiten, Veranstaltungen sowie zum kostenlosen Shuttlebus und helfen auch bei der Suche nach Unterkünften. Mo–Do 7.30–15.30 Uhr, Fr 8–13 Uhr. ℘ 0361/231422, 223602, ℘ 0361/223602, www.balidenpasartourism.com.

Einkaufen Neben den traditionellen Märkten Pasar Badung und Pasar Kumbasari (s. o.) wartet Denpasar v. a. mit riesigen Einkaufszentren auf. Diese **Shoppingmalls** bieten auf mehreren Ebenen einfach alles, was das Herz begehrt. Kleidung, Markenprodukte, Parfüm, Schreibwaren, Bücher, Lebensmittel, Apotheken, Optiker, Souvenirs, Sportartikel … Dies sowie die vielen Restaurants und Cafés sind besonders für die Jugendlichen ein Grund, ihre Freizeit abends und an den Wochenenden hier zu verbringen. Für 1000–2000 IDR kann man die dazugehörigen Parkplätze bzw. Parkhäuser nutzen.

Ramayana Mall 🎱. Das große orangefarbene Gebäude in der Jl. Diponegoro ist täglich von 8.30 bis 22 Uhr geöffnet. Neben Kleidung, Sport- und Haushaltswaren finden sich hier auch ein Optiker, ein riesiger Food Court und eine Filiale von Pizza Hut.

Robinson Mall 🎱. Das Einkaufszentrum in der Jl. Dewi Sartika bietet auf vier Stockwerken v. a. Kleidung, Schuhe und Lebensmittel. Um Fast-Food-Liebhaber kümmert sich eine Filiale von McDonald's. 10–22 Uhr,

Im Taman Puputan erinnert ein Denkmal an das blutige Ereignis von 1906

am Wochenende 9–22 Uhr. Wem die Robinson Mall nicht reicht, kann gegenüber im **Matahari Department Store** 🔟 i. d. R. von 9 bis 21 Uhr der Shopping-Lust frönen.

Bali Mall Galleria. In diesem etwas außerhalb auf dem Weg zum Flughafen Sanur oder Kuta an der Jl. Bypass Ngurah Ray gelegenen Shopping-Paradies findet man neben Sport-, Elektronik- und Klamottengeschäften auch zahlreiche Cafés, Restaurants (z. B. Mr. Bakso, der verschiedene Varianten der kräftigen Suppe anbietet) und einen guten Buchladen mit englischer und indonesischer Literatur.

Geld In nahezu allen Supermärkten, Malls (z. B. Robinson) und an großen öffentlichen Plätzen sorgen ATMs für ausreichend Bargeld. Vor allem im Verwaltungsviertel Renon in der Jl. Teuku Umar und der Jl. Raya Puputan, aber auch im Zentrum und entlang der Jl. Gajah Mada befinden sich viele Banken.

Gesundheit In Denpasar und Umgebung gibt es über 20 Kliniken, die größte und modernste ist das **RSUP Sanglah General Hospital**, wo viele Ärzte hervorragend Englisch sprechen. Für Taucher besonders wichtig ist die hier eingerichtete Dekompressionskammer. Jl. Kesehatan Selatan 1, Sanglah, ✆ 0361/227911, 227914, 📠 0361/226363, 257437.

R. S. Prima Medika. Seit 2002 umsorgt die

Klinik Patienten auf modernem Standard. Im Service sind u. a. eine 24-Std.-Apotheke und ärztliche Versorgung rund um die Uhr. Jl. Pulau Serangan 9X, ✆ 0361/236225, 📠 0361/236203, www.primamedika.com.

Kasih Ibu Hospital. Jl. Teuku Umar 120, Denpasar, ✆ 0361/223036, 📠 0361/236890, www.kasihibu.co.id.

Kimia Farma Drug Store. Die Apotheke in der Jl. Diponegoro 125 hat alle gängigen Medikamente und geschultes Personal im Angebot.

Kino Wer auch im Urlaub nicht auf die allerneuesten Blockbuster verzichten möchte, kann im **Cineplex 21** 🔳 in der Jl. Thamrin das Angebot an englischen Kinofilmen nutzen oder mit den indonesischen Streifen seine Sprachkenntnisse aufbessern. ✆ 0361/423023, www.21cineplex.com.

Polizei Zwei Polizeistationen finden sich etwas außerhalb des Zentrums: die **Polda Police** 🔳 (✆ 0361/227711) in der Jl. Supratman, das **Police Office of Badung** 🔳 in der Jl. Gunung Agung (✆ 0361/422323).

Post Das **Denpasar Main Post Office** befindet sich in der Jl. Raya Puputan (✆ 0361/223568), das **Sanglah Post Office** in der Jl. Diponegoro (✆ 0361/227727).

Verwaltung Das **Immigration Office** 🔳 befindet sich an der Jl. Raya Puputan.

Hin & weg

Bemos/Busse In Denpasar laufen alle Routen zusammen – und verteilen sich wieder auf drei Haupt- und zwei Nebenterminals. Für Außenstehende ist das Verbindungssystem mehr als kompliziert. Und wenn Sie es verstanden haben, planen Sie noch mal so viel Zeit fürs Warten, für Verhandlungen und schließlich das Vorankommen ein.

Besonders in den frühen Morgenstunden bis mittags verkehren Bemos und Busse regelmäßig. Ab 16 Uhr ist es dann nahezu unmöglich, ein Bemo zu bekommen – jetzt sollte man sich auf das Chartern einstellen, was, falls man mit mehreren Leuten unterwegs sein sollte, kein Beinbruch ist. Fahrten zwischen den Terminals in Denpasar kosten etwa 5000–7000 IDR, im Zentrum selbst empfiehlt sich eigentlich immer ein Spaziergang zwischen den Sehenswürdigkeiten.

Die im Folgenden genannten Preise sind Mindestangaben, denn obwohl sie fix an dem Verwaltungsschalter der Terminals ausgehängt sind, zahlen Ausländer immer mehr. Erst nach langen, nervenzehrenden Diskussionen werden Sie sich diesen Angaben annähern können. Oft ist es am Ende sogar billiger und stressfreier, gleich ein Taxi zu nehmen (s. u.) oder bei längeren Strecken auf die Tourist-Shuttlebusse auszuweichen, z. B. von Perama, ✆ 081/23665317, www.peramatour.com (→ S. 126/127).

Das **Kereneng Terminal** östlich des Zentrums (nahe der Jl. Hayam Wuruk und vis-à-vis dem Kereneng-Nachtmarkt) ist eigentlich das wichtigste Terminal in Denpasar. Auf jeder Route wird das zentrale Terminal irgendwann einmal passiert, da es die anderen Terminals in Denpasar miteinander (ca. 7000 IDR) sowie Sanur mit der Hauptstadt (grüne Bemos, ca. 7000 IDR) verbindet.

Batubulan Terminal. 6 km nordöstlich vom Zentrum. Von hier aus wird das im Norden der Insel gelegene Singaraja (mind. 30.000 IDR) angefahren. Zum Beispiel über Destinationen im Inland wie Gianyar (mind. 8000 IDR), Ubud und Umbebung (mind. 10.000 IDR) oder Kintamani. Die Alternativroute über Ost-Bali verläuft via Sanur (mind. 5000 IDR), Klungkung/Semarapura (mind. 18.000 IDR), Padangbai, Candi Dasa (beides ca. 26.000 IDR), Amlapura und Tulamben.

Tegal Terminal. In der Jl. Imam Bonjol westlich des Zentrums. Von hier aus fahren Bemos und Busse in den Süden. Über den Airport geht es via Legian, Kuta (beides ca. 9000–12.000 IDR) und Sanur (5000 IDR) nach Jimbaran (mind. 15.000 IDR) und dann weiter nach Nusa Dua (mind. 15.000 IDR) oder auf die südliche Halbinsel, z. B. zum Uluwatu (mind. 18.000 IDR).

Ubung Terminal. An der Verbindungsstraße nach Gilinamuk nördlich von Denpasar. Hier fahren Überlandbusse Richtung Java, Lombok, Sumbawa und Flores, aber auch Bemos, z. B. über Tabanan (mind. 12.000 IDR) nach Negara (mind. 25.000 IDR) bis nach Gilinamuk (mind. 30.000 IDR). Daneben finden sich auch hier einige Bemos Richtung Norden über Pancasari nach Singaraja (mind. 30.000 IDR).

Taxi Auch fürs Taxifahren gilt: Vor der Fahrt immer nach dem Preis fragen und – wann immer es geht – die blauen **Bali Taksis** (✆ 0361/701111) in Anspruch nehmen!

Jeden Samstag und bei besonderen Veranstaltungen verkehrt der **kostenlose Shuttlebus** des Denpasar Government Tourism Office und lädt zur „City Tour Kota Denpasar" ein. Der Bus fährt vom Sanur Beach Hotel und weiteren Haltestellen in Sanur (Bali Hyatt, Inna Grand Bali Beach Hotel etc.) über das Bajra Sandhi Monument in Denpasar, den Pasar Badung und den Pasar Kumbasari zum Bali Museum/Taman Puputan und dann weiter zum Taman Budaya Art Center, bis es wieder zurück zum Sanur Beach Hotel geht. 6-mal täglich um 9, 10, 11.15, 12.15, 13.30 und 14.30 Uhr startet der Bus, letzte Ankunft in Sanur um 16.30 Uhr. Natürlich sollte man auch hier die *jam karet* (→ Kasten S. 138) nicht vergessen … Eine perfekte Möglichkeit, die wichtigsten Sehenswürdigkeiten an einem Tag vollkommen ohne Transportkosten zu erleben!

Süd-Bali → Karte S. 144

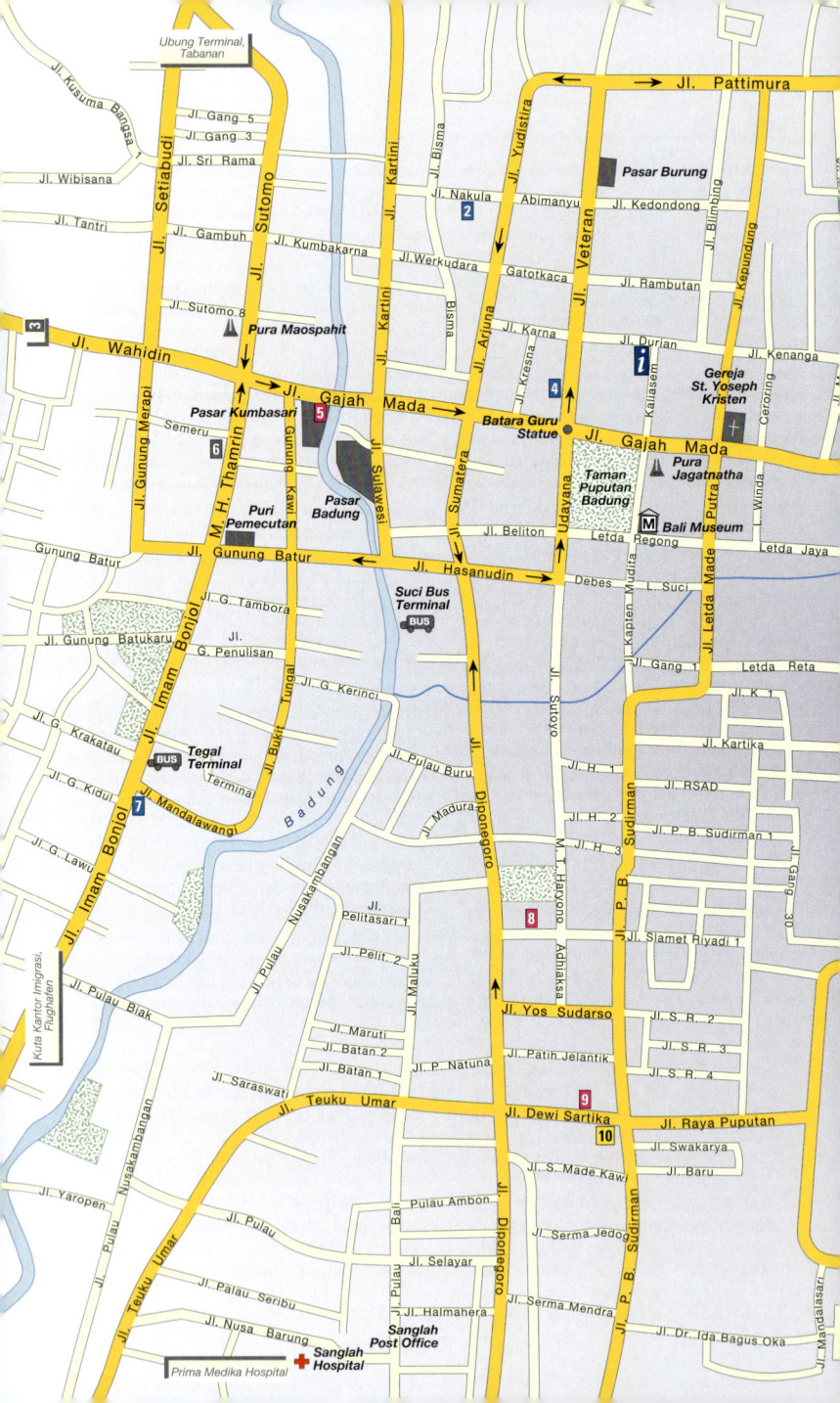

Denpasar

150 m

Übernachten
2 Nakula Familiar Inn
4 Inna Bali Hotel
7 Taman Suci Hotel
11 Taman Suci Suite & Villa

Essen & Trinken
5 Hong Kong
8 Pizza Hut
9 Mc Donalds
13 Conato Bakery and Cakes

Einkaufen
8 Ramayana Mall
9 Robinson Mall
10 Matahari Department Store

Sonstiges
1 Polda Police
3 Police Office von Badung
6 Cineplex 21
12 Immigration Office

Übernachten (→ Karte S. 152/153)

Bei der Nähe zu den Touristenzentren Kuta, Legian, Seminyak und Sanur, die an staufreien Tagen in 30–40 Min. zu erreichen sind, verwundert es nicht, dass die meisten Reisenden nicht über Nacht in Denpasar bleiben. Wer dennoch in der Großstadt nächtigen möchte, sollte eine der folgenden Adressen ansteuern:

Nakula Familiar Inn 2. Das familiäre Losmen bietet acht simple, dafür aber recht geräumige Zimmer mit kleinem Balkon um einen süßen Innenhof. Alle mit Fan, gegen Aufpreis können AC und TV dazugebucht werden. Da es auch in Seminyak eine Jl. Nakula gibt, empfiehlt der freundliche Besitzer, die Taxifahrer besonders am Flughafen darauf hinzuweisen, dass man nach Denpasar will. DZ mit Fan 150.000 IDR, mit AC 200.000 IDR, TV 50.000 IDR, Frühstück gegen Aufpreis. Jl. Nakula 4, ☎ 0361/226446, www.nakulafamiliarinn.com.

Inna Bali Hotel 4. Das erste internationale Hotel Balis wurde 1927 erbaut. Hier nächtigten schon Präsident Soekarno und Mahatma Gandhi. Natürlich ist das inzwischen staatliche Hotel schon etwas in die Jahre gekommen, die Zimmer bieten aber trotzdem AC, Minibar, TV, Telefon, Bad mit Heißwasser und Wanne und sind durchweg annehmbar. Ein absolutes Highlight mitten in der Stadt ist der Pool! DZ je nach Kategorie 500.000–900.000 IDR plus 21 % Tax und Service, Frühstück (Buffet) gegen Aufpreis. Die Special

Offers auf der Homepage bieten lohnenswerte Packages! Jl. Veteran 3, ☎ 0361/225681, ✉ 0361/235347, www.innabali.com.

Taman Suci Hotel 7. In perfekter Lage für Durch- und Weiterreisende, nur wenige Meter vom Tegal Terminal entfernt. Die hellen, schön eingerichteten Zimmer sind alle mit AC, TV, Minibar, Telefon und Heißwasserbad mit Wanne ausgestattet und bieten ein gutes Preis-Leistungs-Verhältnis. DZ 47–60 $ plus 21 % Tax und Service, Frühstück gegen Aufpreis (ca. 30.000 IDR). Jl. Imam Bonjol 45, ☎ 0361/485254, ✉ 0361/484724, www.tamansuci.com.

Taman Suci Suite & Villa 11. Der Ableger des Hotels Taman Suci hat unlängst in der Nähe des Unabhängigkeitsdenkmals eröffnet. Hier locken moderne Suiten und sogar Villen mit zwei Schlafzimmern die Gäste, weitere sind im Bau. DZ 62–84 $ plus 21 % Tax und Service. Noch ein Pluspunkt ist der türkisfarbene Pool in der Mitte der Anlage, und auch das Restaurant mit Alleinunterhalter könnte als solcher gesehen werden. Jl. Moh. Yamim V 1, Renon, Telefon und Internet s. o.

Essen & Trinken (→ Karte S. 152/153)

In Denpasar muss wirklich niemand verhungern. Die Straßen sind gesäumt von Restaurants und Warungs, die zumindest bis 21 Uhr für warme Mahlzeiten sorgen. Besonders entlang der Hauptstraße Jl. Gajah Mada ist die Restaurant-Dichte groß.

Absolut authentisches Essen ab der Abenddämmerung bekommt man auf dem **Pasar Malam Kereneng/Kereneng Night Market**. Bis zum frühen Morgen kann man sich an den zahllosen Essensständen von den Gerichten und Düften der indonesischen Küche verzaubern lassen. Jl. Kereneng, etwas nördlich vom Kereneng-Bemo-Terminal.

Auch am **Pasar Badung** und am gegenüberliegenden **Pasar Kumbasari** haben sich Essensstände und Warungs angesiedelt, die günstige und unverfälschte Gerichte zu kleinen Preisen anbieten. Das gleiche Angebot an Warungs findet man an den Bemo-Terminals.

Natürlich wird in den **Shoppingmalls** (→ Einkaufen) immer dafür gesorgt, dass die Kunden nicht hungrig nach Hause gehen müs-

sen. Und alle, die sich mit der landestypischen Küche so gar nicht anfreunden können, finden hier Fast-Food-Ketten wie McDonald's **9**, Pizza Hut **8** und Dunkin' Donuts.

Wen direkt beim Puputan Monument der Hunger packt, der sollte sich mit dem leckeren Gebäck von **Conato Bakery and Cakes 13** eindecken. Ausgefallene Teigtaschen, süße Küchlein und deftige Käserollen seien stellvertretend für die große, verlockende Auswahl genannt.

Hong Kong 5. Ein leckerer und bei den Einwohnern der Stadt äußerst beliebter Chinese der etwas gehobenen Preisklasse. In den klimatisierten Räumen kann man an manchen Abenden zu Karaoke die Küche aus Fernost genießen. Jl. Gajah Mada 99, ☎ 0361/434845.

Strandstillleben in Sanur

Sanur

Ein kilometerlanger weißer Sandstrand auf der einen Seite, die Hauptstadt Denpasar im Hinterland: Das ist Sanur. Urlauber, die die goldene Mischung aus Kultur, Strand und kulinarischen Höhepunkten suchen, werden sich hier so gut aufgehoben fühlen wie schon Generationen vor ihnen. Schließlich ist Sanur die Wiege des Tourismus in Bali.

Sanur lässt sich bequem zu Fuß erkunden. Während die einen auf den Spuren der Schriftstellerin Vicky Baum und des belgischen Malers Adrien-Jean Le Mayeur wandeln, werden andere den idyllischen Beachwalk entlangschlendern und sich das perfekte Fischrestaurant für den Abend aussuchen.

Die Orientierung ist einfach. Alles, was das Touristenherz begehrt – und somit auch die meisten Hotels, Restaurants und Supermärkte –, ist entlang der beiden Hauptstraßen angesiedelt: der Jl. Danau Tamblingan, welche sich quer durch das touristische Zentrum schlängelt, und der Jl. Danau Poso, die südlich an diese anschließt. Nördlich davon beginnt erst das ursprüngliche Sanur mit seinem immer noch dörflichen Charakter. Hinter einem großen Tor, das den Eingang zur Siedlung markiert, ziehen sich die Häuser und Straßen bis weit in die Vororte von Denpasar. Hierher verirren sich Urlauber allerdings selten, dabei gehen die touristischen Hauptstraßen mit dem eigentlichen Städtchen eine lebendige Synthese ein.

Durch das vorgelagerte Riff wird der Strand von Sanur anders als in vielen anderen Badeorten der Insel nicht von starken Wellen und Unterströmungen heimgesucht. Somit ist er ideal für Familien mit Kindern, Wasserratten und Sonnenanbeter. Wer gerne ausgiebig schwimmt, sollte sich den Wecker nach der Flut stellen, denn bei Ebbe zieht sich das Meer teilweise bis zum Riff zurück, und es ist nur noch Plantschen im seichten Wasser möglich. Surfer werden hier nur eine Erholungspause einlegen können.

Der Strand wird von vielen Hotelanlagen der höheren Preisklasse gesäumt, die sich nahtlos aneinanderfügen und nur ab und an von schmalen Gangways unterbrochen werden. Durch den Beachwalk, eine schmale und größtenteils schattige Strand-promenade, die sich komplett von Norden nach Süden zieht, wird der Strand von den Swimmingpools und Restaurants der Hotels abgetrennt. Private Strandab-schnitte gibt es Gott sei Dank noch nicht, und so ist der Strand an jeder Stelle für Einheimische und Touristen uneingeschränkt zugänglich. Durch kleine Essens- und Getränkestände, Bootsvermieter und Shops bewahrt er sich beinahe durchge-hend eine gemütliche Atmospäre. Der südliche Abschnitt ist ruhiger und weist mehr ursprüngliches Flair auf, in der Mitte wird es – auch wegen des direkt angrenzenden Art Market – lebendiger, im Norden wird der Strand vom unschö-nen Inna Grand Bali Beach Hotel beherrscht.

Aufgrund der strategisch günstigen Lage war Sanur schon immer ein guter Lande-platz für Entdecker und Eroberer. So weist die Inschrift auf einer 2 m hohen Stein-säule beim Batubolong-Tempel Sanur als eine der ältesten Siedlungen Balis aus. Er erzählt die Geschichte des balinesischen Herrschers Sri Kesari und von dessen Eroberungszügen in Ostj-Java.

Für europäische Abenteurer wurde Sanur spätestens seit Vicky Baums Bucherfolg „Liebe und Tod auf Bali" (→ Literaturtipps S. 506/507) interessant. So siedelten sich in den 1930er-Jahren viele Intellektuelle und Künstler in dem ruhigen Küstenort an. Von der beschaulichen Vergangenheit Sanurs zeugen noch heute die Gemälde des belgischen Malers Le Mayeur: lange, menschenleere Strände, weite Landschaften und vor allem keine Hotels.

Der eigentliche Tourismusboom setzte erst in den 1960er-Jahren mit dem Bau des erwähnten Hotels Inna Grand Bali Beach (→ Kasten) ein. Der hässliche, zehnstöckige

Wo die Götter wohnen – Zimmer 327

Niemand wohnt in Zimmer 327 des Hotels Inna Grand Bali Beach, jedenfalls niemand für uns Sichtbares. Trotzdem wird der Raum täglich gereinigt und gepflegt. Jeden Tag servieren die Angestellten Frühstück und nehmen das – für unsere Augen unangetastete – Tablett gegen Abend wieder mit. Dann, wenn die Göttin der See sich gütlich an dem Mahl getan hat.

Die Geschichte des Zimmers 327 erinnert an eine Episode aus einer Mystery-Sendung: Nach einem Großbrand 1993, bei dem die Einrichtung des Hotels beinahe vollständig zerstört wurde, blieb nur eine einzige Suite nahezu unangetastet – Zimmer 327, in dem schon vor dem Brand merkwür-dige Dinge geschehen sein sollen. Das Feuer konnte ihm nichts anhaben, auch die Rauchschäden hielten sich sichtbar in Grenzen. Die Balinesen erzählen sich, es sei die selbst gewählte Suite der Göttin der Java-See, Loro Kidul (auch Kanjeng Ratu Kidul), gewesen, die das Zimmer vor dem Feuer bewahrt habe. So wurde es nach dem Brand in dieser Form belassen und zum Gebetsort erklärt. Ein Schrein wird täglich mit Blumen geschmückt, Pilger aus ganz Bali bringen Geschenke und Opfergaben. Wer das Zimmer besichtigen möchte, kann an der wöchentlichen Führung durch das Hotel teilnehmen.

Betonklotz am nördlichen Ende des Strandes, der mit Geldern aus japanischen Reparationszahlungen finanziert wurde, verfügte als erstes Hotel über westliche Standards. Es ist bis heute ein unübersehbares Zeichen für den Wandel Sanurs, der um ein Haar über ganz Bali gekommen wäre. Doch die balinesischen Brahmanen betrachteten das himmelstrebende Gebäude als eine Beleidigung der Götter, sodass eine ganz besondere Bauverordnung erlassen wurde, um Einhalt zu gebieten: Bis heute darf kein Neubau in ganz Bali die Höhe der Palmen überschreiten.

Als in den 1980er-Jahren die wunderschönen Strände um Kuta für den Massen-Tourismus entdeckt wurden, geriet Sanur ein wenig ins Hintertreffen. Dennoch ist es weiterhin ein wichtiger Teil der Tourismusmaschine Balis und dabei ein erstaunlich entspanntes Touristenzentrum, das Urlauber aller Generationen auf gemieteten Fahrrädern erkunden.

Sehenswertes in Sanur und Umgebung

Museum Le Mayeur: Das von einem romantischen Garten mit vielen Hibiskus-, Bougainvillea- und Frangipani-Bäumen umgebene Museum ist schon von außen ein kleines Kunstwerk. Wundervoll geschnitzte Türen und Fenster kennzeichnen das ehemalige Wohnhaus des belgischen Malers Adrien-Jean Le Mayeur de Merpres und seiner balinesischen Frau Ni Nyoman Pollok.

In den ursprünglichen drei Hauptgebäuden (ehemaliges Wohnhaus, Arbeitsatelier und Aufenthalts-Bale) und nachträglich angebauten Ausstellungsräumen kann man sich über 80 impressionistische Gemälde des Künstlers anschauen. Hinzu kommen Alltagsgegenstände wie Geschirr, sorgfältig geschnitzte Möbel, Opferschalen und sogar ein kleiner Weihnachtsbaum, alles mit Hintergrundinformationen versehen. Die Gemälde von Le Mayeur zeigen vorwiegend Momentaufnahmen des balinesischen Alltagslebens (meist das seiner eigenen und anderer barbusiger Frauen) vor detailliert ausgearbeiteter Kulisse. So kann man in das Bali vor 80 Jahren, vor Beginn der Tourismuswelle, eintauchen. Die Bilder könnten etwas besser ausgeleuchtet und präsentiert werden, insgesamt ist das Museum aber durchaus einen Besuch wert. Dem Museum angeschlossen ist ein kleiner, nach Ni Pollok benannter Souvenirshop, in dem man Ansichtskarten, Fotografien sowie einiges an Kunsthandwerk erwerben kann.

Sa–Do 7.30–15.30 Uhr, Fr nur bis 13 Uhr. Erw. 2000 IDR, Kinder die Hälfte. Fotografieren ist in den Ausstellungsräumen verboten. Jl. Hang Tuah, leicht über die Strandpromenade zu erreichen. ✆ 0361/286201.

Lauschiger Platz im Museum Le Mayeur

Süd-Bali → Karte S. 144

Von einem, der auszog, zu malen

Zu Beginn des 20. Jh. beschloss der belgische Maler Adrien-Jean Le Mayeur de Merpres, auf den Spuren Gauguins zu wandeln, und brach bei seiner ersten Reise Richtung Französisch-Polynesien auf. Nach weiteren Aufenthalten in damals noch exotischen Ländern wie Marokko, Madagaskar und Kambodscha verschlug es ihn 1932 nach Bali. In Denpasar lernte der nunmehr 52-jährige Künstler die 15-jährige Ni Nyoman Pollok kennen, eine hochtalentierte Legong-Tänzerin. Sie wurde sein Lieblingsmodell und drei Jahre später seine Frau.

Nachdem sich Le Mayeur bei einer sehr erfolgreichen Ausstellung in Singapur in der Kunstwelt einen Namen gemacht hatte, zog es ihn nach Sanur, wo er auch Wurzeln schlagen sollte.

Als künstlerischer Freigeist genoss es Le Mayeur, balinesische Gepflogenheiten zu übernehmen. In seinem Haus empfing er Touristen von Kreuzfahrtschiffen, denen seine Frau und deren Bedienstete Tee und Biskuits im landestypischen Oben-ohne-Kleidungsstil servierten, während der Maler, gehüllt in einen Sarung, barfuß durch seinen Garten schlenderte. Die puritanischen niederländischen Kolonialisten reagierten höchst pikiert und baten die Verwaltungsmacht händeringend um Abhilfe.

Entsprechende Konsequenzen für Le Mayeur verhinderte am Ende dessen royales staatliches Oberhaupt, der König von Belgien. Der schrieb einen Brief an seine niederländische Kollegin, Königin Wilhelmine, und forderte sie darin auf, Le Mayeurs „künstlerische Freiheiten" zu respektieren. Wilhelmine tat, worum sie gebeten war, und ermahnte ihrerseits den Chef der Vereinigten Ostindischen Kompanie (VOC), von jeglichen Repressalien gegen Le Mayeur abzusehen. Der wiederum übermittelte die unmissverständliche königliche Botschaft umgehend an den Gouverneur von Bali, und so endete das Ganze wie der berühmte Sturm im Wasserglas. Wie dies alles zustande kam? Zufälligerweise war der belgische König Le Mayeurs Cousin ...

Auf Anregung des indonesischen Kultur- und Bildungsministers, der Le Mayeur in seinem Strandhaus besuchte und überaus begeistert von dessen Arbeiten gewesen sein soll, wuchs der Plan, das Wohnhaus des Künstlers zum Museum umzugestalten. Mit diesem Hintergedanken arbeitete Le Mayeur ab 1956 mit Elan daran, seine Sammlung auszubauen. Lange hatte er nicht Zeit, denn 1958 diagnostizierten Ärzte eine schwere Krebserkrankung. Zur medizinischen Behandlung kehrte er zusammen mit Ni Pollok in seine ferne Heimat zurück. Bereits zwei Monate später, am 31. Mai 1958, erlag er mit 78 Jahren seiner Krankheit und wurde in Ixelles, Brüssel, bestattet. Seine Frau kehrte in das gemeinsame Haus zurück und kümmerte sich um das Museum. Am 18. Juli 1985 verstarb auch sie im Alter von 68 Jahren.

Pura Belanjong: Die eigentliche Sehenswürdigkeit des Tempels am südlichen Ende von Sanur befindet sich unter einem kleinen vorgelagerten Pavillon: eine auf den ersten Blick unscheinbare, ca. 2 m hohe Steinsäule. Nur der obere Teil des komplett verglasten Artefakts ragt aus der Erde, und lediglich die vielen um den Fundort herumdrapierten Opfergaben deuten darauf hin, dass ihm große Bedeutung zukommt:

Das täglich Brot der Götter: kunterbunte Opfergaben

Die 1932 von einem niederländischen Forscherteam entdeckte Säule wird auf das Jahr 913 datiert und trägt eine in Altbalinesisch und Sanskrit verfasste Inschrift, die auf die Herrschaft von Sri Kesari Warmadewa verweist und von dessen Feldzügen gegen Ostjava erzählt. Sri Kesari Warmadewa ist damit der erste „urkundlich" verbürgte König Balis.

Bali Orchid Garden: Der nur etwa zehn Autominuten von Sanur entfernte Orchideengarten wurde 1999 eröffnet. Das ganze Jahr über kann man in dem schön angelegten Park viele, auch ausgefallene Orchideenarten und andere exotische Pflanzen bestaunen. Um die versteckten Besonderheiten zu finden, bieten sich am Eingang Guides an (50.000–70.000 IDR). Am Ende des Spaziergangs können Orchideenfans Pflanzenstecklinge und Schnittblumen erwerben. Die für die Ausfuhr notwendigen Zollpapiere werden selbstverständlich beigelegt. Daneben werden verschiedene Honigsorten (wo bekommt man schon Orchideenhonig?) und mannigfaltige Souvenirs verkauft. Das Café im Park serviert ein besonderes Highlight: den verhasst-vergötterten Kopi Luwak (→ Kasten S. 160). Dieser auf außergewöhnliche Art gewonnene Kaffee wird unter Kennern zu Höchstpreisen gehandelt.

Der Orchideenpark ist mit dem eigenen Fahrzeug leicht über die Jl. Bypass Ngurah Rai Richtung Norden zu erreichen. Wer keines hat: Der Park liegt leider nicht auf einer Bemo-Strecke, am besten nimmt man ein Taxi und lässt den Fahrer für die Dauer des Aufenthalts warten. Anderenfalls wird die Rückfahrt ein Glücksfall. Tägl. 8–18 Uhr. Erw. 50.000 IDR, 4–16 J. 25.000 IDR, für jüngere Kinder ist der Eintritt frei.

Mangrove Information Center: Der Mangrovenwald befindet sich ca. 5 km südwestlich von Sanur (auf die Beschilderung achten!) und erstreckt sich über mehr als 600 ha in Richtung Kuta. Besucher können sich im Head Office ausführlich über die bedrohten Pflanzen informieren. Auf Holzstegen wandert man bis ins Meer hinaus durch die Mangrovenwälder und kann dabei über 50 verschiedene Arten der Wassergewächse entdecken. Dabei hat man zwei unterschiedlich lange Wege zur Auswahl (1:30 Std. bzw. 2 Std.). Ornithologen und solche, die es werden wollen, können von der eigens dafür eingerichteten Warte aus seltene Vögel beobachten.

Jl. Bypass Nghurah Rai km 21, Suwung Kauh, ☎ 0361/726969. Mo–Sa 8–16 Uhr. Eintritt 50.000 IDR. Parken gegen hohe Gebühr möglich.

Der Weg der Luwak-Kaffeebohne. Oder: Eine geschissene Delikatesse

Die Zibetkatze ist ein wählerisches Tier. Sie mag Früchte, gerne auch Kaffeebohnen, und von denen bevorzugt sie nur die besten. Der Mensch ist ein experimentierfreudiges Wesen. Und mit der Zibetkatze verbindet ihn die Vorliebe für guten Kaffee. Im Gegensatz zu dieser natürlich in gebrühter Form. So kam ein findiger Kaffeeliebhaber auf die Idee, sich mit der Katze zusammenzutun. Die Katze fraß die besten Bohnen, und man sammelte die kleinen, braunen, angeblich geruchlosen Klümpchen ein, die sich unter den Ausscheidungen der Katze befanden. Daraus entstand dann schließlich der sog. Katzenkaffee.

Im Magen des Tieres werden die mundverlesenen Kaffeebohnen anverdaut. Dem Kaffee werden dabei Bitterstoffe entzogen, sodass er eine milde, dennoch sehr aromatische, oft sogar schokoladige Note erhält. Natürlich müssen die Bohnen anschließend noch gründlich gereinigt und den traditionellen Bearbeitungsprozessen von „normalem" Kaffee unterzogen werden, bis der Gourmet letztendlich die mit bis zu 1000 $ pro Kilogramm gehandelte Delikatesse, den sog. Kopi Luwak, erhält.

Da die seltenen Zibetkatzen auf dem Gelände des Bali Orchid Garden gehalten werden, kann der Besucher den Weg der Luwak-Bohne vom Anfang bis zum Ende verfolgen. Die Mitarbeiter des Parks führen gerne die Gewinnungs- und Behandlungsprozesse vor. Das Endprodukt kann dann auch vor Ort im parkeigenen Restaurant verkostet werden; die Tasse ist für 45.000 IDR erstaunlich günstig zu bekommen.

Basis-Infos (→ Karte S. 167)

Einkaufen Eine Filiale der großen Supermarktkette **Hardy's** liegt unübersehbar ausgeschildert an der Jl. Danau Tamblingan Richtung Süden. Im Erdgeschoss findet man Drogerieartikel und Lebensmittel, im zweiten Stock Kleidung und Schreibwaren. Wer noch schnell ein Souvenir kaufen möchte, kann dies im Hardy's Art Market im obersten Stockwerk tun. Entlang der Straße gibt es mehrere kleine 24-Stunden-Läden (z. B. Circle Key), in denen man auch noch spätnachts das Nötigste bekommt.

Periplus hat eine Filiale im Erdgeschoss von Hardy's. Hier findet man neben zahlreichen englischsprachigen Büchern auch ein paar deutschsprachige Zeitungen.

Der **Sanur Art Market** ist eine Ansammlung von Souvenir- und Klamottenständen am Sinduh Beach. Von Kunsthandwerk bis zu Ramsch findet man hier alles. Daneben reihen sich entlang der Strandpromenade viele kleine Kunsthandwerk- und Souvenir-Shops.

🌿 **Bio-Produkte** Im Shop von **Manic Organic** 35 gibt es Waren auf Bio-Basis in großer Auswahl: vom Hygieneartikel über gesundes Müsli bis hin zu Kleidung und Accessoires (vor allem für Yoga). Ebenfalls bio sind die Produkte (Kräuter, Gemüse, Brot und Reis etc.), mit denen man sich jeden Mittwoch (16–20 Uhr) beim **Organic Night Market** vor dem Shop eindecken kann. Jl. Danau Tamblingan 85. ■

Fahrräder In vielen Hotels können Sie Fahrräder (15.000–30.000 IDR) mieten, um Sanur und die nähere Umgebung zu erkunden.

Besonders empfehlenswert als Radroute ist die Promenade entlang des Strandes. Innerhalb des Ortes ist das Fahrradfahren relativ sicher. Sobald man Sanur verlässt, muss man sich allerdings auf den typisch balinesischen Chaos-Verkehr einstellen.

Geld ATMs finden sich alle 100 m entlang der Jl. Danau Tamblingan und der Jl. Danau Poso; v. a. in der Nähe des Hardy-Supermarktes ist die Konzentration hoch. Auch **Money Changer** gibt's zuhauf entlang der Straßen. Vergleichen sollte man sie, da sich die Kurse unterscheiden.

Gesundheit Das nächste empfehlenswerte Krankenhaus befindet sich in Denpasar. Bei Notfällen kann man das **Sanur Hospital** in der Jl. Bypass Ngurah Rai aufsuchen (✆ 0361/289076). Zudem bieten die meisten größeren Hotels einen **medizinischen Service** an, bei dem Ärzte 24 Stunden täglich zur Verfügung stehen.

Mehrere Apotheken finden sich entlang der Jl. Tamblingan, gut ausgestattet sind z. B. der **Bagus Drugstore** an der Ecke des Bali-Hyatt-Hotels am südlichen Ende der Straße und die **Apotheke nördlich vom Hardy's-Supermarkt**.

Internet Viele Hotels, Bars und Restaurants werben mit einem kostenlosen WLAN-Zugang. Zudem reihen sich entlang der Hauptstraßen Dutzende Internetcafés und Wartels.

Polizei Neben dem Bali-Hyatt-Hotel in der Jl. Danau Tamblingan (gegenüber dem Bagus Drugstore).

Post Am westlichen Ende der Jl. Danau Buyan.

Tänze Wer direkt in Sanur balinesische Tänze sehen will, kann dies bei regelmäßigen Aufführungen in den Hotels sowie Di und Sa im **Zoo 21** tun.

Bei **Agung and Sue Watering Hole 1** kann man jeden Do das traditionelle Spanferkel als Buffet genießen, begleitet von Legong-Aufführungen. 100.000 IDR/Pers. Jl. Danau Tamblingan 60, ✆ 0361/270545, www.wateringholesanurbali.com.

Zudem treten lokale Tanzgruppen von Zeit zu Zeit in der Gemeinschafts-Bale sowie in verschiedenen Hotels auf.

Hin & weg

(→ Karte S. 167)

Bemos Wie kleine Shuttlebusse verkehren Bemos den ganzen Tag lang zwischen den Haltestellen am südlichen und am nördlichen Ende der Jl. Tamblingan. Eine einfache Fahrt sollte 4000–5000 IDR kosten.

Shuttlebusse Busse von **Perama** fahren vom Office in der Jl. Hang Tuah zu beinahe allen Orten auf Bali (→ Tabelle S. 126/127). Die Gäste werden vor dem Büro eingesammelt oder gegen einen Aufpreis von 10.000 IDR im Hotel abgeholt. ✆ 081/23665317 (mobil), www.peramatour.com.

Neben Perama gibt es natürlich noch zahlreiche andere Shuttlebus-Unternehmen sowie die von den Hotels organisierten Transporte. Orientieren Sie sich bei der Buchung am besten an den Preisen von Perama.

Informationen zum **kostenlosen Shuttlebus** des Denpasar Government Tourism Office, der von Sanur aus Sehenswürdigkeiten in Denpasar anfährt und dann wieder nach Sanur zurückkehrt, → S. 151.

Nach Lombok Nach Senggigi (→ S. 439) und auf die Lombok vorgelagerten Gili-Inseln (→ S. 449) werden von **Perama 1** zwei unterschiedliche Komplettpakete angeboten: um 6.15 Uhr mit Anschluss an die öffentliche Fähre in Padang Bai für 150.000 IDR und um 10.15 Uhr mit dem Perama-Boot direkt für 350.000 IDR. Weiterfahrten zu Destinationen auf Lombok können im Büro von Perama dazugebucht werden (meist ab 2 Personen).

Wer ein Schnellboot von Padang Bai auf die Gili-Inseln nehmen möchte, wendet sich am besten direkt an die Schnellbootanbieter (→ S. 130). Diese organisieren den Transport ab dem Hotel.

Nach Nusa Lembongan Die günstigste und authentischste Variante, um nach Nusa Lembongan zu gelangen, ist die etwa eineinhalbstündige Fahrt mit einem **Public Boat**. Aber: Die Sicherheitsstandards sind ungenügend, meist reichen die Sitzplätze nicht aus, sodass man sich durch Fracht und Passagiere auf das Bootsdach kämpfen muss, wo es weder Sitze, Geländer noch Schutz gegen die Sonne gibt. Auf den bisweilen hoffnungslos überladenen Booten

Strandverkäuferinnen in der Mittagspause

gab es bereits Unfälle, manche sogar mit Todesfolge, wie uns Einheimische mitgeteilt haben. Wer es dennoch wagen will: Die Boote starten gegen 8 Uhr bzw. 10 Uhr, Tickets gibt es direkt im Office am Hafen links neben dem Hotel Ananda. Pro Person 60.000–80.000 IDR.

Sicherer sind die Boote von **Perama**, die um 10.30 Uhr für 100.000 IDR Richtung Lembongan ablegen.

Wer's schneller mag, kann auf die folgenden Optionen zurückgreifen:

Public-Speed-Boote, je nach Saison 1- bis 3-mal (meist zwischen 8 und 10 Uhr, gegen Mittag und gegen 15 Uhr). 200.000 IDR (Dauer ca. 40 Min.). Tickets gibt es am Schalter im Hafen.

Scoot Lembongan Island Fast Cruise, 3- bis 4-mal tägl, www.scootcruise.com, ✆ 0361/285522, ✆ 0366/24499 (Lembongan)

Tanis Express, 11.30, 14.30 und 16.30 Uhr. Erw. 175.000 IDR, Kinder 152.000 IDR, ✆ 081/24683654, 082/83687447 (mobil), www.tanisvillas.com.

Rocky Fast Cruises, 10, 14 und 16.30 Uhr, in der Hochsaison auch um 12 Uhr. Erw. 28 $, Kinder 21 $. Office in Sanur: Jl Hangtuah 41, ✆ 0361/8012324, 283624, www.rockyfast cruise.com.

Oceanstar Express, 10 Uhr, Erw. 250.000 IDR, Kinder 200.000 IDR. ✆ 081/13856038, 081/13856039 (mobil), www.ocean starexpress.com.

Nach Nusa Penida Das neue Speedboat **Maruti Express** legt seit 2011 täglich um 9, 10 und 16 Uhr in Sanur Richtung Nyu auf Nusa Penida ab. Für die Überfahrt benötigt das Boot bei gutem Wetter 30–45 Min. Bei schlechtem Wetter ist von der Nachmittagsfahrt unbedingt abzuraten! Erw. 250.000 IDR, Kinder 150.000 IDR. ✆ 081/23831639 (mobil), www.balimarutiexpress.com.

Aktivitäten (→ Karte S. 167)

Ausflüge Tagesausflüge nach **Nusa Lembongan** bieten zahlreiche Tourguides und Travel Agencies an. Halten Sie einfach entlang der Jl. Danau Tamblingan die Augen offen und wählen Sie aus Segelschiff, Auslegerboot mit Glasboden, Speedboot und etlichem mehr aus. Einziges Manko: Die Ausflüge sind wahrlich nicht billig.

Quicksilver lädt ein zum Tagesausflug nach **Nusa Penida** ein. Die Boote fahren um 9.30 Uhr früh am Hafen von Sanur los und legen am Ponton vor Toyapakeh an. Der Tag wird dann mit Schwimmen, Schnorcheln, Bananabootfahren und einem optionalen Ausflug an Land gestaltet. Gegen 16 Uhr kehren die Ausflugsboote nach Sanur zurück. Erw. 95 $, Kinder (5–14 J.) 48 $ (inkl. mehrerer Mahlzeiten und Hoteltransfer). www.quicksilver-bali.com.

Zu den Touren auf die **vorgelagerten Inseln und nach Lombok** → auch „Hin & weg" auf S. 161.

Beinahe alle Unterkünfte sowie viele selbsternannte Touristeninformationen und Travelguides bieten darüber hinaus **Schnorchelausflüge** zu nicht gerade lohnenswerten Spots an. Besonders am südlichen Strandende konzentrieren sich die Anbieter, die **Mangroventouren** im Programm haben, teilweise mit Glasbodenbooten. Die Preise sind verhältnismäßig hoch, z. B. 250.000 IDR für einen Trip nach Turtle Island (1 Std.). **Angeltouren** kosten 350.000 IDR/ Std. (mind. 2 Pers.).

Zu **Tauchausflügen** → „Tauchen" weiter unten.

Golf 9-Loch-Golfplatz vor dem Hotelkomplex des **Inna Grand Bali Beach** (→ S. 156), ✆ 0361/288511.

Kanus Können bei verschiedenen Anbietern am Strand gemietet werden. 1 Std. um die 100.000 IDR.

Kochkurse Können im **Warung Blanjong** gebucht werden. Nach einem gemeinsamen Marktbesuch wird man in die Zubereitung von balinesischen Vorspeisen, Hauptspeisen und Desserts eingeführt. Daneben lernt man allerlei über die üblichen Kräuter und Gewürze. Krönender Abschluss ist ein gemeinsames Dinner aus den hoffentlich erfolgreich zubereiteten Gerichten. 25 $/ Pers. Tägl. 8–13 Uhr. Jl. Danau Poso 78, ✆ 0361/285613.

Tanzkurse Tanzkurse werden im Agung and Sue Watering Hole (s.u.) für 50.000 IDR/90 Min. oder 150.000 IDR mit Transfer angeboten.

Tauchen Entlang der Hauptstraßen haben sich viele Tauchschulen angesiedelt. Eigentlich alle bieten Tauchausflüge in die nähere Umgebung und zu beliebten Plätzen in und um ganz Bali an, z. B. **Blue Season Bali**, ein unter japanischer und britischer Leitung stehendes Unternehmen, das auch mehrtägige Tauchsafaris organisiert. PADI-Tauchkurse werden nach Voranmeldung auch in Deutsch angeboten. Freundliches Personal im Shop in der Jl. Danau Tamblingan 69X, das kompetent Auskünfte erteilt. Hauptquartier in der Jl. Danau Poso, Gang Wanasari 3B, ✆ 0361/ 270852, www.baliocean.com.

Crystal Divers 🟦. Hier macht Tauchen wirklich Spaß! Tauchschule mit Herz im Herzen von Sanur. PADI-Anbieter unter dänischer Leitung, angegliedert ans Hotel Santai. Jl. Danau Tamblingan 168, ✆ 0361/286737, www.crystal-divers.com.

Bali International Diving Professionals. Neben maßgeschneiderten Tauchsafaris, Tagesausflügen und Kursen (alle auch in Deutsch) veranstaltet dieser Anbieter auch Tauchkurse und Tauchgänge für körperlich Behinderte (IAHD-zertifiziert). Jl. Danau Poso 26, ✆ 0361/285065, www.bidp-balidiving.com.

Yoga und Meditation Bei **Manic Organic** (→ S. 169) gibt es nicht nur gesundes Essen und Getränke, sondern auch erholsame Yoga-, Tai-Chi- und Meditationskurse sowie Kunstkurse mit wechselndem Schwerpunkt. Für Kinder von 5 bis 12 Jahren werden spezielle Fun-Yoga-Stunden angeboten. 90 Min. Yoga kosten 90.000 IDR. Jl. Danau Tamblingan 85, ✆ 0361/8553380, www.manicorganicbali.com.

Übernachten

(→ Karte S. 167)

Untere Preisklasse Agung and Sue Watering Hole 🟦. Dieses gemütliche, kleine Guesthouse am Hafen von Sanur ist irgendwie anders, irgendwie herzlicher, irgendwie näher an seinen Gästen. Um einen kleinen Innenhof mit vielen grazil beschnittenen Bäumen und Kunstfelsen liegen die hellen, sauberen Zimmer in den zweistöckigen Gebäuden. Mit Preisen von 150.000 IDR pro Pers. im Zimmer mit Fan und 200.000–300.000 IDR (1–3 Pers.) im AC-Zimmer natürlich einfacher gehalten als die in den großen Hotels. Kleine Leihbibliothek mit Leseraum. Durch ein Felstor betritt

man das Restaurant an der Straße, welches mit günstigen europäischen, indonesischen und chinesischen Gerichten aufwartet. Besonderes Special ist das Suckling Pig Buffet mit Legong-Tanz-Aufführung und Livemusik jeden Donnerstagabend (Voranmeldung!). Wer auf den Geschmack gekommen ist, kann selbst Tanzstunden nehmen (50.000 IDR/90 Min.). Angeschlossen ist ein Perama Office. Jl. Danau Tamblingan 60, ✆ 361/270545, ✆ 0361/288289, www. wateringholesanurbali.com.

Lila Homestay 🔟. In einem zweistöckigen Gebäude werden kleine, einfach eingerichtete

Auch nach der großen Hitze ein Treffpunkt: der Strand von Sanur

Zimmer mit winzigen Bädern an Budget-Traveller vermietet. Die freundliche Atmosphäre entschädigt für den fehlenden Garten. Superbasic, dafür aber auch supergünstig. Kaffee und Tee gibt es kostenlos, dafür fehlt das Frühstück. Zimmer mit Fan 120.000 IDR, mit AC 150.000 IDR. Jl. Danau Tamlingan 6, ☎ 0361/287448, 081/338517634 (mobil), lilacita@dps.centrin.net.id.

Villa Nirvana Guesthouse 🗲. Inmitten der kleinen Gassen von Sanur mit Blick auf einen noch unbebauten Palmenhain liegt dieses schnuckelige Homestay. Die vier Zimmer mit Möbeln aus Holz und Bambus bieten familiäre Atmosphäre zu fairen Preisen. Wer genug im Pool entspannt hat, kann sich auf die offene Veranda zurückziehen oder den gemütlichen Gemeinschaftsraum mit TV/DVD und kleiner Bücherei nutzen. Internet und Wäscheservice sind für Gäste umsonst. Alle DZ mit AC, man zahlt 200.000 IDR. Jl. Kesari I 10, Gang I, ☎/✉ 0361/282644, www.villanirvanaguesthouse.com.

Yulia 1 Homestay 🗲. Im herrlich begrünten Innenhof zwischen unzähligen Topfpflanzen und mit Vogelgezwitscher als Geräuschkulisse können sich Backpacker nach Herzenslust ausbreiten. Die Zimmer mit Heißwasser sind nicht zwangsläufig ansprechender als die anderen einfach ausgestatteten Räume und Bungalows mit Kaltwasser. Alle verfügen über eine kleine Veranda, auf der man die Bücher aus der

kleinen Bibliothek schmökern kann, manche auch über einen Kühlschrank. Der zuvorkommende, freundliche Besitzer leitet auch den Kunst-Shop, der dem Hotel vorgelagert ist. DZ mit Fan 170.000–200.000 IDR, mit AC 270.000 IDR. Jl. Danau Tamblingan 38, ☎ 0361/288089, 081/805306622 (mobil).

Pondok Narita 🗲. Zweistöckiges Haus mit traditionellen Elementen und ansprechender Begrünung. Die 14 einfachen, aber sehr sauberen Zimmer mit Kühlschrank, Bad/Wanne und großer Veranda bzw. Balkon und AC gibt es schon ab 250.000 IDR (ein einziger Fan Room für 130.000 IDR wartet auf Sparfüchse). Wer Glück hat, kann für 300.000 IDR einen der Einzelbungalows mit Küche auf der Veranda beziehen und sich im eigenen kleinen Garten sonnen. Durchs teure Nachbarhotel kommt man schnell an den Strand. Jl. Danau Tamblingan 81, ☎ 0361/284315, 7899331, ✉ 0361/286362, ritagiftshop_bali@yahoo.com.

Rita Home Stay 🗲. Die 3 geräumigen Bungalows aus dunklem Stein locken Backpacker mit Wunsch nach Raum und Ruhe. Recht einfache Zimmer mit Fan, simplem Bad und großer Terrasse warten auf dem wild bewachsenen Grundstück. Familiäre Atmosphäre. Die kleineren Bungalows sind für 200.000 IDR, der größte für 250.000 IDR zu haben. In einer kleinen Seitenstraße, die von der Jl. Bumi Ayu I abzweigt. ☎ 0361/288592.

Hotel Santai 🗲. Einfache, saubere Zimmer mit Kühlschrank in einem zweistöckigen

Gebäude rund um den Pool. Das Gros der Besucher besteht aus Tauchern, da sich das Hotel unter der Leitung der dänischen Crystal Divers befindet. Dennoch sind Nicht-Taucher ausdrücklich willkommen. Das ehrliche Hotel mit sehr kommunikativer Atmosphäre ist nichts für ruhesuchende Einzelgänger, kontaktfreudige Menschen hingegen werden sich hier pudelwohl fühlen! Bei Cocktails und kühlem Bier lernt man sich an der Open-Air-Bar schnell kennen. Als Ersatz für das fehlende Restaurant werden täglich wechselnde Tagesgerichte angeboten. Hierbei wird natürlich auf die Wünsche der Besucher eingegangen. Kleine Bibliothek, Kinderbetten vorhanden. DZ 25–50 $. Jl. Danau Tamblingan 168, ✆/✉ 0361/286737, www.crystal-divers.com.

Mittlere Preisklasse Flashbacks 🔲. Um einen Meerwasser-Pool im liebevoll angelegten Garten verteilen sich Bungalows mit 9 individuell gestalteten Zimmern, die beiden billigeren im Hauptgebäude. Drei AC-Räume mit Kabelfernsehen, eine voll ausgestattete Suite mit Küche, drei Fan-Räume, davon zwei mit gemeinsamem Bad. Kaffee, Tee und Internetbenutzung kostenlos. Je nach Ausstattung und Belegung DZ mit Fan 225.000–265.000 IDR, mit AC 595.000 IDR, Extrabett 100.000 IDR, jeweils zuzügl. 15 % Tax und Service. Die große Anzahl immer wiederkehrender Stammgäste spricht für sich – und für eine vorzeitige Reservierung. Das inbegriffene Frühstück wird im angegliederten Porch Café serviert. Jl. Danau Tamblingan 110, ✆ 0361/281682, ✉ 0361/281966, www.flashbacks-chb.com.

Ananda Beach Hotel 🔲. Hat sicher schon bessere Zeiten gesehen. Aufgrund der netten Atmosphäre, der sauberen, individuell dekorierten Zimmer und der angenehmen Preise ist es dennoch eine lohnende Adresse. Balinesische Architektur und Bepflanzung gehen einen interessanten Mix mit dem Interieur ein, das noch aus der Kolonialzeit zu stammen scheint. Die Suite hält zwar nicht wirklich, was sie verspricht, und ist eher mit einem Deluxe-Room zu vergleichen: großes Bett, TV, Heißwasser und AC. Alle anderen Zimmer mit Fan, die billigsten mit Kaltwasser. DZ 225.000–360.000 IDR, Extrabett 108.000 IDR. Bei Internetbuchung billiger, das Extrabett sogar mehr als die Hälfte. Das angeschlossene Restaurant serviert schmackhaftes Frühstück und ist ein guter Stützpunkt, um bei der Abreise die Wartezeit auf die Boote zu überbrücken. Jl. Hang Tuah 51, ✆ 0361/288327, 288713, ✉ 0361/288327, www.anandabeachhotel.com.

Puri Mango Guesthouse 🔲. Sehr beliebte Unterkunft am nördlichen Ende von Sanur. Künstliche Felswände trennen die doppelstöckigen Gebäude und den großen Pool voneinander ab. Alle Zimmer pieksauber und mit Heißwasser. Von einfachen Fan Rooms bis zur gut ausgestattet AC-Suite werden alle Ansprüche bedient, teils sind die Zimmer mit Wanne und TV. DZ mit AC 60–70 $, mit Fan 35 $, jeweils zuzügl. 15 % Tax und Service. Bei Internetbuchung 5–10 $ billiger. Für Stimmung sorgt die gut besuchte Bar, die mit wechselnden Cocktailangeboten lockt. Jl. Danau Toba 15, ✆ 0361/288411, 281293, ✉ 0361/288598, www.purimango.com.

Rita Hotel Homestay 🔲. Das zurückversetzt gelegene Hotel besticht durch seine geräumigen Bungalows. In der ruhigen, parkähnlichen Anlage sind die verzierten Steingebäude in zwei Reihen arrangiert und durch üppigen Pflanzenwuchs und kleine Teiche voneinander getrennt. Ausgestattet sind die Zimmer mit einem Kingsize-Bett, luftig hoher Decke, AC, Kühlschrank und gefliesten Open-Air-Bädern, manche auch mit Küche. Interessant ist auch die angeschlossene Bildergalerie. Im hinteren Teil der Anlage steht zudem noch ein zweistöckiges Gebäude mit 13 brandneuen, gut eingerichteten und supersauberen Zimmern bereit. Die oberen mit Fan (250.000 IDR), die unteren mit AC und großer Veranda (300.000 IDR). Der WLAN-Zugang kann für 100.000 IDR/Tag oder 20.000 IDR/4 Std. genutzt werden. Family Room 400.000 IDR, Standard 300.000 IDR, Extrabett 80.000 IDR. Jl. Danau Tamblingan 152, ✆/✉ 0361/287969, 282630, ✆ 081/338244489 (mobil), ritabali2@yahoo.co.id.

Swastika Bungalows 🔲. Ruhige, sehr weitläufige Anlage mit doppelstöckigen Reihenbungalows in einem wild begrünten Garten. Aufgrund der vielen hochgewachsenen exotischen Pflanzen und der verschachtelten Wege wird man seinen Nachbarn selten zu sehen bekommen und genießt selbst an den beiden Swimmingpools Privatsphäre. Die Zimmer mit AC sind sehr geräumig, die Fan Rooms etwas kleiner, dafür sehr schön gestaltet mit Open-Air-Bad in Felsgrottenoptik. Das zahlreiche Personal ist überaus hilfsbereit und gibt jedem Gast das Gefühl, König zu sein. Frühstück gibt es in Form eines reichhaltigen Buffets. Kostenloser WLAN-Zugang auf dem

Süd-Bali → Karte S. 144

gesamten Areal. Im hinteren Teil der Anlage entstehen mehrere neue Gebäude – allerdings mit etwas weniger Charme, weniger Grün, dafür Blick auf den neuen, dritten Pool. Im angeschlossenen Restaurant erhalten Gäste des Hotels 10 % Rabatt, die sie wirklich nutzen sollten. DZ mit Fan 45 $, DZ mit AC, TV und Kühlschrank ab 55 $. Jl. Danau Tamblingan 128/150, ☎ 0361/288693, ✐ 0361/287526, www.swastikabungalows.net.

Anjani ⓕ. Für alle, die direkt am Strand wohnen möchten, die günstigste Alternative. Sechs etwas ältere Steinbungalows in einer schmalen grünen Anlage, alle mit Kühlschrank, AC und TV, teilweise mit zwei Schlafzimmern. In drei davon können sich Hobbyköche nach einem Ausflug auf den Nachtmarkt in der eigenen voll ausgestatteten Küche austoben. In den teureren mit Meerblick könnte man ganze Dinner-Partys schmeißen, so viel Platz ist vorhanden. Die Sauberkeit variiert. Kein Swimmingpool, dafür sind die Liegestühle am Strand für Gäste kostenlos. Freundliches und hilfsbereites Personal, angeschlossenes Restaurant. Bungalow je nach Belegung, Lage und Saison 400.000–800.000 IDR. Zufahrt hinter dem Blumenladen. Jl. Danau Tamblingan 31, ☎ 0361/289567, www.anjanivilla.youplanet.com.

Puri Kelapa Garden Cottages ⓸. In dieser zurückversetzt gelegenen Anlage herrscht vollkommene Ruhe, die lediglich durch das Plantschen der Gäste im großen Pool unterbrochen wird. Man kann wählen, ob man in den zweistöckigen Doppel- oder in versetzt stehenden Einzelbungalows nächtigen möchte. Weiß getünchte Steinoptik, kombiniert mit dunklem Holz an Fenstern und auf der Veranda. Alle Zimmer mit sauberem Wannenbad, Heißwasser, AC, Telefon und Kühlschrank. Wem die vielen Pflanzen im Garten nicht genug sind, der kann sich durch die Stiftung eines Gewächses verwöhnt und Pflanzenpate werden. Dem Gelände angegliedert sind gemütliche Aufenthalts-Bales, eine versenkte Poolbar, ein Souvenirshop, eine kleine Bibliothek sowie ein gemütliches Restaurant. DZ 73 $. Über Internetanbieter billiger zu buchen. Jl. Segara Ayu 1, ☎ 0361/286135, ✐ 0361/287417, www.puri-kelapa.com.

Stana Puri Gopa Hotel ⓸⓷. In Strandnähe, die vielen unterschiedlich ausgestatteten Zimmer sind in typisch balinesischen Gebäuden untergebracht. Durch die vielen Verzierungen an den Fassaden, Fenstern und Balkonen bekommt der Gast eher das

Gefühl, in einer Pura als in einem Hotel zu weilen. Die gemütlichen Zimmer sind alle klimatisiert und mit TV, Balkon und Wannenbad ausgestattet, die teureren haben eine Minibar und sind natürlich geräumiger. Safe, Pool, Restaurant mit Bar, Internetzugang und Strandliegestühle für Hotelgäste kostenlos. Je nach Ausstattung und Belegung DZ 50–80 $. In der Nebensaison große Rabatte möglich! Jl. Kesuma Sari 4, ☎ 0361/289948, ✐ 0361/287355, www.purigopabali.com.

Prima Cottages ⓶⓼. Zwischen hochgewachsenen Bäumen und verteilt aufgestellten Vogelkäfigen mit Papageien warten weiße Stein-Cottages, Reihenzimmer und Villen auf Gäste. Die Cottages bieten das beste Preis-Leistungs-Verhältnis. Ein herrlicher Pool lädt zum Plantschen ein. Das freundliche Personal vermietet auch Fahrräder (25.000 IDR). Superior-Zimmer 40 $, Cottage 55 $, Villa im hinteren Teil der Anlage 90 $. Jl. Bumi Auy 23, ☎ 0361/286369.

Obere Preisklasse   Besakih Beach Resort ⓵⓽. In einer großen Anlage findet man verschiedene Zimmertypen, alle mit TV, AC, Minibar, Fön und Wasserkocher. Außer in den Standardzimmern wurden viele Naturmaterialien in Kombination mit modernem Komfort verbaut. Die direkte Strandlage macht den wunderschönen Pool nur bei Ebbe interessant. Das Nonplusultra sind die doppelstöckigen, mit Alang-Alang gedeckten Bungalows, die hinter ihrer Lumbung-Fassade jeden Luxus offerieren. Je nach Kategorie und Belegung DZ 150–360 $. Jl. Danau Tamblingan 45, ☎ 0361/288423, 288424. ☎ 0361/288426, 286059, www.besakihresortbali.net.

Segara Village ⓷. Trotz seiner Größe sehr um balinesische Atmosphäre bemüht. Unterteilt in fünf Villages, die unterschiedlichen Kategorien zugeordnet sind, mit unterschiedlichem Komfort und dementsprechend variierenden Preisen. Bei der Gestaltung – besonders der oberen Kategorien – wurde viel Wert auf den Verbau natürlicher Materialien gelegt. Die Gäste können zwischen Standardzimmern neben der Rezeption, geräumigen Cottages mit Blick auf die Poolbar, Bungalows in direkter Strandnähe und Villen mit einem Extra an Privatsphäre wählen. DZ 200–350 $. Jl. Segara Ayu, ☎ 0361/288407, ✐ 0361/287242, www.segaravillage.com.

Hyatt ⓷⓽. Megahotelanlage, die beinahe schon einen Ortsteil von Sanur darstellt. Erinnert etwas an die 1970er-Jahre, kombiniert mit balinesischen Stilelementen. Luxus auf

Übernachten

1. Agung and Sue Watering Hole
2. Ananda Beach Hotel
3. Segara Village
4. Puri Kelapa Garden Cottages
5. Puri Mango
6. Lila Homestay
7. Yulia 1 Homestay
8. Anjani
9. Besakih Beach Resort
12. Rita Homestay
15. Flashbacks
18. Prima Cottages
20. Swastika Bungalows
21. Pondok Narita
23. Hotel Santai
24. Rita Hotel Homestay
28. Villa Nirvana Guesthouse
29. Hyatt
33. Stana Puri Gopa
35. Puri Santrian

Essen & Trinken

2. Ananda Restaurant
5. De Cecco/Cak Kandar
7. Mango Beach Bar & Restaurant
8. Puri Mango
9. Randy's
11. Spirit Café
16. Kami Sama
13. Teppanyaki Kabuki
19. Wicked Parrot
22. Warung Pregina
24. Barbs Sports Warung
25. Porch Café
27. Retro
27. Swastika Restaurant
32. Warung Made Busana Bali
36. Manic Organic
36. La BaRacca
37. Ulu 2
31. Ming Le Resto
32. Sari Bundo
34. Warung Blanjong

Nachtleben

3. Jimmys Café Bar
3. Picadilly
7. Lazer Sports Bar
1. Zoo
1. Laghawa
10. On On Café Billard

Sonstiges

1. Perama
14. Bali Access Travel
33. Crystal Divers

Sanur

200 m

höchstem (internationalem) Niveau. Zum üppig begrünten, sehr weitläufigen Gelände gehören mehrere Bars, Restaurants und Cafés sowie ein unvergesslich schön eingerichtetes Spa. Ein echter Hingucker ist der wirklich große Swimmingpool mit dekorativen Anklängen an die Elefantenhöhle Goa Gajah. Babysitting-Service für gestresste Mütter, Rollstuhlfahrer können auf Anfrage einen barrierefreien Raum buchen. Natürlich hat das alles seinen Preis. Je nach Saison, Ausstattung, Lage und Größe kosten DZ 110–270 $ zuzüglich 21 % Tax und Service. Jl. Danau Tamblingan, ✆ 0361/281234, ⌨ 0361/287693, www.bali.resort.hyatt.com.

Puri Santrian 45. Im ruhigeren Süden Sanurs befindet sich dieser Hotelkomplex in direkter Strandlage, auch vom Hauptpool aus hat man Blick aufs Meer. Die Zimmer sind mit allen Annehmlichkeiten ausgestattet. Je nach Lage und Größe wird es teurer. Besonders schön sind die Privatsphäre bietenden Cottages. Im exklusiven Santrian Club des Hotels darf nur wohnen, wer das zwölfte Lebensjahr vollendet hat. Angeschlossenes Spa mit großem Wellnessangebot. DZ ab 185 $, Bungalow 200 $, Suite im Club 250 $. Über das Internet Rabatte möglich, besonders zur Nebensaison. Jl. Cemara 35, ✆ 0361/288009, ⌨ 0361/287101, www.santrian.com.

Essen & Trinken

(→ Karte S. 167)

Wie Perlen auf eine Schnur gezogen reihen sich Restaurants, Cafés und Bars entlang der Jl. Danau Tamblingan aneinander. Wer noch nicht weiß, auf was er genau Lust hat, kann sich von den ausgestellten Speisekarten und Tagesangeboten beim Abendspaziergang inspirieren lassen. Aber auch die Strandlokale der Hotels locken mit gehobenen Dinners zu bezahlbaren Preisen. Wer es bequem liebt, kann den kostenlosen Transportservice vieler Restaurants in Anspruch nehmen und sich hin- und/oder zurückbringen lassen. Hier unsere Auswahl aus dem Überangebot an kulinarischen Leckereien:

An der Jl. Danau Toba De Cecco/Cak Kandar 5. In dieser grünen Oase, in der nur der Straßenlärm an die Realität erinnert, haben sich zwei Restaurants zusammengeschlossen mit Speisekarten aus zwei kulinarischen Welten. **Cak Kandar** serviert *Penyet*, d. h. allerlei tapasähnliche Kleinigkeiten wie gebratene Auberginen, Fleischbällchen, Fisch, Rinderfiletstreifen oder Tempeh auf feurig scharfer Soße. Im **De Cecco** wählen Sie aus italienischen Klassikern wie Lasagne, Pizza-, Pasta- und Gnocchi-Variationen (45.000–70.000 IDR). Spezialität des Hauses: Pizza Vulcano, eine flambierte Calzone. Jl. Danau Toba 7, ✆ 0361/288836, 081/513889552 (mobil).

Entlang der Jl. Danau Tamblingan Randy's 9. Kleines, süßes Eck-Café mit angeschlossener Bar, mitten am Puls von Sanur. Von 8 bis 12 Uhr bekannt für die große Frühstücksauswahl und reichhaltige Portionen: Beim Hungry Man's Breakfast (40.000 IDR) zum Sattessen wird jeder Morgenmuffel wach. Ansonsten kann man bei kanadischen, internationalen und günstigen balinesischen Gerichten das bunte Treiben in der lauten Kurve beobachten (Hauptgerichte 15.000–55.000 IDR). Abends läuft die Bar zur Hochform auf, und es wird mit mindestens genauso lauter Musik gegen den

Straßenlärm gearbeitet. Besonders lecker waren Tofu und Tempeh in Ingwersoße und das Hühnchen mit Cashewnüssen. Für Entscheidungsunfreudige haben die kanadische Besitzerin und ihr balinesischer Mann eine Auswahl ihrer Lieblingsgerichte aus dem jeweiligen Heimatland zusammengestellt. Transportservice. Jl. Danau Tamblingan 17, ✆ 0361/288962.

Wicked Parrot 20. Wer sich schon immer einmal unter Palmen ein frisch gezapftes Pint Bier zu Fish 'n' Chips einverleiben wollte, während die Irish Rover mit Herzblut von einer balinesischen Band live performt wird, der ist im Wicked Parrot richtig. Die Stimmung ist ausgelassen, die Bar Zentrum des Restaurants, und zu den wechselnden Livebands feiert der Staff manchmal ausgelassener als die Gäste. Für so viel Exotik müssen die Besucher pubüblliche Preise in Kauf nehmen: Pub Grub und Sandwiches 25.000–60.000 IDR sowie Hauptgerichte wie Mixed Grill, Lamb Chops, englische Würstchen, Steaks, Pasta und eine Auswahl an indonesischen Gerichten 40.000–120.000 IDR. Die Stammband „The Bali Leprechauns" sollte man unbedingt einmal live gesehen haben. Jl. Danau Tamblingan 47, ✆ 0361/281814, www.wickedparrot.info.

Teppanyaki Kabuki 18. Präsentiert die japanische Küche in ihrer ganzen Pracht. Nicht nur die obligatorischen Sushi-Sets für 75.000 IDR sind einfach köstlich, auch die Rice Bowls mit verschieden zubereiteten Fleischsorten und weitere japanische Gerichte lassen einem das Wasser im Mund zusammenlaufen. Besonderes Highlight sind die vor den erstaunten Augen der Gäste zubereiteten Köstlichkeiten vom Teppanyaki-Grill. Diese Darbietung erinnert mehr an artistische Unterhaltung als an Kochen – noch nie haben wir jemanden so schön und akrobatisch Fleisch würzen sehen! Jl. Danau Tamblingan 82, ☏ 0361/283811.

Manic Organic 35. Hier sind nicht nur die Tische grün! In diesem kleine Café hat man sich ganz dem gesunden Lifestyle verschrieben. Im Angebot stehen einfallsreiche vegetarische Gerichte (z. B. Tempeh-Steak oder Tofuburger mit knackigem Gemüse) sowie vegane und weizenmehlfreie Speisen, in denen – wenn möglich – Bio-Produkte verarbeitet werden. Im angeschlossenen Shop kann man sich mit allem Erdenklichen für ein gesundes, ökologisches Leben eindecken. Der freundliche Besitzer berät Sie gerne. Kostenloser WLAN-Zugang. Jl. Danau Tamblingan 85, ☏ 0361/8553380, www.manic organicbali.com. ∎

》》 Unser Tipp: Warung Made Busana Bali 32. Am Ende einer kleinen, von der Jl. Danau Tamlingan abgehenden Gasse versteckt sich dieses Juwel. Man speist nicht nur in familiärer Atmosphäre, sondern ist tatsächlich mitten auf dem Familienanwesen. Hier betreibt die warmherzige Made Polok ihre Warung mit Leib und Seele und serviert eine breite Auswahl an original balinesischen Speisen mit einem Preis-Leistungs-Verhältnis, das man in ganz Sanur wohl kaum ein zweites Mal findet. Wählen Sie doch das geniale *Lawar Ayam*, scharfen *Tempeh Penyet* oder *Saté* oder gleich *Nasi Campur*. Bei Preisen von 3000 bis 12.000 IDR werden Sie es nicht bereuen. Gang Taman Agung 1, ☏ 0361/2826391, 9957001. 《《

Ulu 2 37. Wählen Sie zwischen den Sitzen auf der Terrasse und dem klimatisierten Innenraum. Große Auswahl an Thai-Gerichten – zwar nicht immer hundertprozentig authentisch, dafür mit kreativer eigener Note und mit Sicherheit lecker! Das empfehlenswerte Curry wird z. B. in der Schale einer jungen Kokosnuss serviert.

Hauptgerichte 30.000–60.000 IDR. Jl. Danau Tamblingan 85, ☏ 0361/2076854.

Warung Pregina 23. Diese unscheinbare Perle übersieht man beinahe zwischen all den anderen Restaurants. Dazu verjagt sie so manchen durch laute, sehr sentimentale Livemusik. Zum Glück nur zeitweise, denn was man hier findet, setzt sich von der Masse ab. Spezialisiert auf Seafood, serviert der Warung auch sehr gutes original balinesisches Essen wie *Tahu Goreng Pedas* und *Ikan Bakar* zu sehr günstigen Preisen bei Top-Qualität und ebensolchem Service. Besonders der Papaya-Salat ist sehr beliebt. Jl. Danau Tamblingan 106, ☏ 0361/283353.

Barb's Sports Warung (ehem. Annas Warung) 24. Tagsüber sitzt man gemütlich zwischen den Bannern und Fotos eines australischen Bikerclubs, abends wandelt sich der nette Warung in eine Sports Bar. Zu günstigen Preisen werden hier v. a. australische Gerichte und Snacks wie Beef Pie, aber auch eine große Auswahl an typischen indonesischen Gerichten angeboten. Samstags füllt sich der Laden bei internationalen Fußball-Live-Übertragungen. Jl. Danau Tamblingan 128, ☏ 0361/289462.

Retro 27. Galerie, Gartenrestaurant, Bar, Café, je nach Tageszeit passt sich das freundliche Lokal den Bedürfnissen seiner Gäste an. Ob Sie die liebevoll angerichteten Speisen (Hauptgerichte 20.000–80.000 IDR) als Gruppe an den großen Holztischen oder bei einem romantischen Dinner im lauschigen Garten genießen, hier findet jeder sein Plätzchen. Den Abend können Sie mit einem der kreativen Cocktails (um 55.000 IDR) ausklingen lassen, oder vielleicht verkosten Sie doch lieber eine Flasche ausgewählten Wein in ledernen Lounge-Sesseln zwischen den ausgestellten Kunstwerken. Wir waren begeistert von den im Bananenblatt gekochten Gaumenfreuden wie *Babi Bumbu Bali* oder *Steamed Fish à la Retro*. Neben vielen europäischen und indonesischen Gerichten sind die Spezialität des Lokals die reichhaltigen Kompilationen für zwei Personen wie z. B. *Seafood Basket* oder *Nekipung* (mehrere Hauptgerichte mit verschiedenen Beilagen sowie Vor- und Nachspeise ab 175.000 IDR). Jl. Danau Tamblingan 126 A, ☏ 0361/282472.

La BaRacca 36. Stilvoll eingerichteter Italiener. Das Einzige, was den Besucher bei seinem Dinner aus der italienischen Dolce Vita herausreißt, ist der balinesische Haustempel.

Süd-Bali → Karte S. 144

Bei der Einrichtung hat wahrscheinlich Vito Corleone Pate gestanden. Weiße Tischdecken, ausgesuchte Flaschen internationalen Weines bereits auf den Tischen, frische, hausgemachte Pasta und Gnocchi, Antipasti, Insalate und andere Spezialitäten in einer breiten Auswahl, vor der der Stammitaliener zu Hause nur den Hut ziehen kann. Zum Nachtisch Espresso-Sorbet. Hauptgerichte um die 40.000–60.000 IDR. Jl. Danau Tamblingan 156, ℡ 0361/283817.

Ming Le Resto 41. Ein Erlebnis für alle Sinne. Schon das Interieur ist außergewöhnlich, dann bleiben die Blicke unweigerlich an den in Gold- und Rottönen gehaltenen Gemälden des holländischen Künstlers Walter van Oel haften. Schlemmen kann man im wunderschön beleuchteten Garten des Restaurants. Die Speisekarte besticht mit gehobener, französisch beeinflusster Weltküche. Nach Entrees wie Carpaccio oder gebratenen Schnecken auf Baguette hat man die Qual der Wahl zwischen balinesischen Gerichten, Fischspezialitäten und französischen Berühmtheiten wie Frosch-

schenkeln oder Filet Mignon. Empfehlenswert für zwei Personen ist *Couscous à la Tuareg*. Das überaus freundliche und aufmerksame Personal hilft gerne bei der Weinauswahl. Hauptgerichte   60.000–150.000 IDR,   Lobster und Langusten natürlich teurer. Transportservice. Jl. Danau Tamblingan 105, ℡ 0361/281948.

Entlang der Jl. Danau Poso   Sari Bundo 42. Ein kleines Masakan-Padang-Restaurant schräg gegenüber vom Warung Blanjong. Für alle, die auf den Geschmack der original indonesischen Küche gekommen sind. Die freundlichen Betreiber helfen beim Auswählen der Speisen und können ein wenig (!) Englisch. Das Essen in der wechselnden Auslage ist mindestens genauso lecker, wie es aussieht, und superbillig (8000–18.000 IDR für einen vollen Teller), aber nichts für alle, die schon Pfeffer als scharf empfinden. Empfehlenswert sind z. B. das zarte *Rendang-* und das leichte *Jackfruit-Curry*. Jl. Danau Poso.

≫ Unser Tipp: Warung Blanjong 44. Das einladende, offene Baumbusrestaurant mit original   balinesischen   Gerichten   zu absolut akzeptablen Preisen (Hauptgerichte 15.000–40.000 IDR) liegt genau neben dem gleichnamigen Tempel. Probieren Sie die ausgefallene grüne Papaya-Kokosnuss-Cremesuppe *(Gedang Mekur)*, *Tempeh Mesanta* mit Zitronengras und Gemüse oder *Siap Betutu* (gegrilltes Huhn im Bananenblatt). Wer dann noch Platz im Magen hat, kann sich mit *Rujak* als Nachspeise belohnen. Viele Gerichte sind auf Wunsch vegetarisch zu bekommen. Wer es lieber europäisch mag, findet gut belegte Sandwiches (auch aus dunklerem Vollkorntoastbrot). Für besonders Hungrige bietet die Küche reichhaltige Menüs mit Vorspeise, mehreren Hauptgerichten und süßem Dessert. Für 100.000 IDR zwar etwas teurer, aber sicher jeden Cent wert. Wer nicht genug von dem leckeren Essen bekommt, kann einen Kochkurs bei der Küchenchefin Ketut Mariani buchen. Jl. Danau Poso 78, ℡ 0361/285613. ≪

An   der   Strandpromenade   Kami Sama 16. Eines der wenigen Warung-Restaurants zwischen den hoteleigenen Küchen an der Strandpromenade. Dennoch sitzt man – zwar an einfachen Tischen auf Plastikstühlen – in genauso exklusiver Lage mit Meerblick. Große Auswahl an balinesischen Gerichten, viel mit Tempeh und Tofu.

Mango Beach Bar and Restaurant 7. Das Mango Beach ist schon von Weitem an den Jamaikafahnen zu erkennen. Dementsprechend können die Gäste in sehr relaxter Atmosphäre dreimal die Woche bei Livebands zu Reggae-Musik abtanzen. Man sitzt entweder an der Holzbar, in Lounge-Sesseln oder an den kleinen Tischen am Strand und genießt leckere Omeletts, indonesische Spezialitäten oder Sandwiches zum kühlen Bier. Sindhu Beach, ✆ 081/1387211 (mobil), www.mangobeachrestaurant.balipromotion.net.

Spirit Café 11. Direkt am Strand unter einem großen, schattenspendenden Baum. Hier bekommen Kaffeeliebhaber alles, was das Herz begehrt. Vom Vienna Café bis zum Espresso mit Schuss ist alles da, daneben viele ausgefallene Teesorten. Dazu vielleicht ein Stück Schokoladenkuchen mit Eis oder doch lieber warmen Apfelkuchen? Täglich wechselnde Angebote an süßen Träumereien. Hungrige können zudem zwischen Sandwiches, Pfannkuchen und Thaicurrys wählen. Wer es erst abends hierhergeschafft hat, kann den Tag mit einem Cocktail bei romantischem Kerzenlicht und Meeresrauschen ausklingen lassen. Kostenloser WLAN-Zugang. Paradise Plaza, Segara Ayu Beach, ✆ 0361/285908.

Nachtleben

(→ Karte S. 167)

Die Abendunterhaltung ist eher geprägt von Livemusik als von dumpfen Discoklängen. Auch die etwa für Kuta typischen Absackkneipen wird man vergeblich suchen. Trotzdem hat man die Möglichkeit, bis weit nach Mitternacht bei meist lokalen Bands und Cocktails zu feiern. Tagsüber und am frühen Abend sollten Schnäppchenjäger die überall auf Tafeln angepriesenen Happy Hours beachten.

Zoo 21. Der dunkle, verspiegelte Disco-Bar-Nachtclub ist eher ein Treffpunkt zu späterer Stunde, lockt aber schon vorher zur Happy Hour (18–21 Uhr) mit guten Preisen. Wechselnde Veranstaltungen, samstags z. B. DJ, sonntags Liveband, Di–Sa Tanzaufführungen. Jl. Danau Tamblingan.

Lazer Sports Bar 17. Der Treffpunkt schlechthin für Nachtschwärmer. Das zentral gelegene Lokal lockt die partywilligen Gäste mit Aktionsabenden, wechselnden Livebands und DJs. Gute Stimmung, schneller Service, große Getränkekarte und angenehme Preise lohnen einen Besuch. Natürlich werden auf großen Bildschirmen vorwiegend englische Fußballspiele der Premier League übertragen. Jl. Danau Tamblingan.

Piccadilly 13. Erinnert mit seiner wuchtigen Holzbar an einen English Pub. Sogar eine rote Telefonzelle findet sich inmitten der Restaurant-Bar. Trotzdem wird neben Pizza, Pasta und asiatischen Spezialitäten wie Reistafel vorwiegend deutsche Küche wie Käsespätzle, Frikadellen, Currywurst und Jägerschnitzel serviert. Trotz des riesigen Angebots ist die Qualität hervorragend. Nachtschwärmer bleiben hier wegen des frisch gezapften Biers und der verlockenden Cocktail-Kreationen. Livemusik bis Mitternacht, um 2 Uhr ist dann auch an der Bar Schluss. Kostenloser WLAN-Zugang und Transportservice. Jl. Danau Tamblingan 27, ✆ 0361/289138.

On On Café Billard 40. Wie der Name verspricht: viele Pool- und Dutch-Billard-Tische für die sportliche Betätigung zwischen den Bieren. Typisches Sports-Bar-Publikum mit typischem Bar-Essen zu typischen, gehobeneren Bar-Preisen. Holländische Snacks, Gulasch, Chili und Steaks. Nachts oft Party-Atmosphäre. Jl. Danau Poso 53, ✆ 0361/281215.

Jimmys Café Bar 6. Diese Sports Bar ist schon von Weitem an der riesigen Sat-Schüssel erkennbar. Natürlich wird diese auch ausgiebig genutzt, und so kommen Sportfans auch fern der Heimat in den Genuss von Live-Übertragungen: Fußball (englische Premier League), Cricket usw. Dazu gibt es australisches BBQ. Kostenloser WLAN-Zugang. Jl. Danau Toba 20, ✆ 0361/281358.

Außer in den oben genannten Kneipen finden entlang der Jl. Danau Tamblingan auch in vielen Restaurants Livekonzerte statt. Bekannt für gute Reggae-Bands sind das **Mango Beach Café 7** und das **Laghawa 26**, in dem die Gäste jeden Di und Fr Bob Marley und anderen Genregrößen huldigen können, an anderen Tagen wechselt die musikalische Unterhaltung. Irische Musik und Gitarrenklänge bietet das **Wicked Parrot** (→ Essen &Trinken). Die beste Möglichkeit, die Band seiner Wahl zu finden, besteht darin, mit offenen Ohren die Hauptstraße entlangzuschlendern.

Der Pura Sakenan auf der Schildkröteninsel

Pulau Serangan (Turtle Island)

Die Schildkröteninsel, die seit Ende der 1990er-Jahre leicht über einen Damm zu erreichen ist, war ursprünglich eine Sandbank und ist erst im Zuge eines Projekts zur Landgewinnung auf ihre heutige Größe von ca. 73 ha angewachsen.

Die Folgen der Landaufschüttungsmaßnahme waren verheerend: Die vorgelagerten Korallenbänke wurden abgebaut; die Mangroven verschwanden; und auch die Schildkröten, die seit ewigen Zeiten zur Eiablage hierhergekommen waren, blieben weg. Zudem hatten die Baumaßnahmen Einfluss auf die natürliche Meeresströmung, was unter anderem zur Erosion des Strandes in Sanur geführt hat. Momentan wird versucht, das Gelände mit Mangroven wieder aufzuforsten. Schon beim Betreten der Insel passiert man Stecklinge der Wassergewächse in allen Größen.

Turtle Island ist nur spärlich besiedelt. In den zwei einzigen Dörfern **Dukuh** und **Serangan** leben die meisten Bewohner noch immer vom Fischfang. An der Nordküste in der Ortschaft Dukuh stößt man auf den bedeutenden **Pura Sakenan**. Der Reichstempel soll im 16. Jh. vom javanischen Geistlichen Danghyang Nirartha gegründet worden sein. Anderen Quellen zufolge wird er bereits ins 11. Jh. datiert. Die Einheimischen lösen das Problem ganz einfach: „It is very old, because it was already there when my grandmother was born …"

Der öffentliche Tempel, der von Gläubigen aus ganz Süd-Bali besucht wird, offenbart seine Bedeutung während des jährlichen Galungan-Festes. Besonders an Kuningan, dem letzten Tag der zehn Tage andauernden Veranstaltung, findet hier eine große Zeremonie statt, zu der mehrere Tausend Balinesen pilgern. Auch Touristen können dem Ereignis beiwohnen – festliche Kleidung, Sarung und

Tempelschal sowie die nötige Rücksichtnahme natürlich vorausgesetzt. Das restliche Jahr über ist der Pura Sakenan wenig besucht. Wer Glück hat, wird von Pak Konci oder einem anderen Einheimischen, die vor dem Tempel ihre Souvenirstände aufgebaut haben, durch den Tempelbezirk geführt.

Um den Schildkrötenbestand zu sichern, wurde nicht weit entfernt in **Serangan Ponjok** eine Aufzuchtstation des *Bali Turtle Island Development* gegründet. Hier werden die Eier der bedrohten Tiere ausgebrütet und Jungtiere aufgezogen. Die Aufzuchtstation agiert dabei aber leider nicht nur im Dienst der Schildkröten. Zwar ist der Verzehr und Verkauf von Schildkrötenfleisch und Schildpatt seit Ende der 1990er-Jahre streng verboten, doch für zahlreiche Zeremonien wird noch immer Schildkrötenfleisch benötigt. Aus diesem Grund gelangen nicht alle der dort aufgezogenen Tiere ins Meer, sondern einige landen im nahen Tempel – oder als Delikatesse auf den Tellern unbelehrbarer Touristen. Wer die Schildkröten besucht, kann diese mit Seegras füttern und so an den Rand des Beckens locken.

Hin & weg Der Damm zur Insel geht von der Jl. Bypass Nghurah Rai auf halbem Weg zwischen Sanur und Kuta ab. Es wird eine Maut von 1000 IDR verlangt.

Aufzuchtstation Täglich von 9 bis 17 Uhr geöffnet. Der Eintritt ist kostenlos, allerdings wird man beim Verlassen zum Kauf eines überteuerten Souvenirs bzw. einer Spende gedrängt.

Finger weg von Produkten aus Schildkrötenpanzer! Durch den Kauf von Souvenirs aus Schildpatt tragen Sie dazu bei, dass die geschützten Tiere weiter dezimiert werden. Außerdem werden Sie nicht lange Spaß an den teuren Erwerbungen haben. Die Einfuhr von Schildpattprodukten in die EU ist streng verboten, wer erwischt wird, muss mit hohen Strafen (bis in den fünfstelligen Bereich) rechnen!

Die größten Exemplare der Aufzuchtstation

Süd-Bali → Karte S. 144

Schlemmen, bummeln, tätowieren … alles möglich in den Gassen von Kuta

Küste bei Kuta, Legian und Seminyak

Der Küstenabschnitt von Kuta über Legian bis Seminyak strotzt vor Superlativen: Er ist der längste, der breiteste, der optisch beeindruckendste und natürlich auch der touristisch am besten erschlossene der Insel.

Kuta, Legian und Seminyak sind im Laufe der letzten Jahrzehnte praktisch zusammengewachsen, der „Hauptort" Kuta hat sich die beiden ehemals eigenständigen Siedlungen mittlerweile einverleibt. Nahtlos miteinander verbunden sind die drei „Ortsteile" durch die Hauptstraßen Jl. Legian und Jl. Raja Seminyak. Das Gesamtgebiet nimmt beinahe 6 km Küstenlinie ein und bietet jährlich Heerscharen von Urlaubern Unterkunft und Unterhaltung in unzähligen Hotels, Bars und Restaurants aller Preisklassen. Beinahe jeder Wunsch wird erfüllt – es sei denn, man ist als Kulturreisender unterwegs, denn auf diesem Auge ist die Region um Kuta vergleichsweise blind. Wirklich stören wird sich daran so gut wie niemand: Wer hierherreist, ist schlicht in anderer Mission unterwegs, und so geht jeden Abend nach Sonnenuntergang die Party los …

Am lautesten schlägt das touristische Party-Herz noch immer in der Keimzelle der heutigen Orts-Trias: Auf der Skala mit den Eckpunkten „jung, hip, tagsüber Strand, dann ausgiebig Nightlife und zwischendurch Fastfood" rangiert **Kuta** weiterhin auf der Pole-Position. Je weiter man sich Richtung Norden bewegt, desto mehr verschieben sich die Akzente. **Legian** präsentiert sich schon im Fusionlook aus Party- und Nobel-Dinner-Tourismus und hat auch bereits ein paar ausgewähltere Läden im Shopping-Angebot. **Seminyak** setzt diesen Trend fort und orientiert sein kulinarisches Angebot in erster Linie am verwöhnten Gaumen des eher zahlungskräftigen Kunden, der sich darüber hinaus noch in allen erdenklichen Nobel-Label-Boutiquen mit dem nötigen Outfit für die Abendunterhaltung eindecken kann. Das alles gilt wohlgemerkt nur tendenziell, denn am Ende ist Kuta-Legian-Seminyak eben doch ein einziges zusammengewachsenes Touristendorf.

Basis-Infos

Information Das **Bali Tourist Office** befindet sich im Century-Plaza-Gebäude in der Jl. Benasari in Kuta (☎ 0361/754090). Das freundliche Personal beantwortet all Ihre Fragen, hilft bei der Suche nach Hotels und übernimmt auch die Buchung von Ausflügen. Tägl. 8–21 Uhr.

Geld In allen drei Ortsteilen findet man nahezu an jeder Ecke ATMs und Geldwechsler. Bei Letzteren lohnt sich wie immer ein Vergleich, da die Kurse erheblich variieren. Eigentlich alle Hotels der Mittel- und Luxusklasse sowie viele Restaurants akzeptieren Kreditkarten.

Gesundheit **Bali International Medical Centre (BIMC)**, Kuta, Jl. Bypass Ngurah Rai 100X, ☎ 0361/761263, ✍ 0361/764345, www.bimcbali.com.
Kuta Clinic, Jl. Raya Kuta 100X, ☎ 0361/758495.
Medika SOS Klinik Bali, Jl. Bypass Ngurah Rai 505X, ☎ 0361/710505, 720100, ✍ 0361/710515, www.sosindonesia.com.
Apotheken finden sich einige entlang der Hauptstraßen. Gut ausgestattet ist z. B. **Chemist** in der Poppies Lane I (gegenüber von Kuta Puri Bungalows), ☎ 0361/8503705.

Internet Eigentlich alle teureren Hotels bieten einen freien WLAN-Zugang und ein Telefon auf dem Zimmer. Für alle, die billiger wohnen, sorgen unzählige Internetcafés entlang der Touristenstraßen und zahlreiche Wartels für den Kontakt nach Hause. Ein Laden hat uns ganz besonders gefallen: **Hazy Days**, ein kleines, buntes Internetcafé, in dem man beim Surfen im Web ein leckeres Eis zu Kaffeespezialitäten genießen kann. Kuta, Poppies Lane I.

Polizei Die Touristenpolizei ist sowohl in Kuta in der Jl. Raya Pantai Kuta (in der Nähe des Hotels Grand Istana) als auch in Seminyak am westlichen Ende der Jl. Double Six vertreten.

Post Im **Kuta Post Office** kann man seine Souvenirs nach Hause schicken, Jl. Raya Kuta, Gang Selamat, ☎0361/754012. Auch neben der **Apache Bar 24** (→ Karte S. 183) in der Jl. Legian (ebenfalls in Kuta) findet sich eine kleine Postfiliale.

Radio Wie sollte es auch anders sein, natürlich hat Kuta seine eigene Radioshow: KDT Radio sendet 3-mal die Woche auf der Frequenz 98,5 FM Beat Radio Plus. In der zweistündigen Show werden neben Musiktrends auch neue Talente vorgestellt.

Veranstaltungen Berühmt-berüchtigt ist der mehrtägige **Kuta Karnival**. Jährlich findet er über ein bis zwei Wochenenden im September/Oktober statt (→ Kasten S. 190).

Süd-Bali → Karte S. 144

Ein Name ist ein Name ist ein Name ...

Um die Verwirrung in den engen Gassen und belebten Straßen noch perfekter zu machen, wurden die Straßen in Kuta, Legian und Seminyak des Öfteren umbenannt. Im Alltag gebräuchlicher sind immer noch die alten Namen, die sich auf markante Hotels bzw. Clubs beziehen. Die neuen Bezeichnungen haben einen offizielleren Anstrich, sind an den Namen von Tempeln und Ähnlichem orientiert und immer häufiger auf Karten verzeichnet. Die folgende Übersicht soll bei der Orientierung helfen:

Alt	Neu
Jl. Pantai Kuta	Jl. Pantai Banjar Pande Mas
Poppies Lane II	Jl. Batu Bolong
Jl. Kartika Plaza	Jl. Dewi Sartika
Jl. Padma	Jl. Yudistra
Jl. Double Six	Jl. Arjuna
Jl. Oberoi bzw.Jl. Kayu Aya	Jl. Laksmana
Jl. Camplung Tanduk	Jl. Abimanyu oder Jl. Dhyana Pura
Jl. Segara	Jl. Jenggala
Jl. Satria	Jl. Kediri

Über die wechselnden Feste und Veranstaltungen informieren viele Infoblätter, die in Kuta und Umgebung ausliegen. Der beste Guide zum Fortgehen ist seit Jahren das monatlich herausgegebene Heft **The Beat Magazine** (http://beatmag.com/bali/).

Hin & weg

Bemos Am Bemo-Terminal in der Jl. Raya Kuta findet man die blauen Kleinbusse, die ihre Gäste Richtung Denpasar zum Tegal Terminal fahren. Von dort kann man weiter in die Stadt hineinfahren.

Taxis Man sollte sich an die Firma **Bali Taksi** (☏ 0361/701111) halten, andere Unternehmen fahren nur zu deutlich überteuerten Festpreisen. Besonders nachts bieten sich viele **Motorradtaxen** an, die die angetrunkenen Gäste auf Schleichwegen zu sehr überteuerten Preisen nach Hause bringen. Eher für Wagemutige, einziger Vorteil: Besonders bei verstopften Straßen sind die Zweiräder eindeutig schneller. Vorsicht vor Abzocke!

Tourist-Shuttlebusse Besonders in Kuta gibt es die verschiedendsten Touristen-Shuttlebusse. Vom Familienunternehmen bis zum durchorganisierten Perama-Bus wird alles angeboten. Meist arbeiten die Anbieter mit den selbsternannten Touristinfos zusammen und haben ähnliche Preise wie der Platzhirsch **Perama** (Jl. Legian 39 in Kuta, ☏ 0361/751551, 751875, ✆ 0361/751170, www.peramatour.com). Mit dem Unternehmen gelangt man von Kuta aus zu allen wichtigen Touristenorten auf Bali (→ S. 126/127). Die Gäste werden vor dem Büro eingesammelt, doch wer in Seminyak oder Legian wohnt, sollte sich gegen einen Aufpreis von 10.000 IDR im Hotel abholen lassen. Für den Transport eines Surfbrettes wird noch mal eine Pauschale von 10.000 IDR aufgeschlagen.

Nach Nusa Lembongan Mit Perama täglich um 10 Uhr für 125.000 IDR/Person.

Nach Lombok Wer auf die Gili-Inseln will, kann über einen der **Schnellbootanbieter** innerhalb weniger Stunden sein Ziel erreichen. Die Tickets werden von zahlreichen Travel Agencies verkauft (wir haben mit MBA sehr gute Erfahrungen gemacht). Vergleiche lohnen sich, und besonders zur Nebensaison ist Verhandeln Pflicht. Eine andere Möglichkeit ist es, die Speedboot-Anbieter direkt zu kontaktieren (→ S. 130).

Auch mit Perama kommt man nach Lombok: Auf die **Gilis** und nach **Senggigi** werden zwei unterschiedliche Komplettpakete angeboten: um 10 Uhr mit dem Fastboat für 500.000 IDR (Transport nach Padang Bai inkl.) oder um 6 Uhr mit Anschluss an die öffentliche Fähre in Padang Bai (150.000 IDR, die Weiterfahrt ab Senggigi kann in diesem Fall immer nur am Folgetag stattfinden). Sie müssen also eine Nacht in Senggigi einplanen. Weiterfahrten zu verschiedenen Destinationen auf Lombok können im Perama-Office (meist ab zwei Personen) dazugebucht werden.

Aktivitäten

Ausflüge/Touren Werden von vielen „Touristinfos" und „Guides" angeboten. Erkundigen Sie sich einfach in ihrem Hotel oder an den kleinen Bürobuden an den Straßenecken. Auch Perama bietet täglich um 8.30 Uhr Ausflüge an, z. T. thematische: Shopping, Geschichte, Kultur, Archäologie … Sie können sich aber auch einfach nur nach Ubud fahren lassen (alles ab 250.000 IDR/Person). Mindestteilnehmerzahl sind 2 Personen.

Baden Eigentlich überall entlang des Strandes. Der fehlende Schatten wird von findigen Strandhändlern dazu genutzt, Sonnenliegen und -schirme zu verleihen. Überall finden sich kleine Stände, die aus Kühlboxen Softdrinks und Bier zu angenehmen Preisen verkaufen.

Die **Warntafeln** sollten Sie unbedingt beachten! Aufgrund der gefährlichen Unterströmungen, die auch erfahrene Schwimmer weit ins Meer hinausziehen können, und wegen der heranrasenden Surfer sollten Sie nur in der Zone zwischen zwei gelben Fahnen schwimmen. Mehrere Unfälle mit Todesfolge sollten eine Warnung sein!

Waterbom Park. Teuer, nass, exklusiv ... Warum lieber in einen Wasserfunpark als an den kostenlosen Strand? Neun verschiedene Wasserrutschen – ob auf Speed geeicht oder auf Länge –, eine riesengroße Poollandschaft, Liegewiesen und ein großes Angebot für die Kleinen sind durchaus ein Argument. Gegen den Hunger gibt es eine Restaurantlandschaft, gegen langweilige Optik einen Tattooshop, für die Erholung verschiedene Aussichtsterrassen, und wer es gar nicht mehr erträgt, steuert einfach die im Pool versenkte Bar an. Alles natürlich – so versprechen es die Betreiber – vollkommen sicher und umweltfreundlich ... Das Ganze kostet dann auch 23 €/Erw. bzw. 12 €/Kinder für einen Tag, Zwei- und Drei-Tages-Pässe sind günstiger. Wer die Kletterwand erklimmen oder sich mit dem Eurobungee in die Lüfte katapultieren lassen will, zahlt extra. Jl. Kartika, Tuban 80361, ☎ 0361/755676, ✆ 0361/753517, www.waterbom-bali.com.

Bungeejumping Er ist einfach nicht zu übersehen, der Bungee-Turm am Strand von Seminyak. Für Adrenalin-Junkies ein absolutes Muss, alle anderen sparen ihr Geld und sehen den wagemutigen Recken beim finalen Sprung einfach zu. Normaler Sprung ab 90 $, Tandemsprung 185 $. Wer will, kann sich gegen Aufpreis auch mit BMX-Rad oder Motorrad vom Turm werfen und dabei filmen lassen. Der zweite und dritte Sprung kostet dann nur noch erschwinglichere 35 $, der vierte Hüpfer vom Turm ist umsonst. Unschlüssige können sich an der zugehörigen Bar Mut antrinken. Auf dem Gelände der Double Six Clubs, Seminyak, Jl. Double Six, ☎ 0361/731144, www.ajhackett.com/bali.

Motorräder Chopper Heaven. Überhaupt nicht billig, aber sicher unvergesslich! Wer schon immer einmal mit einem außergewöhnlichen Chopper, einem echten Low Rider oder 1960er-Jahre-Bike über eine tropische Insel brausen wollte, kann sich hier seinen Wunsch erfüllen. 7 Bikes zur Auswahl. Halber Tag ab 1.000.000 IDR, ganzer Tag ab 1.500.000 IDR. Natürlich nur mit entsprechendem internationalem Führerschein und kurzer Fahreignungsprüfung unter den strengen Augen des stolzen Besitzers. Die richtige Ausrüstung und Accessoires kann man sich im Bikershop gleich dazukaufen. Die Hauptfiliale findet sich östlich des Zentrums in der Jl. Dewi Sri 7X, Legian, ☎/✆ 0361/763244, chopperheaven69@hotmail.com.

Abhängen am Bungee-Turm

Kochkurse Im Sate Bali können Hobbyköche ihren Rezepthorizont erweitern. Der ehemalige Chef des Hyatt in Sanur, I Nyoman Sudiasa, bietet Kochkurse ab 4 Personen an (von 9.30 Uhr bis 13.30 Uhr), jeder Teilnehmer zahlt 375.000 IDR. Zunächst lernt man die Zubereitung verschiedener Gewürzmischungen und Würzpasten, danach werden mindestens fünf original balinesische Hauptgerichte und je eine Vorspeise und ein Dessert zubereitet. Abschließend werden die Ergebnisse im Restaurant genossen. Jl. Lasama/Oberoi 22A, Seminyak ☎ 0361/736734, satebali@yahoo.com.

Surfen Ist an den Stränden vor Kuta der Hauptzeitvertreib schlechthin. Surfequipment wird sowohl in den Surfschulen, Dutzenden Surfshops und am Strand von Kuta und Legian verliehen. Wer es noch nicht kann, hat in den vielen Schulen die Möglichkeit, Kontrolle über die Bretter zu bekommen. Alle bieten auch einen Abholservice an. Hier nur eine Auswahl:

Wie das Surfbrett nach Bali kam

Die Kalifornier Robert Koke und Louise Garret reisten 1936 nach Bali, um zu fotografieren und zu malen. Doch in Kuta entdeckten sie „den schönsten Strand der Welt" und beschlossen, statt der geplanten drei Wochen ihr Glück auf Dauer auf der Insel zu versuchen. Und so entschloss sich das Paar zum Bau eines kleines Hotels fernab des aufkommenden Tourismusstandorts Sanur mit seinen komfortablen Unterkünften im Kolonialstil. Das einfache *Kuta Beach Hotel* – aus Bambus gebaut und mit Alang-Alang-Dächern versehen – brachte den Tourismus nach Kuta.

Doch neben Idealismus, Tatendrang und seiner Fotoausrüstung hatte Bob Koke noch etwas anderes im Gepäck: ein Surfbrett aus Hawaii. Heute unvorstellbar, war er zu dieser Zeit der einzige Mensch auf der ganzen Insel, der auf einem Brett – damals noch aus Holz – über die Wellen rauschte.

Während der japanischen Besatzung 1942 musste das inzwischen verheiratete Paar fliehen. Doch mit seinen ersten balinesischen Surfversuchen hatte Bob Koke eine Saat gelegt, die in den folgenden Jahren prächtig aufgehen sollte. Sein ehemaliges Brett befindet sich noch immer auf der Insel und wird zum jährlichen Kuta Karnival im Discovery Hotel ausgestellt. Seine aussagekräftigen Fotografien von Dörfern, Landschaften und Tänzen kann der Besucher im Neka Art Museum in Ubud bewundern (→ S. 242).

Während Bob der Insel später noch einmal einen Besuch abstattete, kam Louise nie wieder nach Bali. Fern der Ferieninsel hielt sie ihre Erinnerungen in dem Buch „Our hotel in Bali" fest.

Rip Curl School of Surf. Das Versprechen lautet: Wer nach dem ersten Kurs noch nicht auf dem Bord steht, bekommt den nächsten umsonst! 3-mal täglich Kurse. Vom zweieinhalbstündigen Anfängerkurs für 59 $ bis zum fünftägigen Masterkurs für 385 $ wird alles geboten. Auch Privatstunden (85 $/Std.) können gebucht werden. Jl. Double Six, Seminyak, ☎ 0361/735858, www.ripcurlschoolofsurf.com.

Quiksilver Surf School. Hier lernt man beim Profi persönlich. Cheyne Horan, mittlerweile in die Surfing's Hall of Fame aufgenommen, leitet diese Surfschule mit über 35-jähriger Surferfahrung. 2-mal täglich werden Anfänger- und Fortgeschrittenen-Kurse von 2:30 Std. (39 $) bis drei Tage (180 $ inkl. DVD) angeboten. Hier gilt dasselbe Versprechen wie bei Rip Curl: Entweder der Teilnehmer steht am Ende des Kurses unfallfrei auf dem Brett oder der nächste ist umsonst. Jl. Raya Pantai Legian, Legian, ☎ 0361/7912220, ✆ 0361/754899, qssb@quiksilver.co.id.

Pro Surf. Bietet einfach alles: von kleinen Anfängerkursen (2:30 Std. mit 3 Teilnehmern für je 32 €) über Privatunterricht (45 €/Std.) bis zum Familienpaket; darüber hinaus stehen auch Surfausflüge und bis zu 10-tägige Kurse inkl. Trips zu anderen Surfplätzen (295 €/Pers.) auf dem Programm. Jl. Pantai Kuta, Kuta, ☎ 0361/7441466, ✆ 0361/751200, www.prosurfschool.com.

Big Kahuna Surf School of Hawaii. Freundliche Surfschule mit hawaiianischem Besitzer. Kurse für Anfänger (39 $/2 Std.), Fortgeschrittene (75 $/4 Std.) und Dreitageskurse (179 $). Besonders beliebt sind die Kinderkurse für die kleinen Surfer zwischen 7 und 12 Jahren (29 $). Hauptbüro im Maharani Hotel, Jl. Raya Pantai Kuta, Kuta, ☎/✆ 0361/765081, www.bigkahunasurfschool.com.

Odysseys Surf School. Kleinerer Anbieter mit höchstens 4 Personen pro Kurs (30 $/2:30 Std.), bei nur 2 oder einer Person kostet's 10 $ mehr. Auch Mehrtageskurse für Anfänger und Fortgeschrittene. Sehr freundliche Lehrer. Beim Mercure Kuta Hotel, Jl. Pantai Kuta, Kuta, ☎ 0361/7411856, 7420763, www.odysseysurfschool.com.

double-d. Die freundliche Surfschule unter balinesischer Leitung ist spezialisiert auf Anfänger und offeriert neben Ein- und

Mehrtageskursen (40 $/2:30 Std., 130 $/4 Tage) auch Einzelunterricht. Ende der Jl. Double Six am Strand, Seminyak, ✆ 0361/7806124, 081/70670046 (mobil).

Tauchen/Schnorcheln Ist direkt am Strand vor Kuta leider nicht empfehlenswert. Dennoch gibt es zahlreiche Anbieter, die Tagesausflüge zu guten Tauchrevieren rund um Bali anbieten.

Nautilus Diving. Der Anbieter unter deutscher Leitung legt besonderen Wert auf individuelle Betreuung und die Sicherheit seiner Kunden. Für Eltern mit Kindern ab 10 Jahren dürften besonders die Tauchkurse für Jugendliche (mit dem passenden Equipment) interessant sein. Open Water (4 Tage für 275 €). Die Preise für zwei Tauchgänge liegen je nach Entfernung bei 55 € (z. B. Tulamben) bis 90 € (Nusa Penida). Auch interessante Tauchsafaris sind im Programm. Jl. Drupadi 23b, Seminyak, ✆ 0361/737700, 081/236148583

(mobil), www.nautilusdivingbali.com.

Scuba Duba Doo. Fährt mit seinen Kunden zum Schnorcheln oder Tauchen nach Nusa Penida, Tulamben oder Menjangan. Schnorchelausflug 40–70 $/Pers., Tauchen 60–125 $/Pers. Jl. Legian Kelod 367, Legian, ✆ 0361/761798, 081/23886881 (mobil), www.divecenterbali.com.

Paradise Diving. Neben den Tauchbasen in Padang Bai und Nusa Dua hat die deutsche Tauchschule auch ein Büro in Seminyak. Jl. Double Six 6a, ✆ 0361/7425801, 081/1393515 (mobil), www.divingbali.de.

AquaMarine. Die englische Tauchschule bietet neben Kursen auch Tauchsafaris (230–600 $) und Tagestrips (100–150 $, teils mit BBQ und Unterhaltung) an. Gegen eine verhandelbare Gebühr werden auch Schnorchler mit aufs Boot genommen. Jl. Petitenget 2A, Seminyak, ✆ 0361/738020, ✍ 0361/738021, www.aquamarinediving.com.

Einkaufen

(→ Karten S. 183, S.193 und S. 198/199)

Alkohol Die überall in Kuta verteilten **Bottle Shops** bieten alles für die Strand-/Hotelzimmerparty. Vergleichsweise günstige Spirituosen, Bier und Softdrinks zum Mischen. Sogar Wasser und Kopfschmerztabletten für den Morgen danach.

🌿 **Bio-Produkte** Gibt es in großer Auswahl in den Restaurantshops des **Earth Café 9** und des **Zula 22** in Seminyak. Dort bekommt der Interessierte auch eine neue Kollektion an Yoga-Outfits. ■

Bücher/Zeitungen Für alle, die immer auf dem neuesten Stand sein wollen, bietet **Mamas 2** in Kuta einen ganz besonderen Service an. Die gewünschte Tagespresse wird noch am Drucktag ins Hotel geliefert!

Entlang der Shoppingstraßen finden Sie einige **Secondhand-Buchläden** (wie z. B. Nice Bookshop **3** in der Jl. Benasari/Kuta), die meist englischsprachige Bücher zu etwas teureren Preisen anbieten. Fast immer sind auch ein paar deutsche Schmöker zu finden.

Eine Filiale von **Periplus** findet sich in der **Seminyak Mall 7** an der Jl. Petitenget.

Kunstmärkte Gibt es sowohl in Kuta als auch in Legian. Der **Kuta Art Market** befindet sich in der Jl. Bakung Sari zwischen Strand und Centralplaza, der **Legian Art Market** entlang der Jl. Melasti. Neben Kunsthandwerk, Klamotten und Schmuck ist auch viel

Ramsch zu finden. Zudem findet jeden Sonntag zwischen 10 und 16 Uhr am Seminyak Square der **Sunday Market** statt.

Minimarkets In regelmäßigen Abständen befinden sich im ganzen Stadtgebiet von Kuta, Legian und Seminyak Filialen der Ketten **Circle K** und **MiniMart** (bei Getränken und Snacks häufig teurer) und **Indomaret**. Hier bekommt man alles vom Kugelschreiber für die Post nach Hause über die gängigsten Medikamente bis zum Sandwich gegen nächtlichen Hunger. Einigen Filialen ist ein Deli eingegliedert, in dem man rund um die Uhr Snacks und Kleinigkeiten bekommt, die man dann an Sitzgruppen vor dem Markt verzehren kann. Für viele eine günstige Alternative zu den Bars und Restaurants, um das Strandpanorama zu genießen. Für größere Einkäufe bietet sich der **Bintang Supermarket 30** in Seminyak an.

Mode In den Einkaufsstraßen Jl. Raya Kuta und Jl. Legian finden sich genau wie an der Centralplaza viele Boutiquen internationaler Trendmarken. In Seminyak suchen Nobelboutique-Jäger ihre Beute in der Jl. Laksmana und der Jl. Raya Seminyak.

Souvenirs Die Jl. Raya Kuta und Jl. Legian warten darüber hinaus mit unzähligen Läden auf, in denen beinahe alles an Souvenirs zu finden ist.

Wer noch nicht surfen kann, lernt es hier

Kuta

Das touristische Herz Balis pulsiert ohne Taktstörungen, immer treiben die Touristenmengen durch seine kleinen Straßen und engen Gassen. Lediglich die Bombenattentate von 2002 und 2005 versetzten der Touristenmetropole einen vorübergehenden Herzstillstand, unter dem ganz Bali zu leiden hatte. Heute hat sich Kuta wieder weitgehend erholt und läuft zu neuer Hochform auf. Lediglich das Mahnmal im Zentrum und die vielen Sicherheitskontrollen in Hotels und Diskotheken erinnern an die traurigen Ereignisse, bei denen mehrere Hundert Menschen ums Leben kamen (→ Kasten S. 185).

Das Publikum ist tendenziell hip und jung und aufgrund der geografischen Nähe zu Bali überwiegend aus Australien. Die Nacht und das nach ihr benannte Leben stehen im Mittelpunkt des Interesses. Gut, dass Letzteres hier noch bezahlbar ist, denn zumindest im Vergleich zu den anderen beiden Bestandteilen der Orts-Trias, Legian und Seminyak, sind die Preise moderat.

Der typische Kuta-Gänger genießt sein Frühstück spät, um danach entweder Surfrunden oder ein ausgedehntes Sonnenbad folgen zu lassen. Den farbenprächtigen Sonnenuntergang genießt er in Gesellschaft, danach folgt – je nach finanzieller Ausstattung – eine schnelle Fast-Food-Mahlzeit direkt in Kuta oder ein exquisites Nachtmahl in Seminyak. Ist das absolviert, wird die Nacht in den zahlreichen Bars und Diskotheken zum Tag gemacht, meist wird in verschiedenen Lokalitäten gefeiert. Am nächsten Morgen dann wieder spätes Frühstück – und überhaupt: da capo, Vorhang auf für die nächste Runde!

Was sich lange, lange vor der großen Touristeninvasion in Kuta ereignet hat, kann man bereits dem Ortsnamen entnehmen. Der bedeutet übersetzt nichts anderes als

„Festung" und weist auf eine kriegerische Vergangenheit hin. Tatsächlich baute Gajah Mada , der Herrscher der Majapahit-Dynastie, das kleine Fischerdorf um 1340 zu einem Bollwerk gegen feindliche Übergriffe aus. Später – Ende des 18., Anfang des 19. Jh. – machte die strategisch günstige Lage den Hafen zu einem guten Umschlagplatz für den balinesischen Sklavenhandel. Die menschliche Handelsware, die hier zum Verkauf angeboten wurde, rekrutierte sich zum Großteil aus Gefangenen, die die Streitkräfte der balinesischen Rajas bei ihren erbittert ausgefochtenen Kämpfen untereinander gemacht hatten: Wer in die Hände des Feindes fiel, wurde schlicht gewinnbringend verschachert. Schluss mit dem Sklavenhandel war erst, als die niederländische Kolonialmacht intervenierte und sich zudem eine andere Einnahmequelle als lukrativer erwies: der Gewürz- und Rohstoffhandel. In den 1930er-Jahren folgte dann mit der Eröffnung des ersten kleinen Hotels die Initialzündung für die Entwicklung Kutas zum boomenden Fremdenverkehrsort, der nach und nach seine Nachbarn Legian und Seminyak mit ins touristische Boot nahm. Ein Ende der räumlichen Ausdehnung ist nicht abzusehen, denn nach Norden hin ist noch viel Platz …

Übernachten

(→ Karte S. 183)

Vom Luxushotel bis zur Backpackerabsteige findet sich alles. Viele günstigere Unterkünfte haben sich entlang der Poppies Lane I und II angesiedelt. Besonders in nobleren Hotels müssen sich die Gäste auf gründliche Sicherheitschecks einstellen.

Untere Preisklasse Komala Indah I **39**. Dem Preis angemessene Unterbringung gegenüber dem Poppies Hotel. Einfach, absolut basic, kleine Zimmer mit älterem Bad. Dafür mit 80.000 IDR/2 Pers. unschlagbar billig. Poppies Lane I Nr. 20, ✆ 0361/751422.

Komala Indah II Sunset **8**. Ebenfalls für alle, die es einfach und günstig mögen: schmucklose Zimmer in schmucklosem Garten. DZ je nach Ausstattung 100.000–220.000 IDR. Einzelbelegung günstiger, Extrabett ab 30.000 IDR. Ecke Jl. Benasari, ✆ 0361/754258,

Ähnlich günstig ist das zweite Komala Indah I **7** am Ende der Jl. Benasari. Ebenfalls sehr einfache Reihenzimmer in einem Hinterhof. Die günstigste Option in dieser Lage. DZ je nach Ausstattung mit Fan, AC oder Heißwasser 110.000–200.000 IDR. Einzelbelegung günstiger, Extrabett ab 40.000 IDR. Mit diesen Preisen kann sich das Komala Indah absolut sehen lassen. Die richtige Adresse für Anspruchslose und alle, die Ihre Tage eh lieber am Strand verbringen. Oft ausgebucht. Jl. Benasari, Gang Lusa, ✆ 0361/753185.

Segara Beach Inn **46**. Wer die Nacht eh zum Tage macht und Zimmer nur in relativer Strandnähe sucht, ist hier richtig. Die freundlichen Inhaber vermieten simple DZ mit einfachsten Bädern für 120.000–150.000 IDR. Jl. Tegal Wangi (Jl. Ciung Wanara), ✆ 0361/756372.

Matahari Guesthouse **44**. Das relativ neue Guesthouse verfügt über eine große Bandbreite an Zimmern – von der fensterlosen Kammer bis zum voll ausgestatteten Appartement mit Küche. Alle in gutem Zustand, sauber, mit Heißwasser und WLAN-Zugang, einige mit TV und DVD-Player und Kochnische. Am besten, Sie besichtigen die Räume vor dem Check-in. DZ von 200.000–550.000 IDR. Jl. Tegal Wangi (Jl. Ciung Wanara), ☎ 0361/766233, 081/511553933 (mobil), www.mataharihotel.com.

Ronta Bungalows 🔟. Der Name führt in die Irre. Denn geboten werden 20 günstige Reihenzimmer hinter einer weiß getünchten Backsteinfassade. Alle Räume mit Fan oder AC, ohne Dekoration und einfach gehalten, jedoch relativ groß und mit kleinem Balkon bzw. Terrasse. DZ mit Fan um 175.000 IDR, mit AC ab 225.000 IDR, TV und DVD-Player für 25.000 IDR/Tag zubuchbar. Legian Street, Poppies Lane II, ☎ 0361/754246.

Gora Beach In 🔟. Hier stimmt das Preis-Leistungs-Verhältnis! Kleines, verschachtelt angelegtes Hotel mit viel Grün und einem kleinen Pool. Kein Kühlschrank, kein TV, dafür gute Preise. Zimmer mit Fan 160.000–180.000 IDR, mit AC 250.000 IDR. Empfehlenswert sind die steinernen Fan-Bungalows um den Pool herum ab 150.000 IDR. Poppies Lane II, ☎ 0361/752578, 📠 0361/750694.

Gemini Star Hotel 🔟. In einer Verbindungsgasse zwischen der Poppies Lane II und I werden 12 saubere Räume ohne Frühstück und Schnickschnack um einen kleinen Pool mit Kinderbecken vermietet. Die günstigen Zimmer verfügen nur über ein kleines, älteres Duschbad, die der teureren Kategorie sind geräumiger und mit TV und Kühlschrank ausgestattet. Preise je nach Belegung (1–3 Personen): mit Fan 135.000–200.000, mit AC 235.000–280.000 IDR, mit AC und Kühlschrank je nach Größe und Belegung (1–4 Personen) 300.000–350.000 IDR. Poppies Lane II, ☎ 0361/750558, 765605, 📠 0361/751762, aquariushotel@yahoo.com.

Ayu Beach Inn 🔟. Budgetunterkunft inmitten der Poppies Lane I mit hervorragendem Preis-Leistungs-Verhältnis. 50 simple Zimmer, sauber, mit kleinem Bad. Obwohl es nur ca. 200 m zum Strand sind, hat man hier gleich zwei Pools zur Auswahl. Zur Verfügung stehen außerdem ein kleines Restaurant, eine Poolbar, eine Autovermietung und ein Internetservice. Zimmer mit Fan ab 200.000 IDR, mit AC und TV ab 350.000 IDR. Poppies Lane I, ☎ 0361/752091, 753314, http://ayubeachinn.multiply.com

Fat Yogi 🔟. Schon beinahe eine Travellerinstitution: Nicht zu Unrecht hat sich dieses kleine Hotel einen Namen gemacht. Vermietet werden 26 saubere AC-Zimmer zwischen tropischen Pflanzen. Je nach Größe und Belegung 210.000–440.000 IDR, die günstigeren Zimmer (meist mit Wanne) um den Pool, die teureren mit Kühlschrank, großen Betten, kleinem Balkon und modernem Duschbad im großen Gebäude im hinteren Teil der Anlage. 2009 wurde eine Grundrenovierung durchgeführt. Keine Fernseher, dafür freier WLAN-Zugang am Pool. Poppies Lane I, ☎ 0361/751665, 0361/757231, www.fatyogicottages.baliklik.com.

Taman Sari Cottages 🔟. Geboten werden 20 Zimmer mit Balkon und Blick auf den spärlich begrünten Pool. Alle Räume mit AC, Kühlschrank, Telefon und Wannenbad, die teureren auch mit TV. Die Gestaltung der Zimmer variiert, mal mit Bambuswand, mal mit ausgefallenen Lampen, mal einfach nur mit Bildern dekoriert. Das kleine Hotel verfügt über ein Restaurant mit internationaler Küche von mexikanisch bis chinesisch und einer bis Mitternacht geöffneten Bar, die die gängigsten Cocktails und Bier serviert. Auto- und Motorradverleih, Parkplätze für Gäste möglich. EZ 30 $, DZ 36 $, hinzu kommen 21 % Tax und Service. Billiger über die Internetseite buchbar! Poppies Lane II, ☎ 0361/751792, 755558, 📠 0361/64429, www.tamansaricottages.com.

Hotel Lusa 🔟. Sehr beliebte mittelgroße Anlage auf drei Etagen, die 53 Zimmer sind unterschiedlich ausgestattet und mit 1–3 Personen zu beziehen. Dementsprechend gestaffelte Preise: Von Zimmern mit Kaltwasser und Fan (19–29 $) bis zum voll ausgestatteten Deluxe-Zimmer mit AC, TV, Kühlschrank und Heißwasser für 59–87 $ findet sich ein Plätzchen für alle Ansprüche. Sehr schöner Pool und wirklich hilfsbereites Personal. Freier WLAN-Zugang in allen Räumen sowie kostenloser Abholservice vom Flughafen. Aus guten Gründen häufig ausgebucht. Gang Benasari, ☎ 0361/753714, 📠 0361/765691, www.hotellusakuta.com.

Mittlere Preisklasse Maharani Hotel 🔟 Dieser schon leicht verwitterte Betonklotz in direkter Strandlage erinnert mehr an ein Parkhaus als an ein königliches Hotel. Gefühlt haben wir uns eher wie in einem Stundenhotel. Das Haus mag wohl schon bessere Zeiten gesehen haben, diese müssen allerdings schon sehr weit zurückliegen. Genauso weit weg war wohl auch die letzte

Kuta

200 m

Reinigungskolonne. Durchschnittliche Zimmer fern aller Sauberkeit, verbunden durch (auch tagsüber) dunkle Gänge mit spärlicher Beleuchtung. Zimmer mit Seeblick 450.000 IDR, mit Dachblick 350.000 IDR, Deluxe-Zimmer mit Kingsize-Bett 550.000 IDR. Jl. Pantai Kuta, ℡ 0361/751863, 752589.

Kuta Puri Bungalows 32. Ruhige grüne Oase am Anfang der Poppies Lane I, nicht mal eine Minute vom Strand entfernt. Die ansprechend dekorierten und hervorragend ausgestatteten Bungalows und Zimmer liegen verteilt im weitläufigen Garten. Alle Zimmer mit AC, Kühlschrank, TV, Telefon und Safetybox, die meisten Bungalows mit bepflanztem Open-Air-Bad. Am Pool können die Gäste einen Cocktail von der Bar genießen. Im Preis inklusive sind eine halbstündige Wellnessbehandlung im hoteleigenen Spa und das reichhaltige Frühstücksbuffet.

Je nach Ausstattung und Belegung 73–85 $ für das DZ, 91–139 $ für die (Luxus-)Bungalows, Hochsaisonaufschlag 15 $. Poppies Lane I, ✆ 361/751903, 754596 ✉ 0361/754596, www.kutapuri.com.

Secret Garden Inn 🟥29 recht gehoben zu für Kuta günstigen Preisen. Am ansprechendsten sind die bungalowartigen Appartements im obersten Stockwerk (für 4 Pers., mit Aufenthaltsraum, Schlafzimmer und Küche ausgestattet), von denen man hinunter auf den tiefen Pool blickt. DZ für 2 Pers. 400.000 IDR, für 4 Pers. 600.000 IDR, Bungalow 900.000 IDR. Jl. Poppies Lane I, ✆ 0361/763051, 763052, www.secretgarden-inn.com.

Poppies 🟥41. Der Dinosaurier unter den Hotels. Die 20 sehr gut ausgestatteten Cottages liegen versteckt in einem traumhaften Garten. Luftige Dächer, viel Platz und ein gartenähnliches Open-Air-Bad sowie die fantasievoll gestaltete Poollandschaft sprechen für sich. Viele Sitzecken und Rückzugsmöglichkeiten machen den Traum vom abgeschiedenen Tropenrefugium inmitten der quirligen Poppies Lane perfekt. Allerdings hat das Ganze seinen Preis: 82–96 $ für 2 Pers. je nach Saison. Bei Buchung über die Internetseite können einige Euros gespart werden. Freier WLAN-Zugang. Poppies Lane I, ✆ 0361/751059, ✉ 0361/752364, www.poppiesbali.com.

Hotel Prawita 🟥30. Das ruhige Hotel steht seit über 25 Jahren unter balinesischer Leitung. Etwas in die Jahre gekommen, aber definitiv immer noch das „hotel with the heart" in Kuta. Vorbei an kleinen Teichen mit Schilfgras, lieblich bepflanzten Wasserbecken und dem Pool gelangt man zu den 30 Zimmern. Außen im balinesischen Stil, innen kühlende Steinwände, durchsetzt mit geschnitzten Holzverzierungen, das Ganze unter einem hohen, luftigen Dach. Alle Zimmer mit AC und TV, Heißwasser oft nur zu bestimmten Uhrzeiten möglich. Standard-Zimmer 350.000 IDR, Family Room 500.000 IDR. Legian Street (zwischen Poppies Lane I und Poppies Lane II), ✆ 0361/751838.

Un's Hotel 🟥6. In strategisch günstiger Lage zwischen Kuta-Stadt und Strand. In einem ruhigen Innenhof um den runden Pool herum liegen die 30 Zimmer auf zwei Etagen. Angenehme Größe, sehr freundliches Personal, leider etwas dunkel und muffiger Geruch. Alle Räume mit Kabel-TV, Telefon, Safetybox und freiem WLAN-Zugang. Den Kühlschrank gibt es gegen geringen Auf-

preis. Zimmer mit Fan 35/46 $, mit AC 47/59 $ (für 1 bzw. 2 Pers.). Daneben gibt es noch einige geräumige AC-Bungalows mit Küche für 85 $. Gang Bena Sari 16, ✆ 0361/757409, ✉ 0361/758414, www.unshotel.com.

Barong Hotel 🟥17. Am Beginn der Poppies Lane II, nach Eigenwerbung für den gehobenen Budget-Traveller. Die Preise sagen etwas anderes. Große Anlage mit 90 geschmackvollen, jedoch zurückhaltend dekorierten Zimmer, alle mit AC, TV und Kühlschrank. Angemessener Service. Die zwei Pools mit angeschlossener Bar bilden das Herz der Anlage. Superior-Zimmer je nach Belegung 85 $, Deluxe-Zimmer 95 $, Family Room (4 Pers.) 140 $. In der Hochsaison 20–30 $ Aufschlag. In der Nebensaison und über das Internet Rabatte möglich. Poppies Lane II, 0361/751804, 7428888 ✉ 0361/761520, www.barongbalihotel.com.

Obere Preisklasse **Satriya Cottages** 🟥23. Dezent begrünte Anlage mit eleganten, im balinesischen Stil gestalteten Räumen. Wunderschöne geschnitzte Türen, große Balkons und Terrassen, sehr freundlicher und zuvorkommender Service. Der Pool lockt mit einer Felslandschaft, Wasserfall und versenkter Bar. Das Hotel verfügt über einen Fitnessraum, einen kleinen Kleidershop, Spa und Restaurant. Alle Zimmer mit AC, TV, Kühlschrank und Telefon. Unterschiedlich sind die Größe der Zimmer und die Ausstattung der Bäder. Der Classic Room (ab 85 $) wartet mit natürlichem Dekor und begrüntem Open-Air-Bad auf, der Deluxe Room (ab 125 $) mit großem Marmorbad, aber auch im Standardzimmer (ab 65 $) hat man eine erfrischende Dusche. Poppies Lane II, ✆ 0361/758331, ✉ 0361/752741, www.satriyacottages.com.

Bounty Hotel 🟥13. Irgendwie bekommt man hier das Gefühl, auf einer Highschool-Abschlussparty gelandet zu sein. Zeitweise stark beschallter Pool mit gut besuchter Pool-Bar gemäß dem Motto „for the young at heart". Wird oft pauschal gebucht. Geräumige, gut ausgestattete Zimmer, alle mit AC, TV, Minibar, Telefon, hoteleigenem Film- und Musikkanal. Die Terrassen sind mit Pflanzen vor den Blicken Neugieriger geschützt. Je nach Interieur und Größe 85–240 $. Gruppen- und Langzeit-Ermäßigungen möglich. Gelegentlich extrem gelangweiltes Personal. Poppies Lane II Nr. 18, ✆ 0361/753030, ✉ 0361/752121, www.bounty hotel.com.

Ground Zero

Eine schlimme Nacht und ihre verheerenden Folgen

Bali hatte schon viel erlebt, Hungersnöte, Vulkanausbrüche und Erdbeben hinter sich gebracht. Doch der Abend des 12. Oktober 2002 sollte für die Insel eine Zeitenwende sein.

Um kurz nach 23 Uhr explodierte im beliebten Paddys Club eine Bombe, ausgelöst von einem Selbstmordattentäter, der bei dem Anschlag starb. Gäste kamen nicht ums Leben, zahlreiche wurden aber verletzt. Doch die eigentliche Katastrophe ereignete sich wenige Minuten später, als eine automatisch gezündete, beinahe eine Tonne schwere Sprengstoffladung vor dem Sari Club detonierte. Zeitgleich ging vor der amerikanischen Botschaft in Denpasar eine Sprengladung in die Luft. Der Terrorismus hatte Bali erreicht, mehrere Hundert Menschen verletzt, 202 Todesopfer gefordert (die Mehrzahl davon australische Touristen) und die Insel in einen Schockzustand versetzt.

Verantwortlich gemacht für den Anschlag – oft als Australiens 11. September bezeichnet – wurde die islamistische Terrororganisation Jemaah Islamiyah. Über die Gründe wird spekuliert. Sollte Australien als Verbündeter der Vereinigten Staaten bestraft werden, oder galt der Anschlag dem vermeintlich sündigen Treiben in Kuta? Wahrscheinlich beides. Die Touristen jedenfalls flohen regelrecht von der Ferieninsel, vom Urlaubsparadies keine Spur mehr.

2005 folgte eine Reihe kleinerer Bombenanschläge. In kurzen Abständen wurden Jimbaran, der Strand vor dem Four Seasons Hotel und ein Einkaufszentrum in Kuta Opfer von Sprengstoffanschlägen. Über 20 Tote und viele Verletzte sorgten dafür, dass die Wunde, die der Terrorismus in die Insel gerissen hatte, nicht verheilte.

Dort, wo der Sari Club einst seine Gäste empfing, setzten die Balinesen den Opfern ein großes Denkmal. Heute wird es tagsüber oft in seriöser Absicht besucht, nachts ist es eher ein Treffpunkt, um den das Nachtleben Kutas pulsiert – heute schon wieder annähernd so wie in den Zeiten vor der Katastrophe.

Kuta Seaview Boutique Resort & Spa 25. Direkt am Kuta Beach. Helle, modern eingerichtete Zimmer mit ansprechendem Dekor, Holzmöbeln und Steinbädern. Sehr schön sind die Cottages und die Suite. Außen mit balinesischer Steinmetzkunst verziert, innen internationaler, geräumiger Luxus ohne Abstriche. Ein großer Pool lädt zum Abkühlen ein, im Spa kann man verbrauchte Kräfte wieder auffrischen. Angeschlossen ist das empfehlenswerte Restaurant **Rosso Vivo** mit Meerblick. Ein Zimmer mit AC bekommt man ab 99 $, die teuerste Kategorie liegt im Jahresschnitt bei 155 $. Jl. Pantai Kuta, ✆ 0361/751961, ✆ 0361/751962, www.kutaseaviewhotel.com.

Aston Bali Kuta 45. Dieser Vier-Sterne-Hotelkomplex, um einen großen länglichen Pool gebaut, liegt im Herzen von Kuta. Die 260 Zimmer sind sehr modern eingerichtet und entsprechen in ihrem Design jeweils einem anderen Stil: Von modern über minimalistisch bis retro oder ethnic kann jeder nach seinen Vorlieben schlafen und wohnen. Eines sind sie jedoch alle: wirklich stilvoll, hell und mit allem Komfort ausgestattet. Familien und kleine Gruppen können die teureren Zimmer mit zwei Schlafzimmern und kleinem, abgetrenntem Wohnbereich beziehen. Natürlich bieten die Zimmer mit Pool-Blick eine bessere Aussicht vom eigenen Balkon, denn ein wirklicher Garten und Grün sind nicht vorhanden. Je nach Lage, Belegung und Saison kostet ein Zimmer 100–267 $. Jl. Wana Segara 2–5, ✆ 0361/754999, 754 999, ✆ 0361/765506, www.Aston Kuta.com.

Hard Rock Hotel 42. Das Hotel hat inzwischen mit Hardrock so viel zu tun wie Sekt mit Bier. Lediglich der Name der Hotelkette und die große Gitarre am Eingang sowie Konterfeis von Rockgrößen erinnern an das eigentliche Motto. Trotzdem: ein durchaus gutes Hotel der oberen Klasse. Gerade die teuren Zimmer wie das Loft oder die King Suite mit 224 m^2 vermitteln das Gefühl, reich und berühmt zu sein (und mindestens Ersteres muss man schon sein, will man für 620 $ wenigstens eine Nacht Rockstar sein). Die übrigen, lässig gestylten Zimmer sind mit 32 m^2 geräumig und voll ausgestattet. Ein gut bestücktes Fitnessstudio, Kletterwände, riesige, fantasievoll gestaltete Poollandschaften, ein Kids Club, der die Kleinen bei Laune hält, und ein Spa zum Entspannen runden das Angebot ab. 270–660 $ (plus 21 % Tax und Service), bei Internetbuchungen schon ab 150 $ zu haben, bei den Luxussuiten spart man umgerechnet bis zu 200 €. Angeschlossen ist das **Hard Rock Café**. Jl. Pantai, Banjar Pande Mas, ✆ 0361/761869, ✆ 0361/761868, http://bali.hardrockhotels.net.

Essen & Trinken   (→ Karte S. 183)

Zahlreiche kleine Warungs befinden sich in der Jl. Legian in der Nähe der Apache Bar. Der Nachtmarkt liegt in der Jl. Tanjung Sari. Ab 18 Uhr locken hier günstige einheimische Gerichte. Die Düfte von balinesischen, javanischen und chinesischen Speisen mischen sich und laden zum Probieren ein. Ansonsten gilt: Wer in Kuta nichts findet …

Warung Bahagia 5. Bei Einheimischen wie Travellern gleichermaßen beliebtes Masakan-Padang-Restaurant. Man kombiniert seinen Teller aus der großen Auswahl an frischen Gerichten. Die Betreiber sprechen gutes Englisch und helfen gerne weiter. Besonders die knusprigen Hühnchen und das milde Tofucurry sind sehr beliebt. Wie wäre es mit ganzen gebratenen Eiern, scharf gewürztem Fisch oder mit Wasserspinat, in Sojasauce angemacht? Eines ist sicher: Hier hat man die Qual der Wahl. Ein voller Teller kostet je nach Zusammenstellung 8000–18.000 IDR. Jl. Benasari, vom Strand aus gesehen auf der linken Seite kurz vor dem Hotel Lusa.

Mini Mart 9. Eine innovative Filiale der überall vertretenen 24-Std.-Supermarktkette direkt an der Jl. Pantai Kuta. Treffpunkt, Imbiss und Bar in einem. Im Deli kauft man sich Snacks oder Sandwiches und kann das Ganze zusammen mit Getränken zu günstigen Supermarktpreisen auf den langen Holzbänken konsumieren. Wer will, nutzt den kostenlosen Hot-Spot, um seine E-Mails zu checken, oder beobachtet das Treiben an der Strandpromenade. Auf dem Flachbildfernseher werden Sportübertragungen und Musikvideos gezeigt. Kurz vor dem Eingang zur Gang Benasari.

》》 Unser Tipp: **Warung Indonesia 19**. Empfehlung für Freunde von *Nasi Campur* mitten in Kuta (gegenüber einem Internet-café), auch bei Einheimischen beliebt. Bei Reggae-Musik kann man an den 12 gemütlichen Holztischen günstige indonesische Gerichte à la carte oder von der Theke auswählen (Hauptgerichte 10.000–20.000 IDR). Das Essen wird stilecht auf Bananenblättern serviert. Leckeres *Daging Asam Manis* (süßsaures Rindfleisch), viel Vegetarisches, z. B. *Tempeh Tahu* nach Art des Hauses mit grünen Bohnen, Gurken und verschiedenen Gemüsen. Gang Ronta, Jl. Legian, Poppies II, ✆ 0361/759817. **《《**

Mini Restaurant & Bar 28. Genau an der Jl. Legian und alles andere als mini. Das frische Seafood kann an der großen Theke ausgewählt werden; wie es zubereitet wird, sieht man, wenn man einen Blick in die riesige offene Küche wirft. Da die Sitzplätze nach hinten ausgerichtet sind, bekommt man beim Genuss der Fisch- und Meeresspezialitäten wenig vom Straßenlärm mit. Günstige Preise. Spezialität ist das Seafood-BBQ. Wer will, bekommt aber auch Ausgefallenes wie Froschschenkel. Nebenan findet sich die Mini Bar, in der man genauso günstig entspannen und trinken kann. Extrem günstige Happy-Hour-Cocktails (der halbe Liter für 40.000 IDR). Jl. Legian 77, ✆ 0361/751651.

Swell 37. Sympathisches Bistro-Restaurant mit Surfer-Publikum und Surfer-Deko. Leckerer Eiskaffee, verschiedenartige Burger, Pasta, Pizza und Steaks wie auch gängiges Asiaessen. MTV-Beschallung über den großen Fernseher, abends trifft sich das junge Publikum zu aktuellen Blockbustern. Poppies Lane I, ✆ 0361/760061.

Sea Breaze 11. bestens geeignet zum Einstimmen auf den Abend. Sehr gute Getränkepreise (billiges Bier). Seinen Drink genießt man an gemütlichen Tischen zwischen allerlei Topfpflanzen, während man das Treiben auf der belebten Straße beobachtet. Jl. Raya Legian.

Bali Agung 35. Nettes Bar-Restaurant im balinesischen Stil. Links die Bar mit ausgedehnter Happy Hour (17–22 Uhr) für Cocktails, Jugs und Bier. Rechts das von Pflanzen umrankte Restaurant, in dem alle Geschmäcker bedient werden. Die Pizza kann man sich selbst zusammenstellen. Hauptgerichte 20.000–50.000 IDR. Poppies Lane I, ✆ 0361/765660.

Für Surfbretter und Drinks ist gesorgt

》》 Unser Tipp: **TJ's 34**. Oh ja, hier ist es schön, sogar ganz besonders schön! Inmitten des ganzen Trubels findet sich dem TJ's ein kleiner, verzauberter Innenhof mit zauberhafter mexikanischer Küche (20.000–50.000 IDR). Um einen schnuckeligen Teich oder am künstlichen Wasserfall, der für die perfekte Klangharmonie sorgt, sitzt man an bunten Tischen und vergisst das lärmende Treiben bei Fajitas, Seafood-Enchiladas, Wraps sowie interessanten Menükombinationen. Als Nachspeise gibt es jeden Tag selbstgemachte Kuchen wie Mango Cheese Cake und andere Süßspeisen. Wer nicht genug bekommt, kann die leckeren Salsas in Einmachgläsern mit nach Hause nehmen. Poppies Lane I 24, ✆ 0361/751093. **《《**

Little Italy 43. Einfach lecker! Im ersten Stock, hoch über dem Kuta Square, kann man voyeuristisch den Shoppingwahn vieler Touristen beobachten. Original italienisches

Werbung und Scooter in Reih und Glied: die Shopping-Meile von Kuta

Essen, vor allem die Pizza sucht ihresgleichen. Dazu Bruschetta, Pasta al dente, knackige Salate, frischer Fisch und süße Verführungen zum Dessert. Hauptgerichte 30.000–90.000 IDR. Kuta Square, Jl. Bakung Sari, ☎ 0361/752154, 0361/756319.

Nero Bali **1**. Als hätte besagter Kaiser in seinem Wahnsinn einen stylischen Elfengarten aus Spiegeln, Steinsäulen und Efeuranken konstruiert – natürlich dem Geist der heutigen Zeit angepasst. Besonders in der Dunkelheit entfaltet das Bar-Restaurant seinen ganz eigenen Charme. Aufmerksamer, kommunikativer Service und hervorragend zubereitete mediterrane Spezialitäten! Dazu genießt man die professionell gemixten Cocktails und eiskalten Margaritas aus exotischen Früchten. Abgerundet wird das Ganze durch Special Events: Do Retro 80s Night mit DJs, Sa romantischer Abend mit Live-Jazz-Performance. Freier WLAN-Zugang. ☎ 0361/750756, www.nerobali.com.

»» Unser Tipp: Poppies Restaurant 40. Hat Seltenheitswert, die volle kulinarische Bandbreite der indonesischen Küche entfaltet sich mitten in einem wild bewachsenen tropischen Garten. Natürlich werden auch erlesene westliche Speisen serviert. Aber der unübertroffene König des Abends ist und bleibt die Reistafel (ca. 100.000 IDR pro Person). Hauptgerichte ab 30.000 IDR, meist aber um die 70.000 IDR. Durch die ruhige, freundliche Atmosphäre und die exquisite Zubereitung den Aufpreis auf jeden Fall wert. Wer hier nur den freien WLAN-Zugang nutzt, statt zu genießen, ist selber schuld! Poppies Lane I, ☎ 0361/751059, www.poppiesbali.com. **«**

Rosso Vivo Dine & Lounge **25**. Gemütliche Lounge-Sitzgruppen mit Blick auf den verlockenden Pool oder auf die Strandpromenade. Natürlich wasserfeste Bezüge, denn wer hier speist, ist dazu eingeladen, den Swimmingpool zu benutzen. Wer allerdings dabei vergisst zu konsumieren, wird schnell vom netten Personal auf sein Versäumnis aufmerksam gemacht. Serviert werden vor allem mediterrane Gerichte zu höheren Preisen. (Hauptgerichte 35.000–150.000 IDR). Begehrte Spezialität ist die Volcano Pizza, eine luftige, bergförmige Calzone, die ihrem Namen alle Ehre macht. Besonderes Highlight ist das tägliche „Sound of Sunset"-Ritual. Zu Percussion und DJs wartet man bei erfrischenden Cocktails auf den Sonnenuntergang. Danach täglich wechselnde Livebands, am Wochenende legen DJs bis 1 Uhr nachts auf. Jl. Pantai Kuta, ☎ 0361/751961 www.kutaseaviewhotel.com.

Mamas **2**. Eine große Pappmascheekuh weist den Weg in das original deutsche Res-

Süd-Bali → Karte S. 144

taurant. Wollen Sie unter dem Hirschgeweih oder lieber in der Hamburg-Ecke sitzen? Sehnsüchte nach süddeutschen Spezialitäten werden hier rund um die Uhr geweckt und vollständig befriedigt. Rinderroulade, Semmelknödel, Rotkraut, Nürnberger Rostbratwürste, Haxen vom Grill und Rezepte, wie Sie sie sonst nur bei Großmuttern gekostet haben. Die Verdauung wird mit Jägermeister angeheizt, der Durst mit Maßbier gestillt. Mit Stolz wird auf die hohe Fleischqualität aus der hauseigenen Metzgerei hingewiesen. Trotz höherer Preislage (Hauptgerichte 50.000–150.000 IDR) immer sehr gut besucht – besonders von Nicht-Deutschen. Jl. Raya Legian, La Walon Center Kuta, ☎ 0361/761140, 735100 (Lieferung), www.bali-mamas.com.

》》 Unser Tipp: Goku BBQ **10**. Wer Gegrilltes liebt, ist hier richtig, und wer gerne den Überblick behält, genießt seine Rippchen, Teriyaki Chicken, Hamburger (nur Mo und Fr) von der lustigen Aussichtsplattform auf dem Dach des Restaurants. Wie es sich für das Lokal des mehrfachen indonesischen Surfmeisters Wayan Gantiyasa gehört, ist dieses mit zig Surffotos und Zeitungsberichten dekoriert. Unterschriften von Fans, Freunden und zufriedenen Gästen zieren Wände und Tische. Zudem hat das sympathische Plätzchen faire Preise! Jl. Benasari, ☎ 087/861612373 (mobil), kaigokubbg@yahoo.co.id. 《《

》》 Unser Tipp: Twice Diner **14**. Der Rock'n'Roll lebt! Zumindest in diesem original 50s Diner. In ledernen Loungesesseln, umgeben von stylischem Bilderdekor und Accessoires wie Tikki-Barhockern und beschallt mit Rockabilly-Sound, macht es so richtig Laune, seinen „Kick-As-Burger" samt Milkshake zu verputzen. Ganz nebenbei hat man einen guten Ausblick auf den Trubel der Poppies Lane. Auch mexikanische Klassiker, Hotdogs, Steaks und ein paar indonesische Gerichte stehen auf der Karte. Poppies Lane I. 《《

Nachtleben (→ Karte S. 183)

Die unumstrittene Spezialität von Kuta. Viele Restaurants bieten abends Live-Musik, dazu locken die Bars mit Happy Hours und die vielen Clubs mit Sonderveranstaltungen. Besonders die Jl. Legian ist nachts hell erleuchtet und gleicht einer einzigen Partymeile. In den meisten, oft bis ins letzte Detail durchgestylten Clubs wird Electro, R&B, Hip-Hop und House aufgelegt. Dresscodes für Touristen gibt es eigentlich keine.

Sport Zone 36. Bestens geeignet für alle, die auch im Urlaub sportlich auf dem Laufenden sein wollen, und einmal keine schummrig dunkel gehaltene Sports Bar. Dekoriert mit den Konterfeis von Sportgrößen aus aller Welt. Bei einer kühlen Brise und einem mindestens genauso kühlen Bier oder Cocktail (um 40.000 IDR) kann man bei diversen (auch europäischen!) Sportübertragungen mit Gleichgesinnten um die Wette fiebern. Seinen eigenen Spieltrieb sollte man an einem der fünf Billardtische (20.000–25.000 IDR/Std.) ausleben. Falls die Nerven zu blank liegen, werden kleine Gerichte und Snacks sowie Speisen vom Holzkohlegrill serviert. Poppies Lane I.

Tubes 18. Von Kopf bis Fuß auf Surfer eingestellt. Einmal vorbei an der Riesenwelle am Eingang können die Besucher zwischen zwei Bars, Loungesesseln und einer großen Tanzfläche mit beinahe genauso großer Videoleinwand wählen. Zu Surf- oder Musikvideos und Live-DJs wird mit Cocktails (um 50.000 IDR) oder anderem harten Stoff gefeiert. Billardtische bieten eine Plattform für Tanzmuffel. An den gemütlichen Bistrotischen im Freien werden internationale Gerichte (40.000–80.000 IDR) auch zu später Stunde serviert. Poppies Lane II, ☎ 0361/753510, tubesbali@yahoo.com.

Crusoe's 12. Willkommen im Dschungel! Betreten Sie die Höhle, um zur großen Bambusbar zu gelangen! Mit künstlichen Schlingpflanzen und Efeu dekorierte Wände stehen im Kontrast zu den modellierten Steinwänden. Irgendwie urgemütlich, da auch tagsüber schummrig und dunkel (allerdings soll es an manchen Tagen dementsprechend zwielichtig zugehen …). Wen es zur frischen Luft zieht, kann an den Tischen am Eingang Platz nehmen. Neben Getränken zu barüblichen Preisen kann man sich bei Karaoke und Poolbillard vergnügen. 24 Std. geöffnet. Jl. Legian 184.

Apache Bar 🔳. Genau so würde das überdimensionale Wohnzimmer eines enthusiastischen Bob-Marley-Fans aussehen. Und genau die Art von Bands würde besagter Fan spielen lassen, um mit seinen Freunden zu feiern! Reggae-Fahnen an der Decke, Reggae-Fahnen an den Wänden, Reggae-, Ska- und Dub-Beschallung aus den Lautsprechern, Bedienungen in Reggae-T-Shirts! Alles durchsetzt mit Konterfeis des Idols. Insider bestellen die Jugs und teilen mit neuen und alten Bekannten. Sympathische Atmosphäre, viele Einheimische, ausgelassene Stimmung. Wechselnde Events mit Star-DJs oder Livebands. Jl. Legian 146, ✆ 0361/761221.

Bounty Ship 🔳. Großes Partyareal um und in einem großen Schiffsrumpf für alle, die es ganz wild wollen. Außer echten Piraten ist wirklich alles vorhanden: Karaoke, Billard, mehrere Tanzflächen, verschiedene Bars, Go-go Dancer, und Snack-Shops für die Hungrigen. Im Schiffsrumpf wird in den späten Stunden zu House und Technoklängen getanzt, oben feiert die Meute bei Hip-Hop und R&B. Wechselnde Specials wie Schaumpartys, Star-DJs etc. Alles klar so weit?! Jl. Legian, ✆ 0361/752529.

Twice Bar 🔳. Über Bali hinaus bekannter Independentclub, schließlich ist der Besitzer der Schlagzeuger der legendären Punk-Rock-Band „Superman is Dead"! Dementsprechend ist in diesem letzten Refugium des Rock'n'Roll alles etwas härter und lauter. Täglich feiert Kutas Underground-Szene

(ja, es gibt sie wirklich!) zu meist indonesischen Livebands. Wer seine Kräfte beim Pogotanzen verbraucht hat, kann sich in den Pausen bei starken Cocktails aus dem Jug zu Hardcore, Punk und Psychobilly-Klängen aus der Konserve erholen. Hier wird sich wohlfühlen, wer die Nase voll hat von den ewigen Mainstream- und Technoklängen. Poppies Lane I.

Dem gleichnamigen Hotel angeschlossen ist das **Hard Rock Café** 🔳 mit stylischer Holzbar, Bühne und Tanzfläche. Wechselnde Mottos und tägliche Livebands. Meist ist der Eintritt erst ab 18 Jahren. Eintritt ca. 50.000 IDR, wird auf den ersten Drink angerechnet. Jl. Legian Raya 204, ✆ 0361/755661. Mo–Fr 11–2 Uhr, am Wochenende bis 3 Uhr.

Green Box 🔳. Coole, winzige Garagenbar, in der auch zu später Stunde immer etwas los ist. Die recht günstigen Getränke wählt man aus der überall an die Wände geschriebenen „Karte". Lockere Atmosphäre. In der Gasse, die Poppies Lane I und II verbindet.

61 Legian/Skygarden 🔳. Seit einigen Jahren eine der beliebtesten Adressen in Kuta. In dem großen Disco-Bar-Club-Komplex wird zu allem, was die Charts hergeben, gleich auf mehreren Ebenen gefeiert. Zu unterschiedlichsten Mottos und allem, was grad in ist. Wechselnde DJs und Aktionen mit lockenden Sonderangeboten für Getränke und Speisen. Jl. Legian, ✆ 0361/ 755423, www.61legian.com.

Ein Hoch auf das Leben!

Der **Kuta Karnival** ist eine enthusiastische „celebration of life", die als Antwort Kutas auf das Bombenattentat vom 12. Oktober 2002 (→ Kasten S. 185) jährlich im September/Oktober abgehalten wird. Die mehrtägige Veranstaltung ist inzwischen zum Touristenmagneten geworden. Das Angebot ist genauso abwechslungsreich und bunt wie die Insel selbst: traditionelle Kultur, Sportwettkämpfe, Workshops, Themenzelte etc. Immer wiederkehrende Höhepunkte sind die prächtige Parade und das Food Festival – ein seit einigen Jahren in die Hauptveranstaltung eingegliederter „Essensparcours" am Strand mit vielen traditionellen und internationalen Leckereien. Informationen und ein genauer Zeitplan finden sich im Internet unter www.kutakarnival.net und www.facebook.com/pages/KUTA-KARNIVAL/ 112465295447799.

Entspannter Nachmittag in den Gassen von Legian

Legian

Legians Lage als Verbindungsglied zwischen dem quirligen Kuta und dem eleganteren Seminyak ist nicht nur geografischer Natur. Legian ist Party- und Nobel-Dinner-Tourismus in einem. In den Straßen begegnen einem weniger Backpacker als in Kuta, aber die Zahl an Luxustouristen ist noch nicht so hoch wie in Seminyak. Allerdings ist der Übergang zwischen Kuta und Legian fließend, beim Flanieren auf der Jl. Legian werden die meisten gar nicht merken, wann genau sie Kuta verlassen haben. Wer genau hinschaut, entdeckt aber: In Legian beginnt die Shoppingmeile. Besonders an der Hauptverkehrsader finden sich zahlreiche Geschäfte, die Kunsthandwerk, Mode und Souvenirs aller Art anbieten, meist etwas besser und ausgewählter präsentiert als in Kuta selbst. Der Strand wird in Legian unmerklich schmaler und merklich ruhiger. Zwar gibt es auch hier die obligatorischen Strandliegen und Sonnenschirme, doch das Gros der Urlauber zieht es vor, am Hauptstrand in Kuta in der Sonne zu brutzeln.

Übernachten (→ Karte S. 193)

Trotz der strategisch guten Lage haben sich sich viele noch bezahlbare Unterkünfte in Legian angesiedelt: Man ist nicht ständig von Party umgeben – kann die Hot Spots aber binnen weniger Minuten erreichen. Außerdem hat man es nicht weit zu den ausgesuchten Restaurants in Seminyak.

Untere Preiseklasse Su's Cottages **6** . Sehr beliebtes Backpacker-Hotel mitten in den kleinen, verschlungenen Gassen von Legian. Gelegen ist es in einem kleinen Hinterhofgarten, die 18 Zimmer sind mit Fan oder AC ausgestattet. Süßer, kleiner Pool, relaxte Atmosphäre und freundlicher Staff. Alle Zimmer mit TV, Telefon und Heißwasser ausgestattet. DZ mit Fan 275.000 IDR, mit AC und Minibar 350.000–400.000 IDR. Jl. Pura Bagus Taruna 532, ☏ 0361/730324, ✆ 0361/762202, suscottage501@yahoo.com.

Kumala Hotel 2. Renoviert erstrahlt das Kumala in neuem Glanz. Im älteren Bereich der Anlage finden sich die einfacheren Räume. Auf zwei Stockwerken, im balinesischen Stil dekoriert, warten alle Zimmer mit AC, Safetybox, Heißwasser, TV (bis auf Standard) und Telefon auf. Die teureren und hübscheren Zimmer finden sich im Neubau im hinteren Teil der Anlage mit Blick auf den zweiten Pool. Sie sind etwas geräumiger und zusätzlich mit Minibar ausgestattet. Für Familien steht eine geräumige

Family Suite (max. 4 Pers./850.000 IDR) zur Verfügung, Gruppen können in der Presidential Suite (max. 5 Pers./950.000 IDR) absteigen. Je zwei Schlafzimmer und zwei Bäder sowie ein bzw. zwei gemütliche Wohnzimmer zum Treffen der Mitbewohner. DZ 275.000–375.000 IDR, Hochsaisonaufschlag 20 %. Jl. Werkudara, ✆ 0361/732186, 733448, 📠 0361/730407, www.hotelkumala.com

Lumbung Sari 21. Palastartig um einen begrünten Innenhof mit kleinem Pool angelegt – ein liebevoll gepflegter Ort der Ruhe und Entspannung mitten in den kleinen Seitenstraßen von Legian. So kunstvoll wie das interessante Relief am Eingang (das bei Interesse vom zuvorkommenden Manager Made ausführlich erklärt wird), sind auch die Fassaden der Gebäude. Man kann zwischen Zimmern mit AC und Heißwasser und Bungalows wählen. Letzere sind zweistöckig und bieten zwei Schlafzimmer, eine kleine Extrakammer, zwei Bäder und einen Wohnbereich ab 600.000 IDR. DZ sind für 275.000–400.000 IDR zu haben. Wer länger bleiben möchte, kann günstige Rabatte aushandeln. Ein kleiner Tipp für alle, die eine familiäre Atmosphäre dem großen Luxus vorziehen! Three Brothers Street, ✆ 0361/752009, 762669, 📠 0361/752009, www. lumbungsaribeachinn.com.

Blue Ocean Hotel 7. In geräumigen Bungalows ohne jedes Dekor wohnt man in direkter Strandnähe (allerdings ohne Meerblick) zu unschlagbar günstigen Preisen. Die einfachen Zimmer sind teils mit AC, teils mit Fan und großem Kühlschrank ausgestattet, das Personal ist relaxt und freundlich. Leider zeitweise ungepflegt. Surfschule angeschlossen. Bungalow 250.000 IDR, mit AC ab 350.000 IDR. Jl. Legian Kaja Beach, ✆ 0361/730289, 730590, 📠 0361/730590.

Mittlere Preisklasse   Adika Sari 20. Kleine, familienfreundliche Hotelanlage mit 22 sehr sauberen Zimmern. Die Räume liegen auf zwei Stockwerken und sind unterschiedlich gestaltet mit dunkler Holzverschalung, Bambusmöbeln, großen Betten und sauberen Bädern. Alle mit AC, TV und Telefon. Je nach Lage unterschiedlich große Terrasse/Balkon mit Blick auf den zentralen Pool. Leider so gut wie keine Pflanzen als Sichtschutz. Wer länger als sieben Tage bleibt, kann Rabatte aushandeln. Zimmer 50–65 $, Suite 75 $, Family Suite mit zwei Schlafzimmern 75 $, alle zuzügl. 21% Tax und Service. Hochsaisonaufschlag 20 $. WLAN-Zugang für 20.000 IDR/Tag. Zum

Hotel gehört ein offenes Restaurant, in dem auch das Frühstück serviert wird. Jl. Padma Utara, ✆ 0361/751413, www.adikasari.com.

»» Unser Tipp: Three Brothers Inn 22. Im ruhigen Garten der großen Anlage verteilt stehen Doppel- und Viererbungalows. Alle Zimmer kombinieren balinesischen Stil mit westlichem Komfort und warten mit wunderschön bepflanzten Open-Air-Bädern auf. Auf der Terrasse der oberen AC-Zimmer hat man eine tolle Aussicht über den kleinen Dschungel oder auf den großen Pool mit Kinderbecken. Der Hit aber sind die Deluxe-Fan-Rooms. Auf zwei luftigen Stockwerken können bis zu vier Personen übernachten. Zimmer mit Fan 30–50 $, mit AC und TV 50–86 $, zweistöckige Familienhäuser mit AC 85 $. Viel und vor allem sehr hilfsbereites Personal. Im angeschlossenen Restaurant werden gute europäische und asiatische Küche sowie frische Fruchtsäfte (ein klein wenig teurer) serviert. Jl. Padma, ✆ 0361/751566, 📠 0361/756082, www.three brothersbungalows.com. «««

Sinar Bali 12. Bungalows und Zimmer im doppelstöckigen Gebäude um einen großen Pool. Die Zimmer schienen uns etwas klein und schon älter, haben aber alle AC, verschieden große Fernseher und Telefon. Pluspunkte sind die privaten Veranden bzw. Balkons mit Poolblick und das rund um die Uhr geöffnete Restaurant. Trotz allem mit Preisen ab 50 $ für das Standardzimmer und 60–80 $ für die Bungalows überteuert. Jl. Padma Utara, ✆ 0361/751404, 768094, 📠 0361/757043, sinarbali@dps.centrin.net.id.

Maharta 16. Ein bisschen in die Jahre gekommen, doch der freundliche Service, viel Grün, ein großer Pool mit auf Robinson Crusoe gestylter Poolbar (auf die Happy Hour achten!) und die Strandlage sind die eindeutigen Pluspunkte der Hotelanlage. Die dunklen Standardzimmer sind für ihre Größe und Lage im hinteren Teil der Anlage überteuert, die Deluxe-Zimmer bieten für den höheren Preis zwar keinen Meerblick, jedoch Pool und Strandnähe. Alle Zimmer mit AC, TV und Minibar. Standard ab 50 $, Deluxe ab 70 $. Am Strand befindet sich das sehr gute italienische Restaurant **Mozzarella by the Sea 15.** Jl. Padma Utara, ✆ 0361/751654 📠/ 📠 0361/757688, www.mahartabali.com.

Sari Beach Inn 17. Sehr beliebtes Hotel unter österreichischer Leitung. Die günstigeren Zimmer sind im Garten gelegen und durch die hohen Mauern, welche die einzelnen Parzellen

xx   für Autos gesperrte Straße

Legian

150 m

voneinander abtrennen, eher dunkel. Dafür bieten sie schöne Steinbäder mit romantischer Beleuchtung. Die Deluxe-Zimmer haben fast alle Meerblick und liegen näher am Pool. Das Ganze könnte etwas günstiger sein, doch man zahlt für die exklusive Lage am wunderschönen Strandabschnitt. Wie zu erwarten, findet man auf der Speisekarte eine Bandbreite aus hauptsächlich österreichischen und indonesischen Gerichten zu guten Preisen. Perfekt für ein Dinner zum Sonnenuntergang. Oft ausgebucht. Zimmer 80–100 $, Villa ab 95 $, Haus 160 $. Jl. Padma Utara, ℡ 0361/751635, ℡/℻ 0361/751635, www. goldenkristours.com/thesari/.

Puri Damai 4. Für alle, die ein bisschen mehr wollen! Sehr gut ausgestattete Appartements mit größerem Bad, AC, Telefon, Föhn, WLAN und einem großen Flachbildfernseher an der Wand. Im Innenbereich herrscht Rauchverbot. Doch zur privaten Nutzung stehen je nach Appartement 48–200 m^2 zur Verfügung – der Großteil davon im Freien. In der gemütlichen Wohnatmosphäre finden sich eine Küche, verschiedene Sitz- und Essmöglichkeiten und eine Veranda zum Entspannen (sogar verschiedensprachige Magazine liegen aus). Ein Pool mit Kinderbecken rundet das Angebot ab. Bestens geeignet für Familien und anspruchsvolle Langzeiturlauber (verhandeln!). Appartement mit einem Schlafzimmer 69 $, Familien-Appartement mit zwei Schlafzimmern je nach Größe 138 $ oder 169 $. Jl. Werkudara, ℡/℻ 0361/730665, www.madeswarung.com.

Balisani Padma 18. Schon der Aufgang zur Lobby beeindruckt. 60 gut ausgestattete Zimmer und Bungalows liegen in verwinkelten Gebäuden. Für Gemütlichkeit in den Räumen sorgt das natürliche Holzdekor, Bambusmatten verkleiden Decke und Wände, die Türen zieren Schnitzereien. Kleine Bäder, dafür WC und Bad getrennt. Natürlich sind alle Zimmer mit AC, Kühlschrank und Fernseher ausgestattet. Besonders die einzeln stehenden Steinbungalows sorgen mit ihrem hohen Dach für ein luftiges Feeling. Trumpf sind der schöne Pool mit integrierter Bar und das stilvolle, zweistöckige Restaurant in verspielter Natursteinoptik. Standard-Zimmer 61 $, Superior-Zimmer 88 $, Suiten 185–360 $. Bei Internetbuchung jeweils erheblich billiger. Jl. Padma Utara, ℡ 0361/752314, ℻ 0361/752313, www.balisani.com.

Grand Sinar Indah Hotel 16. Neues, pastellfarbenes Hotel mit modernem Flair. Die 32 Zimmer sind luftig eingerichtet und erfüllen jeweils ein durchgehendes Farbschema. Lobby, Zimmer und Gänge sind von Bildern balinesischer Künstler geschmückt, die Angestellten sind außerordentlich freundlich und hilfsbereit. Alle Zimmer sind mit AC, Minibar, großen Fernsehern und neuen, sauberen Bädern ausgestattet. Die teureren bieten neben mehr Platz zusätzlich einen Fön und Wasserkocher. Wer möchte, kann im stilvollen hoteleigenen Spa entspannen oder es sich einfach am kleinen Pool gemütlich machen. Für die nächste Saison ist der Bau kleiner Bungalows geplant. Superior-Zimmer 50 $, Deluxe-Zimmer 110 $, in der Nebensaison und bei Buchungen über das Internet sind große Rabatte möglich. Jl. Padma Utara, ℡/℻ 0361/755905, 764833, www.sinarindah.com.

Obere Preisklasse **Melasti 19.** Sehr große, unpersönliche Hotelanlage, zeitweise herrscht hier angespannte Stimmung. Zum etwas in die Jahre gekommenen Gelände gehören ein Kinderspielplatz mit Altersbeschränkung, viele Verbotsschilder, ein Fitnessstudio, ein Swimmingpool und ein Restaurant mit Reisegruppenflair und pinken Wachstuchtischdecken. Hier regiert der Pauschaltourismus. Einziger Pluspunkt ist die direkte Strandlage, jedenfalls für die teureren Unterkünfte an der Strandseite. Wer's mag … Viele unterschiedliche Zimmerkategorien, die je nach Lage, Größe und Ausstattung von 90 $ (26 m^2) bis 220 $ (68 m^2) plus 21 % Tax zu haben sind. Jl. Padma Utara, Legian Beach, ℡ 0361/755971, 3009990, ℻ 0361/755972, www.melastibali.com.

Alam Kul Kul 29. Ein Boutiqueresort, das für Liebhaber des Luxus keine Wünsche offenlässt. Designt im balinesischen Stil in einem kleinen tropischen Garten mit zwei Swimmingpools, Poolbar und Restaurants. Die unterschiedlichen, aber immer gemütlichen und hellen Zimmer und Villen sind mit allem ausgestattet, was das Herz begehrt, vom Shampoo bis zum Fernseher vermisst man nichts. Besonders die Bäder sind eine Augenweide. Mehrbettzimmer sind genauso vorhanden wie Villen mit eigenem Garten und Swimmingpool. Ein 25-m^2-Zimmer kostet stolze 136 $, und auch sonst ist hier nichts wirklich billig. Jl. Pantai Kuta, ℡ 0361/752520, ℻ 0361/766861, www.alamkulkul.com.

Aus den Augen, aus dem Sinn
Oder: Wenn einer eine Grube gräbt, fällt Müll hinein

Wir sitzen da und beobachten mit wachsender Begeisterung die emsig arbeitenden Reinigungskolonnen, die Legians Strand von den touristischen Hinterlassenschaften des Tages säubern. Das Ergebnis überzeugt – nicht nur hier, auch in Kuta und Seminyak glänzt der Strand durch sein gepflegtes Erscheinungsbild.

Doch plötzlich entdecken wir eine weitere Gruppe, die fein säuberlich kleine Gruben aushebt. Ein Schelm, wer Böses dabei denkt. Baut etwa doch jemand eine Sandburg? Gibt es ein Strandbarbecue? Wohl kaum, die Zutaten lassen uns anderes erahnen, etwas Tieferliegendes … Sauber aufgeschüttete Haufen aus angespülten Fischen, Treibholz und dem Abfall rücksichtsloser Besucher wie Scherben, Dosen oder Chipstüten werden plötzlich wie auf ein unsichtbares Kommando hin … verbuddelt. Ist etwa der Strand ein potemkinscher, unter dessen Oberfläche in ein paar Zentimetern Tiefe die Abgründe des Müllproblems lauern? Das Urteil überlassen wir Ihnen. Glück auf und viel Spaß beim Bau der nächsten Sandburg!

Bali Niksoma 🔢. Hier zahlt man für Lage, Namen und exklusiven Service. Modern-minimalistisch eingerichtete Zimmer, teils mit schönem Holzboden und dunklen Holzmöbeln vor heller Wand und großen Himmelbetten, andere sauber gefliest. (Lediglich das Bad im Superior Room enttäuscht ein wenig, für den Preis von 272 $ hätten wir doch etwas mehr erwartet.) Die Suiten haben ihren eigenen Garten bzw. ihre eigene Veranda und ein hohes Alang-Alang-Dach, das für Gemütlichkeit sorgt. Zum Meer hin schließt das Hotel mit einem Überlaufpool und der begrünten Liegewiese mit Sonnenstühlen ab. Ein stilvolles Restaurant, Spa, Fitnesscenter und Sauna sind selbstredend vorhanden. Zimmer 225–275 $, Suiten 330–375 $, die Präsidentensuite gibt es als Krönung für läppische 1050 $. Natürlich alle Preise plus 21 % Tax und Service. Jl. Padma Utara, ✆ 0361/751946, 📠 0361/753587, www.baliniksoma.com.

Legian Beach Hotel 27. Helle Zimmer (darunter auch behindertengerecht ausgestattete), dunkle Möbel, farbenfrohe Bäder mit Wanne, viel Raum und sogar im günstigsten Superior-Zimmer eine perfekte Ausstattung. Besonderheit sind die vielen Bungalows (jeder in ein bis zwei Räume unterteilt) im weitläufigen Garten, das Highlight ist wohl der Pool-Bungalow mit eigenem Garten und mittelgroßem Pool hinter einer die Privatsphäre schützenden Mauer. Für die körperliche Ertüchtigung zwischen den Spa-Besuchen stehen Tenniscourt, Squashhalle, Fitnesscenter und zwei verlockend blaue Pools zur Verfügung. 175–294 $ (Familienzimmer), Bungalows 245–525 $, Extrabett 49 $ für Erwachsene, 25 $ für Kinder. Alle Preise zuzügl. 21 % Tax und Service, über das Internet oft erheblich billiger zu bekommen. Jl. Melasti, ✆ 0361/751711, 755460, 📠 0361/752651, www.legianbeachbali.com.

Essen & Trinken/Nachtleben (→ Karte S. 193)

Essen & Trinken **Warung Bamboo 🔟.** In dem kleinen Bambuswarung wird unten gekocht, oben können es sich die Gäste an den sieben Tischen gemütlich machen. Die originalen indonesischen Gerichte sind unglaublich gut, zudem gibt es auch ein paar europäische Speisen und Salate zur Auswahl.

Probieren Sie *Dengdeng Balado* (zartes geschmortes Rindfleisch), *Urap* oder *Tempeh-Curry* zu wirklich günstigen Preisen. Bei Fragen hilft die herzliche Bedienung gerne weiter. Wer sehr viel Hunger hat, sollte eine Beilage dazu bestellen. Jl. Werkudara/Jl. Pura Bagus Taruna, ✆ 0361/752192.

Kühle Oase zu erschwinglichen Preisen: Su's

In der schmalen Straße zum Hotel Melasti finden sich **vier kleine Restaurants 14** im Lumbungstil. Eng aneinander gebaut mit einer Handvoll Sitzplätzen, erträglichen Preisen und einfachen europäischen und indonesischen Gerichten, stellen sie eine willkommene Alternative zu den Hotel-Restaurants dar.

Sawasdeekha 9. Absolut empfehlenswerter Thailänder. Hier kann man in entspannter Atmosphäre Currys aus der jungen Kokosnuss (ab 40.000 IDR), Cocktails aus der ausgehöhlten Ananas (ab 55.000 IDR) oder andere Thai-Leckereien wie gegrilltes Huhn in Körbchen aus Pandanblättern genießen. Jl. Werkudara 523, ℘ 361/753573, 761772.

Posers 24. In diesem gemütlichen Eckpub trifft man sich auf ein frisch gezapftes Pint Bier und den typischen Pub Grub: Steaks, Sandwiches und Schnitzel. Auch eine große Auswahl an indonesischen Gerichten wird geboten, Hauptspeisen 20.000–80.000 IDR. Geselliges Publikum mittleren Alters und langjährige Stammgäste. Besonders für Durstige kann der in einer ausgefallenen Bierglaskonstruktion servierte „Half Yard" zur Geschicklichkeitsprobe werden. Zu später Stunde allerdings erobern käufliche „Nachtschmetterlinge" vermehrt die Bühne. Jl. Padma 1, ℘ 0361/766497.

»» Unser Tipp: Take II 25. Hier schlagen die Herzen von Sushi-Liebhabern höher! Nehmen Sie sich genügend Zeit zum Bestellen, die Auswahl ist gigantisch groß. Neben den Klassikern wie California Roll sind auch nicht alltägliche Kreationen wie Wasabi-Rolle oder leicht anfrittierte Sushi mit Gemüsefüllung zu bekommen. Reisschalen, Gyoza, Sashimi, Suppen und Gegrilltes erweitern das Angebot ins Unermessliche. Für die Erfrischung hat man die Wahl zwischen fünf Sorten japanischem Sake. Dennoch wird alles zügig und in hervorragender Qualität auf den Tisch gebracht. Sitzmöglichkeiten gibt es an der Bar, an Liegetischen und gemütlichen Bänken im 1. Stock oder in abgetrennten VIP-Räumen. Alles in freundlichem Bambusdekor gehalten. Jl. Padma, ℘ 0361/763376. **««**

Poco Loco 11. Nur abends geöffnet, Fackeln erleuchten den Innenhof des großen, zweistöckigen Restaurants. Mexikanische Küche, Fajitas zum Selberrollen (Hauptgerichte 40.000–100.000 IDR, wechselnde Qualität). Berühmt ist der Mexikaner für die großen Margaritas. Die Cocktails schlürft man bei jazziger Musik an den kleinen Wasserbecken oder an der langen Bar. Farbenfrohe Einrichtung mit bunten Holztischen. Jl. Padma Utara, ℘ 0361/756079.

Warung Yogya 23. Eine der wenigen günstigen Adressen. Hier werden javanische Gerichte serviert – zu kleinen Preisen, allerdings wird Service und Freundlichkeit oft genauso kleingeschrieben, und auch die Qualität der Gerichte ist schwankend. Doch vielleicht haben Sie ja mehr Glück als wir. Jl. Padma Utara.

Balkanika 23. Seit 2011 kann Bali auch mit einem mazedonischen Restaurant aufwarten. Die Speisekarte lockt mit vielen Klassikern der Balkanküche und Grillvariationen. Ab und an spielen Livebands auf. Flotter, freundlicher Service. Jl. Patih Jelantik, ✆ 0361/753693.

Shisha Café 26. Dinieren wie in 1001 Nacht! Unter einem Pavillon aus blauer Seide genießt man authentische libanesische Küche. Und diese bietet so einiges: Neben Klassikern wie Tabouleh, Hummus, Shishkebab und Shawarma stehen auch Spezialitäten wie z. B. Rolled Lahma (über Nacht mariniertes Lammfleisch, serviert in einer schmackhaften Soße) auf dem Programm. Auch die Kaffeespezialitäten und eiskalten Smoothies können sich sehen lassen. Ab einem Preis von 200.000 IDR wird auch ins Hotel geliefert. Das herrliche Ambiente kommt leider nicht mit. Jl. Legian, ✆ 0361/761400, www.shisha.co.id.

Warung Asia 1. Der gemütliche Warung in einer kleinen Seitenstraße serviert allerlei asiatische Köstlichkeiten für den großen und kleinen Hunger. Neben ein paar Speisen aus Thailand stehen vor allem indonesische Klassiker zu relativ günstigen Preisen auf der Karte (Hauptgerichte 25.000–50.000 IDR). In einer Seitengasse zwischen der Jl. Werkadura und der Jl. Double Six.

Entlang der nördlichen Strandpromenade Legians reihen sich einige relativ teure Restaurants, die sich für einen Sundowner-Cocktail bestens eigenen: z. B. das alteingesessene **Blue Ocean Restaurant 7**, die schicke **Zansibar 5** oder das **Seaside 8** mit schnuckeligen Tischen und großer Dachterrasse.

Nachtleben De Ja Vu **3** Im angenehm modern-minimalistischen Design erstrahlte dieser Lounge-Bar-Disco-Club in Strandnähe. Frisch renoviert, soll er 2012 im neuen Outfit eröffnen. Wir sind gespannt, welches neue Gewand es wohl so bleiben wird wie bisher: Lounge Music bis 23 Uhr, danach heizen DJs den Gästen bis zum Morgen ein. Wöchentliche Events und tägliche Happy Hours bieten Abwechslung. Jl. Double Six/Blue Ocean Beach 7X, ✆ 0361/732777.

Süd-Bali → Karte S. 144

Seminyak

Wenn Kuta der Party Dome der „Ortsgemeinschaft" ist, dann ist Seminyak ihr Gourmettempel: bekannt für exquisite Restaurants mit ausgewählter Küche aus aller Welt. So hat sich Seminyak, dessen unübersehbares Wahrzeichen der Bungeeturm ist, zum Mekka für Gourmets mit gehobenen Ansprüchen entwickelt. Für Autofahrer kann das nach Sonnenuntergang zur Geduldsprobe werden. Wegen der vielen „Nacht-Dinner-Pendler" in Taxis und mangelnder Parkmöglichkeiten hat man allabendlich mit nervenzehrenden Staus zu kämpfen. Und so ist abends eigentlich nur das motorisierte Zweirad oder ein Spaziergang zu empfehlen. Tagsüber ruft ein pralles Überangebot an Boutiquen aller Nobelmarken Shopaholics mit pralleren Portemonnaies dazu auf, diese zu öffnen. Nur mit viel Geduld lassen sich hier noch Schnäppchen machen.

Dem exquisiten Kaufangebot entsprechend gut gekleidet zeigt sich auch das Nightlife-Publikum. Gehobener Service und ebensolche Preise geben dem Gast das Gefühl des Gehobenen und Besonderen, was von vielen Besuchern mit ausgelassener Stimmung honoriert wird. Nicht ganz ohne Folgen: Gerade in der Umgebung des Bungeeturms wird der sonst so schöne Strand gelegentlich von partybedingten Müllanschwemmungen heimgesucht, und nahe der Ecke Jl. Double Six/Jl. Pantai Legian strömt ungehindert das Abwasser ins Meer.

Übernachten

Untere Preisklasse Raja Garden **29**. Diese kleine, familiäre Anlage ist außergewöhnlich für diese Gegend. Die einfachen Bungalows verteilen sich am Rand eines großen Gartens: viel Natur, viele Pflanzen. Die billigsten sind nur mit Fan und Kaltwasser ausgestattet, die teureren Zimmer verfügen über AC, Kühlschrank und Heißwasser. Als Bonus liegt das Ganze nur ein bis zwei Minuten vom Strand entfernt! Wem auch dieser Weg zu weit ist, der springt in den kleinen Pool. DZ 500.000–600.000 IDR. Jl. Camplung Tanduk, ✆ 0361/730494, http://sites.google.com/site/rajagardens.

Mahalini 3 6. Eine kleine Perle in Seminyak. Hinter der hohen Mauer warten 5 doppelstöckige Bungalows im Lumbungstil auf Gäste. Oben schläft man im Himmelbett, unten kann man den Tag im offenen Aufenthaltsraum mit TV und Sitzmöglichkeiten verbringen. Sogar eine komplett ausgestattete Küche ist vorhanden. Da sieht man doch gerne über das etwas ältere Bad hinweg. Im hinteren Teil des Areals lockt ein Pool. Nicht mal der Preis – für 2 Pers. 500.000 IDR – hat einen Haken. ✆ 0361/736594, 081/1388516 (mobil), www.mahalinibali.com/bungalow3.htm.

Tune Hotel 31. Der Ableger der malayischen Hotelkette bietet saubere, nette Zimmer zu wirklich angenehmen Preisen. Alle Zimmer sind klein und mit Fan, großen Betten, Safe und Heißwasser ausgestattet. Mit Preisen von 80.000 bis 200.000 IDR (bei Internetbuchung) ein wirklich guter Deal. AC, WLAN und Frühstück können dazugebucht werden. Jl. Double Six, ✆ 00603/79625888, www.tunehotels.com.

Green Room 26. Hier ist man ganz auf Surfer eingestellt. Die hübsche Anlage erinnert ein bisschen an ein luxuriöses Piratennest in den Tropen. Die Zimmer sind allesamt in einem doppelstöckigen Gebäude aus Bambus und Holz untergebracht und blicken auf einen hübsch angelegten Pool mit angeschlossenem Jacuzzi. Auf der oberen Etage finden sich die AC-Zimmer, im Erdgeschoss die Fan Rooms. Alle sind ein wenig dunkel und mit Holzmöbeln, die teureren auch mit Minibar, TV und wirklich schönen Open-Air-Bädern ausgestattet. Daneben finden sich noch Lumbung-Hütten für bis zu 4 Personen. Aufgrund der Alang-Alang-

Mengwi, Tabanan

Jl. Umalas Kauh

Jl. Batubelig

Jl. Batubelig

Jl. Gunung Tangkuban Perahu

Jl. Merta Agung

Jl. Merta Sari

Jl. Petitenget

Jl. Cendrawasih

Jl. Sari Nadi

Jl. Tukad Jaya Giri

Jl. Petitenget

Jl. Merta Sari

Jl. Intan Permai

Jl. Cendrawasih

Jl. Lebak Sari

Jl. Telaga Waja

Jl. Merta Nadi

Jl. Kuta Famili

Jl. Raya Kerobokan

Jl. Bidadari

Jl. Petitenget

Seminyak Square

Boutiquen

7 **8** **11** **12** **6** **10** **9** **4**

Jl. Laksmana

(Kayu Aya)

Sunset Road

13

Jl. Bugis

Jl. Dharma

Jl. Oberoi

Jl. Drupadi

Jl. Raya Basangkasa

Laksmana

Jl. Mangga

15

Jl. Sari Dewi

Jl. Kunti

Jl. Sari Nande

16

Sunset Road

Jl. Sari Nande

18

Jl. Plawa

20 **19**

21

(Jl. Abimanyu)

24 **23**

22

25

Jl. Camplung Tanduk

26

27

28

Jl. Camplung Tanduk

29

Jl. Raya Seminyak

30

AJ Hackett Bungeeturm

31

32

Touristenpolizei

33

Jl. Pantai Legian

Jl. Double Six

(Arjuna)

35

34

Seminyak

Strait

Karte Legian
siehe Seite 193

150 m

Dächer ist Rauchen in den Gebäuden nicht gestattet. Die Zimmer sind allerdings nur in Kombination mit den Surfcamps von Kima buchbar: z. B. eine Woche in der Hauptsaison 419 $ plus 40 $ fürs Equipment. Informationen unter www.kimasurf.com/surf-camp-bali-seminyak.html. Nur bei geringer Auslastung werden die Zimmer auch an Nichtsurfer vergeben. Dann kosten sie je nach Ausstattung und Belegung 380.000–650.000 IDR. Jl. Camplung Tanduk 63b, ✆ 0361/731412, www.thegreenroombali.com.

Mittlere Preisklasse Puri Duyung . Um den großen Pool reihen sich große Zimmer in zwei Kategorien. Die Deluxe-Version glänzt mit AC, Kühlschrank, TV, ausladendem Himmelbett, geräumigem Bad mit in den Boden versenkter Wanne, ist allerdings etwas dunkel. Bei den günstigeren Räumen ist alles etwas kleiner und kein Kühlschrank auf dem Zimmer. Sehr freundliches Personal. Bei dem Gebotenen und Preisen für das DZ von 400.000 bis 500.000 IDR kann man in Seminyak nicht meckern. Auf Wunsch kann auch Halbpension im angeschlossenen Red Room für ca. 100.000 IDR dazugebucht werden – sicher ein kulinarisches Erlebnis. Jl. Camplung Tanduk 15x, ✆ 0361/730372, 730854, ✆ 0361/730853, www.puriduyung.com.

Ananda Boutique Resort ⓭. Verträumte, größere Anlage mit gepflegten, sehr sauberen Bungalows, alle mit AC, TV und Minibar. Die meisten Bäder sind geräumig und trumpfen mit einer großen Eckbadewanne auf. Auch doppelstöckige Cottages und Suiten, die mit bis zu drei Betten genügend Platz für kleine Gruppen und Familien bieten, sind vorhanden. Großes Plus neben dem gut bepflanzten Garten sind die verspielte Poollandschaft und der klimatisierte Partyraum mit großer Bar. Je nach Größe und Ausstattung 350.000–850.000 IDR. Jl. Laksmana, ✆ 0361/730526, ✆ 0361/733958, http://ananda-resort.com.

Dhyana Pura Resort ㉗. Eines der ersten Hotels in Seminyak überhaupt. Das immer noch familiäre Haus im balinesischen Stil beherbergt dementsprechend etwas ältere Zimmer mit leicht zusammengewürfelter Einrichtung. Alle sauber und mit AC, TV, Minibar und Telefon ausgestattet. Auch hier gilt: Je mehr man bezahlt, desto mehr Platz wird geboten. Über den großen Garten gelangt man direkt zum Strand. Schöner Pool, Restaurant und Spa. Zimmer 60–165 $, Family Room 250 $ (plus 21 % Tax

und Service), Hochsaisonzuschlag 10–20 $. Jl. Camplung Tanduk, ✆ 0361/730442 ✆ 0361/730463, www.dhyanapura-beach-resort.com.

Obere Preisklasse Puri Naga ㉟. Die perfekte Location für Partygänger, da das Puri Naga in unmittelbarer Nähe des berühmten Double Six Club gelegen ist. Kurzer Weg zum Strand. Nicht mehr die neueste Einrichtung, aber durchaus funktional. Die geräumigen, klimatisierten Zimmer sind mit großen Betten, kleinen Fernsehern, Telefon, Wasserkocher und Kühlschrank ausgestattet. Die Suiten haben mindestens zwei Schlafzimmer. Vom Balkon aus hat man einen schönen Blick auf den Garten und den Pool. Lockere Atmosphäre, sehr freundlicher Staff, manchmal geht es hier allerdings ein wenig lauter zu. Je nach Größe 72–199 $, über verschiedene Internetanbieter oft schon zum halben Preis buchbar. Das Frühstück wird im angeschlossenen Restaurant mit Meerblick serviert. Nachts kann man im klimatisierten 24-Stunden-Restaurant einen Mitternachtsimbiss zu sich nehmen. Jl. Double Six, ✆ 0361/730761, 730921, ✆ 0361/730524, www.purinagahotel.com.

Puri Madawi ❶. Hier findet man stilvollen Luxus zum vergleichsweise kleinen Preis! Unter österreichischer Leitung ist ein liebevolles Kleinod entstanden. Nur 16 individuell

gestaltete Bungalows, alle mit AC, Safe, Minibar, TV (mit deutschen Sendern), Fön und Telefon ausgestattet. Die Bungalows im Lumbungstil mit Gartenbad, die doppelstöckigen Suiten mit Marmorbad und Aufenthaltsraum im Erdgeschoss und eine Deluxe-Suite für bis zu 4 Personen bieten alle ausreichend Platz. Vervollständigt wird das Ganze durch den hübschen, geschwungenen Pool und ein liebevoll gestaltetes Restaurant, in dem das Frühstück bis zum frühen Nachmittag serviert wird. Zum Strand sind es nur wenige Hundert Meter. 96–132 $, Hochsaisonzuschlag 10 $. ✆ 0361/ 739360, ✆ 0361/739362, www.madawi.com.

The Oberoi 16. Der König unter den Luxushotels setzt sich schon durch seine Lage vom Rest ab: Die geräumigen steinernen Villen liegen am herrlichen Strand in einem riesigen, reich bepflanzten Garten. Viel Platz in einem Ambiente, das seinesgleichen sucht. Dazu exklusiver Spa und ausufernder Pool zum Strand hin. Je nach Saison und Lage 345–1127 $ plus 21% Tax und Service, aber das interessiert in dieser Preislage eh nicht mehr. Jl. Laksmana, ✆ 0361/730361, ✆ 0361/73079, www.oberoibali.com.

Essen & Trinken

Warung Murah 33. Angenehme Mischung aus Warung und Restaurant mit großer Auswahl an *Nasi Campur* zu günstigen Preisen (wie es übrigens schon der Name verheißt: *murah* = billig). Sehr beliebt und dementsprechend gut besucht. Wer möchte, kann sich Gerichte auch à la carte bestellen. Hier bekommt man auch Ausgefallenes wie gebratene Bittergurken. Jl. Double Six.

≫ Unser Tipp: Warung Ocha 18. Netter Eck-Warung mit kleinen Bambustischen. Geboten wird eine breite Palette original indonesischer Gerichte, nicht zu scharf, aber dennoch würzig, viel Vegetarisches. Als Beilage brauner, weißer oder roter Reis. Für Spätaufsteher besonders gut geeignet, denn Frühstück wird bis in den Nachmittag hinein serviert. Auch westliche Gerichte wie z. B. Salat mit Feta werden gereicht. Jl. Raya Senimyak 52, ✆ 0361/736222.

Le Tebu 3. Kleines blaues Eckcafé, dekoriert mit zahlreichen, teils schon sehr alten Emailleschildern aus aller Welt. Nichts für Unentschlossene, die Menükarte springt von europäisch zu orientalisch. Lust auf Martabak oder doch lieber Coq au Vin? Sehr freundliche Bedienung. Jl. Petitenget 40X, ✆ 0361/739948.

Bali Bakery 7. In der Seminyak Mall, ein Paradies für Schleckermäuler. Wer Sehnsucht nach Schwarzwälder Kirschtorte, bunten Törtchen, fluffigen Donuts und Kuchen aller Art verspürt, findet hier eine Anlaufstelle. Aber auch allerlei deftiges Gebäck wie Cheese und Chicken Puffs wird feilgeboten. Auf langen Holzbänken und Tischen kann man seine Beute unter Sonnenschirmen verspeisen. Seminyak Square, Jl. Laksmana.

Café Bali 12. Serviert teurere europäische Küche in verschnörkelter Atmosphäre. Eine gute Wahl sind die günstigen Tagesmenüs. Jl. Laksmana, ✆ 0361/736484.

Soho 10. Auf original American Diner gestyltes 24-Stunden-Restaurant. Die Speisekarte bietet die typischen Burger, Hotdogs, Steaks sowie Wraps und Burritos zu normalen Preisen von 30.000 bis 60.000 IDR. Wer für mindestens 50.000 IDR konsumiert, kann die WLAN-Verbindung kostenlos nutzen und es sich mit einem Chilly Dog nebst Caesars Salad in den cremefarbenen Diner-Sesseln bequem machen. Der Lieferdienst bringt die Speisen auch rund um die Uhr aufs Hotelzimmer. Jl. Laksmana, ✆ 0361/737280.

Café Seminyak 34. Kleines Restaurant der Boulangerie de Bali direkt vor dem Bintang-Supermarkt. Hier werden die Erzeugnisse der kleinen französischen Bäckerei serviert. Zur Auswahl stehen frische Brote, Törtchen, Kuchen, Vollkornbrot und Baguette, aber auch vegetarische Gerichte und frische Sandwiches mit ausgefallenem Belag wie Grillkäse mit Fleischbällchen oder geräucherter Marlin mit Ricottakäse. Jl. Raya Seminyak, ✆ 0361/736967.

Lucky Day 21. In freundlicher Atmosphäre sitzt man unter dem luftigen hohen Dach und genießt feine westliche und asiatische Speisen zu erstaunlich fairen Preisen. Neben einer leckeren Auswahl an Fleischgerichten gibt's auch viel Vegetarisches. Spezialität ist *Nasi Ramses* (vier balinesische Hauptgerichte, serviert mit gelbem Reis, *Sambal* und *Acar* für 40.000 IDR). Die Bedienung ist ausgesprochen freundlich und hilft Unentschlossenen bei der Wahl der Gerichte. Sehr beliebt, daher abends besser reservieren! Jl. Camplung Tanduk, ✆ 0361/731925, luckydaypub@gmail.com.

Mykonos 11. Ein Stückchen Kykladen unter der tropischen Sonne Balis. Stilecht an blauen Holztischen zwischen gemalten Stadtpanoramen und Landschaften aus dem fernen Griechenland kann man im Mykonos authentischen griechischen Gerichten und zahlreichen Vorspeisen frönen. Auch fleischlose Variationen der Klassiker wie Moussaka sind zu bekommen. Das besonders abends gut besuchte Lokal bietet etwas teurere Getränke an der Hausbar und bezahlbares Essen bei guter Qualität (Hauptgerichte 30.000–75.000 IDR). Jl. Laksmana 52, ✆ 0361/733253, www.mykonos-bali.com.

Earth Café 9. Mit Humor werden hier auch Ökomuffel in die Bioküche eingeführt. Alle Gerichte auf der Karte sind 100 % bio und vegetarisch bis vegan. Bei der Präsentation und Variation der Speisen wird großer Einfallsreichtum an den Tag gelegt. Sicherlich kommt mit der indischen Platte, dem Seitan-Steak mit Honig-Senf-Soße oder dem Lemon-Rosemary-Tofu-Sandwich auf dem Esstisch keine Langeweile auf. Hier macht Bio Spaß, glücklich und satt! Im Anschluss kann man sich in einem kleinen Shop mit allerlei ökologischen Produkten und Kleidung eindecken. Jl. Laksmana 99, ✆ 0361/736645, 732805. ■

Cosa Nostra 25. Hier kann man eine köstliche, knusprige Pizza auf einer umgebauten Vespa verspeisen. Der unübersehbare Steinofen ist in die Bar integriert. Moderne Einrichtung mit einladenden orangefarbenen Loungesesseln und dem Kodex der Cosa Nostra an den Wänden. Die Pasta (bis auf die Spaghetti), verschiedene Antipasti sowie die kreativ belegten Bruschette, Focaccie und Panini sind selbstverständlich alle hausgemacht (Pizza 35.000–70.000 IDR). Jl. Camplung Tanduk 17, ✆ 0361/8770433.

Queens Tandoor 17. Ein großer, zweistöckiger Tempel der indischen Küche. Was das etwas untypische Interieur vermissen lässt, macht die indische Speisekarte wett. Breite Auswahl, die auch weniger gängige Gerichte nicht auslässt. Das Essen kommt beinahe erschreckend schnell auf den Tisch, was der Qualität jedoch keinen Abbruch tut! Als Beilage können 5 verschiedene Sorten Reis sowie über 15 Fladenbrotvariationen bestellt werden. Der exzellente Service macht den Schlemmerausflug ins Reich der Gewürze perfekt. Hauptgerichte ohne Beilagen 42.000–65.000 IDR. Jl. Raya Seminyak 73, ✆ 0361/732770, www.queenstandoor.com.

Auf Knopfdruck leuchten sie: Gesichter aus Seminyak

Zula **22**. Ein Himmel für Vegetarier, Veganer und ökologisch Motivierte! Alles bio, alles ohne Fleisch und alles lecker zubereitet. Offeriert wird eine breite Auswahl an gesunden Speisen aus aller Welt, viele orientalische Gerichte sind inspiriert von der levantinischen Küche, darunter Hummus und Falafel (entweder als Hauptgericht oder als Platten, kombiniert mit mediterranen Snacks). Die Philosophie des Zula spiegelt sich auch in der Speisekarte wider: Dort sind nicht nur die Gerichte aufgeführt, man erfährt auch etwas über die positiven Eigenschaften der verwendeten Zutaten. Nach dem Motto: „Iss dich gesund!" Jl. Camplung Tanduk 5, ✆ 0362/732723, 731080. ■

Santa Fe **24**. Im Stil eines Westernsalons präsentiert das beliebte Santa Fe alle Facetten der Tex-Mex-Küche, vor allem aber gegrilltes Fleisch in allen Variationen. Beim Verspeisen seines Steaks wird man von Indianern und Büffeln beäugt. Abends lassen es die Gäste bei Livemusik und kühlem Bier krachen. Jl. Camplung Tanduk 11A, ✆ 0361/731147, santa_fe_bali@yahoo.com.

The Bush Telegraph Pub **19**. Schräg gegenüber und die direkte Konkurrenz. Das Dekor erinnert an einen urigen Pub im australischen Outback. So werden auch Spezialitäten wie australische Steaks und Pasteten neben verschiedenen Würstchen-

variationen von Nürnbergern bis Chorizo vom Grill angeboten. Jeden Sonntag australisches Dinner. Abgerundet wird das tägliche Programm mit Sportübertragungen auf der Großleinwand und allabendlicher Livemusik. Jl. Camplung Tanduk, ✆ 0361/ 732963, telegraphpub@bali.aus.to.

»» Unser Tipp: La Lucciola **5**. Hier stimmt einfach alles. Perfekte Lage mit perfekter Aussicht. Mannigfaltige Speisekarte mit Word-Fusion-Küche auf hohem Niveau, ergänzt durch aufmerksamsten Service (auf den man sich allerdings einlassen muss). Nur der rote Teppich fehlt. All das finden Sie in einem von der Meeresbrise umwehten zweistöckigen Holzpavillon. Wem es immer noch zu heiß ist, der kann sich mit erfrischenden Granitas aus püriertem Eis und genau abgestimmten Fruchtmischungen herunterkühlen. Die Speisekarte wechselt täglich und bietet exquisite mediterrane Leckereien wie marinierten Ziegenkäse auf Salat mit Vinaigrette aus Shiraz oder Entrecote vom australischen Rind. Natürlich etwas teurer, Hauptgerichte 65.000–160.000 IDR. Abends unbedingt reservieren! Direkt am Kaya Ayu Beach, Petitenget, ✆ 0361/730838. **«««**

Gado Gado **28**. Nein, nicht das einfache indonesische Gericht mit Gemüse und Erdnusssoße, hier präsentiert sich exklusive mediterrane Spitzenküche. Selbstgemachte Tagliatelle mit Trüffeln und Babylobster nebst Salatgarnitur, Crème brûlée mit Kaffir-Limette, Pâté de Champagne mit Tomatenchutney, verschiedenen Pickles und geröstetem Vollkornbrot. Gekrönt wird das Menü durch eine sehr breite und erlesene Auswahl an Weinen aus aller Welt. Perfekt für ein unvergessliches Sonnenuntergangsdinner mit Blick auf den Strand. Allerdings dem Niveau angepasste Preise. Reservierung empfohlen! Jl. Camplung Tanduk 99, ✆ 0361/736966, www.gadogadorestaurant.com.

»» Unser Tipp: **Wahwah Wehweh 14.** Soso, Sie kennen also schon alle Burgerkreationen? Wir behaupten: Nein, das tun Sie nicht! Es soll Leute geben, die die anzügliche Speisekarte unverschämt fanden. Wir dagegen finden, das einzig wirklich Unverschämte ist es, die kleinen Kunstwerke „Burger" zu nennen! Nur beste Zutaten und die besten Teile der schönsten Rinder werden für die Kreationen verarbeitet, die auch als 8-Gänge-Menü in Miniaturausgaben (mit der weltbesten Schokoladenexplosion als Nachtisch) erhältlich sind. Für Vegetarier empfehlen wir die „Mini-Veggie-Burger" mit Kartoffelecken und Trüffelöl. Ach ja, die Weinkarte ist auch nicht zu verachten. Der Preis ist nicht ganz so hoch wie die Qualität, die kulinarische Befriedigung deswegen noch umso größer! Jl. Laksmana, ✆ 0361/736585, www.wahwahburger.com. ««

Kokoya 4. Schon das Interieur ist ansprechend und lädt zu einer kleinen Reise nach Japan ein. So speist man entweder auf der hübschen Dachterrasse, der gemütlichen Veranda oder im Separee aus Bambus an Liegetischen. Neben der großen Auswahl an japanischen Gerichten wie Yakitori-Sets, Sushi, Nudelvariationen und Leckereien vom Grill sind auch interessante Fusion-Kreationen im Angebot. Gegen einen Aufpreis von 20.000 IDR wird auch ins Hotel geliefert. Kostenloser WLAN-Zugang. Jl. Laksmana, ✆ 0361/734742, 8511857, kokoyabali@yahoo.co.jp.

Nachtleben

Hu'us 2. In diesem edel gestylten, sehr weitläufigen Party-Areal lässt sich die Nacht gut starten: Erlebniswelt zwischen Dinieren, Entspannen und Abfeiern. Drei Hauptbereiche mit zwei großen Bars, Tanzfläche und Loungesesseln, alles um den zentralen Pool angeordnet. Im dazugehörigen Restaurant **Nutmegs** wird gehobenes Essen zu gehobenen Preisen serviert (bis 23.45 Uhr), riesige Auswahl an Cocktails (alle um die 100.000 IDR). Jl. Laksmana, ✆ 0361/736576, www.huubali.com, www.nutmegs-restaurant.com.

Ku De Ta 15. Breit entlang des Strandes angelegter Szenetreff. Der unangefochtene Star des Clubs ist zweifelsohne der Sonnenuntergang, und das laut Eigenwerbung 365 Tage im Jahr. Wen wundert's? Im luxuriös designten Areal speist man bei wechselnder Qualität und gleichbleibend hohen Preisen. Manch einer fragt sich, ob er wirklich noch einmal 10 $ in einen verwässerten Cocktail investieren möchte. Nichtsdestotrotz sind Lage und Aussicht unschlagbar und macht das Ku De Ta zum In-Club in Seminyak. Jl. Laksmana, ✆ 0361/736969, www.kudeta.net.

Zappa's 8 Perfekt für Freunde der Live-Musik. Die sympathische kleine Bar ist für ihre guten Live-Bands und Jam-Sessions berühmt. Jl. Lasmana.

Q-Bar 23. Der wohl bekannteste Gaytreff in Bali! Ab 23 Uhr feiert das internationale und lokale Gay-Publikum zu den neusten Hits und immergrünen Klassikern des Rosa Freitags. Höhepunkte sind die Live-Dragqueen-Shows und die Male Go-go Dancer. Jl. Camplung Tanduk, ✆ 0361/730927, QBALI@yahoo.com.

Double Six Club 32. Vielleicht der bekannteste Club Balis. Die Hochburg der Clubszene öffnet am Wochenende für bis zu 1500 Partywütige ihre Tore. Internationale Top-Djs sorgen für schweißtreibende Grooves bis zum Morgengrauen. Drei Bars verhindern das Austrocknen der Gäste. Wem die Tanzfläche als Ausdrucksplattform nicht reicht, der kann sich am Bungeeturm in Szene setzen. Zudem lassen wechselnde Mottoveranstaltungen keine Langeweile aufkommen. Von 23 Uhr bis 6 Uhr morgens geöffnet. Eintritt je nach Wochentag und Veranstaltung 40.000–60.000 IDR. Jl. Double Six, ✆ 0361/733067, www.doublesixclub.com.

Strände nördlich von Seminyak

Schon die Anreise ist vielversprechend: Auf kleinen Asphaltstraßen schlängelt man sich durch eine grüne Landschaft, kommt an vielen Reisfeldern, kleinen Siedlungen und Dörfern vorbei, bis man endlich wieder das Meer erreicht.

Wer die Nase voll hat vom Trubel an den belebten Stränden um Kuta, kann im **Canggu** genannten Gebiet bereits wenige Kilometer nördlich des Touristenmekkas Kuta-Legian-Seminyak das Gefühl bekommen, der einzige Gast auf der Ferieninsel zu sein. Perfekt für Strandwanderer, Muschelsucher und Nightlife-Geschädigte reihen sich hier Strände und kleine Buchten aneinander und laden zum Erholen in der Abgeschiedenheit ein. Vollkommen allein ist man dennoch nicht: Bei guten Wind- und Wellenbedingungen wird das Meer von Surfern erobert, und so manch eine einheimische Familie kommt zum Picknicken hierher.

Die besagten Strände sind allesamt dunkler als die der angrenzenden Feriensiedlungen. Hellbraun bis dunkelgrau schmiegen sie sich an die Küste und werden nur von ein paar Felsen und zahlreichen Flussläufen durchbrochen. Nach heftigen Regenfällen schwemmen Letztere bisweilen Müll aus den Siedlungen im Hinterland an. Da das Meer häufig rau und aufgewühlt ist, sollte man beim Schwimmen vorsichtig sein bzw. ganz darauf verzichten.

In nördlicher Richtung sind die Strände **Batu Beling, Pantai Berawa, Pantai Batu Bolong (Canggu), Echo Beach (Pantai Batu Mejan)** und **Pantai Pererenan** leicht über Petitenget im Norden Seminyaks zu erreichen. Ausschilderungen weisen den Weg Richtung Canggu und dann auf die jeweilige Stichstraße in Richtung Meer. Zeitweise wird an den Parkplätzen eine Gebühr von 2000–3000 IDR verlangt. Von Legian und Seminyak sind die Strände auch über einen ausgedehnten Strandspaziergang zu erreichen. Allerdings muss man dabei aufgrund der zu überquerenden Flussmündungen nasse Füße oder sogar Oberschenkel in Kauf nehmen.

Übernachten/Essen Wenige günstige Unterkünfte, nicht allzu viele Besucher und viel Ruhe – das sind die Charakteristika der Strände nördlich von Seminyak. Es gibt ein paar Luxushotels, und von Jahr zu Jahr wird das ansonsten entspannte Bild durch den Bau privater Villen, die zum Mieten oder Kaufen angeboten werden, entromantisiert. Besonders am felsigen Echo Beach (in wenigen Minuten sowohl von Pererenan als auch von Batu Bolong aus über den

Strand zu erreichen) hat sich eine allabendliche Partyatmosphäre herausgebildet; darüber hinaus herrschte dort zur Zeit unseres letzten Besuches eine rege Bautätigkeit.

Am Pantai Berawa Wayan's Guesthouse. In einer kleinen Seitengasse ca. 200 m vom Pantai Berawa entfernt. Nur wenige, dafür gemütliche Zimmer in absolut freundlicher Atmosphäre. Große, weiche Betten, Fernseher mit DVD-Player und eine schöne Veranda laden zum Entspannen ein. In der Gemeinschaftsküche können die Gäste Getränke kühlen oder ganze Menüs zaubern. Der junge, freundliche Besitzer organisiert auch Touren auf der Insel. DZ ab 300.000 IDR. ☎ 0361/8622288, 081/74759070 (mobil), www.balitoursguide.com.

Wenige Meter weiter entlang der Hauptstraße Jl. Pantai Berawa serviert der beliebte **Warung Sukertis** leckeres Seafood, Asia- und Westernküche im kleinen Garten mit Surferambiente.

Am Pantai Batu Bolong Hotel Tugu Bali. Wirklich etwas Besonderes, wahrlich stilvoll, einfach fantastisch – und wohl zu Recht auch sauteuer. Hier wohnt man in fantasievoll dekorierten Teakholz-Pavillons und liebevoll eingerichteten, hellen Suiten in einer Idylle aus wahr gewordenen Bali-Klischees. Die Pavillons tragen die Namen balinesischer Kunstikonen wie Walter Spies und Adrien-Jean Le Mayeur (auch Requisiten sind dort zu finden), haben eigene Teiche und Pools, die Suiten sind geringfügig einfacher, aber trotzdem schön. Natürlich gibt es auch einen Spa, mehrere Diniergelegenheiten, Fitnessräume, einen Pool, eine Bücherei, und, und, und – perfekt für die Flitterwochen! Suite 295 $, Pavillon ab 435 $, beides zuzügl. 21% Tax und Service, ohne Frühstück, dafür mit Welcome-Massage. Jl. Pantai Batu Bolong, ☎ 0361/731/701, 087/861838680 (mobil), ✉ 0361/731708, www.tuguhotels.com.

Am Echo Beach Am Strand selbst haben sich inzwischen eine Handvoll Boutiquen, Restaurants und Cafés angesiedelt. Am beliebtesten und bekanntesten ist das alteingesessene **The Beach House** direkt am Felsenstrand. Von der betonierten Plattform aus hat man einen guten Blick auf das tosende Meer. Aber auch innen lässt es sich gemütlich sitzen oder auf den Couchen lümmeln. Die Küche tendiert zu mediterranem Essen (30.000–85.000 IDR), sonntags feiert man bei Livemusik mit vielen Einheimischen und bei schöner Deko zu Fajitas, Wraps, Pasta, Salaten und Cocktails (ab 40.000 IDR). Günstiger WLAN-Zugang. Jl. Pura Batu Mejan, ☎ 0361/7474604, www.EchoBeachHouse.com.

Canggu Beach Café. Direkt nebenan, etwas kleiner und ein wenig günstiger. Zu preiswertem Bier und freiem WLAN-Zugang wird hauptsächlich mexikanisches und indonesisches Essen serviert.

Canggu Mart & Villa. Brandneue, moderne Holzbungalows. Aus den großen Fenstern hat man Sicht bis auf das Meer. Stilvolles Natursteinbad mit Sitzduschwanne. Alle mit AC, großem Fernseher und kleiner Veranda. Für 2012 ist ein Swimmingpool geplant. Bungalow 45–60 $, Langzeitmiete billiger. Auf dem Areal befinden sich der Canggu-Supermarkt und ein kleiner Warung. Etwa 200 m vom Strand entfernt. Jl. Pantai Batu Mejan, ☎ 0361/2081942, 081/8353518 (mobil).

Am Pantai Pererenan Pondok Wisata Nyoman. Sympathisches Homestay mit vier kleinen Zimmern in Doppelbungalows. Einfach, sauber und gemütlich, mit schönen Open-Air-Bädern, Fan und Kaltwasser. Das Ganze für 200.000 IDR (ohne Frühstück). Der Garten ist keine Wucht, aber man hat sich sichtlich bemüht, etwas daraus zu machen. Nur wenige Meter vom Pantai Pererenan entfernt. Jl. Pantai Pererenan, ☎ 0361/8482925, 081/23945967, 081/23906900 (mobil), pondoknyoman@yahoo.com.

Das angeschlossene **Ombak Café** serviert neben einer großartigen Aussicht auf der Terrasse im ersten Stock günstige Gerichte (25.000–45.000 IDR) und Dinner-Menüs für 1–2 Personen. Verschiedene Meeresfrüchte kommen mit Salat, Sambal und Gemüse für 95.000–250.000 IDR auf den Tisch. Für Surfer stehen Duschen und Schließfächer bereit. WLAN-Zugang.

Direkt am Strand findet sich der urige **Warung Rita Brother's**. Lediglich die Betonmauer trübt die Sicht aufs Meer. Die unheimlich freundlichen Besitzer servieren kleine Gerichte wie Jaffles und Pancakes oder Frühstück zu moderaten Preisen (10.000–35.000 IDR). Zahlreiche Graffiti und Unterschriften zieren die Wände und unterstreichen so die Beliebtheit des kleinen Warungs.

Die Jagd nach dem besten Foto beginnt …

Pura Tanah Lot

Gäbe es eine Auszeichnung für Balis meistbesuchten, meistfotografierten und berühmtesten Tempel, so würde sie mit Sicherheit an den Pura Tanah Lot verliehen werden.

Ungefähr eine Million Touristen besuchen und fotografieren den Reichstempel jedes Jahr. Nicht ohne Grund: Die Kulisse, die dieser Meerestempel bietet, ist einfach unbeschreiblich – mit dem gleißenden Licht der untergehenden Sonne im Hintergrund sogar unvergesslich. Der auf einer kleinen Koralleninsel gelegene Tempel wird bei Flut ganz vom Meer umspült, bei Ebbe ist er über die glitschigen, ausgewaschenen Steine leicht zu Fuß zu erreichen. Gegründet wurde er im 16. Jh. vom javanischen Priester Danghyang Nirartha, und seitdem beschützt er Bali vor bösen Geistern und rachsüchtigen Dämonen aus dem Meer. Da eine solch gewaltige Aufgabe für einen einzigen Tempel gar nicht zu leisten wäre, teilt er sich die Arbeit mit dem Pura Rambut Siwi und dem Pura Luhur Uluwatu, die ebenfalls auf Danghyang Nirartha zurückgehen sollen.

Das eigentliche Heiligtum des Tempels ist den gläubigen Hindus vorbehalten und für Touristen nicht zu betreten. Stattdessen können sich Interessierte die heilige Quelle von den dort wachenden Priestern zeigen lassen. Dem hier entspringenden Wasser werden heilende und reinigende Kräfte nachgesagt. Gegen eine kleine Spende kann man das Wasser trinken oder sich damit sein Gesicht waschen. Für den entsprechenden Effekt übernehmen wir allerdings keine Garantie!

Gegenüber dem Tempel weist ein kleines Holzschild in eine winzige Höhle. Dort hausen die heiligen, schwarz-weiß geringelten Seeschlangen, die Tempelgründer Danghyang Nirartha sich hier einst gewissermaßen aus seinem Tempelschal gezogen haben soll (→ Kasten S. 208). Ebenfalls gegen eine kleine Spende kann man sie sich zeigen lassen. Stören sollte man sie allerdings nicht, denn sie sind nicht nur heilig, sondern auch überaus giftig.

Wer den Tempel besuchen möchte, sollte nicht zu spät aufbrechen, bereits lange vor Sonnenuntergang drängeln sich die Besucher um die besten Plätze für das beste Foto. Ein begehrter Standpunkt ist die Aussichtsterrasse des angeschlossenen Restaurants. Aber auch auf den Felsvorsprüngen rechts und links des Tempels lassen sich gute Bilder schießen. Wer selbstständig angereist ist, sollte unbedingt noch die Zeit nach Sonnenuntergang beim Tempel genießen. Im vielfarbigen Zwielicht stellt sich jetzt – nach dem Abwandern der Touristenströme – wieder die mystische Atmosphäre ein, die den Tempel eigentlich ausmacht. Wer Pech mit dem Sonnenuntergang hatte, kann spätestens jetzt stimmungsvolle Urlaubserinnerungen mit der Kamera einfangen.

Bei der Beliebtheit des Heiligtums ist es nicht verwunderlich, dass man, um zum Tempel zu gelangen, erst einmal einen eher an einen Jahrmarkt erinnernden „Cultural Park" mit Hunderten von Souvenirständen hinter sich lassen muss. Die kommerzielle Ausbeute schmälert bei so manch einem ein bisschen die Vorfreude und das erhabene Gefühl, das dieser Tempel eigentlich hervorrufen sollte. Die angebotenen Waren sind übrigens meist anderorts billiger zu kaufen.

Öffnungszeiten/Eintritt Tägl. 8–19 Uhr. 10.000 IDR pro Person.

Hin & weg Von Denpasar oder Kuta aus ist der Tempel in etwa 30 Min. leicht über die Jl. Raya Canggu entlang der Küste zu erreichen. In Beraban biegt man dann in Richtung Meer auf die Jl. Raya Tanah Lot zum Tempel ab. Dort findet sich ein überdimensionierter Parkplatz, auf dem das Auto sicher abgestellt werden kann. Das Ticket für den Tempel erwirbt man zusammen mit dem Parkticket an der Einfahrt.

Touren Im ganzen Süden Balis gibt es wohl keinen einzigen Reiseveranstalter, der nicht eine Tour zum Pura Tanah Lot im Programm hat. So nutzen auch die meisten Touristen dieses bequeme An-

gebot. Fragen Sie einfach in Ihrem Hotel nach.

Golf Nirwana Golfclub. In dramatischer Lage über den Klippen mit Blick auf das tosende Meer und den Pura Tanah Lot befindet sich der laut Eigenwerbung schönste und beste Golfplatz ganz Asiens. Nicht gerade billig, dafür hundert Prozent exklusiv. Natürlich müssen Gäste den Dresscode wahren und sollten rechtzeitig reservieren. Manch einem Balinesen ist der Golfplatz übrigens ein Dorn im Auge, da er respektlos über dem heiligen Tempel thront – eine Position, die er eigentlich nicht haben dürfte. Jl. Raya Tanah Lot, ☎ 0361/815960 ✆ 0361/8159612, www.nirwanabaligolf.com.

Wie der Tempel ins Meer versetzt wurde

Einer Legende nach soll Danghyang Nirartha – der übrigens auf einer Kürbisschale von Java nach Bali über das Meer geflohen sein soll – beim Beten im Rambut-Siwi-Tempel von einem Licht gestört worden sein. Er folgte diesem Schein, bis er zu einer heiligen Quelle an einem Felsen vor der Küste gelangte. Hier beschloss er, zu meditieren und die Nacht zu verbringen. Die Bewohner der umliegenden Dörfer hatten schon viel von dem wundersamen, bedeutenden Mann gehört und versammelten sich, um ihn zu sehen und anzuhören. So scharte der weise Mann bald viele Anhänger um sich, ganz zum Missfallen des örtlichen religiösen Oberhauptes Bendesa Berbaran Sakti. Als dieser den Widersacher vertreiben wollte, versetzte Danghyang Nirartha den Felsen kurzerhand ins Meer, nahm seinen Tempelschal und schuf daraus Seeschlangen, die den Felsen bewachen und beschützen sollten. Bendesa Berbaran war schwer beeindruckt von den Kräften Danghyang Nirarthas und soll später zu einem der treuesten Gefolgsmänner des Javaners geworden sein. Dessen Schüler bauten alsbald auf Geheiß des heiligen Mannes einen Tempel auf die Insel, die Nirartha *Tanah Lot*, wörtlich: *Land im Meer*, nannte. Die Schlangen bewachen den Eingang des Tempels bis heute.

Bukit Badung
Halbinsel

1,5 km

Bukit Badung

Die große, trockene Halbinsel an der südlichsten Spitze Balis präsentiert sich mit zwei Gesichtern: rau und beinahe schon wildromantisch im Westen, gezähmt und modern gestylt mit seinen Luxushotelparks im Osten.

Während die vielen kleinen, abwechselnd feinsandigen und hartkantigen Buchten im Westen der Halbinsel vorwiegend von den wagemutigsten Surfern der Welt besucht werden, liegen an den langen, flachen Stränden im Osten die Pauschal- und Luxus-urlauber bei einem Cocktail im schattigen Strandstuhl. Und während im Westen noch kleine Traveller-Enklaven im Aufbau sind und das echte Bali noch hautnah zu erleben ist, musste man in den abgeriegelten Touristenhochburgen um Tanjung Benoa ein künstliches Ferienparadies erschaffen, um den Besuchern bewusst zu machen, warum sie eigentlich noch mal genau auf diese kleine indonesische Insel gekommen sind.

Jimbaran

Die sichelförmige, etwa 4 km lange Bucht von Jimbaran liegt nur wenige Kilometer südlich des Flughafens Ngurah Rai. Ihr Anblick entspricht ganz und gar dem Bali-Klischee: Der kilometerlange goldene Sandstrand ergeht sich erst breit am Ufer, bevor er sanft ins ruhige Meer abfällt.

Korallenriffe schützen den Strand vor starker Brandung und Strömung, kaum etwas jedoch schützt den Besucher vor der Sonne. Der spärliche Bewuchs reicht nicht aus, Schatten spenden nur die Sonnenschirme und Gazebos der Hotels. Dementsprechend beschränken sich die Tätigkeiten in Jimbaran auf Faulenzen und genüssliches Sonnenbaden am Strand. Bis zum Sonnenuntergang. Dann wird zur zweiten Hauptbeschäftigung übergeleitet: dem Dinieren. Flugs erwacht nun das tagsüber eher verschlafen wirkende Fischerdorf zum Leben. Der Strand wird emsig mit Tischen und Stühlen für das allabendliche Ritual bestückt, die Luft füllt sich mit dem Rauch brennender Kokosnussschalen, und nach und nach beleben sich die Straßen mit Taxis und Kleintransportern, die die Gäste zu den Fischrestaurants karren. Denn die eigentliche Attraktion in Jimbaran ist sein vielgepriesenes Fischbarbecue, zu dem die Touristen aus dem ganzen Süden Balis strömen. Mit den Füßen im Sand, den Blick aufs Meer gerichtet, verzehren jeden Abend Hunderte von Schlemmermäulern das vorher selbst ausgesuchte Meeresgetier: Fisch, Lobster und was da sonst noch so seiner kulinarischen Bestimmung harrt. Manche Restaurants unterhalten die Gäste mit Darbietungen traditioneller Tänze, zusätzlich sorgen von Tisch zu Tisch wandernde Musikgruppen für Kurzweil. Ein Obolus als Anerkennung wird selbstredend vorausgesetzt. Und dennoch, trotz individueller Betreuung beschleicht einen zwischen Suppe und Hauptgang das Gefühl von Massenabfertigung.

Fischmarkt: In der nördlich gelegenen Fischersiedlung Kendogan können Besucher den Fischmarkt erkunden und bereits in aller Frühe das laute Treiben der Fischer und Händler beobachten. Neben den Meeresbewohnern sind die in Madura gefertigten traditionellen Boote ein Highlight. Sicher ein Foto wert.

Pura Ulun Siwi: Den meisten Touristen fällt er wohl gar nicht auf, tatsächlich ist er ein besonders für die balinesischen Reisbauern wichtiger Subak-Tempel. Wie ein überirdisches Pestizid soll er die Fähigkeit haben, Ungezieferplagen abzuwehren. Geweiht ist er der Reisgöttin Dewi Sri. Zudem beherbergt er wichtige Barong-Masken. In der Bauweise unterscheidet er sich von den meisten Tempeln Balis, da sich die Betenden nicht zum heiligen Berg Gunung Agung, sondern nach dem ostjavanischen Vulkan Semeru orientieren. So soll auch sein Gründer, ein bedeutender Mann namens Empu Kuturan, zu Beginn des 11. Jh. aus Java gekommen sein.

Ganesha Gallery: In der täglich von 10 bis 18 Uhr geöffneten Galerie im Four Seasons Resort sind Werke balinesischer und internationaler Künstler ausgestellt. Die Motive beziehen sich meist auf Bali und Indonesien.

Basis-Infos

Hin & weg   Von und nach Jimbaran gibt es bis jetzt keinen Shuttle-Service. Bis zum Nachmittag fahren Bemos vom Tegal Terminal in Denpasar über Kuta nach Jimbaran. Viele Urlauber kommen im Rahmen eines Tagesausflugs hierher. Den ganzen Tag über bis spät in die Nacht finden sich zahlreiche Taxen vor den Fischrestaurants ein, die die Gäste wieder in ihre Hotels bringen. Manche Restaurants bieten zudem einen Transportservice an.

Einkaufen In der Jl. Ulun Siwi gegenüber dem gleichnamigen Tempel breitet sich der **Jimbaran Market** aus.

Geld   Jimbaran hat keine Bank und erstaunlich wenig Money Changer (die der Hotels ausgenommen). Ein ATM findet sich beim Mutiara-Supermarkt in der nördlichen Jl. Raya Uluwatu. Die großen Restaurants und Hotels akzeptieren eigentlich immer Kreditkarten.

Internet/Telefon   Entlang der Hauptstraße finden sich Wartels und auch das eine oder andere Internetcafé. Die luxuriösen Hotels bieten natürlich alle Internetzugang.

Fischmarkt

Jl. Tukad Ayung

Jl. Uluwatu

Jl. Batur Sariah

Jl. Bypass Ngurah Rai

Benoa Bay

Fischrestaurants

Jl. Kedonganan Pantai

Jl. Tukad Badung

Jl. Pengracikan

2

Jl. Melasti. Kedonganan

Jl. Segara Wangi

Pisen Sari

Jl. Caruspata

Jl. Raya Uluwatu

Jl. Pasyaman

Jl. Penataran

Jl. Batas Kauh

Pantai Jimbaran

3

Jl. Pentai Sari

Pura Dalem Segara

4

Pura Ulun Siwi

Jl. Tukad Melangit

Jl. Pemelisan Agung

Jl. Sanggar Agung

Jl. Sang. Ait

Jl. Sanggar Buana

Jimbaran Market

5

6

Jl. Mrajapati

Jl. Ulun Siwi

Jl. Yoga Perkanthi

Jimbaran Bay

7

Muaya Beach

8

Jl. Bukit Permai

Ganesha Gallery Four Seasons

9

Jl. Raya Uluwatu

Jl. Uluwatu 2

Jl. Kampus Udayana →

10

Jl. Bypass Ngurah Rai

11

Jimbaran

150 m

Übernachten (→ Karte S. 211)

Zugegeben, die Hotels in Jimbaran sind bis auf zwei Ausnahmen auf einem ganz eigenen Niveau: teuer und luxuriös (am besten über Internetanbieter buchen!). Wer billiger wohnen möchte, orientiert sich besser weiter in den Süden oder direkt nach Kuta.

Sari Jimbaran Villa 3. Hier gibt es nicht nur hübsche Bungalows, sondern auch herrliche Preise. In einem kleinen Garten gruppieren sich 12 kleine Bungalows um den Pool. Die großen Glasfronten sorgen dafür, dass die Zimmer sehr hell sind, moderne Open-Air-Bäder, Klimaanlagen und die kleinen Veranden runden das Angebot ab. Sehr freundliches Personal, und der Strand ist gar nicht weit weg. DZ 300.000–400.000 IDR. ✆ 0361/704135, 081/337662552 (mobil), www.sari-jimbaran.com.

Insadong Homestay 4. Wer gerne in der Nähe des wunderschönen Strandes nächtigen und dafür wenig bezahlen möchte, ist in diesem neuen, aber sehr einfachen Homestay genau richtig. Hinter dem koreanischen Restaurant werden 3 dunkle Zimmer in hölzernen Gebäuden vermietet. Etwas muffig, dafür relativ sauber. Die Vermieter sprechen kaum Englisch, doch der Preis von 150.000–200.000 IDR fürs Zimmer stimmt. ✆ 0361/703260.

Udayana Kingfischer Eco Lodge 10. Nicht direkt in Jimbaran, dafür mit großartiger Aussicht über den Süden Balis. Die im Inland gelegene, umweltfreundliche Lodge bietet Zimmer auf einem großen Gelände inmitten der Natur. Der perfekte Platz für Naturliebhaber, Vogel- und Schmetterlingsfreunde. Wem das Gezwitscher und die Ruhe zu viel werden, der kann sich im Aufenthaltsraum die Zeit mit Fernsehen, DVDs und Brettspielen vertreiben. Eine ausgesuchte Bibliothek ergänzt das Angebot. Alle Zimmer sind einfach, sauber und mit AC, Telefon und schönem Open-Air-Bad sowie Heißwasser ausgestattet. Zimmer 80 $, Familien werden in zwei Zimmern günstiger untergebracht. Kostenloser Hotspot. ✆ 361/7474204, www.eco lodgesindonesia.com. ■

Puri Bambu 2. Das mittelgroße Hotel offeriert 46 gut eingerichtete Zimmer mit netten Balkons und 2 schön designte Villen mit jeweils eigenem Garten. Mit steigender Zimmerkategorie gewinnt auch das Interieur an Anmut. Alle Zimmer natürlich mit AC, TV, Minibar und Telefon. Das Hotel bietet neben Kinderbetreuung auch einen Pool mit versenkter Bar und ein Spa. Sehr freundlicher und hilfsbereiter Service. Zimmer je nach Lage, Ausstattung und Größe 60–90 $, Suite ab 100 $, Extrabett 18 $. Hochsaisonaufschlag 18 $. Jl. Pengeracikan, ✆ 0361/7014689, 701377, ✆ 0361/701440, www. hotelpuribambu.com.

Keraton Bali 6. Geschmackvolle, große Anlage im balinesischen Stil. Überwiegend natürliche Baustoffe und viel Grün. Geräumige, voll ausgestattete Zimmer ab 100 $. Hier wurde auf Holz und Marmor gesetzt. Die Suiten eignen sich aufgrund der verschließbaren Verbindungstüren besonders für Gruppen oder Familien (ab 350 $). Daneben kann man in den Villen seine Privatsphäre im eigenen Pool vollends genießen. Für Zerstreuung sorgen ein grandios eingerichteter Spa, der Hotelpool und Sportmöglichkeiten wie Beach-Volleyball. Jl. Mrajapati, ✆ 0361/701961, ✆ 0361/701991 www.keratonjimbaranresort.com.

Intercontinental 7. Am südlichen Ende Jimbarans, am schönen Muaya Beach, liegt diese überdimensionale Anlage, die mit 14 ha Grund schon eher einem kleinen Stadtteil entspricht. Hoher Luxusstandard zu für Jimbaran weniger schmerzhaften Preisen. Schon die „günstigsten" Zimmer bestechen durch ihre Größe und Komfort auf hohem Niveau. Edle Holzböden, große Terrassen und dezent eingesetztes Dekor wissen zu gefallen. Ein gut ausgestattetes Fitnesscenter, ein Spa mit Sauna, Sportmöglichkeiten, Kinderbetreuungsservice und der große Hotelpool runden das Angebot ab. Direkter Strandzugang. Zimmer ab 240 $, nach oben (beinahe) keine Grenze. Jl. Uluwatu 45, ✆ 0361/701888, ✆ 0361/701777, www.intercontinental.com.

Essen & Trinken (→ Karte S. 211)

Wen es nach etwas anderem als gegrilltem Fisch gelüstet (→ Kasten „The King of Jimbaran"), der sollte vielleicht die folgenden Adressen oder eines der noblen Hotelrestaurants ausprobieren:

Planet Pizza 🔟. Die Spezialität dieses gemütlichen Restaurants ist die herrlich knusprige 36-cm-Pizza. Natürlich gibt es auch eine Auswahl an anderen Speisen. Sehr freundliches Personal! Transport- und Lieferservice, kostenloser WLAN-Zugang. Je nach Pizzabelag 40.000–70.000 IDR. Jl. Uluwatu 17, ✆ 0361/8022225.

Pepe Nero 🔟. Wer hier lediglich die obligatorische Pasta erwartet, wird mit ausgefallenen italienischen Gerichten und geistreichen Variationen der Klassiker überrascht: Lamm-Kebab mit Chianti-Soße, Thunfisch in roter Pfeffer-Sesam-Kruste mit Fenchel, Carpaccio vom Rind oder Oktopus … All diese Köstlichkeiten ergänzen eine kreative Auswahl an hausgemachten Pastavariationen und das gute Standardangebot an Pizza und Panini. Abgerundet wird das Menü durch himmlische Nachtische, etwa weiße Schokoladenmousse mit Maracujasoße. Jl. Wanagiri I Nr. 8, ✆ 0361/704677, www.pepenerobali.com.

Einfache und günstige Straßenrestaurants, die lokale Gerichte servieren, finden sich gleich gegenüber den teuren Fischküchen entlang der Hauptstraße und am **Jimbaran Foodcourt** 🔟 in der Mitte des Strandes.

The King of Jimbaran

Das Fischbarbecue ist der unangefochtene König in Jimbaran! Entlang des Strandes finden sich zahlreiche Fischrestaurants. Die bekanntesten Adressen 🔟 sind an der **Jl. Pantai Kendogan** angesiedelt. Die etwa 30 Restaurants unterscheiden sich nur geringfügig in Ausstattung und Interieur. Überall sitzen Sie am Strand, umgeben von emsigen, aufmerksamen Kellnern. Sobald man sich gesetzt hat, wird man gebeten, die Fische fürs Dinner an der Frischtheke auszuwählen. Hier schlägt dann der Preishammer zu. Je nach Fisch werden 100.000–600.000 IDR pro Kilo Rohware berechnet – nach dem Grillen und abzüglich Kopf und Gräten bleibt da nicht viel übrig. Auch soll es beim Abwiegen der Fische schon öfters zu Schummeleien gekommen sein – behalten Sie also die Waage im Auge! Der Fisch wird mariniert, über Kokosnussfeuer gegrillt und wenige Minuten später mit einer Auswahl an kleinen (Dip-)Soßen und gesottenem Gemüse (meist Wasserspinat) serviert. Als Dessert werden ein paar Fruchtstückchen kredenzt. Als Vorspeise gibt's meist ein kräftiges Hummersüppchen. Einige Restaurants bieten auch Setmenüs für 2 Personen an, die oft aus ein paar Riesengarnelen, Muscheln, Fisch, Suppe und Beilagen (gegen entsprechenden Aufpreis auch Lobster) für 400.000–800.000 IDR bestehen.

Wer auf den Schnickschnack und Rummel verzichten kann und sein Dinner etwas authentischer und um einiges günstiger gestalten möchte, dem empfehlen wir die Fischrestaurants an Jimbarans südlichem Muaya Beach 🔟. Hier ist alles nicht ganz so nobel wie im Norden, der zubereitete Fisch dagegen königlich, der Service ehrlicher, und der Sonnenuntergang am lieblichen Strand ist eh der gleiche. Die Preise beginnen für den gegrillten Fisch oder Krabben bei 65.000 IDR/kg, Lobster gibt's ab 250.000 IDR/kg. Diese Restaurants sind nicht über die Strandstraße, sondern über die Jl. Uluwatu zu erreichen und liegen eingebettet zwischen dem nördlich gelegenen Intercontinental Hotel und dem südlich abschließenden Four Seasons Hotel.

Pura Luhur Uluwatu

Imposant thront er über der hohen Steilklippe am westlichsten Punkt der Halbinsel. Umtost von der Meeresbrandung und umspielt von den Winden schützt er als einer der Richtungstempel Bali und seine Bewohner vor den bösen Geistern und Dämonen des Ozeans.

Der standhafte Fels in der Brandung des Meeres des Bösen bietet besonders zu Sonnenauf- und -untergang eine superbe Kulisse für Fotos und unvergessliche Erinnerungen. Die Legende besagt, dass die über 70 m hohe Steilklippe, auf der der Tempel steht, in früherer Zeit das Schiff der Göttin Dewi Danu gewesen sein soll, welches nun zu Stein erstarrt ist. Der Tempel ist seither der Meeres-, See- und Flussgöttin geweiht. Im 11. Jh. soll er von Empu Kuturan, einem hinduistischen Lehrer aus Java, gegründet und im 16. Jh. von Danghyang Nirartha weiter ausgebaut worden sein. Hier, am Ende seiner Reise durch ganz Bali, soll Letzterer die Moksa erreicht und somit den Kreislauf der Wiedergeburt durchbrochen haben. Ihm wird auch der Bau der thronartigen Padmasana-Schreine im Inneren zugeschrieben.

Bis zum Anfang des 20. Jh. durfte der Tempel alleine vom König von Badung betreten werden. Heute ist der Uluwatu, wie er kurz genannt wird, für alle Balinesen zugänglich und wird zu den bedeutendsten Reichstempeln der Insel gezählt. Touristen sind willkommen, dürfen allerdings das innere Heiligtum des Tempels nicht betreten. Was für Besucher gilt, gilt noch lange nicht für die Affen. Und derer gibt es auf dem Gelände des Uluwatu viele. Horden dieser heiligen Tiere vollbringen hier gar unheilige Taten: Sie stehlen den Schaulustigen alles, was nicht niet- und nagelfest ist. Vom Flip-Flop über die Brille bis zur teuer erworbenen Halskette ist vor den tierischen Schelmen nichts sicher. Am besten, Sie verwahren lose Gegenstände, Schmuck und Brillen (falls möglich) gleich tief in den Taschen und halten Ihren Fotoapparat fest am Körper. Streicheln und Füttern ist nicht ratsam. Ersteres wurde schon mit Bissen bestraft, und Letzteres führt unausweichlich dazu, dass Sie die „niedlichen Tierchen" gar nicht mehr los werden.

Die beste Besuchszeit ist kurz nach Sonnenaufgang, dann kann man den Tempel noch in Ruhe genießen. Später wächst der Touristenstrom in rasantem Tempo an. Natürlich hat dies seine Gründe. Täglich um 18 Uhr (in der absoluten Nebensaison oft nur dreimal die Woche) finden im angrenzenden Open-Air-Theater Aufführungen des Kecak-Tanzes statt. So manch einer kombiniert hier gleich zwei Höhepunkte miteinander und schließt den Tag mit einem Abendessen in Jimbaran ab.

Anmut und Grazie

Hin & weg Der Tempel liegt am Ende der Jl. Raya Uluwatu. Über die sehr gut ausgebaute Straße, die Jimbaran mit der Halbinsel verbindet, gelangt man von Kuta und Denpasar aus in weniger als einer Stunde via Ungasan und Pecatu dorthin.

Wer den Tempel ohne eigenes Fahrzeug besichtigen will, sollte unbedingt schon vorher eine Rückfahrgelegenheit parat haben. Zwar sind tagsüber durchaus noch Taxis zu bekommen, doch besonders nach dem Ende der Tanzaufführung ist es sehr schwer, einen Rücktransport zu organisieren. Wer Glück hat, wird von hilfsbereiten Touristen mitgenommen.

Öffnungszeiten/Eintritt Tägl. 7–18 Uhr. An der Kasse ist eine Spende von 5000 IDR zu zahlen. Offiziell muss nur, wer zu kurze Hosen anhat bzw. zu viel Haut zeigt, einen Sarong tragen. Gegen eine kleine Gebühr wird dieser an der Kasse verliehen. Pflicht für jedermann ist ein Tempelschal.

Kecak-Tanz Tickets sind ab 50.000 IDR zu haben. Wer sich einen guten Platz sichern möchte, sollte aufgrund des großen Andrangs rechtzeitig, d. h. mindestens (!) 30 Min. vorher, an der Kasse sein. Die besten Plätze sind die in den oberen Reihen in der Mitte der Arena. So haben Sie beim Fotografieren nicht die Touristen, sondern die Felsklippe vor der Linse.

Süd-Bali → Karte S. 144

Garuda Wisnu Kencana Cultural Park

Das muss man einfach gesehen haben! Neben einer frischen Brise umweht den Besucher des Geländes unweigerlich auch ein Hauch von Größenwahn. Denn im Zentrum des Parks soll sie bald stehen: die höchste Statue der Welt! So zumindest die Eigenwerbung.

Ob der Superlativ geflunkert ist oder nicht, wissen am Ende wohl nur die Götter. Gott Vishnu jedenfalls wird nach Fertigstellung des Projekts 153 m hoch in den balinesischen Himmel ragen und dort als Stolz des gesamten indonesischen Archipels erstrahlen. Mit von der Partie ist Garuda, sein halb mensch-, halb vogelgestaltiges Reittier. Für den Bau der gigantomanischen Statue sollen über 4000 Tonnen Kupfer und Bronze verarbeitet werden. Schwer vorzustellen, doch wer die jetzt schon fertigen Fragmente erblickt, bekommt eine Ahnung von der geradezu umwerfenden Wirkung, die dieses ehrgeizige Projekt nach seiner Fertigstellung entfalten wird. Entworfen wurde das Monument von dem aus Tebanan stammenden Künstler Nyoman Nuarta. Ihm gelang es, der Statue trotz der Überdimensionalität erstaunlich sanfte Gesichtszüge einzuhauchen und sie darüber hinaus noch äußerst detailfreudig zu gestalten. Auf dem 240 ha großen Parkgelände sind derzeit an drei verschiedenen Orten die Hände Vishnus, der Kopf Garudas und – an zentraler Stelle gekonnt in Pose gesetzt – Vishnus Haupt und sein Torso zu bestaunen.

Daneben soll der Park auch als kulturelle Begegnungsstätte für Touristen und Einheimische fungieren. Angeschlossen sind ein Restaurant mit wundervoller Aussicht, ein Amphitheater mit täglichen traditionellen Tanzaufführungen, eine Promenade mit täglich stattfindender Parade (17.30–18.30 Uhr), Kunstgalerien und ein Kunstmarkt. Letzterer ist im Verbund mit den umliegenden Nagel-, Haar- und Permanent-Tattoo-Studios ein willkommener Anlass, um – wenigstens ein bisschen – dem Kommerz zu huldigen. Seit 2011 sind im sogenannten „Outbound"-Bereich Funsportaktivitäten wie der Flying Fox möglich – gegen Aufpreis, versteht sich. Uns wurde übrigens voller Enthusiasmus versichert, dass das Projekt im Laufe des Jahres 2012 abgeschlossen sein wird.

Standort Der Park liegt, kaum zu verfehlen, hoch über Jimbaran und direkt an der Jl. Raya Uluwatu, Ungasan, Nusa Dua. ☎ 0361/-

703603, www.gwk-culturalpark.com.
Öffnungszeiten/Eintritt Täglich 9–22 Uhr. Seit 2010 sind vor allem Kombitickets inkl.

Himmelsstürmer: Vishnus Kopf soll einmal bis in die Wolken ragen

Besuch der Kecak-Tanz-Aufführung um 18.30–19.30 Uhr für 50.000 IDR zu bekommen. Die balinesische Parade ist kostenlos und findet jeden Tag von 17.30 bis 18.30 Uhr statt, alle anderen Tanz- und Musikaufführungen kosten extra. Ein All-inclusive-Paket, das u. a. Eintritt in den Park, Flying Fox, ein balinesisches Dinner beinhaltet, kann ab 320.000 IDR/Pers. gebucht werden. Alle Detail-Infos unter www.gwk-culturalpark.com.

Essen & Trinken Im parkeigenen Jendela Bali Restaruant kann man bei indonesischen wie europäischen Speisen die herrliche Aussicht genießen.

Wer auf dem Hin- bzw. Rückweg Hunger verspürt, findet besonders entlang der Hauptstraße in Ungasan einige nette Restau-rants, so etwa Kat's Kitchen, einen wirklich hervorragenden Thailänder. Nicht umsonst wurde die Küche z. B. auf dem Kuta Karnival prämiert! Die Karte bietet neben den gängigsten Gerichten auch ein paar köstliche Besonderheiten. Alles absolut authentisch, auf Wunsch können die meisten Speisen auch vegetarisch zubereitet werden. Besonders die Frühlingsrollen in Reispapier sollte man probiert haben. Dazu kann man entweder im klimatisierten Innenraum oder auf der lauschigen Terrasse einen erfrischenden Zitronengras-Ingwer-Limetten-Tee genießen. Das Kat's backt auch süße Leckereien wie Schoko- oder Ingwer-Cookies. Jl. Raya Uluwatu 132, Ungasan, ☎ 0361/2728600, kats thaifooddelivery@yahoo.com.

Surfstrände im Westen der Halbinsel

Diese Strände sind wahrlich nichts für Anfänger! Die Wellen sind höher als anderswo, die Bedingungen härter. Besonders die vielen scharfkantigen Felsen und spitzen Riffe machen das Surfen zu einem nicht ganz ungefährlichen Vergnügen. Aber wahrscheinlich liegt genau darin der Reiz dieser Surfspots. Erreichbar sind eigentlich alle Strände zwischen Balangan und Uluwatu über die gut ausgebauten, asphaltierten Straßen. Ziel ist meist die Jl. Melasti, die landeinwärts in die Jl. Padang Padang übergeht und im Süden zur Jl. Raya Uluwatu wird. Diese Straßen sind es auch, die das Motorradfahren im Südwesten der Halbinsel zum besonderen Spaß machen. Frei nach dem Motto: Der Weg ist das Ziel!

Balangan

In diesem kleinen, gemütlichen Ort ist die Welt noch in Ordnung – kein wirklicher Geheimtipp mehr, aber trotz der schönen Lage noch immer weit davon entfernt, ein überlaufener Touristenspot zu sein. Bis auf ein einziges Luxusresort gibt es hier vorrangig Unterkünfte, die auf die Bedürfnisse von Rucksacktouristen und Surfenthusiasten ausgerichtet sind.

Die Hauptattraktion ist demnach auch die traumhafte, noch spärlich bebaute Bucht. Den hellen, breiten und grandios feinsandigen Strand zieren zahlreiche Holz-Warungs, sodass der Eindruck einer der Wirklichkeit entrückten Piratensiedlung entsteht. Aufgrund des starken Gezeiteneinflusses ist das Baden allerdings nur bei Flut möglich. Aber Vorsicht, die Wellen stürmen hier regelrecht auf den Strand ein, und die Strömung ist an manchen Tagen nicht zu unterschätzen. Liegestühle für das entspannte Bräunen sind je nach Saison und Lage an jedem Warung für 50.000–80.000 IDR pro Paar zu mieten. Das ist nicht gerade billig, aber die Anbieter sind sich der abgeschiedenen Lage und der deswegen fehlenden Konkurrenz durchaus bewusst …

Durch eine fotogene, steil abfallende Klippe wird der Strand von der hoch über der Bucht gelegenen Siedlung getrennt. Trotzdem kommt jeder, der im Ort sein Quartier bezogen hat, über je einen kleinen Pfad links und rechts der Resorts in nur wenigen Minuten zum Meer. Wer möchte, kann den **Pura Balangan** am westlichen Ende des Strandes besuchen. In der kleinen Höhle hinter den Tempelmauern soll einst Danghyang Nirartha gerastet und sich wichtiger Lontarschriften erinnert haben. Deswegen wird der Höhlentempel auch „Tempel der Erinnerung" genannt.

Basis-Infos

Hin & weg Nach Balangan fahren keine öffentlichen Transporte. Lediglich die Festpreistaxen vom Flughafen bringen Gäste zum selben Preis wie zum Uluwatu nach Balangan. Nennen Sie als Adresse das La Joya Resort. Ansonsten kommt man nur per Charter hin und wieder weg. Selbstverständlich wissen das die Fahrer und Hotelbetreiber in Balangan. Stellen Sie sich auf harte Verhandlungen oder überhöhte Preise ein. Wer mit dem eigenen Auto kommt, kann den Nirmala-Supermarkt in Ungasan Simpang (ca. 3 km vor Ungasan) direkt an der Hauptstraße als Orientierungspunkt und für letzte Einkäufe vor Balangan nutzen.

Einkaufen Zwei kleine Lädchen entlang der Verbindungsstraße zum Uluwatu bieten das Nötigste. Von den Hotels auf den Klippen müssen Sie mit mindestens 15 Min. Fußmarsch rechnen (auf keinen Fall in der Mittagshitze hinlaufen!). Der bereits erwähnte Nirmala-Supermarkt ist schon etwas weiter entfernt. Wer nicht motorisiert ist, sollte sich vorher dort mit dem Wichtigsten eindecken.

Internet Den einzigen öffentlich nutzbaren Anschluss bieten **Sea View Bungalows**.

Motorräder Die einzigen motorisierten Untersätze vermieten **Flowerbud Bungalows** und **Sea View Bungalows** zu etwas teureren Preisen. Motorrad/Roller je nach Tagesform und Laune 60.000–100.000 IDR.

Nirmala-Wasserpark Wer die Nase voll hat vom Sonnenbaden und Surfen und mit Kindern unterwegs ist, kann hier einen Tag verbringen: Gegen geringen Aufpreis zum Eintrittsgeld kann man Hängebrücken erklimmen, auf dem Flying Fox durch die Lüfte sausen, sich auf Gummireifen treiben lassen oder am Skywalk sein Gleichgewicht testen. Natürlich sind auch Wasserrutschen, Wasserkanonen, eine Pool-Bar und normale Schwimmbecken vorhanden. Gleich hinter dem Nirmala-Supermarkt in Ungasan Simpang. Erw. 20.000 IDR, Kinder 10.000 IDR (oft wird von Touristen erheblich mehr verlangt). ✆ 081/338783064, 081/9995 75581 (mobil).

Surfen In einem kleinen Shop gleich neben Sea View Bungalows kann man sich sein Equipment ausleihen. Daneben vermieten einige Warungs am Strand ihre Bretter (ab 150.000 IDR/Tag).

Süd-Bali → Karte S. 144

Übernachten/Essen & Trinken

Einige der Warungs am Strand bieten einfache Übernachtungsmöglichkeiten für Anspruchslose. Oberhalb der Bucht konzentrieren sich die drei einzigen echten Resorts, die schöne Bungalows mit eigenem Badezimmer und Privatsphäre bieten, eines davon im luxuriösen Bereich. Die Warungs entlang des Strandes bieten alle identische Karten mit einer großen Auswahl an simplen indonesischen Gerichten, Sandwiches, Fisch und Burgern an. Bei Vorbestellung ist ein Seafood-Barbecue beinahe überall möglich.

Auf dem Weg nach Balangan Sunhill Seaview Bungalows. Wer nicht unbedingt am Strand wohnen muss, findet hier ein fantastisches Preis-Leistungs-Verhältnis! Die brandneuen, im modernen Lumbungstil konstruierten Bungalows bieten Luxus zum kleinen Preis. Während man im Souterrain einen offenen Relaxbereich nutzen kann, schläft man im luftigen Obergeschoss in großen Betten. Die Räume sind modern eingerichtet, bieten einen herrlichen Blick westwärts zum Meer und verfügen über stilvolle Bäder (einige offen). Ein Bungalow ist mit einer Küche ausgestattet. Gruppen können die AC-Villa mit zwei Schlafräumen, zwei Bädern, zwei Veranden, großem Aufenthaltsbereich und voll ausgestatteter Küche beziehen. Kostenloser WLAN-Zugang. Bungalow 350.000-400.000 IDR, Villa 700.000 IDR. ℡ 085/738381561, 085/238859119 (mobil), ℡ 0361/8470116, www.sunhillbali.com.

≫ Unser Tipp: In Salt. Auch wenn man nicht nach Balangan möchte, dieser Warung alleine ist schon die Reise wert! Hier wird erstklassiger *Nasi Campur* angeboten, wahlweise mit rotem, gelbem oder weißem Reis als Grundlage. Aus der Auslage kann man sich allerlei Leckereien zusammenstellen. Natürlich können zusätzlich schmackhafte Gerichte von der Karte bestellt werden, etwa Hühnchen in Austernsoße, ausgefallene Jaffles oder Gemüseküchlein. Freundlicher Service, günstige Preise (10.000–25.000 IDR) und gute Qualität! Auf der Straße von Pecatu nach Balangan. ≪

Oberhalb der Bucht Flowerbud Bungalows. In einem liebevoll angelegten Garten befinden sich eine Handvoll individuell gebauter Bungalows im Lumbungstil. Die komplett aus Naturmaterialien gebauten Hütten bieten viel Platz zum Relaxen, sowohl auf dem Tagesbett der Terrasse als auch in den großen Betten mit Moskitonetzen. Wer schon immer mal unter einem Blütenmeer duschen wollte, wird das offene Bad lieben! Kleinere Bungalows ab 350.000 IDR, mehrere Hütten für bis zu 4 Pers. ab 500.000 IDR, Family Bungalow für bis zu 5/6 Pers. ab 675.000 IDR (alles zuzügl. 15% Tax und Service). Das angeschlossene Restaurant bietet die gängige Speisekarte, wobei der Fisch mit balinesischer Soße absolut zu empfehlen ist. Hungrige wählen die Menüs für rund 70.000 IDR.

Etwas weiter ins Hinterland versetzt wartet der Ableger **Flowerbud II** mit ebenso schönen Bungalows auf Gäste. (Noch) kein Pool, dafür auch etwas günstiger: je nach Größe 350.000 IDR, Familycottage 750.000 IDR, immer zuzügl. 15% Tax und Service. ℡ 081/6472 2310 (mobil), http://flowerbudbalangan.com.

Brothers Bungalows. Ebenfalls ein bisschen weiter im Inland liegt diese freundliche Anlage: nagelneue Bungalows aus Naturmaterialien für 450.000 IDR. Alle in Reihe, mit Alang-Alang-Dächern, Bambusmattenwänden, großen, von wallenden Moskitonetzen umhüllten Betten, hübschen offenen Bädern, gefliesten Veranden und wahlweise AC oder Fan. Ein offenes Restaurant ist angeschlossen. ℡ 081/916288803 (mobil), www.bro-bungalows.com.

Sea View Bungalow Balangan. Um einen kleinen Pool mit abgetrenntem Kinderbecken und Liegestühlen reihen sich 6 Bungalows im Lumbungstil. Die beiden größeren sind wegen ihrer Geräumigkeit ein echtes Schnäppchen – Hängematte auf der Veranda zum Relaxen inklusive. Die kleineren sind für 350.000 IDR ebenfalls eine echte Alternative. Alle sind sie sehr sauber und mit kleinem Bad ausgestattet. Im Haupthaus befinden sich 4 Reihenzimmer mit engem Bad und großer, zusammengeschlossener Terrasse, die einen unverwehrten Blick aufs Meer bietet. Bungalows je nach Größe 350.000–700.000 IDR, Zimmer 325.000–450.000 IDR (zur Nebensaison erheblich günstiger). Alle mit Fan. Das angeschlossene Restaurant mit Blick auf den Pool serviert eine Auswahl an indonesischen und westlichen Gerichten zu moderaten Preisen. Jl. Pantai Balangan 2, ✆ 0361/7800499, 081/23679212 (mobil), www.balanganseaviewbungalow.com.

La Joya. Luxuriöses, von der Meeresbrise durchströmtes Resort. Die Bungalows sind trotz AC nach beinahe allen Seiten zu öffnen und bieten vom riesigen Bett aus eine Rundumsicht auf die zugehörigen kleinen Gärten. Die Marmorsteinbäder sind fantastisch und mit Badewanne ausgestattet. Zwei überaus geräumige Villen bieten Platz und Privatsphäre mit bis zu 6 Schlafzimmern und Aufenthaltsräumen auf mehreren Ebenen. Für die sportliche Kurzweil stehen zwei Pools, ein Volleyball- und ein Bocciafeld (!) zur Verfügung. Zwei exquisite Restaurants sorgen für das leibliche Wohl, ein Spa für körperliche Entspannung. Touren zu Golfplätzen, Segeltörns und andere Ausflüge der gehobenen Art werden auf Anfrage organisiert. Zimmer und Bungalows je nach Ausstattung und Saison 950.000–1.600.000 IDR, Villen ab 4.500.600 IDR (inkl. Tax und Service). Jl. Uluwatu Pantai Balangan, ✆ 0361/7450501, 081/8565839 (mobil), www.la-joya.com.

Am Strand So gut wie jeder Warung vermietet einfache Zimmer an alle, die günstig wohnen möchten und keinen Wert auf Luxus legen. Einfach fragen. Wer keine Unterkunft braucht, isst einen Happen.

Dayman Warung. Am östlichen Strandende, indonesische Gerichte für Preise um die 15.000 IDR. Dinnermenü mit gegrilltem Fisch, Früchten, *Pelecin Kangkung* (gebratener Wasserspinat) und Reis um 65.000 IDR.

Café Lemo. Der kleine, sympathische Warung mit flippigem Staff liegt am Ende der Restaurantkette. Serviert werden auch ausgefallene Variationen der Standardgerichte wie Thunfischsteak auf Orangensauce und Jaffles mit Avocado-Chicken-Füllung.

Suzuke Warung. Neben Snacks und kleinen Gerichten auch Übernachtungsmöglichkeiten; allerdings sehr spartanisch gehalten: kajütenartige Zimmer mit Gemeinschaftsbad ab 80.000 IDR.

Gleiches gilt für den **Caracol Warung**. Auch hier sind die Zimmer eher klein und nicht sehr ansprechend. DZ 150.000 IDR. ✆ 081/64727155, sakubszrf@yahoo.com.

Sunset Café. Auf Stelzen gebautes Strandrestaurant mit vielen Sitzmöglichkeiten. Überwiegend westliche Kost, dementsprechend sind die Preise etwas höher als bei den Nachbarn. Steak, Pasta und gute Auswahl an Pizzen für 30.000–60.000 IDR, Fisch/Meeresfrüchte-BBQ um 125.000 IDR. Vermietet 4 etwas bessere Zimmer als die Suzuke Warung. Alle mit Fan und Gemeinschaftsbad zum Preis von 125.000 bis 200.000 IDR.

Jimmys Brother's Café. Bietet 6 saubere, aber kajütenartige Zimmer über dem Warung für 150.000 IDR. Gemeinsamer Aufenthaltsraum mit großem Balkon und toller Aussicht. Eine gute Wahl – jedoch nichts für Leute, die Privatsphäre suchen – ist der

Ein Hauch Authentizität: die Flowerbud-Bungalows

Süd-Bali → Karte S. 144

einzige Bungalow, der erhöht vor dem Restaurant gebaut ist. Zimmer mit Fan und älterem Gemeinschaftsbad 150.000 IDR, Bungalow 250.000 IDR. Restaurant mit chinesischer und indonesischer Küche (15.000–35.000 IDR), auch Sandwiches. Vermietet zudem Surfboards für 150.000 IDR am Tag. ✆ 0361/8470905, 081/8566437 (mobil).

The Point. Am Strand die beste Option: sehr saubere Zimmer über dem Restaurant, Basic-Ausstattung mit großen Betten und sauberem Gemeinschaftsbad. Je nach Größe 200.000–300.000 IDR, bei guter Auslastung auch mal erheblich teurer. Die vorderen Zimmer sind beträchtlich heller als die hinteren. ✆ 085/737243219, 085/739518317 (mobil), 69thepoint@gmail.com.

Bingin Beach

An diesem Küstenabschnitt hat sich ein Feriendomizil für Surfer und Ruhesuchende entwickelt. Kleine Gässchen verbinden die Unterkünfte und Restaurants mit der imposanten Steilklippe, über die der sehr schmale Strand erreichbar ist. Der Untergrund ist felsig, hier und da durchdrungen von feinen Sandzungen – auch aufgrund der teils heftigen Strömung vielleicht nicht die Erfüllung für Badenixen, die gewünschte Abkühlung nach einem heißen Tag liefert die Bucht aber allemal.

Erreichen kann man Bucht und Strand über das Örtchen **Labuhan Sait**, von dem kleine Stichstraßen zum Ziel führen (auf die spärliche Beschilderung achten!). Tagesausflügler können ihr Auto gegen eine kleine Gebühr auf dem Parkplatz abstellen, oft wird zusätzlich eine Art Eintritt von 5000 IDR verlangt. Aufgrund der vielen gemütlichen Unterkünfte haben sich viele Touristen/Surfer Bingin als Stützpunkt auserkoren, von dem aus die anderen Strände und Surfspots der Halbinsel erkundet werden.

Einer davon liegt sogar in Laufweite (ein Stück nördlich in Richtung Balangan): der **Dreamland Beach**, lange Zeit ein wahres Surferparadies mit kleinen Warungs und günstigen Unterkünften. Die haben mittlerweile klobigen Hotelbauten weichen müssen, was die einstige Idylle komplett zerstört hat. Wer sich nicht an dem traurigen Anblick stört und bereit ist, 15.000 IDR für die Zufahrt zu zahlen, kann hier natürlich immer noch surfen: Wenigstens das Meer ist ja das gleiche geblieben …

Übernachten Die Warungs am Bingin Beach vermieten auch einfache Schlafplätze für anspruchslose Sparfüchse. Die schönsten Unterkünfte finden sich auf der Klippe.

Leggies Bungalow. Knapp 200 m zurückversetzt liegt die wohl günstigste Unterkunft auf den Klippen. In einem kleinen, schummrigen Garten verteilen sich 18 Räume auf orangefarbene zweistöckige Gebäude. Alle mit großen Betten, Moskitonetzen, Fan oder AC und hübscher Veranda. Der kleine Pool sorgt für die nötige Abkühlung, die zentral im Garten gelegene Gemeinschafts-Bale mit TV und DVD-Player für die Unterhaltung und das luftige Restaurant für das leibliche Wohl. Vermietet werden auch Roller und Surfbretter. Sehr sympathischer Ort. DZ 300.000–600.000 IDR ✆ 0361/7451496 082/146521401, 081/558908900 (mobil), www. leggiesbungalows.com.

Alamanda Villas. Im Garten verteilen sich 7 Bungalows aus hellem Stein im balinesischen Stil. Ausgestattet sind sie mit großen Betten und wallenden Moskitonetzen. Die Bungalows sind zwar etwas dunkel, dafür gibt es sehr schöne Open-Air-Bäder mit Warmwasser. Für Familien steht ein Bungalow mit zwei Schlafzimmern zur Verfügung. Ein nierenförmiger Pool verspricht Abkühlung an heißen Tagen. Bungalow mit AC 450.000–500.000 IDR, Familien-Bungalow ab 600.000 IDR. ✆ 0361/8541515, 7989441, ala mandavillas@yahoo.com.

》》 Unser Tipp: Secret Garden. In einer grün bewachsenen Anlage mietet man hier tatsächlich einen großen Garten mit einer kleinen, sehr natürlich gehaltenen Wohnanlage. Ein einfaches Schlafhaus, mehrere geräumige Aufenthalts-Bales, Veranda, herrlich große Gartenbäder und viel, viel Grün. Die drei Gärten werden von einer Mauer und meterhohen Pflanzen vor neugierigen Blicken abgeschirmt. Je nach Größe des privaten Paradieses 60–80 $. Auf Wunsch kocht der freundliche Staff für die Gäste. Ein echtes Restaurant ist jedoch nicht vorhanden. Pantai Bingin 85, ☎ 0361/8470862, 081/64747255 (mobil), gardenbingin@hotmail.com. **«**

Mick's Place. Diese stilvolle Anlage wurde direkt über der Klippe errichtet. Kreisförmig gebaute, halboffene Bungalows mit riesigem Bett und atemberaubendem Meeresblick. Je nach Größe, Saison und Lage 90–160 $. Auch zweistöckige Bungalows aus Holz im eigenen Garten und ein Clubhouse für bis zu 4 Personen sind zu bekommen. Der Knaller ist die Honeymoon-Villa mit AC, TV, Kühlschrank und eigenem an der Klippe angelegten Swimmingpool. Dazu noch ein großes stylisches Bad. Dieser private Luxus hat allerdings seinen Preis: 250–300 $. Alle Gäste müssen das Mindestalter von 12 Jahren erreicht haben. ☎ +61418151620, +61755363325, http://micksplacebali.com.

Weiter Richtung Subulan Point/Uluwatu

Ein Stück südlich des Bingin Beach schließen sich mit dem **Impossible Beach** und dem **Labuhan Sait Beach** zwei weitere Spots für wagemutige Wellenreiter an. Als Badestrände eignen sich beide eher nicht. Spärliche Beschilderungen auf Holzbrettern weisen den Weg über holprige Stichstraßen zum Ziel, das erst über steinige Kletterpfade die Klippe hinab erreicht werden kann.

Zum Verweilen lädt erst wieder der **Padang Padang Beach** ein, der neben Surfbreaks vor allem Einsamkeit und Entspannung bietet. Folgt man einem holprigen Schotterpfad, gelangt man zum Thomas Cliff Café und Homestay. Dort kann man sich stärken (oder gleich Quartier beziehen), bevor man den Pfad die Steilküste hinunter in Angriff nimmt. Wer hier ein bisschen Zeit hat, kann an Rocky Bungalows vorbei dem Weg bis zum Village-Tempel folgen. Links daran vorbei führen überwachsene Treppen zu einem verwitterten Meeresgrotten-Tempel.

Den Abschluss der Surfpoints bilden **Subulan Point** – oft **Uluwatu** genannt – und **Nyang Nyang Beach**. Bei Ersterem kann man seinen motorisierten Untersatz für 5000 IDR auf einem Parkplatz abstellen. Zum Strand muss man zusätzlich 5000 IDR Eintritt bezahlen, bevor man wieder einmal den Weg über holprige Stufen und Pfade in die Tiefe auf sich nimmt. Auf halber Strecke erreicht man ein kleines Labyrinth voller Shops, Surfboard-Werkstätten, Cafés und Homestays, die einem Schwalbennest gleich an die Klippe gebaut sind. Wer nicht surfen möchte, kann den Tag im Pool des Hotels Blue Point Bay an der Klippe nahe dem Parkplatz verbringen. Zum Nyang Nyang Beach weist ein einfaches Holzschild mit der Aufschrift „Surf Beach" kurz vor dem Hotel Nyang Nyang. Über eine unebene Piste gelangt man zur Klippe, von der Pfade bis zum Wasser führen.

Im Süden der Halbinsel gibt's noch wildromantische Strände

Süd-Bali → Karte S. 144

Übernachten/Essen & Trinken   Die meisten Unterkünfte haben sich entlang der Verbindungsstraßen angesiedelt: in erster Linie einfache, saubere Homestays und ein paar kleine Hotels. Der Bauboom der letzten Jahre hat allerdings auch hier dazu geführt, dass das Luxus-Segment auf dem Vormarsch ist.

Entlang der Jl. Pantai Suluban   Island's Bar and Grill. Gemütliches kleines Restaurant an der Hauptstraße, kurz nach dem Gobleg Homestay. Serviert wird, was der Name verheißt: Burger, Burritos und Gegrilltes. Natürlich kann man auch Reisegerichte und Nudeln bekommen. Hauptgerichte 20.000–50.000 IDR. Jl. Pantai Suluban.

Gobleg. In einem hinterhofartigen Garten werden mehrere in Reihe gebaute Zimmer angeboten, alle einfach und sauber, mit Heißwasser und Sitzmöglichkeiten auf der Veranda. Die AC-Zimmer sind geräumig und kosten 300.000. IDR, die gleiche Größe mit Fan gibt's zu 200.000 IDR. Die kleinsten, dunkelsten Zimmer sind schon ab 150.000 IDR zu haben. Im Kontrast dazu steht der palastartig verzierte, helle Family Bungalow für 1.100.000 IDR. Jl. Pantai Suluban.

Suluban Pondok Pugir. Gleich gegenüber finden Anspruchslose Unterkunft in vier sehr einfachen Reihenbungalows mit Open-Air-Bädern. Das Homestay in einem

Uluwatu Surf

kleinen Garten wird von zwei freundlichen älteren Herren betrieben, die nahezu kein Englisch sprechen. Ab 125.000 IDR. Jl. Pantai Suluban, ✆ 087/860776962 (mobil).

Jacko House. Beliebte Surferunterkunft in einem großen Steinhaus. Auf zwei Stockwerken werden 8 vernünftige Zimmer vermietet, alle mit kleiner Veranda und kostenlosem WLAN-Zugang. Die Aussicht aufs Meer vom obersten Stockwerk aus ist fantastisch, das hilfsbereite Personal vermietet auch Motorräder. Der kleine, gleichnamige Warung serviert günstige Gerichte. DZ 120.000–160.000 IDR. Jl. Pantai Suluban, ✆ 0361/769973, 081/7355432, jackohouseuluwatu@yahoo.com.

Thomas Homestay. Hoch über dem Padang Padang Beach in einsamer Lage, die grandiose Aussicht von der Veranda aus entschädigt für die sehr einfachen und etwas abgewohnten Zimmer. Die freundliche Familie vermietet eine Handvoll Zimmer, die größeren mit schmucklosem westlichem Bad/WC für 200.000–350.000 IDR, die kleineren Räume mit Mandi und Stehklo für 150.000–250.000 IDR. Im kleinen Cliff Café werden zum Blick aufs Meer leckere Speisen serviert. Der lange Strand ist über einen kleinen Pfad vom Homestay aus zu erreichen. Jl. Padang Padang, ✆ 081/338034354 (mobil).

Blue Point Bay. Wer ein bisschen Luxus vermisst, kann diesen tageweise im Blue Point nachholen. Perfekt für Gruppen, bei denen die eine Hälfte surfen, die andere Hälfte entspannen will. Für 150.000 IDR kann man den ganzen Tag am überlaufenen Panoramapool der Nobelanlage den erwähnten Luxus, die hervorragende Aussicht, Sonne und sogar ein im Preis enthaltenes Essen genießen (das gleiche Paket samt einstündiger Massage im Edelspa kostet allerdings schon 450.000 IDR).

Padang Padang   Padang Padang Sari. Das kleine Homestay vermietet 6 kleine, etwas muffige Fan-Zimmer mit großen Betten. Durchweg sehr sauber, freundlicher Service. Ein kleiner Warung sorgt für das leibliche Wohl, der Motorradverleih und der Transportservice für die notwendige Mobilität. Jl. Melasti Labuhan Sait, ✆ 0361/8957451.

Guna Mandala Inn. Gleich neben dem Parkplatz zum Padang Padang Surfpoint. Vermietet werden 20 helle, gefliste Zimmer mit kleinen Bädern. Alle sehr sauber mit Fan. Angeschlossen sind eine Touri-Info, Auto- und Motorradverleih, Minimarkt und ein Moneychanger. Vom schönen, offenen

Restaurant blickt man auf die kaum belebte Straße. DZ 200.000 IDR. Jl. Melasti Labuhan Sait Pecatu, ☎ 0361/8957454.

Das **Blue Point Café** serviert kleine Speisen, Gebäck und Kuchen zu leckeren Frozen- und Eiskaffee-Variationen. Natürlich alles nicht billig. Wer gleich bleiben möchte, muss tief in die Tasche greifen. Die modern eingerichteten, aber für den Preis doch etwas kleinen Deluxe-Zimmer kosten ab 150 $. Villen mit ein oder zwei Schlafzimmern, mit oder ohne Jacuzzi kosten je nach Größe und Lage 230–680 $ (Ocean Front President Villa). Selbstredend plus 21 % Tax und Service und 30–40 $ Hochsaisonaufschlag. Manch einer mietet sich dann doch lieber nur in den Luxuspool ein … Direkt neben dem öffentlichen Parkplatz zum Labuan Sait/Uluwatu Surfbreak. Jl. Labuansait, ☎ 0361/769888, ✉ 0361/769889, www.bluepointbayvillas.com.

Am Suluban Point/Uluwatu Delpi Uluwatu. Über dem Restaurant werden 4 gute Zimmer mit ausladender Gemeinschaftsterrasse an Surfer ohne gehobene Ansprüche vermietet. Die Aussicht ist fantastisch, die Atmosphäre familiär, die Bäder sind klein. Manche mit Kühlschrank. DZ ohne Frühstück mit AC 400.000 IDR, ohne ab 300.000 IDR möglich. Sufbretter werden ab 100.000 IDR/Tag vermietet. ☎ 0361/769863, ✉ 0361/769862, ☎ 081/55752036 (mobil), delpisurf@yahoo.com.

Villa Uluwatu Sunset. Etwas weiter landeinwärts und *die* Alternative für alle Romantiker! Hier gibt es nur zwei geräumige Bungalows und somit entsprechend viel Privatsphäre. Auch den herrlich türkisfarbenen Pool muss man nicht mit vielen Gästen teilen. Ein Cottage ist zweistöckig: Während man sich oben in einem ausladenden Bett räkeln oder den Ausblick vom Balkon genießen kann, hat man im Untergeschoss sowohl Whirlpoolbadewanne als auch Dusche zur Verfügung. Doch auch der einstöckige Bungalow steht dem Cottage in der Ausstattung in nichts nach. Beide mit Sat-TV, Kühlschrank und AC sowie Fan. Das Ganze gibt es zum unschlagbaren Preis von 400.000–600.000 IDR. Ein kleines Restaurant ist angeschlossen. Jl. Pantai Suluban, ☎ 081/936228821 (mobil), uluaccomodation@yahoo.com.

Süd-Bali → Karte S. 144

Nusa Dua und Tanjung Benoa

Im Zuge eines von der Weltbank geförderten Projekts entstand Ende der 70er- bis Mitte der 80er-Jahre das Hotel- und Tourismusprojekt um Nusa Dua. Aus Furcht, die balinesische Kultur könne durch unkontrollierte Tourismusschwemmen Schaden nehmen, sollten gut betuchte Besucher hier ihre Unterkunft beziehen. Und so sieht das Projekt „gelenkter Tourismus" denn auch aus: Ein großer Hotelkomplex reiht sich an den nächsten, dem Gast wird nicht nur direkte Strandlage, sondern einfach jedwede Urlaubsannehmlichkeit geboten – im glänzenden, geschliffenen Luxusformat. „Bali light" eben oder – böse formuliert – ein Plastik-Bali.

Entspannung pur ist so garantiert, die Zauber und Wunder, die sich auf der Insel verbergen, sind allerdings nur noch als schwacher Abglanz zu erahnen. Und so werden hier Nachtmärkte mit feinen Speisen ohne unfeine Gerüche aufgebaut oder ganze Tanzgruppen ins Hotel gekarrt mit dem Auftrag, ihre Künste ganz auf die Ansprüche der westlichen Zuschauer zurechtzustutzen. Alles findet in bewachten, nachts hell erleuchteten und von Security-Checks abgeriegelten Arealen statt – der Urlauber soll schließlich konsumieren können, ohne sich in die Gefahr begeben zu müssen, mit „ungezähmten" Einheimischen in Kontakt zu kommen.

Und doch ist ein solcher Kontakt mit dem „wahren Leben" möglich. Verlässt man den abgesperrten Hotelkomplex Richtung Norden, kommt man bald auf die Landzunge Tanjung Benoa und entdeckt dort, besonders westlich der Jl. Pratama, wieder „wahres Leben" zwischen den Hotelburgen. Je weiter man die Landzunge erkundet, desto „normaler" erscheint die Umgebung wieder, bis man schließlich in das Örtchen Benoa gelangt. Dieses entpuppt sich als entspannter, kleiner Ort mit Warungs, Shops und einem winzigen Nachtmarkt. Und kurz vor dem Zugang finden sich tatsächlich ein paar gemütliche einfache Unterkünfte sowie bezahlbare Villen. Selbst das spirituelle

Bali wird hier erlebbar, denn unweit des Ortes können Interessierte gleich drei nahe beieinander liegende religiöse Heiligtümer besuchen: eine alte Moschee, einen farbenfrohen chinesischen Tempel und einen interessant gestalteten, aus Korallen gebauten Hindutempel.

Pasifika Museum: Inmitten des Hotelkomplexes von Nusa Dua gibt es sie tatsächlich, eine Oase der Kunst. Das Museum ist noch nicht sehr alt, hat sich aber schon einen guten Ruf erarbeitet. In acht Pavillons sind mehr als 400 Gemälde und zahlreiche Skulpturen ausgestellt, alle stehen im Zusammenhang mit dem pazifischen Raum: entweder thematisch oder was die Urheberschaft der Werke anbelangt. Neben vielen asiatischen und indonesischen Künstlern sind auch europäische Maler wie Le Mayeur, Theo Meier und Rudolf Bonnet vertreten. Als Verschnaufpause bietet sich ein Aufenthalt im wundervoll gestalteten Garten an. Das Pasifika Museum ist auf jeden Fall einen Besuch wert!

Funsport-Zentrum Tanjung Benoa

Tägl. von 10 bis 18 Uhr. Erw. 70.000 IDR, Kinder unter 10 J. frei. Im Nusa-Dua-Komplex, Block P, gegenüber dem Bali Collection Shopping Center (nutzen Sie den kostenlosen Shuttlebus zum Shoppingcenter). ✆ 0361/774935, 774624, www.museum-pasifika.com.

Strände um Nusa Dua und Tanjung Benoa

Am nördlichen Ende des langen **Tanjung Benoa Beach** denkt man weniger an Schwimmen als an Wassersport. So richtig schön entspannen lässt es sich erst wieder am Strandabschnitt im Süden (ab dem Mirage Hotel). Leider haben nur die Gäste der Luxusherbergen, welche den Strand säumen, das Privileg von Sonnenliegen und -schirmen. Doch wer nur ein paar Stunden bleiben will, findet entlang des herrlich weißen, schattenlosen Strandes viel Platz zum Sonnenbaden und seichtes Wasser, und an manchen Stellen hat man nicht einmal Zaungäste im Rücken. Wer Alternativen sucht, muss nicht lange fahren, denn zum Glück ist dies nicht der einzige Strand:

Auch für die Öffentlichkeit zugänglich ist der **Nusa Dua Beach.** Er besteht aus zwei herrlichen Buchten, die durch eine kleine Halbinsel voneinander getrennt werden. Hinter einer parkähnlichen Anlage können Sie dort den **Pura Tuas Bigal** besuchen. Während die linke Bucht von zahlreichen Hotelanlagen gesäumt ist, findet man an der rechten Bucht unter dem Schatten großer Bäume Dutzende kleiner Getränke- und Essensstände, an denen Besucher wie Einheimische kleine Snacks, Softdrinks und Bier zu guten Preisen erwerben können. Der Strand ist auf beiden Seiten breit und das Wasser ruhig. Allerdings tritt bei Ebbe das Riff sichtbar hervor. Schwimmen könnte zu dieser Tageszeit schwierig werden.

Die Gebühr für den vorgelagerten Parkplatz beträgt 2000 IDR.

Der **Geger Beach** hingegen ist ein bisschen umständlicher zu erreichen – der Weg lohnt aber allemal. Verlassen Sie den Nusa-Dua-Komplex durch den Bali Golf & Country Club Richtung Süden und folgen Sie der spärlichen Ausschilderung, bis Sie an eine Staubpiste gelangen, die zum Parkplatz am Strand führt. Gäste der Luxushotels hingegen können sich mit dem Shuttlebus zum hoteleigenen Beachclub fahren lassen. An dem langen, feinsandigen Strand kann man Sonnenliegen und -schirme mieten. Kleine Warungs sorgen für die Verpflegung, sodass es sich hier optimal den ganzen Tag aushalten lässt. Zuletzt war der Strand aufgrund der Mega-Baustelle einer Hotelkette eher Bau- als Badeplatz. Zwischen Schutt und Maschinen war einfach keine Erholung zu finden. Wer in einem Restaurant speisen will, geht in den **Nusa Dua Beach Grill** 🔟. Die Kulisse bildet der sich eindrucksvoll an die Klippe im Süden schmiegende **Pura Geger**. Gläubige beten hier für reiche Ernte, Sicherheit und Wohlstand. Den Göttern soll er als Ruhe- und Raststätte nach der langen Reise nach Bali dienen.

Süd-Bali → Karte S. 144

Basis-Infos

Hin & weg In der Umgebung von Nusa Dua fahren oft Shuttlebusse der Hotels zu den Beachclubs an den nahe gelegenen Stränden. Viele Restaurants bieten ebenfalls einen kostenlosen Transportservice. **Bali Collection** offeriert einen nahezu stündlichen Shuttle-Service von den Hotels in Nusa Dua und Tanjung Benoa zum Shoppingcenter.

Grüne Bemos fahren bis zum frühen Nachmittag entlang der Jl. Pratama (ca. 4000 IDR) bis zum Bemo-Terminal in Bualu in der Jl. Bypass Nusa Dua. Von dort aus kann man mit etwas Glück zum Tegal Terminal nach Denpasar weiterfahren (ca. 15.000 IDR).

Die einfachsten, sichersten und schnellsten Lösungen, um nach Nusa Dua und von dort weiterzukommen, sind ein Bali-Taxi, Charter oder das eigene Auto.

Geld ATMs entlang der Jl. Pratama und im Bali Collection Shopping Center. Natürlich bieten die meisten Hotels Geldwechsel an und akzeptieren die gängigen Kreditkarten.

Gesundheit Alle Hotels in Nusa Dua bieten einen medizinischen Service. Im Notfall ist die **Nusa Dua Clinic** in der Jl. Pratama eine gute Wahl. Viele der dortigen Ärzte sprechen Englisch, der Standard ist verhältnismäßig gut. Jl. Pratama 81A–B, ✆ 0361/778098.

Internet und Telefon In allen großen Hotels zu wirklich teuren Raten! Besser, man sucht sich eines der günstigen Internetcafés entlang der Jl. Pratama in Tanjung Benoa.

Polizei In der Jl. Bypass Nusa Dua, ein paar Hundert Meter westlich des Tragia-Supermarktes.

Post In der Jl. Bypass Nusa Dua östlich des Tragia-Supermarktes.

Aktivitäten

(→ Karte S. 227)

Camel Safaris Auf dem Rücken eines Wüstenschiffs das Meer entlangreiten kann man 4-mal täglich am Nusa Dua Beach. Der Anbieter **PT. Bali Camel Safaris** holt die Gäste im Hotel ab und bringt sie in den trockenen Süden der Halbinsel. Zudem organisieren viele Tourenanbieter die Safari in Kombination mit anderen Highlights. Preis für 30 Min: 24 $ für Erwachsene, Kinder 18 $. Auch einstündige Touren möglich. Minimum sind 4 Personen. ✆ 0361/776755, 7911284, info@balicamelsafaris.com.

Fahrräder An nicht allzu heißen Tagen lassen sich der Nordzipfel der Halbinsel und Nusa Dua gut auf gemieteten Fahrrädern erkunden. Die Preise für ein Rad liegen hier natürlich höher als anderswo. 20.000–25.000 IDR/Std. bzw. 60.000–80.000 IDR pro Tag sollte man als Mietpreis einplanen. Interessante und jeweils genau auf die Teilnehmer zugeschnittene Fahrradtouren – auf Wunsch auch mehrtägig – organisiert die **Villa Ombak Putih** 🔟.

Golf Der 18-Loch-Platz des **Bali Golf & Country Clubs** bietet Golffreunden ein idyllisches Betätigungsfeld. Für die erforderliche Abkühlung sorgt meist die frische Brise. Kawasan Wisata, ✆ 0361/771791,

Platzreservierung über die Website www.baligolfandcountryclub.com.

Kochkurse Wer einmal im **Bumbu Bali** gegessen hat, wird verstehen, warum es absolut erstrebenswert scheint, genau dort einen Kochkurs zu besuchen. Beginnend mit einem frühen Ausflug auf den Markt und gestärkt durch ein Frühstück, werden Sie von Heinz von Holzen persönlich in die Geheimnisse der balinesischen Küche eingeführt. Kurse werden dreimal die Woche (Mo, Mi und Fr) abgehalten. Mit Marktbesuch 75 $, ohne Marktbesuch 67,50 $. Voranmeldung und Informationen unter ✆ 0361/774477, 771256, www.balifoods.com.

Wassersport Wer nicht wegen der Luxushotels nach Nusa Dua und Tanjung Benoa kommt, der tut dies wegen des sanft abfallenden Strandes, der sich entlang der ganzen Ostküste des Südzipfels zieht. Am nördlichen Abschnitt steht der **Tanjung Benoa Beach** vollständig unter dem Motto Spaß und Wassersport. Aktive können gegen Bares einfach alles erleben: Segeln, Wasserski und Bananaboat fahren, mit dem Flyin' Fish fliegen, auf dem Scooter über das Wasser rasen oder beim Parasailing kurzweilig in den Himmel entschweben … Nur schwimmen können Sie nicht (Kollisionsgefahr)! Bei den richtigen Windverhältnissen kann aufgrund der ununterbrochen startenden Parasailer sogar ein entspannter Strandspaziergang zum gefährlichen Unterfangen werden. Die angebotenen Schnorcheltrips sind nicht nur etwas überteuert, sie lohnen sich in den meisten Fällen auch einfach nicht. Bademöglichkeiten finden sich erst mehrere Hundert Meter südlich an dem von Hotelburgen gesäumten Strandabschnitt (ab dem Mirage Hotel).

Übernachten

Die Hotels im Nusa-Dua-Komplex sind grundsätzlich von hohem internationalem Standard, sehr luxuriös und teuer. Wer hier nächtigen möchte, tut gut daran, sich im Internet umzusehen. Über zahlreiche Hotelvermittlungen, aber auch über die Websites der Hotels kann man einiges an Geld sparen. Unter 160 $ wird aber auch beim größten Glück nichts zu finden sein. Etwas billiger sind die Hotels in Tanjung Benoa. Auch hier empfiehlt es sich, über das Internet zu buchen. Wer auf den ganzen Luxus verzichten möchte, findet am nördlichen Ende der Landzunge ein paar kleine Homestays. Hier unsere Auswahl als Anregung:

In Nusa Dua Bali Grand Hyatt **13**. Die riesige, dorfähnliche Anlage hinterlässt mit knapp 650 Zimmern, großen Gärten und ausgeschilderten Wegen den Eindruck einer kleinen Tourismuswelt für sich. Viel Raum mit zurückhaltenden, stilvollen Dekorationen, angenehmer Lichtgestaltung und Teakholz oder Marmorböden zeichnen die Zimmer aus. Alle mit erlesenen Marmorbädern und natürlich voll ausgestattet. Die Villen im balinesischen Palastdesign sind ein echter Hingucker. Fünf Restaurants und drei Bars zum Genießen, ein wirklich exklusiver Spa zum Entspannen und eine grandiose Poollandschaft zur Erfrischung runden das Angebot ab. In der Nebensaison ab 160–600 $, zur Hochsaison ist nichts unter 235 $ zu bekommen. ✆ 0361/771234, ✆ 0361/772038, http://bali.grand.hyatt.com.

The Laguna Resort & Spa 12. 214 noble Zimmer, modern und exklusiv eingerichtet. Dazu sind mehrere Restaurants, Cafés und Bars auf dem weitläufigen Gelände verteilt. Gäste können sich im grandios eingerichteten Spa, in mehreren Boutiquen und auf den Tenniscourts verlustieren. Das namengebende Highlight ist jedoch eine einzigartige, ca. 5000 m^2 umfassende Lagunenlandschaft, die sich durch das Gelände schlängelt. Schön bewachsen und dekoriert mit anschließenden Sandbänken, Sonnen-Bales und Liegeflächen. Je nach Lage, Saison und Zimmertyp Preise um die 200–400 $ plus 21 % Tax und Service. Kawasan Pariwisata Nusa Dua Lot N2, ✆ 0361/771327, ✆ 0361/771326, www.starwoodhotels.com.

The Bale 16. Hier hat der Gast die Wahl zwischen schicken, in der Architektur minimalistischen, in der Ausstattung allerdings sehr modernen Villen in den Größen groß bis riesig. Mindestens 240 m^2 Privatsphäre mit Hi-Fi-Ausstattung, eigenem Pool (in der Deluxe-Version noch mal 100 m^2 mehr), 24-Std.-Butlerservice und allem Drum und Dran. Zwei Restaurants, ein großer Gemeinschaftspool mit Bar, Leihbücherei (auch CDs und DVDs) und absolute Entspannung im Spa. Der Beachclub ist am etwas entfernten Geger

Übernachten

1 Pondok Hasan Inn
2 Pondok Agung
3 Tanjung Mekar
4 Ombak Putih
5 Club Bali Mirage
6 Rumah Bali
8 Matahari Terbit
10 Conrad Bali Resort
12 The Laguna Resort & Spa
13 Bali Grand Hyatt
16 The Bale

Essen & Trinken

7 Bumbu Bali
9 Kazumoya
11 Warungs
14 Nyoman's Beergarden
15 Cheers
17 Nusa Dua Beach Grill

Sonstiges

4 Fahrradvermietung
7 Kochschule Bumbu Bali

Tanung Benoa und Nusa Pua

200 m

Beach gelegen. Wer nicht laufen möchte, kann den kostenlosen Shuttle-Service in Anspruch nehmen. Keine Kinder erlaubt. Dieser Luxus kostet dann auch 600–950 $ plus 21 % Service und Tax, Hochsaisonaufschlag 50 $. Jl. Raya Nusa Dua Selatan, ✆ 0361/775111, 🖂 0361/775222, www.thebale.com.

In Tanjung Benoa Tanjung Mekar ▊3. Das kleine, familiäre Homestay bietet simple, aber saubere Zimmer zu günstigsten Preisen (125.000 IDR). Manche Zimmer mit Fernseher, nur ein Raum mit AC für 150.000 IDR. Jl. Pratama, ✆ 0361/772063.

Pondok Hasan Inn ▊1. Gleich nebenan. In einem langen Gebäude im balinesischen Stil finden sich 8 sehr gepflegte Zimmer. Natürlich etwas einfacher als der übliche Hotelstandard, dafür unschlagbar billig und mit AC, TV und freiem WLAN-Zugang ausgestattet. DZ 200.000–300.000 IDR, auch eine Family Suite mit zwei getrennten Räumen und einem Aufenthaltsraum ist zu bekommen. ✆ 0361/772456, 🖂 0361/772532, www.hasanhomestay.balipromotion.net.

》》 Unser Tipp: Pondok Agung ▊2. Eingebettet in sehr viel Grün und Holzdekor bietet das Homestay hübsche, mit viel Liebe zum Detail eingerichtete Zimmer. Besonders die Ausstattung der AC-Räume mit TV, Telefon, Fön und Heißwasser entspricht eher der eines Hotels als der eines Homestays. Der sehr liebevolle und hilfsbereite Service dagegen sorgt für wohlige familiäre Atmosphäre. Ideal für Familien, da sich die Räume durch eine Tür und die Terrassen durch Schiebewände verbinden lassen. Auf der geräumigen Veranda ist sehr viel Platz zum Sitzen, ein großer Deckenventilator sorgt für Abkühlung. Das Frühstück wird im lauschigen Garten vor dem Haus serviert. (Wir träumen noch immer von der außergewöhnlichen Marmelade …) Der Wassersportstrand ist nur wenige Meter entfernt. DZ je nach Größe und Ausstattung 250.000–500.000 IDR. Jl. Pratama, ✆ 0361/771143, 🖂 0361/771145, roland@eksadata.com. 《《

Matahari Terbit ▊8. Freundliche Hotelanlage mit Charme und viel deutschsprachigem Personal. Die 20 bungalowartigen Zimmer wurden in den letzten Jahren komplett renoviert und können nur mit kleinen, aber sehr schönen Duschbädern mit Glasdekor aufwarten. Dezente Dekorationen und grasbedeckte Dächer sorgen für eine gemütliche Stimmung. Die Terrassen sind durch

viele Pflanzen vor neugierigen Blicken geschützt. Im nierenförmigen Pool oder am Strand stehen den Gästen Sonnenliegen und -schirme sowie Handtücher kostenlos zur Verfügung. Ein nettes Strandrestaurant bietet europäische wie asiatische Speisen. Bungalow für 2 Personen 36 €, Einzelbelegung 26 €. Buchbar über Wilma Kaufmann in Deutschland, hier werden auch individuelle Pauschalangebote für diese Anlage zusammengestellt. ✆ 0208/898336, 🖂 0202/894779, http://matahari.de.

Ombak Putih ▊4. Das richtige Refugium für alle, die etwas mehr für ein bisschen weniger Geld wollen. Hinter der unscheinbaren Mauer verstecken sich drei wundervoll eingerichtete Häuser in einem kleinen Garten. In mehrere Parzellen unterteilt, können diese als Appartements mit bis zu 2 Schlafzimmern und Wohnzimmer für bis zu 4 Personen gemietet werden. Zusammengeschlossen ergeben zwei Appartements eine geräumige Villa für bis zu 8 Personen. Ein kleiner Pool und der freundliche Service machen den Aufenthalt perfekt. Appartement mit einem Schlafzimmer 400.000 IDR, mit zwei Schlafzimmern 600.000 IDR. In der Nebensaison ist Handeln möglich. Der Besitzer organisiert auch Touren und Fahrradausflüge. Jl. Pratama 101X, ✆/🖂 0361/771038, ✆ 081/23994711 (mobil), www.ombakputihbali.com.

Rumah Bali ▊6. Das gehobene Bed & Breakfast im Stil eines balinesischen Dorfes gehört zur Bumbu-Bali-Restaurantgruppe. Geboten werden entweder Villen mit wahlweise 2 oder 3 Schlafzimmern, grandiosem Open-Air-Bad und privatem Pool oder geräumige bungalowartige Zimmer mit großer Veranda, entweder mit oder ohne Küche. Egal, was der Gast wählt: Die Einrichtung ist immer stilvoll und mit kostbaren Naturmaterialien wie Teakholz, Marmor und Granit durchsetzt. Alle Räume mit AC, Telefon, Kühlschrank, Fernseher und WLAN-Anschluss. Das Ganze eingebettet in einen grünen tropischen Garten und abgerundet durch eine große Poollandschaft mit abgetrenntem Kinderbecken. Wer länger als fünf Nächte bleibt, dessen Treue wird mit einem Gratiskochkurs und Flughafentransfer belohnt. Bungalow 72,50 $, mit Küche 10 $ mehr, Villa 275 $ mit 2 Schlafzimmern und 325 $ mit 3 Schlafzimmern. Alles plus 21 % Tax und Service, in der Hochsaison noch mal 20 $ Aufschlag pro Nacht. Jl. Pratama, ✆ 0361/771256, 🖂 0361/771728, www.bedandbreakfastbali.com.

Club Bali Mirage 5. Übersichtliche Hotelanlage direkt am Strand von Tanjung Benoa. Je nach Geschmack und Urlaubswünschen kann der Gast zwischen gewöhnlichen Deluxe-Zimmern und modern eingerichteten Romantic Rooms mit wallendem Moskitonetz sowie zwei verschiedenen Suiten wählen. Ein großer Pool mit Poolbar ziert das schön begrünte Gelände. Natürlich gibt es auch hier zwei Restaurants/Cafés und eine Lounge-Bar. Großes Angebot für die Kleinen wie Kinderbetreuung, Babysitting-Service und ein Spielplatz. Je nach Saison und Ausstattung kosten die Zimmer 70–140 $, Suiten ab 135 $. Auch All-inclusive-Angebote mit gutem Preis-Leistungs-Verhältnis buchbar. Jl. Pratama 72, ✆ 0361/772147, 📠 0361/772156, www.clubbalimirage.com.

Conrad Bali Resort & Spa 10. Die 360 Zimmer und Suiten, Letztere nicht unter 110 m^2, sind meist in sanften Pastelltönen gehalten, ergänzt von Marmorböden und hellen Glasfronten. Viele der Suiten verfügen über große private Pools in der Größe eines „normalen" Hotelzimmers. Alle Räume sind mit schönen Bädern und Terrasse/Balkon ausgestattet. Komfort und Luxus muss niemand vermissen – die Ausstattung ist perfekt. Um sich die freie Zeit zu vertreiben, können die Gäste 7 Restaurants und Bars nutzen und sich auf den Tennisplätzen, in der großen Poollandschaft und dem Fitnessstudio austoben oder in Sauna und Spa relaxen. Besonders gestresste Eltern werden die Kinderbetreuung lieben. Schönheitssalons und Boutiquen sind selbstverständlich auch vorhanden. Je nach Größe, Lage und Saison Zimmer ab ca. 230 $–500 $ plus 21 % Tax und Service. Jl. Pratama 168, ✆ 0361/778788, 📠 0361/773888, http://conradhotels1.hilton.com.

Süd-Bali → Karte S. 144

Essen & Trinken

(→ Karte S. 227)

In Nusa Dua **Nyoman's Beergarden 14**. Nein, keine Weißwürste und Haxen, dafür für Heimwehgeplagte Rösti, Käsespätzle, Leberkäs und Wurstsalat zur frisch gezapften Halben. Aber auch eine breite Auswahl an chinesischen und indonesischen Gerichten, ergänzt durch vegetarische Besonderheiten wie Tofu Stroganoff. Hauptgerichte ab 35.000 IDR, Spezialitäten 50.000–80.000 IDR, Lobster natürlich entsprechend teurer. Cocktails um die 60.000 IDR. Wer Glück hat, kann in der offenen Küche dem Chef Andreas Menzel beim Flambieren der Desserts zusehen. Abends lockere Party-Atmosphäre, oft mit Livemusik oder DJ. Jl. Pantai Mengiat, ✆/📠 0361/775746, www.ptsendok.com.

Cheers 15. Seit 2004 ist diese große, mit internationalen Flaggen dekorierte Bar die Adresse für Dinner und anschließende Party. Steaks vom heißen Stein und Tischbarbecue sind die Highlights der Karte. Bei Livemusik 4-mal die Woche wird der Schnaps auch schon mal flaschenweise ausgeschenkt. Kostenloses Poolbillard, Kicker und WLAN zum Mailchecken. Oft werden Sportübertragungen gezeigt. Jl. Pantai Mengiat 12, ✆ 0361/776644.

In Tanjung Benoa **Kazumoya 9**. Im typisch traditionellen japanischen Stil eingerichtetes Restaurant mit den allzeit beliebten Sushi-Kreationen. Wählen Sie den Sitzplatz an der Teppanyakibar, an den Liegetischen oder ganz konventionell. Sushi 80.000–260.000 IDR, Sets ab 150.000 IDR. Kostenloser Transportservice. Jl. Pratama 73 AC, ✆ 0361/775542, 775543, 📠 0361/775545.

»› **Unser Tipp:** **Bumbu Bali 7**. Das Restaurant des Spitzenkochs Heinz von Holzen ist das kulinarische Mekka Nusa Duas, wenn nicht sogar ganz Süd-Balis! Die Gerichte werden live in der einsehbaren Küche zubereitet, Verwendung finden nur frische Zutaten, auf Chemie und Geschmacksverstärker wird verzichtet. Und das schmeckt man! Die Karte offeriert die gesamte Bandbreite der balinesischen Küche mit der Mannigfaltigkeit der Gewürze. Dabei werden auch nicht so häufig angebotene Speisen in den Mittelpunkt gerückt. Besonderes Highlight ist die reichhaltige Reistafel, die es auch in der vegetarischen Variante in sich hat. Etwas teurer, doch der Aufpreis lohnt sich. Reservierung unbedingt empfehlenswert! Hauptgerichte ab 80.000 IDR, Vegetarisches ab 50.000 IDR, Reistafel um 250.000 IDR, alles plus 21 % Tax und Service. Jl. Pratama, ✆ 0361/774502, 772299, www.balifoods.com. «‹

Gegenüber dem Conrad Hotel haben sich entlang der Hauptstraße zahlreiche **kleine Warungs 11** angesiedelt, z. B. das empfehlenswerte **Rumah Makan Famili**, in dem gutes Padang-Essen zu kleinen Preisen angeboten wird.

Zentral-Bali

Ubud – seit jeher das kulturelle Zentrum Balis – zieht auch heute noch Künstler und Freigeister an. Hier kann man nicht nur allerlei Galerien und Museen besuchen, sondern findet in der nahen Umgebung auch kulturell bedeutende Stätten: die Elefantenhöhle Goa Gajah, alte Königsgräber, den Mond von Pejeng und bedeutende Reliefe. Und wer schon einmal hier ist, kann sich gleich in einem der unzähligen Workshops weiterbilden, den Geist bei Meditation und Yoga erweitern oder den gestressten Körper in unzähligen Spas verwöhnen lassen.

Auf dem Weg nach Ubud

Wer aus dem Süden kommt, nähert sich Ubud auf der Kunsthandwerksroute, die von Batubulan nach Mas verläuft und in jedem Dorf Straßenbasare bietet, die für kaufwillige Touristen Angebote zum schnellen Schnäppchen quasi im Vorbeigehen bereithalten. Nur schauen ist natürlich auch erlaubt … Wenn man sich nicht sofort ins kunsthandwerkliche Getümmel stürzen will, kann man gleich beim Ausgangspunkt dieser Route, bei Batubulan, die nach Norden abzweigende Straße Richtung Singapadu zu einem kleinen Abstecher in die balinesische und internationale Tierwelt nutzen.

Tierparks bei Singapadu

Die nette Ortschaft Singapadu liegt etwa einen Kilometer von der Hauptroute entfernt und ist für ihre Maskenschnitzer bekannt. „Bekannt" ist aber vielleicht etwas zu hoch gegriffen, denn Spektakuläres gibt es nicht zu sehen, dafür ist der Ort einfach zu klein. Eine Stippvisite lohnt sich dennoch – allerdings nicht so sehr wegen der Masken als vielmehr wegen der drei Tierparks, die man hier besichtigen kann. Zwei sind auf jeweils eine Spezies spezialisiert – Vögel und wilde Drachen –, der dritte präsentiert die Tierwelt querbeet. Zeitlich schafft man alle drei problemlos an einem Tag, wer nur einen ins Programm nehmen will, sollte sich auf den Bali Zoo konzentrieren. Auch finanziell könnte die Beschränkung Sinn machen, wirklich preiswert ist nämlich keine der drei Anlagen.

Bali Bird Park (Taman Burung): Der Vogelpark erstreckt sich auf einer Fläche von etwa 2 ha und präsentiert seine Hauptattraktion inmitten tropischer Pflanzen und in Gesellschaft zahlloser Schmetterlinge. Einige seiner gefiederten Bewohner wandeln frei durchs Gelände, die meisten sind aber in zum Teil begehbaren Volieren untergebracht. Dort wurde versucht, den ursprünglichen Lebensraum der jeweiligen Arten möglichst authentisch nachzubilden. Und so lässt sich in dem Park eine

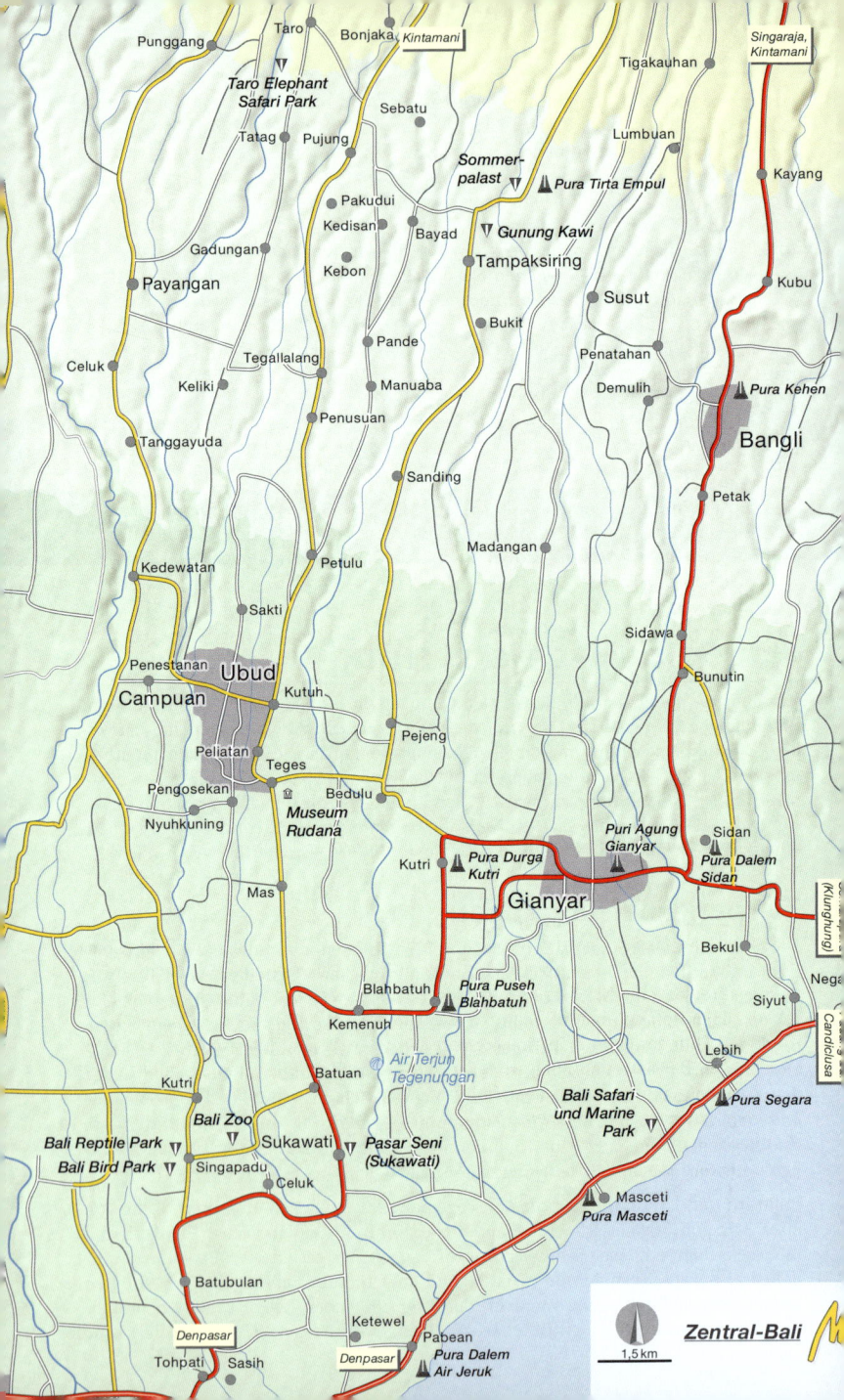

nette kontinentübergreifende Erkundungsreise in Sachen Vogelkunde antreten: von Südamerika über Südafrika bis zu den verschiedenen Inseln Indonesiens, also nach Borneo, Java, Sumatra, Sulawesi, Papua Barat und natürlich nach Bali. Beim Spaziergang durch den Regenwald kann man die Vögel an ausgewählten Plätzen beobachten, ihnen bei der Fütterung zusehen oder sich an den Flugshows erfreuen. Interessant ist auch die Aufzuchtstation, die hier mit großem Erfolg arbeitet. Insgesamt beherbergt der Park Vertreter von ca. 250 Spezies, darunter 40 geschützte Arten wie den Nashornvogel oder den endemischen, extrem seltenen Balistar mit seinem schneeweißen Federkleid. Ganz und gar federlos und dennoch hübsch anzuschauen sind die beiden Komodowarane, die das Angebot des Parks abrunden. Nach so viel Tierwelt müssen eventuell verbrauchte Energien wieder aufgefüllt werden. Möglich ist das im parkeigenen Café oder im etwas teureren Restaurant.

Tägl. 9–17.30 Uhr, geführte Touren möglich. Erw. 26 $, bis 12 J. 13 $. Das Ticket beinhaltet den Eintritt für den benachbarten Bali Reptile Park (s. u.). Jl. Serma Cok Ngurah Gambir, Singapadu, Batubulan, ☎ 0361/299352, www.bali-bird-park.com.

Bali Reptile Park: Gleich neben dem Vogelpark gibt's eine spannende Zeitreise in die Welt der Drachen. Alles, was Rang und Namen hat im indonesischen Reptilien-Pantheon, ist hier vertreten – so zumindest die Eigenwerbung der Betreiber. Und tatsächlich rollt sich hier u. a. ein 8 m langer Python ein, patrouillieren alptraumhafte Monitorware aufmerksam durchs Gelände und demonstrieren Komodoriesen, dass sie die größten und mächtigsten im Lande sind. Dazu gibt's Schildkröten und allerlei kleinere Vertreter der Art, aber auch „aus der Art Geschlagenes" wie Ochsenfrösche und Taranteln. Besonders für Kinder faszinierend ist der Streichelzoo, in dem man kleinere Warane und Echsen anfassen und auf den Arm nehmen kann – ob die Tiere selbst ihren Spaß daran haben, verraten sie uns leider nicht ... Beim Fressen jedenfalls bleiben alle Parkbewohner unter sich, das heißt, die Fütterung wird abseits der Besucher vorgenommen. Begrüßenswert.

Tägl. 9–17.30 Uhr. Der Eintritt ist im Kombiticket für den Bali Bird Park enthalten (s. o.).

Bali Zoo (Kebun Binatang Bali): Der dritte im Bunde der Tierparks von Singapadu besticht mit einem großen Gelände, geizt aber leider teilweise mit der Größe der Gehege. Laut Aussage der Betreiber soll die aktuelle Situation allerdings verbessert werden. Bestaunen kann man die gesammelte Fauna der Insel sowie zahlreiche andere exotische Tiere: Tiger, Löwen, Panther, Krokodile, Komodowarane, Schlangen, Vögel und, und, und. Exemplare kleinerer und ungefährlicherer Arten tummeln sich im Streichelzoo. Wer den Adrenalinspiegel erhöhen möchte, kann sich auf Seilen und Hängepfaden beim Treetop Adventure gegen Aufpreis (Erwachsene 15 $, Kinder 10 $) in den Baumwipfeln vergnügen. Auch eine geführte Pferdetour zu den Subaks, den Bewässerungsanlagen der umliegenden Reisfelder, kann gebucht werden. Samstag- und mittwochabends öffnet der Zoo seine Pforten für abendliche Besucher, zu später Stunde kann man ein Dinner, eine Tiershow und einen Feuertanz genießen.

Tägl. 9–16 Uhr, Mi + Sa auch 18–21 Uhr. Erw. 24 $, bis 14 J. 12 $, Familienticket (2 Erw., 2 Kinder) 65 $, „Night at the Zoo" 42 $ (Erw.), 29 $ (bis 14 J.), 162 $ (Familie). Außerdem zahlreiche Kombitickets (z. B. inkl. Essen, Erfrischung und Abholung) oder Special Events buchbar. Jl. Raya Singapadu, Sukawati, ☎ 0361/294357, www.bali-zoo.com.

Zentral-Bali → Karte S. 232

Kunsthandwerksroute über Batubulan nach Teges

Steinmetzarbeiten, Silber- und Goldschmuck, Schirme und Holzschnitzereien – die Straße von Batubulan bis Teges unmittelbar vor den Toren Ubuds ist geradezu gepflastert mit Kunsthandwerk. Jedes der wie an der sprichwörtlichen Perlenkette aufgereihten Dörfchen hat sich über Jahrhunderte auf ein Handwerk spezialisiert, dessen Produkte in einer scheinbar endlosen Aneinanderreihung von Basaren links und rechts der Straße zum Kauf angeboten werden. Neben wirklich einzigartigen Handwerksstücken finden sich auch zahllose „Unikate", die dann auf wundersame Weise vermehrt in vielen Shops auftauchen ...

Dass es auf der Kunsthandwerksroute etwas zu verkaufen gibt, ist natürlich auch den regionalen Tourenanbietern nicht verborgen geblieben – und so ist man alles andere als allein, wenn man sich auf die Suche nach einem passenden Urlaubssouvenir begibt. Was aber auf jeden Fall interessant ist: Man kann den Handwerkern und Künstlern bei der Herstellung ihrer Arbeiten in den Werkstätten hinter den Verkaufsräumen über die Schulter schauen.

Batubulan

Der Ort ist eigentlich schon mit den Ausläufern der Hauptstadt Denpasar zusammengewachsen und steht gleich für zwei künstlerische Betätigungsfelder: für seine **Barong-Tanzgruppen,** deren Aufführungen von besonders hoher Qualität sind, und für seine **Steinmetzarbeiten,** für die Batubulan (= Mondstein) schon mit seinem Namen bürgt. Und so fährt man durch die von meterhohen Skulpturen gesäumten Straßen und kann sich gar nicht sattsehen an Buddhas, Göttern, Tempelwächtern und anderen illustren Gesellen aus Stein. Erlesenstes Zeichen für die Kunstfertigkeit der hiesigen Steinmetze ist aber der zentrale **Pura-Puseh-Tempel.** Reich geschmückt (besonders das Tempeltor) wartet er – für Bali außergewöhnlich – mit zwei schön gearbeiteten Buddha-Statuen im Inneren auf. Hübsch anzuschauen ist auch die mit Elefantendarstellungen verzierte Treppe. Selbst wer in Batubulan keine Steinmetzarbeiten kaufen möchte, kann sich hier kostenlos am Können der Handwerker begeistern.

Celuk

Einen Steinwurf östlich von Batubulan ist das kunsthandwerkliche Material edler: In Celuk stehen traditionell **Silber- und Goldschmiedearbeiten** auf dem Programm. Wer will, kann sich hier sein Schmuckstück individuell fertigen lassen; allerdings sollte man sich an die Shops und Werkstätten abseits der Hauptstraße halten, denn dort sind die Preise bedeutend günstiger. Außer kaufen kann man in Celuk auch lernen: Workshops führen Interessierte in die Silberschmiedekunst ein.

Sukawati

Sie sind beeindruckend und zieren Unmengen an Tempeln und Schreinen, aber auch gewöhnliche Hauseingänge: die reich verzierten **Schirme** aus Sukawati, die in den Shops entlang der Hauptstraße angeboten werden. Auf Wunsch bekommt man sie auch gleich abgesägt – wer kann schon einen 2 m langen Schirm mit ins Flugzeug nehmen? Zweites kunsthandwerkliches Standbein des Dorfes ist die Herstellung von **Wayang-Kulit-Puppen.** Kein Wunder, die *dalang* (Puppenspieler) aus Sukawati haben bis in die letzte Ecke Balis einen ausgezeichneten Ruf für ihr exzellentes Schattenspiel. Kaufen kann man die Puppen natürlich auch – für Touristen gibt es allerdings nur die Ausschussware. Wir fanden sie trotzdem wunderschön.

Vielleicht nicht ganz so schön wie die Puppen aus Sukawati ist der örtliche Kunstmarkt, der **Pasar Seni,** an der Jl. Raya Sukawati. Er ist von früh bis spät in die Nacht geöffnet und wird täglich von Busladungen an Tagesausflüglern geflutet. Dicht an dicht wird Altes und Neues verkauft, neben Puppen, T-Shirts und Hüten finden sich auch Stoffe, Geschnitztes und Korbflechtwaren. Wegen des großen Andrangs lassen sich die Händler selten auf einen *harga biasa* (den gängigen Preis) herunterhandeln.

Batuan

Die Künstlersiedlung ist bekannt für ihren Malstil, entsprechend sind **Gemälde** die Haupteinnahmequelle des Dorfes. Kaufen kann man sie in den Galerien, die sich entlang der Hauptstraße aneinanderreihen. Bilder im Batuan-Stil widmen sich entweder Motiven aus der Mythologie oder sie thematisieren das Alltagsleben der balinesischen Dorfgemeinschaft. Sie wirken tendenziell düster und etwas geheimnisvoll, und manchmal muss man sich regelrecht „einschauen", weil sie vor Details und kleinen Szenen nur so strotzen – fast wie Wimmelbilder.

Außer Bildern hat Batuan noch einen **Buddha** zu bieten. Der steht am Nordausgang des Dorfes (am Abzweig nach Blahbatuh) und wird „Fat Baby Statue" genannt. Dünn ist er wirklich nicht.

Mas

Dass einst der Hindupriester Danghyang Nirartha in der Gegend residiert haben soll, interessiert in Mas eigentlich keinen Menschen mehr. Heute wohnen und werkeln hier unermüdlich die **Holzschnitzer,** und der Handel mit ihren Produkten blüht prächtig. Frei nach dem Motto „Wir schnitzen, Sie zahlen" wird alles Erdenkliche angefertigt: von der kleinen Schildkröte über Bilderrahmen bis zu überdimensionalen Statuen, die Figuren aus Legenden darstellen. Entsprechende Shops gibt es allerorten im Dorf, das Angebot ist kaum überschaubar. Mit etwas Verhandlungsgeschick kann man schöne kunstfertige Arbeiten in beinahe jeder Größe erwerben – wie schön, wenn man davor dem Künstler noch bei der Fertigstellung über die Schulter gucken konnte. Vor dem Kauf sollte man allerdings darauf achten, welches Material verwendet wurde. Nicht nur der Zoll gibt Ruhe, sondern auch die Umwelt dankt es einem, wenn man sich nicht unbedingt für die Figur aus seltenem Tropenholz entscheidet.

Teges

Nichts Neues in Teges: Auch hier, unmittelbar vor den Toren Ubuds, ist die Holzschnitzerei das Maß aller Dinge – oder doch zumindest beinahe. Denn seit 1995 schmückt sich der Ort zusätzlich mit dem **Museum Rudana,** das sich in erster Linie der Malerei widmet. Während im obersten Stockwerk klassische Gemälde und Werke im Ubud- und Batuan-Stil u. a. von Meistern wie I Gusti Nyoman Lempad und Ida Bagus Made ausgestellt sind, können im Erdgeschoss und im ersten Stockwerk interessante zeitgenössische Werke balinesischer Künstler bestaunt werden, z. B. von Gunarsa und Affandi. Daneben beherbergt die Sammlung auch einzelne Stücke von ausländischen Malern wie Antonio Blanco. Von Zeit zu Zeit finden interessante Wechselausstellungen zeitgenössischer Künstler statt. Wer ausgewählte Kunst erwerben möchte, begibt sich in die angeschlossene **Rudana Fine Art Gallery.**

Mo–Sa 9–17 Uhr, So 12–17 Uhr. Erw. 20.000 IDR, bis 12 J. frei. Jl. Cok Rai Pudak 44, Peliatan, ✆ 0361/975779, www.museumrudana.com.

Zentral-Bali → Karte S. 232

Ein Traum in Gold: der Fürstenpalast in Ubud

Ubud

Eingebettet in friedliche grüne Natur und die Reisterrassen des zentralen Hochlands liegt ein weiteres touristisches Zentrum Balis: Ubud, das künstlerisch-kulturelle Herz der Insel. Allerdings schlägt es mittlerweile im Hochfrequenzbereich, will heißen: Die Kunst hat sich in größerem Umfang dem Kommerz verschrieben.

Ursprünglich war Ubud einmal die Stadt der Heilkunst und der Medizin – der Stadtname, der vom entsprechenden balinesischen Wort (*ubad* = Medizin) abgeleitet ist, dokumentiert das noch heute. Dem balinesischen Adel diente Ubud entsprechend als Sommerfrische und „Kurort", in dem er sich nach allen Regeln der traditionellen Kräutermedizin verwöhnen lassen konnte. Heute muss man kein Prinz mehr sein, um sich in Ubud „ganzkörperseelen"-versorgen zu lassen: Jeder, der Zeit und Lust hat, kann eines der vielen Spa-Angebote nach Art der alten Jamu-Tradition in Anspruch nehmen und darauf hoffen, dass sich die gewünschte Wirkung einstellt. Die Branche jedenfalls boomt, zweifellos noch zusätzlich geschürt von der Hollywood-Verfilmung des Bestsellers „Eat, Pray, Love", dessen Protagonistin eben hier in Ubud Balance und Luxus für die Seele findet.

Zur Stadt der Kunst und Kultur wurde Ubud gegen Ende des 19. Jh. unter der Herrschaft der Cokorde (Fürsten) Sukawati. Ubud war damals eng mit dem Königshof im nahe gelegenen Gianyar verbunden und unterstellte seinen Herrschaftsbereich zusammen mit den dortigen Machthabern freiwillig der niederländischen Kolonialmacht. Im Gegenzug gewährten die Niederländer beiden Höfen gewisse Autonomierechte; gleichzeitig sorgte die Nähe zu den niederländischen Besatzern dafür, dass Ubud und Gianyar von den Gebietskämpfen der übrigen südbalinesischen Rajas weitgehend unbehelligt blieben. In dieser Phase der (erkauften) Ruhe und Stabilität konnten sich in Ubud die schönen Künste entfalten, wurden Baumeister und Maler in die Stadt geholt, um die hiesigen Paläste und Tempel auszubauen und zu verschönern. Zu ihnen gesellten sich Musiker, Tänzer und Künstler jeglicher Couleur, womit der Grundstein für die besondere kulturelle Bedeutung Ubuds für ganz Bali gelegt war.

Auf diesem Fundament ging es in den 20er- und 30er-Jahren des folgenden Jahrhunderts weiter – mit deutlicher Akzentverschiebung allerdings. Die Cokorde Gede Raka und sein Bruder Gede Agung Sukawati waren Anhänger der aus England nach Asien herüberschwappenden Arts-and-Craft-Bewegung und als solche bemüht, westliche Künstler für einen Aufenthalt in Ubud zu gewinnen, um der traditionellen balinesischen Kunst neue Impulse zu geben. Ihre Argumente waren offenbar gut, und da sie zusätzlich noch die einzigartige Atmosphäre der Stadt und die fantastische Landschaft drum herum in die Waagschale werfen konnten, wundert es nicht, dass nach und nach zahlreiche Europäer und Amerikaner ihrem Aufruf folgten und hier ihr (künstlerisches) Paradies suchten. Einer der ersten war der deutsche Maler Walter Spies, der später zusammen mit seinem niederländischen Kollegen Rudolf Bonnet die Künstlervereinigung Pita Maha gründete, in der die einheimischen Künstler ermutigt wurden, neue Maltechniken und bis dato vor Ort unbekannte Materialien zu erproben. So entstand bald die Künstlerkolonie Ubud, in der sich alte balinesische und europäische Traditionen wechselseitig beeinflussten.

Und heute? Im klassischen Sinn Künstlerkolonie ist Ubud schon längst nicht mehr. Am deutlichsten sieht man das in den drei Hauptstraßen der 15.000-Einwohner-Stadt, der Jl. Raya Ubud und den davon abzweigenden Jl. Monkey Forest und Jl. Hanuman: Verkehrsstaus zur „Rushhour" und jede Menge Hotels und Restaurants bestimmen hier das geschäftige Bild, dazu hat sich entlang der mittlerweile mit gepflasterten Fußwegen ausgestatteten Straßen eine kaum überschaubare Zahl an Shops und Galerien angesiedelt. Dort spielt hochwertige Kunst nur noch eine Nebenrolle, stattdessen wird oft bestenfalls solides Kunsthandwerk und mancherorts sogar schnell produzierter Kitsch, Tand und Tinnef angeboten. Souvenirjäger freut das, Bali-Puristen rümpfen die Nase und mancher Einheimische wünscht sich die alten Zustände zurück. Geht aber natürlich nicht, denn dass ein Künstlerstädtchen inmitten traumhafter Tropenkulisse zum Touristenschlager und Trendziel wird, ist so sicher wie das Om im Tempel.

Dennoch: Selbst Kritiker – wenn sie nicht der Hardcore-Fraktion angehören – können kaum bestreiten, dass es immer noch keinen anderen Ort auf Bali gibt, an dem man die Kunst, Kultur und Spiritualität der Insel derart konzentriert aufsaugen kann wie in und um Ubud. Satellitengleich umgeben die Stadt einige der wichtigsten Sehenswürdigkeiten der Insel, allesamt binnen kurzer Fahrzeiten problemlos zu erreichen: phänomenale wie der gigantische Tempelkomplex Gunung Kawi, heilige wie die Kultstätte Goa Gajah und geschichtsträchtige wie der Mond von Pejeng. Und auch in der Stadt selbst, die längst mit den umliegenden Dörfern zusammengewachsen scheint, ist noch etwas vom ursprünglichen Geist des einstigen Künstlerrefugiums erhalten geblieben. Man spürt das deutlich, wenn man die Hauptstraßen verlässt und sich in den Seitengässchen umsieht. Dort gibt es sie immer noch: die gemütlichen Cafés, die kleinen Warungs und eben auch die winzigen Ateliers ortsansässiger Familien, die weit Besseres als schnell gefertigte künstlerische Konfektionsware im Programm haben. Es bleibt also dabei: Ubud ist ein Muss für jeden Bali-Reisenden.

Zentral-Bali → Karte S. 232

Sehenswertes in Ubud

Nirgendwo in Bali gibt es eine solch hohe Konzentration an Museen, Galerien und wechselnden Kunstausstellungen wie in Ubud – nicht verwunderlich für eine (ehemalige) Künstlerkolonie. Wundern muss man sich allerdings über den Zustand, in dem sich das eine oder andere Museum befindet: Abgesehen von den großen Ausnahmen (wie z. B. dem ARMA) muss sich der Besucher darauf einstellen, durch schlecht ausgeleuchtete Räume geführt zu werden, in denen er scheinbar wahllos aneinandergereihte und bisweilen von Spinnweben dekorierte Werke unterschiedlichster Künstler in Augenschein nehmen kann – so als befände er sich in einem Konzertsaal, in dem aus jedem Winkel eine andere Melodie tönt ... Ungeordnete Reizüberflutung ist da leider manchmal inbegriffen. Wer sich darauf einlassen kann, wird's dennoch wunderschön finden.

Entlang der Jl. Raya Ubud

Blanco Renaissance Museum: Wer der vielversprechenden langen Einfahrt folgt, gelangt zu der wahrlich eindrucksvollen, hoch über der Campuhan Bridge gelegenen Residenz des exzentrischen und selbstverliebten Malers Antonio Blanco. Ist es ein Tempel, ein Museum oder ein Palast? Irgendwie alles zusammen, gekennzeichnet von der unverkennbaren Handschrift des Künstlers spanischer und philippinischer Abstammung. Antonio Blanco wurde oft als „Dalí von Bali" bezeichnet, und das ist kein wortwitzelnder Kalauer, sondern beschreibt treffend seinen Stil. Das Museum wurde 1998, ein Jahr vor Blancos Tod, eröffnet und wird jetzt von dessen jüngstem Sohn geleitet.
Tägl. 9–17 Uhr, auch an Feiertagen. Eintritt 50.000 IDR. ✆ 0361/975502, www.blancomuseum.com.

Big Business

Pura Gunung Lebah: Knapp 400 m weiter Richtung Zentrum, kurz nach der Campuhan Bridge, an der auch einige Aussichtsrestaurants liegen, nimmt man die steinerne Treppe, um zu diesem wirklich alten Tempel aus dem 8. Jh. zu gelangen. Er steht am Zusammenfluss des Flusses Uo mit einem kleinen Bach und damit an einem magischen, energiegeladenen Ort, als der der „Kuss" zweier Wasserläufe seit jeher betrachtet wird. Nachts wird man hier keinen unbescholtenen Balinesen treffen, da der Ort zur finsteren Stunde den magischen Kräften, wenn nicht sogar den Mächten des Bösen vorbehalten ist.

Pura Dalem: Den Zugang zum Tempel flankieren beiderseits des Weges ehrwürdig moosbewachsene Rangda- und

Dämonenstatuen, die als Schutz vor dem Bösen dienen sollen. Schon dieser Anblick sollte die Besucher daran erinnern, sich mit Sarung und Tempelschal zu bekleiden! Im Inneren konzentriert sich auf verhältnismäßig kleinem Raum eine Vielzahl weiterer Rangda- und Dämonenstatuen. Eindrucksvoll ist v. a. der auf dem Rücken einer Schildkröte getragene Schrein. Auf dem Außengelände finden des Nachts anmutige Tanzvorführungen statt.

Museum Puri Lukisan (Palace of Arts): Der „Palast der Gemälde" war das erste private Museum Balis und wurde 1956 von Cokorde Gede Agung Sukawati und dem holländischen Maler Rudolph Bonnet gegründet. In einem schön angelegten Garten mit Statuen finden sich mehrere Bales, in denen die Exponate ausgestellt sind. Darunter sind Arbeiten von Bonnet selbst, Werke von Malern der von ihm mitbegründeten Künstlervereinigung Pita Maha und Holzschnitzarbeiten. Insgesamt eignet sich ein Rundgang gut, um einen kurzen Einblick in die balinesische Kunst und ihre Entwicklung zu gewinnen, zumal man sich hier die Mühe gemacht hat, die Werke in chronologischer Reihenfolge zu präsentieren. Einziges Manko: Sie sind oft unzureichend betitelt.

Tägl. 8–16 Uhr. Eintritt 10.000 IDR, bis 15 J. frei. www.mpl-ubud.com.

Pura Taman Kemude Saraswati: Der verhältnismäßig junge Tempel liegt hinter einem großzügig angelegten Lotusteich. Geweiht ist er Dewi Saraswati, der Göttin der Wissenschaft, Kunst und Literatur, geplant und gebaut wurde er in den 1950er-Jahren unter der gestaltenden Hand von I Gusti Nyoman Lempad und weiterer Künstler. Dementsprechend viele in Stein gehauene Kunstwerke des berühmten Meisters finden sich hier. Wer das Ambiente stilvoll in Augenschein nehmen möchte, lässt sich zu einem kühlen Getränk oder dem allabendlichen Dinner im angeschlossenen Café Lotus nieder, um den Ausblick zu genießen – ein gut gefüllter Geldbeutel und abendliche Reservierung natürlich vorausgesetzt.

Puri Saren: Der königliche Palast befindet sich direkt gegenüber dem Ubud Traditional Market und ist wohl einer der besten Plätze für die täglich nach Einbruch der Dunkelheit stattfindenden Tanzaufführungen in Ubud. An manchen Tagen können Besucher einen Blick auf probende Tänzerinnen erhaschen. Bis in die 1940er-Jahre diente der Palast als Regierungsgebäude, bereits in den 1930er-Jahren wurden Teile als erstes Hotel in Ubud eröffnet. Da auch heute noch Mitglieder der ehemaligen Herrscherfamilie hier wohnen, sind nicht alle Bereiche des Geländes zugänglich, zum übrigen Areal ist der Eintritt frei. Zum nichtöffentlichen Teil des Palastes gehört auch der Ahnentempel, in dem noch heute Reliquien der Familie aufbewahrt werden, darunter ein heiliger Keris (Dolch) und die Maske des Affengenerals Hanuman.

Ubud Traditional Market: Wer sich einen romantischen Markt mit urigen Marktschreiern vorstellt, wird bitter enttäuscht werden, findet er doch eher eine Anhäufung neben- und übereinander angeordneter Stände und Buden. Im Angebot ist Kunsthandwerk (oft von der Stange), die Verkaufsstrategie lässt sich wohl am besten mit „hartnäckig" beschreiben. Schnäppchen sind hier aufgrund der vielen Tagestouristen kaum zu tätigen, ein schnelles Souvenir bekommt man aber allemal. Schöner ist es am frühen Morgen: Ab spätestens 6 Uhr wird im westlichen Teil des Areals der tägliche Ortsmarkt abgehalten, den viele Touristen gar nicht zu sehen bekommen.

Der Kunstmarkt öffnet seine Tore offiziell von 8 bis 18 Uhr, einige der Stände haben aber bis weit in den Abend hinein geöffnet.

Puri Lempad: Das Haus des bekannten, 1978 im hohen Alter von wahrscheinlich 112 Jahren verstorbenen Multitalents I Gusti Nyoman Lempad wird heute von seinen

Zentral-Bali → Karte S. 232

Enkeln bewohnt und gepflegt. Lempad formte Kunst als Steinmetz und Architekt, doch am meisten gerühmt wird er für seine Gemälde. Wer die bestaunen will, ist allerdings im Neka Art Museum (→ S. 242) besser aufgehoben, zum Zeitpunkt unseres Besuchs waren in dem wunderschönen Garten um sein ehemaliges Wohnhaus mehr Vogelkäfige als Gemälde im Haus zu sehen. Doch im Puri Lempad geht es ohnehin eher darum, die Atmosphäre wahrzunehmen, in der der Künstler sein kreatives Potenzial entfalten konnte. Mit etwas Glück kann man außerdem mit Lempads Enkeln interessante Gespräche führen.

Kein Eintritt; variable Öffnungszeiten, da es sich immer noch um ein Wohnhaus handelt.

Seniwati – Gallery of Art by Women: Die Galerie versteckt sich in der kleinen Seitenstraße Jl. Sriwedari und sorgt dafür, dass auch die Begabung und Kunstfertigkeit von Frauen nicht übersehen bzw. übergangen wird. Ausgestellt und zum Großteil auch zum Kauf angeboten werden die Gemälde von über 70 Künstlerinnen balinesischer bzw. indonesischer Herkunft. Gleichzeitig dient die Galerie, die ihr Programm im Namen trägt (*seni* = Künste, *wati* = Frauen), als Treffpunkt, an dem Workshops organisiert und talentierte Mädchen mithilfe von Spendengeldern in der Kunst der Malerei ausgebildet werden.

Tägl. außer Mo 9–17 Uhr. Jl. Sriwedari 2B, ☎ 0361/975485, www.seniwatigallery.com.

Das EPL-Syndrom, Ubuds neues Fieber

Das P könnte für „Pilcher" stehen. Tut es aber nicht. Leider. Sonst würden in diesem für Ubuds Zukunft so bedeutenden Buch wenigstens grandiose Naturbeschreibungen zu finden sein. „Eat, Pray, Love" ist die Lebensgeschichte einer Amerikanerin Mitte dreißig, „die liebevollste und liebeshungrigste Kreatur auf Erden (...) (so etwas wie eine Mischung aus Golden Retriever und Klette)", die nach ihrer auszehrenden Scheidung, einer leidenschaftlichen Affäre und diversen Selbstmordversuchen jetzt lieber Wünsche ans Universum schickt, einen Guru als geistigen Führer erwählt und sich mit ihrer inneren Stimme mittels Notizbuch unterhält. Im Rahmen dieses Selbstfindungstrips tritt sie nun eine Reise zu den „drei großen Is" und zum eigenen Ich an. Diese Reise führt sie zum Schlemmen nach Italien, zum Beten in einen Aschram nach Indien und zuletzt, um die große Liebe und Seelenfrieden zu finden, nach Indonesien, genauer: nach Ubud auf Bali. Die Folgen für Liz, so der Name der Protagonistin, sind innere Ausgeglichenheit und Frieden; die für die kleine balinesische Stadt ein vehementer Anstieg an Bekanntheit, Ruhm und eine noch größere Touristenschwemme. Beim Spazieren durch die Gassen trifft man auf erstaunlich viele Frauen im besten Alter, bewaffnet mit einem Buch und Yogamatte, die genau wie die Heldin des Buches spirituelle Erleuchtung bei Heilern suchen und wild entschlossen sind, ebenfalls die große Liebe zu erfahren.

Auch die Verfilmung des Buches mit Julia Roberts in der Hauptrolle hat ihr Übriges getan. Gebaut und ausgebaut, was das Zeug hält, wurde schon pünktlich zu Drehbeginn und auch die Preise erfuhren allerorts eine Korrektur nach oben. Somit ist Ubud bestens gewappnet für den neuen Goldrausch.

Mandala Wisata Wanara (Affenwald)

Das berühmteste Gelände in Ubud ist ein wirklich hübscher Ort, um das umtriebige Städtchen hinter sich zu lassen. Was vielen entgeht: Für Balinesen ist der Affenwald darüber hinaus ein sehr heiliger Ort. Die von Menschenhand geschaffene Anlage musste sich im Laufe der Zeit der Natur beugen, und so wirken die vielen mit Moos bewachsenen Statuen, als wären sie Hunderte von Jahren alt. Zwischen den mächtigen Hängewurzeln der riesigen Bäume schlendert man die befestigten Wege entlang. Und ganz nebenbei kann man auf dem großen bewaldeten Gelände die Nachfahren General Hanumans live erleben: Etwa 300 Langschwanz-Makaken mit fürstlichem Stammbaum toben durch die Äste der heiligen Riesenbäume. Auch die Affen sind heilig und wahrlich fürstlich im Fordern. Wer die Makaken unbedingt füttern will (eigentlich sind sowohl Anfassen als auch das Füttern der heiligen Tiere verboten),

sollte sich an die natürliche Kost der Tiere, wie z. B. Erdnüsse und Bananen, halten. Einmal geschnapptes Essen sollte man niemals zurückfordern. Was die Affen haben, haben sie, und daran darf niemand rütteln. Leider gilt das auch für Schuhe, Kameras, Brillen und Uhren! Verlassen Sie außerdem die Wege nicht, denn wer in die Reviere der Affen kommt, wird sie, ohne es zu wollen, noch von einer ganz anderen Seite kennenlernen. Im Notfall wenden Sie sich an die Mitarbeiter, die leicht an den grünen Uniformen zu erkennen sind.

Mundraub nicht ausgeschlossen

Nur die wenigsten werden bemerken, dass links und rechts der befestigten Wege nach wie vor genutzte Friedhöfe sowie heilige Tempel aus dem 14. Jh. zu finden sind. Der eindrucksvollste ist der dem Gott Shiva geweihte **Pura Dalem Agung Padangtegal** am entgegengesetzten Ende des Parks, der zugleich der Haupttempel der Siedlung Penestanan ist. Das reich geschmückte Tempeltor, das zu besonderen Zeremonien geöffnet wird, ist flankiert von vielen Furcht einflößenden, teilweise Kinder fressenden Rangda-Statuen mit gnadenlosen Hängebrüsten und teuflisch langen Zungen.

In einer grünen Schlucht, rechter Hand vom Hauptweg abzweigend, kann man unter gigantischen Banyanbäumen den kleinen **Pura Beji,** ein Quellheiligtum mit kleiner Badeanlage, von außen besichtigen – allerdings nicht betreten. Der unscheinbarste, jedoch nicht der unbedeutendste Tempel ist der im nördlichen Teil des Waldes in der Nähe des Friedhofs gelegene **Pura Prajapati,** in dem die örtlichen Totenverbrennungen stattfinden.

Der Park ist tägl. von 8 bis 18 Uhr geöffnet. Um den Reisebusladungen zu entgehen, empfehlen wir, entweder morgens oder am späten Nachmittag zu kommen. Erw.

15.000 IDR, Kinder 7500 IDR. Jl. Monkey Forest, Padangtegal, ✆ 0361/971304, 0361/972774, www.monkeyforestubud.com.

Sehenswertes in Kutuh Kaja

Kutuh Kaja liegt etwa 1,5 km nördlich von Ubud und wartet seit 2006 mit einem hübschen **botanischen Garten** auf, angelegt vom deutschen Bali-Residenten Stefan Raiser. Auf 5 ha kann man zwischen üppigen tropischen Pflanzen, Blumenbeeten, Orchideen- und Kräutergärten, einem islamischen Garten etc. lustwandeln und die Vielfalt der indonesischen Flora entdecken. Springbrunnen, Teiche und Wasserfälle sorgen fürs Ambiente und ein natürlich gewachsenes Labyrinth für Spaß und Spannung. Vielleicht bedingt durch die langjährige Krankheit des Gründers wirkte der Garten Ende 2011 etwas vernachlässigt. Die Natur steht nicht mehr in Reih und Glied und hat begonnen, sich das einstmals sehr gepflegte Areal zurückzuerobern. Schilder verblassen mehr und mehr, und auch das Restaurant war beim letzten Besuch geschlossen. Doch wahrscheinlich macht genau das den Garten für Naturliebhaber nur noch reizvoller und atmosphärischer.

Vom Zentrum ca. 40 Min. Fußmarsch. Man folgt der Jl. Raya Ubud Richtung Osten bis zur Filiale der BCA-Bank, dort dann auf der Jl. Tirta Tawar weiter Richtung Norden. Eintritt 50.000 IDR. ✆ 0361/970951, www.botanicgardenbali.com.

… in Penestanan

In der kleinen Siedlung, die man über die Abzweigung linker Hand hinter dem Blanco Renaissance Museum erreicht, gründete der niederländische Maler Arie Smit Ende der 1950er-Jahre die **Young Artist School,** die im Laufe der folgenden Jahre einen eigenen Malstil begründete: Genregemälde mit oft knalligen, realitätsverzerrenden Farben (rotes Meer, gelber Himmel etc.). Heute führen die Kinder und Enkel der ersten Junge-Künstler-Generation die Tradition fort. Wer sich für den Young Artist's Style und überhaupt für balinesische Malerei interessiert, kann sich beim Gang durchs Dorf in den zahlreichen Galerien und Shops umschauen.

… in Campuhan

In der kleinen Siedlung ca. 2 km westlich von Ubud wohnte einst Walter Spies, genauer gesagt: auf dem Gelände des Hotels Tjampuhan (→ Übernachten, S. 257), das Gede Agung Sukawati 1928 eigens für seine (künstlerischen) Gäste hatte errichten lassen. Noch heute kann man sich in seinem einstigen Bungalow einmieten. Wer das nicht will, sollte sich trotzdem nach Campuhan aufmachen, denn dort wartet das sehr professionell gestaltete und daher überaus sehenswerte und informative **Neka Art Museum** auf interessierte Besucher. Gegründet wurde es 1982 vom Kunst sammelnden und weltenbummelnden Balinesen Suteja Neka mit der Absicht, die Kunst seiner Heimat für die Nachwelt zu dokumentieren. In verschiedenen palastgleichen Gebäuden kann hauptsächlich moderne und zeitgenössische Kunst balinesischer und ausländischer Maler bestaunt werden. Daneben finden sich auch zahlreiche Gemälde im Wayang-, Ubud- und Batuan-Stil. Für die großen Meister Arie Smit und I Gusti Nyoman Lempad wurden eigene Abteilungen eingerichtet. In einem kleinen Raum können Interessierte mithilfe der Fotografien von Bob Koke (→ Kasten, S. 178) einen Eindruck von den alten balinesischen Riten und Tänzen gewinnen. Sehr sehenswert ist auch die umfangreiche Keris-Ausstellung im ersten Stock des Hauptgebäudes. Auf zahlreichen Informationstafeln wird ausführlich über diese mächtigen indonesischen Waffen informiert.

Tägl. 9–17 Uhr. Eintritt 40.000 IDR. Jl. Raya Campuhan, Kedewatan, ✆ 0361/975074, www.museum neka.com.

Kunst trifft Natur: im botanischen Garten von Kutuh Kaja

Zentral-Bali → Karte S. 232

… in Pengosekan

Attraktion des knapp 1,5 km südlich von Ubud gelegenen Örtchens ist das **Agung Rai Museum of Art,** kurz und prägnant **ARMA** genannt. Das 1996 eröffnete Haus ist als gelungene Mischung aus Museum und Begegnungsstätte der Künste konzipiert. Gezeigt wird die großartige Sammlung des aus Peliatan stammenden Museumsgründers Agung Rai, dessen eigene Karriere als Maler eher bescheiden ausfiel, sodass er sich alsbald auf die Förderung begabterer Kollegen und aufs Sammeln und Handeln mit Kunst verlegte. Zu sehen gibt es u. a. Werke aller Ikonen der balinesischen Malerei, darunter solche von I Gusti Nyoman Lempad und Bali-Residenten wie Walter Spies, Ari Smit und Rudolf Bonnet. Wer will, kann an einer Museumsführung teilnehmen und sich kompetent und umfassend über die Geschichte der balinesischen Malerei informieren lassen. Flankiert wird das Ganze von Wechselausstellungen mit Werken indonesischer und ausländischer Künstler aus den Bereichen Malerei, Bildhauerei, Fotografie und Installation. Da aber Kunst – insbesondere auf Bali – nicht nur zum Anschauen da ist, bietet das ARMA eine Vielzahl an „Cultural Workshops": angefangen bei Kursen in Malerei, Holzschnitzerei und Tanz bis hin zu Kursen in – aus europäischer Sicht – ganz und gar kunstfernen Themen wie Astrologie, Kochen und der Bereitung von Opfergaben. Das ARMA ist also eine Art Panoptikum in Sachen balinesischer Kultur, in dem die einzelnen Bereiche nicht so klar voneinander getrennt sind, wie man das aus der wohlgeordneten Tradition des Abendlandes gewohnt ist.

Ergänzt wird das Angebot durch die beinahe täglichen Tanzaufführungen auf der Open-Air-Bühne, die wahlweise mit oder ohne traditionelles balinesisches Buffet angeboten werden. Noch heute ist dem Museum eine Kunstschule v. a. für Kinder und Jugendliche angeschlossen. Im hübschen Café lässt sich stilvoll die Tea Time zelebrieren. Tägl. 9–18 Uhr. Eintritt 50.000 IDR. Pengosekan, ☎ 0361/976659, info@armamuseum.com, www.armamuseum.com. Angeschlossen ans Museum ist die AGUNG RAI Fine Art Gallery in Peliatan, ☎ 0361/975449, www.agungraigallery.com.

… in Nyuh Kuning

Nyuh Kuning ist leicht auf einem nicht mal 1 km langen Spaziergang z. B. vom Affenwald aus in südlicher Richtung zu erreichen und hat sich der kunstvollen Holzarbeit verschrieben. Wer sich den Weg nach Mas (→ S. 235) ersparen möchte, kann hier etwas günstiger schöne Holzschnitzarbeiten erwerben, die teils bis ins Groteske gehen. Auch Workshops und Holzschnitzkurse werden vielerorts angeboten. Um sich vor dem Einkauf zu informieren, sollte man das kleine **Museum Pendet** besichtigen. Neben Gemälden werden hier v. a. Holzarbeiten des bekannten Künstlers I Wayan Pendet ausgestellt.

Der Besuch ist kostenlos (um Spenden wird aber gebeten) und sollte zwischen 10 und 17 Uhr erfolgen. Bale Bali, Nyuh Kuning, ✆ 0361/971338, museump@telkom.net.

Im Bali Classic Centre

Bali Classic Centre (Bali Tourism Culture Park): Auf einer Fläche von 3500 km^2 führt dieses im Jahr 2010 errichtete Freilandmuseum in die Kultur der Insel ein. An verschiedenen Stationen erfährt der Besucher Kunst, Kultur und Tradition Balis zum Anfassen, lernt, wie Palmöl hergestellt oder Reis geschrotet wird, was ein Ogoh-Ogoh ist oder welche Gottheiten welchen Himmelsrichtungen zuzuordnen sind. In zahlreichen Workshops lässt sich der erste Eindruck z. B. beim Herstellen von Masken und beim Gamelan-Spielen noch vertiefen. Die Hauptattraktion für viele ist jedoch die Arena, in der dem Besucher die populärsten Tänze wie der Legong, der Barong oder der zum Mitmachen animierende Joged dargeboten werden. Zahlreiche Sitzgelegenheiten auf dem grünen Gelände laden zum entspannten Verweilen ein. Machen Sie es den Einheimischen gleich und angeln Sie ein bisschen im Fluss oder einem der Teiche (aber bitte keine Vögel schießen). Wen der Hunger plagt, der kann im angeschlossenen Restaurant einkehren.

Tägl. 9–17 Uhr. Eintritt 100.000 IDR inkl. einstündiger Tanzvorführung, Workshops kosten extra. Nyuh Kuning, ✆ 0361/978144, www.baliclassiccenter.com.

Basis-Infos

Information　Die Touristinformation liegt zentral in der Jl. Raya Ubud, ✆ 0361/973285. Das freundliche, kompetente Personal versorgt die Touristen von 8 bis 19 Uhr geduldig mit Informationen und bietet Hilfestellungen aller Art. Daneben werden hier auch Tickets für Tänze verkauft und Touren organisiert (→ Aktivitäten, S. 245). Eine Fülle von Infomaterial liegt aus, darüber hinaus kann man Bücher und Wanderkarten erwerben. Äußerst kompetent werden Leser im kostenlosen Magazin Ubud Community (www.ubudcommunity.com) informiert. Neben interessanten Berichten, hilfreichen Anzeigen und News ist hier auch ein Kalender mit den wichtigsten Festen und Zeremonien in und um Ubud abgedruckt.

Hin & weg　Perama-Shuttlebusse fahren täglich das Terminal Padang Tegal am südlichen Ende der Jl. Hanuman an. Gegen einen Aufpreis von 10.000 IDR kann man von seinem Hotel abgeholt werden (Fahrplan → Tabelle, S. 126/127). Daneben gibt es noch zahlreiche andere Shuttlebus-Services, die in den vielen Reisebüros vor Ort gebucht werden können und nahezu alle wichtigen Orte anfahren.

Bemo/Busse: Minibusse fahren sowohl zum Batubulan Terminal in Denpasar für ca. 15.000 IDR als auch nach Gianyar für ca. 10.000 IDR. Von dort aus geht es in anderen Bemos weiter Richtung Norden und Osten.

Taxis: Unglaublich viele private Taxis verkehren in Ubud und der näheren bis weiteren Umgebung. Keines davon ist mit einem

Taxameter ausgestattet. So können schon kurze Strecken 40.000 IDR kosten. Verhandeln ist hier Ehrensache!

Geld   ATMs, Banken und Geldwechsler finden sich zahlreich entlang der Jl. Monkey Forest und der Jl. Raya Ubud (hier besonders in östlicher Richtung).

Gesundheit   Erste Anlaufstelle für einen Notfall ist die **Ubud Clinic**, die einen 24-Stunden-Service anbietet. Sie ist ausgestattet mit einem Labor, das Personal spricht Englisch. Jl. Raya Campuhan 36, ℡ 0361/974911, ✆ 0361/974910, www.ubudclinic.com.

Prima Medika, Privatklinik mit Zahnarzt, Röntgenabteilung, Apotheke, Labor. Jl. Nyukuning, ℡ 0361/972374, ✆ 0361/974012.

Auf der Hauptstraße befindet sich eine **Notfallapotheke**, die auch des Nachts geöffnet hat. Hier ist allerdings mit höheren Preisen zu rechnen.

Karten   In vielen Shops sowie in der Touristeninformation wird die Wanderkarte **Bali Pathfinder** verkauft. Eine ideale Grundlage, um die Gegend um Ubud herum selbst zu erkunden.

Polizei   Die Dienststelle befindet sich östlich des Zentrums in der Jl. Raya Andong (gegenüber vom Delta Dewata Supermarket). ℡ 0361/975316.

Post   Die **POS Indonesia** findet man in der Jl. Jembawan, **DHL** in der Jl. Raya Ubud.

⟨Aktivitäten

Ausflüge in die Umgebung   Außer den vielen Tourguides und Fahrern, die entlang der Hauptstraßen auf potenzielle Kunden warten, bieten auch Hotels und die Touristeninformation geführte Tagesausflüge zu Sehenswürdigkeiten in der näheren und weiteren Umgebung Ubuds an. Letztere hat u. a. die folgenden Ziele im Programm: Touren nach **Singaraja und Lovina** tägl. um 8.30 Uhr (200.000 IDR), nach **Kintamani** und zum **Pura Besakih** mit verschiedenen anderen Sehenswürdigkeiten tägl. um 9 Uhr (140.000 IDR), zum **Uluwatu-Tempel** mit Stopps in Mas, Celuk, Denpasar und Kuta ebenfalls tägl. um 9 Uhr (160.000 IDR). Buchbar über die Touristeninformation in der Jl. Raya Ubud, ℡ 0361//973285.

Natürlich bietet auch **Perama** Touren um Ubud an (250.000 IDR/Pers., Minimum 2 Personen, los geht es jeden Mo und Do um 8.30 Uhr).

Fahrradtouren   Wer die Umgebung nicht alleine auf dem Drahtesel, sondern in einer Gruppe erradeln will, kann z. B. bei **Sari Profit** Tagesausflüge ab 55 $ buchen. ℡ 0361/978734, 0361/8511006, 081/337205937 (mobil), www.sariprofitrafting.baliklik.com.

Bei **Bali Budaya Tours** kann man an der Bali Eco Cycling Tour teilnehmen. Kostenpunkt für den Tagesausflug, der vornehmlich downhill geht: 350.000 IDR/Erw., 250.000 IDR/Kind. ℡ 0361/975557, 081/420420 (mobil), www.baliecocycling.com.

Bali Culture Tours bietet ebenfalls Downhill-Touren zum gleichen Preis an. Jl. Hanuman, ℡ 0361/9286979, 081/338272777 (mobil), http://balimorningjourney.blogspot.com.

Themen-Touren   Bali Bird Walks. Victor Mason und Su organisieren jeden Di, Fr, Sa und So ab 9 Uhr 3- bis 4-stündige Spaziergänge durch die grüne Umgebung von Ubud. Dabei kommen Vogelliebhaber voll auf ihre Kosten. Pro Person werden 37 $ fällig (inkl. Mittagessen, Wasser, Kaffee und Ferngläsern). 10 % der Einnahmen gehen an den Bali Bird Club, der sich dem Erhalt und der Pflege der Vogelwelt verschrieben hat. Treffpunkt um 9 Uhr früh am Beggar's Bush

Es geht auch anders:

Zentral-Bali → Karte S. 232

gegenüber der Auffahrt zum Antonio Blanco Renaissance Museum. ℡ 0361/975009, 081/23913801 (mobil), www.balibirdwalk.com.

Bali Herbal Walks. Wayan Lilir und Made Westi haben ihre Passion zum Beruf gemacht. Die Kinder lokaler Heiler und Bauern teilen nun ihr großes Wissen über Heilpflanzen, deren Zubereitung und individuelle Anwendung mit Interessierten aus aller Welt. Die 3- bis 4-stündigen Touren in die Umgebung von Ubud kosten 18 $/Pers. inkl. Kräutertee und Erfrischungen sowie Früchten oder Küchlein. Treffpunkt 8.30 Uhr am Puri Lukisan Museum. ℡ 081/23816024, -20 (mobil), www.baliherbalwalk.com (um eine Reservierung mind. einen Tag im Voraus wird gebeten).

Bali Nature Walk. Hier wird der Ausflug in die herrliche Umgebung von Ubud mit dem Besuch von Tempeln und traditionellen Dörfern und einem erfrischenden Aufenthalt am schwarzen Sandstrand von Lebih kombiniert. Dabei werden die Wünsche und Präferenzen der Gruppe immer berücksichtigt. Kostenpunkt: 200.000 IDR ab Ubud, bis 400.000 IDR ab Nusa Dua. ℡ 081/79735914 (mobil), www.mit-bali.dk/nature-walks.html.

Morning Journey. Auf dieser Halbtagestour an Bewässerungsanlagen entlang und quer über Reisfelder geht es zu ursprünglichen balinesischen Dörfern, in denen den Teilnehmern Kultur und Tradition der Insel nähergebracht und der Ausflug bei einem traditionellen Lunch abgeschlossen wird. Ab 250.000 IDR/Erw., 150.000 IDR/Kind. Bali Culture Tours, Jl. Hanuman, ℡ 0361/9286979, 081/338272777 (mobil), http://balimorningjourney.blogspot.com.

Kochkurse Casa Luna 26. Die Bestsellerautorin Janet De Neefe veranstaltet Kurse mit täglich wechselndem Kochprogramm. Jeweils 8–13 bzw. 9.30–13 Uhr, 300.000 IDR/Pers. Im Honeymoon Guesthouse, Jl. Bisma, ℡ 0361/973282, 📠 0361/973282, ww.casalunabali.com/cooking-school/.

ARMA. Welches Museum bietet schon Kochkurse an? Das ARMA tut es, verlangt aber für die Einführung in die Geheimnisse der Inselküche stolze 50 $/Pers. Pengosekan, ℡ 0361/976659, www.armamuseum.com.

Bumi Bali 53. Die Kurse dauern von 9 bis mind. 14 Uhr, vorher wird gemeinsam der Markt erkundet. Wahlweise kann auch die vegetarische Variante gebucht werden. Kostenpunkt: 250.000 IDR/180.000 IDR (Erw./Kind). Wer danach noch nicht genug hat, kann

zusätzlich die Extra-Klassen für 180.000 IDR buchen, in denen fünf weitere Gerichte gekocht werden. Jl. Monkey Forest, ℡ 0361/976698, www.bumifood.com.

Auch das berühmte **Café Wayan** unterrichtet die balinesische Kochkunst. Bis zu sieben verschiedene Kurse zu je 350.000 IDR/Pers. können gebucht werden. Je nach Wunsch beginnen die Kurse um 10 oder 16 Uhr. Jl. Monkey Forest, ℡ 0361/975447.

Spa und Wellness　Ubud wartet mit einem unglaublich breiten Angebot an Behandlungen für Geist und Körper auf. In den Straßen des Städtchens werden Vorbeiflanierende an nahezu jeder Ecke mit Flugzetteln und Angeboten zu Massagen und Spa-Therapien bombardiert. Wer Lust hat, kann sich so relativ günstig verwöhnen lassen.

Ubud Bodyworks Centre 45. Seit der Gründung 1987 durch Ketut Arsana – Spross einer alten balinesischen Heilerfamilie – hat sich das Center ganz der Gesundung von Körper und Seele verschrieben: Von der simplen Fußmassage über Heilbäder bis zum (spirituellen) Vollprogramm gegen die vielfältigsten Zipperlein ist alles zu haben. Jl. Hanuman 25, ℡ 0361/975720, www.ubudbodyworkscentre.com.

Ubud Sari Health Resort. Nearly the same procedure: als Vollprogramm etwa als einwöchiger Reinigungskurs, als abgespeckte Version z. B. in Form einer Gesichtsmassage. Jl. Kajeng 35, ℡ 0361/974393, www.ubudsari.com.

Asian Prophecy Spa 76. Hier kann man sich z. B. das Gesicht gegen Alterserscheinungen behandeln lassen, während man gleichzeitig eine Fußreflexzonenmassage verpasst bekommt. Extra-Angebote für Männer und Paare sowie Schulungen sind ebenfalls im Programm enthalten. Jl. Raya Pengosekan, ℡ 0361/970822, 081/353099744 (mobil), www.asianprophecy.com.

Sich komplett mit Schokolade umhüllen, mit Schokolade massieren und mit Schokolade abreiben lassen, kann man sich im **Vana Choco Spa**, Jl Bisma, ℡ 081/337969297 (mobil), vanachocoubud@yahoo.com.

Whitewater Rafting　Der Ayung River eignet sich hervorragend zum Raften, und so wird dieser Freizeitvertreib gleich von mehreren Veranstaltern und Hotels angeboten. Jeder Veranstalter holt die Teilnehmer im Hotel ab. In der Nebensaison sind hohe Rabatte möglich. Generell gilt: Je nach gebuchter Strecke und je nach Flussabschnitt

Ubud Zentrum

200 m

variieren Schwierigkeitsgrad, Dauer und auch Preis (hier lohnen sich Vergleiche!). In der Trockenzeit wird das sonst rasante Abenteuer eher zum entspannten Flussausflug mit grandioser Aussicht auf die Dschungellandschaft und die wild bewachsenen Hänge am Flusstal. Hinter den Kurven tauchen Wasserfälle auf und laden zum Zwischenstopp mit Schwimmmöglichkeit ein. Man hat weniger Adrenalinausschüttung, dafür wird das Vergnügen bedeutend billiger und der optische Genuss steht im Vordergrund. Abgeschlossen wird das Ganze eigentlich immer mit einem Buffet. Buchbar z. B. über **Sari Profit Rafting**, meist 11 km Rafting für 65 $/45 $ (Erw./ Kind), auch Nacht-Rafting im Angebot. Die Touren starten 3-mal tägl. ✆ 0361/978734, 0361/8511006, 081/337205937 (mobil), www.sari profitrafting.baliklik.com.

Bali Adventure Tours bieten 8 km Rafting für ca. 76 $/52 $ (Erw./Kind) an, bei Internetbuchungen sind Rabatte möglich. ✆ 0361/ 721480, www.baliadventuretours.com.

Bali Star Island hat Rafting-Touren übers Internet für 50 $/35 $ (Erw./Kind) im Programm. ✆ 081/337888700 (mobil), www.bali starisland.com.

Workshops   Pondok Pekak Library **49**. Von balinesischem Tanz über Gamelan (je 75.000 IDR/Std.), Mal- und Holzschnitz-, Bambusflecht- und Silberschmiedekurse (je 200.000 IDR/3 Std.) bis zum Arrangieren von Fruchtdekor und der Anleitung zur Opfergabenbereitung wird hier so gut wie alles angeboten. Jl. Monkey Forest, hinter dem Fußballplatz, ✆ 0361/976194, librarypondok@ yahoo.com.

ARMA. Das Museum (→ S. 243) ist sozusagen Workshop-Weltmeister: 17 an der Zahl kann man besuchen, die Preise liegen etwas höher als bei der Pondok Pekak Library: Gamelan 25 $/2 Std., hinduistische Astrologie 44 $/2 Std., Mal-, Korbflecht- und Silberschmiedekunst ca. 45 $/2 bzw. 3 Std. ✆ 0361/976659, www.armamuseum.com.

Puri Lukisan. Hier werden die Besucher aufgefordert, die balinesische Kultur am eigenen Leib zu erleben. Zu diesem Zweck werden Tanz- und Musizierkurse angeboten, aber auch Kurse in der Gestaltung von Schattenfiguren und Theatermasken sowie Mal-, Holzschnitz- und Opfergabenbereitungskurse sind im Programm. Buchbar über ✆ 0361/971159, 081/64702097 (mobil), www.dwibhumi@indo.net.id.

Nirvana Guesthouse 29. Die sympathischen Betreiber bieten Zeichen- und Malkurse an und führen in die Kunst der Opfergabenbereitung ein. Das Ganze in verteilten Rollen: Der Herr des Hauses ist selbst Maler und bleibt bei seinem Metier, die Frau des Hauses übernimmt die Abteilung „Opfergaben und Zeremonie". Jl. Goutama 10, ✆ 0361/975415, www.nirvanaku.com.

Jamu-Klassen, in denen Sie in die uralte Kunst der Herstellung dieser traditionellen Getränke, Toniken und Lotions eingeweiht werden, finden tägl. um 10 Uhr für ca. 2 Std. statt. Im **Utama Spice Office** in Pengosekan für 200.000 IDR/Pers., buchbar über Bali Herbal Walks (s. o.).

Yoga/Spirituelles   Ubud hat den Ruf als Yoga-Zentrum nicht zu Unrecht, zahlreiche Kurse für jedermann werden von den unterschiedlichsten Anbietern veranstaltet. Darunter:

ARMA. Auch in Sachen Yoga ist das Museum eine Adresse: Im Programm sind Kurse für 50 $. Pengosekan, ✆ 0361/976659, www.armamuseum.com.

Jati 3 Bungalows and Spa 65. Hier wird sowohl traditionelles balinesisches Yoga als auch Healing Yoga angeboten. Die Preise staffeln sich je nach Anzahl der gebuchten Stunden von 50.000 IDR bis 80.000 IDR/Std. Spirituelle Heilung inkl. Öffnung der Chakren, Yoga, Beten, Meditation und Massage für den Geist sowie Unterkunft und Verpflegung für den Körper garantiert das dreitägige Spiritual Healing Retreat für 4.775.000 IDR/ Pers. Jl. Monkey Forest, ✆ 0361/973249, 0361/977101, jati3_ubud@yahoo.com.

Ubud Sari Health Resort 4. Neben zahlreichen Spa- und Heil-Angeboten sind hier tägl. um 7.30 Uhr einstündige Yoga-Kurse im Programm. Jl. Kajeng 35, ✆ 0361/974393, www.ubudsari.com.

Yoga Barn 75. Im Angebot sind die unterschiedlichsten Arten von Yoga, Meditation und Thai Chi: von Yin Yoga, Vinyasa Flow bis zum klassischen Hatha Yoga. Die Klassen kosten 100.000 IDR für 75–90 Min.; wer öfter kommen will, kann sich eine Rabattkarte kaufen und so – je nach Häufigkeit der Teilnahme – bis zu 40 % sparen. Im Restaurant **Little K** direkt nebenan werden rohe vegane Speisekreationen zur Energieauffrischung serviert. Jl. Hanuman 44, ✆ 0361/971236, ✆ 0361/970992, www.theyoga barn.com.

Einkaufen

(→ Karte S. 247)

Bücher Wenn man irgendwo in Bali ein reichhaltiges Sortiment an Büchern erwerben kann, dann in Ubud. Zahlreiche Secondhand-Bookstores, Büchereien und spezialisierte Buchläden haben sich in der Stadt angesiedelt. Allerdings sind die meisten Publikationen in englischer Sprache.

Ganesha Bookshop 32. Seit 1986 existiert dieser alteingesessene Buchladen, dessen Sortiment beachtlich ist. Neben gut sortierten Sachbüchern (vorrangig über Bali und Indonesien) werden auch Musik-CDs angeboten (auch Secondhand-Ware). Wer möchte, kann am Spendenprogramm für Schulen teilnehmen und das eine oder andere Buch direkt für diesen Zweck kaufen. Jl. Raya Ubud, ☎ 0361/970320, www.ganesha booksbali.com.

Rendezvous Doux 16. Café, Bücherei und Buchladen in einem. Eine beliebte Adresse. Jl. Raya Ubud.

Adi Book Shop 23. Viele gebrauchte Bücher in unterschiedlichen Sprachen. Jl. Hanuman, ☎ 0361/970920.

Periplus 14. Das übliche, gut sortierte Angebot an englisch- und indonesischsprachigen Büchern. Daneben auch ausländische Zeitungen, Postkarten und Kalender. Jl. Raya Ubud.

Pondok Pekak Library and Learning Center 49. Das enthusiastische Projekt von Made Sumendra und Laurie Billington wurde vor mehr als 10 Jahren ins Leben gerufen. Heute findet man hier eine recht gut sortierte Bibliothek – mit großer Abteilung für Kinder –, die vorwiegend indonesische und englische Bücher im Sortiment hat. Im Bookshop kann der Lesestoff auch käuflich erworben werden. Schneller WLAN-Zugang. Jl. Monkey Forest, ☎ 0361/976194.

Galerien Infinity Gallery. Seit 2009 wird hier Liquid Art ausgestellt: Wasser, wie Sie es noch nie gesehen haben. Mithilfe von Highspeed-Fototechnik sind Wassertropfen und Flüssigkeiten aller Art in faszinierender Vielfalt und Schönheit eingefangen, die Zeit scheint stillzustehen. Dabei werden keine Tricks und keine Computertechniken benutzt. Die Ergebnisse der geduldigen Arbeit werden stilvoll auf zwei Etagen ausgestellt. Der Künstler selbst und seine Frau sind oft anwesend und beantworten gerne Fragen zum Herstellungsprozess der Werke. Auf jeden Fall eine sehenswerte Abwechslung, auch wenn Sie nichts kaufen möchten. Jl. Monkey Forest, ☎ 0361/972500, InfinityGallery Bali@gmail.com.

Rio Helmi. In seiner Fotogalerie in der Jl. Sewata stellt der Künstler moderne und überaus interessante Fotografien aus, meist mit Bezügen zum traditionellen Leben auf der Insel. Drucke der Fotos können zu erschwinglichen Preisen erworben werden. Jl. Suweta 5 A, ☎ 0361/972304.

Neka Art Gallery. In der zum Neka Art Museum gehörenden Galerie sollte sich umsehen, wer ausgewählte Kunst aus Indonesien mit nach Hause nehmen möchte. Jl. Raya Ubud, ☎ 0361/975034, info@neka galerie.com.

AGUNG RAI Fine Art Gallery. Die zum ARMA gehörende Galerie ist in Peliatan angesiedelt und bietet Kunst auf hohem Niveau. ☎ 0361/975449, 0361/974562, info@agung raigallery.com.

Supermärkte Delta Dewata 37 am östlichen Ende und **Tino Supermarket 15**. am westlichen Ende der Jl. Raya Ubud (direkt neben Periplus).

Bintang Supermarket 3. Etwas außerhalb in der Mitte der Jl. Raya Campuhan, mit eigenem Parkplatz.

Daneben findet sich an jeder zweiten Ecke ein **Minimarkt** – von Circle K bis Indomarket –, der für den nötigen Nachschub an Getränken, Stiften, Postkarten und Snacks sorgt.

Werkstätten/Läden Moari 21. Wer sich für Musikinstrumente und Gamelan interessiert, ist hier genau richtig. Die meisten Stücke sind handgefertigt. Unentschlossenen steht das Personal beratend zur Seite. Jl. Raya Ubud 4, ☎ 0361/977367, www.bali3000. com/moari.

🍃 **Kupu-Kupu Foundation 18**. Seit 2000 gibt es diese selbstverwaltete Organisation, die körperlich und geistig behinderte Balinesen unterstützt und ausbildet. Die enthusiastischen Mitarbeiter sind sehr engagiert und verdienen jede Unterstützung. In ihrem Shop in der Jl. Raya Ubud werden die liebevoll handgearbeiteten Stücke der

Zentral-Bali → Karte S. 232

Behinderten zum Kauf angeboten. Eine wirklich gute Gelegenheit, den Kauf eines hübschen Mitbringsels mit der Unterstützung eines Sozialprojekts zu verbinden. Wer sich noch weiter engagieren will: Für 25 $ jährlich kann man Mitglied des Vereins werden. ℰ 081/23628720 (mobil), www. yamp.com/kupukupu. ∎

Threads of Life **5**. Wer ein richtig hochwertiges Stück Webkunst und dazu noch ein gutes Gewissen mit nach Hause nehmen möchte, sollte sich für einen Besuch der Galerie Zeit nehmen. Die Organisation funktioniert nach dem Fair-Trade-Prinzip und unterstützt und fördert Weber und Textilkünstler auf dem ganzen indonesischen Archipel. Die verwendeten Farben werden aus biologisch angebauten Pflanzen hergestellt. Jl. Kajeng 24, ℰ 0361/972187, www.threadsoflife.com. ∎

Horizon Glassworks 78 . Hier können Sie nicht nur moderne Glaskunst erwerben, sondern den Machern auch noch bei der Produktion der weltweit verkauften Einzelstücke über die Schulter schauen. Mo–Sa 10–18 Uhr. Jl. Raya Kengetan, ℰ 0361/7804014, 081/338115598 (mobil).

Tänze

Vollkommen zu Recht ist Ubud für seine Tanzaufführungen berühmt. Man kann hier – natürlich in der für Touristen zurechtgekürzten Form – nahezu jeden gängigen Tanz sowie einige Wayang-Kulit-Aufführungen sehen, und das in meist wirklich hervorragender Qualität. Dargeboten werden die Tänze z. B. im Vorhof von Tempeln wie dem Pura Dalem, in Museen wie dem ARMA oder gleich im Fürstenpalast Puri Saren. Wer wissen möchte, wann wo was stattfindet, kann sich einen aktuellen Spielplan bei der Touristeninformation besorgen. Dort werden auch die Tickets verkauft (ca. 60.000 IDR–150.000 IDR) und der Transport zur gewählten Location organisiert. Wer sich spontan entscheiden möchte, kann die Eintrittskarten auch von den zahlreichen fliegenden Händlern erwerben (oft mit geringem Aufpreis).

Die balinesischen Tänze sind ein Augenschmaus

Übernachten

(→ Karte S. 247)

Reservieren ist in Ubud wirklich ernst gemeint. In der Hochsaison ist es oft schwer, ein freies Zimmer zu finden. Natürlich rühren daher auch die vergleichsweise höheren Zimmerpreise. Wirkliche Budget-Unterkünfte sind immer schwerer zu finden und bieten dann auch nur das Nötigste. Wer ein bisschen mehr erwartet, muss bedeutend mehr zahlen. Positiv ist, dass in Ubud bisher kein großes Hotel gebaut worden ist.

Ortsmitte

Sania's House 19. Am Ende einer ruhigen Gasse. Vermietet werden 22 unterschiedlichste Zimmer in allen Kategorien in 3- und 4-stöckigen traditionell verzierten Steingebäuden und Einzelbungalows. Wem der Weg in den 4. Stock nicht zu weit ist, der kann die herrliche Aussicht von der Terrasse genießen. Ein kleiner Pool mit Wasserspeiern sorgt für die nötige Abkühlung. Zimmer mit Fan und Kaltwasser je nach Belegung 150.000–250.000 IDR, mit Heißwasser 200.000–300.000 IDR, mit AC ab 350.000 IDR. Jl. Karna 7, ✆ 0361/975535, 🖷 0361/970003, sanja_house@yahoo.com.

Weni's Bungalows 33. Auf ihrem Wohnsitz vermietet die freundliche Familie 3 einfache, aber dennoch schön möblierte Zimmer im balinesischen Stil mit Fan und Heißwasser, je zwei Betten und herrlich geschnitzten Türen. Auf der Veranda mit gemütlichen Sitzmöbeln findet sich immer Platz für ein Pläuschchen zwischen den an allen Wänden präsenten Kunstwerken des begabten Sohnes. Der Preis ist Verhandlungssache und liegt zwischen 250.000 und 350.000 IDR für das DZ. Jl. Karna 17, ✆ 0361/970995.

Östlich der Ortsmitte

Family Guest House 67. Beliebtes Guesthouse etwas außerhalb des Zentrums, umgeben von Reisfeldern. In einem liebevoll bepflanzten Areal werden eine Handvoll einfacher Bungalows vermietet. Die Doppelzimmer sind sauber, groß und gemütlich dekoriert. Doch ganz besonders – weshalb viele Gäste immer wieder kommen – sind die freundliche Atmosphäre und das frischgebackene „brown bread" zum Frühstück. DZ ab 150.000 IDR. Tebesaya, Jl. Sukma 39, ✆ 0361/974054, familyhouse@telkom.ne.

In der Jl. Monkey Forest

Ubud Inn 71. In stilvollem Ambiente inmitten eines duftenden Gartens finden sich zweistöckige Gebäude rund um einen gro-

ßen Pool. Besonders die teureren Zimmer überzeugen durch das luftige hohe Dach und große Himmelbetten. Viele Zimmer sind mit Kühlschrank, Telefon und AC ausgestattet. Die günstigeren Räume (mit Fan) liegen über dem Restaurant, wirken geräumig, aber etwas dunkel und scheinen dem Preis von 45 $/DZ nicht ganz angemessen. AC-Räume 60–75 $, Family Bungalows (ein Doppelbett, zwei Einzelbetten) 80–100 $. Jl. Monkey Forest, ✆ 0361/975071, 0361/976245, 🖷 0361/975188, www.ubudinn.com.

Okawati Hotel 30. Ruhige Lage am Ende einer kleinen Seitenstraße der Jl. Monkey Forest. In freundlicher, familiärer Atmosphäre werden 8 ansprechende Fan- und ein AC-Zimmer in zweistöckigen, bungalowartigen Gebäuden vermietet. Unterschiedliche Zimmergestaltung, teils mit schöner Bambusverkleidung, teils mit hohen Decken und kunstvollen Steinfresken an den Wänden. Alle Zimmer sind mit wundervoll geschnitzten Betten und Kühlschrank ausgestattet. Große, gepflegte Natursteinbäder mit Dusche und Wanne. Schöner Pool im Garten. Superior 55 $, Deluxe 65 $, Family Room 79 $. In der Nebensaison Rabatte möglich. Jl. Monkey Forest, ✆ 0361/973386, 🖷 0361/97563, www.okawatihotel.com.

Jati 3 65. Ebenfalls herrlich ruhig am Ende einer schmalen Seitengasse der Jl. Monkey Forest gelegen. Im weitläufigen, zum Fluss hin abfallenden Garten verteilen sich 9 unterschiedliche Bungalows im traditionellen Stil. Alle mit vielen Fenstern, die absolute Besonderheit aber sind die Maisonette-Bungalows (2–4 Pers.): zwei Ebenen mit herrlicher Aussicht durch die Glasfront in sattes Grün. Single 350.000 IDR, Double 400.000 IDR, Family 500.000 IDR. Angeschlossen Spa und Yogaschule. ✆/🖷 0361/973249, 0361/977101, www.jati3bungalows.com.

Puri Muwa 24. Hier kann man zentral in Ubud zu einem Superdeal kommen. In dem Familienkomplex mit integriertem Art-Shop wird, neben kleinen Bungalows, auch ein kunstvoll über mehrere Etagen verwinkeltes

„Haus" voller netter Dekoration angeboten. So viel Platz in so herzlicher Atmosphäre dürfte man in Ubud und Umgebung ansonsten wohl vergebens suchen. Je nach Belegung   kostet   das   „Häuschen" 400.000 IDR/2 Pers. bis 700.000 IDR/4 Pers. Die Bungalows gibt es schon ab 300.000 IDR. Jl. Monkey Forest, ✆ 0361/975046.

Warsa's Garden Bungalows 68. Hat man das brandneue, zweistöckige Hauptgebäude am Eingang passiert, verteilen sich entlang des Weges –abgetrennt durch kleine Mauern, ähnlich einem Balidörfchen – mehrere Steinbungalows. Etwas dunkel, dafür herrlich kühl und sauber. Ein schattiger, dunkelblauer Pool lockt zum Planschen an heißen Tagen. Der freundliche und überaus kommunikative Chef des Resorts vermittelt auf Anfrage auch ein Guesthouse etwas außerhalb von Ubud und steht mit Rat und Tat zur Seite. Sehr beliebt, daher ist eine Reservierung auf jeden Fall nötig. Bungalow mit Fan ab 260.000 IDR, mit AC, Safe und Kühlschrank ab 450.000 IDR. Zimmer im Neubau 200.000 IDR (Fan), 350.000 IDR (AC). Jl. Monkey Forest, ✆/📠 0361/971548, www. warsabungalow.com.

Wahyu   Restaurant & Bungalow 46. Vermietet werden 8 extrem saubere, neue Zimmer mit Hotelcharakter. Alle Räume sind modern eingerichtet und mit Fan und Heißwasser ausgestattet. Vom kleinen Balkon blickt man direkt auf den großen Swimmingpool. Eigentlich eine gute Wahl, wäre da nicht das pampige Personal. Je nach Belegung und Saison kostet ein Zimmer 250.000–350.000 IDR. Jl. Monkey Forest, ✆ 0361/975308, alit@indo.net.id.

Loka House 50. Versetzt hinter dem Sportplatz werden auf ruhigem Gelände 4 einfache, geräumige Zimmer in einem hübschen Haus vermietet. Die oberen sind etwas älter, bieten aber von der Terrasse eine schöne Aussicht auf das angrenzende Reisfeld. Die unteren warten mit einer großen Veranda auf. Alle sind hübsch eingerichtet, bieten Heißwasser, Fan und kostenlosen WLAN-Zugang. Für die Lage mit 250.000–300.000 IDR wirklich günstig! In einer Seitengasse der Jl. Monkey Forest, ✆ 0361/973326.

In der Jl. Goutama

Nirvana 29. Ein kleiner, schmaler Fußweg führt zu diesem etwas anderen Guesthouse. Hier wohnt man in ruhiger Lage zwischen Kunstwerken, Werkstatt und der Galerie des

Besitzers in einem von sechs hellen und gepflegten Zimmern. Alle sind im traditionellen Stil verziert (mit wunderschönen Türen und Fenstern) und ausgestattet mit Heißwasser und Fan. Die Wände zieren Gemälde des Besitzers. Die Küche samt Herd und Kühlschrank steht den Gästen für Experimente offen. Das kreative und kommunikative Besitzer-Paar bietet neben sehr interessanten Gesprächen viele Kurse und Workshops wie Batiken, Zeichnen, Malen und Herstellen von Opfergaben an. Einzelbelegung 250.000 IDR, Doppelbelegung 350.000 IDR. Jl. Goutama 10, ✆ 0361/975415, info@nirvanaku.com, www.nirvanaku.com.

In der Jl. Bisma

»» Unser Tipp: Nick's Pension 40. Verschiedenartige Bungalows liegen verschachtelt zwischen weitläufigen Reisfeldern und dem kleinen Fluss. Der Gast hat die Wahl zwischen den Gebäuden, deren Zimmer einen Blick auf das Treiben der Enten im Reisfeld bieten, und den kleineren, etwas dunklen Steinbungalows zwischen naturbelassenem Pflanzenwuchs, die in Stufen zum Fluss hinunter gebaut sind. Die meisten Zimmer sind mit Kühlschrank ausgestattet, die der höheren Kategorie verfügen über TV und AC. Empfehlenswertes Hotelrestaurant an der kleinen Straße. Tagsüber kann man den kostenlosen WLAN-Zugang nutzen und den täglich servierten Tee auf seiner Terrasse oder am Pool genießen. Eine Verbindungsbrücke führt vom Resort direkt ins Zentrum von Ubud. Zimmer mit AC je nach Lage und Ausstattung 350.000–600.000 IDR, mit Fan 250.000–330.000 IDR (plus 21 % Tax und Service). Jl. Bisma, ✆ 0361/975636, 📠 0361/ 972596, www.nickshotels-ubud.com. **«**

Nick's Hidden Cottages 54. Die Cottages verstecken sich am Ende des Feldweges, der von der Jl. Bisma abzweigt, in den Reisfeldern. Absolute Ruhe, die nur durch das Schnattern der Enten und das nächtliche Konzert der Frösche unterbrochen wird. Der Service ist genauso zuvorkommend wie in Nick's Pension. Allerdings stehen neben den gut ausgestatteten Zimmern lediglich 2 Zimmer mit Fan zur Auswahl. Zimmer mit Fan 350.000 IDR, mit AC 450.000–550.000 IDR, plus Tax und Service. Jl. Bisma, ✆ 0361/970760, 📠 0361/970516, www.nickshotels-ubud.com.

Ina Inn 25. Vorbei an plätschernden Bewässerungskanälen am Ende einer engen Seitengasse der Jl. Bisma und umgeben von Reisfeldern findet man diese familiengeführte Unterkunft. Immer noch gemütlich, obwohl sie sicher schon bessere Zeiten gesehen hat. Entlang eines Weges reihen sich einige Steinbungalows mit Fan, Blumendeko und schöner Veranda, den Abschluss bildet ein geräumiges zweistöckiges Gebäude. Hier hat man besonders von den Zimmern in der oberen Etage mit ihren großen Fenstern eine schöne Aussicht (allerdings gewöhnungsbedürftige Bäder). Der absolute Eyecatcher ist der Dachpool! Leider gibt es kein Restaurant oder die Möglichkeit, Getränke zu kaufen. Frühstück wird jedoch im Pavillon serviert. Bungalow und untere Räume ab 300.000 IDR, obere Räume ab 350.000 IDR. Jl. Bisma, ✆ 0361/971093, 📠 0361/973317, www.inainn.com.

Sama's Cottages 20. Verwinkelt in einem wild bewachsenen Garten liegen einige Steinbungalows mit kleinen Terrassen, die in den Hügel zum Fluss hinunter gebaut sind. Die kleinen, aber feinen Cottages wurden 2011 frisch renoviert, sind aber fürs Gebotene etwas überteuert. Dennoch: Der sehr freundliche Service und immer wiederkehrende Gäste sprechen für sich. Ein kleiner, süßer blauer Pool mit Liegestühlen versteckt sich hinter einer großen Hecke. Kein Restaurant, jedoch können Getränke auf die Veranda bestellt werden. DZ mit Fan 380.000–500.000 IDR, mit AC 880.000–650.000 IDR. Hoch-

saisonzuschlag jeweils 50.000 IDR, jede weitere Pers. 50.000 IDR. Jl. Bisma, ✆ 0361/973481, www.samascottagesubud.com.

In der Jl. Hanuman

Jati Home Stay 57. In dem zweistöckigen Gebäude aus Holz und Bambus ganz am Ende einer kleinen Gasse und hinter dem Familienanwesen des lokalen Malers Dewa Nyoman Jati sind 10 gemütliche Zimmer mit großen Fenstern und Moskitonetzen untergebracht. Alle mit Fan, Heißwasser und einem kleinen, sauberen Bad. Die Räume in der oberen Etage bieten eine tolle Aussicht auf die angrenzenden Reisfelder und Bananenhaine, dafür warten die unteren mit einer geräumigeren Veranda auf. AC geplant. Je nach Raumtyp und Saison Einzelbelegung 200.000 IDR, Doppelbelegung 250.000–300.000 IDR, Family ab 250.000 IDR (ca. 100.000 IDR/Pers.). Wer länger als 2 Nächte bleibt, bekommt einen Preisnachlass. Jl. Hanuman, ✆ 0361/977701, www.jatihs.com.

Sulendra 64. Ebenfalls in einer kleinen Seitengasse. Die mitteilsame, äußerst sympathische Familie vermietet 6 einfache Zimmer, alle mit Fan und Heißwasser ausgestattet und ein wenig älter, dafür sehr sauber. Die billigsten gibt es schon für 150.000–200.000 IDR. Wer etwas mehr zahlt, kann einen der Räume oder einen der

Zentral-Bali → Karte S. 232

Dewi Sri begrüßt die Gäste

nagelneuen Bungalows (für 300.000 IDR) am Hang bekommen. Besonders von der oberen Etage ist die Aussicht ins satte Grün fantastisch. Kaffee und Tee werden umsonst serviert. Der WLAN-Zugang ist kostenlos. Jl. Jembawan 70, ✆ 0361/976023, wwwbalivacationtour.com.

Dewi Ayu 2 59. Eine wirkliche Budget-Alternative in einem kleinen grünen Hinterhof. 4 spartanische Zimmer ohne Dekor und etwas älter, dafür mit 100.000 IDR unschlagbar billig in zentraler Lage. In einem neueren zweistöckigen Gebäude stehen 4 weitere AC-Zimmer für 250.000 IDR zur Verfügung. Jl. Hanuman 41, ✆ 0361/7450935, 085/253756542 (mobil), 081/337899712 (mobil).

Entlang einer kleinen Seitenstraße der Jl. Hanuman, mit Blick auf die Reisfelder, haben sich drei Unterkünfte angesiedelt. Der Vorteil: Ruhe in zentraler Lage:

Candra Asri 60. Im Angebot sind 5 saubere Zimmer mit Fan und Heißwasser für 200.000 IDR. Einige mit Open-Air-Bad. Freundlicher Service. ✆ 0361/970517.

Dana Sari 62. In einem zweistöckigen Steingebäude werden saubere Zimmer mit kühlenden Ziegelsteinwänden, Fan und schönen Himmelbetten und kleiner Veranda vermietet, eines sogar mit Küche. Kleine Bäder, große Aussicht. Daneben kann ein kleiner Bungalow im balinesischen Stil gemietet werden. Das Frühstück wird vom freundlichen Personal auf der Veranda serviert. Und das Beste: Die Preise sind genauso angenehm wie die Umgebung: Bungalow 200.000 IDR, Zimmer je nach Lage und Belegung mit 1, 2 Pers. 200.000–280.000 IDR. ✆ 0361/970539, www.danasari.com.

Kunang-Kunang Guesthouse 61. Die 10 geräumigen Zimmer sind auf drei Stockwerken in einem großen Haus im traditionellen Stil untergebracht. Die Superior-Zimmer bestechen durch schöne Dekorationselemente (wie Steinreliefs hinter den Betten) und sind mit Kühlschrank und AC ausgestattet. DZ mit Fan 250.000 IDR, mit AC 400.000 IDR. ✆ 0361/976052, ✆ 0361/970565, www.kunangkunangguesthouse.com.

Artini 2 66. Wundervoll gestaltete Anlage mit 26 Zimmern in zweistöckigen im traditionellen Stil gehaltenen Gebäuden. Alle eingebettet in einen liebevoll angelegten Garten mit vielen Bäumen, Sträuchern und Skulpturen. Sehr gut eingerichtete, helle Zimmer mit vielen Naturmaterialien, dazu schöne

Steinbäder. AC-Zimmer mit Minibar, Telefon und Badewanne, im Super-Deluxe sorgt ein Fernseher für Unterhaltung, in den restlichen Zimmern genießt man die Aussicht von der gemütlichen Veranda. Der große Pool wird von einer künstlichen Felslandschaft beherrscht. Im Poolrestaurant kann man sich mit Snacks und typisch indonesischen Gerichten vor dem nächsten Sprung ins kühle Nass stärken. Zimmer mit Fan 40–50 $, mit AC 60–70 $, Kinder unter 12 J. umsonst. Bei Internetbuchung sind enorme Rabatte möglich! Jl. Hanuman, ✆ 0361/975689, www.artinicottage.com.

Artini 1 70. Auf dem Gelände des ehemaligen Wohnsitzes der Familie können Budgetreisende einen von drei kleinen, reich verzierten Steinbungalows beziehen. Eine riesige Terrasse zum Relaxen, schöne Holzbetten und kleine Bäder mit Wanne stehen zur Verfügung. Ein kleiner Warung sorgt für das leibliche Wohl. Der Pool von Artini 2 Cottages kann von Gästen gratis mitbenutzt werden. 200.000–300.000 IDR plus 5 $ Hochsaisonzuschlag. Jl. Hanuman, ✆ 0361/978424, ✆ 0361/975348, www.artinicottage.com.

In der Jl. Jembawan

Matahari Cottages 63. Lassen Sie etwas Sonne in Ihren Urlaub! Wer eine Luxusunterkunft sucht, ist hier falsch, wer sich auf Ausgefallenes einlassen kann und Luxus für die Seele sucht, der könnte hier richtig liegen. Dieses herzliche Bed & Breakfast bietet 6 ausgefallen gestylte und exzentrisch dekorierte Bungalows, teilweise mit grandiosen Open-Air-Bädern. Wohnen wie eine Prinzessin? Nächtigen wie ein Raja? Oder mit einem Hauch von Timors Wildnis in den Traum fallen? Hier ist alles möglich … Ein abwechslungsreiches, durchaus unkonventionelles Frühstück und der viktorianische Afternoon Tea (wir fragen uns immer noch, wo sie das Geschirr dafür herhaben?) sind im Preis inbegriffen. Lediglich das Backpacker-Zimmer ist dem Motto Backpacker durch und durch angemessen. Für 2 Pers. in der Hochsaison 40–65 $, Einzel- und Mehrfachbelegung (in manchen Zimmern bis 4 Pers. möglich) entsprechend billiger/teurer. Jl. Jembawan, ✆ 0361/975459, www.matahariubud.com.

In der Jl. Dewi Sita

Dewangga 48. Hier wohnt man in einer Oase der Ruhe und trotzdem mitten in

Ubud. In einem weitläufigen, begrünten Garten am Fluss finden sich verschiedene Cottages und eine Galerie. Die Standardzimmer waren beim letzten Besuch leider etwas muffig, besser, man wählt eines der 5 Steincottages direkt am Fluss mit balinesischem Interieur und Bad in Steinoptik oder gleich den zweistöckigen Deluxe-Bungalow mit kunstvoll geschnitzten Möbeln, Türen und liebevollem Dekor. Das offene Bad ist wie eine Felslandschaft mit Pflanzenwuchs gestylt. Alle mit kleiner Veranda, Fan und Heißwasser. Zum Zeitpunkt der Recherche war ein Swimmingpool im Bau. Mit Preisen von 250.000–300.000 IDR für das Standardzimmer, ab 350.000 IDR für die größeren und 500.000 IDR für den Deluxe-Bungalow eine wirklich gute Wahl. Jl. Dewi Sita, ✆/✉ 0361/973302, www. dewanggaubud.com.

Raka House 36. Eine kleine Seitengasse der Jl. Dewi Sita führt zu einem gepflegten Familienwohnsitz, wo in einem zweistöckigen balinesischen Gebäude 6 Zimmer vermietet werden. Die hellen Fan-Zimmer sind in freundlichen Pastelltönen gestrichen und mit Bambusmöbeln und kleinen Betten ausgestattet, das Bad mit Wanne und Heißwasser ist sauber gefliest. Hinter dem Gebäude sorgt ein kleiner blauer Swimmingpool für die nötige Erfrischung. Sehr freundlich. Einzelbelegung 200.000 IDR, DZ 300.000 IDR. Gang Meruti 108, ✆ 0361/976081, www.rakahouse.com.

Sayong House 31. Am Ende einer kleinen Gasse eröffnet ein Felstor den Eintritt in das Reich des Guesthouses. Auf dem chaotischen Gartengrundstück finden sich sowohl Einzelbungalows im traditionellen Stil als auch ein mehrstöckiges Gebäude, in dem einfache, aber saubere Zimmer von angenehmer Größe sowohl mit Fan als auch mit AC vermietet werden. Alle mit Heißwasser. Besonders das oberste Stockwerk hat viele Bewunderer: Von der riesigen Veranda aus genießt man einen wirklich beeindruckenden Blick über Ubud. Um den Kontakt mit der Heimat aufrechtzuerhalten, stehen den Gästen zwei Computer und ein kostenloser WLAN-Zugang zur Verfügung. Das Personal ist wirklich hilfsbereit und freundlich und weist Ihnen gerne den Weg zum Pool. Dieser befindet sich nicht direkt auf dem Grundstück, ist aber in wenigen Sekunden zu erreichen. DZ zwischen 200.000–350.000 IDR, WLAN kostenlos. Gang Maruti, Jl. Dewi Sita, ✆ 0361/973305, sayong_ubud@yahoo.com.

Im Süden Ubuds

Artini 3 79. Das neueste Projekt der Artini-Kette ist genauso stilvoll wie Artini 2 (s. o.). Die dreistöckigen traditionellen Gebäude thronen hoch über dem Pool und bieten von ihren Veranden einen wundervollen Blick über das satte Grün der Umgebung Ubuds. Stilvolle Zimmer mit Holz- und Bambusmöbeln, schönen Bädern, Telefon und wahlweise AC oder Fan, umgeben von einem üppig bepflanztenGarten. Auf dem Gelände befinden sich ein gutes Restaurant mit typischer indonesischer und europäischer Küche sowie ein beliebtes Spa, in dem Körper und Geist Energie tanken können. Von 9 bis 21 Uhr wird ein Shuttleservice ins Zentrum von Ubud angeboten. Fan 45–60 $, AC 50–80 $, Hochsaisonzuschlag 5 $, Internetbuchung günstiger. Jl. Raya Pengosekan, ✆ 0361/974147, www.artini cottage.com.

Alam Indah 77. Hier residiert man königlich! Egal, welches der Zimmer Sie wählen, Sie können nicht enttäuscht werden. Auf einem wild bewachsenen Areal in Hanglage hinter dem Monkey Forest finden sich Villen, die wirklich ihren Namen verdienen. Alle Zimmer bieten einen traumhaften Blick auf das Tal, sind individuell gestaltet, herrlich verziert und mit balinesischen Dekorelementen durchsetzt, viele verfügen über gemütliche Tagesbetten. Die Räume in den oberen Etagen sind alle mit Fan ausgestattet, unten sorgt die Klimaanlage für Abkühlung. Kein Zimmer unter 36 m² Lebensqualität, die meisten bieten um die 45 m²! Umsorgt vom liebevollen Personal, kann man hier seinen Aufenthalt im Einklang mit der Natur genießen. Selbstverständlich ist auch ein Pool vorhanden. WLAN, Telefon- und Faxanschluss an der Rezeption, in den Räumen sucht man solch störende Technik sowie TV vergeblich. Deluxe River View 75 $, Garden View 55–65, Villen/Suiten mit Fan (123 m²) 95 $, mit AC und Fan (100 m²) 115 $. Allerdings sollte man die Stufen nicht unterschätzen. Nyuh Kuning, ✆ 0361/974629, ✉ 0361/974629, www. alamindahbali.com.

Tiing Gading Bungalows 69. Hier – ein Stück südöstlich von Ubud – betritt man einen dicht bewachsenen, zauberhaften Garten, auf dem verschlungene, schattige Pfade die 4 großen Steinbungalows miteinander verbinden. Die 8 Zimmer sind

Müde von der vielen Kunst: der Lempad'sche Familienhund

liebevoll mit balinesischem Dekor einge- richtet, haben wundervoll geschnitzte Türen und geräumige Terrassen sowie Balkons mit freiem Blick in die dschungeli- ge Umgebung (daher ist es ratsam, ein Moskitonetz dabeizuhaben). Alle Räume mit AC, Deckenventilator, Kühlschrank und Heißwasser. Ein nierenförmiger Pool ver- steckt sich im dichten Grün. Der holländi- sche Besitzer, seine balinesische Frau und das herzliche Personal versuchen, den Gäs- ten den Aufenthalt so angenehm wie mög- lich zu machen. Massagen und Kochkurse werden ebenso angeboten wie Ausflüge. DZ 50 $ (plus 15 % Tax). Tebesaya, Peliatan ✆ 0361/973228,   ✉ 0361/975573,   www. vacationsinbali.com.

Nördlich der Jl. Raya Ubud

Eka's Homestay ⓫. Im Hinterhof eines Familienkomplexes werden 5 ältere, einfa- che Bungalows mit Heißwasser und Fan, einer auch mit Küche, vermietet. DZ um die 200.000 IDR. Sehr freundliches Ambiente. Wer möchte, kann beim Hausherren Game- lan-Unterricht nehmen (80.000 IDR/Std.). Jl. Sriwedari Taman 8, ✆ 0361/970550.

Ketut's Place ❷. In der Nähe eines Flusses liegt diese ein wenig in die Jahre gekom- mene üppig begrünte Anlage. Unterschied- lichste Zimmer, die meisten bungalowartig mit Steinwänden und schöner Veranda. Die günstigsten Zimmer (Traditional) sind mit Fan ausgestattet und kosten 25 $ (EZ) bzw. 37 $ (DZ); die Deluxe-Zimmer verfügen über AC und Wanne und sind für 48 $ bzw. 73 $ zu haben (bei Buchung über das Internet sind große Rabatte möglich). Ein kleiner Swimmingpool und mehrere Teiche stehen den Gästen zur Entspannung zur Verfü- gung. Angeschlossenes Restaurant. Jl. Su- weta Nr. 40, ✆ 0361/975304, 081/23800446 (mo- bil), ✉ 0361/973426, www.ketutsplace.com.

Gustis Garden Bungalow ❼. In einem tropischen Garten liegen mehrere ältere einfache Bungalows verteilt, alle mit Fan und kleinen Bädern. Hier kann man in wun- derschönem Ambiente eine durchaus re- laxte und ungestörte Zeit auf seiner Ve- randa verbringen und ab und zu im kleinen Pool planschen gehen. 150.000–300.000 IDR Jl. Kajeng 27, ✆ 0361/973311, ✉ 0361/972159, gusti_garden@yahoo.com.

Han Snel Bungalow ❽. In einem verwun- schenen Garten auf dem ehemaligen An- wesen des 1998 verstorbenen niederländi- schen Malers und Bali-Residenten Han Snel verteilen sich 10 gemütliche Stein- bungalows mit verzierten Ziegel- und Stein- wänden, großen Betten und Holzdekor. Von allen hat man einen herrlichen Blick auf den Campuhan River. Doch der idyllische Fluss ist nicht das Einzige, was es auf dem Gelände zu bestaunen gibt: Zwischen kleinen Teichen befindet sich auch die Galerie, in der die Gemälde Han Snels zu besichtigen sind. Heute wird das Anwesen, welches auch eine Bar und ein gemütliches Holz-Restaurant beherbergt, von seiner balinesischen Frau geleitet. Der einladende, in Felsen eingebettete kleine Pool erinnert mehr an eine blaue Grotte als an ein Wasserbassin. Zimmer je nach Aussicht und Größe ab 65–75 $, Family Room 95 $. Übers Internet sind die Zimmer bereits ab 35 $ (mit Fan) bis 50 $ (Family Room) zu bekommen! Jl. Kajeng 3, ☎ 0361/975699, 0361/974271, ☏ 0361/975643, www.hansnelbungalow.com.

Ubud Sari Health Resort ❹. Wie der Name schon anklingen lässt, werden hier Körper und Geist umsorgt. Das Gesundheitsprogramm selbst ist etwas teuer, die Zimmerpreise jedoch für das Gebotene überraschend günstig. Man wohnt in schönen, luftigen, mit dunklen Edelhölzern und Bambus verkleideten Bungalows, schläft in weichen, großen Himmelbetten und genießt auf der Veranda den eigenen kleinen Zen-Garten. Einige der Cottages sind sehr geräumig, manche doppelstöckig. Gäste können den Swimming- und Whirlpool, das Dampfbad und die Infrarotsauna kostenlos nutzen. Im angeschlossenen Restaurant werden ausschließlich gesunde vegetarische Gerichte in allen Variationen geboten. Im Spa können Sie Ihren Körper und Geist verwöhnen lassen – gegen Bezahlung natürlich. Cottage mit Fan 60 $, mit AC und Family Cottage 75 $ (inkl. Tax und Service). Jl. Kajeng 35, ☎ 0361/974393, ☏ 0361/976305, www.ubudsari.com.

In Campuhan

Tjampuhan Spa ❻. Das Hotel befindet sich am Zusammenfluss der beiden Flüsse, die sich durch Ubud ziehen. Man sagt, es soll durch diese spezielle Lage spirituell aufgeladen sein, mit Geschichte angefüllt wird es durch den Maler Walter Spies, der einst hier weilte. Ein wenig in die Jahre gekommen ist die Anlage, dafür trumpft sie mit hellen, großen, stilvoll eingerichteten Zimmern auf. Alle verfügen über große Betten, Telefon, Holzvertäfelungen und Terrasse mit wundervoller Aussicht ins Grün. Nur die Bäder (mit Wanne) sind leider etwas schmucklos.

Wer Glück hat, kann in der ehemaligen Wohnstätte von Walter Spies nächtigen (4 Pers. 150–250 $). Ein großer Pool und ein sehr fantasievoll eingerichtetes Spa mit einem Jacuzzi in Grottenoptik lassen die Gäste den Urlaub genießen. Auch vom Restaurant aus hat man einen schönen Blick auf das Flusstal. Je nach Saison Zimmer mit Fan 60–75 $, mit AC 80–120 $. Jl. Raya Campuhan, ☎ 0361/975368, ☏ 0361/975137, www.tjampuhan-bali.com.

Anom Cottages ❶ (→ Karte S. 264/265). Etwa 1 km nördlich von Campuhan findet sich hier gehobenes Ambiente zu nicht abgehobenen Preisen. Neben 2 sehr geräumigen Lumbungs, in denen man auf zwei Etagen logiert, werden in einem zweistöckigen palastartigen Gebäude 4 große, sehr saubere und gut ausgestattete Zimmer angeboten. Neben LCD-TV, DVD-Player, Kühlschrank und Telefon steht den Gästen auch eine praktisch eingerichtete Küche für kulinarische Experimente zur Verfügung. Nur ein Zimmer verfügt über AC. Von der ausladenden Veranda blickt man auf den von grünen Pflanzen umgebenen Pool. Das hilfsbereite Personal vermittelt auch Motorräder. DZ 500.000–700.000 IDR. Bei Internetbuchung spart man sich die Tax. Jl. Campuhan, ☎/☏ 0361/977234, www.anomcottages.com.

In Penestanan (→ **Karte S. 264/265**)

Melati Cottages ❻. Diese Unterkunft mit Herz ist umgeben von Reisfeldern. In einem hübschen Garten verteilt sich eine Handvoll zweistöckiger Gebäude, die 22 Zimmer unterschiedlicher Kategorien bieten, manche mit Bambus-, andere mit Backsteinwänden, die Betten jeweils mit Moskitonetz versehen. Die meisten Zimmer haben eine große Veranda oder Terrasse, von wo man einen schönen Blick auf den großen Pool oder die grüne Umgebung hat. Die teuersten Räume verfügen über eine kleine Küche und ein Wohnzimmer. Kostenloser WLAN-Zugang und günstiger Fahrradverleih. Wer kein Luxushotel erwartet, wird sich hier sicherlich geborgen fühlen! Auch das Personal ist äußerst zuvorkommend. Zimmer je nach Größe und Belegung zur Hochsaison 35–45 $ (1–3 Pers.), Family Room und Private Room (2–4 Pers.) 50–65 $. Jl. Penestanan, ☎ 0361/974650, ☏ 0361/975088, www.melati-cottages.com.

Zentral-Bali → Karte S. 232

>>> Unser Tipp: Londo Bungalows 5. Zwischen Fischteichen und Reisfeldern, eingebettet im wuchernden Garten, liegen die 4 zweistöckigen, mit Alang Alang gedeckten Bungalows. Jeder hat sein eigenes Gärtchen, liegt an (besser: in) seinem eigenen, wild umwachsenen kleinen Teich, ist individuell gestaltet, aber einfach gehalten: winzige Küche, Kühlschrank, zwei (!) Doppelbetten. Einige mit grandiosem Gartenbad. Riesige Fenster gestatten einen Ausblick in verschiedene Richtungen. Der freundliche Besitzer Wayan sorgt für das Wohl der Gäste. Und nicht mal der Preis hat einen Haken: Je nach Bungalow und Saison 150.000–300.000 IDR. Sollte alles belegt sein, bietet das benachbarte **Londo II** (unter der Leitung von Wayans Vater) Unterkünfte im gleichen Stil zum selben Preis. Penestanan, ✆/✉ 0361/976548, 0361/8033367, 081/916253279 (mobil), www.londobunga lows.com. **<<<**

Gerebig 4. Auf diesem weitläufigen, sich über mehrere Reisfelder ausdehnenden Areal sollte jeder fündig werden. Von hübschen Reisspeicherhütten mit Moskitonetz bis hin zu ausladend großen Räumen (wahlweise im traditionellen oder im modernen Stil) mit eigener Küche ist für alle Traveller-Ansprüche das Richtige geboten. Alle mit angeschlossenem Heißwasserbad und Fan. Der geniale Überlaufpool inmitten eines Reisfeldes hat wohl die beste Lage in ganz Ubud. Das freundliche Personal organisiert auf Bestellung Mittag- bzw. Abendessen und kann auch beim Ausleihen von Mopeds behilflich sein. Preise je nach ausgewählter Unterkunft von 300.000–500.000 IDR. Als Alternative bieten sich auch die modernen Bungalows im benachbarten Gerebig 2 für 450.000 IDR sowie das Haus mit 3 Schlafzimmern und Küche für 1.000.000 IDR an. Penestanan, ✆/✉ 0361/974582, 081/337019757 (mobil), www.gerebig.com.

(Essen & Trinken
(→ Karte S. 247)

River View Restaurant 12. Optisch ist das River View mit tatsächlich wunderbarem Blick auf den Fluss eine kleine Perle zwischen den Nobel-Schick-Restaurants an der

Ja, es gibt auch offizielle Bananen ...

Hauptstraße. In einem Hügelgarten verteilt laden kleine, mit Alang Alang überdachte Sitzgruppen auf verschiedenen Ebenen zum Verweilen ein. Günstige Fruchtsäfte als Erfrischung zwischen den Museumsbesuchen und eine Auswahl an chinesischen, indonesischen und wenigen europäischen Gerichten (12.000–25.000 IDR). Das *Lodeh* (indonesische Kokos-Suppe) war erstklassig, das Rendangcurry leider enttäuschend. Jl. Raya Ubud.

Miro's Garden Restaurant 13. Der mit Blumen und Kerzen geschmückte Eingang lockt die Besucher in einen ruhigen Garten mit kleinen und größeren überdachten Bales. Exquisit sind nicht nur die erlesenen Speisen, sondern auch die Preise. Ausgewählte indonesische und europäische Gerichte wie balinesische Froschschenkel, selbst gemachte Pasta, ausgefallene Salate und eine Fülle an Desserts. In dieser lauschigen Atmosphäre empfiehlt sich das angebotene Romantic Dinner, bestehend aus acht verschiedenen Gerichten und Beilagen, zwei Gläsern Wein und zwei Flaschen Wasser für 450.000 IDR, aufmerksamster Service inklusive. An der Ecke zur Jl. Bisma in der Jl. Raya Ubud, ✆ 0361/973314, rsv@mirosgardenrestaurantubud.com.

Harmony Warung 52. Ob an den aus großen Baumstämmen gefertigten Tischen, im

Loungebereich nahe der Bar oder an den kleinen Sitzgruppen im weitläufigen, nachts schön beleuchteten Garten – hier findet jeder sein Plätzchen. Vielfältige Speisekarte mit guten indonesischen und europäischen Gerichten von Thunfisch-Saté bis zur Hühnerbrust provençale. Für Gruppen ab 10 Pers. kann ein reichhaltiges balinesisches Buffet arrangiert werden. Wer sich zum Abschluss einen der fruchtigen Cocktails genehmigen möchte, stolpert über ausgefallene Kreationen wie Bengal Tiger und Gorilla Fart. Jl. Monkey Forest, ℡ 0361/970932, harmonyubud@yahoot.com.

Café Mona 72. Die winzige Eisdiele, nur einen Bananenwurf vom Monkey Forest entfernt, bietet italienische Eiscreme in allerlei Variationen: ob als Eisbecher (um die 55.000 IDR), Eiskaffee oder Mocca, als fruchtiger Milkshake oder pur als Kugel (15.000 IDR). Hungrige können dazu Kuchen sowie Sandwiches ordern. Jl. Monkey Forest, ℡ 0361/298095.

Wackel 73. Hier gibt es zur Abwechslung kräftig-deftige Hausmannskost aus Deutschland. Wer Lust auf Leberkäse, Semmelknödel mit Pilzrahmsoße, Brezen oder Nürnberger Bratwürste verspürt, ist hier genau richtig. Hungrige Gruppen können mit 4–5 Pers. das Saussagefestival zelebrieren (184.000 IDR). Natürlich gibt es daneben auch eine Auswahl an indonesischen Gerichten. Hauptgerichte 20.000–50.000 IDR. Jl. Hanuman 73, ℡ 0361/971555.

Bendis 59. Versteckter kleiner Warung im 1. Stock direkt gegenüber vom Lumbung Sari Hotel mit schöner Aussicht auf die geschäftige Hauptstraße. Wer den Betonaufgang ins Restaurant geschafft und sich von einem eigentümlichen Affen den Weg hat weisen lassen, wird von der freundlichen Besitzerin mit herzlichem Humor und leckeren, sehr preiswerten Gerichten wie z. B. Village Food belohnt: verschiedene Zusammenstellungen aus ein bis zwei original balinesischen Speisen wie *Urap*, *Kangkung* oder *Tempeh*, die mit Reis und *Sambal* serviert werden (10.000–15.000 IDR). Auch Currys und Fisch.

Bar Luna 22. Im stilvollen Ambiente zwischen geschwungenen Korbsesseln, geselligen Sitzbänken mit Kissen und unzähligen Deckenventilatoren kann man hier ganztags brunchen, Tapas schlemmen und sich abends durch die leckere Cocktailkarte süffeln. Besonders zur Happy Hour von 17 bis 20 Uhr beliebt. Neuestes Kind der Casa-Luna-Gruppe. Jl. Goutama 3, ℡ 0361/971832, www.casalunabali.com.

Pignou di penyu 28. Das nette Restaurant serviert französische Spezialitäten aus der Provence, asiatisches Essen und Fusion Food. Auf der grünen Terrasse mit Blick auf die Straße kann man leckeren Genüssen wie Steak tartare zu überraschend günstigen Preisen verfallen. Auf Wunsch werden auch französische Buffets ab 2 Pers. arrangiert. Abends Reservierung empfohlen. Jl. Goutama 5, ℡ 0361/972577.

Biahbia 34. Hier sitzt man gemütlich an den kleinen Holztischen zwischen vielen Bildern und speist original balinesische Gerichte zu günstigen Preisen. Jl. Goutama, ℡ 0361/87978249.

Devilicious 35. Pink und scharf ist die Devise dieses schnuckeligen Restaurants. Besonders beliebt wegen seines Cajun Friday, an dem eine breite Auswahl der feurigscharfen Gerichte serviert wird. Natürlich gibt es daneben noch ein schmackhaftes Sortiment an Burgern, Salaten, Currys und weiteren internationalen Speisen – alle ohne Zusatzstoffe zubereitet. Jl. Goutama, ℡ 081/558886986 (mobil), devilicious.warung @gmail.com.

Bunuté 44. Die meisten Besucher verschlägt es wegen des wechselnden All-you-can-eat-Angebots in dieses zentral, aber ruhig gelegene Restaurant. Am reichhaltigen Buffet kann man sich dreimal pro Woche für ca. 70.000 IDR durch die Küche Asiens schlemmen (zur Hauptsaison): dienstags indonesisches, donnerstags balinesisches, samstags thailändisches Buffet. Der ansprechende Innenhof, der freundliche Service sowie die Happy Hour der Bar (buy one, get one free) und das wechselnde Angebot an Livebands lassen so manchen Gast wiederkehren. Jl. Dewi Sita, ℡ 361/972177, www.bunute.com.

Bollero 38. Die neue Resto-Bar-Lounge präsentiert sich geschmackvoll und bunt eingerichtet auf zwei versetzten Ebenen. Auf z. T. überdimensionierten Fotos grüßt das Bali vergangener Tage die Menschen des modernen Heute. Die Karte umfasst neben indonesischen Gerichten, Pasta, Pizza und Snacks auch wechselnde Tagesangebote. Natürlich gibt es auch eine breite Palette an Cocktails (um 85.000 IDR). Auch die übrigen Preise sind der ansprechenden Optik angepasst und leicht gehoben. Jl. Dewi Sita, ℡ 0361/972872.

Zentral-Bali → Karte S. 232

Ayu's Kitchen 🔢. In diesem kleinen, länglichen Warung mitten in der Jl. Monkey Forest serviert die Besitzerin original balinesische Gerichte wie *Nasi Kuning* mit verschiedenen Beilagen, ausgezeichnetes Jackfruit- und würziges Tempehcurry zu Arrak und Bier. Große Auswahl an vegetarischen Speisen. Hauptgerichte ab 20.000 IDR. Hierher kommt man gerne wieder. Jl. Monkey Forest, ✆ 0361/975439.

The Bridge 🔟. Gehobenes Restaurant hinter der alten holländischen Brücke mit fotogenem Blick auf den Fluss. Für eben diese Aussicht zahlt man dann auch, während man sich im ansprechenden Ambiente den Genüssen hingibt. Liebevoll angerichtete Portiönchen kreativ kombinierter asiatischer Leckereien und Fusion-Küche wie z. B. Shezuan Pancakes oder Thai Chicken Pizza. Bisweilen wird man beim Dinner durch Tanz- oder Livemusik-Aufführungen unterhalten. Reservierung erwünscht. Jl. Raya Tjampuhan, ✆ 0361/975085, the bridgebali@hotmail.com.

Localista 🔟. Das kleine moderne Café Wand an Wand zur Rio Helmi Galerie hat die Kunst der Kaffeestunde perfektioniert. Zu allerlei Kaffeevariationen schlemmt man sich durch ausgefallene Kuchenkreationen wie *Cake Pops* (Küchlein am Stiel), herrlich süße *Cupcakes* und sogar glutenfreie Backwaren. Wer es eher herzhaft mag, kommt zur Lunchzeit bei Pastasalaten, feinen Süppchen und Quiches auf seine Kosten. Immer einen Zwischenstopp wert … nicht umsonst gibt es eine Rabattkarte für Stammgäste. Jl. Suweta, ✆ 0361/972304, www.localistacafe.com.

🌿 **Juice Ja Café** 🔢. Hier isst man sich gesund! In dem zur Straße hin offenen und gemütlich eingerichteten Bio-Bistro kann man von kleinen Balkonen bei einem Glas frisch gepresstem Fruchtsaft und hausgemachtem Kuchen das Geschehen auf der Straße beobachten. Pfannkuchen mit abwechslungsreichen Füllungen wie Kürbiskernen, Cashew-Butter oder Papaya-Ingwer-Marmelade, Salate, kreative Sandwiches und Bagels, aber auch die gängigsten indonesischen Gerichte stehen zur Auswahl. Wer möchte, kann seinen Körper mit *Wheat Grass Juice* stärken. Gegen eine minimale Gebühr kann man sich auch ins eigene Hotel beliefern lassen. Jl. Dewi Sita, ✆ 0361/971056. ▪

Black Beach 🔢. Auf der Dachterrasse speist man in luftiger Umgebung die luftigste und knusprigste Pizza Ubuds. Des Öfteren begleitet von Opern- und Kurzfilmen, die auf den Bildschirmen vorgeführt werden. Natürlich gibt es auch schmackhafte Pasta, Bruschetta und große Salate. Alles mit hochkarätigem Olivenöl zubereitet. Wer möchte, kann sich an der internationalen und lokalen Weinkarte gütlich tun oder sich einen Cocktail zur Verdauung genehmigen. Hauptgerichte 30.000–80.000 IDR. Jl. Hanuman 5 d, ✆ 0361/971353, blackbeach ubud@yahoo.com.

Warung Little India 🔢. Nur vier kleine Tische in einem wirklich winzigen Warung und nicht nur deswegen immer voll. Das eigentliche Geheimnis sind die Gerichte. Geboten wird v. a. indisches Essen in allen Variationen, als Einzelgericht ab 20.000 IDR, Menü 45.000–60.000 IDR oder gleich als Thali. Wer lieber Thaiküche oder indonesisch speisen möchte, wird vom netten Personal genauso schnell und gut bekocht. Sehr große Auswahl für Vegetarier. Jl. Hanuman, ✆ 0361/977161.

Warung Indah 🔢. Wer es ganz authentisch und wirklich billig möchte, ist hier richtig. In einer kleinen Betongarage mit schmalen Tischen an der Wand und blauen Plastikhockern werden einfache Gerichte wie *Nasi Goreng*, *Lalapan Ayam*, *Ikan Bakar* und *Angoshie* zum Preis von 7000 bis 12.000 IDR gekocht. Ein winziges blaues Schild weist den Weg in die kleine Seitenstraße zwischen Jl. Hanuman und Jl. Sugrewa.

》》 Unser Tipp: Warung Dewa 🔢. Hoch über der Straße liegt dieser bei Einheimischen wie Touristen sehr beliebte kleine Warung. Hier bekommt man große Portionen zu supergünstigen Preisen. Hervorragendes *Kolobak*, würziges Auberginencurry und weitere balinesische Gerichte kommen für ca. 8000–15.000 IDR auf den Tisch. An der großen Pinnwand erfährt man nebenbei alles über aktuelle Veranstaltungen, Vermietungen etc. Jl. Goutama 13. 《《

China Moon 🔢. Das freundlich eingerichtete Restaurant mit Tischen aus Wurzelholz und kleiner Terrasse bietet ayurvedische Fruchtsäfte und gesunde Speisen ohne Geschmacksverstärker und Konservierungsstoffe. Hervorragend für einen Ausflug in die japanische und taiwanesische Küche eignen sich die angebotenen Menüs, bestehend aus 6–7 kleinen Gerichten und Tee (um 50.000 IDR). Die Speisen sind natürlich auch frei kombinierbar: So kann der Gast zwischen gebratenen Bällchen aus Gemüse, Tintenfisch oder Schweinefleisch, Nudeln, *Otak-Otak* (Fischpaste, gegrillt im Kokosblatt), zahlreichen Suppen und täglich wechselnden balinesischen Spezialitäten wählen. Darf's dazu ein Wassermelonen-Gurkensaft gegen Bluthochdruck, ein Sternfruchtsaft gegen Kälte oder doch lieber ein Bananen-Papaya-Saft mit Milch sein, um die Knochen zu stärken? Natürlich kann man auch Ungesundes wie alkoholische Cocktails und süße Nachspeisen zu sich nehmen. Jl. Monkey Forest 8, Ecke Jl. Hanuman, www.deubudvilla.com.

Matahari 🔢. Warum nicht mal einen viktorianischen oder österreichischen Nachmittagstee bzw. -kaffee zu sich nehmen? Neben einer großen Auswahl an Snacks, Gebäck und Sandwiches werden zwischen 14 und 17 Uhr auch Kaffee, Tee und heiße Schokolade angeboten. Ergänzt wird das Ganze durch landestypische Spezialitäten wie im Falle des Viennese Afternoon Tea: Linzer Torte, Kaiser-Franz-Josef-Gugelhupf und Kaffee mit Schlagobers – das dürfte in Ubud sonst wohl eher selten zu bekommen sein. Bei all dem Aufwand ist natürlich eine Reservierung am Vortag erwünscht. ✆ 0361/975459, sales@matahariubud.com.

Zentral-Bali → Karte S. 232

🌿 „Not less, but differently gifted" – Sjaki-Tari-Us

Jeden Morgen läuft Gede durch Ubud und grüßt seine zahlreichen Bekannten. Das war nicht immer so. Er ist auf dem Weg zu seiner Schule im Herzen von Ubud, die keine normale Schule ist, sondern eine besondere. In der Sjaki-Tari-Us Foundation (www.sjakitarius.nl/eng/index.html) werden seit 2007 mit viel Elan und Engagement geistig behinderte Kinder aus der Umgebung ausgebildet. Das ist nicht selbstverständlich in einem Land, in dem geistige Behinderung mitunter noch als Strafe der Götter angesehen wird und die Betroffenen genau wie ihre Eltern mit ihren Problemen weitgehend alleingelassen werden.

Dank der Aufklärungs- und Förderarbeit von Sjaki-Tari-Us hat sich die Situation für einige Familien grundlegend geändert. Ins Leben gerufen wurde das Projekt von den Niederländern Thijs von Harte und seiner Frau Karin, die selbst ein Mädchen mit Down-Syndrom großgezogen haben. Die Mission ist eindeutig: Geistig Behinderte werden als „not less, but differently gifted" („nicht weniger, aber in anderer Weise begabt") angesehen und in den Spiel- und Lernklassen täglich entsprechend gefördert. Zur Förderarbeit gehört auch Sjaki's Warung 🔢, ein einzigartiges Restaurant der besonderen Art: Gekocht wird von den Schülern. Und hier ist jeder Meister auf seinem ganz speziellen Gebiet. Bestellt wird mit extra angefertigten Fotokarten, und genossen wird das Ergebnis in urgemütlicher Atmosphäre mit Blick auf den Fußballplatz. ■

Nachtleben
(→ Karte S. 247 und S. 264/265)

… wurde es bis vor wenigen Jahren eher kleingeschrieben, hält heute die Macht der Nacht auch in Ubud vermehrt Einzug. So warten immer mehr Locations, in denen man zuweilen sogar das Tanzbein schwingen kann, mit netten (aber vergleichsweise teuren) Cocktails auf. Freundliche Gespräche und gute Atmosphäre sind auf jeden Fall inklusive.

Jazz Café 42. Unter einem hohen Alang-Alang-Dach versammeln sich von 17.30 bis ca. 22.30 Uhr Jazz- und Latin-Liebhaber zum Plausch und Tanz. Di–So wechselnde Live-Unterhaltung: Jazz, Blues, Latin, Funk, Soul und World Music. Fantasievolle Cocktails wie Papaya Daiquiri oder Chocolate Martini. Zu den etwas überteuerten Preisen passt auch die obligatorische Eintrittspauschale von ca. 20.000 IDR. Davon verschont bleibt man nur, wenn man sich an der mediterranen Speisekarte gütlich tut. Wer dem Etablissement einen Besuch mit mehreren Leuten abstatten möchte, sollte vorher reservieren! Pick-up-Service in Ubud und der näheren Umgebung. Jl. Sukma 2, ☎ 0361/976594, www.jazzcafebali.com.

Boom Boom Bar 56. Die neue Bar ist auch zu vorgerückter Stunde *der* Treffpunkt in der Jl. Monkey Forest. Besonders bei den regelmäßigen Live-Auftritten kein Ort der leisen Töne. In der gemütlichen Sofaecke, an kleinen Tischen oder an der lang gezogenen Bar süffelt man – animiert vom omnipräsenten (über)eifrigen Personal – gute und kreative Cocktails. Mit 75.000–95.000 IDR (plus Tax) Preise wie zu Hause (außerhalb der Happy Hour!), dafür ist der Service auch mehr als perfekt. Barübliche Pizza und Snacks stillen den Hunger. Jl. Monkey Forest.

Ein Zaun aus Plastikflaschen

XL-Shisha 47. Um einen gemütlicheren Ort zu finden, muss man schon lange suchen – wenn man nicht gar vergeblich sucht. Wie die gelungenste Mischung aus orientalischem Serail und balinesischem Palast hüllt sich die geräumige Lounge Bar in purpurne Seide, goldenes Dekor und schimmernde Vorhänge. In weichen Sitzecken rauchen die Gäste Shisha, trinken Cocktails und lauschen den Klängen von chilliger Musik. Ausgelassen ist die Stimmung, wenn die – übrigens sehr talentierte – Hausband auftritt, zum wöchentlichen Karaoke-Abend geladen wird oder ein Sportevent auf der Großleinwand die Gemüter erhitzt. Sonst haben die Gäste jeden Tag von 12 bis 3 Uhr Zugriff auf eine wohlsortierte DVD-Mediathek. Natürlich verhungert auch hier niemand. Zur Auswahl stehen Tapas (21.000–40.000 IDR), und wer den XL-Burger bestellt, unterstützt die benachbarten Sjaki-Tari-Us. Jl. Monkey Forest 121X (hinter dem Sportplatz), ☎ 0361/975751, www.xlshishalounge.com.

Ozigo Bar (→ Karte S. 264/265, **2**). Wer auch in Ubud die Nacht zum Tage machen will, begibt sich in den „only rocking Place in Town". Wenn andere Bars langsam schließen, beginnen hier die DJs erst mit dem Auflegen. Wechselnde Events, verschiedene, auch internationale Live-DJs und selbstverständlich Livebands bringen die kleine Tanzfläche zum Rocken. Jl. Raya Sanggingan, ☎ 0361/974728, ozigo_ubud@ yahoo.com.

Round Bar (→ Karte S. 264/265, **7**). Hier kann man sich mit gutem Gewissen den einen oder anderen Drink genehmigen. Die runde Bar und sämtliches Interieur wurden, wenn möglich, aus recyceltem Müll gestaltet. Doch wer denkt, dass es hier wie in einer Messi-WG aussieht, irrt gewaltig, denn hier trifft Kreativität auf stilvolle Wiederverwertung. So sind die Barhocker aus abgetragenen Jeans und kaputten Fahrrädern gestaltet, als Lampen dienen aufgebrauchte Spraydosen und ausgetrunkene Wasserspender, die Wände wurden aus leeren PET-Flaschen kreiert oder von Straßenkünstlern mit ausgefallenen Graffiti verziert. Ganz nebenbei sollten auch noch die leckeren Drinks und schmackhaften Tapas, Snacks und wechselnden Hauptgerichte erwähnt werden. Da die Lokalität zum exklusiven D'Omah Hotel gehört, sind die Preise etwas gehoben. Jl. Penestanan Kelod, ☎ 0361/976738, 0361/976622. ∎

Ubuds Umgebung lockt mit üppigen Reisterrassen

Nördlich von Ubud

Naturschauspiel in Petulu

Nur etwa 10 Min. von Ubud entfernt, im kleinen Örtchen Petulu, findet jeden Abend ein eindrucksvolles Schauspiel statt. Nicht nur Vogelliebhaber finden sich ein, um die weißen Reiher bei ihrem Landeanflug zu beobachten. Eine schreiende Wolke aus Tausenden *kokokoan*, wie die weißen Reiher in Bali heißen, und eine kleinere Anzahl ihrer javanischen Verwandten brechen jeden Tag in den frühen Morgenstunden von ihren Nistplätzen zur Futtersuche auf und kehren in unüberblickbaren Schwärmen gegen 18 Uhr zurück. Die Balinesen erklären sich die Standortwahl der Vögel folgendermaßen: Zum ersten Mal tauchten die weißen Reiher in Scharen auf, kurz nachdem Armee und paramilitärische Einheiten im Rahmen der indonesischen Kommunisten-Pogrome (→ Geschichte, S. 26) zahllose tatsächliche und vermeintliche Sympathisanten der kommunistischen Partei nahe Petulu dahingemetzelt hatten. Die Toten begrub man in der Umgebung – seit damals erzählt man sich, dass ihre Seelen in den weißen Vögeln wiedergeboren wurden. Noch heute werden aus diesem Grund aufwendige Zeremonien veranstaltet.

Eine Handvoll Warungs, darunter der sympathische Warung Kokokoan, sorgen für das leibliche Wohl und den notwendigen Schutz der Staunenden. Auch wenn Sie das Schauspiel nicht in einem Warung genießen wollen, sollten Sie sich in jedem Fall rechtzeitig einen Platz unter den Gestellen und Dächern suchen. Natürlich produzieren Tausende von Vögeln auch eine beträchtliche Menge an Hinterlassenschaften, die man nicht unbedingt mit nach Hause nehmen möchte.

Um nach Petulu zu kommen, folgt man der Jl. Raya Ubud in östliche Richtung bis zur T-Kreuzung. Hier hält man sich links auf der Jl. Raya Adong. Nach einem Fußmarsch von ca. 1,5 km bergauf erblickt man schließ- lich den Wegweiser, der nach links zum Örtchen Petulu in ca. 1,5 km Entfernung weist. Eintritt 10.000 IDR, die beste Zeit ist kurz vor 18 Uhr.

Übernachten
1 Anom Cottages
4 Gerebig
5 Londo Bungalows
6 Melati Cottages

Nachtleben
2 Ozigo Bar
7 Round Bar

Sonstiges
3 Bintang Supermarket

Raya Sanggingan

Raya Kedewatan (Sayan)

Campuhan

1 Anom Cottages
2 M Neka Art Museum
3

Kutu Ka

Raya Ubud

Pura Gunung Lebah

Pura Dalem

6 4 5

Kutuh

Penestanan

Puri Saren Agung

Blanco Renaissance Museum

Puri Lukisan

Pura Tam Kemude Saraswat

Cok

Young Artists

Panestanan Kelod

7

Ubud Traditional Market

Dewi Sita

Raya Kedewatan (Sayan)

Sayan

Baung

Mas

Monkey Forest

Suweta

Sriwedari

Kajeng

Suweta

Sriwedari

Hanoman

Sugriwa

Jembawan

Monkey Forest

siehe Karte "Ubud Zentrum" auf Seite 246/247

Pengosekan

Agung Rai Museum of Art (ARMA)

M Pengosekan

Nyuh Kuning

Nyuh

Nyuh Kuning 2

Raya Pengosekan

Buduk

Raya Buduk

Tewel

Ayodya

Raya Tebongkang

Raya Singekerta

Bali Classic Center

Mus

Denpasar, Bali Bird Park

Singapadu

Tampaksiving,
Kintamani

Petulu

Raya Gentong

Raya Lapiatan

Tirta Taman

Weiße Reiher

Raya Petulu

Nagi

Raya Pejeng

Cagaan

Botanischer Garten

Raya Lapiatan

Raya Andong

Tirta S.

Gunung Sari

Tatiapi Kaja

Tatiapi

Tatiapi Kangin

Pejeng

Peliatan

Dukuh

Pura Penataran Sasih/
Mond von Pejeng

Raya Pejeng

Dukuh

Pura Puserig Jagat

Raya Gde Rai

Pura Kebo Edan

Agung Rai Fine
Art Galery

Purbakala
Gedung Arca

Raya Goa Gajah

Goa Gadja

Raya

Cokorda Rai Pudak

Angsa

Leban

Bedulu

Yeh Pulu

Bedulu

Mas

ana

Blahbatuh,
Gianyar

Mas

Sukawati

Umgebung von Ubud

300 m

Reisterrassen bei Tegal Lalang

Im Dörfchen Tegal Lalang ca. 12 km nördlich von Ubud ist man sich seines Status als Holzschnitzerort durchaus bewusst. Eine Vielzahl von Händlern bietet in unzähligen Shops entlang der Straße hübsche geschnitzte Holzstauden und andere Stücke aus dem weichen Material an. Wem nicht nach Kunsthandwerk ist, der genießt den Blick auf die herrlichen Reisterrassen rechter Hand. Dabei muss man sich allerdings gegen die Horden von Souvenirhändlern zur Wehr setzen, die hier den stoppenden Reisebussen auflauern.

Königsgräber von Gunung Kawi

Wunderschön eingebettet zwischen fotogenen Reisterrassen und Palmenhainen liegt dieser verzauberte Ort. Auf einem Pfad aus über 300 Steintreppen geht's in das malerische Tal und durch das herrlich grüne Gelände am heiligen Fluss Pekerisan entlang. Dann überquert man die den Fluss überspannende Brücke und hält sich am Hof mit angeschlossener Mönchsklause links, bis man beeindruckt vor Balis wahrscheinlich größten Monumenten aus dem 11. Jh. steht. Und beinahe ist man versucht zu glauben, dass der Riese Kebo Iwo diese tatsächlich mit seinem gigantischen Fingernagel in nur einer Nacht aus dem Fels gekratzt hat (→ Kasten, S. 267). Die fünf übergroßen Tempel in den ca. 7 m hohen Felsnischen erinnern in ihrer Architektur an die *candis* (Totenheiligtümer) der Majapahit-Dynastie.

Mächtige Grabmäler in Gunung Kawi

Die Königsgräber von Gunung Kawi wurden erst 1920 entdeckt und wahrscheinlich während der Warma Dewa-Dynastie unter Anak Wungsu, dem jüngeren Bruder von Airlangga, errichtet. Manch einen mag es enttäuschen, dass die Gräber ihren Namen nicht wirklich verdienen, denn es sind leere Fassaden – sie beinhalten keinerlei Überreste der ehemaligen Herrscher und dienen lediglich als übergroße Gedenksteine. Gegenüber, auf der anderen Seite des Flusses, kann man die Gräber der Königinnen bestaunen: vier ebenfalls in den Stein gehauene Tempel. Wer auf den beiden Seiten des Flusses verehrt wird, konnte aufgrund des schlechten Zustands der Inschriften bis heute nicht geklärt werden. Einiges spricht dafür, dass es Udayana selbst ist, dem man hier samt Gefolge, seiner Frau und seinen zwei Söhnen ein Denkmal gesetzt hat. Andere gehen davon aus, dass es sich um seinen Sohn Anak Wungsu und dessen Entourage handelt.

Etwa 1 km vom Tempelkomplex entfernt, in südwestlicher Richtung, findet

Kebo Iwo, der größte Architekt Balis

Wirklich starke Fingernägel muss er gehabt haben, der Riese Kebo Iwo. So soll er jeweils binnen einer Nacht die Reliefs von Yeh Pulu, die Königsgräber von Gunung Kawi und die Elefantengrotte Goa Gajah mit seinen mächtigen Nägeln aus dem harten Fels geritzt, geschnitzt und gestaltet haben. Auch diejenigen, die glauben, der Mond von Pejeng sei kein erkaltetes Himmelsgestirn, können mit den Legenden, die sich um den Riesen ranken, bedient werden: Kebo Iwo soll die verehrte Scheibe als Ohrring getragen und sie irgendwann, als er in der Nähe von Pejeng war, verloren haben.

man noch ein weiteres Grab und mehrere in den Fels gehauene Höhlen, die wahrscheinlich der Meditation dienten. Auf dem Weg dorthin (oder zurück zum Parkplatz) sollte man die oben erwähnte, in den Stein gehauene Mönchsklause besichtigen (die labyrinthartigen Gänge im Inneren dürfen nur barfuß betreten werden). Sie stammt wahrscheinlich aus dem 9. Jh. und weist auf den sehr alten buddhistisch-hinduistischen Einfluss auf Bali hin.

Tägl. 8–17 Uhr. Auch wenn hier weniger Touristen anzutreffen sind als z. B. in Goa Gajah (→ S. 270), kann man die Stimmung am besten früh und dann wieder ab ca. 16 Uhr genießen. Eintritt 10.000 IDR, Kinder zahlen die Hälfte. Sarung und Tempelschal nicht vergessen!

Zentral-Bali → Karte S. 232

Quellheiligtum Pura Tirta Empul

Dieser Badeplatz wird von Gläubigen aus ganz Bali besucht, die sich dort rituell reinigen und vom heiligen Wasser heilen lassen möchten. Einst soll die Quelle im inneren Tempelkomplex, die heute die beiden kleineren Badebecken und das Zeremonienbecken mittels vieler Wasserspeier speist, von Gott Indra selbst geschaffen worden sein. So jedenfalls sagt es die Legende (→ Kasten, S. 268).

Während die Frauen links und die Männer im mittleren Becken baden, kommt dem rechten Becken die eigentliche Aufgabe bei Zeremonien und bei der Heilung zu. Jeder der Wasserspeier erfüllt eine andere Aufgabe. So ermöglicht der eine die geistige und seelische Reinigung, der nächste wäscht den Badenden vom Bösen rein, und ein anderer soll als Antitoxin bei Vergiftungen wirken.

Ende der 1960er-Jahre wurde der Tempelkomplex restauriert. Die im Zuge der Arbeiten entschlüsselte Inschrift datiert die Gründung des Tempels auf das Jahr 962. Somit ist der Quelltempel eines der ältesten Heiligtümer Balis. Zum jährlichen Galungan-Fest wird er von Tanzgruppen aus ganz Bali besucht, die hier ihre Barong-Masken reinigen.

Dem Tempelkomplex vorgelagert sind einige nette, an einem Teich gelegene Warungs, in denen man kleine balinesische Gerichte wie Tofu-Suppe, gebratenen Reis und Hühnchen sowie Softdrinks serviert bekommt.

Oberhalb von Pura Tirta Empul mit wunderbarem Blick auf die Badeanlage liegt übrigens der ehemalige Sommerpalast des ersten indonesischen Präsidenten Sukarno, der heute als Unterkunft für Staatsgäste dient.

Hin & weg Ca. 11 km hinter Pejeng, die Bemo-Verbindung ist sehr spärlich. Besser, man reist mit dem eigenen Fahrzeug an.

Öffnungszeiten/Eintritt Der Tempelkomplex ist von 7 bis 17 Uhr zugänglich. Sarung und Tempelschal müssen von jedem Besucher getragen werden. Erw. 6000 IDR, Kinder die Hälfte.

Galungan-Zeremonie im Pura Tirta Empul

Königliche Hybris

König Maya Denawa, häufig als König der Dämonen bezeichnet, war durch die Gabe, sich unsichtbar zu machen und sich an anderer Stelle wieder zu materialisieren, so überheblich geworden, dass er sich als Gott verehren ließ. Er sorgte dafür, dass seine Untertanen nunmehr ihn anbeteten und die Rituale zu Ehren der wirklichen Götter schleifen ließen. Und so kam Gott Indra mit seinem Gefolge zur Erde, um den Dämonenkönig zu bekämpfen. Maya Denawa aber wehrte sich, vergiftete alle Quellen und Wasserstellen und riss damit die gesamte Gefolgschaft Indras in den Tod. Indra selbst nahm seine Waffe, bohrte sie tief in die Erde und erschuf so die Quelle, die die Toten reinigte, wiederbelebte und ihnen von nun an Unsterblichkeit verlieh. Die revitalisierte Streitmacht Indras machte daraufhin kurzen Prozess mit dem Dämonenkönig und tötete ihn an den Ufern des Flusses Petanu – mit verheerenden Folgen, denn das Blut des Maya Denawa vermischte sich mit dem Wasser des Flusses und vergiftete es. So getraute man sich nicht länger, das Wasser des Petanu zum Bewässern der Felder zu nutzen, geschweige denn, davon zu trinken. Erst nach Ablauf einer langen Frist, die bis zum Anfang des 20. Jh. reichte, war der Fluss gereinigt. Dem Gott Indra zu Ehren wurde im Tempelkomplex von Tirta Empul eine Statue errichtet, die den Thron Indras auf dem Rücken einer Schildkröte darstellt.

Taro

Auf der Straße Richtung Kintamani ist die kurz hinter Pujung gelegene Abzweigung nach Taro eigentlich nicht zu verfehlen, denn die Haupttouristenattraktion des Ortes, der Elephant Safari Park, ist gut ausgeschildert. Zwar gibt es den Park mittlerweile schon seit gut zehn Jahren, eine weit längere Tradition als die Dickhäuter haben in Taro aber die weißen Kühe, die hier ganz in der Nähe des Parks exklusiv für ganz Bali gezüchtet und gehalten werden. Für einige Zeremonien sind diese Tiere unerlässlich, auch wenn sie heute nicht mehr wie in früheren Tagen geopfert werden. Außer für Tiere – dicke oder weiße – ist Taro noch für seine Steinmetze und deren Produkte bekannt: Schreine, Tempelstatuen und allerlei anderes Dekor.

Elephant Safari Park: Das 2 ha große Areal wurde im Jahr 2000 zum Schutz der Sumatra-Elefanten angelegt. Für Elefantenfans wurde in alle Richtungen vorgesorgt. So kann man hier nicht nur die Kunststücke der Dickhäuter in der

Die weißen Reiher von Petulu

Arena bestaunen, sondern den Elefanten auch beim täglichen Bad, während der Fütterung und sogar beim Malen zusehen. Die Kunstwerke werden ausgestellt und sind für rund 95 $ zu haben (wollten Sie nicht schon immer mal einen Original Bores, Desi oder Yanti – so die Namen der Künstler – in ihrem Wohnzimmer hängen haben?). Der Erlös kommt der Stiftung und dem Erhalt der Anlage zugute. Im wirklich gut eingerichteten Museum erfährt man alles über die Stars des Parks und deren Verwandte, sogar ein Mammutskelett gibt es zu bestaunen. Das eigentliche Highlight nicht nur für Kinder sind allerdings die Elefanten-Trekking-Touren, die man sowohl bei Tag als auch des Nachts unternehmen kann. Allerdings hat der etwa halbstündige Ausflug auf dem Rücken der grauen Riesen seinen Preis: 45 $ für Erwachsene und 32 $ für Kinder. Etwas billiger kommen Sie mit einem Kombiticket weg.

Zentral-Bali → Karte S. 232

Hin & weg Am bequemsten, aber auch kostenintensivsten ist es, den Ausflug evtl. in Kombination mit anderen Highlights wie z. B. einer Raftingtour gleich beim Veranstalter Bali Adventure Tours zu buchen. So sparen Sie sich die An- und Abreise. www. baliadventuretours.com.

Öffnungszeiten/Eintritt Tägl. 8–16 Uhr. Ohne/inkl. Trekking: Erw. 16 $/53 $, bis 12 J. 8 $/36 $, bis 5 J. 4 $/12 $. Familientickets für 2 Erwachsene und 4 Kinder bis 12 J. 44 $ bzw. 160 $.

Übernachten Wer gleich hierbleiben möchte und bereit ist, tiefer in die Tasche zu greifen, der kann sich in der exklusiven **Elephant Safari Park Lodge** auf dem Parkgelände einquartieren. Ab 200 $ wohnt man in einem von 25 wundervoll ausgestatteten Zimmern, dekoriert mit Elefantengemälden (also denen, die von den Dickhäutern gemalt wurden) und voller Annehmlichkeiten wie AC, Telefon, Flachbild-TV, Safe, Fön, Wasserkocher und WLAN-Zugang. Die Park-Attraktionen sind frei, und pro Tag kann der Gast kostenlos an einer Safari teilnehmen. Wer genug vom Elefantenbeobachten hat, begibt sich einfach in den Swimmingpool oder entspannt sich im Spa. Kostenpunkt je nach Saison, Kategorie und Buchungsart (am billigsten möglichst früh über die Homepage): 180–1000 $ (exklusive Villa). Jl. Elephant Park Taro, ☏ 0361/721480, ☏ 0361/721481, www. elephantsafariparklodge.com.

Keliki

Vielleicht haben Sie sie schon entdeckt: wunderschöne Miniaturmalereien, die auf einer Größe von maximal 40–50 cm vollgestopft sind mit einer Fülle an wundervollen Details. Aufrechterhalten wird diese Form der Malerei im Örtchen Kelik, fernab vom Touristenrummel ca. 5 km nördlich von Ubud. Die dortige Kelik Painting School bildet Interessierte in der mittlerweile selten gewordenen Kunst aus, Schulleiter Madera Dolit behauptet sogar, der Letzte zu sein, der die traditionelle Miniaturmalerei ohne Konzessionen an den touristischen Geschmack beibehalten hat.

Nur durch das Maul des Dämons gelangt man ins Innere der Elefantenhöhle

Östlich von Ubud

Goa Gajah (Elefantenhöhle)

Ein paar Kilometer nördlich, zwischen Bedulu und Peliatan, liegt gut ausgeschildert hinter einem großen Parkplatz mit unzähligen Verkäufern ein weiteres bedeutendes historisches Monument, das nahezu kein Besucher auf seiner Reise durch Bali auslässt. Deshalb sollten Sie diesen Ort auch am frühen Vormittag besuchen, bevor die Busladungen an Tagesausflüglern kommen.

Der vermutlich aus dem 11. Jh. stammende heilige Platz und Gebetsort von Eremiten wurde erst 1923 von holländischen Archäologen entdeckt. Die Namensgebung ist nicht vollständig geklärt. Tatsächlich gab es niemals auf Bali geborene Elefanten, und so müssen andere Deutungen herangezogen werden. Eine davon bezieht sich auf die javanische Lontar-Schrift Nagarakertagama aus dem 13. Jh., wo vom Elefantenfluss, wahrscheinlich dem heutigen Petanu, als Siedlungsort eines buddhistischen Eremiten die Rede ist. Andere gehen davon aus, dass nicht der Fluss, sondern die in ihrem Inneren verehrte Ganesha-Statue der Höhle zu ihrem Namen verhalf: Sie trägt, der üblichen Ikonografie folgend, einen Elefantenkopf. Manch ein Besucher schließlich meint, im Eingangsportal – einem gigantischen „Gesicht", durch dessen Maul man in die Höhle gelangt – einen Elefanten zu erkennen. Vermutlich handelt es sich dabei aber eher um die Dämonenfratze Bohmas, des so gut wie alle balinesischen Tempel bewachenden Erdgottes.

Wie auch immer: Beim Betreten der Höhle beschleicht den Besucher ein wirklich mulmiges Gefühl. Hat man den Dämon sowie die beeindruckenden Reliefs hinter sich gelassen, gelangt man in einen T-förmigen, dunklen und engen Innenraum, dessen Achsen exakt nach dem Kaja-Kelod-Prinzip (→ S. 42/43) ausgerichtet sind. Links und rechts weisen in den Fels gehauene Nischen auf die ehemalige Funktion als Mönchsklause hin. Wendet man sich nach links, erblickt man die erwähnte Statue der Gottheit Ganesha, folgt man dem Gang nach rechts, entdeckt man drei Lingams, phallische Symbole des Gottes Shiva, und deren weibliches Gegenstück Yoni. Zugleich stehen die glatten, schwarzen Steine für die Trinität „Brahma, Vishnu, Shiva".

Das Herzstück der Anlage machen die beiden erst in den 1950er-Jahren entdeckten **Badeanlagen** aus, deren Becken einst von je sechs Himmelsnymphen mit heiligem Wasser gespeist wurden. Heute sind nur noch zwei Becken und eine kleinere Anzahl der reizenden Himmelsgeschöpfe zu sehen. Versetzt dahinter findet sich der kleine Tempel **Pura Taman**.

Einige Zeugnisse der buddhistischen Tradition deuten übrigens darauf hin, dass die Anlage in früheren Zeiten gleichermaßen von Hindus und Buddhisten als Kultstätte genutzt wurde: Links der Höhle steht eine Statue der buddhistischen Gottheit Hariti, weitere Buddha-Statuen (allerdings ohne Kopf) findet man ganz in der Nähe am gegenüberliegenden Ufer des Petanu. Dort erhob sich möglicherweise einmal ein buddhistischer Tempel bzw. ein Kloster.

Hin & weg Das Areal ist leicht über die Hauptstraße, welche Ubud mit Gianyar verbindet, zu erreichen. Wer will, kann die knapp 3 km auch zu Fuß oder mit dem Fahrrad zurücklegen. Eine weitere Alternative sind die gelben Bemos, welche die Hauptstrecke Ubud–Gianyar bedienen.

Wer sich von der Elefantenhöhle Richtung Fluss hält, kann (mit Guide für ca.

70.000 IDR) seinen Weg bis zum Relief Yeh Pulu fortsetzen.

Eintritt Erw. 10.000 IDR, Kinder die Hälfte (inkl. Sarung und Tempelschal). Am Eingang bieten sich viele Guides an, die zu überhöhten Preisen ihr Wissen anbieten. Wenn Sie diese in Anspruch nehmen wollen, vergessen Sie auf keinen Fall zu handeln.

Felsenrelief Yeh Pulu

Weit weniger bekannt und deshalb auch nicht so gut besucht sind die ganz in der Nähe der Elefantenhöhle gelegenen, in den Fels geschlagenen Reliefs von Yeh Pulu, die zu den ältesten Monumenten in ganz Bali zählen. Im Süden von Bedulu, zwischen schönen Reisfeldern, Alang-Alang-Wiesen und Bewässerungsrinnen, offenbart ein kleines Tor den Eingang zu dem ca. 25 m langen und nicht mehr als 2 m hohen Steinrelief, das 1925 entdeckt wurde und vermutlich im 14. Jh. entstanden ist. Der Legende zufolge soll auch hier der Riese Kebo Iwo Hand angelegt und das Relief mit seinem bloßen Fingernagel in den harten Stein geritzt haben (→ S. 267).

Wer auch immer es war – er hat dabei Interessantes erschaffen. In Originalgröße zeigen sich dem Besucher plastisch gearbeitete Szenen aus dem alltäglichen Leben: ein Mann, der ein Gefäß trägt, in dem einst Tuak, der balinesische Palmwein, aufbewahrt wurde; ein an seiner traditionellen Kopfbedeckung erkennbarer Priester oder Eremit; ein Mann, der mit einer Hacke bewaffnet zur Arbeit geht. Auch eine Jagdszene kann man ausmachen und zwei Tiere, die miteinander kämpfen. Dazwischen immer wieder ein Mann hoch zu Ross. Dieser gibt Anlass zu der Spekulation, dass es in den dargestellten Szenen vielleicht doch um die Dokumentation einzelner Stationen aus dem Leben Krishnas, der menschlichen Inkarnation des Gottes Vishnu, geht. Insbesondere die Jagdszene könnte auf den Kampf zwischen Krishna und dem Bärenkönig Jambavat hinweisen. Abgeschlossen wird das Relief von einer Statue Ganeshas. Weiter südlich wurde eine Meditationsnische in den kühlen Stein gemeißelt, die möglicherweise auf die ursprüngliche Nutzung der

Anlage als Meditationsklause hindeutet. Am Ende der Besichtigung werden die Besucher von einer alten Priesterin mit dem glückbringenden Wasser gesegnet.

Wer möchte, kann dann noch weiter durch die angrenzenden Reisfelder wandern oder durch das Örtchen Bedulu zur Hauptstraße nach Ubud zurückkehren.

Hin & weg Yeh Pulu ist mit dem Auto leicht zu erreichen. Ca. 400 m nach dem Parkplatz zur Elefantenhöhle (Goa Gajah) zweigt eine kleine Straße nach rechts nach Bedulu (s. u.) ab. Von dort aus einfach der Ausschilderung Richtung Süden folgen.

Guides Von Goa Gajah aus bieten auch zahlreiche Guides ein ca. 30-minütiges „Trekking" zu den Reliefs an. Vorbei an grüner Natur, Ananas- und Bananenpflanzen und Kakaobäumen kann man sich seinen Weg aber auch alleine bahnen, muss allerdings aufgrund der vielen kleinen Pfade und Abzweigungen immer wieder nach dem Weg fragen, bis man in den Ort Be-

dulu (s. u.) kommt. Leichter ist es, von dem der Elefantenhöhle vorgelagerten Parkplatz entlang der Hauptstraße bis zur Kreuzung nach Bedulu zu laufen.

Auch in Bedulu (s. u.) selbst bieten sich viele Guides an, Besucher nach Yeh Pulu zu bringen, erklären das Relief und kombinieren auf Wunsch den Ausflug mit Wanderungen durch die Reisfelder, zu den der Göttin Dewi Sri geweihten Tempeln und Kalksteinabbauanlagen. I Putu Nungot z. B. spricht sehr gut Englisch sowie ein bisschen Deutsch und bietet interessante Touren um Bedulu zu anständigen Preisen an. ☎ 081/8357894 (mobil).

Bedulu und Pejeng

Die folgenden Sehenswürdigkeiten bieten alle einen Einblick in die Vergangenheit Balis und dessen uralte Mythologie. Darüber hinaus sind sie leicht zu erreichen, denn von Ubud aus geht es ein paar Kilometer Richtung Südosten nach Bedulu und dort einfach auf der Hauptstraße an der Hauptkreuzung Richtung Norden. Sobald Sie in Pejeng sind, müssen Sie nur noch die Augen offen halten – sämtliche Tempel befinden sich entlang der Hauptstraße.

Noch zwischen Bedulu und Pejeng liegt rechter Hand das **Museum Purbakala Gedung Arca**. Hier werden auch mit englischsprachiger Ausschilderung versehene Relikte und Werkzeug aus der Stein-, Bronze- und Jungsteinzeit ausgestellt. Am beeindruckendsten ist wohl aber die Sammlung an Steinsarkophagen in unterschiedlichen Größen und (Tier-)Formen, die aus ganz Bali zusammengetragen wurden.

Zum **Pura Kebo Edan** gelangt man ein paar Hundert Meter weiter Richtung Norden linker Hand der Straße. Der „Tempel des rasenden Büffels" birgt eine mehr als 3,5 m hohe gesichtslose Statue, den sog. **„Riesen von Pejeng"**. Die enormen Füße sind von allerlei Schlangengetier umwunden und tanzen bedrohlich auf einer zermalmten Gestalt. Doch was dem westlichen Besucher sofort ins Auge springt, ist der imposante Phallus des Riesen (der allerdings meist keusch durch Tücher verhüllt ist). Dies legt nahe, dass es sich bei der Gestalt um einen Fruchtbarkeitsgott handelt, der wohl vor 700 Jahren in Zusammenhang mit einem ausschweifenden tantrischen Kult gestanden haben mag. Dies unterstreichen auch die mit Totenköpfen bekränzten und geschmückten Wächterstatuen sowie der etwas weiter rechts des Dämons stehende Raksasa, der – ebenfalls mit dem morbiden Schmuck versehen – aus einem deutlich erkennbaren Schädel trinkt.

Noch ein kleines Stück weiter nördlich liegt der **Pura Pusering Jagat**, der „Tempel des Mittelpunkts der Welt". Dieser hat gleich zwei Funktionen. So kommen kinderlose Paare hierher, um vor dem wirklich großen, von der Zeit gezeichneten Steinphallus und seinem dreieckigen Gegenstück um Nachwuchs zu bitten. Schon wenige Monate nach ihrem Gebet soll sich die Frau in freudiger Erwartung befinden. Daneben – und das ist wohl am wichtigsten für die Bewohner des Dorfes – wird hier auch ein halbjährlich stattfindendes Orakel abgehalten. Vor den sog. **„Kessel von Pejeng"** wird von einem Priester ein silbernes Gefäß gestellt, welches sich binnen kurzer Zeit mit Wasser füllt. Ist es helles, klares Wasser, können die Bewohner aufatmen, wirtschaftliche Sicherheit ist garantiert. Kommt das Wasser aber dunkel oder rötlich verfärbt, droht Unheil.

Die größte Attraktion ist allerdings im **Pura Penataran Sasih** ausgestellt. Hier gilt es, einen gefallenen Mond zu bestaunen:

Diebeszüge und gefallene Himmelsgestirne: Wie der Mond von Pejeng auf die Erde kam

Als einst der Wagen, welcher den Mond jede Nacht auf seiner Bahn zieht, auf seiner Reise über Pejeng angelangt war, löste sich ein Rad und fiel zur Erde hinunter. Dort verfing es sich in einem Baum und leuchtete in der sonst so dunklen Nacht. Es leuchtete so stark, dass sogar die Diebe ihrem finsteren Treiben nicht mehr sicher nachgehen konnten. So beschlossen sie, dem Spuk ein Ende zu bereiten, und der wagemutigste unter ihnen erklomm den Baum und pinkelte auf die leuchtende Scheibe, um sie zu löschen. Das Rad erkaltete, explodierte förmlich dabei und löschte dadurch auch das Lebenslicht des Diebes aus. Übrig blieb der Mond von Pejeng, der sich nun grünlich verfärbt hatte und einen mächtigen Riss aufwies. Seither wird er in dem Tempel zusammen mit den mit ihm auf die Erde gefallenen Sternschnuppen aufbewahrt und von den Balinesen wegen seiner magischen Kräfte verehrt.

Tatsächlich handelt es sich beim „Mond von Pejeng" um einen uralten Bronze-Gong mit einer Höhe von über 1,86 m und einem Durchmesser von ca. 1,60 m. Aufbewahrt wird er im hintersten Bereich des Tempels auf einer hohen Bale. Das ist einerseits gut, denn ihn zu berühren soll mächtiges Unglück heraufbeschwören, andererseits ist es so beinahe niemandem möglich, ohne Hilfsmittel die feinen Verzierungen zu betrachten. Das Relikt wird in die Bronzezeit Balis datiert und soll um 300 v. Chr. in der Dong-Song-Kultur gefertigt worden sein. Auf jeden Fall ist es der größte und älteste Gong, der je auf Bali gefunden wurde.

Museum Purbakala Gedung Arca Mo–Sa 8–12.30 Uhr. Erw. 5000 IDR, Kinder die Hälfte.

Pura Kebo Edan Wer sich den Tempel und damit auch den **Riesen von Pejeng** anschauen will, zahlt 6000 IDR, Kinder die Hälfte, Zugang nur mit Sarung und Tempelschal.

Pura Penataran Sasih Der Tempel mit dem **Mond von Pejeng** liegt wenige Hundert Meter nördlich des Pura Kebo Edan

auf der rechten Seite der Straße und kann tägl. von 9 bis 17 Uhr besichtigt werden. Beim Betreten wird eine Spende erbeten, danach erhalten Besucher ein kleines Info-blatt. Sarung und Tempelschal sind natürlich obligatorisch. Oft warten Guides auf Besucher und fragen erst gar nicht lange, ob sie erwünscht sind. Wer ihnen geduldig und interessiert zuhört, muss am Ende natürlich einen entsprechenden Lohn bezahlen.

Zentral-Bali → Karte S. 232

Prachtvolle Denkmäler säumen die Straßen von Gianyar

Von Sukawati über Gianyar nach Bangli

Folgt man von Sukawati aus nicht weiter der „Kunsthandwerksroute" nach Ubud (→ S. 234), sondern der Hauptstraße, die in Sakah in östliche Richtung abzweigt, befindet man sich schon auf der Verbindungsstraße nach Gianyar. Verfehlen kann man die Abzweigung eigentlich nicht, wird sie doch von einem gut genährten Baby-Riesen bewacht, der einen rechtzeitig daran erinnert, rechts abzubiegen.

Air Terjun Tegenungan

Wer in der Regenzeit auf der Insel unterwegs ist, kann ca. 3 km hinter **Kemenuh** den Wasserfall Air Terjun Tegenungan besuchen. Hierzu nimmt man die Abzweigung in südliche Richtung und folgt den Schildern zum Waterfallrestaurant, das eher einem kleinen Warung gleicht. Dort erhebt sich dann auch ein den Ort extrem entzaubernder Bungee-Turm, von dem aus man den Wasserfall aus ca. 50 m Höhe überblicken kann. Stufen führen den beschwerlichen Weg zum Pool hinunter.

Blahbatuh

Wer dem Riesen Kebo Iwo (→ Kasten, S. 267) einmal von Angesicht zu Angesicht gegenüberstehen will, sollte in Blahbatuh den **Pura Puseh Blahbatuh** aufsuchen. Der über einen Meter große Kopf des Riesen ist unter einem Pavillon im Haupthof des Tempels aufgestellt, wo ihm die gebührende Verehrung zuteil wird. Wen angesichts der Größe und des düster-wilden Blicks der Statue nicht ein wenig Ehrfurcht beschleicht, sollte sich vergegenwärtigen, dass einige Einwohner in dem Kopf die Abbildung des grässlichen Dämonen Jero Gede Macaling sehen: Der soll von Nusa Penida aus Bali einige Male mit seinem grässlichen wie grausamen Dämonenheer heimgesucht und verwüstet haben (→ Kasten, S. 347).

Der im Volksmund auch Pura Gaduh genannte Tempel wurde beim verheerenden Erdbeben 1917 dem Erdboden gleichgemacht; was man heute sieht, ist eine Nachbildung. Lediglich im Vorhof sind noch ein paar Original-Überreste aus der Zeit vor der Katastrophe erhalten geblieben.

Kurz vor dem Tempel, direkt an der Kreuzung nach Gianyar, sollten Orchideenfans einen Blick in den Fürstentempel **Puri Anggreck** werfen. Hier befindet sich die **Mantarai-Budaya-Orchideenzucht,** die am verwitterten Holzschild zu erkennen ist. Inmitten des Hofes werden Tausende von Orchideen gezüchtet. Leider ist der Palast nicht immer geöffnet. Die beste Zeit, sich am Duft der blühenden Schönheiten zu erfreuen, ist zwischen Februar und Juni.

Um zum Tempel zu gelangen, wendet man sich an der Hauptkreuzung nach Nordosten Richtung Bona, folgt der Straße, bis er rechter Hand auftaucht. Sarung und Tempelschal sind auch hier obligatorisch. Manchmal wird um eine kleine Spende gebeten. Bleibt man auf dieser Straße, gelangt man übrigens in die Dörfchen **Belaga** und **Bona,** wo Unmengen an Bambushandwerk und Flechtwaren entlang der Straße verkauft werden.

Kutri

Das nur wenige Kilometer von Gianyar entfernt gelegene Dorf ist Standort des bedeutendsten Heiligtums zu Ehren der Todesgöttin Durga. Der **Pura Durga Kutri** ist ganz der mächtigen Gattin Shivas geweiht. Erklimmt man den steilen Stufenpfad hinauf auf den Bukid Dharma, wird man mit dem Anblick einer vom Alter gezeichneten Skulptur belohnt, die die auf einem sterbenden Dämon stehende, achtarmige Göttin darstellt. Seit dem 11./12. Jh. harrt Durga hier aus, der Anblick ist bedrohlich, das Ambiente idyllisch: Untergebracht ist die Skulptur in einer Bale unter einem großen Baum.

Gianyar

Gianyar ist Verwaltungssitz des gleichnamigen zentralen Inseldistrikts. Verwaltet, besser gesagt: pompös regiert wurde hier schon sehr früh: Nach dem Zerfall des alten Königreichs Gelgel Mitte des 17. Jh. hatten sich auf Bali verschiedene kleinere Königreiche etabliert, darunter auch Gianyar. Das königliche Glück währte bis Ende des 19. Jh., dann ließ der mächtige Nachbar, der Raja von Klungkung, die gesamte Königsfamilie gefangen nehmen. Zwar gelang zwei Königssöhnen die Flucht, doch zu einer vollständigen Wiederherstellung des Reiches kam es nicht mehr.

Immerhin konnte sich Gianyar eine gewisse Autonomie zurückerobern, erkauft durch die Anerkennung der niederländischen Kolonialmacht, unter deren Protektion man fortan stand. Das hatte auch zur Folge, dass Gianyar – anders als die übrigen südbalinesischen Königreiche, die sich in Gebietskämpfen gegenseitig aufrieben – von Zerstörungen weitgehend verschont blieb.

Heute präsentiert sich Gianyar als lebendige Stadt mit einem gewissen Wohlstand, der u. a. daher rührt, dass hier in großem Umfang Textilien hergestellt und verkauft werden. Ein Produkt führen die

Der Kopf von Kebo Iwo ist gut geschützt

Zentral-Bali → Karte S. 232

hiesigen Webereien sogar ganz exklusiv in ihrer Produktpalette: *endek*, ein spezielles Ikat-Muster. Wer also in diesbezüglicher Kaufabsicht in der Stadt unterwegs ist, wird sicher fündig werden. Ansonsten gibt Gianyar touristisch nicht allzu viel her. Üppige Palmenbepflanzung und prachtvolle Statuen von Göttern und Dämonen schmücken die Straßen, klassische Sehenswürdigkeiten sucht man aber vergebens. Auch der **Puri Agung Gianyar,** der Palast der ehemaligen Könige, ist der Öffentlichkeit nicht zugänglich, sodass Neugierige lediglich einen flüchtigen Blick durchs Tor werfen können. Und so steht die Stadt in der Gunst der Reisenden deutlich im Schatten ihrer berühmten Nachbarin und historischen Verbündeten Ubud.

Strände von Gianyar: Von Gianyar sind es nur wenige Kilometer bis zum Meer. Die hiesigen Strände sind allesamt von dunklem Grau, bieten so gut wie keinen Schatten und sind v. a. bei Einheimischen zum Picknicken, Angeln und für den kurzen Erfrischungssprung ins Meer beliebt. Touristen verschlägt es eher selten hierher, doch perfekt für Strandspaziergänge und Zwischenstopps mit grandiosem Blick auf die Nachbarinsel Nusa Penida sind sie allemal. Nur Schwimmen ist oft unmöglich, denn starke Unterströmungen machen den Badespaß gefährlich. Surfer dagegen toben sich saisonbedingt an den Breaks aus.

Schilder weisen den Weg zum **Pantai Masceti.** Direkt am Strand liegt der die Südküste Balis schützende Richtungstempel **Pura Masceti.** Für die jährlich stattfindende Melasti-Zeremonie werden religiöse Gegenstände in das Heiligtum gebracht, um sie einer rituellen Reinigung zu unterziehen. Die große Hahnenkampfarena des Areals füllt sich zum jährlichen Tempelgeburtstag, dem *odalan*, mit lärmendem Treiben.

Am **Pantai Lebih** mit seinem glitzernden grau-schwarzen Sand locken mehrere kleine Bambus-Warungs, die zu einem Päuschen mit herrlichem Blick auf die Insel Nusa Penida verführen – frisches, nach lokalen Rezepten zubereitetes Seafood zum wirklich kleinen Preis inklusive. Kleine Fischerboote entlang der Küste machen die Fotokulisse perfekt.

Ein paar Minuten landeinwärts findet man den **Pura Segara,** einen wichtigen Ort für die Südbalinesen. Um die Insel vor dem vis-à-vis in Nusa Penida residierenden, mächtigen Dämon Jero Gede Macaling zu schützen, wird jedes Jahr eine Zeremonie veranstaltet.

Ein paar Kilometer weiter gelangt man zum **Pantai Klotok** mit dem **Pura Batu Klotok.** Dort finden spezielle Reinigungszeremonien statt, zu denen die geweihten Statuen aus dem Muttertempel Besakih hertransportiert werden.

Bali Safari and Marine Park: Der leicht über die Küstenstraße zu erreichende Park hat sich dem Schutz und der Erhaltung bedrohter Arten wie dem Sumatra-Tiger verschrieben, ist aber natürlich auch ein kommerzieller Zoo mit zahlreichen Besucherattraktionen und Entertainment-Einlagen. Der zweite Bestandteil des Namens, „Marine Park", ist übrigens vorerst noch im Wesentlichen eine Verheißung, denn die künstliche Wasserwelt inklusive Delfinbecken ist noch im Bau. Lediglich das von über 40 Fischarten bevölkerte Frischwasseraquarium wurde bereits 2009 fertiggestellt und lädt zweimal täglich (um 10.30 und 16 Uhr) zur Piranha-Fütterung. Wer möchte, kann bei einer Mini-Safari im klimatisierten Kleinbus durch verschiedene Regionen Indonesiens bis nach Indien reisen und dabei Nashörner, Tiger, Nilpferde, Orang-Utans und Zebras aus nächster Nähe beobachten und den Tieren beim Baden, Lernen und bei der Fütterung zusehen. Als angenehme Erfrischung wird auch eine Jungle Cruise mit dem Boot angeboten. Insgesamt beherbergt der Park über 60 Arten, 2010 galt es, den ersten Nilpferdnachwuchs zu begrüßen. Besonders am Wochenende präsentiert sich der Park in voller Pracht, denn dann ergänzen Elefantenparaden, Barong-Tänze, Drum-Performances etc. das übliche Programm. Nebenbei und völlig kostenfrei können Interessierte an den balinesischen Tanzstunden teilnehmen.

Öffnungszeiten/Eintritt Mo–Fr 9–17 Uhr, Sa/So und Feiertage 8.30–17 Uhr. Safari-Tour ab 35 $, mit Elefantenreiten zahlen Erwachsene/Kinder 59/39 $. Jl. Bypass Prof. Dr. Ida Bagus Mantra, Km 19,8; ✆ 0361/950000, www.balisafarimarinepark.com.

Hin & weg Der Shuttlebus des Parks fährt tägl. gegen 9 Uhr von den Haupttouristenorten Kuta, Seminyak, Sanur und Ubud zum Safaripark und gegen 16 Uhr zurück zum Ausgangsort. Er muss 24 Std. vorher unter ✆ 0361/950000 reserviert werden. Der Transport ab Hotel kann dann für 15 $ arrangiert werden.

Übernachten Wer bleiben möchte, sollte Quartier in der **Mara River Safari Lodge** beziehen. Das elegante Boutique Resort liegt inmitten des Safari-Parks. Ein Hauch von Luxus umweht die stilvollen Räume und Bungalows mit afrikanischem Dekor und balinesischem Service. Vom LCD-Fernseher bis zur Minibar ist alles vorhanden. Natürlich stehen den Gästen auch ein dunkelblauer Pool mit angeschlossenem Café und ein gut eingerichtetes Spa zur Verfügung. Wer mit Aussicht auf die Tiere logieren will, muss dafür etwas tiefer in die Tasche greifen. Je nach Größe und Ausstattung kosten die Zimmer 135 $ (38 m²) bis 300 $ für die Family Suite, die bis zu 5 Pers. Platz bietet. Der Eintritt in den Park und WLAN-Anschluss sind selbstverständlich im Preis inbegriffen. Jl. Bypass Prof. Dr. Ida Bagus Mantra, ✆ 0361/950000, 0361/7475000, ✎ 0361/950555, www.marariversafarilodge.com.

Essen & Trinken Stärken kann man sich in den beiden schicken Restaurants des Parks. Das geräumige **Uma** serviert traditionell indonesische Küche, und im **Tsavo Lion Restaurant** kann man sich mit gehobener Weltküche bekochen und von der Löwenkulisse beeindrucken lassen. Beide dem Ambiente entsprechend etwas teurer.

Sidan

Nur etwa 3 km nordöstlich von Gianyar am Ortseingang von Sidan kann man sich ein herausragendes Beispiel für einen Unterwelttempel anschauen. Der **Pura Dalem Sidan** fällt schon durch die unübliche Formgebung des Hauptportals auf und ist mit Unmengen an filigranen Steinmetzarbeiten geschmückt, darunter zwei

Einzigartige Architektur und grausame Reliefs

Zentral-Bali → Karte S. 232

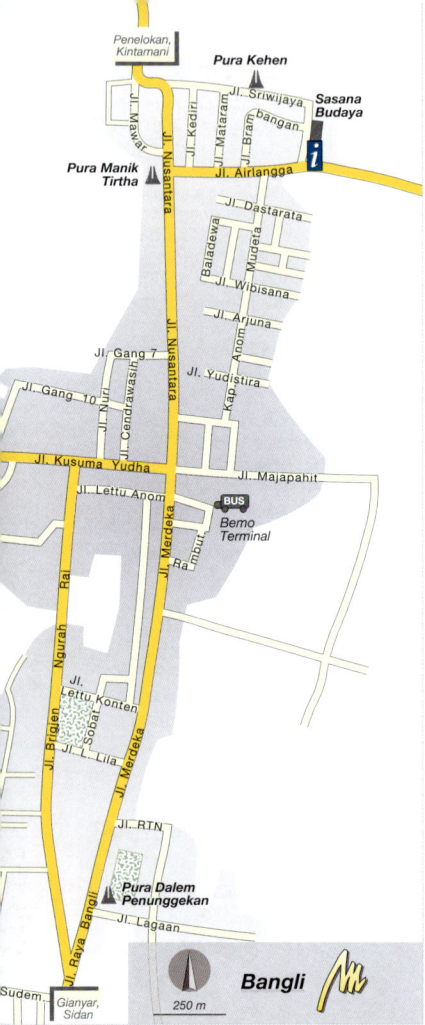

übereinanderhockende Rangda-Figuren und ein eindrucksvoller Bohma-Kopf. Auch der Kulkul-Turm an der rechten Ecke der Tempelfront verdient genauere Betrachtung, denn er gleicht einem martialischen Strafenkatalog: Sünder werden in großen Feuerkesseln gekocht, von Tieren gerissen und von Dämonen zu Tode geschlagen. Auf der anderen Straßenseite hinter dem Parkplatz werden zu besonderen Anlässen verschiedene Tanzaufführungen im schönen Ambiente zwischen Reisterrassen dargeboten. So verwundert es dann überhaupt nicht, dass nach Auskunft der hiesigen Verkäuferinnen auch schon so hoher Besuch wie der „König von Deutschland" zugegen war.

Bangli

Die einstige Königsstadt und heutige Hauptstadt des gleichnamigen Regierungsbezirks ist bekannt für ihren alle drei Tage stattfindenden Markt, ihre opulenten Tempelfeste und ihr angenehmes Klima. Letzteres verdankt sie ihrer Lage an den Ausläufern des zentralen Gebirgsmassivs. Wichtigste Sehenswürdigkeit ist der etwa 1,5 km nördlich der Stadt gelegene Reichstempel Pura Kehen.

Der Bezirk Bangli hat als einziger Bezirk Balis keinen Meereszugang. Heute schert das niemanden mehr, dem Königreich Bangli allerdings erwuchs daraus einst ein ernsthaftes Problem: Alle Warentransporte mussten auf dem Landweg abwickelt und den benachbarten Rajas und Fürstentümern erkleckliche Summen an Transitzoll entrichtet werden. Gelegentliche Versuche, den Herrschaftsbereich entsprechend auszuweiten, misslangen, lediglich 1849 schaffte man es in einem Bündnis mit der niederländischen Kolonialmacht, die Kontrolle über das Königreich Buleleng zu erlangen. Die Okkupation war jedoch nur von kurzer Dauer, denn nach einer Rebellion Bulelengs wurde Bangli direkt der niederländischen Verwaltung unterstellt.

Pura Kehen: Der Reichstempel wird oft als Miniaturausgabe des balinesischen Muttertempels Pura Besakih (→ S. 289) bezeichnet und ist wie jener unbedingt einen Besuch wert. Die terrassenartig in den Hang gebaute Anlage soll auf das Jahr 1206 zurückgehen, der Fund dreier Inschriften im gegenüberliegenden Pura Penyimpenan legt allerdings nahe, dass sich hier schon im 9. Jh. eine wichtige Kultstätte befunden hat.

Bereits der Treppenaufgang zum Tempel raubt so manchem Besucher den Atem. Bevor man das reich verzierte Haupttor erreicht, passiert man stattliche Steinstatuen, die zu Tempelfesten bunt geschmückt und von Schirmen beschattet werden. Der äußere Hof wird von einem großen, alles überschattenden Banyanbaum beherrscht, auf dessen mächtiger Krone ein Kulkul thront. Fast vergisst man unter dem Eindruck dieses Anblicks, seine Aufmerksamkeit auf das chinesische Porzellan zu richten, das in die Mauern eingearbeitet wurde. Im inneren Heiligtum kann man zahlreiche Schreine bewundern, die den verschiedensten Göttern geweiht sind. Dominiert wird das Ensemble von einem elfstufigen Meru zu Ehren des Gottes Shiva. Wer die Gelegenheit hat, sollte den Tempel zu einer der zahlreichen Zeremonien besuchen.

Tägl. 8–17 Uhr. Am kleinen Schalter gegenüber dem Tempelaufgang kann man sein Eintrittsbillet für 6000 IDR erstehen.

Sasana Budaya Arts Centre: Das Kunst- und Kulturzentrum, eines der größten der Insel, liegt ganz in der Nähe des Tempels. Hier könnte man zahlreiche Kunstwerke bewundern, aber auch großartige Tänze und sonstige Aufführungen erleben ... wenn das Center nicht meistens geschlossen wäre. Auf jeden Fall sollten Sie sich erkundigen – wer weiß, vielleicht haben Sie ja Glück.

Pura Dalem Penunggekan und Pura Tirta Manik: Im Dalem-Penunggekan-Tempel südlich des Zentrums wird extrem anschaulich die Bestrafung von Sündern und Missetätern in Szene gesetzt. Manche Reliefs könnten als gemeißelte Werbeplakate für Splatter-Horror-Streifen dienen. Zartere Gemüter fahren am besten gleich weiter zum Pura Tirta Manik und erholen sich dort beim Betrachten der goldenen Schreine und der heiligen Quelle. Vielleicht kommen Sie ja hinter die Bedeutung des Wasserhahns neben der Quelle? Bei beiden Tempeln wird um eine Spende gebeten.

Ost-Bali

Der Osten der Insel ist nicht nur der Sitz des heiligen Vulkans Gunung Agung, sondern auch Heimat des Muttertempels von Bali. Neben diesen spirituellen Höhepunkten finden sich in diesem Teil der Insel noch hübsche Buchten, gemütliche, weniger überlaufene Ferienorte und grandiose Tauchspots. Wer von der Küste ins Inland reist, wird mit Wasserpalästen, frischem Klima und grünen Reisterrassen in der herrlichen Landschaften belohnt. Somit ist Ostbali der perfekte Ort für alle, die ein noch ursprünglicheres Bali suchen, aber auf touristische Infrastruktur nicht verzichten möchten.

Semarapura (Klungkung)

Einst war die Stadt der Sitz des mächtigsten balinesischen Königs. Heute ist sie eine quirlige Kleinstadt, deren wichtigste Sehenswürdigkeiten noch immer eng mit dem damaligen Königreich in Verbindung stehen. Dass Klungkung Mitte der 1990er-Jahre in Semarapura umbenannt wurde, stört hier niemanden – meist wird es einfach ignoriert und weiterhin der alte Name Klungkung gebraucht.

Lange Zeit lag das eigentliche Machtzentrum Balis 3 km südlich von Klungkung in Gelgel, heute ein unscheinbares Dorf. Die dort herrschenden Rajas, die sich mit dem beeindruckenden Titel Dewa Agung (etwa „erhabener Gott") schmückten, entstammten der ostjavanesischen Majapahit-Dynastie, deren Repräsentanten sich Mitte des 15. Jh. infolge der Islamisierung ihrer Heimatinsel nach Bali geflüchtet hatten. Um ihren Einflussbereich auf ganz Bali auszudehnen, installierten sie eine Reihe von Außenposten und Vasallenfürstentümern; einer dieser Außenposten war Klungkung. Dessen Aufstieg begann gegen Ende des 17. Jh., als ein Spross der Königsdynastie von Gelgel unter dem Eindruck der erodierenden Macht des alten Reiches seinen Sitz hierher verlegte und einen prächtigen neuen Palast errichten ließ. Ganz die alte Gloria konnte das neue Königreich allerdings nicht mehr zurückgewinnen, dafür hatten sich die einstigen Vasallenfürstentümer zu sehr verselbstständigt. Immerhin aber gelang es den Herrschern von Klungkung, sich eine Vormachtstellung gegenüber den anderen Rajas zu sichern, die bis etwa Mitte des 19. Jh. Bestand haben sollte. Dann musste sich auch Klungkung schrittweise der niederländischen Kolonialmacht beugen mit einer finalen Katastrophe im Jahr 1908, als niederländische Truppen die Königsstadt im Rahmen einer Strafexpedition angriffen. Um sich der Unterwerfung zu entziehen, flüchteten sich der Raja und mit ihm der gesamte Hofstaat in den *puputan*, die rituelle Selbsttötung. Am

Danau Batur

Terunyan
Pura Pancering Jagat
Abang
Kedisan
G. Abang
2155
Penelokan
Buahan
Suter
Pengotan
Bangket
Buyan
Menanga
Kayang
Rendang
Kubu
Bangbang
Sekar
Tebola
Sidemen
Bukit Jambul
Telangan
Selat
Wanasari
Akah
Semarapura
Dawan
Taman Giri
Sampalan
Gunarsa Museum
Kamasan
Gelgel
Kusamba
Jumpai
Pura Batu Klotok

Kubu
Schiffswrack
USAT Liberty
Tulamben
Pantai Tulamben

G. Agung
3142
Pura Besakih
Pura Pasaran Agung
Besakih
Lebih
Nangka
Sebudi
G. Cenara
1050
Ababi
Tirtagangga Wasserpalast
Tirtagangga
Pura Tirta Gangga
Budakeling
Bebandem
Sibetan
Duda
Selat
Iseh
Pesangkan
Putung
Ngis
Bungaya
Tenganan
Bakung
Manggis
Sengkidu
Mendira
Candi Dasa
Muncan

Amed
Jemeluk
Bunutan
Lean
Culik
Banyuning
Abang
G. Lempuyang
1058
G. Sernya
1774
Pura Luhur Lempuyang
Salalang
Seraya
Kantonga

Puri Agung Kaningan
Amlapura (Karangasem)
Ujung Wasserpalast
Ujung
Asah
Prasi
White Sand Beach

Pura Silayukti
Padang Bai
Pura Goa Lawah
Goa Lawah

Nusa Lembongan

Nusa Penida

Ped
Kutampi
Toyapakeh
Pura Dalem Penateran Ped
Menting

Nusa Ceningan

Penida
Klumpu
G. Mundi
527
Goa Giri Putri
Karangsari
Suana
Batumadeg
Sebuluh
Semaya
Pura Batu Kuning
Batu Kandik

Reisterrassen

Ost-Bali
3,5 km

Ende machten die Niederländer den Palast dem Erdboden gleich, lediglich der Sitz des obersten Gerichtshofes überdauerte und zieht heute friedliche Touristen an.

Sehenswertes

Die Gerichtshalle **Kerta Gosa** findet man im **Taman Gili,** dem „Park mit Inselchen", einer liebevoll gestalteten Grünanlage im Herzen der Stadt, die mit Dutzenden Dämonen und Götterstatuen aus Stein bestückt ist. Vis-à-vis zum Taman Gili thront das **Puputan-Denkmal,** das noch heute eindrucksvoll an die tragischen Ereignisse von 1908 erinnert.

Errichtet wurde das Gerichtsgebäude im 18. Jh. Recht gesprochen wurde hier in allen Fällen, in denen andere Instanzen keine Lösung gefunden hatten. Als Richter fungierten Brahmanenpriester, die – so sagt man – nicht unbedingt in dem Ruf standen, bevorzugt Milde walten zu lassen. Dass die Delinquenten nichts Gutes zu erwarten hatten (oder sich doch mindestens gescheit fürchten sollten ...), verdeutlichen schon die Deckengemälde der Gerichtshalle. Sie sind im traditionellen Wayang- bzw. Kamasan-Stil (→ Umgebung von Semarapura, S. 285) gehalten und zeigen Szenen aus dem Epos „Bimas Höllen- und Himmelfahrt". Zu sehen sind allerlei arme Seelen, die von Göttern und Dämonen auf teilweise drakonische Art und Weise für ihre Verfehlungen im Leben bestraft werden. Immerhin wird das Ganze kontrastiert durch die paradiesische Darstellung des – im Falle eines von Sünden freien Lebens – erreichten Nirwanas.

Direkt neben der Kerta Gosa thront auf einer Plattform im Zentrum eines künstlich angelegten Sees die Bale Kembang. Der nach allen Seiten offene Pavillon inmitten einer Unmenge von Lotusblüten und Seerosen wurde für Zahnfeilungszeremonien und als Rückzugsort für die Adelsfamilien genutzt. Für Normalsterbliche war das Gelände ohnehin nicht zugänglich.

Eine noch heute für die Einwohner Semarapuras bedeutende Funktion des Ortes offenbart sich dem Außenstehenden erst auf den zweiten Blick. Ein unscheinbarer viereckiger Schrein zur rechten Seite des Gerichtshofes verbirgt den heiligen Kulkul Klungkungs. Diese Schlitztrommel dient dazu, bei Gefahr die Bevölkerung zu warnen, aber auch, um zu Zeremonien zu rufen.

Im hinteren Bereich der Anlage steht, ebenfalls unbemerkt von den Augen vieler Touristen, das Tor Balis, ein letztes Überbleibsel des Königspalastes. Dessen Schicksal ist nach dem Glauben der Balinesen untrennbar mit der Insel verbunden. Das große, mit Reliefs und wundervoll geschnitzten Toren verzierte Ziegelsteinportal symbolisiert das balinesische Reich. Solange es fest verankert steht, ist die Existenz Balis gesichert. Sollten aber die Grundmauern des Tores zerstört werden, wird die

Die Gerichtshalle im Taman Gili

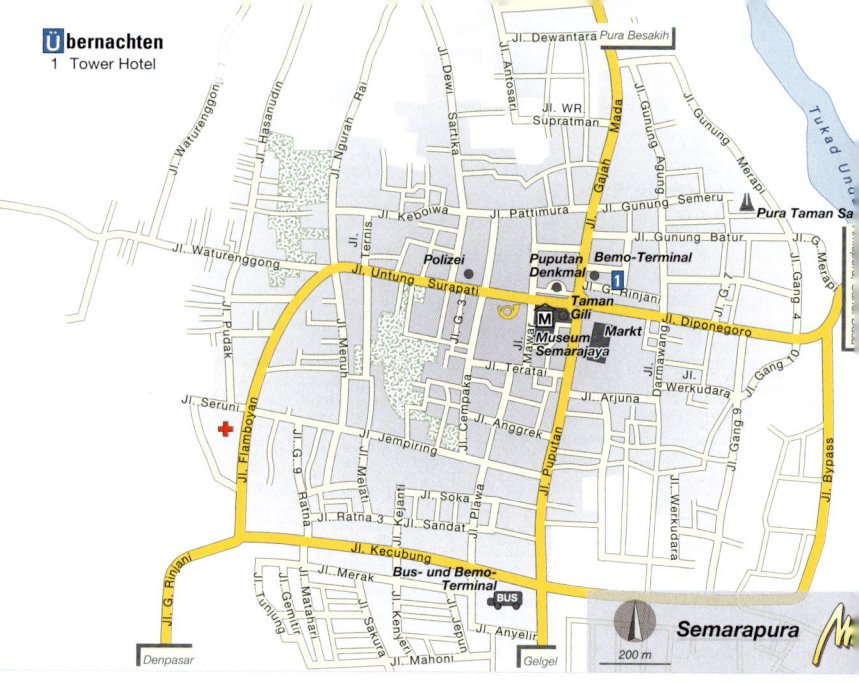

Insel der Götter mitsamt ihrer Kultur für immer verlöschen. Die dämonischen Tempelwächter haben hier deutlich erkennbar europäische Gesichtszüge – höchstwahrscheinlich dienten niederländische Kolonialisten als Vorbild.

Rechter Hand informiert ein kleines Museum über die Geschichte Klungkungs und die balinesische Kultur. Anhand traditioneller Gerätschaften und Utensilien werden z. B. die Kunst des Webens und der Salzgewinnung demonstriert. Wer Lust hat, kann im Vorhof seine Gamelan-Künste darbieten.

Der **Tempelbereich** und das **Museum** sind tägl. von 8 bis 17 Uhr gegen die Gebühr von 12.000 IDR/Erw. und 6000 IDR/Kinder zugänglich.

Der nordöstlich des Puputan-Denkmals im Zentrum gelegene Park **Pura Taman Sari** ist ein wirklich friedlicher und entspannter Ort. Inmitten der namensgebenden Blumenpracht kann man schön bei einem kleinen Stopp zwischen Kunst und Einkauf relaxen.

Hin & weg   Vom Batubulan Terminal in Denpasar für 25.000 IDR zum Bemo-Terminal in Klungkung, das am südlichen Ende der Jl. Besakih liegt. Hier verkehren auch Minibusse von/nach Besakih, Gyaniar und von/zu Zielen in östlicher Richtung.

Geld   In der Jl. Diponegoro, aber auch direkt am Markt in der Jl. Puputan finden sich Banken mit internationalen Geldautomaten.

Markt   Wer noch irgendetwas benötigt – seien es gebrauchte oder neue Schuhe, Accessoires, Geldbeutel – oder einfach nur Hunger hat und sich an einem der fahrenden Stände laben möchte, ist auf dem wu-

seligen **Pasar** in Klungkung bestens aufgehoben. Da er leicht erreichbar ist und sich eigentlich immer ein Parkplatz in der Nähe findet, ist er einen Zwischenstopp wert.

Polizei   Schon durch die überdimensionierten Statuen, die Freund und Helfer darstellen, ist die Polizeistation am westlichen Ende der Jl. Surapati nicht zu übersehen.

Post   In der Jl. Untung Surapati können Nachrichten in die Heimat geschickt werden.

Übernachten   Die meisten Traveller besuchen Klungkung auf einem Tagesausflug. Wer dennoch lieber in der Stadt als z. B. in Candi Dasa oder Padang Bai übernachten möchte, dem sei das **Tower Hotel** ❶ ans Herz gelegt. Immer noch recht neu, hier werden saubere Zimmer mit AC, Heißwasser und TV vermietet. Das angeschlossene Internetcafé sorgt dafür, dass der Kontakt nach Hause nicht abreißt, das Restaurant vertreibt den Hunger, am Billardtisch verstreicht die Zeit und das nette Personal sorgt für eine gute Atmosphäre. DZ 250.000–400.000 IDR. Jl. Gunung Rinjani 18, ✆ 0366/25637.

Essen & Trinken Auf dem Markt in der Jl. Puputan sowie um den Taman Gili stillen Warungs und fahrende Händler den kleinen Hunger. Bei Einbruch der Dämmerung lohnt es sich, auch auf dem Nachtmarkt (Ecke Jl. Gajah Mada/Jl. Besakih) vor dem Tragia Supermarket vorbeizuschauen.

Umgebung von Semarapura (Klungkung)

Kamasan: Etwa 2 km südlich von Klungkung liegt der einzige Ort auf Bali, in dem noch heute im klassischen Wayang-Stil gemalt wird. Dieser hat seinen Ursprung im ostjavanischen Mahajapit-Reich und wurde mit dem Exodus des dortigen Herrschergeschlechts nach Bali importiert. Die Bewohner des Dorfes standen bis zum Anfang des 20. Jh. im Dienste des obersten Rajas der Insel. Sie waren verpflichtet, seine Aufträge auszuführen, im Gegenzug stellte der Dewa Agung den Künstlern Land zur Verfügung und verzichtete auf die Besteuerung ihrer Erträge. Mit dem Niedergang der Herrscherdynastien von Klungkung verlor auch diese einzigartige Kunstform an Bedeutung; erst durch die bemerkenswerte Restaurierung der Deckengemälde im dortigen Taman Gili (→ S. 283) im Jahr 1960 und Mitte der 1980er-Jahre fand die Kamasan-Malerei neue Beachtung. An einem Gemälde im typischen Kamasaner Wayang-Stil, der entsprechend auch Kamasan-Stil genannt wird, arbeitet oft die ganze Familie, wobei der Meister – meist das männliche Familienoberhaupt – die Linienführung vorgibt. Da das Erlernen dieser Maltechnik Jahre erfordert, wird aus Furcht vor der Weitergabe des alten Wissens an Fremde meist nur zwischen den beiden Distrikten des Dorfes geheiratet. Wer ein Kamasan-Gemälde erwerben will, ist in den zahlreichen Galerien vor Ort gut aufgehoben. Allerdings muss beachtet werden, dass die Endprodukte in Qualität und Kunstfertigkeit stark variieren. Während die besten Künstler fast ausschließlich Auftragsarbeiten gut betuchter Kunstkenner annehmen, sind die losen Zeichnungen, die an der Straße von Händlern verkauft werden, oft von geringerer Qualität, wenn auch für den Laien trotzdem schön anzuschauen.

Weniger bekannt ist das Dörfchen auch für die Gold- und Schmuckherstellung – wahrscheinlich, weil die Geschmeide hier nicht für Touristen, sondern für Tempel- und Opferzeremonien gefertigt werden.

Gunarsa Museum of Classical and Modern Art in Banda: Das vollkommen zu Unrecht oft übersehene Gunarsa Museum of Classical and Modern Art liegt nur 5 km südwestlich von Klungkung. Nyoman Gunarsa, selbst ein bedeutender Maler, hat hier eine Vielzahl an Schätzen für die Nachwelt gesammelt und sowohl das eigene Vermögen als auch Zeit dafür verwandt, ins Ausland verkaufte Gemälde zurück in die Heimat zu holen. Das obere Stockwerk des Museums ist ganz der Vergangenheit gewidmet und beherbergt neben traditioneller Kunst auch allerlei Requisiten, Masken und Möbel. In den unteren Ebenen können Statuen und Skulpturen aus Stein und Holz sowie Gemälde im Kamasan-Stil bestaunt werden, darunter einige sehr alte. Außerdem kann man sich Werke des Museumsgründers und sein für die Öffentlichkeit zugängliches Studio anschauen.

Mo–Sa 9–17 Uhr, Eintritt 25.000 IDR (Erw.), Kinder bis 12 J. frei.

Tihingan: Knapp 2 km westlich des Ortszentrums von Semarapura liegt dieses Handwerkerdorf. Wer besonders früh aufsteht, hat eventuell Glück und kann einen

Ost-Bali → Karte S. 282

Blick ins Innere der Bronzeschmiede werfen und den Kunsthandwerkern bei der Herstellung von Gongs und Gamelan-Instrumenten über die Schultern schauen. Obwohl sich an der Straße einige kleine Shops finden, werden die gefertigten Instrumente nur selten an Touristen verkauft.

Kusamba: Der Küstenort war einst der bedeutendste Hafen des Königreichs Klungkung. Heute widmen sich die Dorfbewohner in erster Linie dem Fischfang und der Salzgewinnung. Das Verfahren ist noch ganz traditionell: Salzwasser wird mit Gefäßen aus dem Meer geholt und auf dem schwarzen, vulkanischen Strand verteilt, wo es verdunstet und eine Salzkruste hinterlässt, die dann zu Tafelsalz weiterverarbeitet wird. Als Nebenerwerb bringen die Fischer Touristen mit ihren traditionellen, überall am Strand liegenden farbenfrohen Booten *(prahu)* zur Insel Nusa Penida hinüber.

Die Überfahrt mit den öffentlichen Booten erfolgt in den frühen Morgenstunden um ca. 6 Uhr, wenn die Boote voll sind. Pro Person kostet das Ticket ca. 20.000 IDR. Aus Sicherheitsgründen ist bei schlechtem Wetter unbedingt von dieser Art der Überfahrt abzuraten. Dann weichen Sie besser auf die Boote ab Padang) Bai (→ S. 283) aus.

Pura Goa Lawah (Bat Cave Temple): Der Goa-Lawah-Tempel wurde um den Eingang einer Höhle herumgebaut. Der ursprünglich animistische Kultplatz stammt aus der vorhinduistischen Zeit. Heute ist er im Zusammenhang mit Totenriten einer der neun wichtigsten Tempel Balis. Der Legende nach stellt er die unterirdische Verbindung zum 30 km entfernten Muttertempel Pura Besakih dar. In seinem Inneren haust die monströse Schlange Naga Basuki, Beschützerin des heiligen Vulkans Gunung Agung und Bewahrerin des Gleichgewichts der Erde. Besonders um die Zeit der Dämmerung wird die spirituelle Kraft Balis an diesem Ort auf spektakuläre Weise hör- und fühlbar. Eine sich immer wieder neu bildende Wolke aus Fruchtfledermäusen umschwärmt den abendlichen Besucher, sodass nur wirklich abgehärtete Naturen es schaffen, den Tempel ohne den geringsten Anflug von Gänsehaut wieder zu verlassen. Tagsüber hängen die nachtaktiven Bewohner wie schwarze Tropfsteine von der Decke. Das Betreten der Höhle ist tabu.

Ruhe vor dem Sturm

Tägl. 9–17 Uhr. Eintritt 8000 IDR. Sollten Sie nach Einbruch der Dämmerung kommen, ist die Kasse oft schon geschlossen, der Zutritt mit etwas Glück aber noch möglich. Zum Betreten des Tempels sind Sarung und Tempelschal notwendig.

Anfahrt: Der Tempel befindet sich rechter Hand an der Küstenstraße Richtung Denpasar, von Padang Bai aus sind es ca. 8 km (auf die Beschilderung achten). Ein kleiner Parkplatz liegt vor dem Tempel, manchmal wird eine kleine Gebühr verlangt.

Reisterrassen, so weit das Auge reicht

Von Semarapura Richtung Norden

Über die Sidemen Road nach Rendang

Wenn man kurz vor Semarapura (Klungkung) Richtung Norden abbiegt, gelangt man in eine landschaftlich abwechslungsreiche Region mit weitem Blick über Hügel und Täler, die vom mächtigen Gunung Agung überragt werden.

Hinter jeder Biegung, hinter jedem Hügel können sich die Augen von Neuem an der herrlichen Umgebung weiden. Kleine Dörfchen liegen eingebettet zwischen Reisfeldern, die in ihrem berühmten satten Grün leuchten und zur Erntezeit die Bauern aufs Feld rufen. Kein Wunder, dass gleich zwei berühmte Maler diese Region einst zu ihrem Refugium erkoren haben.

Kurz hinter dem Dörfchen Sidemen, das der Straße ihren Namen gab, liegt **Iseh,** wo Walter Spies und Theo Meyer wohnten. Zu Lebzeiten von Walter Spies wurde das kleine, idyllische Örtchen zum Treffpunkt von Künstlern und Schriftstellern, die sich schon damals von den grandiosen Aussichten auf Reiterrassen inspirieren ließen. Halten Sie kurz inne und tun Sie es ihnen gleich. Die „alten" Meister haben schon gewusst, was sie da taten. Das Haus von Spies steht noch immer, kann aber nicht besichtigt werden.

Wer etwas Abwechslung zum Strandleben sucht und einige Tage fern der Touristenhorden verweilen möchte, sollte sein Lager in **Sidemen** aufschlagen. Die Gegend bietet sich für ausgedehnte Wanderungen und Streifzüge durch die märchenhafte Natur an. Zudem können in nahezu jeder Unterkunft Trekkingtouren auf den Vulkan organisiert werden. Man erreicht das Örtchen kurz nach dem Pelangi-Weaving-Shop rechter Hand. Kurz vor dem Marktplatz biegt man nach rechts ab und kommt zu einer

Weggabelung. An beiden abgehenden Straßen haben sich eine Handvoll Homestays und Resorts angesiedelt (Schilder helfen bei der Orientierung).

Die Sidemen Road führt weiter bis nach Duda, vorher biegt man jedoch nach Westen Richtung Rendang ab. Bei **Selat** bietet sich ein Abstecher zum 10 km entfernten **Pura Pasaran Agung** an. Der Tempel liegt auf ca. 1600 m Höhe und ist über eine steile, enge Straße (bitte nur mit wirklich gutem Auto!) durch Bambuswälder und Lavafelder zu erreichen. Vom Parkplatz müssen Sie noch einen Anstieg über Hunderte von Stufen in Kauf nehmen. Der Pura Pasaran Agung gilt als Tor zur Welt der Ahnen und Götter. Die dramatische Lage am Hang des heiligen Berges erzeugt eine mystische Stimmung, die einen diese Legende durchaus glauben lässt. Und spätestens die Aussicht überzeugt auch die rationalsten Gemüter.

Zurück auf der Landstraße, empfiehlt sich auf halber Strecke ein Zwischenstopp bei Muncan, um das grandiose Panorama in sich aufzunehmen. In Rendang kann man sich im wunderschön angelegten Restaurant Mahagiri (→ S. 289) stärken. Klar zahlt man hier für den weiten Blick über die endlos scheinenden Reisterrassen. Dieser ist den Aufpreis aber allemal wert und fordert unweigerlich zum Zücken des Fotoapparates auf. Wer möchte, fährt über die Straße in südliche Richtung zurück nach Klungkung oder biegt bei Sekar nach Westen ab, um über herrliche Flusstäler nach Bangli zu gelangen.

Übernachten/Essen in Sidemen

Pondok Wisata Lihat Sawah. Das Resort macht seinem Namen „Blick auf die Reisfelder" alle Ehre. Vermietet werden 12 unterschiedlich große Zimmer in schönen Steinbungalows, die teureren mit bepflanztem Open-Air-Bad. Auch ein herrlicher Familienbungalow, der bis zu 6 Pers. Platz bietet, kann bezogen werden. Ein hübscher Pool macht das Ambiente perfekt. Die Mahlzeiten werden im schnuckeligen, lang gezogenen Bambusrestaurant genossen. Hier werden zur tollen Aussicht schmackhafte Gerichte der Thai-Küche serviert. Eine Vielzahl an Kurs- und Trekking-Angeboten sorgt dafür, dass keine Langeweile aufkommt. Je nach Größe 250.000–600.000 IDR, Familienbungalow 1.250.000 IDR. Zusätzlich werden ab 500.000 IDR ein paar kleine Villen in abgeschiedener Lage vermietet. ✆ 0366 /5300516, -5300519, 081/338588744 (mobil), www.lihatsawah.com.

Rumah Tenun. Hinter der „Weaving Factory" vermietet der zuvorkommende Besitzer Ketut ein geräumiges Familienhaus mit zwei – auch getrennt vermietbaren – Zimmern und einen hübschen Bungalow. Die Räume sind pieksauber, sehr neu und verfügen über luftig hohe Decken. Auf den schönen Terrassen genießt man die hervorragende Aussicht zum Plätschern der das Anwesen umgebenden Bäche. Wer möchte, kann sich von Ketuts Frau in die Webkunst einführen lassen (50.000 IDR/ Std.). Bungalow 300.000 IDR, Zimmer je 200.000 IDR. ✆ 081/916248209 (mobil), labang etistrek@yahoo.co.id.

Warung Lihat Sawa. Etwa 500 m weiter auf der gegenüberliegenden Straßenseite wird wirklich ausgezeichnet thailändisch und indonesisch gekocht. Der freistehende, neue Warung aus Bambus bietet neben dem leckeren Essen und dem freundlichen Service auch einen grandiosen Blick ins Tal.

Kubu Tani. In traumhaft ruhiger Lage (rechter Hand der Straße) locken die zweistöckigen mit Alang Alang gedeckten Häuschen. Vom Tagesbett auf dem Balkon kann man die schöne Aussicht so richtig genießen. Schlafzimmer im ersten Stock, im Erdgeschoss befinden sich eine gut ausgestattete Küche mit Kühlschrank sowie ein gemütliches Wohnzimmer und ein Steinbad mit Heißwasser. Allerdings keine Restaurants oder Shops in direkter Nähe. 450.000 IDR für 2 Pers. ✆ 0366/5300519, 081/ 338588744 (mobil), www.balikubutani.com.

Pondok Soria Moria. Das Guesthouse bietet kleine, aber süß eingerichtete Zimmer in einem hübschen Garten mit Blick auf das angrenzende Tal. Je nach Größe und Belegung 20–30 € (mit Heißwasser und Frühstück). Natürlich können auch hier englischsprachige Guides zum Trekking auf den Vulkan oder in die Umgebung organisiert werden. ✆ 0366/5300516, -519 oder +47(0)4724/7995, www.balisoriamoria.com.

... bei Tebola Subak Tebola Inn. Verteilt in einem großen Garten, bieten 5 traditionelle Steinbungalows 11 schöne Zimmer mit Moskitonetz, Open-Air-Bad mit Warmwasser und großen Terrassen. Nicht nur am kühlen Pool lässt sich die geniale Aussicht rundum genießen. Das angeschlossene Restaurant bietet neben Frühstück auch Gerichte der indonesischen und thailändischen Küche. Bungalow/Zimmer 40–50 $. Kurz hinter dem Dörfchen Tebola. ✆ 081/337153444 (mobil).

... Iseh Pondok Wisata Patal Kikian. Hochgelegen überblickt diese Anlage das gesamte Tal. Königlich residiert man in einem der drei zwar etwas älteren, dafür umso authentischer anmutenden Bungalows. Die reich verzierten Wände lassen sich öffnen, um den Blick auf die fürstliche Aussicht freizugeben. Himmelbetten sorgen für wohlige Nachtruhe und auf den ausladenden Terrassen kann man die Gedanken schweifen lassen. Im wild bewachsenen Garten versteckt sich auch ein kleiner Pool, von dem man über die Reisfelder bis zum Gunung Agung blickt. Die gebildete, hilfsbereite Besitzerin Ida Ayu weiß zudem so einiges über Walter Spies zu berichten. Bungalow 2–4 Pers. 600.000–750.000 IDR. ✆/✆ 0366/5300541, ✆ 081/337311629 (mobil), patalkikian@gmail.com.

... Rendang Mahagiri. Wer sich in die Aussicht, die dieses Restaurant bietet, verliebt hat, kann auch gleich länger bleiben. 8 Räume in steinernen Doppelbungalows mit schönen Bädern, großer Veranda und relativ moderner Einrichtung und ein kleiner, dunkelblauer Pool warten auf ruhesuchende Gäste. Ab 65 $ plus Tax und Service. ✆ 081/23814775, 081/3805009 (mobil), www.mahagiri.com.

Pura Besakih

Oft in dichte Wolken gehüllt, thront er in mehr als 900 m Höhe über der Insel: der heiligste und Ehrfurcht gebietende Tempel Pura Besakih, für die Balinesen der Muttertempel.

Manche behaupten, er sei der älteste Tempel Balis überhaupt. Die Wurzeln seiner Verehrung reichen bis in prähinduistische Zeiten zurück, die kolportierten Gründungsdaten sind so zahlreich wie die Tempel auf Bali. Einer Gründungslegende zufolge geht die heilige Stätte auf Sang Hyang Markan Deya zurück, einen ostjava-

Ost-Bali → Karte S. 282

Eindrucksvoll: der Muttertempel aller Balinesen

nischen Priester, der hier im 8. Jh. einen hinduistischen Schrein errichtet haben soll. Dokumentiert sind hinduistische Rituale allerdings erst in Quellen aus dem 11. Jh. Die Übersetzung von Pura Batu Madeg, dem Namen eines Vishnu-Tempels im westlichen Teil der Anlage, mit „Tempel des aufrecht stehenden Steines" deutet dagegen auf eine bereits vorher bestehende megalithische Kultstätte hin.

Eigentlich handelt es sich beim Pura Besakih nicht um einen einzigen Tempel, sondern um einen riesigen, aus über 200 Gebäuden bestehenden Komplex, der am Südwesthang des heiligen Berges Gunung Agung errichtet wurde. Jedes Fürstengeschlecht hat einen ihm zugehörigen heiligen Bezirk und jede Dorfgemeinschaft auf Bali unterhält hier zumindest einen eigenen Schrein, wenn nicht sogar einen Tempel. Auch die balinesischen Klans – vergleichbar mit Zünften – sind hier vertreten, etwa der der *pande* der hier mit dem Pura Ratu Pande eine der wenigen Gebetsstätten der Schmiede unterhält. Viele Tempel sind allerdings verschlossen oder dürfen von Nicht-Hindus nicht betreten werden. Wer Glück hat, kann über die leicht überblickbaren Mauern dennoch einen Eindruck von deren Innerem und von den dort stattfindenden Zeremonien bekommen.

Klingeling, zur Kasse bitte …

Manch einen Touristen wird es wundern, dass Besucher gerade an so einer unsagbar heiligen Stätte wie dem Pura Besakih auf gar unheilige Weise abgezockt werden. Bereits am Parkplatz weit vor der Kasse fängt es an – die ankommenden Gäste müssen sich durch einen Wald von Verkaufsständen schlagen. Um sich den 2 km langen Marsch vom Parkplatz zum Tempel zu sparen (die direkte Anfahrt ist verboten), ist man geneigt, eines der Motorradtaxis zu nehmen. Wer vorher nicht handelt, wird dafür einen horrend hohen Preis bezahlen.

Wer denkt, seine Finanzen blieben ab jetzt unangetastet, wird spätestens an der auch „Tourist Information" genannten Kasse eines Besseren belehrt. Hier entpuppen sich die Angestellten als wahre Überredungskünstler: Mit der Behauptung, der Tempelbezirk dürfe ohne einen Guide nicht betreten werden, werden für die entsprechenden Dienste bis zu 200.000 IDR pro Person gefordert. Oft wird auch eine Zeremonie, der man sonst nicht beiwohnen könne, als Grund vorgeschoben. Tatsächlich sind das alles glatte Lügen. In irgendeinem der zahlreichen Tempel findet immer eine Zeremonie statt, der Sie als Zaungast beiwohnen können. Und tatsächlich kostet der Eintritt in den Tempel nicht mehr als 10.000 IDR plus Spende (ebenfalls ca. 10.000 IDR). Die Benutzung von Foto- und Videokamera kosten extra. Leider kann man dies nur durch hartnäckigste Diskussionen erreichen und manch einer nimmt sich nach endlosen Verhandlungen dann doch einen Guide.

Apropos Guide: Es gibt Hunderte und nur wenige können dem Besucher mit fundiertem Hintergrundwissen zur Seite stehen. Deshalb sollte man an diesem Punkt nur auf die zertifizierten Führer der „Tourist Information" zurückgreifen. Ein Teufelskreis …

Ob Sie dann – endlich am Ziel angekommen – die angebotenen Früchte, Getränke und Postkarten kaufen, bleibt Ihnen überlassen. Wer sich jedoch von Priestern segnen oder durch die Aufforderung des Guides zu Gebeten hinreißen lässt, sollte die Geldscheine für die obligatorische Spende schon parat haben.

Das Zentrum der Anlage bildet der „große Staatstempel" **Pura Penataran Agung Besakih.** Sechs mit Unmengen von Statuen geschmückte Terrassen durchquert man, bevor man das mächtige, gespaltene Tor betritt. Auch hier gilt: Der innere Bereich ist für Nicht-Hindus tabu. Und so wird man den dreisitzigen Lotusthron, den angeblich heiligsten Schrein der Insel, an dem so gut wie alle Gläubigen beten, wohl nicht zu sehen bekommen.

Im Osten der Anlage findet sich der **Pura Kiduling Kreteg,** der Haupttempel Brahmas, im Westen der **Pura Batu Madeg,** welcher Vishnu geweiht ist. Schon von Weitem sind diese Tempel an den wehenden, der jeweiligen Gottheit zugeordneten Fahnen zu erkennen. Ganz oben lohnt der **Pura Pangu Bengan** den Weg. Den Aufgang schmücken zwei große Naga-Schlangen und die Aussicht über den Tempelkomplex ist bei schönem Wetter wirklich erhebend. Wer das Glück hat, an nebellosen Tagen hier zu stehen, kann bis zur Küste blicken.

Einmal im Jahr findet ein großes Fest statt, zu dem die Götter aller auf Bali ansässigen Tempel zusammen mit den Ahnen zur Erde hinuntersteigen. Um ihnen die gebührenden Opfergaben darzubringen, strömen zu diesem einen Monat dauernden Fest Tausende Gläubige zum Muttertempel.

Tägl. 7–18 Uhr. Eintritt 10.000 IDR/Pers. plus Spende. Weitere Infos zur allgemeinen Abzocke → Kasten. Natürlich sollten alle Besucher den Tempelkomplex mit Sarung und Tempelschal durchschlendern, auf den Hauptwegen bleiben und Verbotschilder respektieren!

Gunung Agung

Der heilige Berg beherrscht die ganze Insel: Egal, wo man sich befindet, eigentlich ist der 3142 m hohe Gipfel von beinahe jedem Winkel Balis aus zu sehen. Kein Wunder, dass sich in so manchem Besucher der Wunsch regt, einmal selbst auf dem Berg der Götter zu stehen.

Wer sich diesen Wunsch erfüllen möchte, sollte dies zur Trockenzeit tun und über eine gesunde Konstitution sowie ausreichende Kondition verfügen. Außerdem ist es absolut ratsam, einen ortskundigen Guide zu engagieren, denn im Gewirr der kleinen Pfade entlang der beiden Aufstiegsrouten hat sich schon manch uneinsichtiger Tourist verirrt.

Zu besteigen ist der übrigens immer noch aktive Vulkan über zwei Hauptrouten: Die populärste, da kürzeste startet am südlichen Hang des Gunung Agung bei dem auf 1600 m gelegenen **Pura Pasaran Agung** (→ S. 288). Vom Tempel aus kann der untere Kraterrand in ca. 3–5 Std. erreicht werden. Die weite Aussicht über den Süden der Insel bis nach Lombok ist so manchem jede Schweißperle wert. Für den Rückweg müssen nochmals 3–4 Std. eingeplant werden.

Eine längere und schwierigere Route, bei der man mind. 7 Std. für den Aufstieg und 5–6 Std. für den Abstieg einrechnen sollte, beginnt beim **Pura Besakih** (→ S. 289). Am Fuß des heiligen Berges geht es nach Norden, um dann in einem steilen Aufstieg die Westflanke zu erklimmen. Nach frühestens 5 Std. wird man ein erstes Mal belohnt: Man passiert den Eingang zur Welt der Götter, eine wuchtige Felswand, das Kori Agung, und betritt somit die heilige Gipfelregion. Nach weiteren 2 Std. über Lavagestein gelangt man endlich zum Gipfel und kann einen Blick auf die Caldera erhaschen.

Um den Sonnenaufgang zu erleben, starten die meisten Touren um 2 Uhr morgens, die längere sogar oft schon vor Mitternacht. Eine gute Idee, da sich der Berg oft schon vormittags in dichte Wolken hüllt. Später als 6 Uhr sollte man schon aus logistischen Gründen nicht aufbrechen. Da es keine Übernachtungsmöglichkeiten gibt, muss die Tour an einem Tag gemeistert werden. Eine Taschenlampe, festes Schuhwerk, robuste, wasserundurchlässige und warme Kleidung (schon weit vor dem Gipfel kann es sehr kalt und windig werden), ausreichend Wasser (4–5 l/Pers.) und Verpflegung gehören zur Minimalausrüstung.

Guides für die Südroute kann man in Selat oder direkt beim Pura Pasaran Agung bekommen. Für die Südwestroute stehen die Guides am Pura Besakih bereit. Für beide Touren finden sich auch in Sidemen ortskundige Führer. Zudem hat beinahe jede Travel- und Touragentur die Vulkanbesteigung im Programm.

Eka Dasa Rudra und der Zorn des Berges

Nur alle 100 Jahre wird die heiligste aller Zeremonien abgehalten: Eka Dasa Rudra. Diese unfassbar überdimensionierte Zeremonie geht wahrscheinlich auf die Verehrung Rudras, des altvedischen Gottes des Sturmes und der Zerstörung, zurück. Dieser wird als Vorgänger Shivas angesehen und auch „der Schreiende" oder „der Brüllende" genannt. Der Austragungsort am Fuße des Vulkans Gunung Agung ist bestens gewählt, denn im Jahre 1963 brüllte es vom Berg auch tatsächlich herab.

Nachdem die Zeremonie während der gesamten Kolonialzeit nicht durchgeführt worden war (die letzte fand laut Überlieferung im 16. Jh. während der Blütezeit des Königreichs Gelgel statt), sollte sie – wohl auf Drängen des damaligen Präsidenten Soekarno – exakt am 8. März 1963 wieder durchgeführt werden. Auch wenn sich Soekarno bezüglich des Datums, das zufällig mit dem Staatsbesuch von J. F. Kennedy zusammenfiel, sicher war – bei den Brahmanen und Astrologen herrschte große Uneinigkeit. Letztendlich setzte sich das Staatsoberhaupt durch.

Die Vorbereitungen begannen bereits im Laufe des Vorjahres: Die gesamte Insel musste restlos von den Gebeinen Verstorbener gereinigt werden, für die Opferhandlungen benötigte man alle Spezies der balinesischen Fauna, überall auf der Insel wurde heiliges Wasser zur Reinigung verteilt und so gut wie alle Bewohner waren damit beschäftigt, rituelle Gegenstände, Reisreliefs, heilige Symbole und Opfergaben herzustellen. Während die Vorbereitungen im Februar ihrem Ende zugingen, begann der Vulkan nach einer 120-jährigen Ruhezeit zu rumoren, spuckte später Gesteinsbrocken und Erdmassen, bis er am 17. März, dem zehnten Tag der zweimonatigen Zeremonie, mit ohrenbetäubendem Getöse ausbrach und über 2500 Menschenleben forderte. Die betenden Balinesen auf dem Areal des Pura Besakih jedoch führten angesichts der sich heranwälzenden Lavamassen ihr Ritual fort, anstatt an Flucht zu denken. Überraschenderweise teilte sich der Lavastrom vor dem Tempelkomplex und die Betenden wurden wie durch ein Wunder verschont. Nun war offenkundig, dass der Zeitpunkt der Zeremonie falsch gewählt worden war.

Im Jahre 1979 fand Eka Dasa Rudra erneut statt, am bereits vor Jahren berechneten Datum, diesmal unbehelligt vom Zorn der Götter und somit auch ohne Unterbrechung.

Traditionelle Fischerboote sind die wahren Herren des Strandes in Padang Bai

Die Küste ab Padang Bai

Padang Bai

Der kleine, in einer feinsandigen Bucht gelegene Fischerort ist der Verbindungshafen zu den vorgelagerten Inseln und der Hauptfährhafen zur Nachbarinsel Lombok – weshalb viele gleich weitereilen. Doch wer sich auf den Charme des Städtchens einlässt und ein paar Tage hier verweilt, wird merken, dass es gar nicht so wichtig ist, sofort weiterzufahren, und die gehetzten Reisenden am Pier leicht mitleidig belächeln.

Padang Bai wurde in letzter Zeit häufig als das letzte Traveller-Paradies der Insel bezeichnet. Tatsächlich laden zahlreiche nette Cafés, Essensstände und Bars dazu ein, den Kontakt mit den freundlichen Einheimischen zu suchen, sich Geschichten zu erzählen und bei einem kalten Fruchtshake zu entspannen. In den letzten Jahren wurde die Bucht durch eine schmale Küstenpromenade von den Unterkünften getrennt, entlang dieser reihen sich kleine Geschäfte und gemütliche Restaurants. Einen menschenleeren Badestrand sucht man allerdings vergeblich. Da die Haupteinnahmequelle der Bewohner neben dem Tourismus der Fischfang ist, ist hier ein relaxtes Sonnenbaden kaum möglich. Im seichten Wasser des Strandes ankern unzählige liebevoll bemalte Fischerboote, die einen pittoresken Anblick bieten. Doch Padang Bai hält für Sonnenhungrige zwei herrliche Alternativen bereit, die bequem zu Fuß erreicht werden können und durch ihre abgeschiedene Lage für den kurzen Fußmarsch entlohnen (→ Strände bei Padang Bai, S. 301 f.).

Ansonsten eignet sich das übersichtliche Städtchen ideal als Ausgangspunkt für Touren in die Umgebung, mit großen Sehenswürdigkeiten kann sie dagegen nur begrenzt aufwarten. Beachtung verdienen allerdings der **Pura Silajukti** sowie die in direkter Nähe liegenden Tempel **Pura Telagamas** und **Pura Tanjung Sari**. Der größte und bedeutendste von ihnen ist der wohl aus dem 11. Jh. stammende Pura Silayukti. Er ist einer der vier ältesten Tempel der Insel und soll die Wohnstätte von Empu Kuturan gewesen sein. Dieser bedeutende Priester brachte das Kastensystem nach Bali. Vom Tempelkomplex führt ein kleiner Pfad Richtung Meer und offenbart nach einigen steil hinunterführenden Treppenstufen den Blick auf einen kleinen, aber sehr beeindruckenden Schrein, der wie ein Schwalbennest an den aus dem tosenden Meer aufragenden Felsen klebt. Natürlich sollte man auch hier weder Sarung noch Tempelschal vergessen. Die Bedeutung der Tempel für die Balinesen wird dem Besucher besonders bei einem der Tempelfeste bewusst, wenn Padang Bai regelrecht zu einem Wallfahrtsort wird. Auf jeden Fall ist eine Kurzwanderung zum Tempelareal empfehlenswert und kann hervorragend mit einem Strandbesuch an der noch etwas weiter östlich liegenden Blue Lagoon (→ S. 301) kombiniert werden.

Man folgt der Strandpromenade in östliche Richtung an Waterworx und Topi Inn vorbei. Dann geht es an der rechten Abzweigung der Straße den steilen Hügel hinauf.

Basis-Infos

Geld Eine Bank befindet sich 150 m oberhalb des Hafens an der Hauptstraße direkt neben dem Perama-Büro. Direkt vor der Bank gibt's einen ATM. Ein weiterer Geldautomat steht seit 2011 in der Jl. Segara bereit.

Achtung: Sollten Sie auf eine der vorgelagerten Inseln übersetzen, decken Sie sich mit genügend Bargeld ein. Der Automat an der Bank gibt oft max. 500.000 IDR auf einmal aus und beide ATMs können auch scho den Gebühren ist es ratsam, bereits auf n mal leer sein. Aufgrund der anfallen

dem Weg nach Padang Bai größere Summen abzuheben.

Bargeld wechseln kann man in vielen Geschäften Padang Bais.

Internet Zahlreiche Hotels und Homestays bieten WLAN-Verbindungen – gegen Gebühr auch für Nichtgäste. Die schnellste Verbindung sowie Anschlüsse für Laptops gibt es im **Topi Inn**.

Polizei Eine Polizeistation befindet sich am Hauptplatz hinter dem Hafen.

Hin & weg

(→ Karte S. 296/297)

Shuttlebusse Sie sind die günstigste und immer noch zuverlässigste, aber auch die langsamste Variante. Die Busse fahren Richtung Tirtagangga/Amed/Tulamben um 9 und 13.30 Uhr für 125.000 IDR/Pers. (mind. 2 Pers.), zurück geht's um 7 und 11 Uhr. Verbindungen zu anderen Orten Balis → Tabelle, S. 126/127. Wer zu den Touristenorten im Süden möchte, sollte beachten, dass die Route über Ubud und Sanur nach Kuta geht und so einige Stunden in Anspruch nehmen kann! Tickets können Sie in den Reisebüros am Hafen und direkt im **Perama Office 26** 150 m oberhalb des Piers kaufen. Dort werden Sie am Schalter auch über aktuelle Fahrpläne informiert.

Zahlreiche andere **Tourist-Shuttlebusse** fahren Ziele wie Sanur, Ubud oder Amed an. Die Preise ähneln denen von Perama. Ein Vorteil dieser Shuttlebusse ist, dass sie die Destinationen (z. B. im Falle von Sanur) oft direkt anfahren. Dies spart oft einiges

an Zeit. Buchbar z. B. über (**Ready for**) **Paradise Tours 24**.

Bemos Die Minibusse fahren ab 6 Uhr früh bis ca. 17 Uhr abends am großen Parkplatz nördlich des Hafens ab. Die weißen bringen die Fahrgäste über Klungkung nach Denpasar und Kuta, die orangefarbenen nehmen die Straße Richtung Nordosten über Candi Dasa nach Amlapura und Amed (ca. 1,5 Std.). Einfach zusteigen und warten, bis der Kleinbus voll ist. Fahrpreis vorher aushandeln.

Charter Die teuerste, aber schnellste Variante, zu buchen über viele Reiseveranstalter und Reisebüros. Nach Denpasar/Flughafen ab 250.000 IDR ca. 1,5–2 Std.

Richtung Lombok Reguläre Fähren nach Lembar/Lombok legen vom Haupttpier ganztags alle 1,5 Std. ab. Fahrzeit ca. 4 Std., bei hohem Wellengang kann die Überfahrt bis zu 6 Std. dauern, die Fähren können dann auch ganz ausfallen (31.000 IDR).

Nach Lombok kann man bei **Perama** verschiedene Kombi-Tickets buchen. Eines der Pakete beinhaltet die reguläre Fähre um 9 Uhr nach Lembar und die anschließende Weiterfahrt über Mataram nach Senggigi (100.000 IDR/Pers.) bzw. Kuta/Lombok (225.000 IDR, mind. 2 Pers.). Ein anderes Paket geht mit dem Schnellboot um 13.30 Uhr für 400.000 IDR und fährt von dort ohne Aufpreis weiter nach Senggigi.

Richtung Gili-Inseln In den letzten Jahren haben sich unzählige Schnellbootanbieter etabliert, die Gäste in 1–2 Std. auf die Gilis bringen. Die Preise haben sich zwischen 400.000–700.000 IDR (one-way) eingependelt, außerhalb der Saison günstiger. Tickets für die Boote gibt es in allen Travel Agencies, zudem können sie auf der Homepage der Anbieter gebucht werden –oft mit 10 % Rabatt. (→ auch S. 130)Einen guten Überblick über die Boote liefert die Website www.gili-fastboat.com.

Zur Nebensaison ist besonders bei schlechtem Wetter dringend davon abzuraten, die Boote am Nachmittag zu nehmen! Die Überfahrt ist dann oft nicht nur sehr unangenehm, sondern auch extrem gefährlich!

Gili Cat. Fährt 2 mal tägl. nach Gili Trawangan. Office in Sanur, Jl. Danau Tamblingan 51, ✆ 0361/271680, www.gilicat.com.

Blue Water Express. ✆ 0361/8951082, 8413421, 081/338418988 (mobil), http://bwsbali.com.

Gili Gili Fast Boat. Office in Nusa Dua, Jl. By Pass Ngurah Rai 1 c, ✆ 0361/773770, 081/808588777 (mobil), www.giligilifastboat.com.

Eka Jaya Fast Boat. Legt 2-mal tägl. ab – in der Nebensaison können allerdings die späteren Fahrten ausfallen. Office in Padang Bai, Terminal Silayukti, ✆ /✆ 0363/41442, Office

auf Gili Trawangan (Hafen), ✆ 081/934378970 (mobil), http://fastboat.baliekajaya.com.

Ocean Star. ✆ 0361/9271019, 081/13856038 (mobil), 081/13856039 (mobil), www.oceanstarexpress.com.

Perama. Das Schnellboot fährt tägl. 13.30 Uhr direkt zu den Gili-Inseln Office in Padang Bai im Dona Restaurant neben der Bank, ✆ 0363/41419, Office auf Gili Trawangan nahe dem Pasar Seni, ✆ 0370/638514, Hotline ✆ 0361/750808, www.peramatour.com.

Allgemein gilt: Lassen Sie Ihr Gepäck an allen Bootsanlegestellen nicht aus den Augen. Gewiefte Gepäckträger verlangen horrende Preise für das Tragen Ihrer Rucksäcke und Koffer – und das, ohne vorher um Erlaubnis zu fragen!

Nach Nusa Penida Tägl. um 13 Uhr legt die Autofähre nach Buyuk (ca. 1 km östlich von Sampalan) ab (25.000 IDR/Pers.). Die Tickets sind schnell ausverkauft und müssen schon mehrere Stunden im Voraus (am besten schon am frühen Morgen) gekauft werden. Daneben fahren morgens ab ca. 7 Uhr Public Boats für ca. 30.000 IDR nach Sampalan. Auch diese sind oft ausgebucht, und so kommt man meist nicht umhin, ein Boot für 300.000–500.000 IDR zu chartern.

Nach Nusa Lembogan Kein regulärer Verkehr, man muss ein Boot chartern.

Nach Sumbawa, Flores etc. Zu den östlichen Inseln Indonesiens gelangen Sie am leichtesten über Lombok (→ S. 422). Reisebüros arrangieren die Weiterreise.

Ost-Bali → Karte S. 282

Aktivitäten

(→ Karte S. 296/297)

Ausflüge/Touren Überall in Padang Bai bieten sich viele „freischaffende" Guides an, mit deren Hilfe man die Umgebung erkunden kann.

Paradise Tours ☑. Am Hafengelände ist das Office von Putu Ready. Der sympathische, zuverlässige Guide mit Deutschkenntnissen und sein jüngerer Bruder bilden ein kompetentes Team und haben ihren Gästen viel über ihre Heimat und deren Geheimnisse zu erzählen. Daneben organisieren sie Boot und Bustickets.

✆ 081/916367568 (mobil), 081/338737928 (mobil), www.readyforparadise.yolasite.com.

Auch Der Guide **Made Wenten** bietet hervorragende Touren an und kann mit fundiertem Hintergrundwissen, großer Freundlichkeit und in sehr gutem Englisch begeistern (✆ 0363/41785, 081/916414191. Mit beiden Guides haben wir in den letzten Jahren nur gute Erfahrungen gemacht.

Kurse/Workshops Egal, ob Sie über die hinduistische Kultur diskutieren oder lernen möchten, wie man stilecht auf eine Palme klettert, batikt und Ikat webt: Im Topi Inn werden Sie fündig werden. Große Auswahl an Kursen und Workshops. ✆/✉ 0363/41424, topiinn@hotmail.com, www.topiinn.com.

Tauchen/Schnorcheln In und um Padang Bai sehr beliebt. Alle Tauchanbieter steuern die Hausriffe um Padang Bai an und laden zu Ausflügen nach Nusa Penida, Nusa Lembongan und Amed ein.

O.K. Divers 🔢. Die multilinguale Tauchbasis bietet auch PADI-Kurse und Ausflüge in deutscher Sprache an und legt Wert auf hohe Qualität. ✆ 0363/41790, www.divingbali.cz.

Absolute Scuba 🔢. SSI-Platinum-Tauchoperator, bietet aber auch PADI-Kurse in deutscher Sprache an. Auf Wunsch werden Tauchsafaris maßgeschneidert. ✆ 0363/41417, www.absolute-scuba-indonesia.com.

Water Worx 🔢. Die deutsche Tauchschule legt Wert auf kleine Gruppen bis zu max. 4 Pers. Sowohl SSI- als auch PADI-Kurse können hier gebucht werden. ✆ 0363/41220, 081/338511056 (mobil), www.waterworxbali.com, www.tauchen-bali.com.

Geko Dive 🔢. Ein weiterer etablierter Anbieter. Auch hier wird in kleinen Gruppen getaucht bzw. der Unterwassersport erlernt. Getreu dem Motto: „Every breath you take, every dive you make, we'll be watching you." ✆ 0363/41516, www.gekodive.com.

Die besten **Schnorchel-Möglichkeiten** vor Ort hat man am Blue Lagoon Beach (→ S. 301). Hier gelangt man vom Strand aus zum Schnorchelpunkt. Auf die Strömung achten!

Die meisten Unterkünfte vermitteln Schnorcheltrips, und besonders entlang der Strandpromenade (Jl. Silayukti) bieten viele Fischer ihre Fährdienste an (ca. 200.000–300.000 IDR).

Übernachten

Aufgrund der vorwiegend durchreisenden Touristen bietet Padang Bai mit zwei Ausnahmen keine Luxusunterkünfte, dafür viele gemütliche Resorts. Die meisten findet man entlang der östlichen Strandpromenade.

Padang Bai Beach Inn I 🔢. Das familiär geführte Resort bietet einfache Unterkünfte in traditionellen, wenn auch etwas

Übernachten
1 Blue Lagoon Village
3 Topi Inn
5 Padang Bai Beach Homestay
6 Padang Bai Beach Resort
8 Bali Billabong
9 Padang Bai Beach Inn I
10 Serangan Inn II
11 Kerti Beach Inn
15 Puri Rai
21 Kembar Inn
22 Dharma Homestay
25 Zen Inn
28 Bamboo Paradise
29 Tabaluga Homestay

Essen & Trinken
2 Terrassenrestaurants
3 Topi Inn
11 Kerti Beach Inn Restaurant
12 Manggala
13 Omang-Omang
16 alola café
19 Warung Marina
20 Ozon Café
23 Depot Segara
25 Zen Inn
27 Al Amin
28 Bamboo Paradise
29 Tabaluga

Nachtleben
14 Babylon Bar & Kinky Reggae Bar
18 Sunshine
25 Zen Inn

Sonstiges
4 Geko Dive
6 Water Worx
7 Absolute Scuba
17 O.K. Divers
24 Paradise Tours
26 Perama Office

1

2
Blue Lagoon Beach

Pura
Telagamas

Pura
Silayukti

3
4
5
6
7
8
9
10
11
Jl. Silayukti
12 **13**
14
15
16
17
18
19

Pura
Tanjung
Sari

Jl. Silayukti

Schnellboote
auf die Gili-Inseln

20
21

Pura Segara

Markt

22

23

Jl. Segara

24
Bemostop

25

Bank
Fährtickets
Hafen

26
Polizei

27

Fähren nach Lombok
und Nusa Penida

28

Pura Penateran Agung

White Sand Beach/
Bias Tugal

Black Sand Beach

29

Padang Bai

100 m

verwohnten Lumbung-Hütten (für 2 oder 3 Pers.). Großes Doppelbett mit dichtem Moskitonetz und kleiner Balkon im OG sowie eigenes Bad/WC und große Terrasse im EG. Je nach Größe und Belegung 90.000–150.000 IDR. Zudem warten 6 sauber gefliese, aber etwas muffige Zimmer mit AC und Heißwasser auf Gäste (150.000 IDR). Etwas einsilbiges Personal. Jl. Silayukti, ✆ 0363/41439, padangbaybeachinn@yahoo.co.id.

Dem Resort vorgelagert ist ein Neubau mit sauberen, geräumigen AC-Zimmern, die neben Heißwasser auch einen tollen Blick auf den Hafen bieten (300.000–500.000 IDR).

Bamboo Paradise 28. Die sympathische Unterkunft in Hafennähe hat nur vier Zimmer im Angebot, dafür aber schon viele Stammgäste. Alle Zimmer sind sehr sauber. Ausgestattet sind sie mit AC oder Fan, DVD-Player, Kühlschrank und Eckwanne. Durch die miteinander verbundenen Terrassen und die Aufenthaltsveranda sehr kommunikativ. Die unglaublich liebenswerten Besitzer Ayu und Remco zaubern auf Wunsch auch ein ausgezeichnetes und reichhaltiges Fisch-BBQ und sind stets um das Wohl der Gäste bemüht. Hier herrscht gute Laune. DZ 150.000–300.000 IDR. Jl. Penataran Agung, ✆ 087/860417755, 081/236016523 (mobil), www.bambooparadisebali.com.

Zen Inn 25. Neben der Bar werden 4 einfache, ein wenig in die Jahre gekommene Zimmer vermietet. Farbenfroher Anstrich und ausgefallene Bäder mit Dusche sowie Sitzmöglichkeiten im kleinen Hinterhofgarten sorgen für fröhliche Atmosphäre. Zimmer Nr. 2 ist mit seinen Bambuswänden bestens geeignet für anspruchslose Liebhaber des natürlichen Dekors. Freundliches Personal. DZ mit Fan ab 175.000 IDR, mit AC 300.000 IDR. ✆ 081/933092012 (mobil), www.zeninn.com.

Kembar Inn 21. Wohnen über den Dächern von Padang Bai – zumindest im obersten Stockwerk dieses zentral gelegenen Hotels hat man auf seiner riesigen Terrasse einen tollen Rundumblick. Saubere, einfache Zimmer mit Kühlschrank und wahlweise Fan oder AC. Die Zimmer im ersten und zweiten Stock sind etwas teurer, dafür auch schöner als die im EG; außerdem sind sie mit Heißwasser ausgestattet. Zimmer mit Fan je nach Stockwerk 150.000–200.000 IDR, mit AC 250.000 IDR, inkl. Frühstücksbuffet und kostenlosem WLAN-Zugang. Jl. Segara 6, ✆/🖂 0363/41364.

Serangan Inn II 10. Oberhalb der Babylon Bar in der Kurve wartet diese Unterkunft mit gutem Preis-Leistungs-Verhältnis und freundlicher Atmosphäre. Auf drei Etagen werden Zimmer unterschiedlichster Kategorien vermietet, die günstigsten mit Kaltwasser und Fan. Tourservice angeschlossen. Zimmer mit Fan 150.000–250.000 IDR, mit AC 300.000–350.000 IDR. Jl. Silayukti, ✆ 0363/4345042.

≫ Unser Tipp: Dharma Homestay 22. In diesem wirklich sehr familiären Homestay werden auf mehreren Etagen gute, saubere, meist etwas dunkle Zimmer vermietet. Neben der freundlichen Atmosphäre sind die beiden riesigen, hellen Zimmer mit breiter Glasfront und AC auf dem Dach der Knaller. Von der chilligen Open-Air-Lounge blickt man über ganz Padang Bai. DZ mit Fan ab 150.000 IDR, mit AC ab 200.000 IDR, Dachzimmer 650.000 IDR, in der Nebensaison deutlich günstiger. Kostenloser WLAN-Zugang. Jl. Silayukti, Gang Tongkol 6, ✆ 0363/41394, 085/237726000 (mobil), www.freewebs.com/dharmahomestay. **≪**

Puri Rai 15. Die größte und komfortabelste Anlage in Padang Bai: Auf einem weiten Gelände mit tropischen Blumen, zahlreichen übergroßen Skulpturen und drei schön angelegten Swimmingpools verteilen sich Zimmer und Bungalows aller Kategorien. Alle sind geräumig und mit TV, Kühlschrank und Heißwasser ausgestattet. Besonders schön sind einige der Family Rooms mit Fan, zwei großen, geschnitzten Doppelbetten, stilvollem Bad, Gartenterrasse und Veranda. Achtung: Die Lage der AC-Räume liegen außerhalb des schönen Gartens. Zimmer 400.000–500.000 IDR, Family Room 550.000–650.000 IDR, Villa 1.250.000 IDR. Jl. Silayukti, ✆ 0361/8528521, 🖂 0363/41386, www.puriraihotel.com.

Kerti Beach Inn 11. Hinter dem Restaurant liegen dicht aneinandergebaut Lumbungs und Bambus-Bungalows, wahlweise mit AC oder Fan und sauberem, gefliestem Bad im unteren Stockwerk. Alle nett, einfach eingerichtet und etwas besser in Schuss als die Nachbarn. Daneben werden auch 8 schlichte Zimmer angeboten. Im vorderen Teil bietet ein Neubau ansprechende und saubere, wenn auch teilweise etwas kleine Zimmer für 300.000–400.000 IDR. Bungalow 250.000–350.000 IDR, Zimmer 200.000–250.000 IDR. Jl. Silayukti, ✆ 0361/3610840, 0363/41391, www.kertibeach-inn.com.

Topi Inn 3. Hier, am östlichen Ende des Strandes, werden kajütenartige Räume mit dünnen Wänden und eigenem Bad/WC vermietet. 3 Zimmer sind mit Doppelbetten ausgestattet, das kleinste nur mit einem kurzen Stockbett (alle Zimmer 14 €). Zudem kann ein 80 m^2 großes Atelier für Gruppen/Familien gemietet werden (Preis auf Anfrage). Die Aufenthaltsräume sowie das Restaurant sind fantasievoll gestaltet und von einem liebevoll gepflegten Garten umgeben. Die zuvorkommenden holländischen Besitzer bieten zahlreiche Workshops (u. a. Batik, Ikat-Weben, Yoga) an und organisieren Ausflüge in die nähere Umgebung. Jl. Silayukti, ✆/📠 0363/41424, www.topiinn.nl.

Bali Billabong 8. Zwischen einigen Palmen und Frangipani-Bäumen, die den betonierten Garten beleben, verteilen sich kleine, spartanisch eingerichtete Bungalows mit kleinem, dunklem Bad und Lumbung-Hütten von neu bis uralt, dafür relativ günstig. Zimmer mit Fan 200.000–250.000 IDR, mit AC 300.000–350.000 IDR, Lumbung-Hütte 150.000 IDR. Jl. Silayukti. ✆ 0363/41399.

Padang Bai Beach Bungalow Resort 6. Moderne Anlage mit Padang Bais einziger Meerblick-Pool-Bar, angeschlossener Tauchschule und Restaurant. Die modernen Zimmer sind in einem großen Gebäude untergebracht (Meerblick im OG und Gartenblick im EG). Gegenüber dem nach allen Seiten offenen Restaurant stehen im Garten noch schöne ockergelbe Steinbungalows, teils mit offenen Bädern. Alle Unterkünfte mit AC, Sat-TV, Kühlschrank und Safe. Zimmer je nach Lage 57–67 $, Bungalow 67 $, Familienzimmer (3 Pers.) 67 $. In der Nebensaison 10 $ Rabatt. Über Absolute Scuba buchbar: ✆ 0363/42088, 📠 0363/41417, www.bali-beach-resort.com.

Padang Bai Beach Homestay 5. Die recht neue Anlage bietet unterschiedlichste Bungalows, die sich in einem hübschen grünen Garten voller tropischer Pflanzen verteilen. Von Bambusbungalows mit Open-Air-Bad und Kaltwasser über Ziegelsteinhäuschen mit AC und TV bis zu sehr kleinen Cottages und modernen geräumigen AC-Zimmern aus dunklem Stein steht hier so ziemlich alles für Gäste bereit. Am wolkenförmigen Pool lässt es sich so richtig entspannen und dank kostenlosem WLAN-Zugang bleibt man immer auf dem Laufenden. DZ von 350.000–700.000 IDR, in der Nebensaison sind die Zimmer erheblich günstiger zu bekommen. Jl. Silayukti, ✆ 0363/41044, daniyulianti@live.com.

Hohe Penjor schmücken die Gassen zu Galungan

Bloo Lagoon Village 1. Padang Bais neueste Errungenschaft für Boutique-Reisende. Eigentlich passt diese Anlage nicht wirklich zum Traveller-Charme des Ortes, sie versprüht beinahe schon etwas zu viel Luxus – zu entsprechenden Preisen. Die Hügellage garantiert eine tolle Aussicht aus den gestylten, modernen und top eingerichteten Villen (mit Küche und halboffenem Gartenbad) sowie von der Pool-Landschaft aus. Im Restaurant wird bei einer frischen Brise diniert und im Spa nach allen Regeln der Kunst entspannt. Wer sein Mückenspray vergessen hat, kann dies ohne Umschweife in der Blootique erwerben. Villa je nach Zahl der Schlafzimmer 150–240 $. In der Nebensaison sind echte Schnäppchen möglich. An der Nordseite der Bucht auf dem Hügel gelegen. ✆ 0363/41211, 0363/41099, 081/74745751 (mobil), www.bloolagoon.com.

Essen & Trinken   (→ Karte S. 296/297)

Al Amin 27. Ein paar Essensstände am Hafen haben bis in die frühen Morgenstunden geöffnet – dieser ist der beste mit dem reichhaltigsten Angebot. Es werden u. a. knusprig gebratenes Hühnchen, saftige Maispuffer, scharfes Gemüse und frischer gegrillter Fisch (ca. 8000–15.000 IDR) als *bungus* in der Papiertüte zum Mitnehmen serviert. Super authentisches Essen – kein Wunder, dass der Stand auch bei den Einheimischen beliebt ist.

🌿 **Topi Inn 3.** Vom gesunden Tofu-, Sesam- oder Fleisch-Burger bis zum indonesischen Rendang-Curry findet hier jeder seine neue Leibspeise. Riesiges Angebot für Vegetarier und sogar vegane Gerichte. Wenn Sie schon länger fern der Heimat unterwegs sind, werden Sie sich über das Schafskäse-Sandwich mit Kapern, Oliven und frischem Basilikum oder die verschiedenen Sorten von selbst gebackenem Vollkornbrot freuen! Die Besitzer legen großen Wert auf die frische Zubereitung der gesunden Gerichte. Auch auf die Umwelt wird besonders geachtet. Der Enthusiasmus spiegelt sich im köstlichen Essen wie auch in der bunten Einrichtung wider. Leider sind im Außenbereich Stechmücken sporadische Gäste. Jl. Silayukti, ✆/✉ 0363/41424, www.topiinn.com. ■

Kerti Beach Inn Restaurant 11. Auf einer überdachten Terrasse werden indonesische Gerichte wie Fisch im Bananenblatt oder gebratener Wasserspinat zur herrlichen Aussicht über den Hafen serviert. Zuvorkommender Service. Jl. Silayukti.

》》 Unser Tipp: Ozon Café 20. In der neu umgebauten Café-Bar wird eine kleine Auswahl an europäischen Speisen wie Pizza, große Salate und Spinat-Schafskäse-Pasta sowie Indonesisches wie die gemischte Saté-Platte serviert (ca. 18.000–50.000 IDR). So bunt wie das Lokal ist auch das Publikum: Lokale Jugendliche und Traveller treffen sich im kommunikativen Ozon auf ein paar Gläser Bier aus dem Pitcher. In den gemütlichen Sitzecken oder an der Bar lässt sich der Abend genießen, während man den Köchen in der offenen Küche zusieht. ✆ 081/236171620 (mobil). 《《

Zen Inn 25. Nett eingerichtete Bar hinter dem Hauptparkplatz, der englische Besitzer weiß um den Geschmack seiner europäischen Landsleute – allerdings auch um den Umfang ihres Geldbeutels. Zu etwas gehobeneren Preisen werden Mixgetränke, balinesische und australische Weine und verschiedene Arten Storm-Bier sowie europäische Gerichte wie griechischer Salat, herrliche Spaghetti mit Fleischbällchen, Tenderloin Steaks und gigantische Monsterburger serviert. Hervorragende Küche. Auf die Happy Hour achten! ✆ 081/933092012 (mobil), www.zeninn.com.

》》 Unser Tipp: Depot Segara 23. Bekannt für seine vielen frischen Fischgerichte, die hier noch von Mama persönlich gekocht werden. Der Fang des Tages kann mit verschiedenen Soßen und Beilagen gebraten, gegrillt oder gedämpft bestellt werden. Sehr gutes Preis-Leistungs-Verhältnis, leckere Alternativen für Vegetarier und unaufdringlicher, freundlicher Service. Am späteren Abend wird öfter mal zur Abwechslung gut ausgewählte Underground-Musik aufgelegt und zur Arrak-Runde geläutet. Jl. Segara, ✆ 0363/41443, depotsegara@yahoo.com. 《《

Um den zentralen Parkplatz bei den Reggae-Bars finden sich zahlreiche Warungs und Restaurants:

Warung Marina 19. Geniales, authentisches indonesisches Essen zu günstigen Preisen. Unbedingt das frische Urap probieren!

Manggala 12. Serviert viel Gegrilltes, BBQ sowie Seafood und Chicken Baskets zu moderaten Preisen in entspannter Atmosphäre. ✆ 081/338503618 (mobil).

Omang Omang Café 13. Gleich nebenan setzt dieses Café auf die gleiche Karte wie das Manggala und ist zudem bekannt für das gute Thai-Fisch-Curry und große Salate sowie den leckeren Blaubeer-Shake – alles kann man am gemütlichen Liegetischen verspeisen. Ab und an Livebands. ✆ 081/23638052 (mobil), www.omangcafe.com.

alola Café 16. Gemäß dem Motto „We are different" hebt sich dieses nachts stimmungsvoll beleuchtete Café ab, schon weil es neben einigen Fischgerichten hauptsächlich europäische Küche serviert. Viele gemütliche Sitzgelegenheiten.

Nachtleben (→ Karte S. 296/297)

Nightlife, wie man es aus Kuta kennt, sucht man in Padang Bai vergebens. Die Kontakte zu den Einheimischen sind dadurch allerdings weniger oberflächlich. Der nette Mensch, mit dem man gerade noch gemütlich zusammengesessen hat, kann schon wenige Minuten später mit seiner Reggae-Band die ganze Bar zum Tanzen bringen.

Wer einmal so richtig mit Einheimischen tanzen und abfeiern möchte, ist in den beiden direkt nebeneinander liegenden Reggae-Bars herzlich willkommen. Sowohl in der **Babylon Bar** 14 als auch in der **Kinky Reggae Bar** 14 treten im täglichen Wechsel mitreißende Livebands auf und bringen die Stimmung zum Kochen. Dazu mixt das enthusiastische Personal günstige Arrak-Cocktails im eigenen Bar-Labor, während das jeweils andere Lokal mit lautstarker Konservenmusik versucht, die Aufmerksamkeit auf sich zu lenken. Hier lange alleine zu bleiben ist ein wahres Kunststück!

Wer Abwechslung von Reggae-Musik und konzentriertem Trubel, aber trotzdem gute Live-Unterhaltung und sympathische Leute sucht, den verschlägt es wohl eher ins **Sunshine** 18 etwas weiter Richtung Bus-Terminal. Ungemein freundlicher Service und gute Cocktails.

Zur Zeit der letzten Recherche gab es bei den meisten Bars in Padang Bai Probleme mit der Schankkonzession. Aufgrund von wiederholten Razzien schenkten viele der alteingesessenen Bars nur noch Bier statt (Arrak-) Cocktails aus. Ein Zustand, der sich natürlich von einem Tag auf den anderen ändern, aber auch wieder rückgängig gemacht werden kann. Wer einen guten Cocktail trinken möchte, sollte dann auf die Bars mit Lizenz ausweichen, wie z. B. die Buddha Bar oder das Zen Inn oder nach der Abendessenszeit das Depot Segara.

Ost-Bali → Karte S. 282

Strände um Padang Bai

Der breite **Dorfstrand Padang Bais** ist am östlichen Ende der Bucht am schönsten. Zwar wird beinahe die gesamte Sandfläche von Fischerbooten belagert, doch hat man sich erst einmal zwischen diesen hindurchgeschlängelt, geht es seicht ins klare Wasser, das den ein oder anderen zum Baden lockt. Wirklich entspannt kann man dies hier aufgrund des regen Bootsverkehrs jedoch nicht tun. Beim Schwimmen sollten Sie unbedingt auf die frequentierenden Boote achten! Je weiter man nach Westen geht, desto schmaler wird der Strand, bis er hinter dem Pier in ein von Seegras überwuchertes Becken übergeht. Baden ist hier nicht mehr möglich. Jedoch entschädigen die nahe gelegenen Strände Blue Lagoon Beach und Pantai Bias Tugal (White Sand Beach) mit ihrem weißen Sand und ihrer Ruhe.

Blue Lagoon Beach: Folgt man vom Dorfzentrum aus der Strandpromenade nach Osten bis zum Ende, gelangt man kurz nach dem Topi Inn zu einem schmalen Pfad, der sich über einen Hügel schlängelt. Nach einem kurzen Marsch von etwa 5 Min. lichten sich die Bäume und man staunt über die herrliche Aussicht auf die von kargen Felsen umrahmte Bucht. Betonierte Treppen führen von der Aussichtsterrasse hinunter zum Strand, der nur ganz am Rand zum Wald etwas Schatten bietet. Zum Schnorchelpunkt kann man direkt vom Strand aus schwimmen und zwischen den Weich- und Hartkorallen z. B. Angel- und Clown-Fische, manchmal sogar kleine Rochen entdecken. Bei starkem Wellengang unbedingt auf die Strömung achten und niemals ohne Flossen hinausschwimmen!

Blue Lagoon

Seit Anfang 2009 versorgen zwei kleine Terrassenrestaurants **2** direkt über der Bucht die Sonnenhungrigen mit Speisen, Getränken und Liegestühlen. Leider fallen dadurch die nächtlichen Partys weg, doch so lässt es sich einen ganzen Tag bis zum Sonnenuntergang aushalten. Ein wenig negativ fällt der doch etwas aggressivere Geschäftssinn mancher Strandverkäufer/-innen auf (jedenfalls im Vergleich zum Pantai Bias Tugal). Doch wer Glück hat, trifft den alten humorvollen Putu mit seiner Flöte.

Pantai Bias Tugal (White Sand Beach): Aufgrund der starken Wellen eignet sich der südlich von Padang Bai gelegene Strand nicht zum Schnorcheln, dafür hervorragend zum Planschen und – je nach Wellengang – auch zum Schwimmen oder Bodysurfen. An manchen Tagen sind die Strömung und der Wellengang so stark, dass extreme Vorsicht angebracht ist!

Am White Sand Beach finden sich neben vereinzelten Touristen auch viele Einheimische. Im Jahr 2008 wurde das Grundstück hinter dem Strand von einem koreanischen Investor gekauft, der plante, das erste Luxushotel Padang Bais hochzuziehen. Bei unserem letzten Besuch ragte der stillgelegte Rohbau wie ein noch schlafendes Ungeheuer drohend über der sonst so malerischen Bucht auf. Einige der 2008 vertriebenen Warung-Besitzer sind inzwischen wieder zurückgekehrt und kämpfen täglich ums Bleiberecht. Noch bieten die freundlichen und kommunikativen Menschen in improvisierten Warungs kleine Gerichte, Früchte, gebratenen Fisch, Kaffee, Bier und Softdrinks an. Die weitere Zukunft ist ungewiss. Wer sich ein eigenes Bild machen möchte, gelangt inzwischen über die breite, holperige Zufahrt des Hotels und eine anschließende kurze, aber steile Kletterpartie über ausgetretene Pfade in wenigen Minuten vom Ortszentrum aus dorthin.

Black Sand Beach: Noch ein Stück weiter südlich breitet sich in einer herrlich ruhigen Bucht vor dem kleinen Dörfchen Mimba das schwarze Pendant des White Sand Beach aus. Aufgrund der Farbe hält es sich hier keiner lange beim Sonnenbaden aus – der schwarze Sand kann ungemein heiß werden. Außerdem ist Schwimmen aufgrund der starken Strömung zu gefährlich. Für Getränke sorgt das kleine Café direkt am Strand.

Übernachten Wer bleiben möchte, kann eines der sehr einfachen Zimmer im **Tabaluga Homestay 29** (→ Karte S. 297) beziehen. Alle klein und etwas dunkel, mit eigenem Bad, Fan, Moskitonetz und süßer Veranda, dafür relativ günstig (150.000–250.000 IDR). Freundliche Besitzer. Mimba Village, ✆ 081/805397492 (mobil), Das ehemalige Restaurant serviert nur noch Getränke.

Candi Dasa

Mit seinen ehemals weißen Stränden war der an der Amuk-Bucht gelegene Ort bis vor einigen Jahren ein Traumziel abseits des Massentourismus – und wäre vielleicht sogar ein zweites Kuta geworden. Doch dann kam der Bauboom und mit ihm der rabiate Korallenabbau vor der Küste.

Durch den Abbau des natürlichen Schutzwalls aus Korallen konnte die Meeresströmung ungehindert zuschlagen, die Rache der See folgte also auf dem Fuße und verschlang den ohnehin schmalen Strand fast gänzlich. So beraubte sich der aufstrebende Touristenort seiner Hauptattraktion und die Touristen verschwanden

Statt Sandstrand zieren heute steinerne Wälle die Küste und schützen die Bucht in mehr oder weniger ästhetisch ansprechender Form vor der Urkraft des Meeres. Bei Flut kann man hier dennoch baden, für einen reinen Badeurlaub ist der Küstenort weniger zu empfehlen. In den letzten Jahren bemühte man sich deshalb händeringend um Korallenwiederaufbau und Strandaufschüttung. In vielen Hotels entschädigen mittlerweile attraktive Swimmingpools und Sonnenliegeflächen.

Heute kommen viele Urlauber zurück, andere entdecken Candi Dasa neu und einer Vielzahl von Langzeiturlaubern ist der Ort schon länger ein Refugium. Denn auch wenn

Candidasa Orchid Garden: Der engagierte Deutsche Bernd Roemer hat zusammen mit seiner balinesischen Frau Nyoman ein wahres Kleinod für Pflanzenfreunde geschaffen. In dem weitläufigen Areal warten an die 5000 exotische und farbenprächtige Orchideen darauf, bewundert zu werden. Während in einem anderen Teil des Gartens erfolgreich die Seepferdchenzucht betrieben wird, hallt der Singsang seltener, in mehreren Volieren gehaltener Vögel durch die Lüfte. (Mag der ein oder andere die Nase über eingesperrte Vögel rümpfen, in Indonesien ballert man gerne mal auf bunt Gefiedertes – auch wenn es bei drei auf den Bäumen hockt.) Anfang 2012 waren die Bonsaisammlungen, ein weiterer Garten mit Kräutern und verschiedenen Bambuspflanzen und das in traditioneller Lehmbauweise gestaltete Schmetterlingshaus schon im Aufbau. Der Eintritt kommt zum größten Teil der Umwelt zugute, denn die Einnahmen fließen in Bernds Müllbeseitigungsprojekt. Geplant sind der Bau einer Recyclinganlage sowie weitreichende Aufklärungsaktionen. Forest Road, 300 m hinter der Abzweigung zum Puri Bagus Hotel. Eintritt 50.000 IDR. ☎ 081/933063154 (mobil), www.candidasa orchidgarden.com. ∎

Nyoman ist stolz auf die Blütenpracht

Candi Dasa als Reiseziel zunächst uninteressant erscheint, ist der entspannte, aufgeschlossene Ort ein hervorragender Ausgangspunkt für Ausflüge zum nahe gelegenen Bali-Aga-Dorf **Tenganan** und weiterer Sehenswürdigkeiten im Osten Balis. Und wegen der pittoresk der Küste vorgelagerten Inseln **Gili Mimpang** und **Gili Tepekong** ist das Städtchen besonders interessant für Taucher.

Die Orientierung in Candi Dasa ist mehr als einfach. Eigentlich alle Hotels, Restaurants, Einkaufsmöglichkeiten und sonstigen Einrichtungen finden sich an der Hauptstraße Jl. Raya Candi Dasa. Diese führt entlang der Küste durch den gesamten Ort und mündet in die nach Osten abzweigende, bedeutend ruhigere Forest Road. In dieser kleinen Straße haben sich an einem wunderschönen Bananenhain und einem Kokosnusswald ebenfalls eine Handvoll Unterkünfte angesiedelt.

Die einzigen wirklichen Sehenswürdigkeiten sind der im Ortszentrum gelegene, aus dem 12. Jh. stammende Tempelkomplex **Pura Candi Dasa** und die ihm gegenüberliegende, mit Seerosen und Lotusblumen üppig bewachsene **Lagune.** Letztere ist besonders in Kombination mit dem Sonnenuntergang ein beliebtes Fotomotiv.

Basis-Infos (→ Karte S. 306/307)

Hin & weg In die Umgebung: Besonders an der Lagune und entlang der Hauptstraße bieten etliche Fahrer und Guides ihre Dienste an. So gut wie alle Unterkünfte vermitteln Touren.

Nach Tenganan: Die Haltestelle für Motorradtaxis (Ojek) befindet sich an der Hauptstraße bei der Abzweigung Richtung Tenganan.

Nach/von Candi Dasa: Perama fährt zu vielen Destinationen (→ Tabelle, S. 126/127). Schneller, aber auch teurer geht es mit einem gecharterten Wagen mit Fahrer.

Einkaufen Im O Candi Bookstore ⓫ in der Hauptstraße gegenüber dem Restaurant Legong können sich Bücherwürmer mit hauptsächlich englischsprachigem Nachschub versorgen.

Gemini Shop ⓫. Bis ca. 21 Uhr bekommt man hier von Lebensmitteln bis zu diversen Haushaltswaren beinahe alles. Gegenüber dem Kelapa Mas Hotel an der Hauptstraße gelegen.

Fahrradverleih In den meisten Hotels und bei zahlreichen Anbietern entlang der Hauptstraße, z. B. im **Warung Srijati** ⓯ für 25.000–40.000 IDR pro Tag. Die nähere Umgebung von Candi Dasa lässt sich hervorragend mit dem Drahtesel erkunden. Auch lassen sich so die Strecken zwischen Hotel und Lieblingsrestaurant schneller zurücklegen. Vorsicht auf den stark befahrenen Straßen außerhalb der Ortschaft!

Flugtickets/Touren In dem kleinen Shop neben Agung Bungalows können Flüge und Touren gebucht werden. Daneben bieten an der Lagune etliche Fahrer und Guides wie gewöhnlich ihre Dienste an.

Gesundheit Seit 2011 ist die **Penta Medica Clinic** in Manggis wenige Kilometer vor Candidasa ein guter Anlaufpunkt bei Notfällen. Jl. Raya Manggis 88, ✆ 0363/41909, 41002, www.pentamedica.com. Zudem bieten die teureren Hotels einen **Doktorservice.**

Internet/Telefon Entlang der Hauptstraße finden sich eine Handvoll Internetcafés, z. B. im Restaurant Legong ⓳, und ein Telefonbüro (Wartel) neben dem Kubu Bali Resort.

Polizei Die Station liegt in der Mitte des Ortes an der Hauptstraße, ca. 50 m westlich des Perama Office.

Post An der Hauptstraße, etwa 80 m östlich der Lagune gegenüber Vincent's.

Tauchen/Schnorcheln Divelite. Seit 1998 bietet Divelite sowohl SSI- als auch PADI-Kurse in englischer, indonesischer und japanischer Sprache an. Dazu Ausflüge zu den bekanntesten Spots vom Hausriff bis nach Nusa Lembongan. Schnorcheltrips (ab 2 Pers.) 30 $. ✆ 0363/41660, www.divelite.com.

Sub Ocean Bali. Dieser 5-Sterne-PADI-Tauchoperator unter holländischer Leitung veranstaltet Kurse in Deutsch, Holländisch und Englisch. Dazu tägliche Ausflüge in die nähere Umgebung und bis nach Nusa Lembongan mit 1–3 Tauchgängen. Auch Schnorchler sind auf den Ausflügen willkommen. Neben dem Hotel Rama Candi

Dasa, Jl. Sengkidu, ☎/📠 0363/41411, 081/ 338792278 (mobil), www.suboceanbali.com.

Yes Dive. Der englische Anbieter hat sowohl PADI- als auch SSI-Tauchkurse im Programm und legt Wert auf kleine Gruppen (max. 4 Pers.). Tägliche Tauchausflüge in die nähere Umgebung und bis nach Amed. Bei Ausflügen zu Tauchpunkten um Nusa Lembongan bzw. Nusa Penida fallen zusätzliche Bootskosten an. Jl. Raya Candi Dasa, ☎ 0363/41982, yes_dive@yahoo.com.

Übernachten (→ Karte S. 306/307)

Die schlechte Auslastung bedingt, dass man in Candi Dasa durchweg ansprechende Unterkünfte für alle Ansprüche zu einem sehr guten Preis-Leistungs-Verhältnis findet. Wenige Kilometer westlich von Candi Dasa finden sich noch weitere gute Unterkünfte an der Küste in den Siedlungen Mendira, Sengkidu und Buitan. Wer es exklusiver mag, sollte sich gleich in das ca. 2,5 km nordöstlich im Hinterland gelegene Manggis begeben.

In der Forest Road

Ida Beach Village 12. Große Anlage im Stil eines balinesischen Dorfes (Kampung). Üppiges Grün und zahlreiche Kokospalmen sorgen für Schatten. Die geräumigen AC-Bungalows und zweistöckigen Lumbungs mit Fan vereinen traditionelle Bauweise, natürliche Materialien und modernen Komfort. Die Lumbungs sind nach Ortschaften der balinesischen Ostküste benannt. Von den oberen Stockwerken der Bungalows, dem blauen Pool und dem Hotelrestaurant genießt man einen herrlichen Panoramablick aufs Meer. Im angeschlossenen Restaurant serviert das freundliche Personal kleine, aber schmackhafte Portionen zu etwas höheren Preisen. Babysitting-Service, Autovermietung. Ein winziger schmaler Strand grenzt an das Hotel. Lumbung mit Fan ab 60 $, Bungalow mit AC ab 55 $, Extrabett 15 $, plus 10 % Tax (in der Nebensaison ca. 10 $ günstiger). ☎ 0363/41118, 0363/41119, 📠 0363/41041.

Hotel Genggong 21. Das ehemalige Budgethotel erstrahlt seit Ende 2011 komplett renoviert und umgebaut in neuem Glanz. Zur Auswahl stehen stilvoll eingerichtete und mit TV, DVD, Safe und AC ausgestattete Räume mit modernem Bad. Die teuersten befinden sich im OG und verfügen dank Glasfront und Balkon über einen fantastischen Meerblick. Daneben laden schöne Bungalows mit halboffenem Bad, Kühlschrank, TV und eigener Veranda zum Verweilen ein. Inmitten der großen Rasenfläche thront ein großer Frischwasserpool als Ergänzung zum kleinen, vorgelagerten Strandstreifen. Der engagierte Manager hat für 2012 auch ein Restaurant geplant. DZ 400.000–500.000 IDR, Bungalow 550.000 IDR. ☎ 0363/41105, 081/23996512 (mobil), 081/1399695 (mobil), www.hotelgenggong.com.

Puri Pudak 10. Eine der preisgünstigsten Übernachtungsmöglichkeiten in Candi Dasa bietet in einer Reihe stehende, einfache Bambusbungalows sowie Räume im Haupthaus. Alle Zimmer mit Fan, sehr wenig Grün und zeitweise unmotiviertes Personal. Bungalow ab 100.000 IDR, Zimmer ab 150.000 IDR. ☎ 0363/41978, 0361/227940.

Aquaria 25. Dieses sehr stilvoll gestaltete Boutique-Hotel wurde direkt am Meer gebaut. Alle Zimmer bestechen durch ein modernes, kühles Design und sind mit allen Annehmlichkeiten ausgestattet. Manche Zimmer können durch variable Wände verbunden werden. Auf die Wünsche der Gäste wird sehr offen eingegangen. Jeni, die enthusiastische Besitzerin aus Neuseeland, sorgt dafür, dass sich jeder in einem Refugium der Stille und Entspannung wiederfindet, was sich z. B. durch die (gewollte) Abwesenheit von Tageszeitungen und ausländischen Fernsehprogrammen zeigt. Auf Chemikalien wird sowohl in den Räumen als auch im hübschen Pool vollständig verzichtet. Ein Highlight ist auch das häufig von auswärtigen Gästen frequentierte Bio-Restaurant mit wechselnden Tagesmenüs, in dem auch Vegetarier einmal nicht zu kurz kommen. Zimmer mit Fan ab 40 $, mit AC und DVD-Player 65–95 $, Apartment mit DVD-Player 95–140 $, Familien-Apartment ab 125 $. Kostenloser WLAN-Zugang. Buchung über die Website günstiger! ☎/📠 0363/41127, 081/79789574 (mobil), www.aquariabali.com.

Sekar Orchid 8. Freundliches Resort mit viel Grün. Hier kann man in einem idyllischen, ruhigen Garten mit großen Mangobäumen, grünem Rasen und duftenden Pflanzen in einem der 2 hübschen Apartments wohnen, die in einem kleinen Häuschen

Ost-Bali → Karte S. 282

untergebracht sind, oder in 5 einfachen Bungalows mit Fan, Veranda und Heißwasser. Alle Unterkünfte sind geräumig und individuell gestaltet. DZ 250.000–300.000 IDR. Das sympathische Personal sorgt für eine wohlige Atmosphäre. ✆ 0363/41086, ✆ 0363/41977, www.sekarorchid.com.

Entlang der Jl. Raya Candidasa

Le 48 Zen & Happy Resort 16. Das bis ins letzte Detail gestylte Boutique-Resort unterscheidet sich optisch deutlich von den angrenzenden Übernachtungsmöglichkeiten. Die große Anlage durchquert man auf quadratischen Trittsteinen, die sowohl über Wasserteiche als auch über den englischen Rasen führen. Die 5 Bungalows im eigenen Gärtchen sind kühl und minimalistisch in den Farben Schwarz, Rot und Silber gestaltet und trumpfen mit einem großen, beeindruckenden Bad und Außendusche auf. TV mit DVD, AC, Safe und Minibar sind natürlich vorhanden. Der große Swimmingpool fügt sich perfekt in den Reigen der Quadrate ein. Das Bar-Restaurant präsentiert sich in futuristischem Look mit Spiegeln und Loungesesseln. Hier kann man kreative französische Speisen und lokale Gerichte genießen. DZ 800.000–1.000.000 IDR. ✆ 0363/41177, www.le48bali.com.

Rama Shinta Hotel 20. Der direkte Blick auf die Lagune und die Bucht von Candi Dasa ist bei diesem sympathischen Resort inbegriffen. In zwei doppelstöckigen Gebäuden und momentan 2 Doppel-Bungalows finden sich saubere, helle Zimmer mit angenehm minimalistischem Dekor und großer Terrasse. Die Bäder sind allesamt modern, einige halboffen und mit attraktiven Kunststeinwänden und Pflanzen verziert. Minibar, WLAN-Zugang und ein schöner Swimmingpool. Im angeschlossenen Sintha Restaurant wird unter einem hohen Alang-Alang-Dach die gesamte Bandbreite von Seafood über indonesische bis zur europäischen Küche zur breiten Weinauswahl kredenzt. DZ mit AC 75-95 $, zuzügl. 21% Tax und Service, über die Homepage sind große Rabatte möglich. ✆ 0363/41778, -41903, www.ramashintahotel.com.

Kelapa Mas 27. Inmitten eines grünen Gartens mit unzähligen Kokospalmen und Bananenbäumen finden sich einfache, in Reihe gebaute Steinbungalows mit kleiner Terrasse. Das Highlight sind die traditionellen Hütten aus Bambus und Holz mit Meeresbrise. Zwei davon sind zweistöckig und bieten Platz für bis zu vier Personen und eine umwerfende Aussicht von der ersten Etage. Teilweise tolle Open-Air-Bäder! Bungalow 25 $,

Amlapura 12 km
Pasir Putih 5 km

Jl. Puri Bagus

Pura Candidasa

Candidasa
Orchid Garden

Jl. Raya Candidasa

Forest Road

Lagune

Gedong
Gandhi Ashram

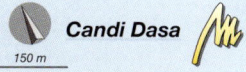

Candi Dasa

150 m

einstöckige Hütte 250.000 IDR, zweistöckige 300.000 IDR. Gutes Restaurant mit gelegentlichen Tanzaufführungen. ☎ 0363/41369, ☎/📠 0363/41947, www.kelapamascandidasa.com.

≫ Unser Tipp: Ida's 26. In dem großen, bewachsenen Areal verlieren sich die 5 Hütten verschiedener Größe und Bauweise. Trotz ihrer individuellen Gestaltung haben alle eines gemeinsam: Sie sind liebevoll aus Naturmaterialien wie Holz, Bambus und Natursteinen gebaut und haben grandiose Open-Air-Bäder (einige sogar in königlichen Ausmaßen – wir haben schon Hotelzimmer gesehen, die kleiner waren …). Alle mit Fan, Kaltwasser, Betten mit Moskitonetzen und gemütlichen Sitzmöglichkeiten auf der Veranda. In dieser verträumten Umgebung kann man getrost die Seele baumeln lassen. Es gibt keine feste Karte, jedoch wird Essen vom freundlichen Personal auf Wunsch zubereitet. Je nach Größe und Belegung 180.000–400.000 IDR. ☎/📠 0363/41096, jsidas1@aol.com. ≪

Dewa Bharata Bungalows 17. Entlang eines begrünten Weges bieten hier mehrere traditionelle Steinbungalows Unterkunft. Die Ocean-View-Räume sind in einem mehrstöckigen Gebäude untergebracht und machen ihrem Namen alle Ehre, aber auch von den Garden-View-Bungalows kann man bis zum Meer sehen. Die Zimmer sind wahlweise mit Fan oder AC ausgestattet, allesamt hell mit Warm- und Kaltwasser und schöner Veranda. Außerdem sind ein Pool mit Meerblick, der von zahlreichen Sonnenliegen umgeben ist, und ein luftiges Open-Air-Restaurant vorhanden. Zimmer mit Fan ab 40 $, mit AC und TV je nach Lage 60–85 $ und damit für das Gebotene deutlich überteuert. In der Nebensaison aber durch satte Rabatte annehmbar. ☎ 0363/41090, ☎/📠 0363/41091, www.dewabharatahotels.com.

Kubu Bali 14. In Terrassen am Hang errichtet, thront dieses weitläufige Resort hoch über Candi Dasa. Zu seinem Bungalow gelangt man über eine kleine Brücke, die über wunderschön angelegte Teiche zwischen üppigem Grün und Orchideen führt. Die hellen, mit Marmor gefliesten Steinbungalows sind gut ausgestattet, mit AC, schönen Kingsize-Betten mit Moskitonetz und großen, halboffenen Bädern. Hohe Alang-Alang-Dächer sorgen für eine luftige Atmosphäre, die geräumige Veranda mit urigem Tagesbett für die nötige Entspannung. Vom hoch gelegenen Pool hat man eine weite Aussicht. Wem der Aufstieg zum Bungalow nicht schweißtreibend genug war, der kann sich auf dem Badmintonfeld austoben. Allerdings ist die Anlage mittlerweile in die Jahre gekommen und hätte eine Grundrenovierung nötig! DZ 55–70 $ plus 21 % Tax und Service. ✆ 0363/41532, 0363/41556, 🖂 0363/41531, www.kububali.com.

Agung Bungalows 18. In einem wilden, naturbelassenen Urwaldgarten führen kleine Pfade entlang plätschernder Teiche zu den 13 versteckten Hütten. Diese fügen sich in ihrer traditionellen Bauweise aus Stein und Bambus perfekt in die harmonische Umgebung ein. Der balinesische Besitzer ist begeisterter Orchideenfan, was sich beim Spaziergang durchs Gelände unschwer erkennen lässt. Ein kleiner Minimarkt ist angeschlossen. Für 200.000 IDR pro Bungalow mit Fan (Einzelbelegung 50.000 IDR günstiger) eine wirklich gute Budget-Alternative. ✆/🖂 0363/41535, ✆ 081/999399510 (mobil).

Puri Pandan 24. An einem kleinen Stückchen Strand gelegen, bietet dieses einfache Resort 12 kleine Bungalows – wahlweise mit Fan oder AC – mit sauberen, hellen Bädern, einige halboffen und 2009 renoviert. Die sympathische Atmosphäre und die gemütlichen Veranden mit Bambusdekor entschädigen für den fehlenden Luxus in den Räumen. Im hauseigenen Restaurant werden viele indonesische Gerichte wie z. B. *rica rica* zu angenehmen Preisen in luftiger Umgebung serviert. Bungalow 200.000–350.000 IDR. ✆ 0363/41541, 0363/41919, tituspandan@telkom.net.

Alam Asmara 22. Dieses wunderschöne Areal ist sozusagen das Klein-Venedig von Candi Dasa. Jeder Bungalow ist von kleinen, fließenden Fischteichen umschlossen. Die luxuriösen Zimmer sind allesamt sehr stilvoll eingerichtet. Ein Spa und der

Übernachten im Gedong Gandhi Ashram

1976 verwirklichte Ibu Gedong Bagoes Oka ihren Traum und gründete das Gedong Gandhi Ashram 29. Nach den Ideen und Richtlinien des geistigen Vorbilds und Namengebers Gandhi wurde dieses Projekt ins Leben gerufen, das auch nach dem Tod der Gründerin im Jahr 2002 weitergeführt wird. Die Bevölkerung aus der Umgebung, v. a. aber die ärmere Landbevölkerung, bekommt hier die Möglichkeit, ihre Kinder ausbilden zu lassen. Es werden Englisch und grundlegende Fächer unterrichtet sowie Kleinkinder im angeschlossenen Kindergarten betreut. Im Gegenzug arbeiten die Schüler auf dem Gelände des Ashrams, umsorgen die Gästebungalows und bestellen zusammen mit den anderen Mitgliedern die Felder. Eine Naturheilklinik kümmert sich um die kleinen und großen Beschwerden der Anwohner und heilt – soweit möglich – die Leiden mit Akupunktur und natürlicher Medizin.

Für Ruhe- und Seelenheilsuchende wurden ein paar einfache, aber schöne Bungalows direkt am Meer errichtet, mit deren Vermietung ein Großteil der anfallenden Kosten abgedeckt wird. Bei den angebotenen Yoga-Kursen, Meditationsstunden und Diskussionsrunden sowie in der mit philosophischen Werken und Fachliteratur gut ausgestatteten Bibliothek können Gäste sich mit den Regeln Gandhis vertraut machen. Oder man erkundet mit Guide oder alleine die Umgebung. Für das leibliche Wohl sorgen vegetarische Gerichte – mit Zutaten aus eigenem Anbau oder Seafood.

Helfer sind sehr willkommen und können gegen Ermäßigung Anteil am Projekt haben. Natürlich sollten die Regeln des Ashrams befolgt werden, also keine Zigaretten, kein Alkohol, kein Fleisch auf dem Gelände und Teilnahme an den Gebetsstunden. Außerdem dürfen unverheiratete Paare nicht unter einem Dach wohnen.

Pro Person und Tag werden 250.000 IDR für Übernachtung und Verpflegung berechnet (jede weitere Person im selben Bungalow kostet 100.000 IDR), gegen Mitarbeit im Ashram zahlt man nur 100.000 IDR/Tag. ✆ 0363/41108, www.ashramgandhi.com.

schöne Pool runden das Angebot ab. Bungalow ab 95 $, Deluxe ab 115 $, plus 21 % Tax und Service. ℡ 0363/41929, 📠 0363/42101, www.alamasmara.com.

Buitan und Manggis Abalone Resort **7**. In wirklich hübscher Lage direkt an einem mit Steinen durchsetzten Strand liegt, umzingelt von Luxus-Resorts, diese sympathische und v. a. bezahlbare Unterkunft. Traditionelle Bungalows mit Glasfronten bieten auf jeder Etage eine Menge Platz und ansprechende Möblierung. Im geräumigen Neubau kann man sich in familiärer Atmosphäre in 2 Zimmern mit Wohnbereich und Küche ausbreiten. Alle Zimmer sind mit AC und Kühlschrank ausgestattet. Auch ein Backpacker Room mit AC, jedoch ohne Meerblick ist vorhanden. Der von bunten Orchideen und meterhohen Palmen gesäumte Garten bietet viele Liege- und Entspannungsmöglichkeiten und ein herrlicher Swimmingpool gibt dem Gast das Gefühl, direkt aufs Meer hinauszuschwimmen. Im Angebot stehen viele Touren und Ausflüge, ein Spa sorgt für die nötigen Erholungspausen. Im luftigen Restaurant werden fangfrischer Fisch und eine Auswahl an internationalen Gerichten zu fairen Preisen serviert. DZ 55–85 $, Buitan, ℡ 0363/42164, 081/916518476 (mobil), www.abaloneresort.com.

≫ Unser Tipp: Lumbung Damuh 1. Wer auf traditionelle Bauweise gepaart mit Kreativität und ein relaxtes Ambiente steht, wird hier wohl den Rest seines Urlaubs verbringen! Schattig unter hochgewachsenen Palmen und Bananenstauden gelegen, verteilen sich 4 geräumige Lumbungs mit Fan, Moskitonetzen und Kühlschrank. Jeder ist individuell aus Naturmaterialien errichtet, doch einen riesigen, fantastischen Entspannungsbereich im EG bieten alle! Je nach Größe ist ausreichend Platz für bis zu 4 Pers. Wer Lust hat, kann sich mit den Besitzern Tania und Lempot sowie der Dorfjugend zur samstäglichen Strandsäuberung einfinden. Lumbung je nach Belegung und Größe 250.000–400.000 IDR. Buitan, ℡/📠 0363/41553, ℡ 081/353125888 (mobil), www.damuhbali.com. ≪

Alila 3. Auf dem gepflegten Grundstück dieses Luxusresorts am Meer verteilen sich zweistöckige Gebäude zwischen hochgewachsenen Kokospalmen. Alle 53 Zimmer bieten Meerblick (von den Deluxe-Zimmern im oberen Stockwerk besser) und eine gelungene Synthese aus modernem Design kombiniert mit balinesischem Dekor. Ein Spa und ein Restaurant mit Blick auf den Ozean gehören ebenso zur Anlage wie der architektonisch interessante Pool in Form einer umgekehrten Pyramide. Die mehrfach ausgezeichnete Kochschule ist auf die ostbalinesische Küche spezialisiert (Halbtageskurse ab 85 $). DZ 120–300 $ plus 21 % Tax und Service. Zahlreiche Angebote für Romantiker und längere Aufenthalte sind auf der Homepage günstiger. Buitan, ℡ 0363/41011, 📠 0363/41015, www.alilahotels.com/manggis.

Amankila 2. Die Unterkunft für alle frischgebackenen Lottogewinner! Hier herrscht der pure Luxus. In berauschend dramatischer Lage an einer Klippe bietet das weitläufige Gelände unglaublich viel Platz und Privatsphäre in genauso großzügigen wie großzügig verteilten Villen, die keine Wünsche offen lassen. Ein Pool am Strand und ein grandioser Pool über drei Ebenen an der Klippe sorgen für Erfrischung und das Personal ist schlichtweg perfekt. Man sagt, es sei eines der besten Resorts auf Bali und auch Beckham, Jagger und Hollywoodgrößen sollen hier schon genächtigt haben. Für viele Normalsterbliche wird es ein Traum bleiben: Villa 850–3910 $ plus 21 % Tax und Service. Manggis, ℡ 0363/41333, 📠 0363/41555, www.amankila.com.

Mendira und Sengkidu Anom Beach Inn **32**. Ein wenig in die Jahre gekommen, dafür direkt an der Küste. Verschiedenste Kategorien vom einfachen Standardzimmer über traditionelle Reisspeicher-Hütten mit Fan bis zum Deluxe-AC-Bungalow. Alle 24 Zimmer sind mit Minibar ausgestattet und die meisten bieten von ihrer Veranda einen schönen Blick auf das große, üppig bewachsene Grundstück. Super an heißen Tagen ist der kleine Pool mit Whirlpoolecke. Das Restaurant vertreibt mit lokalen und internationalen Gerichten den Hunger. DZ je nach Größe und Ausstattung 30–50 €. Mendira, ℡ 0363/41902, 📠 0363/41998, www.anom-beach.com.

Bali Santi 30. Dieses Resort direkt am Strand hat sich schick gemacht und erstrahlt in neuem Glanz. Neben 5 geräumigen, zwar etwas älteren, aber frisch renovierten Bungalows stehen auch 4 neue Cottages mit hübschen Außenbädern zur Verfügung. Alle mit AC, Fan, Wasserkocher, TV mit DVD-Player, Mini-Stereoanlage und großen Veranden. Ein herrlicher Überlaufpool gibt den Gästen das Gefühl, direkt ins Meer zu schwimmen. Im Restaurant mit Meerblick kann man wundervolle Sonnenuntergänge genießen. Tourservice, Auto- und Motorradverleih. Bungalow ab 60 $, Extrabett 10 $. Mendira, ☏ 363/41611, www.balisanti.com.

The Nirwana 31. Hier leistet man sich ein bisschen Luxus. Auf einem weitläufigen Rasengrundstück mit hohen Palmen und künstlichen Lagunen verteilen sich 18 gepflegte Bungalows mit großen Terrassen, von denen man wahlweise einen Blick auf den Ozean oder in den Garten hat. In warmen Farbtönen mit dunklen Möbeln und Böden präsentieren sich die geräumigen, mit allen Annehmlichkeiten wie großem Himmelbett, AC, LCD-Satelliten-TV, Minibar, Safe, WLAN-Zugang und Telefon sowie wundervoll verzierten Steinbädern ausgestatteten Zimmer. Ein schön eingerichtetes Spa und das gehobene Strandrestaurant verwöhnen Körper und Seele. Bungalow je nach Lage 90–200 $ plus 21 % Tax und Service. Über die Homepage oft erheblich billiger. Sengkidu, ☏ 0363/41136, ✆ 0363/41543, www.thenirwana.com.

⟨Essen & Trinken/Nachtleben

(→ Karte S. 306/307)

Außer in den hier genannten Lokalen kann man auch in den meisten Hotelrestaurants vorzüglich essen.

Essen & Trinken Aquaria 25. Nicht nur stilvoll übernachten, sondern auch wirklich stilvoll und ausgefallen dinieren kann man im Aquaria Restaurant. Jeden Tag werden drei kreative und frei kombinierbare Menüs mit Meeresfrüchten, Hühnchen oder auch komplett vegetarische angeboten: Wie wäre es z. B. mit thailändischen Hühnchenküchlein oder Feta-Zucchini-Röllchen als Vorspeise, Laksa-Nudeln mit Gemüse und frittierter Tofu-Garnitur, Garnelensalat mit Couscous und Aioli-Limonen-Ingwer-Dressing als Hauptgang? Zum Abschluss vielleicht ein Fruchtsorbet oder Bananenkuchen mit Schokosoße. Forest Road, ✆/✆ 0363/41127, ☏ 081/79789574 (mobil), www.aquariabali.com.

Rendezvous 28. Wundervolle Sonnenuntergänge und die Aussicht aufs Meer machen dieses Restaurant zum perfekten Platz für ein romantisches Dinner. Allerdings zahlt man für das Ambiente und die frische Brise. Das Restaurant ist spezialisiert auf Seafood sowie abwechslungsreiche Drei- und Vier-Gänge-Menüs (unter 100.000 IDR), zu denen ein großes Angebot ausgewählter internationaler Weine bereitgehalten wird. Vielleicht schauen Sie auch einfach nur zur Happy Hour auf einen Cocktail vorbei. Jl. Raya Candidasa, ☏ 0363/41929, ✆ 0363/42101, www.alamasmara.com.

⟫⟫ **Unser Tipp:** Warung Srijati 15. Direkt gegenüber von Ida's liegt dieser absolut authentische Warung mit 6 kleinen Holztischen. Die herzliche Familie serviert Frühstück, günstige Fruchtsäfte und wirklich billiges (und noch dazu herrliches!) balinesisches Essen. Besonders gut ist das Lawar, würzig angemachte Kokosraspel mit kleinen knusprigen Hühnchen- oder Schweinefleischspießen. Auch der gemischte Reis (auf Wunsch auch vegetarisch) kann sich sehen lassen. Nur gut gewürzt sollte man sein Essen schon mögen. Wer die Kalorien wieder abstrampeln möchte, kann hier ein Mountainbike für 25.000 IDR/Tag mieten. ⟪⟪

Vincent's 5. Dieses Bar-Restaurant kombiniert gekonnt lauschige Wohnzimmeratmosphäre mit balinesischen Elementen. In der gemütlichen Lounge mit Korbsesseln und Sofas oder auf der kleinen Gartenterrasse mit zwei Pavillons kann man entspannt dinieren. Die französischen, internationalen und lokalen Hauptgerichte (um 40.000 IDR), unter denen auch ausgefallene Kreationen wie Haloumi-Erdbeer-Salat zu finden sind, werden zu Jazzmusik genossen – von Zeit zu Zeit auch Live-Auftritte. Jl. Raya Candidasa, ☏ 0363/41368, www.vincentsbali.com.

Raja's 6. Wählen Sie zwischen 7 unterschiedlichsten Menüs: z. B. europäisch mit Tomatensuppe, Schnitzel, Kartoffelpüree und Salat, chinesisch mit Frühlingsrollen, süßsaurem Fleischgericht und Bananenpfannkuchen oder indisch mit *raita*, *papadoms*, *chapatti*, Chutney und Currys (Menüs 45.000–65.000 IDR). Genießen Sie das Ganze in entspannter Atmosphäre mit Blick auf die Hauptstraße. Natürlich gibt es auch Essen à la carte wie Pizzen in 4 Größen, Grillgerichte, indonesische Gerichte und Burger. Von 17 bis 19 Uhr sollte man die Getränke-Happy-Hour nutzen. Jl. Raya Candidasa, ☏ 0363/42034.

Legong Bar & Restaurant 19. Der Name steht für ein äußerst fantasievoll gestaltetes Lokal mit einem Schwerpunkt auf indi-

scher Küche. Vor der künstlichen Felslandschaft bei den allabendlich aufgeführten balinesischen Tänzen kommen auch Freunde
der europäischen und chinesischen Küche
nicht zu kurz. Gute Weinkarte und eine große
Auswahl an Cocktails (ab 55.000 IDR). Im
Haus ist auch ein Internetcafé untergebracht.
Jl. Raya Candidasa, ✆ 0363/41052.

Kelapa Mas Restaurant 27. In diesem großen, offenen Restaurant, das zum gleichnamigen Hotel gehört, wird der Gast mit leckeren balinesischen Gerichten wie *ayam pang-
gan*, *urapan* oder *satay lilit* verwöhnt. Das alles zu sehr fairen Preisen und wer Glück hat,
kann eine der häufigen Tanzvorführungen
miterleben. Jl. Raya Candidasa, ✆ 0363/41369,
www.kelapamascandidasa.com.

Candi Dasa Bakery 4. Wer sich nach echtem Brot sehnt, ist hier genau richtig!
Daneben werden noch belegte Baguettes,
Sandwiches und Hamburger gegen den
kleinen Hunger angeboten. Süße Schleckermäuler können sich an allerlei Kuchen
und Törtchen gütlich tun. Auf keinen Fall
sollte man den *banana cake* verpassen!
✆ 081/8357607 (mobil).

Paparazzi 23. Erst 2011 eröffnet und schon
einen guten Ruf weit über Candi Dasa hinaus. Zu Recht, wie wir meinen. Die knusprigen Pizzen sind die Stars des Restaurants
und müssen sich nicht verstecken. Sie sind
in zwei Größen, mit traditionellem Belag oder
als ausgefallene Kreationen, z. B. mit Wal-
nuss, erhältlich. Lieferservice. ✆ 0363/42175.

Nachtleben In Candi Dasa gibt es so gut
wie kein Nachtleben. In den Restaurants
und Cafés lässt sich zwar der eine oder andere Cocktail genehmigen, ab 22 Uhr werden jedoch fast überall die Bordsteine
hochgeklappt.

Legenda 9. Zwischen Lagune und Forest
Road gelegen, bietet diese offene Bar
regelmäßig Live-Konzerte. Dazu werden
Pizzen und günstige Gerichte serviert.

Tenganan

**Nur etwa 3 km von Candi Dasa entfernt können Sie eines der wenigen Bali-
Aga-Dörfer besichtigen und zugleich einen kleinen Einblick in die prähinduistische Kultur Balis erhaschen.**

Gott Indra selbst soll laut Aussage der
Bewohner die Tengananer geschaffen haben. Und so lebten sie bis in die 1980er-
Jahre isoliert und unabhängig vom Rest
der Insel und zählten sich als „Auserwählte" auch zu keiner Kaste. Zutritt bekamen lediglich einige Ethnologen. Die
hohe Mauer, die das Dorf umgibt, zeugt
noch heute von der Abschottung. Aber
auch die Architektur, die Riten und Gebräuche unterscheiden sich von denen
der restlichen Dörfer Balis: In Tenganan
leben die Bewohner nach *adat,* den
strengen und konservativen Regeln des
Dorfrates. So ist z. B. eine Heirat nur innerhalb der Dorfgemeinschaft erlaubt –
doch die Auswahl wird immer kleiner,
denn heute leben in Tenganan nur noch
um die 500 Bali Aga.

Diese genießen den großen Luxus, nicht
selbst auf ihren Feldern für ihren
täglichen Reis arbeiten zu müssen. Denn
ihr großes, fruchtbares Land wird gegen

Ikat in Hülle und Fülle

Listiger Landerwerb

Ursprünglich lebten die Bewohner Tenganans in einem Dorf nahe Bedulu. Das sollte sich im 14. Jh. ändern, als der König dieser Region sein Lieblingspferd vermisste. Die Untergebenen suchten nach dem Tier, fanden jedoch nur noch seinen Kadaver in der Gegend um das heutige Tenganan. Die eifrigen Leute baten um eine Belohnung und der König sprach ihnen jenes Land zu, in welchem der Geruch des verwesenden Pferdes wahrzunehmen sei. Es sollte ein weites Land werden: Der Gesandte, der beauftragt wurde, die Grenzen abzustecken, konnte auch nach langem Ritt in jede Himmelsrichtung den Kadaver immer noch riechen. Denn der schlaue Ki Pathi Tunjung Biru, welcher einmal das Land verwalten sollte, hatte den stinkenden Kadaver in unzählige Stücke geschnitten und über das ganze Gebiet verteilt.

eine Pacht – in Form von Erträgen – von Bauern aus der Umgebung bewirtschaftet. Daher können sie sich voll und ganz ihren Traditionen, der Kunst und dem Handwerk widmen. Und für ihre Handwerkskunst sind sie in dreierlei Hinsicht berühmt: Besucher können in den kleinen Gehöften und Hinterhöfen hinter teils kunstvoll verzierten Steinfassaden gute Korb- und Flechtwaren, filigran gearbeitete Lontarschriften und wertvolle Webarbeiten wie den *geringsing* erwerben, um den sich Geschichten von magischer Energie ranken.

Den Webarbeiten, allen voran dem *geringsing*, verdankt das Dorf seinen Ruf und seine große Berühmtheit, denn Tenganan ist der einzige Ort in Indonesien, in dem die Kunst des Doppel-Ikat-Verfahrens beherrscht wird. Schon die Herstellung der Einzelstücke kann bis zu acht Jahre in Anspruch nehmen, denn die Fäden werden erst nach dem Weben gefärbt. Hierzu werden in aufwendiger Kleinarbeit sowohl die festen Kettals auch die Schussfäden abgebunden, um die hochkarätigen Muster in gedeckten Farben zu erzielen. Wie der Name *geringsing* besagt – *gering* bedeutet „Krankheit", *sing* soviel wie „keine" –, sollen die Stoffe magische Kräfte haben und den Träger vor Unheil, Krankheit sowie schwarzer Magie und dem Einfluss böser Geister schützen.

Tradition rocks!

Und obwohl die teuren Stoffe überall auf Bali für wichtige Zeremonien gebraucht werden, weisen ihre Muster und die Art ihrer Herstellung die Träger dieser Alltagskleidung als Angehörige des Dorfes Tengangan aus. Touristen allerdings werden so gut wie nie einen echten, magischen *geringsing* erwerben können. Nicht wegen des hohen Preises, sondern schlichtweg, weil Ungläubige dieses magischen Utensils unwürdig sind.

Dafür fällt Tenganan im Gegensatz zu vielen anderen Kunsthandwerkszentren sehr positiv durch seine Unaufdringlichkeit gegenüber Besuchern auf. Souvenirjäger können hier fast unbehelligt schauen, shoppen und bei Interesse verhandeln. Natürlich wissen die tüchtigen

Geschäftsleute um den Preis ihrer Kunst – dafür erhalten Sie (so gut wie) keine Massenware. Hoffentlich bleibt dies auch in Zukunft so.

Das Dorf ist tagsüber geöffnet, des Nachts schließen sich die Tore wieder. Ein kleiner Eintritt von 5000 IDR/Pers. plus eine Parkgebühr von 2000 IDR werden am Parkplatz vor dem Dorf fällig.

Pantai Pasir Putih (White Sand Beach)

Längst kein hunderprozentiger Geheimtipp mehr ist der ca. 5 km nordöstlich von Candi Dasa in Richtung Amlapura liegende Pantai Pasir Putih. In Perasi weisen kleine handgeschriebene Schilder mit der Aufschrift „Virgin Beach/White Beach" auf die Abzweigung rechter Hand zum Strand hin. Hier folgt man der unbefestigten Straße an einem Tempel vorbei, bis man entweder rechts hinter dem Ticketoffice (5000 IDR kostet der Zutritt zum Strand) parkt oder mit einem geländetauglichen Gefährt die etwas abenteuerliche Piste bis zum Strand hinunterfährt. Wer sich fürs Parken entscheidet, wird einen kleinen Spaziergang machen müssen, bevor er den herrlichen Strand, der seinem Namen alle Ehre macht (wörtlich weißer Sandstrand), zu Gesicht bekommt.

Die kleine, mehrere Hundert Meter lange Bucht wird von schroffen Felsen umrahmt. Während am südlichen Ende v. a. Fischerboote an Land liegen, hat sich das nördliche Ende ganz den Besuchern verschrieben. Eine Handvoll kleiner Holz-Warungs versorgt die Tagesausflügler zu Restaurantpreisen mit Getränken, kleinen Gerichten sowie Sonnenliegen und -schirmen – Schatten gibt es nämlich nicht.

Anreise ohne eigenes Auto Etwas umständlicher ist es mit dem Bemo: Fahrt bis zur Abzweigung nach Perasi, von dort muss man einen mind. 3 km langen Sparziergang entlang kleiner Dörfer und Reisfelder in Kauf nehmen. In Candi Dasa werden auch Bootsausflüge zum Pantai Pasir Putih angeboten. Diese kosten je nach Verhandlungsgeschick, Personenzahl und Saison zwischen 200.000 und 400.000 IDR.

Amlapura

Entweder wird sie als die kleinste Provinzhauptstadt der Insel oder aber als die größte Stadt Ost-Balis bezeichnet. Ein quirliger Ort, durch den sich Einbahnstraßen und viele Alleen ziehen, ist Amlapura allemal – und mit größerer Vergangenheit, als es heute scheint.

Unter dem Namen Karangasem war die Stadt im Laufe des 18. Jh. und 19. Jh. Hauptsitz des reichsten und mächtigsten Fürstentums ganz Balis, dessen Einfluss bis nach Lombok reichte. Zur Zeit der Kolonialisierung arbeitete der Raja von Karangasem, Gusti Gede Jelantik, mit der Besatzungsmacht Holland zusammen. Dadurch bekamen die Holländer die Möglichkeit, von Karangasem aus andere Fürstentümer anzugreifen, deren militärische und wirtschaftliche Macht somit geschwächt wurde. Folglich wurde der Raja als Abtrünniger gemieden, war damit aber in der Lage, lange Zeit die Unabhängigkeit und den Wohlstand seines Reiches zu bewahren.

Erst der Vulkanausbruch des Gunung Agung im Jahr 1963 (→ Kasten, S. 292) bereitete dem Reichtum ein Ende. Die Stadt wurde von der herunterströmenden Lava umzingelt und war fast drei Jahre vom Rest Balis abgeschnitten. Große Teile der Stadt wurden komplett zerstört. Nach diesem Schicksalsschlag wurde Karangasem in Amlapura umbenannt. Bei Balinesen ein ganz normaler Brauch – auch Kinder erhalten, nachdem sie sehr krank waren, einen anderen Namen –, der künftiges Unheil fernhalten und die Dämonen verwirren soll. Im Falle von Amlapura wirkte die Umbenennung nur teilweise, denn 16 Jahre später zog ein Erdbeben die Sehenswürdigkeiten der Stadt erneut in Mitleidenschaft.

Die Paläste Amlapuras wurden durch die Katastrophen stark beschädigt. Der besterhaltene und eindrucksvollste ist der **Puri Agung Karangasem,** der in den letzten Jahren renoviert wurde. Dennoch ist der Verfall noch überall zu sehen. Betreten wird der Palast durch das imposante, turmartige Tor, welches von zwei steinernen Löwen flankiert wird. Bemerkenswert ist in dem ganzen Komplex der Stilmix aus balinesischen und europäischen Elementen sowie chinesischen Einflüssen. Wohl als Reminiszenz an die Kolonialmächte wurde das Hauptgebäude, Bale Maskerdam, mit eleganten holländischen und englischen Möbeln ausgestattet. In früheren Zeiten hatten bei Empfängen und Verhandlungen über 150 hochrangige Gäste darin Platz. Gegenüber liegt der unscheinbarere **Puri Gede,** der eigentliche „große Palast", welcher noch heute von den Mitgliedern des Königshauses genutzt wird.

Hin & weg Am Ende der Jl. Kesatrian liegt das Bemo Terminal. Von hier aus werden alle Richtungen von Bemos und Minibussen bedient. Die orangefarbenen fahren über Candi Dasa nach Padang Bai. In Richtung Rendang nimmt man die grünen und nach Ujung fahren blaue Bemos.

Einkaufen In Hardy's Supermarket 2 bekommt man alles für den täglichen Bedarf. Wer authentischer einkaufen möchte, begibt sich auf den Markt 3.

Geld Internationale Geldautomaten (ATM) 2

gibt es vor Hardy's Supermarket und in der Jl. Gajah Mada.

Polizei Die Polizei 1 liegt gegenüber dem Markt.

Post In der Jl. Jend Gatut Subroto 25.

Übernachten/Essen & Trinken Durch die Nähe zu Padang Bai, Candi Dasa, Tirtagangga und Amed schlagen die meisten Besucher ihre Zelte nicht in Amlapura selbst, sondern in eben diesen Touristenzentren auf. Diese bieten schlicht die bessere touristische Infrastruktur.

Puri Taman Ujung (Ujung Water Palace)

Der Wasserpalast Puri Taman Ujung liegt nur ca. 6 km südöstlich von Amlapura Richtung Küste. Unter dem Aufwand von verschwenderisch hohen Geldsummen errichtet, wurde der prächtige Wasserpalast 1921 eingeweiht. Als Fanal der Macht sollten seine Lichter auch von den ehemaligen Untertanen an der Westküste Lomboks gesehen werden können. Obwohl der große Komplex mit seinen künstlichen Seen, stufenförmigen Gärten, seinen Springbrunnen und Statuen von den Naturka-

Wie aus dem Märchen: der Wasserpalast in Ujung

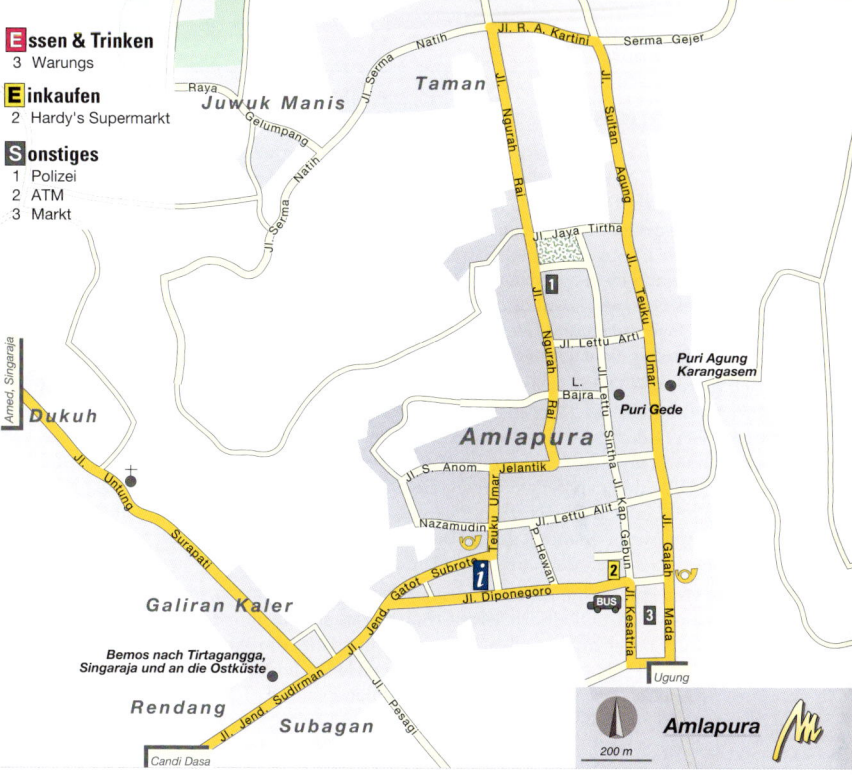

tastrophen 1963 und 1979 zerstört wurde, kann man noch viel von seiner ursprünglichen Herrlichkeit erahnen. Das Hauptgebäude wurde inmitten eines Sees errichtet und ist über zwei prächtige Brücken zu erreichen. Wer die vielen Stufen zum Aussichtspunkt in Kauf nimmt, wird mit einem wundervollen Ausblick über das Fischerdorf Ujung bis zum Meer belohnt. Erstaunlicherweise trifft man sehr wenige Touristen, doch viele Einheimische verlustieren sich hier an ihren freien Tagen und nutzen die grüne Parkanlage zum Picknicken und Spazieren.

Der Park ist von 7 bis 18 Uhr geöffnet und kostet 10.000 IDR Eintritt.

Von Amlapura Richtung Norden

Man kann getrost behaupten, schon der Weg sei das Ziel. Eine sprichwörtliche Berg- und Talfahrt führt über beeindruckende Straßen an Reisterrassen und sich an Berghänge schmiegenden Dörfchen vorbei. Unvergessliche Ausblicke über tiefe Täler und beeindruckende Landschaften, wo jeder weitere Kilometer ein berauschendes Fotomotiv bringt, sind garantiert.

Fast die komplette Strecke von Amlapura bis Culik hat man den über allem thronenden Gunung Agung vor Augen. Rechter Hand wird die Strecke von den Vulkanen Gunung Lempuyang (1058 m) und dem noch etwas höheren Gunung Seraya (1175 m) flankiert. Ganz nebenbei bieten sich einige Sehenswürdigkeiten wie der Wasserpalast in Tirtagangga oder die Reisterrassen bei Abang als lohnende Zwischenstopps an. Einen unvergesslichen Blick über die Reisterrassen hat man von dem kleinen, ursprüngliche Dorf Ababi ein paar Kilometer nördlich von Tirtagangga.

Tirtagangga

Viel bekannter als der Wasserpalast in Ujung und ebenfalls nur 6 km – diesmal in nordwestliche Richtung – von der Provinzhauptstadt Amlapura entfernt, ist der **Wasserpalast** in Tirtagangga. Anak Agung Anglurah, der letzte Raja von Karangasem, muss wirklich eine einzigartige Vorliebe für Wasserspiele und das nasse Element gehabt haben. 1947 ließ er hier das Refugium der königlichen Familie anlegen. Zahlreiche kleine Teiche, Kanäle und Wasserbassins werden zwar nicht vom Wasser des Ganges – so die Übersetzung des Namens –, doch immerhin von einer heiligen Quelle gespeist. Über anmutige bis außergewöhnliche Wasserspeier gelangt das heilige Nass dann in die Badebecken.

Auch dieser Ort wurde sowohl beim Vulkanausbruch 1963 als auch beim Erdbeben 1979 größtenteils zerstört, aber originalgetreu wiederaufgebaut. Mit einer Abweichung: Heute dient die Palastanlage der balinesischen Bevölkerung als öffentliches Schwimmbad und Naherholungspark. In ausgelassener Stimmung suchen Jung und Alt hier Abkühlung an heißen Tagen, die für gewöhnlich nicht selten sind. Der Rest füttert Enten oder trifft sich zum Picknick. Die gesamte Anlage besticht durch das üppige Wachstum mannigfaltiger Blumen und Sträucher – somit ist auch für ausreichend Schatten und optischen Genuss gesorgt.

Ein weiteres Plus ist die Lage des kleinen Örtchens, eingebettet in eine atemberaubende Landschaft und eindrucksvolle **Reisterrassen,** die von vielen als die schönsten der Insel bezeichnet werden. Die Umgebung lädt zum Wandern und Spazieren ein. Natürlich wird genau dieser Service von vielen Guides angeboten.

Der Wasserpalast hat tägl. 7.30–17.30 Uhr geöffnet, Eintritt 5000 IDR. Wer in dem kühlen Wasser schwimmen möchte, zahlt zusätzlich 6000 IDR. Parkgebühr 2000 IDR.

Aktivitäten

Ausflüge/Touren   Die Warungs um die Badeanlage oder die Unterkünfte organisieren Ausflüge, z. B. **Good Karma Café** am Parkplatz. Die beste Adresse ist der **Genta Bali Warung** auf der gegenüberliegenden Straßenseite. Seit 1977 führt der so sympathische wie erfahrene Nyoman Budiasa (✆ 085/237218057 mobil) seine Gäste durch die Umgebung von Tirtagangga und hat auch einige ausgefallenere Ziele im Programm.

Allgemein sollte man für Touren in die nähere Umgebung pro Person mit 25.000–35.000 IDR/Std. rechnen. Zu weiter entfernten Zielen ca. 40.000 IDR/Std. inkl. Transport.

Fahrradtouren veranstaltet **Bungbung Adventure Biking** in Ababi. Die Halbtagestour kostet inkl. Getränke, Mountainbike, Helm und Guide je nach Ziel 250.000–300.000 IDR. ✆ 081/237653467 (mobil).

Übernachten/Essen & Trinken

Tirtagangga   Good Karma. Alteingesessenes Restaurant direkt am Parkplatz. In netter Atmosphäre mit Blick auf das Treiben vor dem Wasserpalast kann man die gute Auswahl an günstigen lokalen Gerichten und Snacks genießen. Auch Vegetarier kommen hier nicht zu kurz. Es werden auch 4 günstige Budget-Bungalows vermietet, die verträumt im Reisfeld hinter dem Restaurant liegen. ✆ 0363/22445, 081/338711399 (mobil), 085/339130433 (mobil).

Puri Sawah. Das kleine Resort mit umwerfender Aussicht inmitten der Reisfelder hat zwar etwas Patina angesetzt, ist aber dennoch zu empfehlen Die einfachen, aber bezaubernden Hütten sind komplett aus Holz und Bambus gebaut und überzeugen durch große Terrassen mit Bambussitzmöbeln. Die zweistöckigen Hütten bieten Kaltwasser und traditionelle Stehtoiletten im Open-Air-Bad, lediglich der untere Bungalow wartet mit Warmwasser und westlichem Bad auf. Im halboffenen Restaurant können sich Gäste und Besucher mit äußerst leckeren balinesischen, indonesischen und westlichen Gerichten stärken. 250.000–300.000 IDR. Etwa 100 m hinter dem Wasserpalast macht die Hauptstraße eine scharfe Rechtskurve. Hier folgt man der kleinen, nach links abzweigenden Straße. ✆ 0363/21847, 081/36369804 (mobil), mail@purisawah.com.

Tirta Ayu Hotel & Restaurant. Residieren wie ein König kann man im ehemaligen Wochenendpalast des Rajas. Die Zimmer sind mit allen Annehmlichkeiten wie Fön, AC und Safe ausgestattet und stilvoll möbliert. Wählen Sie, ob Sie in der Pool-Villa mit direktem Zugang zum kühlen Nass, in der Raja-Villa, dem ehemaligen Aufenthaltsort des Rajas selbst, oder in der schlichteren Superior-Villa nächtigen möchten. Das Ganze hat natürlich seinen Preis: 125–200 $ plus 21 % Tax und Service sollte man für die Luxusnacht veranschlagen. Über die Internetseite sind günstigere Komplettangebote buchbar. Im angeschlossenen Restaurant werden exquisite Variationen europäischer und balinesischer Speisen zum Ausblick auf den Wasserpalast serviert. ✆/🖷 0363/22503, www.hoteltirtagangga.com.

Temega Cabé Bali. Nahe dem Dorf Temega, ca. 1,5 km südlich von Tirtagangga, liegt dieses gepflegte Resort, von dem man umwerfende Ausblicke in alle Richtungen hat. Vier helle Steinbungalows verteilen sich locker zwischen kleinen Tei-chen und tropischen Pflanzen. Auf der großen Veranda wird u. a. ein Nachmittags-snack serviert. Ein wundervoller, geschwungener Steinpool bietet Abkühlung nach den Wanderungen. Im angeschlossenen Restaurant wird für die Gäste gekocht und dabei auf Extrawünsche zuvorkommend eingegangen. Bungalow mit Heißwasser Für 850.000 IDR pro Bungalow jedoch überteuert., Extrabett 10 €. ✆/🖷 0363/22045, info@cabebali.com, www.cabebali.com.

Ababi Geria Semalung. Die Anlage ist klein mit nur 4 Steinbungalows. Alle einfach, aber sauber, mit Fan, Heißwasser, großer Veranda und toller Aussicht auf die Umgebung und die Reisterrassen. Bungalow für 2 Pers. 280.000 IDR, ab drei Nächten wird es noch billiger. Bei Einzelbelegung gibt es 20.000 IDR Rabatt/Nacht. Auf Wunsch können Guides und Radtouren organisiert werden. ✆ 0363/22116.

Pondok Lembah Duku. Von diesem Resort hat man wahrscheinlich die beste Aussicht über die Umgebung von Tirtagangga. Zur Auswahl stehen verschiedene Bungalows in unterschiedlichen Größen und Preisklassen. Die geräumigsten sind mit tollen Himmelbetten, großen halboffenen Bädern mit versenkter Duschwanne und Heißwasser ausgerüstet (300.000 IDR), die kleinsten bieten weniger Komfort, weniger Licht und Raum, sind dafür aber billiger (ab 80.000 IDR). Eine grandiose Aussicht von der Veranda haben allerdings alle, einige sogar ein Tagesbett, von dem diese bestens zu genießen ist. ✆ 081/338295142 (mobil), 085/238599413 (mobil), dukuhstay@gmail.com.

Ost-Bali → Karte S. 282

Pura Luhur Lempuyang

Besonders reizvoll ist ein Ausflug zum Pura Luhur Lempuyang am Hang des gleichnamigen Vulkans Gunung Lempuyang. Hierzu fährt man auf der Straße von Tirtagangga Richtung Abang. Nach dem Aussichtspunkt und den Reisterrassen bei Abang folgt man weiter der Hauptstraße Richtung Norden bis Margatelu, wo man in östliche Richtung nach Ngis abbiegt. Nach ca. 2 km gelangt man nach Kemuda, wo sich der Parkplatz befindet. Hier sollte man noch einen Blick auf den strahlend weißen Pura Penataran Agung werfen, bevor man nun zu Fuß zum Pura Luhur Lempuyang aufbricht. Mehr als 1500 Stufen sind zu bewältigen. Der ca. zwei- bis dreistündige Aufstieg (je nach Kondition) ist anstrengend, doch jede einzelne Stufe lohnt sich. Natürlich sollte man auch hier Sarung und Tempelschal (können im Notfall geliehen werden) nicht vergessen. Der heilige Tempelkomplex steht als Richtungstempel gen Osten und soll im 11. Jh. erbaut worden sein. Von hier hat man eine unglaubliche Aussicht – gratis zum erhabenen Gefühl. (Wer weiter auf die Gipfel der Vulkane Gunung Lempuyang und Gunung Seraya klettern möchte, sollte sich auf jeden Fall einen Guide organisieren.)

Amed

Wer von Amed spricht, meint nicht nur den eigentlichen Ort dieses Namens, sondern auch mehrere kleine Fischerdörfchen, die südöstlich von Amed entlang der äußersten Ostküste Balis zwischen den schroffen Hängen und dem Meer liegen.

Die Bevölkerung der Amed-Region, die neben Amed auch die Dörfer Jemeluk, Bunutan, Lipah und Selang umfasst, lebt außer vom Tourismus auch noch überwiegend von Fischfang und Meersalzgewinnung. Aber die modernen Errungenschaften forderten auch hier ihren Tribut und veränderten die Küstenlandschaft und die Unterwasserwelt: Durch den Fischfang mit neuartigen großen Netzen wurden die Korallenriffe direkt vor dem Ort Amed stark beschädigt und abgetragen; zudem wurden sie wie in Candi Dasa als Baustoff verwendet. Ein Verlust an Küste, welcher sich unweigerlich auf die Salzgewinnungsanlagen auswirkte, und der Rückgang der Meeresfauna waren das Ergebnis. Erste Schritte zur Erhaltung der Unterwasserwelt machte das Uyah Amed Eco Resort in Zusammenarbeit mit dem Amed Dive Center: In mühevoller Arbeit wurde das künstliche Ghost Reef unter Wasser geschaffen.

So fügt es sich gut, dass die Bewohner nun auch mehr und mehr auf den Tourismus als zusätzliche Einnahmequelle zurückgreifen können. Das früher nur bei Insidern und Tauchern bekannte Gebiet mausert sich langsam zu einem alternativen Touristenort. Als solcher unterscheidet sich Amed aber grundlegend von den anderen der Insel: Vom Vulkan Gunung Agung und seinen Ausläufern an die Küste gedrängt, liegen die Siedlungen an den steilen Klippen, an denen sich die enge Küstenstraße entlangschlängelt. Hier findet man keine langen, weißen Sandstrände, dafür reich-

Der Bakso-Mann ist schon auf dem Weg nach Amed

lich Abwechslung: kleine Buchten in unterschiedlichsten Farbschattierungen – von glitzerndem schwarzem bis hellgrauen Sand – wechseln sich mit schroffen Stein- und glatten Kieselsteinstränden ab. Strandverkäufer sind hier noch Mangelware, schöne Schnorchelgründe liegen oft direkt vor der Haustür und Taucher finden hier auf jeden Fall ihr Glück. Die Infrastruktur bietet das Notwendigste: Kleine Lädchen, Warungs, Restaurants und Unterkünfte aller Couleur haben sich rechts und links der Verbindungsstraße angesiedelt. Alles in allem ist in Amed und Umgebung trotz der steigenden Zahl der Unterkünfte die ursprüngliche Seele Balis größtenteils erhalten geblieben.

Muschelmuseum: Wer einmal die Muscheln und Schneckenhäuser der Strände Balis, Südafrikas und Sri Lankas bestaunen möchte, ist hier genau richtig. Neben dem Restaurant im Aiona Garden of Health in Bunutan haben die Betreiber ihre Schätze akribisch aufgereiht und der Öffentlichkeit zugänglich gemacht. In einer ca. 20-minütigen Führung erfährt der Besucher alles über die ehemaligen Meeresbewohner – wir fragen uns nur, wo die ganzen kleinen Einsiedlerkrebse nun unterkommen …

Auf dem Grundstück des Aiona Garden of Health, Bunutan, Amed, ✆ 081/338161730 (mobil). Tägl. 14–16 Uhr, Eintritt mit Führung 20.000 IDR, ohne Führung 10.000 IDR, Kinderermäßigung und Gruppentarife auf Anfrage.

Basis-Infos

Hin & weg   Mit dem **Perama-Shuttlebus** (ab 2 Pers.) kommt man von den großen Touristenorten im Süden, im Osten aus und aus Ubud morgens und am frühen Nachmittag nach Amed. Von Amed geht es um

7 und 11 Uhr über Amlapura, Candi Dasa und Padang Bai zurück in den Süden (→ Tabelle, S. 126/127).

Neben einem **Taxi** ist die bequemste (aber erheblich teurere) Möglichkeit, um nach Amed oder von dort weg zu kommen, ein eigenes **Fahrzeug zu chartern.** Die meisten Unterkünfte bieten außerdem einen bezahlbaren **Transportservice** von anderen Orten in Ost- und Süd-Bali zu ihrer Unterkunft an. z. B. Amed Café, bieten ihren Gästen einen **Shuttleservice** zum Hotel an. Mit etwas Glück können diesen auch Nichtgäste in Anspruch nehmen.

Eine günstige, aber extrem langwierige Alternative ist die Anreise mit dem **Bemo:** Auf der Strecke Amlapura–Singaraja stoppt man in Culik. Sporadisch verkehren hier Bemos (ca. 6000 IDR) nach Amed.

Wer direkt von Amed aus auf die **Gili-Inseln** vor Lombok möchte, hat die Möglichkeit, mit dem Schnellboot in 1–2 Std. nach Gili Trawangan zu kommen. Ab 400.000 IDR kostet die Überfahrt beim **Café Indah** (→ S. 325). Bei **Jukung Bali** (✆ 0363/23470) schlägt sie mit ca. 600.000 IDR zu Buche. Das Fast Boat von **Kudah Hitam** (✆ 0361/753241) legt jeden Morgen um 8.30 Uhr in Jemeluk ab und kann für ca. 580.000 IDR über www.gili-fastboat.com gebucht werden.

Ost-Bali → Karte S. 282

Private An- und Weiterreise

Die eindrucksvolle Küstenstraße, die Amlapura mit Amed verbindet, wird Ihnen und Ihrem Gefährt einiges abverlangen! Extrem schmal schlängelt sie sich bergauf und wieder hinab an der Küste entlang. Deshalb ist besondere Vorsicht vor Gegenverkehr angebracht – Hupen vor Kurven nicht vergessen! Außerdem sollten Auto bzw. Motorrad in einem guten Zustand sein, damit sowohl Steigungen als auch schlechte Straßenverhältnisse verkraftet werden, und beide über ausreichend PS verfügen. Ansonsten ist die Inlandstrecke für ein schnelleres und sichereres Vorankommen zu empfehlen.

Geld Bringen Sie genug Bargeld mit! In der Region um Amed gibt es keinen ATM und keine erwähnenswerte Bank. Die nächsten Geldautomaten befinden sich in Amlapura und Candi Dasa. Nur wenige Geldwechsler betreiben ihr Geschäft entlang der Hauptstraße in Lipah, Jemeluk und Bunutan, allerdings zu unglaublich schlechten Kursen. Kreditkarten werden nur von den allerwenigsten Unterkünften akzeptiert!

Motorradverleih Roller und Motorräder werden von zahlreichen Unterkünften vermietet. 40.000–65.000 IDR/Tag sollte man einplanen.

Aktivitäten
(→ Karte S. 322/323)

Mountainbiketouren Komang aus dem Bali Beer and Grill organisiert gut geführte Mountainbiketouren in Ost-Bali und bietet so eine abwechslungsreiche Möglichkeit, die Kultur und Landschaft der Insel kennenzulernen. Für alle Könnerstufen ist etwas dabei, ob Downhill-Touren vom Pura Lempuyang (inkl. Trekking zum Tempel) oder sanfte Routen durch Reisfelder hinab zur Küste. 5- bis 6-stündige Touren 400.000–550.000 IDR/Pers. inkl. Guide, Helme, gute Fahrräder, Snacks und Softdrinks. Kinder (300.000 IDR) sollten nur an den leichtesten Touren teilnehmen. ✆ 081/24667752 (mobil), 085/238231850 (mobil), www.eastbalibike.com.

Schnorcheln So gut wie alle Hotels organisieren Schnorcheltouren (100.000–300.000 IDR, je nach Teilnehmerzahl und Anbieter). Aber eigentlich kann man –besonders um Jemeluk und Lipah sowie um Aas – die Unterwasserwelt auf eigene Faust erkunden. Eines der besten Riffe, das gut von der Küste aus entdeckt werden kann, befindet sich vor dem Smiling Buddha Restaurant (→ S. 326). Schnorchel-Equipment kann für 30.000–40.000 IDR in den meisten Unterkünften geliehen werden.

Tauchen Jukung Dive **2**. Renommierter und kinderfreundlicher PADI-Tauchanbieter unter niederländischem Management. Lernmaterial ist auch in Deutsch erhältlich. Kinder ab 8 Jahren können beim „Bubblemaker" erste Taucherfahrungen im Pool machen.

Sehr positiv: Die Tauchausflüge werden in den Jukungs lokaler Fischer gemacht. Amed, ✆ 0363/23469, www.jukungdivebali.com.

Amed Scuba. Kleiner, beliebter Tauchanbieter unter deutscher Leitung. Getaucht wird in kleinen Gruppen bis max. 3 Pers. Neben Kursen wie Open Water Diver (255 €) werden interessante Tauchausflüge und -safaris sowie ein- oder zweiwöchige Tauchtouren angeboten, bei denen neben der Unterwasserwelt auch Bali auch das Land erkundet wird. Bunutan, ✆ 087/762746327, www.amedscubabali.com.

Amed Dive Center. Hier sticht das ausgeprägte Umweltbewusstsein ins Auge, welches sich v. a. durch das Aufschütten des künstlichen Riffes vor der Haustür durch die Tauchschule zeigt. Amed, ✆/🖂 0363/23462, www.ameddivecenter.com.

Euro Dive 17. Laut eigener Aussage die älteste Tauchschule Ameds. Neben Tauchausflügen zum Hausriff und Trips bis nach Gili Selang werden auch Kurse angeboten. Lipah, Amed, ✆/🖂 0363/23605, eurodive@telkom.net, www.eurodivebali.com.

Yoga/Meditation Der Anlaufpunkt schlechthin sind die **Meditasi Bungalows** (→ S. 326). 2-mal tägl. (9–10 und 17–18.30 Uhr) werden 90-minütige Kurse für 100.000 IDR/Pers. angeboten. Wer möchte, kann auch mit dem sympathischen Besitzer bei einer Meditation die Erleuchtung suchen (gegen Spende).

Übernachten/Essen & Trinken

(→ Karte S. 322/323)

Amed   Amed Bucu **1**. Was für ein Schnäppchen! Der ungemein sympathische Besitzer vermietet 3 brandneue, saubere Bungalows mit kleinem, aber feinem Open-Air-Bad, schnuckeliger Veranda und großen Fenstern für je unschlagbare 150.000–250.000 IDR. Direkt in Amed, daher kein Strand in unmittelbarer Nähe, aber mit das beste Budget-Preis-Leistungs-Verhältnis dort. Kein Wunder, dass an der Ecke (indon. *bucu*) gerade angebaut wird. ℡ 087/7 62815287 (mobil).

Jemeluk   Amed Café **3**. Auf einem großen Gelände werden verschachtelt angelegte Unterkünfte unterschiedlicher Kategorie und Ausstattung für fast jeden Geschmack angeboten. Von einfachen Zimmern mit Fan bis zu klimatisierten Apartments mit Küche und Minibar sowie sehr geräumigen traditionellen Holzbungalows sollte hier jeder das Passende finden. Die Straße listet das Resort um kann zwischen Hanggartenlage und Meerblick wählen, wobei die Lumbungs auf der Meerseite besonders zu empfehlen sind. Je nach Kategorie und Ausstattung 25–80 €, Einzelbelegung jeweils 5 € billiger. In einem wunderschönen Bambuspavillon mit Meeresblick ist das Café untergebracht. Die große, wenn auch etwas uninspirierte Speisekarte listet indonesische wie europäische Standardgerichte und Seafood in sich wiederholenden Variationen (Hauptgerichte 18.000–55.000 IDR). Gutes Angebot an Transportservices. ℡ 0363/23473, www.amedcafe.com.

Sama Sama **4**. Der direkte Nachbar von Galang Kangin Bungalows vermietet in einem hübschen Garten ein paar kleine, ältere Bungalows mit Fan und im hinteren Bereich brandneue AC-Bungalows mit schönen Heißwasserbädern. Nette Leute. 200.000–350.000 IDR. Im Restaurant am Meer wird viel Gegrilltes serviert. ℡ 081/337382945 (mobil), samasama_amed@yahoo.co.id.

Galang Kangin Bungalows **5**. Die günstigen Steinbungalows liegen in einem wild bewachsenen Grundstück auf der Straßenseite Richtung Inland und bieten große, einfache Zimmer ohne Schnickschnack mit dunklen Bädern, meist Kaltwasser und Fan (ab 150.000 IDR). Gegen Aufpreis sind sowohl AC als auch Heißwasser möglich. Auf der Straßenseite Richtung Meer werden in einem zweistöckigen Gebäude etwas besser ausgestattete Meerblick-Zimmer – verdienen ihren Namen! – mit neuer Veranda und Heißwasser angeboten (mit Fan 350.000 IDR, mit AC 500.000–600.000 IDR). Das kleine, offene **MaMa Café** **6** serviert balinesische Gerichte zu wirklich günstigen Preisen (Hauptgerichte ab 12.000 IDR) direkt am Strand. ℡ 0363/23480, 081/337409381 (mobil), http://gkamed.blog69.fc2.com.

Bunutan   Sunshine **8**. Liegt direkt an einem dunklen Steinstrand und vermietet einfache Zimmer in einem zweistöckigen Steingebäude um einen plätschernden Swimmingpool. Freundlicher Service. DZ je nach Größe und Ausstattung 300.000–500.000 IDR, Family Room für bis zu 4 Pers. 800.000–1.000.000 IDR. ℡ 0363/23491.

🌿 Aiona Garden of Health **7**. In diesem vegetarischen Ayurveda-Restaurant könnte sogar mancher Fleischliebhaber ins Wanken geraten. Noch dazu wird hier alles aus ökologischen, meist selbst angebauten Zutaten und Gewürzen frisch zubereitet, alles ist 100 % biologisch, umweltfreundlich und gesund. Alkohol und Zigarettenrauch sind verpönt und werden durch Ayurveda-Drinks wie Kombucha und Räucherstäbchen ersetzt. Neben wechselnden Tagesgerichten können wir den *nasi campur* mit einer kleinen Auswahl vegetarischer indonesischer Gerichte und hausgemachten Pasta-Variationen empfehlen. Als Andenken sollte man unbedingt eines der wirklich leckeren Chutneys im kleinen Shop erwerben.

Blüten, Meer …

Ost-Bali → Karte S. 282

Nach dem Essen können sich Interessierte das kleine, liebevoll gestaltete Muschelmuseum ansehen. Wohl das einzige Restaurant in Bali mit festen Essenszeiten: Frühstück 8–10 Uhr, Mittag 12–15 Uhr, Abend 17–19 Uhr. Reservierung erwünscht.

Wer von dem Yoga-Ayurveda-Konzept überzeugt ist, kann auch gleich auf dem Gelände Quartier beziehen. Im wunderschönen Garten stehen 2 Zimmer und 2 Häuschen bereit. Auch für Familien ist genug Platz. Die Räume sind dem Konzept entsprechend einfach, aber individuell und naturnah eingerichtet – inkl. Yogamatten und Räucherstäbchen. Aus Umweltgründen wird auf Klimaanlagen verzichtet. Zimmer je nach Belegung und Größe 25–35 €, Bungalow 23–42 €, Familienhaus (4–6 Pers.) ab 55 €. Extrabett 7 €. ☎ 081/338161730 (mobil), www.aionabali.com. ∎

》》 Unser Tipp: Prema Liong Art Bungalows & Restaurant ❾. Hier werden sich Naturliebhaber und Seelenbaumler wirklich wohlfühlen. Schon der steile, herrlich grün wuchernde Garten erfreut mit duftenden Blumen und die aus Naturmaterialien gebauten Hütten laden zu einem Dauer-

aufenthalt ein. Auf zwei Ebenen kann man sich hier ausbreiten, wohnen und schlafen. Weiche Doppelbetten mit Moskitonetzen, hübsches balinesisches Dekor und große, liebevoll bepflanzte Open-Air-Bäder (der Duschstrahl entspringt einer tönernen Amphore). Kein AC, aber die frische Brise, luftige Bauweise und Ventilatoren sorgen für ein angenehmes Klima. Von der riesigen Veranda mit Tagesbett genießt man einen weiten Blick. Im Restaurant werden die Gäste mit balinesischen und europäischen Gerichten versorgt. Bungalow 380.000 IDR. ☎ 0363/23486, www.bali-amed.com. 《《

》》 Unser Tipp: Bali Beer and Grill ❿. In diesem neuen, direkt an der Straße gelegenen Bambus-Warung erwartet den Gast die balinesische Küche in all ihrer Vielfalt. Die authentischen Speisen werden wann immer möglich mit lokalen Zutaten – teils aus dem eigenen Garten – frisch gekocht und kommen wundervoll angerichtet auf den Tisch. Genießen kann man seine Auswahl an den gemütlichen Liegetischen im unteren Bereich oder an den kleinen Bistrotischen mit Blick auf die Straße während man sich ein Storm Ale genehmigt. Freund-

Übernachten

1 Amed Bucu
3 Amed Café
4 Sama Sama Café
5 Galang Kangin Bungalows
7 Aiona Garden of Health
8 Sunshine
9 Prema Liong Bungalows
11 Pazzo
12 Waenis Bungalows
13 Double One

14 Wawa Wewe II
15 Only You
19 Pondok Vienna Beach
20 Bayu Cottages
21 Life in Amed
22 Good Karma
23 Aquaterrace
24 Villa Batu Tangga
25 Wawa Wewe Rock
26 Meditasi Bungalow

Essen & Trinken

6 Mama Café
7 Aiona Garden of Health
9 Prema Liong Restaurant
10 Bali Grill and Beer
11 Pazzo
12 Waenis Restaurant
14 Wawa Wewe II
16 Café Indah
18 Wawa Wewe I
23 Aquaterrasse
26 Smiling Buddha

Sonstiges

2 Jukung Dive
17 Euro Dive

liche Atmosphäre, sympathische Besitzer, herrliches Essen, hohe Qualität und gute Preise machen das Lokal zum Geheimtipp! Komang bietet auch Fahrradtouren in Ost-Bali an. ✆ 081/24667752 (mobil), www.bali beerngrill.com. «

Pazzo Restaurant, Bar & Bungalows 🔢. Neue Anlage mit 4 modernen Bungalows aus Stein im noch jungen, aber schon sprießenden Garten. Alle geräumig und mit hübschem Dekor, AC, Safe, TV, Minibar sowie schönen Bädern und wirklich großen Betten und Veranden. Villa 600.000– 800.000 IDR. Im Restaurant im Stil einer mediterranen Villa werden indonesische Gerichte wie *ayam jake* (Ingwerhuhn), aber auch Pizza serviert. Hauptgerichte ab 30.000 IDR. ✆ 0363/2476, 081/936055572 (mobil), www.pazzobali.com.

Waenis Bungalows und Restaurant 🔢. Die Anlage ist in den Steilhang gebaut, durch den Steingarten ziehen sich die verwinkelten Treppenpfade zu den Bungalows. Die Standardzimmer mit Steinbad, Fan und Kaltwasser sind hell und locken u. a. mit einem Tagesbett auf der Veranda. Gegen Aufpreis auch mit Heißwasser und

AC. Richtig gut leben lässt es sich in den Superior-Zimmern mit verglaster Front, innovativen Steinmustern in Kuhfelloptik an den Wänden und Annehmlichkeiten wie TV, DVD, AC und Heißwasser. Sogar das Bad ist verglast und hell. Auf der großen Terrasse findet man auch Korbsessel und ein Tagesbett zum Genießen der freundlichen Atmosphäre. Zimmer mit Fan 400.000 IDR, mit AC 500.000–600.000 IDR. Das Restaurant mit Blick auf Amed und die Berglandschaft im Inland überzeugt mit einer interessanten Speisekarte, viel Seafood und humorvollem Personal. Hauptgerichte ab 35.000 IDR. Organisiert werden auch Ausflüge, Trekkingtouren zum Vulkan, Tauch- und Schnorcheltrips sowie Boote zu den Gili-Inseln. ✆ 0363/ 23515, 085/237474716 (mobil), 📠 0363/21044, www.baliwaenis.com.

Double One Villas & Restaurant 🔢. Am Hang gebaute Anlage mit Zimmern in Steinbungalows für fast jeden Geldbeutel. Obwohl direkt an einem Steinstrand gelegen, hat sie auch einen Pool. Die großen Zimmer alle mit Minibar, AC und Fan sowie Badezimmer mit Dusche und Wanne. Von der kleinen Veranda hat man eine berauschende Aussicht auf das Meer. Im hoch über der Bucht gelegenen Restaurant kann man den Magen mit europäischen und indonesischen Leckereien, die Augen mit dem grandiosen 180-Grad-Panoramablick verwöhnen. DZ 300.000–700.000 IDR (je nach Lage und Größe). ✆/🕾 0363/22427, www.doubleonevillasamed.com.

Wawa Wewe II 14. Der Blickfang der Anlage ist zweifellos der herrliche, direkt ans Meer gebaute Überlaufpool. Aber auch die im Halbkreis angeordneten Bungalows können sich sehen lassen. Alle zweistöckig mit zwei gemütlichen Doppelbetten (oben Fan, unten AC), Open-Air-Bad, großen Fenstern und geräumiger Veranda mit Tagesliege und Korbsesseln. Das zum Meer hin offene Restaurant weiß durch Lage und Karte zu überzeugen. Auf erhöhten Ebenen kann man gemütlich sitzen und interessante Salate, Pasta-Gerichte und eine gute Auswahl an balinesischen Speisen genießen. Bungalow 300.000–400.000 IDR. ✆ 0363/23522, www.bali-wawawewe.com.

Omnipräsente Fischerboote

Only You 15. In einer weiten, grünen Anlage befindet sich dieses noble 5-Sterne-Resort mit einem unschlagbaren Preis-Leistungs-Verhältnis. In hübschen, teils zweistöckigen Villen mit privatem Pool und Sonnenliegen lässt sich die grandiose Aussicht richtig genießen. Jede der drei Villen wurde mit viel Liebe zum Detail und balinesischem Dekor eingerichtet. Die Kombination aus traditioneller und moderner Bauweise mit viel Teakholz und Marmor sowie die tolle Ausstattung mit Fernseher, DVD- und CD-Player, Klimaanlage und Minibar lassen den Gast sich wie im Paradies fühlen. Gegen eventuelle Langeweile können DVDs, CDs, Gesellschaftsspiele, Federball, Boccia, Angelausrüstungen etc. ausgeliehen werden. Daneben organisieren die Betreiber Tagesausflüge, Tauchtouren und stehen auch sonst mit Rat und Tat zur Seite. Auf Wunsch werden auch Dinners und BBQs organisiert. Villa bis 2 Pers. 50 $– 75 $, bis 4 Pers. 75 $–120 $. ✆ 0363/23595 🕾 0363/23570, www.onlyou-bali.com.

Lipah Café Indah 16. Gleich hinter Euro Dive und somit direkt am Strand gelegen. Umgeben von pittoresken Fischerbooten kann man zum Plätschern der Wellen günstig dinieren. Dieses sympathische, einfache Restaurant bietet Hauptgerichte ab 25.000– 65.000 IDR wie z. B. Spaghetti-Variationen, Seafood und eine interessante Auswahl für Vegetarier. Außerdem organisiert der Besitzer Trips (ab 2 Pers.) auf die Gili-Inseln. Lipah Beach, ✆ 0363/23437, 081/338526657 (mobil), cafeindah_amed@yahoo.com.

Wawa Wewe I 18. Der Partyquell von Amed, wo man bei den regelmäßigen Live-Auftritten und spontanen Sessions schnell mit den Einheimischen in Kontakt kommen kann. Die gute Stimmung und gemütliche Atmosphäre lassen die Gäste gerne auch zwei oder mehr Cocktails genießen. Tagsüber kann man hier gute balinesische, aber auch europäische Gerichte bekommen. Di/ Sa Livemusik, Mi/Fr Legong-Tanzaufführung.

Pondok Vienna Beach 19. Die Steinbungalows mit viel Platz verfügen über bequeme Doppelbetten mit Moskitonetz, große, aber etwas dunkle Badezimmer und Klimaanlage. Bei Ebbe zeigt sich ein kleiner, glitzernder schwarzer Strand, an dem sich das Restaurant mit Sicht aufs Meer befindet. DZ inkl. WLAN-Anschluss, Frühstück und Abendessen 550.000–700.000 IDR, jede weitere Person 50.000 IDR. ✆ 0363/23494, viennabeach@hotmail.com.

Bayu Cottages **20**. In den Hang gebaut und mit berauschender Aussicht – hier kann man zwischen 6 hellen, sauberen Räumen wählen. Allesamt mit angenehmem Bambusdekor und -möbeln, großem Fernseher mit internationalen Kanälen, AC, Fan und Safe. Überzeugend sind auch die großen Bäder, in denen man den Meerblick sogar unter der Dusche genießen kann! Zum Relaxen bieten sich die sonnigen Balkons und Terrassen an. DZ 495.000 IDR, Zimmer für 3 Pers. 620.000 IDR, Family Room 745.000 IDR. Das offene Aussichtsrestaurant ist ein bisschen teurer (Hauptgerichte ab 40.000 IDR), verfügt aber über eine gute Weinkarte und sehr flotten Service. Auf Wunsch werden auch Ausflüge und Trekkingtouren sowie Tauch- und Schnorcheltrips organisiert. ℘ 0363/23495, www.bayucottages.com.

Lean Life in Amed **21**. Eine sympathische Unterkunft mit Charakter und eigenem kleinen Sandstrand. In einem Gärtchen mit geschwungenem Pool und üppigem Pflanzenbewuchs als Sichtschutz kann man zwischen 6 Bungalows mit wundervoll geschnitzten Fenstern und Türen sowie 2 individuellen Villen wählen. Letztere sind auf zwei Stockwerken mit allen Annehmlichkeiten wie zwei Schlafzimmern, zwei offenen Bädern (eines mit Eckbadewanne), TV mit DVD und Minibar ausgestattet. Neuste Errungenschaft ist das Garden Beach House mit mehreren parfümierten Schlafzimmern und Bädern (mit goldener Wanne) und eigenem Swimmingpool. Hier schlagen 3 Nächte mit bis zu 6 Pers. mit 3.600.000–4.200.000 IDR zu Buche. Das im Hauptgebäude untergebrachte Restaurant bietet neben Hauptgerichten ab 30.000 IDR auch eine gute Weinkarte und diverse Cocktails für den Abend. Bungalow 900.000 IDR (2 Pers.), 1.100.000 IDR (4 Pers.), Villa 1.300.000–1.500.000 IDR, Extrabett 100.000 IDR. In der Nebensaison großzügige Rabatte. ℘ 0363/23152, 081/338501555 (mobil), www.life bali.com.

》》 Unser Tipp: Good Karma Bungalows & Restaurant **22**. Direkt an einem sehr hellen Sandstrand umgeben von einem schattigen, dschungelartigen Bewuchs liegt eine der wenigen Anlagen, die an die Anfänge des Rucksacktourismus auf Bali erinnert. Die komplett aus Holz und Bambus gebauten Hütten sind zwar sehr einfach eingerichtet, bieten aber Romantikern absolute Ruhe und Entspannung – als einziges „stören" das sanfte Meeresrauschen

Im „organic" Smiling Buddha Restaurant

Ost-Bali → Karte S. 282

und die Rufe der Fischer. Die zweistöckigen Familienbungalows können mit bis zu 4 Pers. bezogen werden. Das sympathische Personal serviert schmackhafte balinesische und ein paar europäische Gerichte zu günstigen Preisen (Hauptgerichte ab 15.000 IDR) im offenen, kleinen Restaurant. Auch Vegetarier finden hier einiges. Je nach Hüttengröße und Belegung 200.000–380.000 IDR, Deluxe 420.000 IDR. ℘ 081/337531133 (mobil). 《《

Aquaterrace 23. Vermietet werden sowohl einfache Bungalows mit kleinem Balkon und Bambusdekor als auch geräumige AC-Zimmer in einem zweistöckigen Gebäude. Letztere sind dezent und schön möbliert und bieten eine große Terrasse mit wundervoller Aussicht sowie Bad mit Heißwasser, Wanne und großem Fenster. AC-Zimmer 500.000 IDR, Bungalow ab 230.000 IDR. Im interessant eingerichteten Restaurant können Sie auf Design-Sitzgruppen japanische Küche genießen: Tempura, Sushi, Sashimi, und das alles ab 33.000 IDR. Selang, ℘ 081/337911096 (mobil).

Banyuning Villa Batu Tangga **24**. Direkt an einer steilen Klippe über dem Meer wurde diese weite, parkähnliche Anlage in den Hang gesetzt. Dementsprechend grandios ist die Aussicht, die man von der Veranda im eigenen großen Garten hat. Die 7 sehr geräumigen AC-Bungalows verfügen über alle gängigen Annehmlichkeiten dieser Preisklasse, so auch über ein hübsches, offenes Bad. Runder Pool mit direktem Meerblick. Serviert wird nur Frühstück, da kein Restaurant vorhanden ist. Auf Wunsch wird jedoch Essen vom nahe gelegenen Baliku-Restaurant geliefert. Bungalow je nach Größe und Lage 600.000–840.000 IDR (inkl. Tax und Service). ✆ 081/338585993 (mobil), leef40@gmail.com.

Aas Wawa Wewe Rock 25. Das dritte Projekt von Wawa Wewe. Wie der Name schon sagt, durchziehen Felsen das kleine Areal des neuen Resorts. In den Hang wurden Bungalows mit großen Zimmern und atemberaubender Aussicht gebaut. Alle stilvoll und modern eingerichtet, mit hübschen Open-Air-Bädern. Auch das Bambusrestaurant wurde um einen großen Felsblock errichtet und bietet leckere Hauptgerichte ab 25.000 IDR. Auf der gegenüberliegenden Straßenseite ist ein kleiner schwarzer Sandstrand, an dem viele hübsche Fischerboote liegen. Bungalow 250.000–600.000 IDR. ✆ 0363/23522, 082/83604982 (mobil) 082/833604982 (mobil), www.bali-wawawewe.com.

≫ **Unser Tipp:** Meditasi Bungalow & Smiling Buddha Restaurant 26. Hier verbreitet der lachende Besitzer gute Laune und Gesundheit. Im offenen Bambusrestaurant werden zur Gamelan-Musik in relaxter Atmosphäre spannende Kreationen aus der Ayurveda-Küche kredenzt. Und jedes Gericht liefert den Beweis: Medizin muss nicht bitter schmecken – vielmehr finden sich wahre Gaumenfreuden auf der Speisekarte, ganz nach der Devise „Everything organic". Die Kräuter und Zutaten für Gerichte und Shakes kommen aus dem eigenen Garten oder aus der Region. Für die weltliche Bodenhaftung sorgen Bier und Arrak-Cocktails und natürlich gibt es neben den indonesischen Leckereien auch internationale Gerichte. Wem es hier gefällt, sollte in einen der geräumigen Bungalows ziehen. Diese sind einfach, aber urgemütlich, komplett aus Bambus und Naturmaterialien erbaut, mit großen Schiebetüren, um den Blick aufs Meer freizugeben. Literarische Prominenz war natürlich auch schon zu Gast: So fand Elisabeth Gilbert (→ S. 240) Inspiration in Zimmer 7. Wie der Name verheißt, werden natürlich auch Yoga-Klassen (100.000 IDR/Pers.) und Meditationsunterricht (gegen Spende) angeboten. ✆ 082/83722738 (mobil), www.meditasi.8m.com. ≪

Tulamben

Neben Pulau Menjangan (→ S. 403) ist dieser kleine Küstenort das Eldorado für Taucher auf Bali. Der Küste vorgelagert liegen hier gleich mehrere lohnenswerte Tauchspots, die nahezu alle Ansprüche befriedigen. Vom Makro-Unterwasserfotografen bis zum Hai-Begeisterten sollte an den Riffen, Korallengärten und dem bis 70 m abfallenden Drop-off jeder fündig werden. Das absolute Highlight jedoch ist das stark betauchte Wrack der USAT Liberty, das sogar Schnorchler anschnuppern können.

Fernab von allem Tourismustrubel haben sich entlang der Hauptstraße viele besonders auf Taucher spezialisierte Resorts angesiedelt. Nachtleben wird hier eher kleingeschrieben und alles in allem verströmt Tulamben einen angenehmen, dörflichen Charme. Allerdings werden Strandtummler und Badenixen hier das Nachsehen haben, da die gesamte Küste von Kies und schwarzen, glitschigen Steinen gesäumt ist. Baden ist, wenn überhaupt, nur mit Wasserschuhen möglich.

Basis-Infos

Hin & weg Lediglich vom Flughafen aus kommt man mit einem **Taxi** (ca. 400.000 IDR) direkt nach Tulamben. Sonst bieten die meisten Hotels einen Transfer von Kuta oder vom Flughafen (je um die 200.000 IDR) an. Wer ein Tauchpaket gebucht hat, bekommt den Transfer meist gratis dazu.
Perama fährt 2-mal tägl. ab 2 Pers. (125.000 IDR/Pers.) von den Touristenzentren im Süden und von Ubud nach Tulamben. Zurück geht es um 7 und 11 Uhr. Von Lovina aus startet Perama um 9 Uhr (150.000 IDR) — vorausgesetzt, es fahren mind. 2 Pers. mit. Zurück fährt Perama nicht regelmäßig. Am besten Sie kaufen ihr Rückfahrticket schon bei der Hinfahrt.

Tulamben liegt auf der Hauptstrecke von Amlapura nach Singaraja, auf der zahlreiche **Busse** und **Bemos** unregelmäßig verkehren (ca. 15.000 IDR). Nachmittags nimmt die Frequenz jedoch deutlich ab.
Geld In Tulamben selbst gibt es weder einen ATM noch eine Bank. Die nächste Möglichkeit, an Bares zu kommen, befindet sich in Amlapura. Zwar gibt es auf der Hauptstraße einen Money Changer, allerdings wird hier das Geld wie gewöhnlich zu sehr schlechten Kursen gewechselt. Einige der großen Tauchbasen wie das Tauchterminal akzeptieren Kreditkarten.
Internet In den Tauchbasen hat man oft Zugang zum Netz.

Aktivitäten

Angeln Für 75.000 IDR/Std. lädt Bali Coral zum Angeltrip in die Gewässer vor Tulamben ein. ✆ 0363/22909.
Schnorcheln Besonders die vor Tulamben gelegenen Korallengärten sowie der bei 1 m Tiefe beginnende Drop-off und natürlich das Wrack sind für Schnorchler lohnenswerte Ziele. Die meisten Unterkünfte und Tauchbasen verleihen Schnorchelausrüstungen und nehmen Schnorchler auf Tauchtrips mit.

Tauchen Neben zahlreichen kleinen und meist auch günstigeren Anbietern entlang der Hauptstraße haben sich eine Handvoll gut ausgestatteter und häufig deutschsprachiger Tauchbasen in Tulamben angesiedelt:

Tauch Terminal. Sehr gut ausgestatteter 5-Sterne-PADI- und Platinum-SSI-zertifizierter Anbieter. Wie der Name schon verrät — deutschsprachig. Offeriert eine Vielzahl an Paketen (oft inkl. Unterkunft im eigenen Resort), aber auch Nitrox-Tauchen bei den Tauchgebieten vor Tulamben ohne Aufpreis! Hauptoffice in Jimbaran, ✆ 0361/774504, 0361/772920, www.tauch-terminal.com.
Matahari. Der sehr beliebte deutschsprachige PADI-Tauchanbieter taucht generell in kleinen Gruppen und passt sich den individuellen Wünschen der Gäste an. Daneben hat Matahari zahlreiche Pakete im Angebot (teilweise inkl. Übernachtung in eigenen Resort). ✆ 0363/22916, 081/338636670 (mobil), info@divetulamben.com.
Joe's Diving. Dieser enthusiastische Tauchanbieter stellt seinen Gästen nicht nur eine

ausgefallene und exzellente Unterkunft, sondern bietet auch tolle Tauchpakete, Einzelunterricht, Ausflüge sowie Tauchsafaris. Deutschsprachiger Unterricht. Für anspruchsvolle Gruppen (bis zu 9 Pers.) steht seit 2010 auch ein perfekt ausgestatteter „Tauchpalast" zur Verfügung. Dieser bietet Annehmlichkeiten wie Fitnessstudio, Pool, etc. und ist als Paket buchbar, z. B. 7 Übernachtungen mit 12 Tauchgängen und Tagesrundfahrt durch Bali, Flughafentransfer bei An-/Abfahrt für 5495 € (für 9 Pers.). ☎ 0363/23552, 081/337972688 (mobil), www.joesdivingbali.com.

Liberty Dive Resort. Sympathischer, englischsprachiger Tauchanbieter, bei dem man sowohl PADI-Tauchkurse als auch Einzeltauchgänge und Pakete inkl. Unterkunft buchen kann. ☎ 0363/23347, 081/337762206 (mobil), www.libertydiveresort.com.

Dive Paradise Tulamben. Alteingesessener Tauchanbieter. Besonders die Packages (Übernachtung und mehrere Tauchgänge) sind interessant. ☎ 0363/22918, www.paradise-tulamben.com.

Übernachten

Mimpi Boutique Resort. Auf einem großen Gelände wurde diese teure Oase der Ruhe gestaltet. Moderne und natürliche Materialien wurden gekonnt kombiniert, um den Gästen ansprechenden Komfort zu bieten. Alle Zimmer mit AC und durchweg wundervoll gestalteten Bädern (in den Standard Cottages sogar offenes Gartenbad). Teilweise dunkle, aber stilvoll eingerichtete Räume, in den höheren Preislagen mit Tagesbett und eigenem kleinen Garten. Schöner Pool, Spa und Internetservice sowie ein etwas teurer Tauchoperator. Zimmer 90 $, Cottage 140–175 $, plus 21 % Tax und Service. ☎ 0363/21642, 🖷 0363/21939, www.mimpi.com.

Liberty Dive. Sehr sympathische Unterkunft des gleichnamigen Tauchoperators. Die 9 sehr sauberen und hellen Zimmer

sind in einem etwas älteren zweistöckigen Gebäude untergebracht, alle mit AC und Heißwasser. Die im OG sind wenig ansprechender, mit Wannenbad ausgestattet und bieten eine herrliche Aussicht über den Garten zum Meer. Alle mit AC, Minibar, Wasserkocher und Heißwasser. Daneben wurden neue Bungalows im Garten gebaut. Die sympathische Atmosphäre und der wunderschöne, dunkelblaue Pool sind weitere Pluspunkte, trotzdem ein wenig übersteuert. DZ im EG 48 $, im OG 60 $, Bungalow 55–65 $, Familienräume/Cottage 78–80 $, jede weitere Pers. 50.000 IDR. ☎ 0363/23347, 081/337762206 (mobil), www.libertydiveresort.com.

Bali Coral. Rechter Hand der kleinen Seitenstraße Richtung Tauch Terminal gibt es diese einfachen Bungalow- und Familien-

Das Ende einer Fahrt und der Beginn einer Attraktion

Am 11. Januar 1942 wurde der Frachter USAT Liberty in der Meeresstraße zwischen Bali und Lombok von einem japanischen U-Boot torpediert. Der Versuch, das Schiff nach Singaraja zu schleppen, musste wegen der immer stärker in den Rumpf eindringenden Wassermassen aufgegeben werden. Stattdessen „verfrachtete" man das Schiff an den Strand vor Tulamben. Hier würde es wahrscheinlich noch heute halb an Land, halb im Wasser liegend vor sich hinmodern, wenn nicht im Jahre 1963 der Gunung Agung anderes beschlossen hätte. Im März des Jahres brach der Vulkan aus und die bis zur Küste strömenden Lavamassen drängten das Wrack in seine heutige Position. Nur ca. 40 m vom Strand entfernt liegt es jetzt und dient als der wohl berühmteste Tauchplatz Balis. Jährlich strömen Tausende von Besuchern zur USAT Liberty, um den über 120 m langen, mittlerweile vollständig mit Hart- und Weichkorallen bewachsenen Rumpf zu besichtigen. Deshalb sollte man für seinen Besuch entweder in Kauf nehmen, nicht alleine zu sein, oder die Stoßzeiten zwischen 11 und 16 Uhr meiden. Empfohlen wird ohnehin ein frühmorgendlicher Tauchgang, welcher eindeutige Sichtvorteile bietet.

zimmer. Dem Preis entsprechend schlicht und ohne Dekor eingerichtet sowie ein wenig dunkel, dafür aber mit hoher, luftiger Decke und großem Bad mit Wanne. Das angeschlossene Restaurant serviert zum Meerblick einfache Gerichte. Im Angebot sind auch Angelausflüge und Tauchen. Zimmer mit Fan und Moskitonetz ab 200.000 IDR, mit AC ab 250.000 IDR, Familienräume (4 Pers.) mit Fan oder AC ab 350.000 IDR. ☎ 0363/22909.

Paradise Palm Beach. Schön am Strand gelegen, offeriert diese alteingesessene Anlage diverse Unterkünfte für jeden Geldbeutel. Kübelpflanzen sorgen für viel Grün und Sichtschutz. Man kann zwischen kleinen Bungalows mit Heiß- oder Kaltwasser und Zimmern mit Fan oder AC wählen. Auch Familienbungalows mit Fan sind vorhanden. Angeschlossen ist ein guter Tauchoperator mit Shop und ein Meerblick-Restaurant mit gemütlichen Sitzmöglichkeiten. Zimmer mit Fan 250.000 IDR, mit AC 350.000 IDR, Familienbungalow 350.000 IDR. ☎ 0363/22910, 📠 0363/22917, paradisetulamben@yahoo.com.id.

Matahari Tulamben Resort. Das seit 1991 bestehende Matahari weiß schon allein durch seine zahlreichen Plätzchen zum Entspannen und Liegeflächen zum Sonnen zu gefallen. Daneben stehen 16 Zimmer bzw. Bungalows mit unterschiedlichster Ausstattung und unterschiedlichstem Komfort zur Verfügung. Bemühtes, freundliches Personal, gutes Restaurant, in dem auf Wunsch auch balinesisches Spanferkel zubereitet wird. Angeschlossen ist eine renommierte Tauchbasis. WLAN. Zimmer je nach Belegung und Ausstattung von 175.000 IDR (mit Fan und Kaltwasser) bis 600.000 IDR für den Deluxe-Bungalow (mit AC, Safe und Meerblick). ☎ 0363/22916, 081/338636670 (mobil), www.divetulamben.com.

Hotel Toraja. Gegenüber vom Matahari werden in einem großen Gebäude auf drei Etagen 6 einfache Zimmer vermietet. Alle recht neu und sauber, mit eigenem Bad, aber etwas dunkel. Das angeschlossene Restaurant serviert neben wechselnden Tagesgerichten auch tschechische Spezialitäten. Zimmer mit Fan 200.000 IDR, mit AC 250.000 IDR. ☎ 081/999455830 (mobil), 085/935287925 (mobil), rantepao.dal@seznam.cz.

Joe's Diving. Taucher können in dieser liebevoll eingerichteten „Tauchburg" Ritter des Meeres spielen. Umringt von Zinnen und vielen tropischen Pflanzen, verstecken sich auf dem Gelände hübsche Bungalows und Zimmer mit AC und offenen Bädern. Sehr gutes Restaurant mit balinesischer und auch europäischer Küche. Die Bungalows sind nur in Kombination mit einem Tauchpaket buchbar: z. B. 7 Nächte inkl. 10 Tauchgänge, Frühstück und Transfer für 465 €. ☎ 0363/23552, 081/337972688 (mobil), www.joesdivingbali.de.

Tauch Terminal. Für Taucher wohl die komfortabelste und daher natürlich nicht die billigste Unterkunft direkt am Strand von Tulamben. Die Deluxe-Zimmer und AC-Bungalows mit halboffenem Bad sind stilvoll und allen Ansprüchen genügend mit Klimaanlage, Ventilator, Minibar und die meisten auch mit TV ausgestattet – Meerblick inklusive. In der höheren Preisklasse finden sich neben den Sitzgruppen auf der Veranda auch gemütliche Sitzgelegenheiten im Zimmer. Zwei große Pools stehen sowohl für Tauchübungen als auch zum Relaxen zur Verfügung. Ein Spa sorgt für Entspannung und ein schönes Meerblick-Restaurant sowie die Pool-Bar kümmern sich um das leibliche Wohl. WLAN-Spot für Gäste kostenlos. Suite 135 €, Deluxe-Zimmer 85 €, Bungalow 60 €, inkl. Service und Tax. Hauptoffice in Jimbaran, ☎ 0361/774504, 0361/772920, 📠 0361/778473, www.tauchterminal.com, www.tulamben.com.

Ost-Bali → Karte S. 282

Essen & Trinken

Neben den Restaurants in den Tauchbasen und Hotels finden sich linker Hand der Hauptstraße ein paar Lokale.

Safety Stop. Serviert viele europäische Gerichte wie Wiener Schnitzel, und Burger. Eine gute Auswahl für Vegetarier. Am Billardtisch oder bei einer der zahlreichen Cocktailvariationen (ca. 80.000 IDR) lassen sich am Abend Taucherlebnisse mit Gleichgesinnten austauschen.

Hotel Toraja. Hier kann man erstaunlich wenige Gerichte aus Toraja/Sulawesi bekommen. Vielmehr wird tschechische Kost wie Gulasch, Würste oder Stadtwurst mit Musik serviert. Daneben gibt es Pizza, Bratwürste mit Kartoffelsalat und Schnitzel. Wechselnde Tagesgerichte. ☎ 081/999455830 (mobil), 085/935287925 (mobil), rantepao.dal@seznam.cz.

Seegrasanbau und Tourismus im friedlichen Miteinander

Die vorgelagerten Inseln

Die Straße von Badung trennt Bali von den vorgelagerten Inseln Nusa Lembongan, Nusa Ceningan und Nusa Penida, die trotz ihrer Nähe zueinander unterschiedlicher nicht sein könnten. Eine Gemeinsamkeit allerdings haben sie: Die Inseln, auf denen vorwiegend Seegras angebaut wird, gehören zum Verwaltungsdistrikt von Klungkung (heute Semarapura).

Nusa Lembongan

Weiße Strände, kleine Buchten, Mangrovenwälder und schroffe Kalksteinfelsen sind die Markenzeichen der kleinen, gerade einmal 8 km² großen Insel.

Die Tage, in denen Nusa Lembongan einem unberührten, abgelegenen Tropentraum glich, gehören leider der Vergangenheit an. Durch den Anstieg der Touristenzahl ist eine Art Goldrausch ausgelöst worden, mit dem ein immenser Bauboom auf der Insel Einzug hielt. Sogar Plätzen, die bis vor Kurzem noch für traumhafte Sonnenuntergänge berühmt waren, wurde mit neuen Gebäuden die Aussicht schlichtweg verbaut. Irgendwie fühlt man sich an die touristische Expansion Kutas in den 1980ern erinnert; es wird versucht, dem kleinen Paradies so viel Gewinn wie möglich zu entlocken. Dementsprechend sind auch die Preise auf der Insel gestiegen und man findet mitunter sogar *mie goreng* (das sonst – und auch hier – billigste Gericht der Karte) für 65.000 IDR, plus 21 %Tax und Service versteht sich. Genauso unterliegen die Zimmerpreise stark dem Wechselspiel von Angebot und Nachfrage. Ist alles ausgebucht, schnellen sie in 100.000er-Schritten nach oben, in der Nebensaison dagegen sind große Rabatte möglich. Wirklich

günstige Unterkünfte sind aber immer schwerer und zur Hochsaison – die sich hier von Juni bis Oktober sowie Mitte Dezember bis Mitte Januar zieht – eigentlich gar nicht zu finden.

Dennoch kann man auch auf Nusa Lembongan noch eine unbeschwerte Zeit genießen. Im Inselinneren finden sich liebliche Dörfchen, die es mit dem Motorroller oder auf ausgedehnten Spaziergängen zu entdecken gilt. Und trotz der boomenden Tourismusbranche kann noch immer allerorts der Seegrasanbau beobachtet werden. Nach der Abreise zahlreicher Tagesausflügler genießt man in malerischen Buchten den farbenfrohen Sonnenuntergang bei einem kühlen Drink, um am nächsten Morgen die Mangroven zu erkunden.

Abgesehen vom Hauptstrand am Hafen in Jungut Batu eignen sich die meisten Strände der Insel leider nicht zum Baden. Die malerischen, aber felsigen Buchten werden von einer starken Brandung beherrscht, die an manchen Tagen Wagemutige an die schroffen Felsen schlägt. Lediglich am Dream Beach werden Sonnenanbeter mit einer kleinen, dafür breiten Bucht aus feinstem Sand entschädigt.

Basis-Infos
navigation(→ Karte S. 335)

Geld In Jungut Batu finden sich mehrere Geldwechsler sowie eine Bank **5**. Allerdings gibt es auf der Insel keinen ATM. Da das Preisniveau durchweg etwas höher ist, sollte man sich vor der Anreise mit genügend Bargeld eindecken. Die gehobenen Resorts akzeptieren die gängigen Kreditkarten und können u. U. dabei helfen, zu schlechten Kursen an Bargeld zu kommen.

Gesundheit Eine kleine Klinik in Jungut Batu hilft bei Notfällen. Im Falle einer ernst-

haften Erkrankung sollten Sie nach Bali zurückkehren.

Internet Entlang der Hauptstraße in Jungut Batu gibt es mehrere Internetcafés (30.000–40.000 IDR/Std.).

Motorroller Aufgrund ihrer Größe lässt sich Nusa Lembongan bequem mit dem Motorroller erkunden. Diese werden in den meisten Unterkünften vermietet. Preis pro Tag 60.000–100.000 IDR, in der Hochsaison auch Wucherpreise bis 150.000 IDR/Tag.

Hin & weg
navigation(→ Karte S. 335)

Nach Nusa Lembongan kommt man am leichtesten von Sanur (→ S. 155) aus. Dort werden auch Tagesausflüge auf und um die Insel angeboten. Per Charter kann man von Padang Bai (→ S. 293) aus auf die Insel gelangen. Die öffentlichen Boote ab Kusamba (→ S. 286) sind v. a. bei schlechtem Wetter weniger zu empfehlen. Zurück bzw. weiter geht es mit folgenden Anbietern:

Ost-Bali → Karte S. 282

Von/nach Sanur Ein öffentliches Boot fährt je nach Saison zwischen 7 und 8 Uhr in ca. 1,5 Std. sowohl von Jungut Batu als auch von der Mushroom Bay zum Hafen von Sanur (60.000 IDR/Pers.). Von Sanur legt das Boot gegen 8 Uhr (bei genügend Nachfrage auch gegen 10 Uhr) nach Jungut Batu ab. Die Abfahrtszeit ist immer von den Gezeiten abhängig. Zudem können die Boote – v. a. Richtung Lembongan – hoffnungslos überladen sein, wodurch es schon mehrfach zu tödlichen Unglücken kam.

Perama 7 fährt direkt vor dem Ticketoffice am südlichen Ende von Jungut Batu um 8.30 Uhr in ca. 1,5 Std. nach Sanur (100.000 IDR). Weiterfahrten nach Kuta (125.000 IDR) und Ubud (145.000 IDR) können gleich dazugebucht werden. Von Sanur geht es um 10.30 Uhr Richtung Lembongan. Sanur Office: ✆ 081/23665317 (mobil), www.peramatour.com.

Public Speedboats legen je nach Saison 1- bis 3-mal tägl. (meist zwischen 8 und 10, gegen Mittag und gegen 15 Uhr) beim Tempel in Jungut Batu und von der Mushroom Bay nach Sanur ab (200.000 IDR, Dauer ca. 40 Min.). In Lembongan erkundigen Sie sich am besten in Ihrem Hotel nach den aktuellen Abfahrtszeiten. In Sanur werden die Tickets am Schalter im Hafen verkauft.

Das Schnellboot von **Scoot Lembongan Island Fast Cruise** fährt 3-mal täglich von Jungut Batu nach Sanur (Erw. 300.000 IDR, Kinder 220.000 IDR). ✆ 0361/7802255, ✆/✉ 0366/24499, www.scootcruise.com.

The Tanis Express fährt 3-mal tägl. von/nach Sanur (Erw. 175.000 IDR, Kinder 152.000 IDR, ohne weiteren Transfer, der aber dazugebucht werden kann). ✆ 081/24683654 (mobil), 082/83687447 (mobil), www.tanisvillas.com.

Rocky Fast Cruises legt 3–4 mal von/nach Sanur ab (Erw. 28 $, Kinder 21 $). Office in Sanur: Jl. Hangtuah 41, ✆ 0361/8012324, 0361/283624, 082/897005565 (Mobilnummer für Lembongan), www.rockyfastcruise.com.

Der **Oceanstar Express** startet 1-mal tägl von/nach Sanur (Erw. 250.000 IDR, Kinder 200.000 IDR). ✆ 081/13856038, 081/13856039 (mobil), www.oceanstarexpress.com.

Nach Nusa Penida Das öffentliche Boot legt um ca. 6 Uhr am Strand von Jungut Batu ab und erreicht Toyapakeh auf Nusa Penida nach 30 Min. (30.000 IDR).

Nach Lombok Scoot Cruise fährt von Nusa Lembongan/Jungut Batu nach Gili Trawangan und von dort weiter nach Teluk Kode/Lombok (Erw. 650.000 IDR, Kinder 450.000 IDR).

(Aktivitäten (→ Karte S. 335)

Ausflüge Von zahlreichen Anbietern werden u. a. auch Tagesausflüge durchgeführt, z. B. Mushroom Beach Bungalows **25**, Villa Wayan **21**, The Tanis **31** und Coconut Beach Resort **19**. Im Programm stehen Schnorchel- und Tauchausflüge, Rundfahrten um die Insel mit Dinner zum Sonnenuntergang, Kajak-Touren etc. Dazu finden sich an nahezu jeder Ecke einheimische Guides, die einen helfen, die Insel zu erkunden.

Kochkurse Im Lembongan Beach Retreat **4** in Jungut Batu kann man sich in balinesischer Kochkunst unterweisen lassen.

Mangroventouren In Mades Restaurant **1** können u. a. Touren in den Nordosten zu den Mangrovenwäldern gebucht werden (ca. 100.000 IDR/Pers.).

Surfen Die beste Zeit, auf den Wellen zu reiten, ist von April bis Okt. Entweder paddelt man ca. 10 Min. zu den Riffen hinaus oder nimmt bequem ein Boot ab dem Surfer Beach Café (ca. 20.000 IDR einfach, → S. 334).

Tauchen/Schnorcheln Der PADI-5-Ster-ne-Operator **World Diving 6** bietet zahlreiche Ausflüge um Nusa Lembongan und Nusa Penida an. Auch Schnorchelausflüge zu 25 $/Pers. Jungut Batu, ✆ 081/23900686 (mobil), www.world-diving.com.

Neben Filialen in Permuteran, Sanur und Tulamben hat die **Bali Diving Academy 14** auch einen Sitz auf Nusa Lembongan. Der PADI-5-Sterne-Anbieter ist seit 1991 auf Nusa Lembongan vertreten. ✆ 0361/270252, www.scubali.com.

Viele Tauchschulen nehmen Schnorchler mit aufs Boot, daneben bieten die meisten Touranbieter, wie z. B. **Bali Hai Cruises**, Schnorchelausflüge im Programm.

Wer als Schnorchler die Unterwasserwelt selbstständig entdecken möchte, ist am besten an der nördlichen Küste der Insel aufgehoben.

Yoga Mo–Sa um 8 und 14 Uhr können im **Secret Garden Resort 13** Yoga-Kurse (60.000 IDR) besucht werden. ✆ 081/353136861 (mobil), www.bigfishdiving.com.

Die Westküste Lembongans ist von Seegrasfeldern gesäumt

Die Westküste

Der Haupthafen im Westen der Insel, **Jungut Batu,** lockt noch immer mit Budget-Unterkünften und bei Wellenreitern beliebten Restaurants und Bars, die einen direkten Blick auf die Surf Breaks Shipwrecks, Lacerations und Playgrounds bieten. Links und rechts schaut man auf die Fischerboote, die den langen, von Korallenbruch durchsetzten Sandstrand mit seinen zahlreichen vorgelagerten Seegrasfeldern säumen. Etwas weiter südlich von Jungut Batu schließt **Coconut Reef** mit seinen exklusiven Unterkünften und grandiosen Ausblicken über die Bucht an. In den in den Hang gebauten Resorts genießt man eine Prise Luxus, der kühlende Wind ist gratis.

Gemütlich wird es weiter südwestlich von Coconut Reef in der kleinen Bucht **Chelegim Bay** (auch **Tamarind Bay**). Hier kann man in den schönen Anlagen der Resorts die Ruhe wirklich genießen. Einziges Manko: Der schmale Strand zeigt sich nur bei Ebbe. Surfer wird das wenig kümmern, haben sie doch den Surfspot Playgrounds direkt vor der Nase. In der noch weiter westlich gelegenen **Mushroom Bay** wird es gegen 15 Uhr wieder ruhig, wenn die Tagesausflügler zurück nach Bali gereist sind. Die feinsandige Bucht mit ihren Unterkünften und Poolrestaurants der oberen Preisklasse zeigt sich dann wieder beinahe unberührt und friedlich.

Übernachten/Essen in Jungut Batu (→ Karte S. 335) Lembongan Beach Retreat **4**. 6 hübsche, aber schlichte Zimmer in einem kleinen (sich noch im Wachstum befindenden) Garten. Die oberen Räume mit Holz bzw. Bambus, die unteren gefliest bzw. mit Wänden aus Beton und Stein, alle mit Kaltwasserbad, Moskitonetz, Kühlschrank und Veranda/Balkon. Direkter Zugang zum kleinen Strandabschnitt. DZ 40–45 $, Extrabett 12 $. Auf Wunsch können Ausflüge für ca. 150.000 IDR/Pers. oder Kochkurse organisiert werden. Im offenen Restaurant werden ein kleines Frühstück, Snacks und kaltes Bier serviert. ✆ 087/861313468 (mobil), ✉ 0366/24481.

Indiana Kenanga Luxury Villas & Spa 8. Perfekt abgestimmte Farben und Formen zeichnen 6 marmorgefliese Villen mit eigenem Garten aus. Edles, kühles Design, stilvolles Dekor, riesige Betten und grandiose Marmor-Open-Air-Bäder sowie alle erdenklichen Annehmlichkeiten sind im Vergleich zu manch anderen Unterkünften endlich einmal ihren hohen Preis wert. Ein Überlaufpool steht nur den Gästen zur Verfügung, das perfekt eingerichtete Spa kann auch von Nichtgästen in Anspruch genommen werden. Direkt an einem gepflegten Strandabschnitt gelegen, ist auch das gestylte Restaurant auf Sterne-Niveau. Nicht billig, aber durch und durch exklusiv. Suite ca. 170 $, mit eigenem Pool ca. 390 $, jeweils ohne Frühstück, plus 16 % Tax. ✆ 0366/559371, 081/916236322 (mobil), ✉ 0366/559354, www.indiana-kenanga-villas.com.

Direkt nebeneinander liegen an einem schmalen Strandabschnitt:

Ketut Bungalows 10. Nett verzierte Steinbungalows mit riesigen Betten, gefliesten Wannenbädern und wahlweise AC und Heißwasser oder Fan. Ein kleiner Pool bietet Erfrischung. Preise variieren je nach Ausstattung und Stockwerk der Doppelbungalows: DZ 250.000–600.000 IDR ohne Frühstück. ✆ 0361/7474638, 081/337846555 (mobil), ketut_bungalows@yahoo.com.

Star Two Thousand Café & Bungalows 9. Verschiedene Räume in Doppelbungalows von groß und reich verziert bis klein und lieblos eingerichtet. Unbedingt die Räume vor Bezug besichtigen. Zimmer mit Fan 200.000–350.000 IDR, die teureren mit AC 350.000–550.000 IDR. Direkt am Strand ist ein kleines Restaurant-Café mit Bar angeschlossen. Surfboard- und Motorrollerverleih. ✆ 081/999515463 (mobil), 081/23812775 (mobil).

Nusa Indah 11. Besticht durch seine ausgefallen geformten Steinbungalows mit luftig hoher Decke und winziger Terrasse. Im begrünten Areal versetzt, aber eng aneinanderliegend, bieten die Zimmer wahlweise AC oder Fan. DZ 400.000–500.000 IDR. Surfboard- und Rollerverleih. Kostenloser WLAN-Zugang. Direkt am Strand serviert das angeschlossene **Surfer Beach Café & Bar** gute Gerichte vom Sandwich bis zur Pizza zu normalen Preisen (Hauptgerichte um 40.000 IDR). Große Burgerauswahl (ab 35.000 IDR). Achten Sie auf die Happy Hour.

✆ 0366/5596390, 081/1398553 (mobil), www.lembongansurferbeachcafe.com.

Secret Garden Resort 13 Etwas ins Hinterland versetzt liegt dieses treffend benannte Resort. Viel Rasen und hohe Kokospalmen umgeben die einfachen, aber sehr gepflegten, pastellgelben Einzelbungalows, auf deren Veranden man sich in seiner Hängematte entspannen kann. Alle geräumig, mit halboffenen Bädern und großen Bambusbetten (einige sogar rund!). Liebevolles Personal. Angeschlossener Tauchanbieter, Verleih von Motorrädern, Schnorchelausrüstung und Book Exchange. Auch 90-minütige Yoga-Kurse werden angeboten. Bungalow ca. 225.000 IDR ohne Frühstück. ✆ 081/353136861 (mobil), www.bigfishdiving.com.

Scoobydoo 12. Wohl die beliebteste und kultigste Bar der Insel. Hier trifft man sich abends auf einen Cocktail oder mannigfaltige Snacks wie große Burger, Steaks, Pizzen und gute Sandwiches. Faire Preise und gute Stimmung. Hauptgerichte ab 30.000 IDR, Cocktails 35.000–75.000 IDR.

Bunga Bungalo 16. Ein Hauch von Tortuga Bay umweht den Gast an diesem gemütlichen Örtchen. Das Restaurant wurde auf Holzplanken über dem Meer errichtet und animiert zum Kapern des nächsten kühlen Getränks. Zur Aussicht über die Anlegestelle kann man sich leckere Pizza, Kaffee und Snacks einverleiben. „Kajüten" können auch gleich gemietet werden. Die kleinen, aber liebevoll dekorierten Räume verfügen über eine süße Badlandschaft für Piraten und Meerjungfrauen. Fan/Kaltwasser 200.000–285.000 IDR, AC/Heißwasser 390.000–475.000 IDR. ✆ 0361/7429185, 082/897608 (mobil), 081/7551826 (mobil), www.bunga-bungalo.com.

… in Coconut Reef (→ Karte S. 335) Coconut Beach Resort 19. Nur über einen Fußweg oder das resorteigene Boot ist die exklusive Anlage zu erreichen. In den steilen Hang (und wir meinen wirklich steil) wurden einladende, runde Bungalows gebaut. Die rundum offenen Cottages (mit Fan) sorgen für eine kühle Brise. Alle haben große Betten, ein Frischwasserbad, eine Safety Box, eine Minibar und eine grandiose Aussicht über die Bucht von Jungut Batu. Zwei große Überlaufpools vervollständigen das luxuriöse Ambiente. Bungalow mit Fan 90 $, mit AC 130 $. Erheblich günstiger (AC-Bungalow ab 550.000 IDR) im Internet

Toyapakeh

Lombok

Strait

Mangrovenwald

Nusa

Nusa

Ceningan

Lembongan

1
2

3

Jungut Batu

4

8   10 9 11   7 6 5
              12   13   14   **Bootsanlegestelle/**
                         15   16   **Tickets**

**Public
Boats**

17
18
*Coconut
Reef*

19

Badung

*Lacerations
Surf Break*

*Playgrounds
Surf Break*

Bali

Strait

20

*Celegim Bay
(Tamarind Bay)*

21
22

23

25

24

**Boote nach
Sanur**
Mushroom Bay

28
29
30
31

27

**Pura
Punack Sari**

Lembongan

*Seegras-
Farmen*

**Underground
House**

26   *Dream Beach*

33   32

34   **Devils Tear**

*Sunset
Beach*

*Hänge-
brücke*

Bali

Nusa Lembongan

500 m

oder im Package über Island Explorer Cruises (www.bali-cruise.com). Dieser Anbieter organisiert in Zusammenarbeit mit dem Resort viele Touren, Ausflüge und Cruises. ☏ 0361/728088, 📠 0361/728089.

Playgrounds 🔢. Ein sehr entspannter Platz, fernab von allem Trubel. In den Hang gebaut und mit umwerfender Aussicht auf Bali und die Bucht von Jungut Batu. Hier werden sowohl einfache Zimmer als auch luxuriöse Villen mit eigenem Pool angeboten. Vom Überlaufpool oder der eigenen Veranda lässt sich der vorgelagerte Surf Break stundenlang beobachten. Einige Villen besitzen eine voll ausgestattete Küche und ein Open-Air-Bad. Die gut gefüllten Getränkekühlschränke sind wichtig: Da es im Resort selbst kein Restaurant gibt, können Essensvorräte hier gelagert werden. Wer nicht selbst kochen oder bis nach Jungut Batu laufen möchte, findet am Strand ein paar kleine Restaurants wie z. B. das Ware-Ware 🔢, das günstige lokale Gerichte serviert. Zimmer mit Fan ab 69 $, mit AC ab 79 $, Villa 89–220 $. ☏ 0366/34524, +61/400818641 (SMS-Hotline), www.playgrounds lembongan.com.

... an der Chelegim Bay (→ Karte S. 335)
Rickey Villa 🔢. Nur zwei Gebäude liegen am Hang hinter einer großen Rasenfläche. Neben einem zweistöckigen, geräumigen und gut eingerichteten Familienbungalow werden im anderen Gebäude die Stockwerke einzeln vermietet. Die Preise variieren ständig (400.000–1.000.000 IDR). Durchweg sehr groß, sehr sauber und sehr freundlich. Oben ist die Aussicht allerdings um Längen besser! Das etwas teurere Restaurant wartet außer mit lokalen Gerichten mit vielen japanischen Speisen und Pizza auf. Der Besitzer ist leidenschaftlicher Surfer, und somit werden auch Surftrips mit dem hauseigenen Boot angeboten. ☏ 087/876593513 (mobil), 087/861323761 (mobil), urip_lembon gan@yahoo.com.

Villa Wayan 🔢. In einem kleinen Garten direkt am Strand befinden sich 6 kreativ gestaltete Zimmer in einem verwinkelten Gebäude. Alle mit großen Betten und Moskitonetz, teils mit sehr schönen, mosaikverzierten Bädern. Sehr sympathische und entspannte Atmosphäre. Im Restaurant werden gute lokale Gerichte wie Currys und Kebab zu fairen Preisen serviert. Auf Wunsch können Schnorchel- und Angeltrips organisiert werden. DZ mit Fan 300.000 IDR, private Villa 700.000 IDR/Schlafzimmer (bietet AC, Heißwasser und einen eigenen Swimmingpool). In der Nebensaison billiger. ☏ 0361/7452527, 081/1386540 (mobil), villawayan@dps.centrin.net.id.

Tamarind Beach 🔢. Diese entspannte Anlage bietet 6 Bungalows, die neben viel Platz auch einen wundervollen Ausblick und schöne Bäder vorweisen können. Vor Geistern und Dämonen schützt die jeden Bungalow umgebende Bannmauer. Großes Plus der Anlage ist neben dem extrem sympathischen und kommunikativen Personal die geniale Poollandschaft mit Bar im Wasser. Bungalow 40–80 $. ☏ 0361/8572572, www.balitamarind.com.

Nanuk's 🔢. Etwa 100 m landeinwärts weiß diese brandneue Anlage mit traditionell gestalteten, doppelstöckigen Lumbung-Hütten zu gefallen. Dunkles Holz, wallende Moskitonetze und das große Tagesbett im Erdgeschoss sorgen für tropische Gemütlichkeit, das hübsche Open-Air-Bad für Abkühlung. Der zentral gelegene Pool entschädigt für die etwas strandferne Lage. Im kleinen Bar-Restaurant wird hervorragend mediterran gekocht, gegessen wird an den kleinen Tischen im Garten. Besonders zu später Stunde ist der leckere *arrak madu* eine alkoholische Offenbarung. Leider sind die Preise für die schönen Bungalows wirklich zu teuer: mit AC ca. 850.000 IDR, Family Bungalow (2 Schlafzimmer) ca. 1.050.000 IDR. Bei Internetbuchung und zur Nebensaison sind große Rabatte möglich. ☏ 0361/8528521, www.nanukbungalows.com.

... an der Mushroom Bay (→ Karte S. 335)
Mushroom Beach Bungalows & Restaurant 🔢. Die geniale Lage hoch auf den Klippen, der Blick auf die Bucht und der große Swimmingpool (mit eben dieser Aussicht) können leider nicht über die älteren, renovierungsbedürftigen Betonbungalows und den zeitweise bemerkenswert unfreundlichen Service sowie die teuren Preise hinwegtäuschen. Die neueren Holz-Lumbungs sind die bessere Option und erscheinen um Längen gepflegter. Man scheint sich hier auf dem guten Ruf zu lange ausgeruht zu haben. Aussichtsrestaurant mit Blick auf bessere Unterkünfte angeschlossen. Standard-DZ (astronomische) 167–175 $, Lumbung ca. 165 $, Luxusversion ab 225 $. Boottrips, Schnorchel- und Rollerverleih. Zur Nebensaison und auf Nachfrage erheblich günstiger. ☏/📠 0361/281974, ☏ 0361/281974,

081/23956317 (mobil), 081/338695455 (mobil), www.mushroom-lembongan.com.

Bali Hai Tide Huts 29. Schöne Anlage mit beeindruckender Poollandschaft und vielen Freizeitmöglichkeiten. Über Holzwege durch begrünte Sandflächen erreicht man die kleinen, dunklen Lumbung-Hütten, die zwar ohne Bad und WC, aber mit AC, Safe und Kühlbox ausgestattet sind. Allerdings stehen für alle 15 Cottages nur 4 Gemeinschaftsbäder bereit. Deshalb gnadenlos überteuert: Hütte 90–130 $, Hochsaisonzuschlag: plus 20 $. ✆ 0361/720331, ✆ 0361/720334, www.balihaicruises.com.

Lumbung Bali Huts 28. Vier neue Lumbungs direkt am Strand mit ungetrübtem Blick auf das Meer. Eng aneinandergebaut, dafür sehr freundlich und ruhig. Ein kleines Spa, Babysitter-Service und ein gutes Strandrestaurant runden das Angebot ab. Lumbung 70 $. ✆ 0361/9104949, 081/337854130 (mobil), 081/337379396 (mobil), www.lumbung balihuts.com.

Waka Nusa Resort 30. Umringt von Frangipanibäumen stehen 5 Rundhütten mit hohen Alang-Alang-Dächern versetzt auf dem sandigen Grundstück. Alle gut und exklusiv ausgestattet mit Heißwasser, AC, Minibar und großem Bett. Ein Spa und der runde Swimmingpool stehen den Gästen zur Verfügung. Die Preise für die Hütten und im Restaurant sind entsprechend dieser bekannten Luxuskette gehoben. Bungalow ab 170 $. ✆/✆ 0366/24477, www.wakanusa resort-bali.com.

Adi Bungalow & Restaurant 24. Etwas ins Hinterland versetzt. Hier werden recht neue und saubere Lumbung-Hütten – je nach Wahl ein- oder zweistöckig – mit schönen Bädern vermietet. Familiäre Atmosphäre. Im zweistöckigen Warung kann man den Hunger mit einfachen Gerichten zu fairen Preisen stillen. Minimarkt angeschlossen. Zimmer 40–85 $. ✆ 081/236712426 (mobil), 081/338345185 (mobil), www.adibunga lowlembongan.com.

The Tanis 31. Die reich begrünte, weitläufige Anlage erstreckt sich am westlichen Ende der Bucht und wartet mit unterschiedlich, aber immer ansprechend gestalteten Steinbungalows auf. Die großen, sauberen Bungalows sind mit gemütlichen Betten, Moskitonetzen, Minibar und steinernen Open-Air-Bädern (teils mit Wanne) ausgestattet. Auch ein Family Cottage mit zwei Schlafzimmern ist im Angebot. Ein großer Pool liegt direkt neben dem kleinen Restaurant. Massagen und Ausflüge werden auf Wunsch von den zuvorkommenden Angestellten organisiert. Zimmer/Bungalow je nach Ausstattung, Größe und Lage 80–110 $, Villa 135 $. Bei Buchungen über das Internet sowie in der Nebensaison erheblich günstiger! ✆ 081/24683654 (mobil), 082/83687447 (mobil), www.tanisvillas.com.

Warum heißt dieser Strand wohl Sunset Beach?

Die Buchten im Südwesten

Im Südwesten der Insel finden sich zwei umwerfend attraktive Buchten: Der **Dream Beach** besticht mit einem breiten, herrlichen Sandstrand, der von Kalksteinfelsen umrahmt ist. Baden ist jedoch nur bei Flut möglich und dann auch nur bedingt, denn die Brandung ist mitunter extrem stark. Das zum Dream Beach Bungalow gehörende Café Pandan

Auch der Dream Beach wird seinem Namen gerecht

versorgt Tagesgäste genauso freundlich mit lokalen und Thai-Gerichten, frischem Kaffee und Sundown-Cocktails wie Bewohner. Liegestühle für Nichtgäste kosten 25.000 IDR.

Der **Sunset Beach** verdient seinen Namen wirklich! Im urgemütlichen Warung Sunset genießt man das täglich stattfindende Schauspiel mit einem der leckeren Cocktails, gegrilltem Fisch oder Salaten und sieht den Wellen zu, wie sie gegen den felsigen Sandstrand rauschen. Auch hier ist Baden an den meisten Tagen einfach nur gefährlich. Die Kulisse allerdings ist immer einen Besuch wert! Seit 2010 ist das auf Gili Trawangan bereits etablierte Scallywags am Sunset Beach vertreten. Und so ziert den früher unberührten Strand ein kühler Swimmingpool. Zu den BBQ- und Salatbarangeboten werden Tapas und Cocktails serviert. Getrennt werden beide Buchten durch die dramatische Felsformation **Devil's Tear,** die durch einen kurzen Fußmarsch leicht zu erreichen ist.

Übernachten/Essen & Trinken (→ Karte S. 335) Dream Beach Bungalows **26**. Die perfekte Mischung, die man sich für einen Inselurlaub erträumt. Allerdings zahlt man für die exponierte Lage am schönsten Strand der Insel. Die hölzernen Lumbungs mit Fan sind zwar etwas klein, warten aber mit weichen Betten und wunderschönen Freiluftbädern (mit Kaltwasser) auf. Von der kleinen Veranda blickt man über die Bucht auf den Sonnenuntergang. Gruppen oder Familien kommen in den steinernen Familienhäuschen mit zwei Schlafzimmern und Aufenthaltsraum unter. Lumbung/Bungalow ab 75 $, Familienhäus– chen 145 $, Hochsaisonaufschlag 10 $. Mit dem resorteigenen Boot können Schnorchelausflüge (200.000–300.000 IDR) sowie Angeltouren (700.000–1.000.000 IDR) unternommen werden. ✆ 0361/7432344, 081/23983772 (mobil), 081/338737344 (mobil), www.dream beachlembongan.com.

Sunset Villas & Café **33**. Auf einem Hügel in direkter Nähe zum Sunset Beach gelegen. Hier hat man wirklich seine Ruhe und ist trotzdem nicht alleine. In zwei weit auseinander gelegenen Gebäuden im schön angelegten Garten werden insgesamt 4 große Zimmer mit eigener Veranda vermietet. Allesamt gefliest, sehr hell und mit herrlichen Open-Air-Bädern und Fan. Auch der zentrale Salzwasserpool ist ein Pluspunkt. DZ/Bungalow 550.000–650.000 IDR. Im erhöht gelegenen Restaurant genießt man den Sonnenuntergang zu Lounge-Musik in unglaublich relaxter Atmosphäre. Leider wird der Ausblick zur linken Seite durch die egoistische Bauweise des Nachbarn etwas behindert, der Stimmung tut dies jedoch keinen Abbruch. Wer Hunger hat, kann von der kleinen Speisekarte sowohl indonesische Gerichte (ab 20.000 IDR) als auch Burger und Steaks (ab 35.000 IDR) sowie viele Speisen mit Fisch und Hühnchen bestellen. ✆ 081/7338595776 (mobil), 081/23957616 (mobil), www.sunsetvillaslembongan.com.

Warung Sunset 🄴 und **Scallywags** 🄷 versorgen die Gäste am Sunset Beach. Am Dream Beach gibt es das **Café Pandan** 🄱.

Der Süden

Im südlichen Inland liegt **Lembongan,** die Hauptstadt der kleinen Insel, in der die meisten der ca. 5000 Einwohner leben. Etwas nördlich der Siedlung findet sich der Haupttempel Nusa Lembongans, der **Pura Puncak Sari,** von dem man bis nach Bali blicken kann. Entlang der südöstlichen Küste häufen sich dann wieder Farmen, in denen Seegras angebaut wird, welches der Insel ihren unverwechselbaren Duft verleiht.

Über eine schmale Hängebrücke gelangt man zu Fuß oder mit dem Motorrad zur erheblich kleineren Nachbarinsel **Nusa Ceningan,** auf der ebenfalls Seegras angebaut wird. Über kleine Pfade lässt es sich zwischen den kleinen Ansiedlungen zu hübschen Stränden wandern. Lokale Guides bieten ihre Hilfe beim Aufspüren abgelegener Buchten an. Allerdings haben die Kinder hier gelernt, regelrecht barsch Geld von den Touristen zu fordern. Besonders für Surfer interessant ist der Surf Break **Ceningan Reef.**

Mangroven im Norden und Osten

Für einen kurzen Ausflug lohnt sich ein Abstecher in den Norden und Nordosten von Nusa Lembongan. Hier ist die Küste von einem dichten Mangrovenwald umgeben. Noch auf der Straße dorthin werden 2000 IDR pro Person als Eintritt verlangt. Mit Auslegerbooten können die außergewöhnlichen Gewächse auf dem Wasserweg für rund 100.000 IDR pro Person erkundet werden, und auch zwei nette Warungs laden zum Verweilen ein.

Essen & Trinken(→ Karte S. 335)
Mangrove Restaurant 🄴. Liegt direkt am Mangrovenstrand und wartet mit entspannenden Sitzmöglichkeiten und Liegeflächen aus Bambus auf. Besonderes Highlight ist der (nur bei Flut) zwischen den Mangroven schwimmende Ponton. Abends lockt zur Happy Hour die Cocktailkarte. Hauptgerichte 25.000–50.000 IDR, Cocktails ab 60.000 IDR. Von Mittag bis ca. 21.30 Uhr geöffnet.

Mades Restaurant 🄳. Ein Stück hinter dem Mangrove Restaurant. Auf der Terrasse kann man in geselliger Atmosphäre und direkt über den Mangroven lokale Gerichte genießen. Preisniveau nur unwesent-lich niedriger als das des Mangrove Restaurant. Hier werden auch Bootstouren organisiert (ab 100.000 IDR/Pers.).

Auf dem Weg zurück nach Jungut Batu passiert man noch ein paar kleine Warungs auf der Meeresseite, z. B.:

Nyoman Warung 🄳. In typischer Manier werden hier zum Blick auf Bali an kleinen Holz- und Plastiktischen direkt am Strand lokale Gerichte und Snacks serviert. Die nette Besitzerin grillt frisches Seafood oder Saté, z. B. BBQ-Fish (für 2 Pers.) ab 80.000 IDR, Saté ab 40.000 IDR. Für einen Warung etwas zu teuer, doch das Gästebuch spricht Bände.

Ost-Bali → Karte S. 282

Penidas Küste wartet mit einmaligen Szenerien auf

Nusa Penida

Mysteriöse Geschichten und unheimliche Legenden ranken sich um Nusa Penida. So soll die Insel die sagenhafte Wohnstätte eines der berüchtigtsten Dämonen in Balis Mythologie sein: Der schreckliche Jerok Gede Macaling hat sich das Eiland als Rückzugsort auserkoren. Und wir meinen: eine wahrlich gute Wahl.

Obwohl sie oft als karg beschrieben wird, haben wir die Insel auch außerhalb der Regenzeit in grünem Gewand erlebt. Abseits der in Terrassen angelegten Felder, auf denen Erdnüsse, Ananasstauden und Süßkartoffeln angebaut werden, finden sich auch viele Palmen, Cashew-Bäume und saftig grüne Wäldchen. Die Bewässerung der Felder erfolgt durch zahlreiche Zisternen.

Der Haupterwerb der Bewohner ist neben der Feldwirtschaft auch hier der Seegrasanbau, v. a. an der Nordküste. Die Südküste der Insel wird dagegen von dramatischen Felsklippen beherrscht, die über 200 m steil abfallen. Der Tourismus kann noch nicht als wirkliche Einnahmequelle angesehen werden. Wer sich dennoch hierher verirrt, wird seinen Ausflug auf keinen Fall bereuen, da es auf Nusa Penida noch vieles zu entdecken gibt. Mit zahlreichen kleinen Naturwundern, beinahe unberührten Stränden und reich geschmückten Tempelanlagen bietet diese Insel eine Menge touristisch unausgetretener Pfade, die es auf Tagesausflügen und Wanderungen zu erkunden gilt.

Bekannter wiederum ist Nusa Penida bei Tauchern. Zahlreiche Tauchspots um die Insel rühmen sich damit, zu den besten Balis zu gehören. Besonders der zwischen August und Ende Oktober immer wiederkehrende Mondfisch (*mola mola*) sowie zahlreiche Mantarochen und Tigerhaie sind die lebenden Attraktionen der Insel.

Abseits davon ist das Leben hier noch ruhig und vom Tourismus wenig berührt. Dementsprechend finden sich neben ein paar kleinen Unterkünften weder Luxushotels noch wirklich Restaurants. Verhungern muss dennoch niemand, besonders am Abend füllen sich die kleinen Märkte mit Essensständen und winzige Warungs servieren leckere lokale Gerichte wie *nasi campur*. Einkaufen kann man das Nötigste in den Lädchen am Straßenrand.

Toyapakeh

Das kleine Fischerörtchen ist wohl der bekannteste Punkt auf Nusa Penida, denn dem Strand ist eine Plattform der Firma Quicksilver vorgelagert. Mitten im Meer können Tagesgäste hier Wassersportmöglichkeiten aller Art frönen – mit All-inclusive-Charme. Für alle anderen Besucher verteilen sich entlang des schmalen Strandes schnuckelige Warungs, von denen man den Fischern beim täglichen Broterwerb zusehen kann.

Basis-Infos (→ Karte S. 342/343)

Ausflüge/Touren   Neben lokalen Guides organisiert z. B. **Penida Dive Resort** in Toyapakeh interessante Ausflüge. Erkundungstouren zu versteckten Plätzen auf der Insel gibt es ab 15 € mit Fahrer und Guide. Auch der engagierte und sympathische Agus bietet in Zusammenarbeit mit seinem **Nusa Penida Guesthouse** in Kutampi tolle Ausflüge auf der Insel an.

Geld   Nehmen Sie unbedingt ausreichend Bargeld mit! Es gibt nur einen Geldautomaten an der Hauptstraße in Sampalan. Dieser nimmt keine VISA Karten, kann öfters mal leer sein und gibt höchstens 500.000 IDR aus. Die beiden Banken entlang der Hauptstraße wechseln Bargeld.

Internet   Entlang der Hauptstraßen aller Orte und im Büro des Nusa Penida Guesthouse **4** in Kutampi.

Motorradverleih   Einige Unterkünfte vermieten Motorräder, z. B. bei Rod für 60.000–80.000 IDR/Tag. ☎ 081/805333747 (mobil).

Polizei   In Sampalan an der Straße Richtung Küste.

Tauchen/Schnorcheln   Tauchen ist d i e Aktivität auf Nusa Penida schlechthin. Die Insel ist umgeben von grandiosen Tauchplätzen. Der bei Drucklegung einzige Tauchanbieter auf der Insel ist das empfehlenswerte **Penida Dive Resort** in Toyapakeh. Diese tschechische Tauchschule organisiert mit Begeisterung und Elan Ausflüge, z. B. einen Trip inkl. 2 Tauchgänge, Guide und Lunch 610.000–810.000 IDR, Schnorchelausflüge ab 15 € (mind. 2 Pers.).

Hin & weg

Die Boote nach Nusa Penida fahren zwar täglich, aber trotz fester Abfahrtszeiten sehr unregelmäßig. Unbedingt vor Ort – am besten einen Tag im Voraus – die aktuellen Abfahrtszeiten erfragen!

Von/nach Padang Bai   Mit der **Autofähre** geht es tägl. um 10 und 13 Uhr in ca. 1,5 Std. nach Sampalan (ca. 25.000 IDR). Tickets sind schnell ausverkauft und sollten mehrere Stunden im Voraus gekauft werden. Für die Rückfahrt legt die Fähre gegen 11 Uhr in Sampalan ab. Nach Buyuk (ca. 1 km westlich von Sampalan) fahren zwischen 7 und 11 Uhr **Public Boats** (ca. 30.000 IDR). Auch diese sind oft ausgebucht, und so kommt man meist nicht um-

hin, ein Boot zu chartern (300.000–500.000 IDR).

Von/nach Sanur   Das neue Speedboat Maruti Express legt um 9, 10 und 16 Uhr in Sanur Richtung Nyu auf Nusa Penida ab. Für die Überfahrt benötigt das Boot bei gutem Wetter 30–45 Min. Bei schlechtem Wetter ist von der Nachmittagsfahrt unbedingt abzuraten! Auf der Homepage werden auch Tagesausflüge ab Sanur angeboten. Von Nusa Penida aus geht es um 9, 15 und 16.30 Uhr Richtung Sanur (Erw. 250.000 IDR, Kinder 150.000 IDR). Office in Sanur: ℡ 081/23831639 (mobil), Office in Nusa Penida: ℡ 085/268617972 (mobil), 081/338754848 (mobil), www.balimarutiexpress.com.

Mit Quicksilver gelangt man nach Toyapakeh, meist wird die Überfahrt als Tagesausflug gebucht. Der Shuttlebus sammelt die Gäste in Sanur, Kuta und Jimbaran ein (gegen einen kleinen Aufpreis sogar in Ubud). Von Tanjung Benoa geht es dann um 8.45 Uhr los Richtung Nusa Penida. Ab ca. 10.30 Uhr bis zum späten Nachmittag, ca. 15 Uhr, können sich die Gäste sowohl auf dem Ponton als auch im Wasser vergnügen, Banana-Boot fahren, Schnorcheln und Sonnenbaden. Erw. 95 $, Kinder (5–14 J.) 47,50 $ (Verpflegung inbegriffen). Im Voraus buchbar unter ℡ 0361/721521, www.quicksilver-bali.com.

Von/nach Nusa Lembongan Von Jungut Batu fährt zwischen 7 und 10 Uhr ein Boot in ca. 30 Min. nach Toyapakeh (ca. 30.000 IDR). In die umgekehrte Richtung starten die Boote zwischen 7 und 8 Uhr in Toyapakeh. Ansonsten kann man von Nusa Lembongan in jede Richtung Boote chartern (250.000–400.000 IDR).

Von Kusamba Morgens fahren Public Boats nach Toyapakeh (ca. 30.000 IDR). Diese sind jedoch aus Sicherheitsgründen nicht zu empfehlen (→ S. 286)!

Übernachten

Unterkünfte sind, genau wie Touristen, sehr spärlich gesät und einfach ausgestattet, dafür aber sympathisch. Immer gibt es Frühstück, ein Restaurant ist allerdings so gut wie nie angeschlossen. Die meisten Losmen haben sich an der Nordküste um Sampalan sowie in Toyapakeh angesiedelt. Auf großartige Beschilderung wird übrigens kein großer Wert gelegt.

Toyapakeh Quicksilver **2**. Der Anbieter vermietet ein paar kleine, natürlich gestylte Bungalows auf einem Gelände in Toyapakeh. Außen schöne Holzwände, innen ein wenig moderner mit kleinen Bädern. Tagsüber durch die ganzen Ausflügler etwas belebt, dafür ist es nachts herrlich ruhig. Der Anbieter leugnet jedoch auf Nachfrage die Existenz der Übernachtungsmöglichkeit. Am besten vor Ort erkundigen.

Ü bernachten
1 Mutiara Bungalows
2 Quicksilver
4 Nusa Penida Guesthouse
5 Rai Homestay
6 Made Homestay
    Nusa Garden Bungalow
7 Bungalow Pemda

E ssen & Trinken
1 Mutiara Bungalows
3 Depot Anda

S onstiges
1 Penida Diving
4 Internet und Touren

Mutiara Bungalows/Penida Dive Resort 1. Sowohl für Taucher als auch für Nichttaucher eine wirklich gute Wahl. Den Gästen stehen in Reihe gebaute Bungalows mit großen Betten und kleinen blauen Bädern zur Verfügung. Teils mit AC, sonst mit Fan. Vielleicht sind die Hütten nicht die bezauberndsten der Insel, dafür überzeugen das vielfältige Angebot, das echte Engagement und die herzliche Stimmung! Zudem gibt es hier das einzige „Restaurant" der In-

nur   Sanur

Prapat   Ped
Pura Dalem
Penateran Ped
apakeh Nusa
Penida
Bird
Park
Biyaung
ebunibus

Sentalkawan   Sental-kauhan

Jurangpait

Glagah
Sebunipil
Klumpu

G. Mundi
527

'undukan-kaja

atumadeg
Sebuluh

Air Terjun
Sebuluh

Public Boats nach
Padang Bai
Kutampi
Telaga Buyuk Mentigi

Batununggu
Batumulapan

Autofähre nach
Padang Bai
Sampalan

Nusa Penida

Goa Giri
Putri   Karangsari

Celagilandan
Suana

Puiagan   Pura Puseh
Yeh Ulakan

Pura Batu Madan
Pura Batu Kuning
Semaya

Pejukutan

Batu Kandik   Karang

Antapan   Dungkap

Debuluh   Tanglad

Tg. Abah

Manta Point   Ramuhan   Pelilit

Sekartaji

Tg. Moling   Tg. Atuhlili

Tg. Bakung

Nusa Penida

1,5 km

sel. Im luftigen Pavillon genießt man tsche-chische Spezialitäten wie gebackenen Käse und pikante Kartoffelpuffer, aber auch lokale Gerichte. Zimmer mit AC 210.000 IDR, mit Fan 160.000 IDR. ✆ 081/337022676 (mobil), 081/916201753 (mobil), 087/861331650 (mobil), www.penida-diving.com.

Kutampi Nusa Penida Guest House **4**. Der engagierte Manager Agus vermietet 2 sehr saubere Steinbungalows im traditionellen Stil mit kleinen, pinkfarbenen Bädern. Er organisiert auch interessante Aus-

flüge zu den versteckten Naturschönheiten der Insel und BBQs für seine Gäste. Auch ein (langsamer) Internetzugang kann gegen Gebühr benutzt werden. Bungalow (nur) mit Fan 100.000–200.000 IDR. Umbau zu AC Bungalows in Planung. Von Sampalan kommend auf der rechten Seite in zentraler Lage zwischen Fährhafen und Strand. ✆ 081/353333493 (mobil), 081/74794176 (mobil), agoes_noeza@yahoo.com.

Mentigi   Rai Homestay **5**. Um einen großen, schattigen Innenhof voller Vögel und Pflanzenkübel reihen sich 9 Unterkünfte in einem traditionellen Gebäude mit kunstvollen Deckengemälden. Einfache, saubere Zimmer mit hellem Bad. Der freundliche Besitzer der kleinen, ruhigen Oase spricht leider nur wenig Englisch. DZ mit Fan 150.000 IDR. Gegenüber dem Markt, auf dem es ein paar kleine Essensstände gibt, folgt man der kleinen Seitenstraße bis zu ihrem Ende. ☎ 0366/23597, 081/357292687 (mobil).

Sampalan Made Homestay **6**. Im grünen, schattigen Garten stehen 4 sehr einfache, saubere Zimmer (etwas dunkel, aber geräumig) für die Gäste bereit. Sehr freundliche Atmosphäre mitten im Ort. Zimmer mit Fan 130.000–150.000 IDR. Von Kutampi kommend östlich des Dorfzentrums, gegenüber vom Gebäude mit der Aufschrift „SMU PGRI" bzw. kurz vor der BRI-Bank in die kleine Seitenstraße einbiegen. ☎ 082/83686709 (mobil), 085/238814998 (mobil).

Nusa Garden Bungalow 6. Eine Seitenstraße weiter nach der des Made Homestay liegt an deren Ende diese Unterkunft. In einem kleinen, mit Kunstwerken, Springbrunnen und Blumen dekorierten Gartenareal werden 8 Steinbungalows mit großen, einfachen Bädern angeboten. Auch im reich verzierten Familienhaus kann man in 2 Zimmern wohnen. Ein geräumiger, offener Aufenthaltsraum wird mit (oft nicht vorhandenen) anderen Gästen geteilt. Bungalow 100.000 IDR, Familienhaus 400.000 IDR. Jl. Nusa Indah, ☎ 0361/418338, 081/338120660 (mobil).

Als Volontär im Nusa Penida Bird Sanctuary

Das Nusa Penida Bird Sanctuary ist die beste Adresse für Umweltschützer und alle, die es werden wollen.

Seit 2004 arbeitet die Organisation als Teil der FNPF (Friends of the National Parks Foundation) zusammen mit den Einheimischen und vielen Freiwilligen aus aller Welt. Schon bald wurde Nusa Penida zu einem inselweiten Vogelreservat ausgerufen, um bedrohten Arten wie dem Bali Star einen geschützten Lebensraum zu bieten. Die gefährdeten Tiere werden gepflegt, gezüchtet und in die Freiheit entlassen. Doch das Engagement geht weit über die Rettung von Vögeln hinaus: Vor Kurzem wurde ein Projekt zum Schutze der bedrohten Meeresschildkröten ins Leben gerufen, die nun an einem abgelegenen Strand unter der Obhut von Dorfbewohnern ungestört brüten, schlüpfen und aufwachsen können. Und auch für die Landwirtschaft wird einiges getan. Saatgut wird getestet und auf die besten Aussaatbedingungen geprüft, Kenntnisse über Kompostierung und Humusgewinnung werden weitergegeben, Pflanzensetzlinge an Bauern kostenlos verteilt und Aufklärungsarbeit – besonders im Gebiet der Landwirtschaft – geleistet. Daneben können die Inselbewohner durch Konversationsklassen auf dem Parkgelände oder in Schulen ihr Englisch verbessern bzw. Kinder und Jugendliche mithilfe von Stipendien eine gute Schulausbildung genießen.

Besucher werden gerne durch die etwa einen Hektar große Anlage geführt. Klar, dass es für die Arbeit helfende Hände braucht. Freiwillige müssen zwar ihre gesamten Reise- und Verpflegungskosten selbst übernehmen, können jedoch relativ günstig auf dem Grundstück übernachten. Für z. B. eine Woche im Einzelzimmer zahlt man ca. 150 $, im Schlafsaal ca. 78 $, Pärchen können im Zweierzimmer für ca. 225 $/Woche unterkommen. Wer länger bleibt, kommt günstiger weg. Die Einnahmen fließen natürlich allesamt in das Projekt. Daneben wird ein Engagement von ca. 4–6 Stunden vormittags plus eine Teilnahme an den allabendlichen Konversationsstunden gewünscht. Weitere Informationen unter www.fnpf.org. ☎ 0361/977978 (Hauptbüro in Ubud), 082/897608696 (Nusa Penida), info@fnpf.org.

Bungalow Pemda **7**. Die Steinbungalows auf dem Areal direkt an der Küste befanden sich zur Zeit der Recherche noch in der Renovierung bzw. im Aufbau. Allerdings wirkt das Gelände sehr verlassen, das ehemalige Restaurant verwaist. Wir sind uns dennoch sicher, dass es auf Nachfrage einsatzbereit gemacht werden kann. Halten Sie sich an der Kreuzung in Richtung Küste. In der Nähe der Polizeistation. Für Verpflegung sorgen die Warungs auf der anderen Straßenseite direkt am Meer. ✆ 813/38539435.

Von Toyapakeh entlang der Nord- und Ostküste

Im kleinen Örtchen Ped, vis-à-vis zu Bali, liegt der **Pura Dalem Penateran Ped.** Dieser Unterwelttempel – einer der bedeutendsten Balis – ist die Wohnstätte des Dämons Jerok Gede Macaling. Gerade am alle drei Jahre stattfindenden Usaba-Fest werden auch von der Hauptinsel aus an diesem von schwarzer Magie beherrschten Ort Opfergaben dargebracht, um Krankheiten, Elend und Unheil für Bali abzuwehren.

Essen & Trinken In Ped selbst finden sich einige *rumah makan* (eine Art Restaurant) sowie kleine Lädchen, wo man sich mit dem Nötigsten versorgen kann. z. B. Depot Anda **3**, wo die stolze und herzliche Besitzerin hervorragenden *nasi goreng* und *sayur hijau* kocht und dazu eiskaltes Bier serviert.

Goa Giri Putri: Etwa 9 km südöstlich von Sampalan, direkt vor dem Örtchen Karang Sari, gelangt man über einen steilen, langen Treppenaufgang zu diesem weiteren Heiligtum der Insel. Man muss sich durch ein winziges „Mauseloch" zwängen, bevor man vom Anblick der überaus großen Höhle förmlich erschlagen wird. Der Legende nach haust auch hier ein Dämon mit riesigen Schlangen. Sichtbar für den Besucher sind jedoch nur die unzähligen Fledermäuse, deren Flügelschläge vom unablässigen Gebetsgemurmel heiliger Männer begleitet werden. Eingehüllt in den feuchten Dunst, durchwandert man die

ca. 400 m lange Haupthöhle, bis sich einem am Ende ein atemberaubender Blick über ein weites grünes Tal bietet – ein wahrlich magischer Ort.

Eintritt (meist inkl. Führer) ca. 20.000 IDR. Eine gute Taschenlampe ist empfehlenswert, nur so können Sie die Seitenarme, heiligen Schreine und Quellen tatsächlich in Augenschein nehmen.

Weiter südöstlich lassen sich noch mehrere eindrucksvolle Tempel besichtigen: Auf dem Weg nach Suana passiert man den **Pura Puseh Yeh Ulakan,** der weiß über der steilen Klippe aufragt und eine wundervolle Aussicht über das Meer bietet. Folgt man der Küstenstraße Richtung Semaya, so kommt man an dem mit reichen Verzierungen im blütenweißen Korallengestein geschmückten **Pura Batu Medawu** (auch Pura Sad Kahyangan) vorbei. In Semaya, einem kleinen, verschlafenen Örtchen mit einigen Warungs, ist man am Ziel der Tempelbesichtigungstour angelangt und hat etwa ein Drittel der Insel umrundet. Hier sollte man unbedingt noch die direkt nebeneinander liegenden Tempel **Pura Puseh Desa Kakaraman, Pura Dalem Segara** und **Taman Narmada Sari** bestaunen. Seltenheitswert hat der bunt geschmückte Schrein im Erstgenannten, der wohl die Schildkröte darstellt, die Bali auf dem Rücken trägt.

Von hier geht es entweder wieder an der Küste zurück nach Toyapakeh oder über Suana durch das hügelige Inland, vorbei an kleinen Siedlungen und grandiosen Aussichtspunkten.

Von Toyapakeh in den Süden der Insel

Wer von Toyapakeh kommend in Sakti rechts abbiegt, gelangt über eine kleine Straße nach wenigen Kilometern zur herrlichen **Crystal Bay** – eine beinahe unberührte Bucht mit hell strahlendem Sand, gesäumt von Palmen. Es gibt kein Restaurant, dafür bieten lokale Farmer Kokosnüsse als Erfrischung an. In den grandiosen, dem Strand direkt vorgelagerten Korallenriffen tummeln sich viele Fischarten bis hin zu recht beeindruckenden Exemplaren. Der Zugang ist für Schnorchler vom Strand aus gut zu meistern, jedoch aufgrund der starken Strömung nichts für Ungeübte und Kinder. Unbedingt auf die Strömung achten!

Kleine Auto-Show im Pura Ulun Bukit

Der westliche und südwestliche Teil Nusa Penidas trumpft weniger mit Tempeln als vielmehr mit berauschenden Naturwundern und traumhaften Stränden auf. Doch lediglich zur Crystal Bay kann man leicht ohne Führer gelangen. Die weiteren Natursehenswürdigkeiten sind nur über verschlungene Pfade aufzuspüren. Hier ist ein ortskundiger Guide empfehlenswert. Denn nur so kommen Sie in den Genuss, einen Meereskrater zu Fuß zu umrunden, in dem sich die tosende See immer und immer wieder verfängt, oder in einem einzigartigen, vom Wasser geformten Pool inmitten der rauen Felsklippen zu schwimmen, von einer Klippe aus Mantas zu beobachten oder den verzweigten Weg zum **Pura Ulun Bukit** zu finden. In Letzterem wartet eine echte Überraschung: Zwei bunte Autos – genauer ein Suzuki Jimny und ein VW Käfer – stellen hier die Schreine. Sehenswert!

Empfehlenswerte Guides für die Inselerkundung können Sie im **Nusa Penida Guesthouse** in Kutampi (→ S. 343) und bei **Penida Dive Resort** in Toyapakeh (→ S. 342) buchen. Bei beiden Adressen werden Sie von ortskundigen und begeisterten Führern bis in den letzten Winkel der Insel begleitet.

Nusa Penidas schwarze Eminenz

Schwarz, mit scharfen Fangzähnen und langen Klauen wird er von den Balinesen dargestellt: Der riesige Dämonenfürst Jerok Gede Macaling, der die Südküste Balis schon mehrmals von Nusa Penida aus mit seinen Dämonen- und Geisterscharen heimgesucht hat. Mit einer List ist es den Balinesen gelungen, den Dämon bei seinem letzten, großen Angriff nach Nusa Penida zu verbannen. Diese Begebenheit ist gleichzeitig der Ursprung des Barong-Landung-Tanzes: Jerok, der an der Küste Balis auf die Rückkehr seiner wütenden Dämonenhorde wartete, wurde beobachtet, wie er sich in einen Barong (ein Ungetüm – halb Löwe, halb Drache) verwandelte. Ein hoher Priester schlug daraufhin vor, ein ebenso großes Abbild des Monsters zu bauen und dieses an der Küste aufzustellen. Das erschaffene Wesen muss so furchteinflößend gewesen sein, dass der Dämonenfürst mit seinem Heer zurück nach Nusa Penida flüchtete – und dorthin bis heute verbannt zu sein scheint. Für die Bewohner Balis ist Jerok Gede Macaling neben Rangda die Verkörperung des Bösen und der Zerstörung und gilt als Quelle von Seuchen, Krankheit und Tod. So verwundert es nicht, dass diese Gestalt für Balinesen angsteinflößend ist und sein Name, wenn überhaupt, nur mit gesenkter Stimme ausgesprochen wird.

Noch immer gefürchtet: Jerok Gede Macaling (links)

Ost-Bali → Karte S. 282

Nord-Bali

Schwarze bis hellgrau Strände, verschlafene Feriensiedlungen und skurrile Tempel findet, wer sich bis in den Norden der Insel wagt. Das Zentrum an der Küste ist Lovina. Im Inland warten, eingebettet zwischen Vulkanen, geheimnisvoll schimmernde Bergseen, die sich die Göttin Dewi Danu als Wohnstädte auserkoren hat. Und auch so mancher Mensch freut sich über das kühlere Klima und nutzt die Tage für Trekkingtouren zu verborgenen Wasserfällen oder geht Erdbeeren pflücken.

Singaraja

Die ehemalige Kapitale Balis wurde 1959 von Denpasar als Hauptstadt abgelöst. Die bis heute zweitgrößte Stadt der Insel ist alles andere als touristisch überlaufen. Dies mag manch vereinzelten Besucher verwundern, ist die Stadt doch eine sympathische „Metropole" mit schmucken Alleen, vielen Überbleibseln kolonialer Architektur und einem besuchenswerten Hafen, der von alten, teils verfallenen holländischen Speicherhäusern gesäumt ist.

Das ehemalige Einfallstor nach Bali war schon zu Beginn des 10. Jh. der wichtigste Umschlagplatz für den Fernhandel mit China, Indien oder Malaysia. Zwischen dem 16. und 19. Jh. war Singaraja das machtpolitische Zentrum des Fürstentums von Buleleng und diente bis in die 1940er-Jahre Kaufleuten und ersten Touristen als Landeplatz.

Auch die holländische Kolonialmacht setzte hier – nach mehreren erfolglosen Auseinandersetzungen mit dem Königreich Buleleng zwischen 1846 und 1849 – letztendlich im Jahre 1854 ihren Fuß auf Bali. Mit der Kontrolle über Singaraja war der Grundstein für die Eroberung der restlichen Insel gesetzt worden. Knapp 30 Jahre später wurde Singaraja zur Kolonialhauptstadt ausgerufen – ein Status, den die Stadt bis zur Unabhängigkeit Indonesiens behalten sollte. Auch wenn der inzwischen versandete Hafen weiter nach Westen in den Ort Celukan Bawang versetzt und nach der Unabhängigkeitserklärung Denpasar zur Hauptstadt erkoren wurde, spielt Singaraja noch immer eine große wirtschaftliche Rolle in Balis nördlicher Region. Und so empfängt den Besucher eine multikulturelle, vom Handel geprägte Stadt, deren Wohlstand im sympathischen Stadtbild zu erkennen ist. Wer ein paar Stunden Zeit hat, sollte sich einen Bummel durch Singaraja – entweder zu Fuß oder mit einer der Pferdekutschen – nicht entgehen lassen.

Nord-Bali → Karte S. 350/351

Sehenswertes

Bei einem Spaziergang durch das Hafenareal lassen sich problemlos einige der Sehenswürdigkeiten Singarajas erkunden. Das den Hafen beherrschende Unabhängigkeitsdenkmal **Yudha Mandala Tama** beeindruckt den Betrachter – nicht nur mit seinem langen Namen. Hoch über dem Wasser triumphiert ein Freiheitskämpfer der frühen Unabhängigkeitsbewegung mit der indonesischen Flagge in der Hand. Eben diese brachte ihm sowohl Ruhm als auch den Tod, als er heldenhaft an Bord eines holländischen Militärschiffes die niederländische Flagge durch die indonesische ersetzte.

Heute wird der Platz von fahrenden Essensständen, pittoresk anmutenden Lagerhäusern und einer alten Brücke aus der Kolonialzeit gesäumt, die dem Besucher einen Einblick in die Vergangenheit der Handelsstadt geben. Gegenüber lockt farbenprächtig der chinesische Tempel **Tempat Ibadah Tridharma** (chin. Ling Gwan Kiong) aus dem Jahr 1873, dem man unbedingt einen Besuch abstatten sollte. Meist findet sich auf freundliche Nachfrage ein netter Helfer, der einen durch das kleine Areal führt.

Wer etwas Hunger mitgebracht hat, kann den Tag in außergewöhnlichem Ambiente bei einem Dinner über dem Wasser abrunden. Über einen breiten Holzsteg erreicht man die vier auf Stelzen ins Hafenbecken gebauten **Warungs.** Zur frischen Meeresbrise und dem sanften Plätschern der Wellen werden hier günstige lokale Menüs sowie Pizza und Sandwiches serviert.

Gedong Kirtya Museum mit Lontar-Bibliothek: In dem kleinen Museum kann man alte Schätze wie steinerne Sarkophage, schöne Wayang-Kulit-Figuren und Masken bewundern. Doch bei Weitem eindrucksvoller und geheimnisvoller ist die 1928 gegründete Lontar-Bibliothek. Hier lagert, versteckt in unscheinbaren Holzkästen und geschrieben auf Palmblättern, das alte mythische Wissen der Insel. Verborgen gehaltene Zaubersprüche, magische Rituale, alte Schriften zur Heilkunde sowie geschichtli-

che Zeugnisse und die ältesten schriftlichen Überlieferungen der Insel werden hier aufbewahrt. Das hilfsbereite Personal führt Besucher gerne durch die Räumlichkeiten und erklärt die weit über 4000 Stücke sowie die Grundtechniken der Lontar-Malerei. Mo–Do 7.30–15 Uhr, Fr 7–12.30 Uhr, Sa/So/Fei geschl. Um eine Spende wird gebeten. Jl. Veteran 20.

Pura Agung Jagatnatha: Der wichtigste Tempel Singarajas und der größte Nord-Balis befindet sich in der Jl. Pramuka und ist für Nichthindus leider nur von außen zu bestaunen.

Puri Agung Buleleng: Der immer noch eindrucksvolle Königspalast wurde 1604 von Ki Gusti Anglurah Pandji Sakti, dem ersten Fürsten der Buleleng-Dynastie, erbaut und wird heute noch von der königlichen Familie bewohnt.
Tägl. 16–18 Uhr. Jl. Mayor Metra.

⊂ Basis-Infos

Information Die Tourist Information befindet sich in der Jl. Veteran, ☎ 0362/25141. Mo–Sa 8–16 Uhr.

Hin & weg Singaraja besitzt gleich drei Terminals, von denen Bemos und Busse in alle Richtungen Balis verkehren.

Verbindungen in westliche Richtung, z. B. nach Lovina (ca. 9000 IDR), Permuteran und Gilinamuk (ca. 30.000 IDR), werden vom **Banyuasri Terminal** bedient. Hier kann man auch Überlandtickets für Bus und Fähre bis nach Java erwerben. Die Kleinbusse (u. a. Bemos) nach Denpasar sind weniger zu empfehlen – die Strecke erscheint einem schier unendlich.

Vom **Penarukan Teminal** fahren Bemos und Busse Richtung Osten sowie nach Kintamani, wobei die Verbindungen vormittags erheblich besser sind. Hier starten auch Busse bis nach Denpasar/Batubulan Teminal.

Vom **Sukasada Teminal** (auch **Sukasta Teminal** ca. 3 km südlich vom Zentrum) fahren von frühmorgens bis 18 Uhr halbstündlich bis stündlich Kleinbusse über Bedugul nach Denpasar/Ubung Terminal – die schnellste Alternative in die Hauptstadt.

Farbenprächtige Tempel,
heroische Denkmäler und
Bibliotheken voller Geheimwissen

Einkaufen Hardy's Supermarket in der Jl. Ngurah Rai bietet fast alles für den täglichen Bedarf. Auf dem lokalen **Nachtmarkt** lassen sich an den vielen Essensständen kulinarische Genüsse entdecken.

Geld An Banken herrscht hier kein Mangel. z. B. häufen sich viele Geldinstitute in der Jl. Ahmat Yani. Auch an Hardy's Supermarket gibt es ATMs.

Gesundheit Die große öffentliche Klinik **Rumah Sakit Umum** liegt in der Jl. Ngurah Rai, ☎ 0362/22573.

Polizei Jl. Pramuka, ☎ 0362/241510.

Post Die Hauptpost liegt in der Jl. Gajah Mada 150, meist Mo–Do 8–15 Uhr, Fr/Sa nur bis 12 Uhr.

Übernachten/Essen & Trinken

Durch die Nähe zu Lovina übernachtet eigentlich niemand in Singaraja. Warum auch? Die Hotels in dem Touristenort sind weitaus besser ausgestattet und auf die Bedürfnisse der Touristen eingestellt. Wer dennoch in Singaraja nächtigen möchte, sollte sein Nachtlager nur wenige Minuten vom Busterminal entfernt aufschlagen.

Übernachten Hotel Wijaya **2**. Einfache, saubere Zimmer im Innenhof. Die billigsten mit Gemeinschaftsbad und Kaltwasser, einige mit AC und eigenem Badezimmer, die teuersten sogar mit TV und Kühlschrank. 65.000–200.000 IDR. Jl. Sudirman 74, ☎ 0362/21915.

Essen & Trinken Depot Gana **1**. Das Restaurant auf der schwimmenden Plattform direkt am Hafen hat sich auf die chinesische Küche mit einer großen Auswahl an vegetarischen Gerichten spezialisiert. Menüs für 5 Pers. sind bereits für 120.000 IDR zu haben.

Warung Ranggon Sunset 1. Schräg gegenüber dem Depot Gana werden in exponierter Lage viel Seafood und ausgefallene vegetarische Köstlichkeiten wie Tofu Pepes im Bananenblatt serviert.

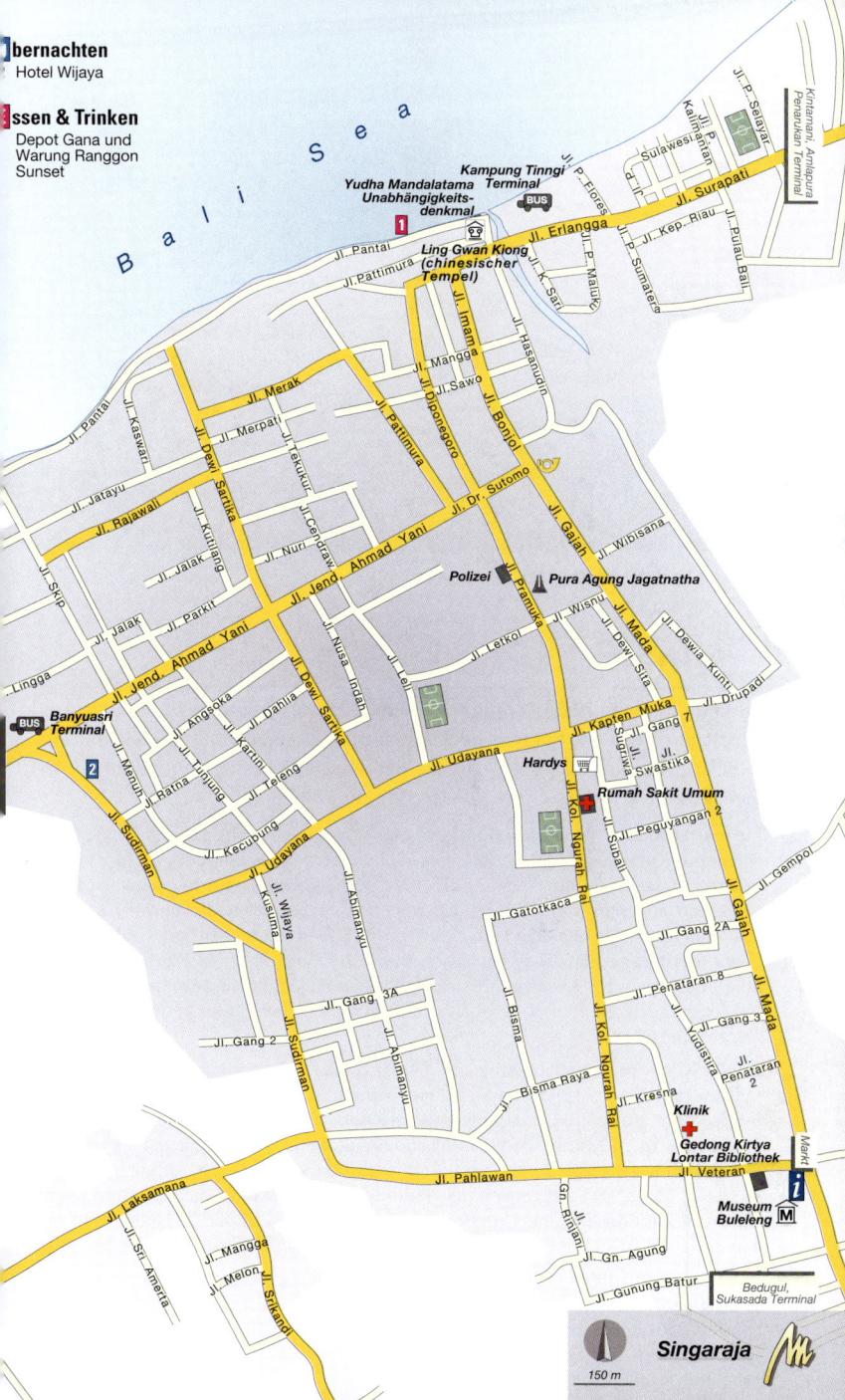

bernachten
Hotel Wijaya

ssen & Trinken
Depot Gana und
Warung Ranggon
Sunset

B a l i   S e a

Kampung Tinngi Terminal
BUS

Yudha Mandalatama
Unabhängigkeitsdenkmal
1

Kintamani, Amlapura
Penarukan Terminal

Ling Gwan Kiong
(chinesischer
Tempel)

Jl. Pantai
Jl. Pattimura
Jl. Erlangga
Jl. P. Selayar
Jl. P. Kalimantan
Jl. P. Flores
Jl. P. Maluku
Jl. P. Sumatera
Jl. P. Pulau Bali
Jl. Sulawesi
Jl. Surapati
Jl. Kep. Riau
Jl. Mangga
Jl. Sawo
Jl. Imamga
Jl. Diponegoro
Jl. Hasanudin
Jl. K. Sari
Jl. Bonjol
Jl. Marak
Jl. Merpati
Jl. Tekukur
Jl. Nuri
Jl. Pattimura
Jl. Cendraw
Jl. Dewi Sartika
Jl. Kutilang
Jl. Kaswari
Jl. Jatayu
Jl. Rajawali
Jl. Jalak
Jl. Skip
Jl. Dr. Sutomo
Jl. Gajah
Jl. Wibisana

Polizei
Pura Agung Jagatnatha

Jl. Jend. Ahmad Yani
Jl. Pramuka
Jl. Letkol
Jl. Wisnu
Jl. Dewi Sita
Jl. Dewia Kunti
Jl. Parkit
Jl. Jalak
Jl. Lingga
Jl. Jend. Ahmad Yani
Jl. Nusa Indah
Jl. Le
Jl. Drupadi
BUS
**Banyuasri
Terminal**
2
Jl. Angsoka
Jl. Kartini
Jl. Dahlia
Jl. Udayana
Jl. Kapten Muka
Jl. Gang 7
Jl. Menuh
Jl. Ratna
Jl. Teleng
Jl. Tunjung
Jl. Sugima
Jl. Mada
Jl. Swastika
Hardys
Rumah Sakit Umum
Jl. Sudirman
Jl. Kecubung
Jl. Udayana
Jl. Kusuma
Jl. Abimanyu
Jl. Subali
Jl. Kol. Ngurah Rai
Jl. Peguyangan 2
Jl. Gempol
Jl. Wijaya
Jl. Gatotkaca
Jl. Gang 2A
Jl. Gajah
Jl. Gang 3A
Jl. Abimanyu
Jl. Bisma
Jl. Penataran 8
Jl. Mada
Jl. Gang 3A
Jl. Gang 2
Jl. Sudirman
Jl. Yudistira
Jl. Penataran 2
Jl. Bisma Raya
Jl. Kol. Ngurah Rai
Jl. Kresna
Klinik
**Gedong Kirtya
Lontar Bibliothek**
Jl. Pahlawan
Jl. Veteran
**Museum
Buleleng** M
i
Markt
Jl. Laksamana
Jl. Mangga
Jl. Melon
Jl. Gn. Rinjani
Jl. Gn. Agung
Jl. Sri Amerta
Jl. Srikandi
Jl. Gunung Batur
**Bedugul,
Sukasada Terminal**

Singaraja

150 m

Delfine sind das Markenzeichen Lovinas

Lovina

Entlang des ca. 12 km langen Küstenabschnitts zwischen Singaraja und Seririt entstand Lovina, ein noch nicht ganz so überlaufenes Backpacker-Ziel. Und so paradox es ist – die kleinen Nachteile des gemütlichen Touristen-Spots sind gleichzeitig seine großen Vorteile.

Lovinas Strand ist nicht so schön (und manchmal auch nicht ganz so aufgeräumt) wie der in Kuta; Surf Breaks und damit auch Surfer fehlen, denn das Meer ist ruhig; und durch die große Bergkette ist der Norden Balis von den touristischen Gebieten im Süden abgeschnitten. Tatsächlich flüchteten schon ab Mitte der 1970er-Jahre Individualtouristen aus dem lauter werdenden Süden in den Norden. Und auch wer heute hierherkommt, tut es bewusst, nimmt die lange Fahrt in Kauf, sucht Erholung in entspannter Atmosphäre – und findet eine gelungene Mischung aus Ruhe, Ausgehmöglichkeiten und geselligen Restaurants, einer guten Infrastruktur und netten Menschen.

An der Küste zwischen Singaraja und Seririt reihen sich kleine Buchten mit von der Vulkanasche dunkel gefärbten Stränden aneinander. Über die Hauptstraße sind die mittlerweile zu Lovina zusammengewachsenen, ehemals autonomen Ortschaften Tukad Mungga, Anturan, Banyualit, Kalibukbuk, Kaliasem und Temukus miteinander verbunden. Kleine Gassen und Straßen führen von den Hotels und Homestays Richtung Meer. Das Zentrum bildet Kalibukbuk, wo sich die meisten Bars, kleine wie große Restaurants und Unterkünfte aller Kategorien finden. Je weiter man sich von Kalibukbuk Richtung Osten oder Westen entfernt, desto ruhiger wird es.

Im Hinterland finden sich zwischen den Reisfeldern und den bald hoch aufragenden Bergen kleine Dörfer und Siedlungen. So zeichnet sich das Urlaubsgebiet im Norden Balis durch eine angenehme Mischung aus ursprünglichem Leben und entspanntem Traveller-Spot aus.

Sehenswertes

Ein beliebtes Fotomotiv ist die **Delfinstatue (Patung Lumba-Lumba)** am zentralen Platz in Kalibukbuk, und mit etwas Glück kann man die eine oder andere Zeremonie im Dorftempel beobachten. Wer zufällig am Unabhängigkeitstag in Lovina weilt, kann die legendären Büffelrennen in Kaliasem miterleben. (Büffelrennen finden über das Jahr verteilt auch an anderen Terminen statt – achten Sie auf Handzettel!) Sonst bleibt in Lovina selbst nicht viel zu tun, außer die Sonne und die freundliche Atmosphäre zu genießen, die Umgebung und deren Schätze zu erkunden oder sich den örtlichen **Delfintouren** anzuschließen.

Die Delfintouren sind zwar *die* Attraktion in Lovina, aber nicht jedermanns Sache: Frühmorgens warten die Fischer am Strand auf Gäste und fahren dann noch vor Sonnenaufgang in ihren traditionellen Booten aufs Meer hinaus. Sobald sich die Tümmler sehen lassen, beginnt die „Jagd". Die Fischer nehmen Kurs auf die Delfine, die sich offenbar einen Spaß daraus machen, immer wieder abzutauchen und an anderer Stelle an die Oberfläche zu kommen. Derweil geht die Sonne auf und taucht das Meer in ihre warmen Strahlen. Die Wahrscheinlichkeit, bei diesen gewöhnungsbedürftigen Touren Delfine zu sehen, liegt bei 90 %. Das liegt auch daran, dass die Boote – sollte sich Flipper nicht im seichten Wasser nahe der Küste sehen lassen – schon mal aufs offene Meer hinausfahren. Dann ist nasse Kleidung garantiert.

Sollten Sie gleich im Anschluss einen **Schnorcheltrip** buchen, stellen die nassen Klamotten kein Problem dar. Dieselben Fischer fahren auch zum Riff vor der Küste. Im kristallklaren Wasser lassen sich dann die Geheimnisse des Meeres erkunden. Leider sind diese aufgrund der Dynamitfischerei nicht ganz so berauschend wie an anderen Schnorchelspots um die Insel. Wenn sich dann an manchen Tagen auch noch wenige Fische blicken lassen, kann bei erfahrenen Schnorchlern schon mal Enttäuschung aufkommen.

Basis-Infos   (→ Karte S. 358/359)

Information Eine kleine Touristeninformation findet sich im gleichen Gebäude wie die Polizei. Kalibukbuk, Jl. Raya Singaraja.

Hin & weg In die nähere Umgebung kommt man am leichtesten mit den lokalen Tourangeboten oder einem der vielen Tourguides. Wer die Umgebung mit **Bemo** oder **Bus** erkunden möchte, sollte die guten Verbindungen ab Singaraja nutzen. Hierzu fährt man z. B. von Kalibukbuk ca. 20 Min. mit dem Bemo für ca. 9000 IDR zum Banyuasri Bus Teminal.

Die Weiterreise organisiert man am besten im Zentrum von Kalibukbuk. Hier werden viele **Tour- und Shuttleservices** mit Kleinbussen angeboten. Weitere Anbieter, z. B. zu Zielen im Osten, Süden, nach Java und nach Lombok, organisiert **Tara & Tari Tourist Service**, ✆ 081/805433880 (mobil).

Auch **Perama** fährt ab/nach Lovina (→ Tabelle, S. 126/127). Das Büro befindet sich in Anturan, Jl. Raya Singaraja, ✆ 0362/41161, www.peramatour.com.

Geld Viele Geldwechsler finden sich überall verteilt in Lovina, hauptsächlich in Kalibukbuk. An der Hauptstraße liegt auch die BCA Bank mit Geldautomat.

Gesundheit Die **Angsoka Pharmacy** 🏧 verkauft alle gängigen Medikamente. Dazu verfügt sie über einen 24-Std.-Ärzteservice. Kalibukbuk, ✆ 0362/41314.

Internet WLAN-Spots kann man in vielen Restaurants gegen Gebühr nutzen: z. B. im **Triple 9**, im Restaurant des **Adirama** in Kalibukbuk und im **Bayu Mantra** in Anturan.

In der Jl. Binaria finden sich die meisten Internetcafés, z. B. **Spice Link** (stellt schnelle Breitbandverbindungen zur Verfügung).

Polizei In der Jl. Raya Singaraja, Kalibukbuk, im gleichen Gebäude wie die kleine Touristeninformation.

Post Etwas außerhalb vom Zentrum) in der Jl. Raya Singaraja (kurz vor Temukus).

(Aktivitäten   (→ Karte S. 358/359)

Angeln Viele Fischer bieten zusätzlich zu den Delfintouren (s. u.) auch Angeltouren an. Etwas martialischer und nicht jedermanns Sache sind die Fischjagden mit Harpune, die Jimmy vom **Warung Rasta** 29 in Anturan im Programm hat – abends (19 Uhr) mit Scheinwerfer. Der Fang wird nach der Rückkehr in ein BBQ verwandelt. Um 250.000 IDR/Pers.

Ausflüge/Touren Aufgrund der guten Lage eignet sich Lovina hervorragend als Ausgangspunkt für Ausflüge, Sightseeing und Erkundungstouren. Beinahe alle Unterkünfte bieten diesen Service.

Tara & Tari Tourist Service hat einen Transportservice sowie Mietwagen und bietet zahlreiche Touren zu Zielen in der Umgebung bis in den Süden Balis sowie nach Java und Lombok an. ✆ 081/805433880 (mobil).

Bali Meru Mas organisiert Touren und Flüge. ✆ 0362/41085.

Gede Warsa führt Trekkingtouren ins Bergland durch, z. B. zu versteckten (die Lage ist ein gut gehütetes Geheimnis) Wasserfällen (ab 150.000 IDR/Pers.). ✆ 087/762729529 (mobil), venusboy_205@yahoo.com.

Perama hat zwei unterschiedliche Touren im Angebot: entweder naturorientiert oder eher kulturorientiert (250.000 IDR/Pers.). Start ist jeweils um 8.30 Uhr. Anturan, ✆ 0362/41161, www.peramatour.com.

Auch **Yuli Transport** entführt zu den Sehenswürdigkeiten der Umgebung. Zudem können Autos und Motorräder gemietet werden. ✆ 0362/41184.

Delfintouren (Dolphin Watching) Die Boote starten den rund 2-stündigen Trip um ca. 5.30 Uhr am Strand von Kalibukbuk. Die Preise sind von der Gewerkschaft festgelegt: 60.000 IDR/Pers. Wer möchte, kann im Anschluss (nach einem kleinen Frühstück) gleich noch schnorcheln gehen (60.000 IDR).

Kochkurse Einen Einblick in die balinesische Küche bekommt man z. B. im **Rambutan Hotel** 14 und im **Suma Hotel** 28. Die Preise variieren: 125.000–175.000 IDR/Pers. (meistens mind. 2 Hobbyköche).

Schnorcheln Die Fischer am Strand fahren mit ihren Booten neben den Delfintouren auch zum Riff, wo man schnorcheln kann.

Spa/Massage Was gibt es Schöneres, als nach einem Tag am Strand den Körper bei einem Königinnenbad oder einer Massage zu entspannen? Entsprechende Angebote machen zahlreiche Spas z.B. entlang der Jl. Rambutan, an der Ecke Bana Lane oder auch das **Bali Samadhi Spa** in der Jl. Rambutan, Kalibukbuk (✆ 081/338275206, www.balisamadhi.com) oder das **Agung's** in der Jl. Damai, Kalibukbuk (✆ 0362/42018, www.balispa.in/lovina-spa-massage.php). Jeweils zwischen 10 und 18 Uhr.

Tauchen Das ist in Lovina weniger populär. Die meisten Ausflüge gehen in den Osten nach Amed oder Tulamben oder gleich nach Pulau Menjangan. Manchmal werden auch Schnorchler mit auf die Trips genommen. Wer nicht auf den Unterwassersport verzichten möchte, sollte sich an die folgenden Adressen wenden:

Spice Dive 51 in Kaliasam, ✆ 0362/41305. **Malibu Lovina Dive Centre** 15 in Kalibukbuk, ✆ 0362/41225. **Wisnu Dive Centre** 53 in Banyualit, ✆ 0362/43219, 081/64700936 (mobil), www.lovinadive.com.

(Übernachten   (→ Karte S. 358/359)

In Tukad Mungga

≫ **Unser Tipp: Kubu Lalang** 44. Diese Anlage ist etwas weiter vom Zentrum Lovinas entfernt, dafür unglaublich schön v. a. für Freunde der ursprünglichen Bauweise. Zwischen tropischen Pflanzen bieten die 4 Holz- und Bambusbungalows auf zwei Etagen ausreichend Platz für 4 Personen. Alle sind individuell gestaltet und ansprechend dekoriert. Wallende bunte Moskitonetze, schöne Gartenbäder mit steinernen Badewannen und in der höheren Kategorie auch Safe, Minibar und Heißwasser. Ein günstigerer Bungalow (für 2 Pers.) steht auch zur Verfügung. Das Restaurant serviert Köstlichkeiten von orientalisch bis asiatisch, aber auch Pasta, Joghurt und Vollkornbrot. Ein winziger Strand liegt direkt vor der Tür, und ein kleines Spa sorgt zudem für Wohlbefinden. Kostenloser WLAN-Zugang. Bungalow für 2 Pers. 22–32 €, jede weitere Pers.

6,50 €. ☏ 0363/42207, 081/933035229 (mobil), www.kubulalang.com. «

In Anturan

Bali Taman Resort & Spa 🔳27. Große, gehobene Anlage am Strand von Anturan. Schöne Bungalows und Zimmer der höheren Kategorie, entsprechend alle mit Balkon/ Veranda, AC, TV, Telefon, Minibar und Heißwasser. Die teureren bieten mehr Platz und verfügen zudem über eine Badewanne und eine Open-Air-Dusche. Das Aruna Spa sowie der Tennisplatz erfreuen sich großer Beliebtheit. Wem der Strand nicht gefällt, hat mit dem nett angelegten Pool eine erfrischende Alternative. Vom Strandrestaurant sowie dem BBQ-Platz aus lassen sich die Wellen beobachten. Zimmer 70–90 $, Suiten je nach Größe und Belegung 110–185 $. Über das Internet 50–110 $. Alle Preise plus 21 % Tax und Service. ☏ 0362/41126, 🖷 0362/41840, www.balitamanlovina.com.

Gede Home Stay 🔳35. Hier kann man in bunt zusammengewürfelten Steinbungalows nächtigen. Eng an eng in Reihe gebaut und relativ einfach, dafür zweckmäßig und günstig. Die Bungalows sind wahlweise mit Fan, AC, Kalt- oder Warmwasser ausgestattet. Preisstaffelung von 120.000 IDR für Fan/Kaltwasser bis 250.000 IDR für AC/Warmwasser. ☏ 0362/ 41526, gedehomestay@yahoo.com.

Mandhara Chico Bungalows 🔳30. Saubere, freundliche Budget-Alternative in absoluter Strandnähe. Komang, der freundliche Besitzer, vermietet gepflegte, relativ neue Zimmer mit großer Terrasse bzw. Balkon, Heißwasser und wahlweise AC oder Fan. Die billigsten sind etwas älter und teils mit Bambus verkleidet. Im kleinen Swimmingpool lässt es sich auch bei größter Hitze aushalten. Kleines Restaurant angeschlossen. Ab 200.000 IDR. Jl. Kubu Gembong, ☏ 0362/41271, 081/23603268 (mobil), info@ mandhara-chico-bali.com.

Puspa Rama 🔳41. Im kleinen Garten liegen Ziegelsteinbungalows mit Fan, Heißwasser und kleiner Veranda. Einfach, sauber und unschlagbar günstig: 100.000–175.000 IDR, mit AC 175.000–200.000 IDR. Zudem organisiert der freundliche Besitzer zahlreiche Touren und Ausflüge und veranstaltet auch das eine oder andere Strand-BBQ. ☏ 0363/42070, agungdayu@yahoo.com.

Bayu Mantra 🔳33. 4 Doppelbungalows verteilen sich im gepflegten Garten mit viel Ra-

sen und kleinen Palmen. Die gemütlichen Zimmer sind einfach und mit Fan, Heißwasser und sauberen, halboffenen Wannenbädern eingerichtet. Zwei Hütten können mit AC auftrumpfen. 1 Std. WLAN-Nutzung im angeschlossenen Restaurant ist im Preis inbegriffen. Mit Fan 120.000 IDR, mit AC 150.000 IDR. ☏ 0362/41930.

In Banyualit

Mas Bungalows 🔳50. Mit Blick auf Bananenstauden und exotische Sträucher werden hübsch mit Tüchern und Bildern dekorierte Bungalows vermietet. Alle mit Safe, TV, Kühlschrank und Tageslichtbädern. Wahlweise AC oder Fan. Im hinteren Bereich wartet ein verlockender Pool. Freundliches Personal. DZ mit Fan 15 €, mit AC 20 €. ☏ 0362/41773, 081/337096779 (mobil), www. masbungalows.com.

»» Unser Tipp: Sunset Ayu 🔳49. Zwischen einer künstlich angelegten Felslandschaft und großen Bananenstauden warten einfache, aber saubere Steinbungalows auf Budget-Traveller. Der charismatische Besitzer Manuka sorgt für eine angenehme Atmosphäre im angeschlossenen Bambusrestaurant (Hauptgerichte 22.000– 35.000 IDR) und garantiert relaxte Stimmung zu guten Preisen. Bungalow mit Fan ab 150.000 IDR, mit AC ab 200.000 IDR, Heißwasser möglich. Jl. Banyualit, ☏ 0362/41054, sunsetayu@northbali.info. «

Sartya Bungalows 🔳39. In freundlicher Atmosphäre werden eine Handvoll neuer und sauberer Steinbungalows im balinesischen Stil angeboten. Je nach Ausstattung: mit Fan ab 25 $, mit AC ab 30 $. Warmwasser möglich. ☏ 0362/42240, 081/ 23663603 (mobil).

Suma Hotel 🔳28. In einem wirklich schönen Garten mit fantastischem, großem Pool liegen mehrere fantasievoll gestaltete Bungalows und Gebäude mit kreativen Steintreppen, -bädern und -wänden. Ausstattung mit Teakholzmöbeln, AC oder Fan. Die teureren Zimmer mit großen Betten sind geräumig – die sauberen Bäder sind aber etwas muffig. Die Economy-Zimmer dagegen sind nichts für Menschen mit Klaustrophobie: winzig, wenn auch sehr hübsch eingerichtet, erinnern sie dennoch an die Zeiten, als Harry Potter noch im Schrank wohnte … Zahlreiche Touren und Ausflüge werden ein bisschen zu eindringlich angeboten. Zimmer

Nord-Bali → Karte S. 350/351

mit Fan/Kaltwasser ab 12 €, mit Heißwasser 20 €, mit AC je nach Ausstattung 35–55 €. ☎ 0362/41566, www.sumahotel.com.

Starlight ⟨31⟩. Die Bungalows dieser neuen Anlage sind sauber, nicht verwohnt und geräumig. Zudem verfügen alle über AC, Heißwasser, Minibar, Flachbild-TV, Safe und WLAN-Hotspot. Kaffee und Tee gratis. Romantische Lagerfeuer am Strand werden des Öfteren veranstaltet – an den anderen Tagen genießt man die Meeresbrise im exklusiven Seaview-Restaurant (Hauptgerichte ab 50.000 IDR). Bungalow für 2 Pers. 82 $, für 4 Pers. 150 $, Extrabett 25 $. In der Nebensaison um einiges billiger. ☎ 0362/7005271, 081/337774485 (mobil), www.starlight-bali.com.

Lupa Lupa Cottages ⟨34⟩. In familiärer Atmosphäre direkt am Strand bietet diese kleine, gemütliche Anlage ein paar Zimmer zwischen schattenspendenden Bäumen. Einfach, aber gut ausgestattet mit AC oder Fan und Heißwasser. DZ 250.000 IDR, Family Cottage 400.000 IDR. Ende 2011 fanden

bauliche Umgestaltungen statt. ☎/@ 0362/41698, lupalupa@ae.auone-net.jp.

Aneka Villas & Spa ⟨47⟩. Lang gezogene Anlage der höheren Kategorie mit allem Luxus wie Spa, Kinderspielplatz, Swimmingpool, Pool-Bar und zwei Restaurants. Im Vergleich zu anderen Resorts dieser Kategorie ein wenig fantasielos gestaltet. Links und rechts des betonierten Weges liegen die Bungalows sowie Zimmer in zweistöckigen Gebäuden. Die hübschen Zimmer sind gut ausgestattet mit AC, TV, Telefon, Minibar, Badewanne und Warmwasser, manche warten mit neuen Bädern auf. DZ/Bungalow ab 75 $ plus 21 % Tax und Service. Jl. Raya Kalibukbuk, ☎ 0362/41121, @ 0362/41827, www.anekalovinabali.com.

In Kalibukbuk

Rambutan ⟨14⟩. Grüne, weitläufige Anlage inmitten tropischer Pflanzen und hochgewachsener Palmen. Eingerahmt von gleich zwei großen Pools verteilen sich Zimmer unter-

schiedlicher Preisklassen mit verschiedenen Ausstattungen. Von einfach, aber schön bis zur Luxusvilla ist hier alles vertreten. Damit Langeweile erst gar nicht aufkommen kann, stehen Tischtennis- und Billardtische sowie ein Badmintonfeld zur Verfügung. Ein Spa und ein Restaurant ergänzen das Angebot. Auch 3 große, sehr gut ausgestattete Villen (für 2 oder 4 Pers.) können bezogen werden. Zimmer/Bungalows 35–90 $, Extrabett 15 $, Villa (2 Pers.) 110–125 $, Villa (4 Pers.) 180–230 $. Jl. Rambutan, ✆ 0362/41388, ✉ 0362/41621, www.rambutan.org.

Puri Bali Hotel 4. In der weitläufigen Anlage werden zwischen hohen Palmen Zimmer in vielen Kategorien angeboten: von kleinen, einfachen Economy-Bungalows mit Alang-Alang-Dächern bis zu größeren Zimmern mit Balkon, TV und AC. Das Personal ist herzlich und sehr bemüht. Auch 2 Familienzimmer mit je 2 Schlafzimmern, 2 Bädern, Aufenthaltsraum und AC stehen zur Auswahl. Im hinteren Teil der Anlage

lockt ein wundervoller Pool. Büchertausch. Bungalow mit Fan 180.000–200.000 IDR, Zimmer mit AC 300.000–350.000 IDR, Familienzimmer 700.000–800.000 IDR. ✆/✉ 0362/41485, www.puribalilovina.com.

Rini Hotel 3. Die weißen, großen Zimmer blitzen förmlich vor Sauberkeit. Im weiten Gartenareal werden Unterkünfte in allen Kategorien angeboten: von einfachen Zimmerchen bis zu geräumigen Bungalows mit AC und Warmwasser. Im großen Salzwasserpool lässt es sich herrlich entspannen, im hauseigenen Restaurant kann man verbrauchte Energien wieder auftanken. DZ 180.000–350.000 IDR, Familienbungalow (4 Pers.) 500.000 IDR, jeweils zuzüglich 10 % Tax. Jl. Rambutan, ✆ 0362/41386, ✉ 0362/41386, www.rinihotel.com.

Bayu Kartika Beach 1. In einem großen Garten mit viel Rasen und einem großen Pool liegen mit Blick auf das Meer sehr saubere Bungalows, einige mit etwas steriler Atmosphäre. Die einfachsten sind sehr simpel eingerichtet, verfügen lediglich über mit Kaltwasser, viele haben aber breite Fensterfronten und begrünte Open-Air-Bäder. Bungalow 150.000–350.000 IDR, Suite 600.000 IDR. Jl. Rambutan, ✆ 0362/41055.

Pulestis Beach Hotel 13. Direkt im Zentrum von Kalibukbuk, nur wenige Meter vom Hauptstrand, liegt diese beliebte Budget-Unterkunft. Auf dem kleinen Grundstück verteilen sich 21 unterschiedliche Zimmer, meist im balinesischen Stil. Die Reihenbungalows sind mit Fan und offenem Bad ausgestattet, die AC-Cottages im hinteren Bereich sind dafür geräumiger. Bemerkenswert ist der hübsche Pool, der von einer künstlichen Felslandschaft mit plätscherndem Wasserfall eingerahmt ist. Kostenloses WLAN für Gäste, sympathisches Personal. DZ mit Fan ab 200.000 IDR, mit AC ab 350.000 IDR. ✆ 0362/41035, jokoartawan@hotmail.com.

Padang Lovina 19. Das zweistöckige Gebäude liegt in einer kleinen Seitenstraße. Der freundliche Besitzer vermietet saubere Zimmer, wahlweise mit AC und Heißwasser. Die im OG sind etwas kleiner und daher noch günstiger als die im EG. Hingucker ist der abends beleuchtete Pool. 130.000–200.000 IDR.

Puri Manika Sari 17. Im ruhigen Gartengrundstück finden sich zwischen Frangipani-Bäumen, Blumen und Statuen einfache und absolut günstige Zimmer sowie Bungalows mit schönen Terrassen zum Entspannen. Mit Fan 170.000 IDR, mit AC 250.000 IDR. ✆/✉ 0362/41089.

Hotel Angsoka 11. Große und alteingesessene Anlage mit schön begrüntem Garten und fantastischem Pool nebst Pool-Bar und beliebtem Restaurant. Vom kleinen Reisspeicherhüttchen bis zur voll ausgestatteten Family Villa bietet die Anlage viele verschiedenartige Unterkünfte. Die günstigsten haben alle 1–2 Einzelbetten und Fan. Zimmer mit Fan 80.000–170.000 IDR, mit AC 200.000–300.000 IDR, Family Villa ab 400.000 IDR. Für Nichtgäste kostet die Poolbenutzung 20.000 IDR. ✆ 0362/41841, ✉ 0362/41023, www.angsoka.com.

Hotel Elsa II 10. Am Ende der kleinen Gasse stehen wunderschön verzierte Bungalows im balinesischen Stil, die einfach, aber sauber sind. Einige der Heißwasserbäder sind mit Badewannen ausgestattet. Die Zimmer mit Fan können bei großer Hitze stickig werden. Nettes Personal und gute Preise: 100.000–300.000 IDR. Wenn der geplante

Pool fertiggestellt ist, werden sich die Preise erhöhen. ✆ 0362/41448, 081/337236975 (mobil).

Nirwana Seaside Cottages 6. Direkt hinter der Strandpromenade von Lovina Beach verbirgt sich dieses einladende Resort. Wie bei den meisten Unterkünften in Lovina findet der Gast hier eine große Bandbreite an Bungalows und Zimmern verschiedenster Kategorien. Die kleinen Bungalows ragen knapp über die Mauer des Resorts zum Strand hin und sind hübsch eingerichtet. Die Deluxe-Zimmer befinden sich in einem großen zweistöckigen Gebäude im hinteren Teil des Gartens, sind sehr sauber und modern eingerichtet und verfügen über kleine Terrassen mit Poolblick. Abkühlung sucht man im herrlichen Pool oder an der Bar im Restaurant. Zimmer je nach Standard und Ausstattung 300.000–500.000 IDR. ✆ 0362/41288, ✉ 0362/41090, www.nirwanaseaside.com.

Sea Breeze 7. Sehr gute Wahl direkt am Strand. Über hölzerne Stege und kleine Teiche erreicht man die hübschen Holzbungalows. Von der Veranda blickt man direkt auf das Meer oder auf den herrlichen Pool, umgeben vom schattigen Garten und hochgewachsenen Palmen. Etwas weiter hinten auf dem Grundstück werden günstigere Standardzimmer mit Fan vermietet. Angeschlossen ist ein sehr gutes und daher auch sehr beliebtes Strandrestaurant. Zimmer mit Fan ab 250.000 IDR, Bungalows 500.000 IDR. ✆ 0362/41138, 081/64709103 (mobil).

Kaliasem

Bali Lovina Beach Cottage 23. An einem sehr schönen, schattigen Strandabschnitt gelegen. Die Deluxe-Meerblick-Bungalows wirken ein bisschen moderner als die älteren Superior-Zimmer. Alle mit TV, AC und Heißwasser. Ein Highlight ist der schöne Pool mit Wasserspeiern in Delfinform und Bar. An manchen Tagen kann man im Seaside-Restaurant traditionelle Tänze bestaunen. Zimmer ab 45 $, Cottage ab 60 $. ✆ 0362/41285, ✉ 0362/41478, www.balilovinabeach.com.

Lovina Beach Hotel 52. In einem schönen Garten voller kleiner Teiche und duftender Frangipani-Bäume stehen verteilt um einen großen Pool Bungalows in allen Kategorien zur Auswahl. Die billigsten mit Fan und Gartenaussicht, die teuersten mit Meerblick, AC, TV, Kühlschrank und Aufenthaltsraum. Alle Bungalows sehr sauber und mit Warmwasser. Von 250.000 bis 550.000 IDR, in der Nebensaison und über das Internet sind

Rabatte möglich. ℡ 0362/41005, ✉ 0362/41473, www.lovinabeachhotel.com.

Bilibo Beach Cottages 45. Bietet eine Handvoll sauberer, gefliester Zimmer, teils mit Minibar und direkt am schmalen Sandstrand. Besonders schön sind die 2011 fertiggestellten Bungalows mit riesigen Fenstern, hübschen Bädern und Kühlschrank. DZ mit Fan ab 250.000 IDR, mit AC ab 300.000 IDR. ℡ 0362/41355.

Adirama Beach Hotel 40. Direkt an einem gepflegten Strandabschnitt findet in dieser freundlichen und hübschen Anlage jeder das Passende für seinen Geschmack: vom einfachen Standardzimmer bis zur voll ausgestatteten Raja-Suite mit eigenem Whirlpool und Küche. Die 22 Zimmer verteilen sich um den großen Pool herum – alle sind mit Fan oder AC, Heißwasser, TV, Telefon, Minibar und WLAN-Hotspot ausgestattet. Das sympathische Personal bietet zahlreiche Trips und Ausflüge in die Umgebung an. Den Sonnenuntergang genießt man am besten vom Seaview-Restaurant aus, wahlweise zu deutschem Schnitzel und Käseplatte, mexikanischen Fajitas oder zu balinesischem *Babi Ketchup*. Standardzimmer mit Fan ab 27 €, mit AC 34 €, Familienzimmer ab 51 €, Suiten 66–107 €. Jl. Raya Singaraja-Seririt, ℡ 0362/41759, ✉ 0362/41769, www.adiramabeachhotel.com.

Nugraha Lovina Seaview Resort und Spa 38. Gutes Hotel mit Luxus zu angemessenen Preisen – besonders in der Nebensaison. Die großen Zimmer mit weichem Teppich sind wunderschön eingerichtet und bieten allen Komfort gehobener Unterkünfte. In der höheren Preisklasse locken die Suiten mit eigenem Garten und Jacuzzi unter freiem Himmel. Der gigantische Pool, das gut eingerichtete Spa und das hübsche Seaview-Restaurant lassen keine Wünsche offen, zudem steht das unglaublich zuvorkommende Personal den Gästen mit Rat und Tat zur Seite. In der Hochsaison Zimmer ab 100 $, Suiten/Villa ab 215 $, jeweils plus 21 % Tax und Ser-

vice. Jl. Raya Singa-raja Beach, ℡ 0362/41601, ℡/✉ 0362/41605, www.nugraha-hotel.com.

In Temukus

Agus Homestay 48. An einem kleinen Strandabschnitt finden sich 7 sau-bere, gekachelte Zimmer auf einem kleinen Grundstück. Wer sich an der dezenten Krankenhausatmosphäre nicht stört, kann hier günstig ab 120.000 IDR angenehmer Strandlage wohnen. ℡ 0362/41202, ✉ 0362/93406.

Bagus Homestay 55. In einem großen, gepflegten Garten verteilen sich zwischen allerlei tropischen Pflanzen dunkelrote Ziegelsteinbungalows, das Gros im balinesischem Stil. Die meisten der sauberen Cottages sind mit Sat-TV, Kühlschrank, Heißwasser und AC ausgestattet. Die großen Betten verheißen angenehme Träume. Hin und wieder werden auf einer Großleinwand Sportevents aus Europa und dem Rest der Welt gezeigt. Das Resort ist nur durch eine kniehohe Betonbarriere vom weichen schwarzen Strand getrennt. Wem das noch nicht reicht, der weicht einfach auf den herrlichen Pool mit Kinderbecken oder auf ein Match an der Tischtennisplatte (30.000 IDR) aus. Im Restaurant werden neben den indonesischen Klassikern auch original deutsche Gerichte serviert – Grund hierfür ist die deutsche Leitung. DZ mit AC von 100.000 IDR (ohne TV und Kühlschrank) bis 250.000 IDR, mit Fan ab 80.000 IDR. ℡ 0362/93407, ✉ 0362/93406, www.bagus-home-stay.de.

Deutsches Eck 54. Richard und seine balinesische Familie vermieten 2 saubere Gästezimmer (max. 5 Pers.), eines davon wundervoll möbliert. Vier weitere Zimmer waren Anfang 2012 im Bau. Der hübsche Pool und das deutsche Restaurant mit seiner herzlichen Atmosphäre dürften den einen oder anderen überzeugen. DZ mit Fan/AC 150.000/250.000 IDR, Zimmer (bis zu 3 Pers.) mit Fan/AC 250.000/350.000 IDR. Jl. Raya Singaraja-Seririt, ℡ 0362/42128, 081/337635475 (mobil), 081/3379 37718 (mobil), www.wonderfulbali.com/rikesti.

Nord-Bali → Karte S. 350/351

Essen & Trinken

(→ Karte S. 358/359)

In Tukad Mungga

Kubu Lalang Restaurant 44. Im luftigen Restaurant kann man gesunde, kreative Küche genießen. Auf der Speisekarte stehen orientalische Köstlichkeiten wie indisches

Lammcurry, Hummus und Auberginenpaste mit arabischem Brot, asiatische Klassiker und Neukreationen wie auch ausgefallene westliche Gerichte (probieren Sie die Spinatrollen mit Thunfischfüllung!). Wer es schon lange vermisst hat, findet hier sogar

Müsli mit Joghurt. ✆ 0363/42207, 081/933035229 (mobil), www.kubulalang.com.

Anturan

Warung Rasta 29. Zwischen den gemütlichen und günstigen Strand-Warungs sticht dieser durch seine bunte Beflaggung heraus. Bei schlechtem Wetter schützt die Überdachung vor Regen, bei Sonnenschein lässt man sich an den Tischen am Strand nieder. Wie der Name verspricht, serviert hier extrem entspanntes Personal vorwiegend europäische Gerichte (ab 20.000 IDR) und verschiedene Satay (ab 30.000 IDR). Alkoholische Mixgetränke zum Sonnenuntergang gibt es ab 25.000 IDR. Jimmy bietet zudem Schnorcheltrips und Fischjagden an.

Banyualit

Spunky's 33. Sympathische orangefarbene Strandbar. So, Mo und Di wird hier zu Livemusik mit Cocktails (ab 50.000 IDR) und kaltem Bier gefeiert. Dazu kann man sich mit Pub Grub (ab 30.000 IDR) und einigen Seafood-Specials (um 75.000 IDR) stärken. ✆ 081/79733626 (mobil).

Restaurant Januar 43. In dem reich verzierten Restaurant genießt man an Bambustischen die exotische Atmosphäre bei günstigen Hauptgerichten wie z. B. Satay Lilit oder Fisch vom Grill (Hauptgerichte 12.000–40.000 IDR). Viele Snacks und Sandwiches. Langschläfer freuen sich über das Frühstück, welches den ganzen Tag lang serviert wird.

Die kleinen, süßen **Warung-Restaurants 37** Warung Dolphin, Warung Indrah und Warung Made servieren günstige Gerichte der balinesischen Küche wie Currys, Satay Chap Chai oder Nasi Goreng sowie Sandwiches zu absolut fairen Preisen. Guten Appetit! Hauptgerichte ab 14.000 IDR.

In Kalibukbuk

Astina 5. In diesem sympathischen Restaurant mit Blick auf die Straße ist trotz des in der Qualität sehr stark schwankenden Essens immer viel los. Die gesellige Stimmung und wechselnde Aufführungen balinesischer Tänze könnten der Grund sein. Täglich neue Specials wie Pizza, Sandwiches oder Menüs zu Tagespreisen sowie lokale Spezialitäten zieren die Speisekarte.

JB's Pizza 2. Mal ehrlich, in diesem kleinen, freundlichen Warung geht es eigentlich gar nicht um Pizza. Viel besser sind die

täglich wechselnden Speisen aus der indonesischen Küche. Die kommunikative Besitzerin kocht ausgefallenen warmen Gurkensalat mit Kokosraspeln, leckere Hühnchen, gute Currys und frischen Fisch. Nicht zu vergessen die tägliche Happy Hour für Bierliebhaber. Selamat makan! Jl. Rambutan.

»» Unser Tipp: Kakatua Bar und Restaurant 8. In diesem stilvollen offenen Restaurant haben Sie die Wahl: Wollen Sie im Restaurant vor der Wasserfallwand oder im Schein der blau beleuchteten Steinbar essen? Zur Auswahl stehen Gerichte aus aller Welt: Indische, mexikanische, thailändische und natürlich indonesische sowie eine interessante Auswahl an vegetarischen Gerichten (20.000–60.000 IDR) werden vom aufmerksamen Personal zu lockerer Hintergrundmusik serviert. Besonders das Shreddered Chicken fanden wir fantastisch! Natürlich gibt es auch Cocktails und alles, was sonst noch zu einer Bar gehört. Jl. Pantai Binaria, ✆ 0362/41344, 0362/41144. **«**

»» Unser Tipp: Maliku 18. Das abends schön beleuchtete italienische Restaurant ist schon optisch ein Leckerbissen. Auf zwei luftigen Stockwerken wird gespeist, während im EG die Pizza live zubereitet wird. Im Angebot stehen Pasta, Bruschetta, Salate und v. a. Pizza von Standard bis zu ausgefallenen Kreationen für 45.000–80.000 IDR. Nicht zu Unrecht so gut besucht. Jl. Binaria, ✆ 0361/4063. **«**

Le Madre 16. Gutes italienisches Restaurant. Im schnuckeligen Innenhof kann man frisches selbst gebackenes Brot, Bruschetta- und Ciabatta-Variationen sowie weitere Gerichte der mediterranen Küche genießen. Eine Auswahl an vorsichtig gewürzten balinesischen Spezialitäten und der sowohl aufmerksame als auch witzige Service runden den Besuch ab.

Jasmine Kitchen 20. Ein vollkommen zu Recht beliebtes Thai-Restaurant. Auf zwei Ebenen (wobei wir die obere schöner fanden) werden Köstlichkeiten der thailändischen Küche serviert. Feuriges Laab, köstliche Currys, frischer Papayasalat und feine Frühlingsrollen in Reispapier sind nur eine kleine Auswahl der großen Speisekarte. Bei den meisten Gerichten kann der Schärfegrad je nach Gaumen variiert werden. Allerdings etwas gehobene Preise (30.000–75.000 IDR). Der Knaller – auch für verwöhnte Geschmacksknospen – sind die ausgefallenen Kuchen und Dessertkreationen aus der hauseigenen Bäckerei. Diese haben allerdings ihren (deftigen) Preis: ab 35.000 IDR. Jl. Binaria, ℡ 0362/41565.

Triple 9 9. Sowohl bei Touristen als auch bei Auswanderern und Einheimischen beliebtes Lounge-Bar-Restaurant im Herzen von Kalibukbuk. Schon unter dem früheren Namen „The Oldies" wurden hier getreu dem Motto „cold drinks, hot food" gut gemixte Cocktails und schmackhafte Gerichte zur Musik für die Seele serviert. Der Schwerpunkt liegt auf Blues, Jazz und Soul, dazu gibt es wechselnde Veranstaltungen und Mottos von Elvis bis James Brown, und an den Wochenenden bestimmen die Gäste das Musikprogramm. Kommen, entspannen und wohlfühlen. Wer möchte, kann gegen Gebühr das WLAN benutzen. Jl. Rambutan, ℡ 081/337084318 (mobil), www.triple9-lovina.com.

In Kaliasem

Tanjung Alam Restaurant 32. Direkt am Strand wird im luftigen Restaurant tägl. ab 12 Uhr ein reichhaltiges Lunch-Buffet angeboten. Für rund 70.000 IDR kann man aus verschiedenen Suppen, *Satay, Ikan Bakar* und anderen balinesischen Leckereien wählen, bis man satt ist. Der herrliche Meerblick dagegen ist gratis. ℡ 0362/41223.

In Temukus

Café „Deutsches Eck" 54. Die Adresse für alle, die plötzlich im Norden Balis von kulinarischem Heimweh geplagt werden. Ein Refugium für Liebhaber von Würsten, Grau- und Zwiebelbrot, Schweinebraten, Currywurst, Apfelstrudel und Kuchen. Wer sonntags noch nichts vorhat, kann ab 9 Uhr zum Frühschoppen vorbeischauen. Das Ganze wird in balinesischem Ambiente mit heimischem Dekor serviert. Dennoch kommt asiatisches Essen hier nicht zu kurz. Wer sich länger gütlich tun will an deutschen Spezialitäten und balinesischer Gastfreundschaft, kann auch gleich eines der hübschen Gästezimmer beziehen. Jl. Raya Singaraja-Seririt, ℡ 0362/42128, 081/337635475 (mobil), 081/337937718 (mobil), www.wonderfulbali.com/rikesti.

Nachtleben

(→ Karte S. 358/359)

Livemusik, Livemusik, Livemusik … ist ganz klar das Motto von Lovinas Bars. Wer die Ohren offen hält, findet 100%ig seinen Platz für ein kühles Getränk oder den ein oder anderen Cocktail (besonders in der Jl. Binaria). Abends sollte man auf die Happy Hour der Restaurants achten.

Poco Evolution Bar 24. Gestylte Musikbar im Schneeleopardenlook. Zu wechselnden Mottos und Coverbands (ab 21 Uhr) werden Cocktails, kalte Biere und Mixgetränke serviert. Wer noch Hunger hat, bekommt hier Snacks wie Frühlingsrollen oder große Pizzen bis spät in die Nacht. Die Pizza können Sie sich auch aufs Zimmer liefern lassen, die ausgelassene Stimmung und die Livemusik leider nicht. Jl. Binaria, ℡ 0362/41435, 081/74786533 (mobil).

Zigiz Bar 21. Beliebte Adresse mit wechselnder Livemusik und Sportübertragungen. Zur Band (meist ab 21 Uhr) oder zum Spiel genehmigt man sich importierte Biere, zur späteren Stunde locken die Cocktails. Die entspannte Atmosphäre und das freundliche Personal lassen so manchen die Zeit vergessen. Jl. Binaria, ℡ 085/ 237029531 (mobil), www.zigiz-bar.com.

Jax Bar 22. Zu wechselnder Livemusik und Sportübertragungen kann man sich hier gute Cocktails und kaltes Bier zu diversen Leckereien vom Grill und aus der asiatischen Küche einverleiben. Bei den Karaoke-Abenden können Mutige ihr Talent beweisen, weniger Extrovertierte zieht es zum Billardtisch. Jl. Binaria, jax-bar@hotmail.com.

Bali Bell 12 gemütliche kleine Cocktailbar auf zwei Etagen. Freundlicher Service, angenehme Preise, schwankende Qualität. Jl. Binaria.

Kantine 21 25. Der Ort, an dem sich die lokalen Jugendlichen treffen. Auf dem offenen Gelände sitzt man an gemütlichen Tischen und Bänken und feiert zu wechselnden Livebands. Das Publikum könnte gemischter nicht sein: Geschäftsmänner, Alternative, Dragqueens und ein paar Touristen genießen die lauschigen Abende zu einem der kreativ benannten Cocktails und kaltem Bintang. Jl. Raya Singaraja.

Pasha 26. Hier geht es ab! Dieser Club bietet alles, was ein Nightclub braucht. Lasershow, gestyltes Ambiente, ausgefallenes

Dekor, wummernde Beats von bekannten DJs und sehr zurückhaltend bekleidete Mädchen. Sexy-Dancers, Dragqueen-Shows und weitere „fantasievolle" Mottos im Wechsel. Wer's mag, wird hier glücklich! Jl. Raya Singaraja, ✆ 0362/7005272, www. pashaabalinightclub.com.

Ausflüge von Singaraja und Lovina

Drei Wasserfälle, darunter der höchste der Insel, das einzige Buddhisten-Kloster Nord-Balis, heiße Quellen, eine Reihe von Tempeln und eine schrille Kunstgalerie mit dem bezeichnenden Namen Art Zoo sind die Ziele, mit denen man sich den Aufenthalt in der Region um Singaraja und Lovina versüßen kann.

Air Terjun Git Git

Der Git-Git-Wasserfall ist die Attraktion für Touristen in Nord-Bali und kann problemlos mit einem Ausflug zum See Danau Bratan verknüpft werden. Schon auf dem Weg von Singaraja in das ein paar Kilometer südlich gelegene Dörfchen Beratan passiert man mehrere Schilder, die unverkennbar auf die Attraktion hinweisen. Aufgrund der Berühmtheit der 40 m hohen Wasserfälle kann man hier allerdings keine idyllische Abgeschiedenheit erwarten, auch beim Schwimmen im kalten Becken des Wasserfalles ist man selten ganz alleine. Ein Ausflug lohnt dennoch. Vom Parkplatz aus nimmt man den betonierten, mit unzähligen Warungs und Verkaufsständen sowie fahrenden Händlern gesäumten Weg. Zwischen Feilschen und Begutachten der angepriesenen Waren sollten Sie die Aussicht auf die schönen Reisfelder nicht vergessen. Dann kündigt das Rauschen der Wassermassen nach einem ca. 15-minütigen Spaziergang das Ziel der Wanderung inmitten des gezähmten Dschungels an. Wer möchte, kann in dem ausgewaschenen Becken am Fuße des Wasserfalles ein erfrischendes, sehr kaltes Bad nehmen oder einfach nur den Anblick genießen.

Parken 2000 IDR, Eintritt (am Kassenhäuschen hinter dem Parkplatz) 5000 IDR.

Air Terjun Sing Sing

Folgt man der Küstenstraße vom Zentrum Lovinas aus ca. 5 km nach Westen und biegt dann in südliche Richtung ab, gelangt man zum nächsten Wasserfall im Norden der Insel (auf Wegweiser achten!). Im Vergleich zum Air Terjun Git Git gibt er sich bescheiden: Die Wassermassen stürzen aus lediglich 12 m Höhe hinab. Das ist nicht besonders spektakulär, dafür aber ist der Sing-Sing-Wasserfall wundervoll in üppiges Grün eingebettet. Wenn der Wasserstand es erlaubt – und das tut er nur zur Regenzeit –, lädt der eiskalte natürliche Pool zum erfrischenden Bad ein. In der Trockenzeit, also zwischen April und September, kann man seine Badehose dagegen getrost im Hotel lassen oder den Ausflug gleich ganz von der Agenda streichen.

Buddhistenkloster und heiße Quellen bei Banjar

Beim Örtchen Banjar ein Stück westlich des Sing-Sing-Wasserfalls gibt's Erholung für Geist und Körper: Fürs Spirituelle zuständig ist der ein paar Kilometer landeinwärts gelegene **Brahmavihara Arama**, das einzige buddhistische Kloster Nord-Balis, vielleicht eine willkommene Abwechslung zu all den hinduistischen Tempeln der Insel. Wie eine Miniaturausgabe des Borobudur-Heiligtums auf Java thront es schein bar abgeschieden von der restlichen Welt am Fuße der Berge. Zwischen Buddha-statuen, goldglänzenden Gebäuden und tropischen Pflanzen lässt sich die Aussicht genießen und wohltuende Erholung finden. Bevor Sie die Gebetsräume neben dem prächtigen Lotusteich betreten, müssen Sie Ihre Schuhe ausziehen. Obligatorisch ist auch ein Sarung. Bei der Anfahrt zum Brahmavihara Arama dient übrigens die Ausschilderung des Bali Banjar Hills Retreat (s. u.) super zur Orientierung.

An der Hauptkreuzung in Banjar weisen Schilder linker Hand vom Markt den Weg zu den heißen Quellen **Air Panas Banjar**, die man nach ca. 2,5 km auf der recht schlechten Straße erreicht. Das schwefel- und kaliumhaltige Wasser soll heilende Kräfte bei Arthritis und Hauterkrankungen haben. In Stufen wurden drei unterschiedlich große Becken angelegt, die über kunstvolle Wasserspeier gespeist werden. Im bis zu 38 °C warmen Wasser kann man schwimmen oder einfach nur entspannen.

Heiße Quellen Tägl. 8–18 Uhr. Eintritt am Kassenhäuschen: Erw. 6000 IDR, Kinder 3000 IDR.

Übernachten/Essen & Trinken Bali Banjar Hills Retreat. Das Restaurant lädt zu einem entspannten Lunch mit fantastischem Blick auf die Küste Lovinas ein. Vom vegetarischen Risotto über Pasta, indonesische Klassiker und interessante Fischgerichte bis hin zu empfehlenswerten Hausspezialitäten wie Ayam oder Tuna Banjar steht so einiges auf der Karte (Hauptgerichte 20.000–60.000 IDR). Am nie-

Stairway to Nirwana

renförmigen Pool stehen 3 reich verzierte Bungalows bereit, die nach Gewürzen wie Muskat und Zimt benannt sind. Die große Glasfront macht die pastellfarben gestrichenen Zimmer noch heller. Alle mit Kühlschrank, AC und Heißwasser. DZ 330.000 IDR. ☎ 081/558083880 (mobil), 081/8565342 (mobil), www.balibanjarhills.com.

Tempel bei Sangsit

Von Singaraja nur etwa einen halben Kilometer nach Osten Richtung Küste erreicht man den im 15. Jh. errichteten Subak-Tempel. Der reich geschmückte Pura Beji ist Dewi Sri, der Reisgöttin, gewidmet. Über und über mit ausladenden Reliefs sowie zahlreichen Statuen von Dämonen, Tieren und Nanga-Schlangen verziert, ist er ein Fest für die Augen und zugleich ein eindrucksvolles Beispiel für die Tempelarchitektur Nord-Balis. Ihm steht der Pura Dalem Sangsit in keiner Weise nach, welcher nur wenige Meter weiter eingebettet in grüne Reisfelder liegt. Dieser zeichnet sich durch eine Vielzahl martialischer Darstellungen des Lebens nach dem Tod aus.

Jagaraga

In das kleine Dorf mit großer Geschichte gelangt man über die schmale, gewundene Straße, die kurz nach Sangsit ins Inland abzweigt. Man fährt ca. 6 km durch Felder und tropisches Grün – dann ist man an dem Ort, an dem sich die Unabhängigkeit Balis entschied. Der Name Jagaraga ist zugleich Warnung und Hinweis auf die blutigen Schlachten gegen die Niederländer in den Jahren 1848/49 (→ Kasten).

Besonders sehenswert ist der außergewöhnliche Pura Dalem Jagaraga, der nach den Schlachten wiederaufgebaut und mit kritischen und hämischen Reliefs versehen wurde. An der Außenwand des Tempels kann man z. B. auf der linken Seite Bilder des täglichen Lebens und Arbeitens erkennen, in welche die Invasion der Holländer auf Fahrrädern, Schiffen und Flugzeugen eingewoben ist. Auf der rechten Seite sticht die skurrile Darstellung eines Autos mit niederländischer Flagge hervor, dessen Fahrer von einem Banditen mit überdimensionierter Pistole bedroht wird. Eine der architektonischen Besonderheiten dieses Tempels ist die in das Tempelareal hinabführende Treppe, sodass man das Gefühl hat, in die Unterwelt hinabzusteigen. Eine andere Auffälligkeit ist, dass – kriegsbedingt – der Ahnenschrein im Tempelareal und nicht wie sonst üblich auf dem Friedhof steht.

Wer auf äußerst charmante Weise mehr über den Tempel erfahren möchte, sollte sich unbedingt vom pensionierten Lehrer Pak Ketut Suradnya durch das Areal führen lassen. Meist findet man ihn am kleinen Verkaufsstand gegenüber dem Tempel. Nach der gleichsam unterhaltsamen wie informativen Führung wird man merken, dass ein Obolus mehr als angebracht ist.

Die Tempel in Jagarage sind eine architektonische Besonderheit

Jagaraga: Wenn die Kolonialmacht dreimal „klingelt", wird blutige Geschichte geschrieben.

Der Begriff *jagaraga* wurde auf Bali schon immer bei Kriegsvorbereitungen verwendet und bedeutet so viel wie: „Seid gewarnt!" 1846, nach dem ersten Angriff holländischer Militäreinheiten, raunte es wieder einmal jagaraga durch das Fürstentum von Buleleng. Die nachfolgenden Ereignisse lesen sich wie die balinesische Version eines pathosgeschwängerten Hollywoodstreifens:

Seinen Anfang nahm der Konflikt aus dem gleichen Grund wie später in Badung, dem tawang kerang (balinesisches Riffrecht). Dieses Recht erlaubte das straflose Plündern von gestrandeten Schiffen. Da dies mehrere Male auch niederländischen Frachtern widerfuhr, sahen die Holländer darin einen Anlass, endlich auch machtpolitisch im Norden Balis Fuß zu fassen – zunächst auf diplomatischem Wege. Da aber das Fürstentum Buleleng seine Souveränität bedroht sah, scheiterte dieser Versuch kläglich – nicht zuletzt auch wegen der arrogant fordernden Verhandlungsweise der Holländer. Mit dem berühmt gewordenen Ausspruch I Gusti Ketut Jelantiks „Das Schicksal des Fürstentums Buleleng wird durch die Spitze des Keris entschieden!" war es für alle weiteren Verhandlungen zu spät. Nach dem Verstreichen eines von den Holländern gestellten Ultimatums kam es zur gewaltsamen Einnahme Singarajas, weshalb sich I Gusti Ketut Jelantik nach Sukapura (heute Jagaraga) zurückzog. Die Zeit vor dem Aufmarsch der Holländer nutzte er zum Ausbau der Festung und der (erfolgreichen) Suche nach Verbündeten. Zahlreiche Truppen wurden aus den südlichen Regionen Balis zur Unterstützung nach Sukapura entsandt.

Die Holländer schickten 1848 weit über 2000 Soldaten sowie an die 600 Mann starke indonesische Hilfstruppen. Gleichfalls ankerte vor der Stadt Sangsit eine Kriegsflotte mit zahlreichen Transportschiffen.

Am 9. Juli 1848 kam es zum großen Showdown: Die Balinesen waren den Angreifern mit nahezu 10.000 Kriegern zahlenmäßig hoch überlegen, jedoch waffentechnisch weit im Hintertreffen. Lediglich mit Keris oder Speer bewaffnet setzten sich die balinesischen Krieger todesmutig zur Wehr, bis sich die Angreifer – ironischerweise aufgrund von Munitionsmangel – bei einem überstürzten nächtlichen Rückzug auf die vor der Küste an-

Die Schlacht im Schaukasten

kernden Schiffe flüchteten. Mangelnder Nachschub zwang daraufhin die gesamte Flotte zur Rückkehr nach Java, was der dortige niederländische Generalgouverneur als derbe Klatsche empfand. Und so wurde im April 1849 ein mehr als doppelt so starkes Truppenkontingent gegen die balinesischen Widerständler aufgeboten. Auch das Fürstentum Bangli brachte die Kolonialmacht auf ihre Seite, sodass es den holländischen Einheiten den Durchmarsch in Richtung Buleleng gewährte.

Letzte Verhandlungen scheiterten, und der zweite Sturm auf die Festung Sukapura begann. Das Ergebnis dieser verheerenden Schlacht waren über 1000 Tote auf niederländischer und eine weit höhere Zahl auf balinesischer Seite. Das erste Kapitel der Unterwerfung Balis war mit blutiger Tinte geschrieben. Nach diesen gewaltsamen Jahren gab man Sukapura den bedeutsamen Namen Jagaraga, um die Krieger zu ehren, die so heroisch gekämpft hatten.

Beinahe noch eindrucksvoller, aber wenig beachtet ist der kleine **Tempel** rechts der Straße am südlichen Ende des Ortes. Drohend wird er von moosbewachsenen Dämonen und Wächterfratzen geschützt. Allein die Fassade ist eine nähere Betrachtung wert! Im Inneren zeigen steinerne Reliefs die Schrecken er Kolonialherrschaft. So ist z. B. ein saufender Kolonialherr neben einem schuftenden Balinesen dargestellt.

Sawan

Der kurz hinter Jagaraga gelegene Weiler gilt als der Geburtsort des hektischen gamelan gong kebyar. 1915 soll dieser metallische, schnelle Sound, der heute eine der meistverbreiteten Gamelan-Spielarten ist, zum ersten Mal von der Gamelan-Gong-Gruppe von Sawan und Jagaraga dargeboten worden sein. Noch heute werden in Sawan metallene Gongs hergestellt.

Tempel bei Kubutambahan

Der 11 km östlich von Singaraja gelegene Pura Meduwe Karang ist schon von außen eine Pracht. Umgeben ist er von mehreren Terrassen, auf denen über 30 mannshohe Statuen den Besucher erwarten und ins Innere locken. Der Tempel wurde Ende des 19. Jh. errichtet und ist in diesem trockenen Gebiet dem Feldanbau gewidmet. Große Berühmtheit erlangte der Tempel durch seine außergewöhnlichen Reliefs. So erwartet den Besucher an der linken äußeren Wand des Haupheiligtums ein Radfahrer auf einem Fahrrad mit Blumenrädern. Manche meinen, in ihm den niederländischen Ethnologen Niewenkamp zu erkennen (→ Kasten). Es folgen zahlreiche erotische Darstellungen sowie Abbildungen kräftezehrender Feldarbeit, bis man auf der gegenüberliegenden Seite eine grazile Legong-Tänzerin erreicht. Die meisten Reliefs mussten nach dem schweren Erdbeben 1917 nach und nach restauriert werden. Vor dem Tempel bieten Jugendliche gegen eine Spende Führungen an.

Im Pura Meduwe Karang

Air Sanih

Der kleine Ort liegt etwa 15 km östlich von Singaraja und ist vor allem wegen seines Naturbades bekannt. Touristen verirren sich eher selten hierher, das eiskalte Wasser einer Quelle, die im gegenüberliegenden Tempel entspringt und sich in zwei natürlich geformt aussehende Bassins ergießt, ist vorwiegend Ziel einheimischer Tagesausflügler. Um das Areal haben sich zahlreiche Restaurants und Warungs angesiedelt. Der dunkle, abgeschiedene Meeresstrand um die Quellanlage ist ein Platz für alle Ruhesuchenden, denen selbst in Lovina zu viel Trubel ist.

Wanderer zwischen den Kulturen:
Wijnand Otto Jan Niewenkamp (1874–1950)

Wahrscheinlich ist es dem Relief eines Radfahrers an der Tempelwand des Pura Meduwe Karang zu verdanken, dass man sich auch heute noch an Wijnand Otto Jan Niewenkamp erinnert. Dabei war er einer der Wegbereiter der europäischen Künstlerszene auf Bali.

Rolling, rolling, rolling ...

Niewenkamp sollte eigentlich in die Fußstapfen seines Vaters treten, der es als Gewürzhändler zu Wohlstand gebracht hatte. Als multitalentierter Schöngeist zog er es aber vor, globetrottend sein schöpferisch-künstlerisches Potenzial zur Entfaltung zu bringen und seine Neugier zu befriedigen. Als erster europäischer Künstler betrat er Bali und die Nachbarinsel Lombok, sammelte dort einheimische Kunst und begann selbst zu zeichnen und zu schnitzen. Niewenkamp erforschte darüber hinaus die Menschen, ihre Sitten und Lebensweisen – nicht zuletzt aus Angst, die balinesische Kultur könnte irgendwann durch den westlichen Einfluss erlöschen.

Dabei legte der Autodidakt so großes Interesse für sein Reiseziel an den Tag, dass er, schon bevor er einen Fuß auf die Insel setzte, den traditionellen Malstil kopieren konnte. Dies und ein für die damalige Zeit großes Vorwissen über Kultur, Kunst und Religion beeindruckten die Balinesen und gestatteten Niewenkamp einen besseren Zugang zu den Geheimnissen der Inseln. Ganz nebenbei entdeckte er so auch den „Mond von Pejeng" bei einem Spaziergang (→ S. 273).

Seine Skizzen, Bilder und endlosen Notizen veröffentlichte er 1906 in seinem Buch „Bali en Lombok" und gab so anderen westlichen Künstlern den entscheidenden Anstoß, die Insel, welche er als „the loveliest land I know" beschrieb, aufzusuchen. Mit dem deutschen Fotografen Georg Krauser eröffnete er die erste Ausstellung über balinesische Kunst in Amsterdam und zeigte bereits 1918 eine Vielzahl von Fotos und Zeichnungen über die fremde Welt im fernen Indonesien.

Obwohl er weit über 1000 Skizzen und Zeichnungen schuf und diese in zahlreichen Schriften veröffentlichte, wurde erst 48 Jahre nach Niewenkamps Tod ein Werk mit Auszügen aus seinem Schaffen in englischer Sprache veröffentlicht.

Zum Glück ist dieser zu Unrecht in Vergessenheit geratene Holländer durch sein für die Balinesen skurriles Erkundungsgefährt – sein Fahrrad – stark in Erinnerung geblieben. So behaupten viele, dass der berühmte Blumenradfahrer im Pura Meduwe Karang Niewenkamp ein steinernes Denkmal setzt.

Naturbad   Tägl. 7–19 Uhr. Erw. 4000 IDR, Kinder 2000 IDR.

Übernachten   Neben vielen in die Jahre gekommenen Unterkünften, die heute vorwiegend als Übernachtungsmöglichkeit für Durchreisende und lokale Touristen dienen, bieten sich die folgenden Anlagen bei längeren Aufenthalten an.

Ciliks Beach Garden. Wahrlich ein Paradies für Erholungsbedürftige. Auf dem riesigen Areal verteilen sich 2 Villen (für 2–4 Pers.), ein Bungalow und ein Lumbung. Alle sind urgemütlich und aus Naturmaterialien in einer luftigen Bauweise errichtet, die eine Klimaanlage vollkommen überflüssig macht. Dazwischen Palmen, tropische Pflanzen und Ruhe. Ein speziell auf den Gast abgestimmtes Frühstück und ein Mittagsimbiss werden in der eigenen Bale serviert und sind wie Internetnutzung im Preis inbegriffen. Auf Wunsch wird auch zu Abend gekocht und werden Ausflüge organisiert. Preisstaffelung nach Personenzahl: Lumbung 50–70 €, Villen und Bungalows je nach Art 90–160 €. ✆/✆ 0362/26561, 081/23601473 (mobil), 087/863001378 (mobil), 081/23883127 (mobil), www.ciliksbeachgarden.com.

Mimpi Bungalows. Im Hinterland, mit herrlicher Aussicht bis zum Meer liegt diese neue, in Weiß gehaltene Anlage. Die sauberen, schlicht eingerichteten Zimmer im großen Gebäude wirken etwas funktionalistisch und sind mit Fan, Moskitonetz und sauberem Warmwasserbad ausgestattet. Im Aussichtsrestaurant speist man auf der Terrasse, ein hellblauer Pool lädt zum Planschen ein. Daneben kann man sich im hauseigenen Spa nach Strich und Faden verwöhnen lassen. Zimmer 40 €, Bungalow 45 €, gesamte Anlage (bis zu 14 Pers.) 350 €. 5 % der Einnahmen werden für die medizinische Versorgung der lokalen Bevölkerung gespendet. ✆ 081/338579595 (mobil), www.mimpibali.com.

Cleopatra. Westlich der kalten Quellen gibt es in einem Garten voller Blumen sehr simple, aber saubere und relativ moderne Zimmer. Alle mit Fan und Kaltwasser. DZ 100.000–250.000 IDR. ✆ 081/23622232 (mobil).

Hotel Tara. In Reihe mit Blick aufs Meer können hier relativ günstige Bungalows aus Stein gemietet werden. Die Räume sind recht dunkel, dafür mit TV, Heißwasser, kleiner Veranda und wahlweise AC oder Fan ausgestattet. Für Familien stehen geräumige Bungalows mit TV und Kühlschrank bereit. Die freundliche Familie betreibt auch ein angeschlossenes Restaurant und organisiert Schnorchel- und Delfintouren. DZ mit Fan 200.000 IDR, mit AC 250.000 IDR, Familienbungalow 500.000 IDR. ✆ 0362/3435175, 081/23760254 (mobil), andiputra63@gmail.com.

Art Zoo

Bunt, erotisch, ausgefallen präsentiert sich die Galerie des amerikanischen Künstlers Symon. Man findet sie ca. 9 km östlich von Kubutambahan, und das garantiert: Aufgrund der dekorativen, übergroßen Ausschilderung ist der Art Zoo kaum zu übersehen Auch die ausgestellten Gemälde erstrahlen in kräftigsten Farben und umhüllen den Betrachter mit ihrer Sinnlichkeit. Für Liebhaber der modernen Kunst sicher eine willkommene Abwechslung in Balis hohem Norden. Natürlich werden alle Ausstellungsstücke auch zum Kauf angeboten.
Weitere Infos unter www.symonstudios.com.

Pura Ponjok Batu

An diesem Tempel stoppt jeder hinduistische Durchreisende, um für eine sichere Fahrt zu beten. Auch Touristen sollten sich den wundervoll zwischen dem tosenden Ozean und einer Steinklippe gebauten Tempel nicht entgehen lassen. Nur die herrlich verzierten Schreine zwischen den blühenden Frangipani-Bäumen lenken vom Blick auf das Meer ab. Der Tempel soll im 16. Jh. von Danghyang Nirartha gegründet worden sein. Natürlich darf die heilige Stätte nur mit Sarung und Tempelschal betreten werden. Auch eine Spende ist erbeten.

Puri Bagus Ponjok Batu Agro Restaurant. Das Restaurant offeriert den hungrigen Ausflüglern original balinesische Gerichte. Diese meist als Menü mit Suppe, Haupt- und Nachspeise angebotenen Köstlichkeiten (65.000–75.000 IDR) werden in den luftigen Pavillons mit Meerblick serviert. Alle Zutaten – sogar für den Wein – stammen von der eigenen Agro-Farm. Wer möchte, kann interessante Kochkurse (40 $/Pers.) besuchen. Jl. Raya Singaraja-Amlapura, ✆ 0362/21430, www.bagus-agro.com.

Von Tejakula bis Tembok

Im Örtchen Tejakula, ca. 22 km östlich von Kubutambahan, ist das **Mandi Kuta** einen kurzen Stopp wert. Übersetzt bedeutet der Name so viel wie „Pferdebad", und tatsächlich kamen hier einst die Rösser der Rajas von Buleleng in den Genuss einer kühlen Erfrischung. Heute ist das reich geschmückte Gelände eine öffentliche Badeanstalt, in deren sittlich nach Männlein und Weiblein getrennten Becken sich jetzt Menschen zwischen den Wasserspeiern tummeln. Gleichzeitig fungiert die Anlage auch als Tempel, weshalb sie nur mit Sarung und Tempelschal betreten werden darf.

Nur 2 km östlich von Tejakula weist in Les ein Schild den Weg zum wahrscheinlich höchsten Wasserfall der Insel, dem **Yeh Mempeh.** Vom Parkplatz aus muss man noch eine ca. 25-minütige Wanderung bewältigen, bis man den Wasserfall inmitten des herrlichsten Grüns erreicht. Die wunderschöne Kulisse zeigt sich so ganz ohne Touristen, ist wenig überlaufen und sogar in der Trockenzeit einen Ausflug wert. Oft wird am Parkplatz neben der obligatorischen Parkgebühr eine Spende von 10.000 IDR pro Person verlangt.

Wer von **Tejakula Richtung Tembok an der Küste** weiterfährt, hat gute Chancen eine ruhige Übernachtungsmöglichkeit zu finden – zu etwas höheren Preisen, versteht sich. Denn abgeschieden von allem Trubel haben sich hier einige Resorts angesiedelt, die den Gästen Luxus und hohen Komfort inmitten des „echten" Bali bieten.

Übernachten in Tejakula Gaia Oasis. Hier, etwa 1 km östlich von Tejakula, ist schon die ruhige Abgeschiedenheit auf dem 4 ha großen, wundervoll angelegten Grundstück Balsam für die Seele. Die geräumigen Bungalows fügen sich hervorragend in die Umgebung ein. Daneben können die Gäste kostenlos (nach Voranmeldung) an den Yoga-, Meditations- und Tanzkursen teilnehmen, um Körper und Seele in Einklang zu bringen. Je nach Lage und Belegung: Bungalow 22–54 €/Pers., mit Vollpension (Buffet) 20 € mehr. Transport vom Flughafen ab 500.000 IDR. Dusun Tegal Sumaga, ✆ 081/23853350, www.gaia-oasis.com.

CBG Beach Resort. Dieser Ableger des Ciliks Beach Garden in Air Sanih bietet zwei geräumige Bungalows direkt am Strand. Konzept und Gestaltung der Anlage gehen mit dem Hauptprojekt in Air Sanih Hand in Hand, auch die Preise sind ähnlich. Nähere Informationen und Buchung über das Hauptresort (→ S. 370): ✆/📱 0362/26561, 081/23601473 (mobil), 087/863001378 (mobil), 081/23883127 (mobil), www.ciliksbeachgarden.com.

In Sembi Renteng Alam Anda. Diese große Anlage wird vorwiegend von Tauchern besucht, die sich praktischerweise an den beiden dem Strand vorgelagerten Riffen austoben können. Doch auch Nichttaucher sind willkommen und werden sich in den zwischen hohen Palmen gelegenen Bungalows und Villen wohlfühlen. Die Bungalows mit Meerblick sind aus Bambus und Naturmaterialien mit hohem Alang-Alang-Dach gebaut, die Deluxe-Villen für bis zu 5 Pers. warten mit noblerem Interieur auf. Neben den Tauchtrips (www.werner lau.com) werden auch zahlreiche Ausflüge angeboten. Ein herrlicher Pool sowie ein Spa sorgen für Erfrischung und Erholung. Das hauseigene Restaurant serviert neben lokalen Gerichten auch deutsche Speisen und lohnt auch als Zwischenstopp für Durchreisende. Je nach Unterkunft, Ausstattung und Belegung 30–98 €/Pers., zur Nebensaison deutlich günstiger. Keine Kinder unter 8 Jahren erlaubt. Transfer vom Flughafen möglich (allerdings überteuert). Geretek, ✆ 081/24656485 (mobil), www.alam-anda.de.

Nord-Bali → Karte S. 350/351

In Tembok Poinciana Resort. Ein herzliches Resort inmitten eines schönen Gartens voll üppigem Pflanzenwuchs. Die modernen, sauberen AC-Bungalows liegen um den dunkelblauen Pool und können je nach Größe bis zu 6 Personen in bis zu 3 Schlafzimmern beherbergen. Das nette Restaurant serviert sowohl westliche als auch lokale Speisen. Zimmer/Bungalow 65–85 $, Villa mit 3 Schlafzimmern komplett 210 $. ✆ 081/23859951 (mobil), 081/338220527 (mobil), www.poincianaresortbali.com.

Die Seen im nördlichen Inland

Wer von Singaraja der Straße zu den Bergseen Danau Bratan, Danau Buyan und Danau Tamblingan folgt, begibt sich in ein ganz anderes Bali, als man es von den Küstengebieten der Insel kennt.

Die Straße schlängelt sich unermüdlich immer weiter nach oben, die Luft wird spürbar kühler, und zwischen den Wäldern und üppigen Farngewächsen erhascht man ab und an einen herrlichen Ausblick über die Berge. Nicht immer allerdings, denn bisweilen sind die Wolken so dicht, dass die Sicht im wahrsten Sinne des Wortes vernebelt ist. Das Stimmung wird dadurch umso geheimnisvoller, und der Clou folgt, wenn sich am Ende das umwerfende Panorama der Seen vor einem ausbreitet. Eingerahmt, ja, geradezu umzingelt wird das schimmernde Türkis von den hoch aufragenden Vulkanen Gunung Lesong, Gunung Catur und Gunung Pohon. Wer genügend Zeit mitgebracht hat, sollte wenigstens eine Nacht hierbleiben, um Bali von seiner anderen Seite kennenzulernen. Allerdings könnte der erwähnte Nebel weniger sonnigen Naturen durchaus aufs Gemüt schlagen.

Kurz bevor man den Danau Bratan erreicht, passiert man den kleinen Ort **Pancasari,** in dessen Umland viele Erdbeeren angebaut werden. Zur Linken zweigt die Straße zum exklusiven **Bali Handara Kosaido Country Club** ab. Wer das nötige Kleingeld und Zeit hat, kann hier, auf dem höchstgelegenen Golfparcours in Indonesien, sein Handicap verbessern. Allerdings sollte man für die Partie auf dem in ein grandioses Panorama eingebetteten 18-Loch-Platz schon 150 $ veranschlagen.

Übernachten Bali Handara Kosaido Country Club **1** (→ Karte S. 375). Mit Blick auf den Golfplatz oder den Garten stehen auf dem weitläufigen Gelände in die Jahre gekommene Zimmer, Suiten und Bungalows für betuchte Gäste bereit. Natürlich sind sämtliche Zimmer mit Minibar, TV und allen Annehmlichkeiten wie Heizungen ausgestattet. Superior-Zimmer ab 95 $, Deluxe 135–150 $, Suiten ab 240 $ bis hin zur zweistöckigen Präsidentensuite mit eigener Sauna für 630 $, jeweils plus 21 % Tax und Service versteht sich. ✆ 0362/3422646, ✆ 0362/3423048, www.balihandarakosaido.com.

Danau Bratan

Als größter der drei Seen, die innerhalb der mächtigen Bratan-Caldera liegen, genießt er auch die meiste Aufmerksamkeit. Wenn die Wolken den Blick freigeben, schimmert der ca. 4 km² große und 35 m tiefe See in dunklem Blau und überzeugt so auch Zweifler von seinem heiligen Status, den er bei den Balinesen innehat.

Doch nicht nur deshalb ist der See mitsamt seiner malerischen Umgebung bei den Einheimischen so beliebt – besonders an Wochenenden ist er der perfekte Ort für Wanderungen, Bootsfahrten und Picknicks. Wie gut, dass der Danau Bratan bestens erreichbar an der Verbindungsstraße Denpasar–Singaraja liegt. So ist es von

Wolken sind sein liebstes Gewand: Danau Bratan

Pancasari aus nur noch ein Katzensprung zu den zwei wichtigsten Orten am See: Candi Kuning mit seinem farbenfrohen Markt und dem heiligen Tempel Pura Ulun Danu Bratan sowie Bedugul, die Heimat des Naherholungsparks Taman Rekreasi.

Candi Kuning

Außer um die Verehrung der Göttin der Seen dreht sich in dem beschaulichen Örtchen fast alles um Pflanzen, Blumen und Früchte. Entsprechend farbenprächtig ist der **Markt,** auf dem es Berge aus bunten, duftenden Blumen und Samen gibt und man Souvenirs aller Art erstehen kann. Ein Fest aus Farben und Düften und, wenn Sie es zulassen, auch der Geschmäcker. Warum hier nicht schon mal für ein Picknick im herrlichen botanischen Garten einkaufen?

Am westlichen Ende des Sees liegt auf 1200 m Höhe der **Pura Ulun Danu Bratan.** Dieser wichtige Tempel ist Dewi Danu, der Göttin der Seen, gewidmet. Dazu passend stehen Teile des insgesamt vierteiligen Komplexes auf künstlichen Inseln buchstäblich im See, das Hauptgebäude befindet sich allerdings am Ufer. Die malerische Kulisse steht im Kontrast zur direkten Umgebung. So lenken der sauber angelegte Park mit seinen vielen Tierplastiken und unzähligen Souvenirverkäufern wie auch die auf dem See kreuzenden Motorboote vom Tempel ab, der in dieser Freizeitparkkulisse ein wenig entzaubert wirkt. Wer Reste des mystischen Reizes aufsaugen möchte, sollte frühmorgens oder am frühen Abend hierherkommen, wenn die meisten Touristen und Tagesausflügler noch schlummern bzw. sich wieder auf dem Heimweg befinden. Gegründet wurde der Tempel 1633 von Raja Mengwis. Während auf den Inseln Shiva (erkennbar am dreistöckigen Meru) sowie Dewi Danu, Vishnu und Dewi Sri (erkennbar am hoch aufragenden elfstufigen Meru) verehrt werden, ist der Teil an Land anderen Gottheiten wie Brahma und Dewi Purwa vorbehalten. Die goldene Stupa, die sich vor dem Tempelkomplex befindet, ist Buddha gewidmet.

Eintritt zum Park 10.000 IDR, Parkgebühr 2000 IDR.

Etwas südlich von Candi Kuning liegt der **Kebun Raya Eka Karya Bali (Bali Botanic Garden)** – ein wahres Mekka für Pflanzenliebhaber. Bereits 1959 wurde die Anlage gegründet und nach dem Umbau 1975 immer wieder erweitert. Heute kann man auf einer gigantischen Fläche von über 157 ha zwischen mannshohen Farnwäldern, Palmenhainen, üppigen Lotusteichen und versteckten Tempelchen lustwandeln oder eines der mannigfaltigen Gewächshäuser besuchen und sich an der Vielfalt der duftenden Orchideen, Rosen und skurril anmutenden Kakteen berauschen. Die Zufahrt mit dem eigenen Auto ist aufgrund der Weitläufigkeit des Gartens nicht nur erlaubt, sondern wird auch ausdrücklich empfohlen.

Tägl. 8–16 Uhr (Orchideenhäuser schließen bereits um 14 Uhr), Eintritt 7000 IDR. Wer den weitläufigen Park mit dem eigenen Fahrzeug erkunden will, zahlt 12.000 IDR für die Zufahrtserlaubnis. Wer sein Gefährt stehen lässt, kommt um die Parkgebühr nicht herum: Motorrad 3000 IDR, Auto 6000 IDR. Am Eingang gibt es ein kleines Heft mit fundierten Hintergrundinformationen (20.000 IDR). ✆ 0368/2033211, 081/390357572 (mobil), www.kebunrayabali.com.

Wer bei der Erkundung des Dschungels einmal die Bodenhaftung verlieren möchte, dem sei ein Besuch im **Bali Treatop Adventure Park** ans Herz gelegt, der sich auf dem Gelände des botanischen Gartens befindet. Wie Tarzan von Baum zu Baum schwingen, über Hängebrücken klettern und Sprünge aus luftigen Höhen wagen – all das können Sie auf den unterschiedlichen Parcours des Parks tun. In verschiedenen Höhen (2–20 m) und entsprechenden Schwierigkeitsgraden kommen sowohl Kinder als auch Adrenalinjunkies auf ihre Kosten. Dass die Betreiber auch noch auf die Natur achten, macht den Spaß für Groß und Klein umso größer.

Tägl. 8.30–18 Uhr, Erw. 20 $, Kinder (bis 12 J.) 13 $, Familien (2 Erw., 2 Kinder) 50 $, Gruppenermäßigung möglich. ✆ 0361/8520680, www.balitreetop.com.

Bedugul

Der südlichste Ort am Danau Bratan wartet mit seinem **Taman Rekreasi** auf – einem besonders an Wochenenden gut besuchten Freizeit- und Vergnügungspark. Zwischen Souvenirläden und verhältnismäßig teuren Restaurants ist hier alles, was mit Wasser und Fun zu tun hat, möglich: Parasailing, Jet-Ski und Wasserski fahren oder mit dem Speedboat die Fotokulisse am Pura Ulun Danu Bratan zerstören. Wer es ruhiger mag, mietet ein Ruderboot und lässt die Seele beim Angeln baumeln. Interessant ist sicherlich auch eine Bootsfahrt oder ein Spaziergang (ca. 50 Min.) zu den japanischen Höhlen am südöstlichen Seeufer. Die **Goa Jepeng**, so der indonesische Name, wurden im Zweiten Weltkrieg von indonesischen Gefangenen für die japanische Besatzungsmacht ausgehoben.

Die Preise für Boote und Bootstouren variieren stark! In den frühen Morgenstunden können diese noch für 80.000 IDR gemietet werden, später zahlt man um die 140.000 IDR. Angelausrüstungen können nach Verhandlungen für ca. 50.000 IDR ausgeliehen werden.

⌒ Basis-Infos

Achtung: Bedugul wird v. a. von Touranbietern oft missverständlich als Bezeichnung für die gesamte Umgebung des Danau Bratan verwendet. Eigentlich heißt aber nur das Örtchen so.

Hin & weg Der Danau Bratan liegt an der Hauptverbindungsstraße zwischen Singaraja (Suksada Teminal, ca. 20.000 IDR) und Denpasar (Ubung Terminal, ca. 20.000 IDR), weshalb sich zumindest vormittags so gut wie immer ein **Bus** bzw. **Bemo** mit Stopp am Terminal in Pancasari findet. Von hier aus kann mit etwas Glück ein anderes Bemo nach Candi Kuning bzw. Bedugul ge-

Übernachten
1 Bali Handara Kosaldo Country Club
2 Pondok Kusuma Wisata
3 Enjung Beji Resort & Spa
5 Lila Graha
7 Ashram Guesthouse
8 Sari Artha
9 Strawberry Hill Hotel
10 Saranam Eco Resort
11 Pacung Indah

Essen & Trinken
4 Strawberry Stop
5 Lila Graha
6 Roti Bedugul
9 Strawberry Hill Rest.

Sonstiges
8 Perama Office

Danau Bratan
1,25 km

---

chartert oder die mind. 5 km lange Strecke zu Fuß zurückgelegt werden. Wer nach Candi Kuning oder Bedugul möchte und aus dem Süden anreist, sollte dem Fahrer früh genug Bescheid geben, sonst muss man oft ab Pancasari die letzen Kilometer laufen.

Das **Perama Office** 8 (✆ 0368/21011) ist im Sari Artha Hotel in Candi Kuning untergebracht. Um 10 Uhr fährt der Shuttlebus z. B. Kuta, Ubud und Sanur an (60.000 IDR), um 13 Uhr Richtung Lovina (80.000 IDR). Von Kuta geht es um 10 Uhr nach Bedugul, von Sanur um 10.30 Uhr, von Ubud um 11.30 Uhr und von Lovina um 9 Uhr (jeweils 60.000 IDR/Pers.).

Natürlich bieten auch einige Hotels einen Pickup- und Transportservice an.

Wer zu den kleinen Seen Danau Buyan und Danau Tamblingan möchte, ist am besten mit einem eigenen Gefährt unterwegs.

Geld Bis auf ein paar Money Changer am Markt in Candi Kuning und am Pura Ulun Danu Bratan (die Ihr Geld zu entsetzlichen Kursen umtauschen) gibt es keine Möglichkeit, an indonesische Rupien zu kommen. Nehmen Sie also genügend Bargeld mit!

Übernachten (→ Karte S. 375)

In Candi Kuning   Unterkünfte des botanischen Gartens. Wer Pflanzen liebt, wird auch diese Gästehäuser lieben. Ob man nun den VIP-Bungalow mit TV und Heißwasser oder die Budget-Unterkunft mit Gemeinschaftsbad wählt, hier findet jeder das Passende in jeglicher Preislage. ✆ 0368/2033211, 0368/22050, 081/390357572 (mobil), 📠 0368/22051, www.kebunrayabali.com.

Sari Artha ⑧. Rechts neben dem Markt in Candi Kuning findet sich eine einfache Budget-Unterkunft. Als Grundregel gilt hier: Je weiter hinten der Bungalow liegt, desto schöner ist er. Vorne sind die einfachsten Unterkünfte mit Kaltwasser und simplen Stehtoiletten angesiedelt. Leider konnten uns auch die hellen, dafür nicht immer sauberen Deluxe-Zimmer mit TV und Dusche nicht wirklich überzeugen. 100.000–260.000 IDR. ✆ 0368/21011, 081/999970116 (mobil).

Lila Graha ⑤. Gegenüber den in eine weite Kurve gepferchten Warungs führt eine steile Straße den Hügel hinauf. Was Sie erwartet, ist ein wahrer Aussichtstraum: Am Hang kleben 15 Bungalows mit grandiosem Blick auf den Danau Bratan. Die ein wenig in die Jahre gekommenen Cottages sind einfach, aber dennoch mit dem Nötigsten eingerichtet. Die meisten Zimmer sind mit Warmwasser, Badewanne und großen Bambusbetten – oft auch mit TV – ausgestattet, wobei auch kuriose Glasbauten mit Feuerstelle im Angebot sind. Ein gutes Aussichtsrestaurant sorgt für das leibliche Wohl.   DZ   100.000–350.000 IDR.   ✆ 0368/2033166, 0368/21446.

Ashram Guesthouse ⑦. Beinahe direkt gegenüber vom Lila Graha Guesthouse führt eine kleine Gasse zu diesem weitläufigen Areal. Allein die grandiose Lage, gepaart mit der weiten Aussicht auf den See und die umgebende Berglandschaft, überzeugt. Die Bungalows sind sehr alt und wirken teilweise etwas ungepflegt. Auch hier gilt: je teurer, desto besser. Und das gilt nicht nur für den Ausblick. Die besseren Hütten warten mit Warmwasser, etwas ansprechenderer Einrichtung und Badewanne auf. Cottages 150.000–300.000 IDR. ✆ 0386/21450, 📠 0368/21101.

In Bedugul   Enjung Beji Resort & Spa ③. Das gepflegte Resort bietet schöne Steinbungalows in verschiedenen Preisklassen und Größen in einem parkähnlichen Garten. Durchweg sehr geräumig und sauber, mit

Der Pura Ulun Danu Bratan ist *das* Fotomodell unter den Tempeln im Norden

gemütlichen Betten und hellen, großen Wannenbädern (teils mit Außendusche im kleinen Garten) ausgestattet. Für Familien stehen gut eingerichtete Family Cottages bereit. Allerdings sollten Menschen mit einer Spinnenphobie von den günstigsten Hütten vor dem Haupteingang der Anlage absehen. Das Restaurant liegt in Ufernähe und bietet auch bei schlechtem Wetter Schutz vor Regen und Kälte. Cottage 400.000–750.000 IDR, Family Cottage 1.250.000 IDR. ☏ 0368/21490, ✆ 0386/21022.

≫ Unser Tipp: Strawberry Hill Hotel 9. Bietet nicht nur leckeres Essen an der offenen Feuerstelle und zuvorkommendes Personal, sondern auch sehr neue Bungalows in einem süßen Garten mit Blick auf die angrenzenden Erdbeerfelder. Schöne Holzböden, ein schnuckeliges Wannenbad, Heißwasser, große LCD-Fernseher sowie eine breite Couch mit Leselampe sind die Grundausstattung der sauberen Häuschen, die übrigens alle nach indonesischen Vulkanen benannt sind. Bungalow 400.000 IDR, Einzelbelegung 350.000 IDR, Extrabett 150.000 IDR. Kinder bis 12 J. zahlen nur das Frühstück, wenn sie im Bett der Eltern schlummern. ☏ 0368/21265, ✆ 0368/21442, www.strawberryhillbali.com. ≪

In Pacung Pacung Indah **11.** Das freundliche Resort liegt an der Straße nach Pa-

cung, ca. 8 km südlich von Bedugul. Hier kann man sowohl in großen, schön eingerichteten Suiten als auch in einfachen Standardzimmern nächtigen. Alle mit Heißwasser, TV (in der höheren Preisklasse steht dieser im Wohnzimmer mit bequemen Sitzmöbeln), großen Betten und noch größeren Terrassen mit Sitzgelegenheiten sowie grandiosen Ausblicken auf die umgebenden Reisterrassen. Nachdem man den Sonnenaufgang von der Terrasse aus genossen hat, kann man an den angebotenen Trekkingtouren teilnehmen. Bungalows und Suiten 260.000–675.000 IDR, teuerster und größter Bungalow 825.000 IDR. ☏ 0368/21020, ✆ 0368/21964, www.pacungbali.com.

Saranam Eco-Resort 10. Liegt gegenüber dem Pacung Indah Hotel und offeriert seinen Gästen herrliche Ruhe bei grandioser Aussicht in idyllischster Lage zu dementsprechend höheren Preisen. Die Bungalows und Zimmer wurden gestaffelt in den Hang des großen Grundstückes gebaut, fügen sich durch die verwendeten Naturmaterialien hervorragend in die Landschaft ein und bieten dennoch angenehmen Komfort wie TV, Telefon und Minibar. Diese ruhige Luxusoase hat ihren Preis: Bungalow oder DZ 75–150 $. Jl. Raya Baturiti, Desa Baturiti, Tabanan 82191, ☏ 0368/21038, ✆ 0368/21043, www.saranamresortbali.com.

Essen & Trinken (→ Karte S. 375)

Auf dem Markt in Candi Kuning verstecken sich gleich mehrere kleine Cafés und Warungs. Auch am Pura Ulun Danu Bratan und in der Kurve entlang der Hauptstraße in Bedugul finden sich so gut wie immer Straßenstände, die günstiges lokales Essen frisch zubereiten. Wen es nach mehr gelüstet, der kann z. B. die folgenden Adressen (allerdings nur bis spätestens 19 Uhr) sowie die Hotelrestaurants aufsuchen.

In Candi Kuning Strawberry Stop **4.** Erdbeeren, Erdbeeren, Erdbeeren, ob im Pfannkuchen, im Wein oder im Milchshake. Hier dreht sich alles um die süßen roten Früchte. Natürlich gibt es auch noch andere Gerichte, aber warum sollte man nicht auf die namengebenden Spezialitäten zurückgreifen? Hauptgerichte 10.000–30.000 IDR.

Roti Bedugul 6. Das gemütliche, kleine Café mit angeschlossener Bäckerei liegt direkt neben dem Markt. Hier bekommen süße Schleckermäuler alles, was das Herz begehrt. Cookies mit Erdnüssen, Ingwer oder Schokolade, Weihnachtsstollen (!), französische Croissants, aber auch echtes Krustenbrot. Dazu einen Kaffee oder den

frisch gemixten Erdbeer- oder Tamarillosaft. Lecker!

Strawberry Hill Restaurant 9. Das zweistöckige Restaurant serviert ausgefallene Gerichte aus ganz Indonesien wie *Tongseng Kambing* (in Kokosmilch gegarte Lammfleischstreifen), *Gudog Yogya* (Jackfrucht mit gekochtem Ei in einer leichten Kokosmilchsuppe), aber auch große Burger (Hauptgerichte 12.000–30.000 IDR). Zum Verlieben und Wiederkommen sind die genialen Kuchen, z. B. der dunkle Schokokuchen, den wir mit ins Hotel nehmen wollten — leider hat er schon nach wenigen Minuten das Zeitliche segnen müssen … lecker! ☏ 0368/21265, www.strawberryhillbali.com.

Danau Buyan und Danau Tamblingan → Karte S. 375

Die beiden Seen sind kleiner als der benachbarte Danau Bratan und touristisch noch unberührt. Umgeben von tropischen Wäldern, Kaffee- und Nelkenplantagen, bieten sie sich an für Wanderungen und Trekkingtouren in der friedvollen, kühlen Natur.

Einen herrlichen Blick auf die türkis und blau glitzernden Seen hat man von der Panoramastraße, die beim kleinen Örtchen Wanagiri in westliche Richtung abzweigt und über Tamblingan bis Munduk führt – eine Augenweide, die man sich auf keinen Fall entgehen lassen sollte.

Auch wer ans Ufer des **Danau Tamblingan** will, folgt der Panoramastraße. Im gleichnamigen Dörfchen Tamblingan (Achtung: Folgen Sie an der sonderbar anmutenden Pyramide der Abzweigung nach links!) befindet sich ein großer Parkplatz, der zugleich den Eingang zum Naherholungsgebiet markiert. Von hier sind es noch knapp 500 m bis zum Seeufer. Verschlungene Wege führen am Ufer entlang und darüber hinaus bis zum nahen Danau Buyan. Aber auch längere Wanderungen mit lokalen Guides, die am Parkplatz auf Gäste warten, sind möglich.

Wer sich auf direktem Weg vom **Danau Buyan** verzaubern lassen will, bleibt in Wanagiri auf der von Singaraja kommenden Hauptroute und biegt ein paar Kilometer weiter bei Pancasari rechts ab. Nach ca. 3 km entlang von Erdbeerfeldern erreicht man ein Ticketoffice am Ufer, wo man auch sein Auto abstellen kann (3000 IDR). Lokale Guides bieten hier ihre Dienste als Wanderführer für einfache Touren an, und wer einen schlechten Orientierungssinn hat, sollte diese auch in Anspruch nehmen.

Trekkingtouren vom Tamblingan-See
Die Preise sind fix und variieren je nach Dauer, Personenzahl und Schwierigkeitsgrad: 2-stündige Tour mit Kanufahrt 270.000 IDR, 8-stündige Tour (bis 4 Pers.) 1.200.000 IDR. Über das Gästehaus Pondok Kusama Wisata sind auch 3-tägige Touren inkl. Verpflegung und Ausrüstung (250.000 IDR) buchbar.

Hier gibt's Erdbeeren … auch zum Selberpflücken!

Auf jeden Fall sollten Sie das reichhaltige Angebot nutzen und sich auf dem Weg zum Danau Buyan eine Tüte **Erdbeeren selbst pflücken** (15.000–30.000 IDR/kg). Schilder mit recht kreativen Schreibweisen (Strawberi, Stowbery oder Strobbery) machen Lust, sich auf die Jagd nach den süßen Früchten zu begeben.

Übernachten Pondok Kusuma Wisata **2**. Wer die Natur um die beiden Seen ausgiebig genießen will oder zu längeren Trekkingtouren aufbrechen möchte, sollte hier – direkt gegenüber dem Parkplatz am Danau Tamblingan – übernachten. Das sympathische Resort bietet in sehr entspannter Atmosphäre einfache Zimmer in traditionellen Bungalows, umgeben von einem kleinen Garten. Saubere Bäder mit Fenster, Heißwasser und Badewanne. Die warmherzige Besitzerin kocht auch gerne Buffets für Gruppen (60.000 IDR/Pers.) und bewirtet in ihrem Restaurant auch Durchreisende mit günstigen, schmackhaften Gerichten. Daneben können auch Ausflüge, Wanderungen und Kanufahrten organisiert werden, z. B. 3-tägige Touren inkl. Verpflegung und Ausrüstung (250.000 IDR). Zimmer 250.000–300.000 IDR, Extrabett 100.000 IDR. ☎ 081/74728826 (mobil), 085/238567944 (mobil), adm_kusuma@yahoo.com.

Munduk

Das aufstrebende Ferienörtchen am Ende der „Seen-Panoramastraße" (s. o.) liegt eingebettet in eine hügelige Landschaft, die nur so strotzt vom üppigen Grün des Dschungels, gedeihenden Kaffee- und Fruchtplantagen und schmatzenden Reisfeldern. Bereits die Holländer schätzten diese angenehme Umgebung und errichteten hier inmitten der kühlen Region ihre Refugien, um sich vom heißen Klima an der Küste zu erholen. In den letzten Jahren scheint sich die Schönheit dieses Landstrichs herumgesprochen zu haben: Immer mehr Unterkünfte entstehen links und rechts der Hauptstraße – Naherholung im Umland und bei den angrenzenden Seen garantiert.

Unter den vielen kleinen und im weiten Dschungel versteckten Wasserfällen ist der **Air Terjun Munduk** der am besten zugängliche. Etwa 2 km östlich von Munduk weisen Schilder auf den ca. 15 m hohen Wasserfall hin. Parken ist an der Straße möglich, von hier sind es nur noch 500 m bis zum plätschernden Nass. Direkt an der Straße liegt auch das Bali Jegeg, ein gutes Aussichtsrestaurant (☎ 0362/700 1634). Zum Ausblick an die Nordküste kann man sich bei westlichen Gerichten wie Spaghetti oder indonesischen wie *Tahu Iseh* (gefüllte Tofuschnitten) vor der Weiterfahrt stärken. Nicht ganz billig, dafür schön.

Übernachten Manah Liang Bungalows. Umgeben von Nelkenplantagen und gesegnet mit einer tollen Aussicht. Man wohnt in 7 traditionellen Lumbung-Hütten mit zwei Ebenen und offenem Gartenbad mit Wanne. Auch hier werden Wanderungen und Trekkingtouren in die Umgebung angeboten, nach denen man sich im hauseigenen Restaurant bei westlichen und lokalen Gerichten stärken kann. Lumbung 430.000 IDR, Family Cottage (3–6 Pers.) 680.000–875.000 IDR. In der Nebensaison bis zu 30 % Rabatt. ☎ 0361/731520, 081/23912002 (mobil), ✉ 0361/734379, www.lumbungbali.com.

🍃 Puri Lumbung Cottages. Etwa 1 km vor Munduk. Wer hier übernachtet, schlägt gleich mehrere Fliegen mit einer Klappe: unterstützt die Betreiber beim Schutz der Natur, kann eine wirklich ansprechende Unterkunft beziehen, sich im hervorragenden Spa verwöhnen lassen und auch einen der vielen Ausflüge buchen, welche die Unterkunft anbietet. Allerdings kostet das Ganze etwas mehr. Auf dem wirklich schön angelegten Grundstück mit hohen Bäumen und kleinen Teichen, umgeben von Reisfeldern, kann man einen der hölzernen Lumbungs beziehen oder in einem der steinernen Family Cottages (2 Schlafzimmer, 2 Bäder) residieren. Wer es günstiger mag, quartiert sich in einem der Budget-Zimmer ein. Auch eine große Villa steht bereit. Immer ist ein herrlicher Ausblick von der Veranda garantiert. Die angebotenen Workshops und Wanderungen werden in Zusammenarbeit mit den Dorfbewohnern organisiert. Das große Restaurant serviert interessante wie schmackhafte Gerichte. Budget-Zimmer 35 $, Lumbung 87 $, Family Cottage (4 Pers.) ab 112 $, Villa ab 245 $, jeweils plus 21 % Tax und Service. ✆ 0362/7012887, 081/23874042 (mobil), 🖥 0362/7005261, www.purilumbung.com. ∎

Munduk Sari Nature Villa. In einem traditionellen Gebäudekomplex stehen neue und modern eingerichtete Zimmer zur Auswahl.

Für alle, die es weiterzieht ...

Wer nun schon einmal in dieser faszinierenden Gegend ist, hat mehrere Möglichkeiten, seine Weiterreise zu gestalten – ein eigenes Auto oder gutes Motorrad sind jedoch Voraussetzung.

Richtung Südwestküste: Abenteuerlustige Naturen können ab **Mayong** über beeindruckende Straßen bis zur Südwestküste fahren ... und zwischen zwei Routen wählen:

Schneller geht es auf der **Hauptstraße** über Sanda und Blimbing bis nach Soka an der Südküste. Grandiose Ausblicke auf Reisterrassen, die in jedes Fotoalbum gehören, sind garantiert.

Geheimnisvoller, anspruchsvoller und nicht weniger spektakulär ist es jedoch, statt die Hauptroute in den Süden zu nutzen, in Pupuan die wenig befahrene **Landstraße** Richtung Westen zu nehmen. Halten Sie sich südwestlich über Tista und Manggissari Richtung Pekutatan. Nelken-, Kakao- und Kaffeeplantagen säumen den Weg auf beiden Seiten. Kurz hinter Manggissari noch vor Asahduren durchquert die Straße einen riesigen Banyanbaum. Die mächtigen Wurzeln des sog. **Bunut Bolong** bilden das wohl ungewöhnlichste Tor auf Bali, das vom Geist zweier Tiger bewacht wird. Auf der rechten Seite steht ein kleiner Tempel. Abergläubische Gemüter sollten den Ort recht schnell wieder verlassen, denn manchen gilt er als unheilschwanger, und allerlei Abenteuerliches soll hier schon geschehen sein.

Richtung Gunung Batukaru: Wer das kühle Klima und die Berglandschaft im Landesinneren länger genießen möchte, sollte am Fuße des Gunung Batukaru einen Zwischenstopp einlegen und einige Tage zum Wandern und für Trekking nutzen. Guides und Touren, z. B. auf den Gunung Batukaru, werden in den beiden etwas teureren Unterkünften Sanda Butik Villas und Campaka Belimbing Hotel vermittelt:

Sanda Butik Villas. Liegt idyllisch am Fuße des Gunung Batukaru. Auf der ehemaligen Kaffeeplantage verteilen sich 8 große Steinbungalows. Die geräumigen Zimmer sind mit TV, Minibar, schönen Steinbädern und sogar AC (obwohl es hier eigentlich kühl genug ist) ausgestattet. Von den wirklich ausladenden Veranden hat man einen tollen Blick auf die angrenzenden Felder und den Gunung Batukaru. Ein schöner Salzwasserpool lädt trotz der kühlen Luft zum Schwimmen ein. Das angeschlossene Restaurant kreiert seine Gerichte aus Produkten der Umgebung. DZ 99–170 $ plus 21 % Tax und Service. Sanda, ✆ 082/83720055 (mobil), 081/338518836 (mobil), www.sandavillas.com.

Campaka Belimbing Villas. Dieses Hotel hat schon mehrere Preise gewonnen. 16 Villen stehen zur Auswahl, davon 6 mit eigenem Pool. Alle im balinesischen Stil mit dementsprechendem Dekor und Annehmlichkeiten wie TV, Minibar, Kaffeebereiter und Safe ausgestattet. Die Umgebung ist wahrlich traumhaft und somit ideal, um die Seele baumeln zu lassen, die Preise sind jedoch gesalzen. Villa 121–194 $, in der Nebensaison und über das Internet gibt es oft bis zu 55 % Rabatt. Belimbing, ✆ 0361/7451178, 🖥 0361/7451179, www.cempakabelimbing.com.

Alle sehr gepflegt und sauber und mit Fernseher, großen, einladenden Betten und kleinen Wannenbädern ausgestattet. Die oberen Zimmer sind wegen der Aussicht etwas teurer. Auch hier werden Ausflüge und Trekkingtouren angeboten. Zimmer 45–55 $. ✆ 0361/297123, ✉ 0361/298126, www.munduksari.com.

Munduk Sari Garden Villas. Nur 200 m entfernt wurde dieser brandneue Ableger eröffnet. Auf dem weitläufigen, abfallenden Grundstück locken 5 grandiose, moderne Zimmer mit einer noch grandioseren Aussicht entweder von den verglasten Fensterfronten oder der Veranda aus. Ein Pool ist in Planung. Ein Refugium für Honeymooner und alle, die luxuriöse Abgeschiedenheit suchen. Allerdings kostet dieser Luxus je nach Größe, Belegung und Ausstattung 650.000–1.100.000 IDR. Zimmer mit Gartenblick unter dem Restaurant 400.000 IDR. ✆ 0361/297123, ✉ 0361/298126, www.munduksari.com.

Made Homestay. Eine günstige, wenn auch einfache Alternative zwischen all den teuren Unterkünften. In sehr sympathischer Atmosphäre wohnt man in simplen, aber sehr sauberen Zimmern, die günstigsten mit Gemeinschaftsbad, und hat eine tolle Aussicht von der Veranda. 250.000 IDR. ✆ 081/23874833 (mobil).

Guru Ratna Homestay. Zentral im Ort gelegen. Das liebenswürdige Personal vermietet einfache, bunte Zimmer mit Gemeinschaftsbad sowie zwei schöne Räume im Kolonialstil mit eigenem Bad. Ein sympathisches Restaurant mit einer ansprechenden Auswahl an Gerichten für den kleinen und großen Hunger serviert ganz nebenbei einen Ausblick bis zum Meer. Zimmer 175.000 IDR, Kolonialzimmer 250.000 IDR, bei Einzelbelegung 50.000 IDR billiger, Extrabett 75.000 IDR. ✆/✉ 0362/92812, 081/338526092 (mobil), gururatna_hs_bali@yahoo.com.

Essen & Trinken   **Ngiring Ngewedang.** Etwa 5 km östlich von Munduk weisen Schilder auf das erhöht an einer Kurve gelegene Restaurant. Zur weiten Aussicht sollte man unbedingt eine Tasse vom selbst hergestellten Kaffee genießen. Natürlich wird auch eine Vielzahl schmackhafter Gerichte – zu etwas gehobenen Preisen – angeboten. Wer sich für den Kaffeeanbau interessiert, findet beinahe immer einen freundlichen Angestellten, der einen auf der Kaffeefarm in die Geheimnisse des Anbaus und der Herstellung des schwarzen Getränks einführt. ✆ 081/23807010 (mobil), www.ngiringngewedang.com.

Gunung Batur mit Danau Batur

Inmitten eines Vulkankraters schlummert der Danau Batur. Mit 8 km Länge und ca. 2–3 km Breite ist er der größte See Balis. Er wurde wie der Danau Bratan von Dewi Danu, der Göttin der Seen, zur Wohnstätte erkoren. Sein Wasser ist daher heilig – was der Grund für die Fruchtbarkeit der Felder sein soll …

Wer den Danau Batur ansteuert, macht sich auf in eine faszinierende Landschaft. Es geht durch Canyons mit Dschungel und Nadelbäumen, vorbei an meterhohen Farngewächsen, bis sich links und rechts berauschende Aussichten auf die Berglandschaft mit kleinen Dörfern, Feldern und Reisterrassen eröffnen.

Sobald man den Ort **Penulisan** durchquert hat, erreicht man die riesige äußere Caldera des noch heute aktiven Schichtvulkans Gunung Batur. Diese erstreckt sich über eine Fläche von 10 mal 13,5 km, der Danau Batur liegt an ihrem südöstlichen Rand. Die äußere Caldera umringt wie ein zerklüfteter Kessel eine zweite, kleinere Caldera, die sich weder ihrer Maße von 7,4 mal 9,4 km noch ihres hohen Alters von geschätzten 23 bis 28 Mio. Jahren schämen muss. Innerhalb dieser thront der Bergkegel des Gunung Batur mit 1717 m Höhe als Herrscher über zwei Vulkankrater – ein Rang, der ihm nur vom südöstlich gelegenen Gunung Abang (2158 m) streitig gemacht wird.

Eindrucksvoll breitet sich der Gunung Batur aus

Hat man diesen Eindruck erst einmal in sich aufgesogen, macht man sich auf den Weg hinab in den Vulkankrater und hinunter zum See. Es geht vorbei an Kintamani und zahlreichen Aussichtsrestaurants – von denen man wechselnde, dennoch umwerfende Aussichten auf den Vulkan samt Bergsee hat –, bis sich die Straße in Penelokan schließlich den Berg hinunterschlängelt.

Am See selbst verändert sich die Landschaft zunehmend: Zwischen schwarzem Vulkangestein gedeiht allerlei Gemüse – je nach Saison Kohl, Tomaten, Zwiebeln oder Süßkartoffeln – und färbt das Innere der Krater grün.

Hin & weg Am einfachsten erreicht man den Danau Batur mit dem eigenen Auto.

Busse/Bemos Da Kintamani (s. u.) auf der Hauptroute von Singaraja über Bangli nach Denpasar zum Batubulan Terminal liegt, kann man die mind. 2-stündige Reise auch mit dem Bus oder einem Bemo antreten (um die 20.000 IDR). Von Ubud aus fahren braune Bemos nach Kintamani.

Perama fährt (ab mind. 2 Pers. und nach Voranmeldung) nach Kintamani: von Kuta um 10 Uhr (150.000 IDR/Pers.), von Sanur um 10.30 Uhr (150.000 IDR/Pers.) und von Ubud um 11.30 Uhr (100.000 IDR/Pers.). Die Rückfahrt kann nach Absprache organisiert werden.

Transportservice der Hotels Baruna Cottages bietet Gästen einen kostengünstigen und zum Teil sogar kostenlosen Abholservice von den südlichen Touristenorten, von Ubud und auch von Lovina aus an. Auch das Hotel Surya und das Hotel Segara in Kedisan haben einen Transportservice (150.000–350.000 IDR) zu Orten im Süden, im Norden und nach Ubud im Programm.

In die nähere Umgebung fahren von Kintamani nach Penelokan (s. u.) orangefarbene Bemos – v. a. am Morgen sollte es kein Problem sein, mit öffentlichen Verkehrsmitteln zum See hinunterzukommen. Touristen zahlen hier grundsätzlich etwas mehr als die Einheimischen. Rechnen Sie mit 6000–12.000 IDR pro Fahrt. Ab dem frühen Nachmittag kommt man ums Chartern nicht mehr herum.

Geld Zwar gibt es in der Nähe der Lakeside Cottages in **Toya Bungkah** (s. u.) einen ATM und in **Kintamani** (s. u.) auch eine Bank an der Hauptstraße, an der man im Notfall Geld wechseln könnte, jedoch ist der beste Rat, ausreichend Bares mit in die Berge zu nehmen.

Übernachten/Essen am See → S. 386

Kintamani und Batur

Neben seinen berühmt-berüchtigten Hundehorden ist **Kintamani** v. a. für seinen farbenfrohen Markt bekannt. Die lokalen Erträge der Region und so manch anderes werden alle drei Tage vormittags feilgeboten. Die Gegend um Kintamani und den Danau Batur ist aufgrund der Höhenlage von bis zu 1500 m spürbar kühler. Tagesdurchschnittstemperaturen von 20–26 °C sind normal, und wer hier übernachtet, muss sich auf kühle Nächte einstellen.

Nach Süden ist Kintamani heute mit **Batur** zusammengewachsen, wo man auf den **Pura Ulun Danu Batur** stößt. Dieser wichtige Tempel wird oft zu den Reichstempeln gezählt. Der „Tempel am Haupt des Sees" – so sein übersetzter Name – stand nicht immer hier. 1926 zerstörten die Lavamassen beim Ausbruch des Gunung Batur das gleichnamige Dorf und den Tempel. Lediglich der Schrein blieb bei der Katastrophe unversehrt, und so versetzte man ihn gemeinsam mit dem Dorf in eine geschütztere Lage am Kraterrand. Heute erwartet den Besucher ein großer Tempelkomplex mit einer überwältigenden Anzahl an Schreinen und einem hoch aufragenden elfstufigen Meru – ein Zwischenstopp lohnt durchaus.

Penelokan

Penelokan heißt so viel wie Aussichtspunkt, und das ist es auch. Von hier offenbart sich die wahre Schönheit Zentralbalis. Und das wissen auch einige findige Restaurantbetreiber. Eine schier endlos scheinende Kette aus Aussichtsrestaurants, die sich – um ehrlich zu sein – nicht großartig unterscheiden, säumt den Kraterrand. Beginnend schon vor Kintamani ziehen sie sich bis nach Penelokan. Einziger Unterschied ist der Blickwinkel: Bei Kintamani speist man mit Blick auf die klassische Vulkansilhouette des Gunung Batur und genießt – bedingt durch den Flug der Wolken – das ständig wechselnde Spiel von Licht und Schatten. Bei Penelokan sieht man auf die weit unten schimmernde Oberfläche des Kratersees, der majestätisch von Gunung Batur und Gunung Abang flankiert wird. Beides ist durchaus sehenswert – nur hungrig sollten Sie sein. Denn für 60.000–90.000 IDR bieten die Restaurants reichhaltige Buffets mit Vor- und Nachspeisen, dazu teure Getränke. Verständlicherweise herrscht hier meist Quantität über Qualität. Zu Stoßzeiten am Mittag drängen sich die angekarrten Touristen wie Heuschrecken um die reichhaltigen Buffets, und bereits am frühen Nachmittag sind die meisten Restaurants wieder geschlossen.

In Penelokan wird oft eine Eintrittsgebühr von 6000 IDR verlangt. Das Ticket sollte man für die Dauer seines Aufenthalts aufbewahren, da es auf Nachfrage vorgezeigt werden muss.

Bei der Masse an Touristen, die hier täglich vorbeischauen, ist es nur zu verständlich, dass ungefähr die gleiche Menge an Souvenirverkäufern auf zahlungswillige Kundschaft lauert. Und dabei können die Verkäufer hier ungewohnt aufdringlich werden. Seien Sie darauf gefasst – umgehen können Sie die Situation eh nicht!

Kedisan

Von Penelokan führt die Straße nach unten zum See. Am tiefsten Punkt liegt Kedisan, ein unspektakulärer Ort, an dem sich die Wege scheiden. Von hier kommen Sie mit dem Boot nach Terunyan, oder Sie entscheiden sich für die Straße, die nach Songan oder nach Terunyan führt. Neben Toya Bungkah ist Kedisan der Ort mit den meisten Übernachtungsmöglichkeiten am See.

Nord-Bali → Karte S. 350/351

Toya Bungkah

Den meisten ist Toya Bungkah als Ausgangsort für Trekkingtouren auf den Gunung Batur bekannt. Deshalb finden sich hier auch die meisten Unterkünfte der Seeregion. Eine hochgepushte Attraktion sind die heißen Quellen, die eher die Einnahmequelle findiger Unternehmer sind: Die **Toya Bungkah Hot Springs** ähneln in keiner Weise ihren Namensvettern. Denn im Toya Devasya Camping Resort & Spa, das um diese heißen Quellen gebaut ist, findet sich ein betoniertes Thermalbad in Swimmingpooloptik auf einem durchaus ansprechend gestalteten Gelände. Mag dieses Bad für den Körper entspannend sein, für das Portemonnaie ist es das eher nicht.

Erw. 150.000 IDR, Kinder 100.000 IDR, inkl. 1 Glas Saft und Handtuch. Auf Wunsch können Menüs (Kombipreis für Schwimmen und Essen ab 260.000 IDR) dazugebucht werden. www.toyadevasya.com.

Eher zu empfehlen, günstiger und noch weitaus natürlicher sind die **Batur Hot Springs,** etwas südlich der Anlage des Toya Devasya. Vom Spa bis zum Restaurant ist alles vorhanden. Auf Wunsch können zum Schwimmen in den heißen Pools auch besondere Angebotspakete, Mahlzeiten oder Spa-Behandlungen dazugebucht werden.

Eintritt ab 80.000 IDR/Pers. ✆ 081/338325552 (mobil), www.baturhotspring.com.

Pura Ulun Danu Batur

Passiert man die Ortschaft **Songan** ist man schließlich am nördlichsten Punkt des Sees angekommen. Hier steht der **Pura Ulun Danu Batur**, der einer der ältesten Tempel der Insel sein soll. Von hier aus lassen sich herrliche Wanderungen unternehmen, die von den Guides am Tempel angeboten werden.

Terunyan

Geheimnisvoll, unheimlich, anders, unfreundlich – alles Beschreibungen, die auf das Bali-Aga-Dorf Terunyan zutreffen. Das Dorf hat sich bis heute große Teile seiner prähinduistisch-animistischen Kultur bewahrt. Zwischen dem Vulkan Gunung Batur und dem See liegt auf einen schmalen Landstreifen gedrängt dieses Dorf der Alt-Balinesen, das lange Zeit für Fremde nur sehr eingeschränkt zugänglich war. Und so sind auch heute noch Touristen nur geduldet, aber nicht wirklich willkommen. Die Aura des Geheimnisvollen verdanken die Bewohner ihren für Bali höchst ungewöhnlichen Bestattungsriten. Tote werden nicht begraben, und nur Selbstmörder und an entstellenden Krankheiten Dahingeschiedene werden verbrannt. Die Leichen werden in weiße Tücher gewickelt auf offenem Feld aufgebahrt und der Verwesung überlassen. Der uralte, sich auf dem Begräbnisfeld befindende Baum neutralisiert auf wundersame Weise den Verwesungsgeruch.

Wenig besucht: der Pura Ulun Danu Batur

Neben dem nur mit Booten zugänglichen **Friedhof** ist die Hauptattraktion in Terunyan selbst die ca. 4 m hohe Statue im **Pura Pancering Jagat**, die Touristen allerdings nicht zu sehen bekommen. Der Zutritt zum Tempel ist nicht gestattet. Gleichermaßen unwillkommen fühlt man sich in ganz

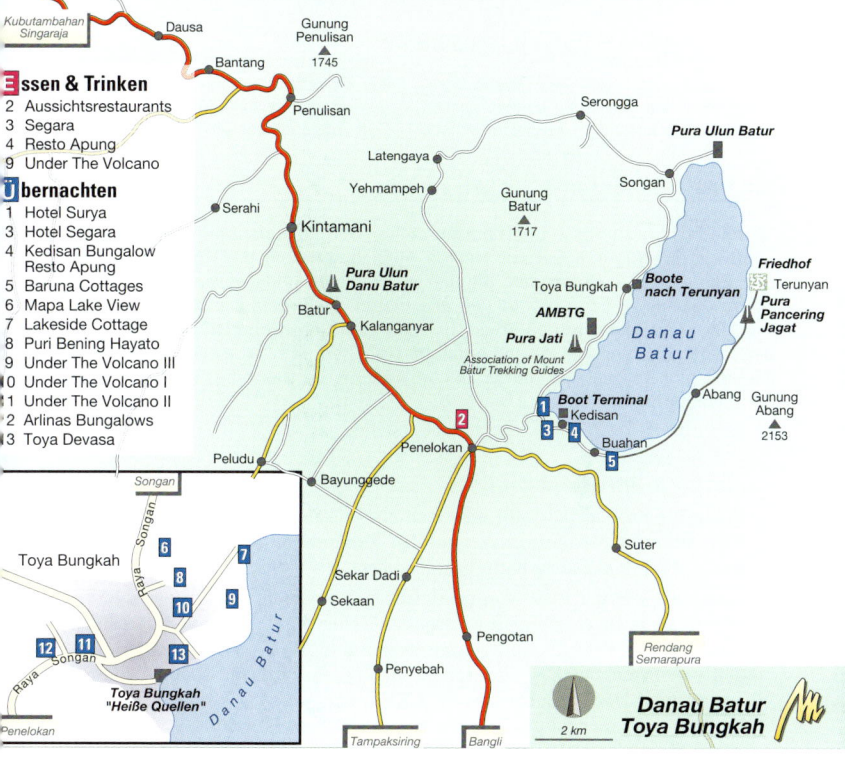

Terunyan (vielleicht ist das auch gut so, denn anderswo wäre das ständige Herum-
stapfen von Touristen auf dem Friedhof auch nicht gerne gesehen) – doch umso
willkommener scheint das Geld der Fremden zu sein. Für eigentlich alles werden
Spenden und Honorare verlangt, Guides und Verkäufer drängen sich auf, und wer
zu wenig gibt, die Führer nicht in Anspruch nehmen will oder nichts kauft, muss
von da an mit gemurmelten Verwünschungen leben. Da auch die Anfahrt sehr
kostspielig werden kann und man sich bei jedem Schritt nicht willkommen fühlt,
sollte sich jeder selbst überlegen, ob man an dem Spiel von Anlocken, Abzocken
und Abschrecken teilnehmen will. Wir hätten gerne darauf verzichtet.

Hin & weg Wer dennoch nicht auf einen
Abstecher in dieses Bali-Aga-Dorf verzichten möchte, sollte die Überfahrt in Kedisan
organisieren. Am Hauptpier legen Boote für
bis zu 7 Pers. ab (ca. 300.000 IDR geteilt
durch die Anzahl der Passagiere). Versichern
Sie sich, dass die Spende für das Betreten
des Dorfes im Fahrpreis enthalten ist!
Trotzdem wird oft noch ein Eintritt verlangt.

Auch ab **Toya Bungkah** kann man Boote
für die Überfahrt chartern – billiger wird es
jedoch nicht.

Sollten Sie mit dem eigenen Auto unterwegs sein, werden Sie auf der Straße von
Kedisan nach Terunyan öfters angehalten

werden. Angeboten wird dann eine Führung zum Dorf und eine Bootsfahrt zum
Friedhof, bei der Sie anscheinend vom
selbsternannten Guide vor Problemen und
weiteren Kosten geschützt sind. Preise
hierfür starten bei 700.000 IDR/2 Pers. und
lassen sich auf 300.000 IDR/2 Pers. herunterhandeln – Sie sehen schon, auch so wird
es nicht billiger …

Wer möchte, kann ab **Abang** (ca. 4 km)
auch am Seeufer entlang nach Terunyan
wandern. Bedenken Sie, dass Sie auf diese
Weise in Terunyan die Bootsfahrt zum
Friedhof aushandeln müssen! Billiger wird
es also auch so nicht!

Unser ganz persönlicher Tipp: Wenn Sie irgendwie darauf verzichten können, lassen Sie den Ausflug nach Terunyan einfach aus. Genießen Sie eine Rundfahrt auf dem See und besuchen Sie z. B. das Bali-Aga-Dorf Tenganan bei Candi Dasa (→ S. 311).

Übernachten/Essen & Trinken am See (→ Karte S. 385)

Gerade in Toya Bungkah und Kedisan stehen den Kurzurlaubern genügend Unterkünfte zur Verfügung. Bis auf wenige Ausnahmen sind die Hotels sehr einfach und genügen v. a. Reisenden, die hier nur schlafen und danach auf den Gunung Batur klettern wollen. So gut wie alle bieten die unterschiedlichsten Ausflüge, Trekking- und Klettertouren sowie Bootsfahrten und Mountainbiketrips an. Auch ein Transportservice ist oft im Angebot enthalten. Ach ja, eine weitere Gemeinsamkeit gibt es noch: kläffende Hunde, welche die Gäste besonders nachts um den Schlaf bringen können.

Der Riese am Grund des Sees

Wenn die Erde in Bali bebt oder sich ein Vulkan im zentralen Inland regt, dann führen die Balinesen dies auf den Riesen Kebo Iwo zurück, der noch heute unter dem Danau Batur begraben liegt.

Kebo Iwo war ein Riese von gigantischen Ausmaßen, stark wie ein Büffel und so hoch wie ein Berg. Er war den Menschen wohlgesinnt und half ihnen tatkräftig, wo er nur konnte. Dafür stellten ihm die Dorfbewohner Unmengen von Essen bereit – eine seiner Mahlzeiten hätte für 1000 Menschen ausgereicht. Doch manchmal wurde Kebo Iwo wütend, vor allem wenn er hungrig war. Als nun die Reisspeicher geleert waren und der für die Ernte nötige Regen ausblieb, schien sein Zorn unvermeidlich. Die Dorfbewohner konnten ihm aber seine Mahlzeit einfach nicht bieten – hatten sie doch selbst nicht genug zu essen. Und tatsächlich: Kebo Iwo raste, er zertrümmerte das Dorf und begann, vor Hunger die Tiere und auch ein paar Menschen zu verschlingen. Da sprachen die Leute zum Riesen: „Wir werden dir dein Essen geben. Doch zuerst musst du unsere Häuser wieder aufbauen, und danach sollst du einen großen Brunnen bauen, damit wir genug Wasser für unsere Felder haben." Da beruhigte sich der Riese. Und in der Vorfreude auf sein Essen begann er mit der Arbeit.

Doch alsbald bemerkte er, wie die Dorfbewohner immer mehr Kalksteine am Rand des gewaltigen Erdloches anhäuften, das er für den Brunnen ausgehoben hatte. Als er nachfragte, beschwichtigten ihn die die Dorfbewohner und sagten, sie wollten ihm zur Belohnung ein großes Haus bauen. Da freute sich der Riese so sehr, dass er doppelt so schnell arbeitete wie vorher. Bald stieß er auf Wasser, und daraufhin legte er sich – erschöpft von seiner Arbeit – zu seinem täglichen Mittagsschlaf nieder. Die Menschen nutzten ihre Chance und überschütteten Kebo Iwo schnell mit all den Steinen. Das Wasser vermischte sich auf wunderbare Weise mit den Kalksteinen, und so wurde der Riese auf dem Grund des Sees einbetoniert. Doch das Wasser stieg und stieg – bis es schließlich über den Brunnenrand trat und so den Danau Batur formte. Die ausgehobenen Erdmassen wurden zum Gunung Batur. Und ab und an regt sich Kebo Iwo – vielleicht knurrt auch nur sein Magen vor Hunger.

Zwiebeln, Kohl und Tomaten: Es wächst so einiges um den Danau Batur

In Kedisan Hotel Segara **3**. Die Anlage mitten in Kedisan bietet günstige Reihenbungalows, die meisten mit TV und Heißwasser. Einige davon leider muffig, aber recht sauber. Internetcafé mit langsamen Verbindungen ins Netz. Im großen Restaurant kann man den Blick auf den See genießen und andere Reisende treffen. Transportservice von/nach Kuta, Ubud und Lovina (200.000–400.000 IDR). DZ 300.000–600.000 IDR, ☎ 0366/51136.

Hotel Surya **1**. Das erhöht gelegene Hotel liegt gleich neben dem Hotel Segara und lockt mit einer herrlichen Aussicht auf den See. Die Zimmer sind sehr einfach, teils auch wirklich klein und dunkel mit kitschigen Bettdecken, die teuersten verfügen über TV und Wannenbäder mit Heißwasser. Einige wurden vor Kurzem renoviert – ein Vergleich lohnt sich also. DZ 150.000–300.000 IDR. ☎ 0366/51139.

In Buahan Baruna Cottages **5**. Empfehlenswerte Unterkunft am Seeufer vis-à-vis dem Vulkan. Drei helle, große Bungalows mit hohem bambusverkleidetem Dachstuhl. Die große Glasfensterfront sorgt je nach Lage für wundervolle Ausblicke. Alle Bäder sind mit Heißwasser, einige auch mit Badewanne ausgestattet. 2 nagelneue Lumbung-Hütten aus Massivholz, in denen man vom Bett aus einen herrlichen Blick über den See hat, runden das Angebot ab. Das freundliche Personal organisiert auch gerne Ausflüge wie Mountainbike- und Trekkingtouren. Abholservice möglich. Unterkunft

für 2 Pers. 400.000–600.000 IDR. ☎ 0366/51378, www.barunacottages.com.

In Toya Bungkah Arlinas Bungalows **12**. Im Zentrum von Toya Bungkah vermietet die nette Familie unterschiedlichste Bungalows, die sich auf dem begrünten Grundstück verteilen. Je nach Ausstattung – von einfachen Unterkünften mit Kaltwasser bis zu geräumigeren Cottages mit TV und Heißwasser – kostet die Nacht 150.000–200.000 IDR. ☎ 0366/51165, 081/4752669 (mobil).

≫ Unser Tipp: Mapa Lake View **6**. Der ungemein sympathische und herzliche Besitzer vermietet ein paar nagelneue und hübsch eingerichtete Bungalows, die einen umwerfenden Blick auf den See bieten. Alle sind geräumig, hübsch eingerichtet, haben hohe Dächer und verfügen über Heißwasser. Bungalow 350.000–450.000 IDR ☎ 081/936236435 (mobil), 081/338382096 (mobil). ≪

Lakeside Cottages **7**. Die in die Jahre gekommene Anlage bietet große Doppelbungalows für bis zu 3 Pers. Die Zimmer sind geräumig, wobei die teureren näher am See liegen und mit TV und Heißwasser ausgestattet sind. Das angeschlossene Restaurant ist auf Seefisch spezialisiert und hat auch japanische Gerichte auf der Speisekarte. Großes Angebot an Trekkingtouren. Zimmer 300.000–400.000 IDR. 0366/51249, 085/237454216 (mobil), ✆ 0366/51250, jero_wijaya @hotmail.com.

Under the Volcano III **9**. Direkt am Seeufer liegt dieses sympathische Resort. Auf einem

Nord-Bali → Karte S. 350/351

kleinen Grundstück werden 5 sehr einfache, aber helle Zimmer vermietet, die meisten mit Kaltwasser. Im kleinen, gemütlichen Restaurant serviert die freundliche Besitzerin günstige Gerichte (ab 15.000 IDR). DZ ab 150.000 IDR. ✆ 081/338600081 (mobil).

Under the Volcano I ⑩. Direkt gegenüber dem Resort Under the Volcano III liegt diese Anlage. Mit ebenso einfachen, aber etwas dunkleren Bungalows – dafür gibt es in einigen Heißwasser. DZ 100.000–200.000 IDR. ✆ 0366/51166.

Under the Volcano II ⑪. Das dritte im Bunde liegt im Ort – zwar in nicht ganz so idyllischer Lage wie die anderen Volcanos, dafür ist es am besten ausgestattet. Die kleinen, aber schönen Zimmer können mit TV und sauberem Wannenbad mit Heißwasser auftrumpfen. Für 100.000 IDR kann ein Kanu gemietet werden. Zimmer 160.000–260.000 IDR. ✆ 0366/52508, 081/338633519 (mobil), www.kintamanihotel.com.

Hotel Puri Bening Hayato ⑧. Auch an diesem großen Hotel sind die Jahre und die kühle Witterung nicht spurlos vorübergegangen. Geboten werden etwas ältere, dafür sehr geräumige Zimmer (alle mit 2 Doppelbetten) mit Heißwasserbad, TV und Telefon. Ein kleiner Pool sowie ein wunderbar heißer Whirlpool, aber auch ein Restaurant und Café stehen den Gästen zur Verfügung. Auf dem Fußballfeld oder im Karaoke-Raum können sich aktive Naturen austoben. DZ 400.000–500.000 IDR. ✆ 0361/7964001, 087/85232650 (mobil), www.hotelpuribeningbali.com.

Toya Devasya Hotel & Spa ⑬. Campen kann man hier bei den heißen Quellen natürlich auch. Das Paket mit Übernachtung, Frühstück sowie freiem Eintritt zu den heißen Quellen geht bei 585.000 IDR/Pers. bzw. 870.000 IDR für 2 Pers. los. Ein BBQ, ein Glas Saft und Frühstück sind inbegriffen. Gegen 100.000 IDR Aufpreis bekommt man zum Schlafsack auch noch eine Luftmatratze und für 1.050.000 IDR/Pers. ist Ihr Zwei-Mann-Zelt dann mit einer echten Matratze ausgestattet. Ab 10 Pers. lässt das Hotel ein Lagerfeuer springen – schließlich kann es in dieser Höhenlage schon mal kalt werden. Wenn Sie es einfach, pseudoexklusiv, aber gnadenlos überteuert lieben, wird dies der Ort Ihrer Seeligkeit. Jl. Puri Bening, ✆ 0366/51204, -205, www.toyadevasya.com.

»» Unser Tipp: Resto Apung ④. Eine wirklich fantastische Sache für alle, die nicht schnell seekrank werden. „Schwimmendes Restaurant", so die Übersetzung, und genau das ist es. Über einen Steg erreicht man 4 verglaste Pavillons, in denen man auch bei Wind und Wetter direkt auf dem See dinieren kann. Auf der Speisekarte stehen günstige lokale Gerichte wie Seefisch, *Fu Jung Hai* oder *Satay*. Eine wahrlich gute Location, um den Tag an den gemütlichen Liegetischen ausklingen zu lassen.

Wer bleiben möchte, sollte einen der attraktiven Bungalows im hübschen Garten am Seeufer beziehen. Im Stil von Lumbungs wurden diese aus dunklem Holz gebaut, vermitteln absolute Gemütlichkeit und sind zudem blitzsauber. Die günstigeren Räume im unteren Stockwerk sind allerdings leicht kajütenartig. Das hilfsbereite Personal organisiert gerne Ausflüge auf den See. Ein Kanu ist im Preis inbegriffen. DZ 400.000–600.000 IDR. ✆ 0366/512627, 08121060786 (mobil). **«««**

Die Besteigung des Gunung Batur

Die meisten Leute, die zum Danau Batur kommen, haben ein gemeinsames Ziel: die Besteigung des Vulkans Gunung Batur. Dabei ist wahrscheinlich der größte Reiz an dieser Sache auch gleichzeitig die Gefahr, denn kleinere Eruptionen kommen häufig vor.

Der Vulkan ist seit 1917 dreimal mit schlimmen Folgen ausgebrochen und zeigt immer noch alle Anzeichen eines aktiven Vulkans. Der Weg zum Gipfel ist somit auch ein Ausflug in eine geheimnisvolle, dampfende Welt. Doch bevor Sie aufbrechen (v. a. wenn Sie vorhaben, die neueren, aktiven Nebenkrater zu besuchen), sollten Sie sich über die aktuelle Sicherheitslage informieren!

www.vsi.esdm.go.id informiert leider zum größten Teil auf Indonesisch über die aktuelle Situation und die Sperrungen bestimmter Abschnitte.

Die Trockenzeit (→ S. 98) eignet sich am besten für eine Besteigung. Die Wege sind nicht glitschig und Regenfälle weniger häufig. Eine gute Kondition, festes Schuhwerk (die klettertechnischen Kunstfertigkeiten der Balinesen auf ihren Flip-Flops sollten ihnen vorbehalten bleiben), warme wind- und wasserfeste Kleidung sowie ausreichend Trinkwasser sind obligatorisch.

Am beliebtesten sind die Touren, die weit vor Anbruch der Dämmerung starten und die Bergsteiger mit einem herrlichen Sonnenaufgang auf dem Gipfel belohnen. Zum Frühstück wird oft ein Ei in den dampfenden Spalten gekocht.

Die meisten Routen starten an den Parkplätzen in Toya Bungkah oder vor dem Tempel Pura Jati zwischen 3 und 4 Uhr morgens (keine Wertsachen im Auto lassen!). Für den Aufstieg benötigt man zwei bis zweieinhalb Stunden. Beim Tempel Pura Jati ist auch das Hauptbüro der **Association of Mount Batur Trekking Guides** (**AMBTG**, ✆ 0366/52362).

Eine kürzere Route – sofern die Straße befahrbar ist – führt bei Songan in nordwestliche Richtung nach Serongga. Wer den schlecht ausgeschilderten Weg zum Parkplatz findet, muss nur noch etwa eine bis eineinhalb Stunden zum Gipfel wandern.

Obwohl die einfachen Touren tagsüber (!) auch ohne einen Guide gemacht werden könnten, sollten Sie diese Alternative schnell wieder vergessen. Die Guides haben sich zur o. g. Organisation (Association of Mount Batur Trekking Guides) zusammengeschlossen, die es verbietet, den Vulkan ohne Führer zu erklimmen. Leute, die es dennoch versucht haben, mussten sich Beschimpfungen bis zu Handgreiflichkeiten gefallen lassen. Um diese Probleme zu vermeiden, können Sie die Bergbesteigung direkt beim Hauptbüro der Association of Mount Batur Trekking Guides buchen. Handeln Sie hierbei genau aus, was alles in Ihrem Paket enthalten sein soll und für wie viele Personen es gilt. Preise um die 200.000 IDR/Person sollten Sie einplanen – je größer die Gruppe, desto billiger wird es. Längere Touren kosten natürlich mehr. Wer lange Verhandlungen umgehen möchte, kann die Ausflüge auch direkt in den Hotels buchen. Oft wird hier allerdings eine Mindestteilnehmerzahl von zwei Personen verlangt.

Nord-Bali → Karte S. 350/351

Apropos Guides: Einige selbsternannte Führer haben es sich zur Gewohnheit gemacht, ihre Kunden vor den Hotels oder auf der Straße anzuwerben. Dabei erweisen sie sich als unglaublich hartnäckig und oft sehr aufdringlich. Wenn Sie keine Trekkingtour buchen möchten, machen Sie das unmissverständlich klar und lassen Sie sich auch keine Preise etc. nennen. Auch wer die Männer mit einem „maybe tomorrow" abwimmelt, wird mit Sicherheit noch vor Sonnenaufgang geweckt werden. Schon ein Hauch von Interesse lässt Sie neue Wegbegleiter für lange, lange Zeit finden …

West-Bali

Der Westen Balis ist noch immer der am wenigsten besiedelte Teil der Insel. Er präsentiert sich ungezähmt und voller ursprünglicher Natur mit kleinen Ferienorten, die sich perfekt in ihre Umgebung einfügen. So ist er das ideale Ziel für Trekking und Naturliebhaber, denn ein großer Teil gehört zum Nationalpark Taman Nasional Bali Barat. Perle des Parks ist ohne Frage die Insel Pulau Menjangan im Nordwesten. Mit ihrer intakten und farbenfrohen Unterwasserwelt ist sie Ziel aller Taucher. Im Süden dagegen machen Wellenreiter das Meer unsicher. Doch egal, in welchem Teil des Westens man sich aufhält – alljährlicher Treffpunkt und farbenfrohe Attraktion sind die Büffelrennen in der Verwaltungshauptstadt Negara.

Pemuteran

Ruhiges Wasser, farbenprächtige Korallenriffe unmittelbar vor der Küste und die Nähe zur faszinierenden Unterwasserwelt von Menjangan Island machen den kleinen Ort im Nordwesten Balis zu einem Refugium für Schnorchler und Taucher – abseits des Massentourismus.

Oft ist es nur ein schmaler Streifen von gerade einmal tausend Metern, der hier in der Gegend die eindrucksvollen Berge des küstennahen Hinterlands vom Ozean trennt: Platz für eine Straße, an der sich die Siedlung Pemuteran entlangzieht. Die Strände selbst sind lang und schmal und bieten sportlich nicht ambitionierten Sonnenanbetern Gelegenheit zum Entspannen. Der Ozean gibt sich träge, sodass man nach Lust und Laune baden kann. Wer über die entsprechenden Mittel verfügt, wohnt in den perfekt ausgestatteten Hotels auf der Strandseite Pemuterans, Budget-Traveller fühlen sich in den familiären Resorts und Homestays auf der Bergseite wohl und können dort das dörfliche Leben mit seinen Warungs und kleinen Lädchen genießen.

Lebenselixier des Tourismus von Pemuteran bleiben aber die Korallenriffs. Die schienen gegen Ende der 1990er-Jahre schon die beste Zeit hinter sich zu haben, denn sie waren durch Cyanid- und Dynamit-Fischerei stark zerstört. Ein Übriges tat die Erwärmung des Wassers: Korallen, die noch nicht tot waren, segneten spätestens jetzt das Zeitliche, und die Meeresfauna war existenziell bedroht. Findige Hotel- und Tauchschulenbesitzer schlossen sich daraufhin mit renommierten Wissenschaftlern zur *Global Coral Reef Alliance* zusammen und riefen das bis dato größte Korallenwiederaufforstungsprojekt weltweit ins Leben. Auf recht abenteuerliche Weise: 45 Stahlkonstruktionen in den verschiedensten Formen (ja, der Eiffelturm ist auch dabei) wurden vor der Küste versenkt – und unter Strom gesetzt. Die Stahlkäfige dienten den darauf angepflanzten Korallen als neuer Boden, die schwache

West-Bali →Karte S. 392/393

Pulau
Menjangan

G. Prapat-Agung
310 ▲

Banyuwedang   Pegametan   Pemuteran   Banyupoh

Labuhan
Lalang   Sumberkerta   Pura Pulaki   Göndol

Terima   G. Banyuwedang   Pura Melanting

Gilimanuk   Makam   430   G. Kertakawat
Jaya   803
Prana

Nat. Park   G. Kelatakan   G. Udeng-ndeng   Tukadpule   Gerokgak
Cekik   Headquarters   697   1178

Penginuman   G. Sangiang   G. Musi
1003   1224

Klatakan   Belimbingsari   G. Merbuk   G. Mesehe
1386   1346

Palasari   Bali Barat National Park

Melaya   Wanasari

Tuwed

Yehanakan   Negara
Rening   Büffelrennen

Pantai   Yehbuah
Rening   Mendoyo   Yehembang

Purancak   Pura Rambut Siwi   Pekuta
Pura Purancak   Yehsumbul

Pantai
Medewi

West-Bali   4 km

Spannung beschleunigte ihr Wachstum. So verdrängten immer mehr leuchtend
bunte Gewächse die abgestorbenen, grauen Korallenleichen. Ein weiterer Pluspunkt: Durch die Stromspannung und die dabei produzierten Mineralien werden
die anfälligen Meeresgewächse widerstandsfähiger gegen natürliche Bedrohungen
(weitere Informationen unter www.balitamansari.com/reef.pdf).

Basis-Infos

Hin & weg Da Pemuteran auf der Bemo-
bzw. Busstrecke von Singaraja nach Gilimanuk liegt, ist es kein Problem, mit öffentlichen Verkehrsmitteln an- bzw. wei-
terzureisen. Je nach Wohnlage und Ziel

können die Wege auch innerhalb Pemuterans schon mal ein bisschen weiter werden. In solchen Fällen sollte man die
roten Bemos nutzen oder sich ein Motorrad mieten.

Geld Entlang der Hauptstraße (z. B. gegenüber von Jubawa Homestay) bieten etliche Geldwechsler ihre Dienste an. Die nächste Bank ist erst wieder in Gilimanuk.

Gesundheit Die **Pemuteran Clinic** ⑥ liegt gleich neben der Einfahrt zum Reef Seen Aquatics Resort und ist rund um die Uhr besetzt.

Internet Ein Zugang zum Netz wird in den meisten teureren Resorts geboten. Gegen Gebühr auch für Nichtgäste, z. B. im Taman Sari.

Aktivitäten

Ponyreiten Für Kinder dürfte dies ein schöner Spaß sein. Angebote über das Reef Seen Aquatics Resort.

Tauchen & Schnorcheln Die Riffe vor der Küste locken Taucher und Schnorchler aus aller Welt. So ist es auch nicht verwunderlich, dass so gut wie jedes Hotel über einen eigenen Tauchlehrer verfügt. Wem das küstennahe Angebot nicht ausreicht, lässt sich einfach nach Menjangan Island hinausfahren.

Viele Tauchanbieter nehmen auch Nichttaucher zu den weiter von der Küste entfernten Riffen oder nach Pulau Menjangan mit. Sea Rovers ⑩ (s. u.) z. B. bieten u. a. Tagesausflüge in den Nationalpark für 35 $ (mind. 2 Pers.) inkl. Lunch, Softdrinks und Eintrittsgebühr an. ☎ 081/23859167 (mobil).

K & K Dive Center ⑫. Der PADI-Anbieter hat Trips nach Menjangan Island für 80 $/ Pers. und Tauchgänge um Pemuteran für 50 $/Pers. im Repertoire. Über Rare Angon (→ S. 396) oder direkt unter ☎ 0362/ 94747, 081/24679462 (mobil), www.pemuterandive.com.

Sea Rovers ⑩. Bezeichnen sich selbst als „the pirates who dive". Getaucht wird in sympathischer Atmosphäre mit Gruppen von höchstens 6 Personen. Tauchen an der Küste von Pemuteran ab 20 $, Trips nach Menjangan Island und Umgebung 60–70 $. ☎ 081/23859167 (mobil), www.searovers.net.

🍃 Turtle Project

Im Zuge eines Projekts zum Schutz der bedrohten Meeresschildkröten kaufen Mitarbeiter von Reef Seen Aquatics Schildkröteneier auf, die dann auf dem Gelände bis zum Schlüpfen behütet werden. Sicher eine sehenswerte Sache für Groß und Klein. Gegen eine Spende kann man eine kleine Schildkröte wieder ins Meer entlassen. Ein Zertifikat als Urlaubserinnerung wird den Wohltätern natürlich auch überreicht. ■

West-Bali →Karte S. 392/393

Reef Seen Aquatics ■. Tauchgang von der Küste aus ab 135.000 IDR, mit dem Boot ab 445.000 IDR. Ab 3 Personen werden auch Ausflüge nach Menjangan Island für 865.000 IDR/ Pers. inkl. 2 Tauchgängen durchgeführt. ✆/✉ 0362/93001, 081/23894051 (mobil), www.reefseenbali.com.

Übernachten

Pemuteran hat sich herumgesprochen, und das nicht nur bei Tauchern. Besonders in der Hochsaison ist eine Reservierung in den besseren Hotels empfehlenswert. Zu dieser Zeit können sich die Zimmerpreise auch schon mal spontan erhöhen. Dafür können zur Nebensaison vielfach satte Rabatte ausgehandelt werden. So gut wie alle Unterkünfte verfügen über ein hauseigenes Restaurant, das auch Nichtgästen offen steht. Wer authentischer und weitaus preiswerter essen möchte, sollte dagegen einen der kleinen Warungs entlang der Hauptstraße aufsuchen.

Segara Bukit ■. Wahrscheinlich die einzige günstige Alternative direkt am Strand, ca. 5 km vor Pemuteran in Banyupoh. Folgen Sie dem Schild zur Küste vorbei an den Fischfarmen. Auf einem hübschen Gartengrundstück verteilen sich einfache und trotzdem schöne Steinbungalows in mehreren Kategorien. Die teureren sind mit AC und Heißwasser ausgestattet. Auch ein geräumiger Familienbungalow für 4 Personen kann bezogen werden. Wem der Strand zu steinig ist, der kann getrost auf den kleinen Pool ausweichen. Der Hunger wird mit indonesischem und europäischem Essen im offenen Restaurant gestillt (große Auswahl an Seafood). Das freundliche Personal organisiert auch Motorradvermietungen. Bungalow mit Fan 200.000 IDR, mit AC 300.000–400.000 IDR, Familienbungalow 700.000 IDR. ✆ 0362/94749, ✉ 0362/21647.

Jubawa Home Stay ■. In schönen roten Ziegelsteinbauten werden Zimmer mit dunklem, aber urgemütlichem Holzdekor vermietet. Blitzsauber, gepflegt, mit hoher Decke und gekacheltem Bad. Im hinteren Teil der Anlage wurden neue, blitzsaubere Bungalows in verschiedenen Kategorien gebaut; die teuersten, geräumigsten und am besten ausgestatteten blicken auf den schattenlosen Pool. Das Restaurant bietet eine Auswahl an recht teuren lokalen und einfachen europäischen Gerichten und Getränken. Angeschlossenes Tauch-Center. Zimmer mit Fan/Kaltwasser 350.000 IDR, mit AC/Heißwasser 400.000–300.000 IDR. ✆/✉ 0362/94745, 081/24652542 (mobil), 087/863141104, http://jubawa-pemuteran.com.

Reef Seen Aquatics Dive Resort ■. Die engagierten Betreiber tun allerhand für die Umgebung und die Erhaltung der Riffe.

Dennoch ist die Unterkunft eher überteuert und zudem vorrangig Tauchern vorbehalten. Alle Zimmer mit AC und Heißwasser. Das hübsche Open-Air-Gartenbad lässt die schmucklosen Zimmer noch blasser aussehen. Dafür bekommen Sie hier direkte Strandlage, ohne in einem der Luxushotels logieren zu müssen. Im Strandrestaurant werden neben vollwertigen Gerichten auch feine selbst gemachte Cookies serviert. DZ 550.000 IDR zuzüglich 21 % Tax und Service. ✆/🖷 0362/93001, 081/23894051 (mobil), www.reefseenbali.com.

Fürstliche Terrasse im Rare Angon

Dewi Bulan 🔢. Folgt man einer kleinen Straße Richtung Inland, gelangt man zu diesem netten Resort. Auf einem weiten Grundstück zwischen Straße und eindrucksvoller Bergkulisse verteilen sich sehr große Steinbungalows mit ebenso großen Open-Air-Bädern. Einfache Einrichtung, dafür günstig und sehr gepflegt. Die meisten Bungalows verfügen über AC. DZ ab 250.000 IDR, Extrabett 50.000 IDR. ✆ 085/234002087, 0852/38338524 (mobil).

🍃 **Kubuku Eco Bed & Breakfast** 🔢. Dieser unheimlich freundliche Platz ist ideal für Budget-Traveller. Zur Auswahl stehen 9 neue, saubere, einfache Zimmer in freundlichen Pastellfarben, manche etwas dunkel, dafür alle mit großer Veranda. Alle verteilen sich auf einem großen Grundstück, die teureren warten mit einem toll gestalteten Badezimmer (meist Open Air) sowie TV, AC und Heißwasser auf. Freier WLAN-Zugang auf dem Gelände. Übrigens: Je höher die Kategorie, desto üppiger fällt das Frühstück

aus. Noch ein Grund mehr, hier zu nächtigen: Ein Teil des Gewinns fließt in ein lokales Schulprojekt, das die Kinder armer Eltern unterstützt. So werden auch die Tanzstunden und Ausflüge von Studenten und Schülern geleitet. Einziger Nachteil ist die Entfernung zum „Zentrum". DZ 250.000–500.000 IDR. ✆ 0362/7005225, 082/144903333 (mobil), info@jkubukubali.com. ∎

Rare Angon 🔢. Dieser Homestay ist ein kleines Juwel mitten in Pemuteran. Über einen wild bewachsenen Weg erreicht man den kleinen Garten mit einer Handvoll Bungalows. Besonders schön sind die stilvollen Stein-Cottages mit AC im traditionellen Stil. Viele Verzierungen, ansprechendes Dekor, ein riesiges Himmelbett für die Nachtruhe sowie ein Tagesbett auf der Veranda und ein hinreißendes Gartenbad sprechen für sich. Aber auch die einfachen Optionen können sich sehen lassen. Zur Straße hin lockt das gut besuchte Restaurant mit vielen griechischen Leckerbissen. Natürlich werden auch lokale Gerichte serviert. Angeschlossen ist ein PADI-Tauchcenter. Zimmer mit AC 500.000 IDR, mit Fan 400.000 IDR, in der Nebensaison erheblich billiger. ✆/🖷 0362/94747, 081/24679462 (mobil), www.pemuterandive.com.

Pondok Sari 🔢. Sehr schöne, weitläufige Anlage unter deutscher Leitung. Bei der Errichtung der Bungalows wurden Elemente der traditionellen balinesischen Bauweise wie hohe Alang-Alang-Dächer und Verzierungen mit duftenden Gartenbädern mit modernem Komfort verbunden. Die teureren zweistöckigen Bungalows sind mit wundervollen Möbeln aus dunklen Hölzern ausgestattet, AC und Heißwasser sind natürlich in jedem Zimmer vorhanden. Ein luxuriöser Spa, der erfrischende Pool und ein Seaview-Restaurant verwöhnen Leib und Seele. Zimmer 42–87 €, Familien-Cottage für 3 Pers. 103 €, Villa 159 €, jeweils zuzüglich Tax und Service.

Taman Sari 🔢. Weitläufige, idyllische und schön gestaltete Anlage, durchsetzt mit Lotusteichen. Genauso groß wie das Angebot an unterschiedlichsten Cottages, Suiten und Villen ist auch die Preisspanne. Durchweg stilvolle Bungalows mit traditionellen Dekorelementen, Betten mit wallenden Moskitonetzen, dazu offenes Gartenbad. Die Villen verfügen neben der Standardausstattung mit AC auch über allerlei elektronische Extras und einen eigenen Pool. Alle

Sensation! Atlantis vor der Nordküste Balis entdeckt

Solche und weitere Schlagzeilen kursierten 2010 im Internet, als ein versunkener Tempel, zahlreiche Statuen und Mauerreste vor der Küste Pemuterans gefunden wurden. Der Jakarta Globe sprach von einer „phänomenalen Entdeckung", und vor allem im Netz wurden die waghalsigsten Theorien aufgestellt. Eine antike Stadt, vielleicht sogar das verschwundene Atlantis, wurde hier vermutet – bis sich das Geheimnis lüftete. Der „Temple Garden" ist ein Teil des Riffaufforstungsprojekts von Chris Brown. Hier hatte sich der passionierte Taucher, Gründer von Reef Seen Aquatics und Pionier der Global Coral Reef Alliance 2005 einen eigenen Traum verwirklicht und in ca. 29 m Tiefe neben zehn Statuen und Skulpturen auch ein 4 m hohes Tempeltor versenkt. Ein Jahr später wurde das Areal um eine Ebene in geringerer Tiefe erweitert. Taucher können so in mystisch-unheimlicher Atmosphäre einen etwas anderen Tauchgang erleben, während die Kulisse gleichzeitig als neuer Lebensraum für Korallen und Fische dient. Ein Foto des Tempelgartens, welches Paul Turley, der Besitzer des Sea Rovers Dive Center, 2010 ins Netz stellte, hatte den Hype ausgelöst.

Natürlich sind auch die Ships Graveyard wie das Canyon Wreck nicht die Folgen wilder Seeschlachten und gemeiner Piratenüberfälle. Auch hier wurden zwei neue Tauchplätze kreiert, indem man mehrere Prahu- und Bugi-Schoner versenkte, auf denen sich Korallen ein neues Zuhause gesucht haben. Die Riffe werden zudem von den Riff-Gärtnern gepflegt und vor Parasiten wie der korallenfressenden Jesuskrone geschützt. Hierzu bilden u. a. die Betreiber von Reef Seen Aquatics Dorfbewohner und Fischer zu Rettungstauchern aus, die für den Erhalt der Riffe sorgen.

Nicht-Villenbewohner können sich getrost mit dem schönen Hauptpool begnügen und sich dort an der versenkten Bar vergnügen. Standard-Zimmer 67 $, Suiten ab 95 $, Villen für 4–8 Pers. ab 250 $. ✆ 0362/93264, 94755, www.balitamansari.com.

Matahari Beach 5. Groß, stilvoll, preisgekrönt und wahrlich nicht billig. Hier wohnt man in traditionell scheinenden Bungalows und muss trotzdem keinen Luxus vermissen. Die großen, ausgezeichnet eingerichteten und dekorierten Zimmer in den steinernen Doppelbungalows trumpfen zudem noch mit einem genialen halboffenen Marmorbad mit angeschlossenem Garten auf. Der luxuriöse Spa ist ein Traum für Bürostuhlgeplagte, und wem der aufgeräumte Strandabschnitt zu natürlich erscheint, der kann sich im ausladenden Swimmingpool verlustieren. Zimmer bei Doppelbelegung ab 142 $ pro Person (!), für den Gardenview-Bungalow bis zu 168 $/Pers., für das Super-Deluxe-Zimmer 311 $/Pers. Alles zuzüglich 21 % Tax und Service. ✆ 0362/92312, 93435, 081/23805458 (mobil), ℡ 0362/92313, www.matahari-beach-resort.com.

Adi Assri 10. Von außen unscheinbar, eröffnet sich im Inneren der Bungalows eine Symphonie aus weißen Wänden, dunklen Holzböden und Himmelbetten unter einem luftig hohen Dach. Die sauberen Zimmer sind mit AC, Safe, WLAN-Zugang (gegen Gebühr), Telefon, Minibar und einer hübschen Außendusche ausgestattet. In der höheren Preisklasse kann man in einer Badewanne entspannen oder durch die großen Glasfronten direkt Richtung Ozean blicken. Swimmingpool mit Aussicht auf den Strand, ein Restaurant und ein Spa gehören auch zur relativ neuen Anlage. Zimmer 49–85 $, die grandiose Villa schlägt mit 300 $ zu Buche. Hochsaisonaufschlag 10 $. ✆ 0362/94838, ℡ 0362/94838, www.adiassri.com.

Umgebung von Pemuteran

Weintrauben, geheimnisvolle Legenden und Tempel, die Wohlstand versprechen: Dafür ist die Gegend um Pemuteran und dem ein paar Kilometer östlich davon gelegenen Örtchen Banyupoh bekannt.

Man sagt, der Landstrich sei von Unsichtbaren bevölkert, um deren Herkunft sich viele Legenden ranken. Eines haben sie alle gemeinsam: Sie sind direkt mit dem javanischen Priester Danghyang Nirartha verknüpft. Die schönste und tragischste der Geschichten besagt, dass der heilige Mann kurz nach seiner Ankunft auf der Insel von seiner Familie getrennt wurde. Auf der Suche nach seiner wunderschönen Tochter Dewi Sabawa fand er heraus, dass diese von einem Mann aus Pegametan geraubt worden war. In großer Wut und aus Angst um die Unschuld seiner Tochter verfluchte er das Dorf, sodass es gänzlich zu Asche verbrannte und vom Erdboden verschwand – seitdem geistern die Bewohner des nunmehr unsichtbaren Dorfes als *gamang* durch die Welt und zeigen sich von Zeit zu Zeit in der Gestalt von menschlichen Affen und Tigern. Lediglich das Heulen eines Hundes kündigt ihren Besuch an. Seine Tochter erlöste der Priester von ihrem weltlichen, geschändeten Körper und gab ihr den neuen Namen Dewi Melanting. Zu ihren Ehren wurde der Pura Pulaki errichtet, in dem sie seitdem die Betenden segnet.

Außer dem Pura Pulaki sind in der Gegend noch weitere Tempel zu besichtigen. Westlich von Pemuteran, bei **Teluk Terima** und damit schon ganz in der Nähe des

Das Märchen vom Kaufmann und dem Tigerjungen

Einst reiste ein Kaufmann mit seinen Waren – ein paar Rinder und seidene Schals – vom Fährhafen im Westen Balis zum Handelshafen im Norden der Insel. Als er so durch die unbewohnten, einsamen Landstriche wanderte, erinnerte er sich der Geschichten, die über diese Gegend erzählt wurden. Von wilden Tieren und Tigern, von unsichtbaren Dörfern mit ihren unsichtbaren Bewohnern inmitten der unwirtlichen Wildnis handelten sie und von dem Fluch, der die Menschen in die Unsichtbaren verwandelt hatte.

Doch es war heller Tag und der Kaufmann längst kein Kind mehr – so wollte er sich nicht fürchten. Trotzdem beschleunigte er seinen Schritt, bis er erschrocken bemerkte, dass ihm ein kleines Tigerjunges folgte. Dem Mann graute vor der Mutter, die er nicht weit weg im dichten Dschungel verborgen vermutete. Schnell nahm er einen seiner Seidenschals und band das Junge an einen Baum in der Hoffnung, die Mutter würde ihre Zeit brauchen, um ihr Kleines zu befreien. Er wollte indessen rasch seinen Weg fortsetzen.

Tatsächlich erreichte er unbehelligt sein Ziel im Norden Balis, tätigte seine Geschäfte und tauschte die Schals gegen hübsche Sarongs ein, die er in seinem Heimatdorf zu einem guten Preis verkaufen wollte. So führte ihn sein Weg abermals durch den unbewohnten, wilden Landstrich. Als er den Baum erreichte, an den er das Tigerjunge gebunden hatte, erblickte er dort eine Frau. Sie hatte ein Kind bei sich, gehüllt in ein hübsches seidenes Tragetuch, das den Kaufmann sofort an den edlen Schal erinnerte, den er auf dem Hinweg für sein Ablenkungsmanöver verwendet hatte. Und tatsächlich: Die fremde Frau grüßte ihn und dankte ihm für das schöne Geschenk, welches er ihrem Kind gemacht hätte. Dann lud sie ihn in ihr Haus ein, denn auch ihr Ehemann wollte dem Kaufmann persönlich seinen Dank aussprechen.

hiesigen Nationalparks (→ S. Taman Nasional Bali Barat, S. 402), lockt darüber hinaus noch die Grabstätte eines ganz besonderen balinesischen Liebespaares.

Pura Kerta Kawat: Der Tempel östlich von Banyupoh ist äußerst eindrucksvoll und bietet – obwohl nicht so reichhaltig verziert wie viele andere Tempel in Balis Norden – dem Betrachter hinter jeder Ecke ein neues Fotomotiv. Schöne Ausblicke auf die Küste sind zudem garantiert. Hierher kommen vor allem Beamte, Führungskräfte und Mitglieder der Regierung, um für die Verwirklichung ihrer Pläne und einen Aufstieg auf der Karriereleiter zu bitten.

Pura Melanting: Der ca. 2 km im Inland liegende Tempel (ausgeschildert) wird vorwiegend von Händlern und Geschäftsleuten sowie allerlei Privatpersonen aufgesucht, die hier um Glück und Reichtum bitten. Dass der Tempel gut besucht ist, versteht sich von selbst. Einen Abstecher ist er dennoch wert, allein der Aufgang zum Heiligtum mit der Bergkulisse im Hintergrund ist eindrucksvoll.

Pura Dalem Sibentan: Wer sich ein wenig gruseln will, sollte auf halber Strecke zwischen Lovina und Pemuteran eine kurzen Stopp in Sibentan einlegen. Der Unterweltstempel, der von einem Hund und zwei Krokodilen bewacht wird, versteckt sich am Ende eines kleinen Weges zur Küste. Hier erwarten den Besucher gleich eine Reihe wirklich erschreckende Rangda-Statuen, die sogar den abgehärtetsten Naturen das Fürchten lehren.

Voller Angst erkannte der Mann, dass die Frau eine Tigerin in Menschengestalt war, und fürchtete, sie würde ihn töten und fressen, sobald er ihr folgte. Unter dem Vorwand, er müsse schleunigst nach Hause, lehnte er ab. Die gekränkte Tigerfrau aber lachte wild und böse und drohte ihm: „Wenn Ihr unsere Freundschaft verschmäht, kann es vorkommen, dass Euch einmal eine Tigerin nachläuft und Euch zerreißt."

So getraute sich der verängstigte Kaufmann nicht länger, die Einladung auszuschlagen, und folgte der Tigerfrau zu ihrem Haus, wo er herzlich vom Ehemann begrüßt und zu Tische gebeten wurde. Während des Essens gestand ihm sein Gastgeber, dass er und seine Familie zu den Unsichtbaren gehörten. Er, der Kaufmann, hätte durch sein Geschenk an das Kind die Gabe erhalten, all das zu sehen, was sonst für die Menschen unsichtbar blieb.

Als der Tigermann sah, wie angsterfüllt sein Gegenüber war, versicherte er seinem Gast, dass er keine Furcht zu haben brauche, und gewährte ihm einen Wunsch. Der Kaufmann antwortete: „Ich wünsche mir nur eines, dass es mir vergönnt sein möge, diese Wildnis immer unbeschadet zu durchwandern." Da nannte ihm sein Gastgeber seinen Namen – diesen sollte der Kaufmann rufen, sollte er in Gefahr geraten.

So zog der Handelsmann unversehrt von dannen. Als er wieder einmal in die Gegend kam, verschwand sein Vieh im dichten Gestrüpp. Die Träger hatten Angst und weigerten sich, die Rinder zu suchen. So rief der Kaufmann laut den Namen des Tigermannes. Ein schreckliches Gebrüll, als wären sie von einer Tigerhorde umringt, ertönte als Antwort, und auf einmal kam das entlaufene Vieh wieder aus dem Dschungel. Von da an reiste der Kaufmann immer ohne Angst durch den wilden Landstrich, denn er wusste, dass er unsichtbare Freunde hatte.

Gekürzt und leicht abgeändert aus dem lesenswerten Buch „Märchen aus Bali", ausgewählt und eingeleitet von Jacoba Hooykaas van Leeuwen Boomkamp. Leider nur noch antiquarisch erhältlich.

Weitblick ist bei einem Besuch der Tempel um Pemuteran garantiert

Pura Pulaki: Ein Stück westlich von Banyupoh schmiegt sich der Pura Agung Pulaki an eine steile Felswand, nur knapp 30 m vom Meer entfernt. Zusammen mit dem Pura Pabean bildet er den eigentlichen Pura Pulaki. Er stammt aus dem 16. Jh. Und wurde in den 1980er-Jahren komplett renoviert. Besonders bedeutsam ist der kleine Schrein am Kopf der steilen Treppe. Wer hier betet, sucht Hilfe bei besonders schweren Krankheiten und Schicksalsschlägen. Wenn die Quelle hinter dem Steinrelief ihr heiliges Wasser offenbart, wurden die Gebete erhört. Beherrscht wird das gesamte Areal von einer Affenhorde, vor der sich Betende wie Besucher wirklich in Acht nehmen müssen. Die Herrscher über den Tempel werden als Nachfahren von Hanoman angesehen, deshalb gelten sie als heilig und müssen sich vor keinen Sanktionen fürchten. Und glauben Sie uns: Diese Affen wissen ganz genau um ihren Status …

Makam Jayaprana: Intrigen, Eifersucht, Mord und Selbstmord, aber vor allem unbedingte, ewige Liebe – davon handelt die Legende von Jayaprana und Layonsari, die sich die Balinesen seit Generationen erzählen. Die balinesische Version von „Romeo und Julia" ist herzrührend und zieht neben Einheimischen täglich auch den einen oder anderen Touristen aus der Gegend zum angeblichen Grabmal des Liebespaares nahe der Siedlung Teluk Terima. Schilder weisen den Weg zur Abzweigung. Danach erklimmt man einen langen Stufenweg, bis man das Ziel erreicht hat. Okay, der Tempel selbst ist nicht wirklich eindrucksvoll und wirkt mit all dem Dekor und dem Glaskasten, in dessen Inneren die Statuen von Jayaprana und Layonsari ausgestellt sind, ein wenig kitschig. Dafür ist die Aussicht vom Treppenweg aus wohl eine der besten im Nordwesten der Insel. Im blauen Ozean, umringt von Korallenbänken, breitet sich grün leuchtend Pulau Menjangan, die „Insel der Hirsche", vor dem Staunenden aus. Westlich präsentiert sich die Nachbarinsel Java mit ihrem mächtigen Vulkan Agung Semeru. Wer dort hinmöchte, könnte von oben schon mal die Fähren in Gilimanuk beobachten – wenn nicht hochgewachsene Bäume den Blick versperren würden.

Die Legende von Jayaprana und der schönen Layonsari

Vor langer Zeit lebte der junge Jayaprana aus dem Dorf Kalianget ein sehr einsames und trauriges Leben. Eine gewaltige Seuche hatte die Gegend heimgesucht und neben den meisten Dorfbewohnern auch seine gesamte Familie ausgelöscht. Doch eines Tages kam ein Bediensteter des Königs und holte den Knaben an den Hof. Dort erwies sich Jayaprana als äußerst gelehrig und klug und wuchs zu einem gebildeten, gut aussehenden Mann heran.

Bald meinte der König, der ihn sehr lieb gewonnen hatte, es wäre Zeit für seinen Ziehsohn zu heiraten, und bot ihm die Hand einer seiner Töchter an. Doch Jayaprana wollte keine von ihnen. Stattdessen fiel seine Wahl auf die wunderschöne Layonsari aus dem Nachbardorf. Die beiden verliebten sich, und schon bald sollte Hochzeit gehalten werden. Dieser Tag veränderte das Leben der beiden Liebenden. Denn als der König die hübsche Braut erblickte, entbrannte in ihm das Verlangen, sie selbst zu besitzen, und die Eifersucht auf Jayaprana wuchs und vernebelte seinen Geist.

So ersann er einen niederträchtigen Plan. Der Herrscher beauftragte seinen obersten Minister Saunggaling, den jungen Mann unter einem Vorwand vom Hof zu locken und ihn zu töten. Noch in derselben Nacht litt die junge Braut unter einem entsetzlichen Albtraum. Daraufhin versuchte sie, ihren Mann von seiner Reise abzuhalten. Doch Jayaprana schlug ihre Warnung in den Wind und machte sich auf seinen letzten Weg nach Teluk Terima, um dort, wie er glaubte, die Gegner des Königs zu bekämpfen. Obwohl es dem Minister sehr schwer fiel, denn auch er schätzte den klugen jungen Mann, führte er den entsetzlichen Befehl seines Königs aus.

Sobald der Herrscher – an dessen Namen sich heute niemand mehr erinnert – vom Tod seines Widersachers erfuhr, teilte er Layonsari die schreckliche Nachricht mit, tröstete sie und bot ihr letztendlich an, seine Frau zu werden. Doch die schöne Frau durchschaute seinen Plan und stieß sich vor den wilden Augen des Königs einen Keris in ihre Brust. Lieber wollte sie sterben, als ihr Leben mit einem anderen als Jayaprana zu verbringen. Als der Herrscher den toten, blutüberströmten Körper seiner Angebeteten sah, musste er sich seine Niederlage eingestehen – nicht ohne vorher in rasender Wut noch den halben Hofstaat niederzumetzeln.

Die Geschichte der Liebenden wird wortgewaltig in dem Buch „The Lay of Jaya Prana. The Balinese Uriah" von C. Hooykaas (1958) erzählt. Leider ist es nur auf Indonesisch mit englischer Übersetzung zu bekommen.

Tierische Turmwache

Blick vom Menjangan Tower nach Pulau Menjangan

Taman Nasional Bali Barat

Ungezähmte Natur mit saftig grünen Primärregenwäldern, Monsunwäldern, Tieflanddschungeln und Savannen, gepaart mit der überwältigenden Unterwasserwelt Pulau Menjangans – das alles können Sie im Nationalpark West-Balis erleben.

Auf etwa 780 km² erstreckt sich dieses einzigartige, erst 1984 gegründete Naturreservat, das besonders für Naturliebhaber, Ornithologen und Taucher interessant sein dürfte. Anfang des 20. Jh. waren noch die letzten Balitiger die Stars des Gebiets im Nordwesten der Insel, heute fallen die Berühmtheiten kleiner aus, sind aber nicht weniger bedroht: Gemeint ist der endemische Bali-Star *(Leucopsar rothschildi)*, der hier seine Heimat gefunden hat. Allerdings braucht man schon ziemlich viel Glück, um ihn zu Gesicht zu bekommen, denn sein Bestand beläuft sich gerade einmal auf ein paar Dutzend Exemplare. Bei anderen Spezies sind die Chancen auf eine Sichtung größer, zur Auswahl stehen u. a. Affen, Schlangen, Warane, Zibetkatzen, Java-Hirsche und nicht zuletzt Vertreter von über 200 Vogelarten. Trekkingtouren durch den Park sind somit unglaublich vielseitig und bieten den Besuchern vom Tourismus beinahe unberührte Eindrücke. Gerade deshalb dürfen sie auch nur mit einem Parkranger durchgeführt werden. Dieser erweist sich ohnehin als hilfreich beim Aufspüren der oft versteckten „Sehenswürdigkeiten".

Nationalparkverwaltung Das Bali Barat National Park Headquater befindet sich in **Cekik** (ca. 3 km südlich von Gilimanuk). Geöffnet ist es Mo–Do 8–16 Uhr und Fr 8–12 Uhr. Hier erhält man alle Informationen über den Nationalpark und kann auch unterschiedliche Trekkingtouren mit den erfahrenen Parkrangern (inkl. Permit für den Park) buchen, z. B. 1–2 Std. Jungle Trekking im Monsunwald für 240.000 IDR/2 Pers. oder 5–7 Std. Regenwaldtrekking für 550.000 IDR/2 Pers. Die Touren sollten mindestens einen Tag im Voraus gebucht werden.

Übernachten Wer früh aufbrechen will, kann nach Voranmeldung im Headquater übernachten. Auf einem großen Gelände stehen mehrere Unterkünfte für Parkranger und Besucher bereit. Die billigste Option für 350.000 IDR ist ein Zimmer in einer der sauberen Gemeinschaftsunterkünfte mit geteiltem Bad und Küche. VIP-Bungalows mit eigenem Bad stehen für 450.000 IDR bereit. Cekik, Jl. Sadar, ☎ 0365/61305 (Pak Eco Seswanto), 081/23491259 (mobil), www.tnbalibarat.com.

Pulau Menjangan

Die nur 2 km lange und ca. 200 m breite Insel gehört zwar zum Nationalpark, ist aber eigentlich eine Attraktion für sich. Im kristallklaren Ozean mit Sichtweiten bis über 40 m liegt eines der interessantesten Tauchreviere Indonesiens – wenn nicht gar ganz Südostasiens. Unter Wasser lockt eine Korallendichte, die selbst den weltberühmten Meeresforscher Jacques Cousteau begeisterte. Da die Riffe noch weitgehend intakt sind, stellen sie für Taucher, aber auch für Schnorchler einen wahren Leckerbissen dar. Zu sehen bekommt man z. B. Napoleon-, Angel- und Geisterpfeifennetzfische, ab und zu kann man sich auch an Mantas und Walhaien erfreuen.

Auf die Insel und damit auch in den Genuss ihrer Unterwasserschätze kommt man am besten von **Labuhan Lalang** (ca. 16 km östlich von Gilimanuk und 17 km westlich von Pemuteran) aus. Hier starten die Boote der Parkverwaltung, um Tagesgästen die Naturwunder von Pulau Menjangan zugänglich zu machen. Vor dem Bootssteg verköstigt ein Bistro-Warung die Reisenden mit günstigen lokalen Gerichten und kalten Getränken. Das fröhliche Personal stellt auch Lunchboxen (30.000–45.000 IDR) für Ausflüge zusammen.

Touren   Für die halbstündigen Entdeckungstouren durch die dichten Mangrovenwälder benötigt man keinen Guide und muss auch die Nationalparkgebühr von 20.000 IDR/Pers. nicht zahlen. So fallen lediglich 330.000 IDR für das Boot, das bis zu 10 Personen befördern kann, an. Tauchfahrten für bis zu 6 Personen bzw. Schnorchelausflüge für bis zu 10 Personen schlagen mit 400.000 IDR/Boot zu Buche, zuzüglich Guide (75.000 IDR), eventuell Schnorchelausrüstung (um 40.000 IDR), Versicherung (3000/Pers.) und Eintritt (20.000 IDR/Pers.).

Übernachten   (→ Karte S. 394/395)
Die Unterkünfte um Labuhan Lalang sind allesamt exklusiv und dementsprechend kostspielig. Wer günstiger nächtigen möchte, muss nach Pemuteran oder gar Gilimanuk ausweichen. Eine Alternative für Dschungeltrekker findet sich im Bali Barat National Park Headquater in Cekik. Auf Pulau Menjangan selbst kann man nicht übernachten.

Menjangan Jungle and Beach Resort 2.
Direkt auf dem Gebiet des Nationalparks wurde in Zusammenarbeit mit der Verwaltung dieses einzigartige Resort geschaffen. Nächtigen kann man sowohl räumlich als auch thematisch abgegrenzt in drei verschiedenen Einheiten (West-Bali-Nationalpark, Jl. Gilimanuk, www.menjanganresort.com):

Waterfront Gazebo . Ein Muss für Romantiker! Die Wohneinheiten liegen inmitten von Mangroven und verfügen über eine Terrasse, die auf das Meer hinausführt. 60 $ mit geteiltem Bad, 70 $ mit Privatbad.

Monsoon Lodge. Weiter vom Meer entfernt mit überwiegend komfortablen Reihenbungalows aus Holz und Naturstein mit Alang-Alang-Dächern um einen schön angelegten Pool, dessen Rand dunkle Holzplanken zieren. Ausreichend Platz zum Schlafen und Wohlfühlen. Deluxe-Zimmer 150 $, Junior Suite 170 $, Presidential Suite 210 $.

Den krönenden Abschluss bildet die **Cliff Villa**. Wie der Name schon andeutet, hat diese geräumige Villa durch ihre Lage einen grandiosen Panoramablick weit über das Meer. Das Gebäude bietet bis zu 5 Personen Platz und verfügt über 2 Bäder auf 2 Etagen sowie einen stilvollen Aufenthaltsraum – dies alles aus feinstem Holz und Bambus gearbeitet. 530 $/5 Pers.

Das Resort unterhält zwei **Restaurants** in unvergleichlicher Atmosphäre. Eines davon ist im **Menjangan Tower 3** untergebracht, einem komplett aus Holz gebauten Turm im Herzen des Resorts. Dort wird in 35 m Höhe gehobene Küche zum Rundumblick über den Nationalpark serviert. Das Ganze zu verhältnismäßig moderaten Preisen! Auch wenn Sie nicht im Menjangan Jungle and Beach Resort nächtigen wollen, sollten Sie hier einen Zwischenstopp einlegen.

West-Bali →Karte S. 392/393

In **Labuhan Lalang** auf dem Weg zur Anlegestelle der Boote nach Pulau Menjangan passiert man das **Mimpi Resort** ∎. Innerhalb einer riesigen, luxuriösen Parkanlage, die sich bis zur Küste zieht, verteilen sich mehrere Bungalows unterschiedlicher Preisklassen – vom Patio Room bis zur Villa mit eigenem Pool. Doch egal, für welchen Sie sich entscheiden: Luxus und Annehmlichkeiten sind hier Programm. Zwei Pools sowie ein Whirlpool, ein Spa und zwei Restaurants runden das gehobene Angebot ab. Patio Room 100 $, Villen 200–350 $. Banyuwedang, ✆ 0362/94497, ✆ 0362/94498, www.mimpi.com.

Novus Gawana Resort ∎. Das Nonplusultra an Annehmlichkeiten und preislich bedingten Unannehmlichkeiten. Das zwischen Mangroven gebettete und die Bucht überblickende Resort verfügt über 12 riesige Lumbunghütten mit allem, was das verwöhnte Herz begehrt wie z. B. einem versenkten Marmorbad, das von einer natürlichen Heißwasserquelle gespeist wird. Dass auf dem Gelände ein grandioser Pool, ein perfekt ausgestatteter Spa und ein exklusives Restaurant zu finden sind, versteht sich von selbst. Des Weiteren werden tägliche Tauch- und Schnorcheltouren zur Menjangan-Insel organisiert – gegen Aufpreis natürlich. Zwei Nächte sind Minimum. Preis für 2 Erwachsene inkl. Frühstück, Lunch und Dinner ab 500 $ inkl. Tax. Banyuwedang, ✆ 0362/94598, ✆ 0362/94597, www.novusgawana.com.

Gilimanuk

Die kleine Hafenstadt ist vor allem für An- und Weiterreisende interessant. Hier spielt sich der Fähr- und Güterverkehr zwischen Bali und Java ab. Dementsprechend viele Fähren verlassen täglich die große Hafenanlage, um die nur 3 km breite und bis zu 60 m tiefe Balistraße zwischen den Inseln zu durchqueren. Wer dennoch etwas Zeit mitgebracht hat, sollte das **Museum Situs Purbakala/-Museum of Man** ein paar Hundert Meter östlich des Hafens besuchen. Hier kann man neben verschiedenen Artefakten und Funden aus der Spätsteinzeit auch die Skelette der drei ersten nachgewiesenen Siedler Balis bestaunen. Die freundlichen Angestellten informieren Besucher gerne über die Exponate und deren Fundstätten in Cekik.

Geld   Am Fährhafen befindet sich ein Geldautomat.

Museum of Man   Mo–Fr 8–16 Uhr, Eintritt 6000 IDR. ✆ 0362/36561328.

Überfahrt nach Java   Im 20-Minuten-Takt verkehren die großen Fähren zwischen Banjuwangi auf Java und Bali. Die Überfahrt dauert in der Regel 30 Minuten – man muss allerdings mit Verzögerungen wegen des Be- und Entladens der Schiffe mit LKWs und Autos rechnen. Erwachsene zahlen 5700 IDR, Kinder 4200 IDR. Dazu kommt noch das Gefährt, mit dem man anreist: Fahrräder 7500 IDR, Motorräder 27.000 IDR, Autos 87.500 IDR.

Weiterfahrt mit Bus und Bemo   Wer mit einem der Überlandbusse aus Java anreist, hat meist die Weiterfahrt bis nach Denpasar dazugebucht. Alle anderen wenden sich zum Busterminal gegenüber dem Fährhafen. Hier starten Bemos und Busse über Negara nach Denpasar (dunkelgrün, 3–4 Std./20.000–31.000 IDR) und rote Vehikel nach Singaraja über Lovina (ca. 2 Std. für 12.000–30.000 IDR je nach Gefährt und Anbieter). Wer spät in der Nacht ankommt, wird auf ein Taxi zurückgreifen müssen.

Übernachten   Die Hotels in Gilimanuk sind vornehmlich auf LKW-Fahrer und indonesische Durchreisende eingestellt. Entlang der Hauptstraße zum Hafen reihen sich dementsprechend günstige und einfache Hotels. Wer dennoch hierbleiben will, kann im **Pondok Wisata Lestari** unterkommen (ca. 2 km vom Hafen entfernt). Einfache Zimmer mit Fan, besser sind die größeren Räume mit AC. Ein kleines Restaurant ist angeschlossen. Zimmer 85.000–350.000 IDR. ✆ 0365/61504.

Negara

Genau wie Gilimanuk wird der Hauptstadt des Verwaltungsbezirks Jembrana von Touristen wenig Beachtung geschenkt. Der ein oder andere stoppt hier auf seiner Reise nach Java. Lediglich in den Monaten Juli bis Oktober locken die Büffelrennen rund um die Stadt eine große Zahl von Touristen an.

Die *makepung* genannten Büffelrennen haben vermutlich zwei Quellen: einen uralten Wettstreit der hiesigen Bauern untereinander und eine Tradition maduresischer Aussiedler, die auf ihrer Heimatinsel mit den Büffelrennen das Ende der Reisernte feierten. Dementsprechend sind die Rennen auch heute noch keine reine Show-Veranstaltung, sondern dienen im Kern rituellen Zwecken: Die Balinesen erbitten mit ihnen den göttlichen Segen für die Ernte. Dennoch geht es besonders an zwei Terminen hoch her in der Jembrana-Region. Am Sonntag vor dem Unabhängigkeitstag wird der **Bupati Cup** und zu einem jährlich wechselnden Termin zwischen September und November der noch wichtigere **Gubenur Cup** ausgetragen. Beide Feste sind – wie auch die speziell für Touristen abgehaltenen Rennen – ungemein farbenprächtige und fotogene Veranstaltungen. Die Wasserbüffel sind geschmückt mit prunkvollen Geschirren, schillernden Bändern und kronenähnlichen Kopfschmucken, ihre Hörner sind bunt bemalt. Die Rennen gehen über eine 2 km lange Strecke, wobei nicht nur die Schnelligkeit zählt: In die Wertung fließen auch Attribute wie Eleganz und das optische Erscheinungsbild von Rind und dem auf dem Wagen stehenden Jockey mit ein.

Was gibt es sonst noch zu sagen zu Negara und seiner Umgebung? Vielleicht Folgendes: Bedingt durch die Besiedlung West-Balis durch Maduresen und Bugis aus Südsulawesi fallen in diesem Landstrich zahlreiche Moscheen ins Auge. Der islamische Einfluss ist also deutlich spürbar.

Hin & weg Die Bus- und Bemo-Station liegt in der Jl. Pahlawan gegenüber der Polizei und der Moschee.

Einkaufen Wer noch irgendetwas benötigt, sollte die **Hardys Supermarket** entlang der Jl. Ngurah Rai besuchen. Auf dem Areal bieten auch ein paar Boutiquen ihre Waren an.

Geld Neben dem Hardys Supermarket – in westlicher Richtung – reihen sich eine Handvoll ATMs verschiedener Geldinstitute aneinander.

Gesundheit Das **Rumah Sakit Umum Negara** liegt in der Jl. Wijaya Kusuma nördlich des Zentrums.

Polizei Die Polizeistation befindet sich in der Jl. Pahlawan, der Verbindungsstraße zwischen der Jl. Ngurah Rai und der Jl. Surdirman.

Post Ein Postamt liegt in der Jl. Ngurah Rai (östlich der Tankstelle).

Veranstaltungen Da sich die Termine des **Bupati Cup** und des **Gubenur Cup** so-wie deren Veranstaltungsorte jährlich ändern, informieren Sie sich unbedingt vor der Anreise. Auskunft geben die Touristeninformationen in Denpasar (✆ 0361/231422, 754092) und in Negara (Jl. Dr. Setia Budi 1, ✆ 0365/41060, 41210) sowie renommierte Reiseveranstalter in den Touristenzentren. Wer diese beiden Veranstaltungen verpasst, hat besonders in den Monaten Juli bis Oktober die Möglichkeit, sich an den extra für Touristen abgehaltenen Rennen zu erfreuen. Diese finden meist donnerstags an wechselnden Orten statt.

Übernachten So gut wie kein Tourist bleibt über Nacht in Negara. Wer aus unerfindlichen Gründen trotzdem hier festsitzt, kann im **Wira Pada Hotel** seine Zelte aufschlagen. Einfache Fan-Zimmer und etwas bessere AC-Zimmer kosten je nach Ausstattung 80.000–200.000 IDR. Jl. Ngura Rai 107, ✆ 0356/41161. Als Alternative fahren Sie weiter zum Pantai Rening (→ S. 407) oder zum Pantai Medewi (→ S. 408).

West-Bali →Karte S. 392/393

Umgebung von Negara

Gamelanmuseum Jegog Suar Agung: In Sangkar Agung, wenige Kilometer südlich von Negara gelegen, gelangt man über eine schier endlose, flache Reisfeldlandschaft, durchzogen von kleinen Siedlungen, zum privaten Museum Jegog Suar Agung. Der unglaublich freundliche Besitzer Ketut Suwentra ist gleichzeitig der Gamelan-Meister eines berühmten Orchesters, das schon auf zahlreichen internationalen Tourneen unterwegs war. Dementsprechend fachkundig führt er die sporadisch kommenden Besucher stolz über sein Gelände und präsentiert die umfangreiche Sammlung an Gamelan-Jegog-Instrumenten. Die Region Jembrana ist besonders für ihre Kunstfertigkeit im Spielen dieser Bambus-Instrumente bekannt. *Eintritt gegen eine (wohlverdiente) Spende.* ☎ 0365/40674.

Pura Rambut Siwi: Schon die unglaublich lange Zufahrtsstraße, die zu dem Tempel führt, lässt seine große Bedeutung erahnen. Auch der Pura Rambut Siwi ist eng mit dem durch zahlreiche Tempelgründungen auf Bali allgegenwärtigen Danghyang Nirartha verknüpft. Hier soll der javanische Priester das Dorf Gading Wadi von einer schrecklichen Seuche befreit haben. Auf Bitten der geretteten Bewohner überließ er dem Dorf eine Haarlocke, die in einem Schrein im Inneren des Pura Rambut Siwi (Tempel des heiligen Haares) als Reliquie verehrt wird.

Das an einer Klippe hoch aufragende Tempelareal ist über einen eindrucksvollen und schweißtreibenden Treppenaufgang zu erreichen. Zu bestaunen gibt es hier mehrere kunstvoll gearbeitete Tempel und Schreine, die mit filigranen Steinmetzarbeiten übersät sind. Dennoch sollten Sie auf keinen Fall vergessen, die berauschende Aussicht auf das tosende Meer zu genießen! Mit etwas Glück wird die Kulisse von dem hier probenden Frauen-Gamelan-Orchester musikalisch untermalt.

Hinunter zum Strand führt eine Treppe zum ursprünglichen Tempel, dem Pura Penataran, in dem der heilige Mann zum ersten Mal auf Bali gepredigt haben soll. Wenige Meter weiter entlang des Strandes verstecken sich zwei heilige Grotten im schroffen Felsgestein. Von der Höhle des Tigergottes soll eine unterirdische Verbindung bis nach Singaraja führen. Gleich daneben spendet in der Goa Tirtha eine heilige Quelle Süßwasser, welches in verschiedenen Zeremonien Verwendung findet. Der Zutritt zu den Höhlen ist streng verboten!

Eintritt 10.000 IDR plus Spende, natürlich nur mit Sarung und Tempelschal.

Strände zwischen Negara und Soka

Pantai Rening

Wer nicht gerade am Wochenende hierherkommt, glaubt wahrscheinlich, gar nicht mehr in Bali zu sein. Meist erwartet den Besucher dann ein vollkommen entvölkerter, langer, dunkler Strand mit feinem Sand. Gerade deshalb ist natürlich Vorsicht beim Schwimmen geboten, im Notfall könnte man allein sein. Ein paar lokale Warungs verkaufen (meist aber nur an den Wochenenden) Getränke, Snacks und größere Gerichte. Sonst bleibt nur noch, auf das Rauschen des Meeres zu hören und die Ruhe zu genießen. Um hinzukommen, biegt man kurz vor dem östlichen Ortsausgang von Negara Richtung Cupel ab und folgt dann der Ausschilderung ca. 4 km bis zum Strand.

Bali Sunset Hotel & Restaurant. Das Hotel lockt seine Gäste nicht nur mit zwei Pools, sondern auch mit einem herrlichen Meerblick in wunderbar ruhiger, aber auch abgeschiedener Lage. Die Bungalows sind kaskadenartig in den Hang gebaut, aber lediglich mit Kaltwasser zu haben. Die Deluxe-Räume sind mit TV, AC und Minibar ausgestattet. 250.000–400.000 IDR. Cupel, Jl. Baluk, ✆ 028/ 5237389713, 085/009011 (mobil), Zuletzt leider geschlossen, soll aber wiedereröffnet werden. Unbedingt vorher nachfragen.

Pantai Medewi

Die kleine, schwarzsandige, mit vielen Steinen durchsetzte Bucht ist ein Hot Spot für begeisterte Surf-Freaks, die bei Wind und Wetter die Wellen bezwingen. So sind hier auch einige speziell auf diese Zielgruppe zugeschnittene Unterkünfte entstanden. Nichtsurfer sollten gerne spazieren gehen oder genug zum Lesen dabeihaben, denn der Strand eignet sich so gut wie gar nicht zum Schwimmen. Und auch sonst gibt es hier nicht viel zu tun – außer Surfen eben.

Medewi Beach Cottage. In den hoffnungslos überteuerten Ocean- und Gardenview-Räumen der Anlage am Ende der Straße muss man weder auf AC, Minibar noch TV verzichten. Die muffigen, abgewohnten Standardzimmer im alten Gebäude auf der gegenüberliegenden Straßenseite sind ihr Geld nicht wert. Der große Pool kann auch von Nichtgästen gegen eine Gebühr von 40.000 IDR benutzt werden. Das Restaurant serviert zum herrlichen Meerblick überteuerte Gerichte. Cottage 650.000–880.000 IDR plus 21 % Tax und Service (über das Internet etwas günstiger zu buchen). Hochsaisonzuschlag 100.000 IDR, Extrabett 225.000 IDR. Billigere Zimmer (ab 300.000 IDR) gibt es nur auf Nachfrage. ✆ 0361/8528521, 081/337536464 (mobil), www.medewibeachcottages.com.

Gede Warung und Homestay. In 3 älteren Lumbunghütten werden 6 kleine Zimmer vermietet, von denen die oberen die bessere Wahl sind. Sehr einfach und nicht allzu gepflegt, dafür unglaublich günstig und durchaus sympathisch. Die direkte Strandlage

West-Bali →Karte S. 392/393

verspricht einen Meerblick vom Warung aus, in dem neben einfachen Snacks auch sehr erschwingliche lokale Gerichte serviert werden. Zimmer je nach Belegung 100.000 IDR. ✆ 081/23976668 (mobil).

Mai Malu. Das sehr gut instand gehaltene Guesthouse vermietet 8 kleine, helle Zimmer mit den wahrscheinlich winzigsten (aber gerade deshalb schnuckeligen) Bädern der Welt. Der moderate Preis, das sehr freundliche Personal und ein großes Restaurant mit guter Speiseauswahl sind auf jeden Fall Pluspunkte. DZ ab 100.000 IDR. ✆ 0365/4700068.

CSB Beach Inn. Homestay in ruhiger Lage (ca. 2 km östlich von Medewi), umgeben von Reisfeldern und mit herrlichem Blick aufs Meer. Die nette Familie offeriert in einem zweistöckigen Gebäude ein Dutzend einfache, aber angenehm eingerichtete Zimmer mit Heißwasser und wahlweise AC oder Fan. DZ mit Fan ab 150.000 IDR, mit AC ab 250.000 IDR. ✆ 0813/38667288 (mobil).

🍃**Puri Dajuma Eco Resort & Spa**. 6 km östlich von Medewi auf einer Landzunge gelegen. Im herrlichen Garten präsentieren sich luxuriöse Zimmer und Bungalows mit ausladenden Veranden und ansprechenden Wannenbädern mit zusätzlicher Gartendusche. Alle Gebäude sind im landestypischen Stil mit vielen Naturmaterialien errichtet. Ein schöner Pool lädt zum Plantschen ein, aber auch ein kleiner schwarzer Strand ist dem Resort vorgelagert. Und nicht einmal ein schlechtes Gewissen muss man haben: Das Resort kümmert sich um die Umwelt, verwendet lokale Produkte, recycelt Materialien, führt keine Abwässer ins Meer ab und achtet auf die Energiebilanz. Sogar Shampoos, Seifen und Putzmittel sind biologisch abbaubar. Die Ruhe und Abgeschiedenheit hat ihren Preis: Cottage ab 120 €, Suiten mit 1/2 Schlafzimmern 170 €/220 €. ✆ 0365/43955, 📠 0365/43966, www.dajuma.com. ∎

Vorsicht: lebender Tunnel

In Pekutatan zweigt eine kleine Straße ins Inland Richtung Norden ab. Ein Abstecher, der sich auf jeden Fall lohnt. Vorbei an Nelkenplantagen bahnt

man sich seinen Weg bis zur kleinen Ortschaft Asahduren. Kurz dahinter wartet der größte lebende Tunnel auf Sie! Der **Bunut Bolong,** ein gigantischer Banyanbaum, überspannt mit seinen mächtigen Hängewurzeln die Straße und bildet das wohl ungewöhnlichste Tor Balis – und mit seinem Tempel zur linken Seite eine höchst sonderbare Kulisse. So manch einer ist geneigt, den Legenden um diesen Ort Glauben zu schenken, denn allerlei Ungewöhnliches soll hier schon geschehen sein. Von hier kann man seinen Weg über den Bratan-See bis zur Nordküste fortsetzen. Eine langwierige Fahrt, die jedoch mit wundervollen Ausblicken auf Kaffee-, Nelken- und Kakaoplantagen sowie herrlicher Natur entschädigt (→ S. 380).

Verkehrsplanung mal anders

Tabanan

Die ehemalige Hauptstadt des Regierungsdistrikts Tabanan bildet gleichermaßen das Zentrum der Tanz- und Gamelankultur wie auch das Zentrum der Landwirtschaft. Kein Wunder bei der Umgebung: Die Stadt ist förmlich umschlungen von Reisfeldern, die sich bis zur Küste ziehen.

Der berühmteste Einwohner der Stadt war der Tänzer I Ketut Marya, der unter dem Namen Mario zu Ruhm gelangte und das Tanzrepertoire der Insel um interessante Variationen des Kebyar-Tanzes erweitert hat. Walter Spies verewigte den Künstler in seinem Buch „Dance and Drama in Bali", die Einheimischen benannten nach ihm die in den 1970er-Jahren erbaute Stadthalle.

Große Sehenswürdigkeiten hat Tabanan nicht zu bieten, auch die Überreste des 1906 von den Holländern zerstörten ehemaligen Herrscherpalasts sind nicht zwingend einen Besuch wert. Und so ist das Ziel der meisten Reisenden das am östlichen Stadtrand gelegene **Museum Subak,** das mit allerlei Informationen zum Thema Reisanbau aufwartet. So kann man die Gerätschaften, die zur Bewirtschaftung der Felder eingesetzt werden, und sogar ein traditionelles balinesisches Haus inklusive Bewässerungssystem bestaunen. Zudem erfährt man Wissenswertes über die Zusammenschlüsse der Reisbauern (*subak* genannt), die traditionell das Bewässerungssystem gemeinschaftlich organisieren.

Hin & weg Die Bemos auf der Strecke Gilimanuk–Denpasar halten in Tabanan am westlichen Bemo-Terminal, dem Pesiapan Terminal. Von hier aus fahren Bemos in die Umgebung, z. B. nach Tana Lot, Mengwi oder Kerambitan und auch zum östlich an der Jl. Bypass Kediri gelegenen Kediri Terminal.

Museum Subak Mo–Do 8–16.30, Fr 8–13 Uhr, Eintritt 5000 IDR, ☎ 0361/810315. Am leichtesten gelangt man mit dem eigenen Gefährt zum Museum (Achtung, Tabanan ist voller Einbahnstraßen!): Von der Jl. Gato Subroto geht's rechter Hand stadtauswärts ab. Wer mit dem Bemo anreist, wird auf der Strecke Denpasar–Gilimanuk am westlichen Ende von Tabanan am Pesiapan Terminal herausgelassen. Von hier aus muss man ein anderes Bemo zum östlich gelegenen Kediri Terminal nehmen (ca. 4000 IDR) und die restlichen 3 km zu Fuß laufen.

Einkaufen Der **Hardys** in Tabanan bietet alles für den täglichen Gebrauch (inkl. Obst- und Gemüseabteilung und Optiker). Wem es zu heiß ist, der kann hier auch gleich ins Schwimmbad (im Kaufhaus!) gehen. Jl. Bypass Kedidri 50.

Post Zwei Filialen jeweils 200 m westlich bzw. östlich der Polizeistation in der Jl. Gato Subroto.

Polizei In der Jl. Gato Subroto und ca. 100 m westlich des Pesiapan Terminals.

Westlich von Tabanan

Kerambitan

Folgt man der Straße westlich von Tabanan über Gubug Richtung Meer, so erreicht man ca. einen Kilometer vor Kerambitan in Baturiti den **Puri Anyar,** einen Nachbau eines ursprünglich im 17. Jh. errichteten Palastes, der sich noch heute im Besitz des ehemaligen Herrscherhauses von Tabanan befindet. Teile des Areals fungieren als Hotel. Ein weiterer Palast, der große **Puri Agung,** liegt gegenüber dem Markt von Kerambitan. Wer Glück hat, kann hier dem exorzistischen Ritualtanz Tektekan beiwohnen. Das Dörfchen samt Umgebung ist im ganzen Süden der Insel für seine hervorragenden Tanzgruppen und Gamelan-Orchester bekannt – dementsprechend hallen die Klänge der Instrumente durch die Gassen. Auch wenn keine regelmäßigen Veranstaltungen für Touristen durchgeführt werden, geprobt wird so gut wie immer.

Wer sich nach einer frischen Meeresbrise sehnt, der setzt seinen Weg zur Küste fort und gelangt an die weiten, von heftiger Brandung umspielten Strände **Pantai Klating** und **Pantai Pasut.**

Yeh Gangga Beach

Folgt man der von Reisfeldern gesäumten Straße westlich von Tabanan über Gubug und Sudimara bis zum Meer hinunter, erreicht man nach ca. 10 km den noch weitgehend unberührten Strand von Yeh Gangga. Dieser wartet mit feinem, schwarzem Sand auf und ist abschnittsweise mit imposanten schroffen Felsen durchsetzt. Besonders bei Ebbe lädt er zu ausgedehnten Spaziergängen oder Ausritten ein. Baden ist aufgrund der starken Strömung mit äußerster Vorsicht zu genießen, da im Notfall niemand zu Hilfe eilen kann. Besonders zum Sonnenuntergang füllt sich dieser abgeschiedene und romantische Ort mit händchenhaltenden und um das andere Geschlecht werbenden Jugendlichen.

Übernachten Bali Wisata Bungalows. In idyllischer Abgeschiedenheit zwischen Reisfeldern und rauschendem Meer liegt diese etwas in die Jahre gekommene Anlage. Die Zimmer sind in geräumigen Bungalows mit Alang-Alang-Dächern untergebracht. Die teureren verfügen über einen kleinen Wohnbereich im Bungalow und sind mit Warmwasser, AC und Kühlschrank ausgestattet. Die freundliche Atmosphäre und ein großer Salzwasserpool sind zusätzliche Pluspunkte dieser Anlage. DZ 350.000–550.000 IDR. ✆ 0361/ 7443561, ✆ 0361/810212, www.baliwisatabungalows.com.

waka gangga. Die exklusive Adresse an der Küste. Grandiose Räume und Villen mit hohen, grasbedeckten Dächern kombinieren natürliche Bauweise, viel Holz und Marmor mit modernem Komfort wie AC, Minibar, Gartendusche und versenkten Badewannen, um nur einiges zu nennen. Von der Veranda überblicken Sie wahlweise die Küste oder wogendes Grün. Ein großer Swimmingpool erfreut alle, denen der Strand zu schwarz und zu wild ist, und das Restaurant schreit förmlich nach einem romantischen Candle-Light-Dinner. Natürlich hat das Ganze seinen Preis: 190 $ für den

Bungalow und 380 $ für die Villa (zuzüglich 21 % Tax und Service) müssen die Gäste schon berappen. ℡ 0361/723629, 723659, www.wakaexperience.com.

Reiten Bali Island Horse. Das Pferdegestüt lockt Natur- und Pferdeliebhaber mit morgendlichen Ausritten entlang der Küste. Besonders reizvoll dürften auch die abendlichen Sonnenuntergansausritte sein. Die Gäste werden im Hotel für die zweistündigen Tagesausritte um ca. 7.30 Uhr und um ca. 14 Uhr abgeholt und zahlen 56 $. Der einstündige Ausritt zum Sonnenuntergang findet um 17 Uhr bzw. 18 Uhr statt und kostet 35 $/Person. ℡ 0361/731407, 8718060, www.baliislandhorse.com.

Von Tabanan Richtung Bergseen

Einen Ausflug wert ist auch die große Stichstraße Richtung Norden, die nicht nur landschaftliche Schönheiten verspricht, sondern rechts und links des Weges ein paar kleine Attraktionen bereithält. Für Freunde des balinesischen Spanferkels *babi guling* lohnt der Trip schon wegen der unzähligen auf eben dieses typische Gericht spezialisierten Warungs.

Mengwi

Der lebhafte Ort beheimatet den wunderschönen **Pura Taman Ayun.** Der Tempel liegt umschlossen von einem Lotusteich hinter einer hüfthohen Mauer, die von Ungläubigen nicht überstiegen werden darf. Der Besucher erblickt eine Unzahl von hoch aufragenden Merus (Pagoden), die schon von Weitem darauf schließen lassen, dass hier viele Vertreter der Götterwelt in ihren Schreinen verehrt werden. Der 1634 unter Raja Gusti Agung Anam als Staatstempel für das Königreich Mengwi erbaute Komplex soll die Heimat der balinesischen Götterwelt auf dem Berge Mahmeruh versinnbildlichen. Umschlossen wird der eindrucksvolle Pura Taman Ayun von einem wundervollen Park, in dem verschlungene Wege vorbei an Mangobäumen und tropischen Pflanzen zu versteckten Picknickhütten und einem plätschernden Fluss führen. Wer an den Marktständen gegenüber weise vorgesorgt hat, kann es den Einheimischen gleichtun und inmitten dieser Ruheoase seine Zeit für ein kleines Picknick nutzen – allerdings ist das nur am Nachmittag empfehlenswert, wenn die Touristenbusse wieder abgefahren sind.

Westlich des Tempels informiert ein kleines, nicht gerade überwältigendes **Museum** vorwiegend anhand von vergilbten Fotos und alten Exponaten über Zeremonien und Opfergaben. Eigentlich eine interessante Sache – leider wirkt der stark in die Jahre gekommene Komplex ein wenig vernachlässigt und ist schlecht ausgeschildert.

Der Pura Taman Ayun ist täglich 8–18 Uhr geöffnet, Erw. 5000 IDR, Kinder 2500 IDR. Das Museum ist täglich 9–17.30 Uhr geöffnet, Eintritt gegen Spende.

Der Pura Taman Ayun

Alas Kedaton (Affenwald)

Auch wenn es sich um einen Affenwald handelt: Die heimlichen Stars des 12 ha großen Areals sind die Flughunde, die man bei ihrer täglichen Siesta ganz aus der Nähe beobachten kann. Dazu begibt man sich den Pfad entlang bis zum **Pura Alas Kedaton,** der wie der Pura Dalem Jagaraga (→ S. 366) die seltene Eigenheit aufweist, dass der Weg zum heiligsten Inneren immer weiter nach unten führt – leider darf das Heiligtum nicht betreten werden. Natürlich wird der Wald auch von einer Horde Makaken beherrscht, für die die Einheimischen vor dem Eingang überteuertes Futter anbieten. Wie bei jedem Affenwald in Bali ist vom Kauf abzuraten, da die frechen Makaken angelockt und in ihrem diebischen Verhalten bestärkt werden. Alles, was nicht niet- und nagelfest ist, gehört tief in den Taschen verstaut!

Kurz hinter Tabanan nimmt man die Straße in nördliche Richtung, ca. 3 km hinter Mengwi liegen das Örtchen Blayu und der Affenwald. Eintritt 10.000 IDR.

Taman Budaya (Krokodilpark)

Unter diesem klingenden Namen verbirgt sich eine wahre Scheußlichkeit, die man nur wenige Kilometer weiter auf der Verbindungsstraße Richtung Norden erreicht. Rechter Hand machen große Kobra- und Waran-Skulpturen auf den Park aufmerksam und man fragt sich, ob die Tiere nun eher wütend oder gequält aussehen. Diese Frage beantwortet sich von selbst, wenn man das uninspiriert gestaltete Gelände betritt. Die Krokodile, Warane und Leguane hausen in kleinen Betonbottichen und viel zu kleinen Käfigen und scheinen lethargisch auf den nächsten Designvorschlag eines Handtaschenherstellers zu warten (dessen Produkte werden dann neben anderen Waren aus Krokodilleder am Eingang verkauft). Sollten sich genügend Gäste einfinden, werden Fütterungs- und Wrestling-Shows mit den Tieren veranstaltet – gegen Aufpreis, versteht sich. Vor allem Krokodilliebhaber sollten einen weiten Bogen um den Park machen und stattdessen den Bali Reptile Park nahe Singapadu besuchen (→ S. 233).

Täglich 9–16 Uhr. Eintritt 70.000 IDR, Shows je nach Angebot 50.000–100.000 IDR.

Margarana

Marga

Wenige Kilometer weiter nördlich weist ein Schild auf der Höhe von Sembung nach links. In Marga liegt eine Attraktion, die von jeder Schulklasse der Insel besucht wird. Das **Margarana-Denkmal** wurde zu Ehren von I Gusti

Ngurah Rai und seinen Mannen errichtet. Diese lieferten sich hier 1946 eine heldenhafte Schlacht mit zahlenmäßig weit überlegenen niederländischen Kampfeinheiten – bis zum letzten Mann auf balinesischer Seite.

Hinter dem Denkmal befindet sich der **Heldenfriedhof,** der mit 1372 tempelartigen Gräbern an die Opfer des Freiheitskampfes erinnert – und mit seinem Meer an „Grabsteinen" die schreckliche Dimension der Opfer verdeutlicht. Auf den Schreinen machen Symbole die Religionszugehörigkeit deutlich. Wer sich weiter informieren möchte, sollte das kleine **Museum** neben dem Heldenfriedhof besuchen. Das Museum ist täglich 8.30–17 Uhr geöffnet. Eintritt 5000 IDR.

Pura Yeh Gangga

Von Marga zurück auf der Hauptstraße, kann man seinen Weg bis zum Bratan-See (→ S. 372) fortsetzen und unterwegs bei Perean einer spärlich ausgeschilderten Abzweigung nach Westen folgen, um den Pura Yeh Gangga zu besuchen. Der Name des wahrscheinlich in der ersten Hälfte des 14. Jh. errichteten Tempels weist auf die hiesige Quelle hin, die angeblich vom heiligen Wasser des Ganges gespeist sein soll – einer der vielen Mythen rund um die balinesischen Tempel. Betreten dürfen Sie den Pura Yeh Gangga leider nicht, und so können Sie die chinesischen Porzellanteller, die in die Schreine eingelassen wurden, nur von Weitem betrachten.

Von Tabanan zum Gunung Batukaru

Vom Zentrum in Tabanan zweigt eine Straße Richtung Penebel nach Norden ab. Hier verlassen Sie nun endgültig die Supertouristenrouten, um sich in ein raues und dennoch bezauberndes Bali zu begeben. Kurz vor Penebel teilt sich die Straße und Sie haben die Wahl zwischen zwei umwerfenden Routen zu unterschiedlichen Sehenswürdigkeiten: Links geht es zum **Pura Luhur Batu Karu,** rechts nach **Jati Luwih** zu den vielleicht schönsten Reisterrassen der Insel.

Pura Luhur Batu Karu

Der uralte Tempel liegt oberhalb des Dorfes Wongaya Gede und wird von vielen Touristen schlichtweg ignoriert. Dabei ist er ein wirklich magischer Ort, gelegen am Fuße des zweithöchsten Berges der Insel, umgeben von Urwald und oft eingehüllt in dichten Nebel. Als Empu Kuturan den Tempel im 11. Jh. als einen der Richtungstempel erbauen ließ, soll er hier eine noch ältere Kultstätte vorgefunden haben. So fungiert der Pura Luhur Batu Karu als Tempel für den Westen und zugleich als Ahnentempel für die Herrscher von Tabanan und die von Buleleng.

I Panji Sakti, ein König aus der Buleleng-Dynastie, griff – um sein Territorium zu vergrößern – Tabanan an. Seine Truppen zerstörten Teile des Tempels, bis das Heer durch einen Schwarm von Millionen großen und aggressiven Wespen in die Flucht geschlagen wurde. Man munkelt, die Götter hätten diese aus Wut über die Tempelzerstörung gesandt. Da sich der König von Buleleng, froh darüber, von den Wespen nicht getötet worden zu sein, reuevoll zeigte, konnte der Frieden wiederhergestellt werden. Deswegen finden sich im Inneren des Heiligtums sogar Schreine für die Vorfahren des verfeindeten Herrschers von Buleleng. Erst 1956 wurde der Tempel in jahrelangen Arbeiten wiederaufgebaut und restauriert. Da der Tempel Maha Dewa, dem Gott des Gunung Batukaru und des Westens geweiht ist, ist

West-Bali →Karte S. 392/393

er nicht wie andere Tempel auf den Gunung Agung, sondern auf den Gunung Batukaru ausgerichtet.

Wer die mystische Atmosphäre noch etwas länger aufsaugen möchte, begibt sich am besten zum kleinen Teich rechter Hand des Tempels, der inmitten eines verwilderten Parks liegt. Die moosüberwucherten Wasserspeier speisen ihn mit heiligem Wasser und in seiner Mitte liegt eine winzige Insel – wohl ein Sinnbild für den in einem Milchsee liegenden Mahameru, eine Art hinduistischer Olymp.

Eintritt gegen eine Spende und natürlich nur mit Sarong und Tempelschal. Schwangeren ist das Betreten des Tempels übrigens untersagt.

Yeh Panas

Auf dem Rückweg kann man bei Penatahan einen Stopp an den heißen Schwefelquellen Yeh Panas einlegen. Diese sind in einen großen Hotelkomplex mit Spa integriert und verteilen sich auf mehrere Pools. Ein Bad für Nichthotelgäste kostet 100.000 IDR. Ein stolzer Preis, aber vielleicht sind es die Heilkräfte, die dem Wasser nachgesagt werden, ja wert.

Das **Yeh Panas Natural Hot Springs and Spa Resort** bietet allen, die sich in dieser schönen Umgebung länger entspannen möchten, eine Unterkunft. Die große Anlage ist zwar etwas in die Jahre gekommen, aber immer noch wirklich annehmbar. Viele Plätze zum Baden, ein Spa zum Relaxen und unterschiedliche Zimmer mit AC, Minibar und TV. Die Preise schwanken erheblich. DZ 500.000–700.000 IDR, über das Internet und in der Nebensaison sind die Zimmer bereits ab 360.000 IDR zu haben. ✆ 0361/8540851, 262356.

Jati Luwih

„Treppen in den Himmel" nennen Einheimische die kaskadenartigen Reisfelder, die in harter Arbeit in den Hang des Gunung Batukaru gehauen wurden. So haben die Reisbauern hier ein perfekt in die Natur eingebettetes Kunstwerk errichtet. Wie ein grüner, wogender Teppich breiten sich die Reisfelder in Hunderte Meter langen Stufen vor den Augen des Betrachters aus. Und man möchte bei all der Schönheit laut „Jati luwih!" rufen – der balinesische Name bedeutet nämlich übersetzt „wirklich wunderschön". Oft wird an der Straße übrigens ein Wegzoll von 10.000 IDR pro Erwachsenem, 5000 IDR pro Kind und 3000 IDR pro Auto verlangt.

Übernachten/Essen in Jati Luwih Wer direkt in der wundervollen Umgebung in den Reisterrassen wohnen möchte, sollte bereit sein, bei Komfort und Service Abstriche zu machen. Das **Galang Kangin Inn** bietet einfache, saubere Zimmer ohne Schnickschnack, netten Service und umwer-

fende Ausblicke (allerdings nur von den vorderen Bungalows). DZ 150.000–200.000 IDR. ✆ 0361/815240, 081/23854459 (mobil).

Hungrige finden entlang der Aussichtsstraße etliche kleine Warungs und Restaurants. Empfehlenswert ist der **Warung Dhea**, der gleich neben Reisfeldern mit Blick auf die noch imposanteren Reisterrassen liegt. Hier werden sehr gute, hübsch angerichtete indonesische Klassiker zu wirklich günstigen Preisen angeboten. Probieren Sie *Nasi Ramses* (roter Reis mit verschiedenen Beilagen), gegrillten Fisch oder die *Bakso Ayam*. ✆ 081/338227731 (mobil).

In Wongaya Gede   Prana Dewi. Auf dem ausladenden grünen Gelände verteilen sich 10 geräumige Bungalows im traditionellen Stil inmitten fruchtbarer Reisfelder und fernab von allem Trubel. Viel Holz, hohe, luftige Decken und umwerfende Gartenbäder laden zum Verweilen ein. Yogakurse, Wanderungen und Tagestouren können hier auf Wunsch gebucht werden. Im offenen Aussichtsrestaurant werden gesunde Gerichte aus ökologischem Anbau serviert. Große Auswahl an interessanten Tempeh- und Tofu-Variationen, knackige Salate und indonesische Klassiker. Bungalow 55–72 $, Familien-Cottage mit zwei Schlafzimmern 105 $, 20 % Hochsaisonaufschlag. Wongaya

Gede, ✆/📠 0361/736654, 081/338660154 (mobil), www.balipranaresort.com.

Nördlich von Dalang   Sarinbuana Eco Lodge. Die vier individuell gestalteten Bungalows versprechen absolute Privatsphäre in natürlicher Umgebung. Die großen sind stilvoll dekoriert und ausgestattet mit Annehmlichkeiten wie Minibar, Safe und grandiosen Garten- bzw. Marmorbädern. Von den ausladenden Veranden genießt man einen romantischen Blick ins Grüne. Für Gruppen bis 5 Pers. und Familien eignen sich die zweistöckigen Bungalows.

Wanderungen und Ausflüge von einem Spaziergang durch Reisterrassen bis zur Besteigung des Gunung Batukaru werden organisiert. In Zusammenarbeit mit den Dorfbewohnern werden zudem abwechslungsreiche Workshops von Yoga über Kochkurse bis zur Kalligrafie angeboten. Ökologische und gesunde Gerichte können morgens bestellt und abends entweder im Restaurant oder auf der eigenen Veranda genossen werden. Doppelbungalows 110 €, zweistöckige Cottages je nach Belegung 134–162 €. ✆ 0361/7435198, www.baliecolodge.com. Abholservice ab 320.000 IDR für bis zu 5 Personen.

Westflanke des Gunung Batukaru   Etwas weiter entfernt, entlang der Verbindungsstraße von Soka nach Serririt (→ S. 380),

aber immer noch wunderschön an der Westflanke des Gunung Batukaru, liegen die folgenden Unterkünfte:

Sanda Butik Villas. Auf der ehemaligen Kaffeeplantage, idyllisch am Fuße des Gunung Batukaru gelegen, verteilen sich 8 große Steinbungalows. Die geräumigen Zimmer sind mit TV, Minibar, schönen Steinbädern und sogar AC (obwohl es hier eigentlich kühl genug ist) ausgestattet. Von den wirklich ausladenden Veranden hat man einen tollen Blick auf die angrenzenden Felder und den Gunung Batukaru. Ein schöner Salzwasserpool lädt trotz der kühlen Luft zum Schwimmen ein. Das angeschlossene Restaurant kreiert seine Gerichte aus Produkten der Umgebung. DZ 99–170 $ zuzüglich 21 % Tax und Service. Sanda, ✆ 082/83720055 (mobil), www.sandavillas.com.

Campaka Belimbing Villas. Dieses Hotel hat schon mehrere Preise gewonnen. 16 Villen stehen zur Auswahl, davon 6 mit eigenem Pool. Alle im balinesischen Stil mit dementsprechendem Dekor und Annehmlichkeiten wie TV, Minibar, Kaffeebereiter und Safe ausgestattet. Die Umgebung ist wahrlich traumhaft und somit ideal, um die Seele baumeln zu lassen. Die Preise sind jedoch gesalzen: 121–193 $, in der Nebensaison und über das Internet gibt es oft bis zu 55 % Rabatt. Belimbing, ✆ 0361/7451178, 🖷 0361/7451179, www.cempakabelimbing.com.

Schmetterlingspark Taman Kupu Kupu

Auf dem Rückweg lohnt für Schmetterlingsfreunde ein Abstecher in den Butterflypark in Wanasari. Hier kann man einen wahren Giganten seiner Gattung aus nächster Nähe bestaunen: Den Attacus atlas, einen Schmetterling mit bis zu 30 cm Flügelspannweite. Daneben wartet noch eine Vielzahl weiterer Schmetterlingsarten darauf, entdeckt zu werden. Und Interessierte können noch ungewöhnliche Insekten, die die Mimikry perfekt beherrschen (also Augen auf!), sowie Gottesanbeterinnen aufspüren.

Täglich 8–17 Uhr, letzter Einlass um 16 Uhr. Erw. 60.000 IDR, Kinder 30.000 IDR. ✆ 0361/814282.

Östlich von Tabanan

Kapal

Der kleine Ort ist für seine kunstfertigen Töpferhandwerker und Steinmetze bekannt. Ursprünglich wurden hier vor allem Statuen und allerlei Zierrat zum Schmuck von Tempeln und Schreinen hergestellt. Doch auch in Kapal hat die Massenproduktion Einzug gehalten, und so werden die Handwerksbetriebe immer mehr von Zementgießereien verdrängt. Einen Abstecher lohnt aber der **Pura Sadah,** der Ahnentempel der Mengwi-Dynastie, dessen Gründung allerdings auf einen javanischen Adeligen zurückzuführen ist. Darauf weist auch ein elfstöckiger *prasada* aus rotem Backstein hin. Besondere Beachtung verdient daneben der alles überschattende Banjan-Baum im Vorhof des Pura Sadah. In luftiger Höhe zwischen den mächtigen Luftwurzeln haben die Götter der Unterwelt ihren Sitz auf einem Steinthron.

Affenwald von Sangeh

Über kleine Nebenstraßen bahnt man sich seinen Weg bis nach Sangeh. Dort können Sie den Nachkommen von Hanomans Affenarmee begegnen. Der Legende nach sind Hanoman und seine Mitstreiter nach einem erbitterten Kampf gegen den großen Dämonenkönig Rahwana genau hier vom Himmel herabgestürzt. Denn um Rahwana zur Strecke zu bringen – der sowohl im Himmel als auch auf Erden unbesiegbar war –, spaltete der Affengeneral den heiligen Berg Mahmeru, um den Bösewicht zwischen den Gesteinsmassen zu zermahlen. Ein Teil des Berges stürzte gemeinsam mit der Affenarmee zu Boden. Und so tummelt sich heute eine Horde Affen in dem 14 ha großen Wald. Und dieser ist an sich schon eine Attraktion. Bis zu 50 m hohe Muskatnussbäume, die auf Bali inzwischen zu einer Seltenheit geworden sind, bilden das grüne Dach des Areals. Auf dem Weg durch das Gelände wird man durch eine kolossale Statue, die Hanomans Armee beim Kampf gegen den Dämon zeigt, an die heroische Vergangenheit der kreischenden Waldbewohner erinnert. Diese zeigen sich allerdings überaus respektlos gegenüber menschlichen Besuchern. Schon manch einem, der gegen Bestechung durch Bananen und Nüsse ein Foto erringen wollte, fehlte danach die ganze Kamera!

Ganz im Nordwesten des Waldes liegt der **Pura Bukit Sari.** Dieser wurde Anfang des 17. Jh. von den Herrschern von Mengwi als Meditationstempel erbaut. Denkt man sich den Tourismusrummel einmal weg, kann man sich die Beweggründe für seinen Bau sehr gut vorstellen.

Eintritt 10.000 IDR, der Park ist von 8 bis 18 Uhr geöffnet. ☏ 0361/7422740, www.sangeh monkeyforest.com.

Kunst zwischen Fischteichen

Eine wirkliche Perle für Kunstliebhaber fern des Mainstreams versteckt sich ein paar Hundert Meter weiter Richtung Norden. Achten Sie auf bunte Schilder auf der rechten Straßenseite, die auf **Jati's Warung** aufmerksam machen. Hier sitzt man inmitten von fantasievollen Installationen und in die Umgebung integrierten Kunstwerken, umgeben von Reisterrassen und Teichen. Neben Seefisch und lokalen Gerichten ist die weitere Spezialität des hübschen Restaurants die Kunst. Der Besitzer I Gusti Buda ist selbst kein Unbekannter in der indonesischen Kunstszene. Mit einer Handvoll anderer balinesischer Künstler betreibt er eine Galerie, in der man sich gar nicht sattsehen kann. Jeder der Maler hat seinen ganz eigenen Stil, allen gemeinsam ist eine unglaubliche Kreativität. (Noch) ein Geheimtipp!

Balian

An der Südwestküste Balis versteckt sich dieser herrlich entspannte Ferienort. Noch wird er vor allem von Surfern und Ruhesuchenden angesteuert. Doch der allerorts sichtbare – und ab und an auch hörbare – Bauboom lässt vermuten, dass sich in naher Zukunft einiges verändern wird. Vorerst jedoch lässt es sich hier abseits der Ballungszentren noch wunderbar entspannen. Ein dunkelgrauer, langer Strand lockt Surfer mit einem verhältnismäßig guten Surfbrake und alle anderen zu ausgedehnten Spaziergängen. Sofern die Strömung es erlaubt, kann man auch schwimmen – das ist allerdings eher selten.

Eine Handvoll Cafés, Restaurants und Unterkünfte, in denen sich die Traveller treffen, liegen entlang des Strandes. Wer einen kleinen Spaziergang machen möchte, begibt sich nach Lalang Lingga und kann sich nach Einbruch der Dunkelheit vom täglich stattfindenden Nachtmarkt mit seinen Essenständen verzaubern lassen.

Übernachten/Essen Die Unterkünfte liegen alle entlang der erhöhten Straße, welche parallel zum Strand verläuft, und bieten somit eine wundervolle Aussicht auf das Meer. Zu erreichen sind sie über die kleine, ausgeschilderte Straße, die (von Negara kommend) hinter dem Markt in Lalang Linga Richtung Küste abzweigt.

Pondok Pitaya. Am Ende der Straße zum Strand lockt dieses beliebte Resort. Angeboten werden sowohl Zimmer für Einzelkämpfer als auch große Bungalows für Gruppen von bis zu 8 Personen. Alle Gebäude aus Holz und terrakottafarbenen Steinen mit fantasievollem Dekor und sauberen (Stein-)Bädern. Ein Pool mit Meerblick entschädigt bei rauer See. Die gesellige, lockere Atmosphäre wird durch ein kommunikatives Restaurant abgerundet, das regelrecht zum „Abhängen" bei Burgern, Bier und Burritos einlädt. Günstige Cocktails ab 30.000 IDR. DZ ab 50 $, die großen Bungalows ab 120 $/4 Pers., 20 $ pro Extraperson scheinen jedoch für das Gebotene ein wenig hoch. ✆ 081/999849054 (mobil), www.baliansurf.com.

Ayu Homestay. In drei zweistöckigen Gebäuden vermietet die Familie einfache Zimmer, wobei die oberen luftiger und deshalb auch etwas teurer sind. Wer möchte, kann in dem kleinen Lumbung mit Blick auf das nette Restaurant residieren (und muss dafür das Gemeinschaftsbad nutzen). Außerdem kann man sich hier Surfboards und Motorräder leihen. Zimmer 120.000–200.000 IDR. ✆ 081/23993353, 087/863281244 (mobil), kartikaputu75@gmail.com.

Pondok Pisces. Ein wahres Kleinod in Bali(an). Nicht viele, aber dafür sehr liebevoll gestaltete Räume und Bungalows bilden eine Melange aus Holz und Stein, umgeben von einem gepflegt-wilden Garten. Je nach Anspruch und Budget kann man im moderneren Haus oder in den kleinen Bungalows unterkommen, alle mit DVD-Player, Kühlschrank und Wasserspender ausgestattet. Immer wurde großer Wert auf Entspannungsoasen gelegt. Ein richtiggehendes Kunstwerk ist die Timor-Hütte – hier haben wir uns unglaublich wohlgefühlt. Das angeschlossene Toms Garden Café

serviert westliche und hervorragende indonesische Küche sowie kreative Cocktail-kreationen. Je nach Saison und Belegung Beach House ab 820.000–1.000.000 IDR, Bungalow und Ocean-View-Räume 520.000–620.000 IDR, zweistöckiger Bungalow ab 620.000–800.000 IDR (jeweils inkl. Tax und Frühstück). ✆ 0361/7801735, 081/338797722 (mobil), www.pondokpisces.com.

Made's Homestay. Freundliche Budgetunterkunft, im Angebot eine Handvoll pastellfarbener Steinbungalows. Alle einfach (mit Kaltwasserbad), aber gut in Schuss – das wohl günstigste Preis-Leistungs-Verhältnis im Ort. Schräg gegenüber von Kubu Balian. 150.000–300.000 IDR. ✆ 081/23963335 (mobil).

Kubu Balian. An der Straßenabzweigung zum Gajah Mina Resort. Drei brandneue pastellfarbene Gebäude bieten großzügig bemessenen Wohnraum im Appartementstil für bis zu 4 Personen. Alle mit Fan, TV, schöner Veranda und (bis auf den Doppelbungalow) zwei Schlafzimmern ausgestattet. Die Villa verfügt sogar über eine eigene Küche für Selbstversorger – alle anderen können den Lieferservice via Menükarte nutzen. Mountainbikeverleih und Pool. Doppelbungalow 375.000 IDR, Appartement ab 650.000 IDR, Villa 950.000 IDR. ✆ 081/558615061 (mobil), www.kububalian.com.

Gajha Mina. Am nordwestlichen Ende der Strandsiedlung wartet die Luxusadresse Balians. Auf einem ausladenden Gelände sorgen einzeln voneinander abgetrennte Bungaloweinheiten im eigenen Garten für absolute Privatsphäre, sodass man die Gartenbäder ungehindert nutzen kann. Die Cottages wirken wie orangefarbene Luxusversionen von Hobbit-Heimen – gemütlich und dennoch mit Komfort ausgestattet. Ein kleiner Privatstrand lädt zum Sonnenbaden ein, alle anderen nutzen den Hotelpool sowie den Spa mit Meerblick. Das Naga Restaurant serviert exquisite Gerichte aus Frankreich, Thailand und Indonesien zu ebenso exquisiten Preisen. Doppel-Cottage ab 120 $, Familycottage 170 $, Honeymoonvilla 240 $. ✆ 0361/731174, ✆ 081/934355633 (mobil), 081/23811630 (mobil), www.gajahminaresort.com.

Die folgenden Unterkünfte sind über eine Parallelstraße wenige Hundert Meter weiter Richtung Negara oder über einen Strandspaziergang von Balian aus zu erreichen. Schilder weisen den Weg.

Alam Balian. Zwischen Reisfeldern und dem Balian-Fluss liegt eine der letzten originalen Budgetunterkünfte der Insel. In einfachsten Holz- und Bambushütten auf Stelzen nächtigt man ohne Komfort – dafür mit jeder Menge rustikaler Romantik! Die ungemein liebevolle Besitzerin betreibt stolz einen Warung am wenige Hundert Meter entfernten Strand. Ab 200.000 IDR. ✆ 081/236057250 (mobil), baliansurfer@yahoo.com.

Balian Riverside Sanctuary. Am Ufer des Balian-Flusses, ca. 100 m ins Inland versetzt, liegt diese Oase der Ruhe. Geräumige Bungalows aus wundervollen Naturmaterialien bieten erholsames Logieren im naturbelassenen Ambiente. Je nach Bungalow wohnt man auf 2–3 Etagen, umgeben von ausgesuchtem Dekor. Wie schon im Schwesterresort Ponkok Pisces sind alle Bungalows mit Fan, TV mit DVD-Player, Kühlschrank und Wasserspender ausgestattet. Ein hübscher Pool aus Naturstein macht die stilvolle Umgebung noch

ansprechender. Villen (3–4 Pers., teils mit Küche) ab 890.000 IDR, Bungalow (2 Pers.) 520.000–660.000 IDR (jeweils inkl. Tax und Frühstück). Buchbar über Pondok Pisces.

Wie die Burg eines Yogaritters thront das **Shankari's Bali Retreat** auf einem Hügel rechter Hand der Straße von Balian Richtung Tabanan. Die schönen, aus überwiegend natürlichen Materialien gebauten Räume tragen klingende Namen wie Ganesha, Lotus und Kundalini und verbinden einfache Bauweise mit angenehmem Komfort wie schönen Betten, fantasievollen Bädern und Steinmosaiken. Eingebettet in die hügelige und üppig begrünte Anlage sind gleich drei ausgefallene Pools (einer davon mit angeschlossener Meditationshöhle). Um die Erholung vollkommen zu machen, werden dreimal täglich Yogakurse (8 $/Pers.) angeboten. Das Blue Lotus Café serviert in herrlichem Ambiente gesunde Gerichte aus aller Welt sowie indonesische Klassiker zu Lassies und erfrischenden Säften (Hauptgerichte ab 30.000 IDR). Um den Kontakt zur Außenwelt aufrechtzuerhalten, können Gäste im Restaurant die WLAN-Verbindung nutzen. ✆/☎ 0361/814993, www.shankaris balireitreat.com.

West-Bali →Karte S. 392/393

Lombok

Die Reiseziele

Lombok

Ein Meeresgraben – gerade mal 35 km breit, aber bis zu 3500 m tief – trennt Lombok von seiner berühmten Schwester Bali. Und so kann die Straße von Lombok fast als Symbol gesehen werden für die geografisch so nahen, aber in jeder anderen Hinsicht so unterschiedlichen Inseln.

Der erste Europäer, der auf die grundsätzlichen Unterschiede zwischen den Insel-Schwestern hinwies, war der britische Naturforscher Alfred Russel Wallace, der den indonesischen Archipel zwischen 1854 und 1862 bereiste. Als er von Bali nach Lombok übersetze, stellte er verwundert fest, dass Naturräume, Fauna und Flora der beiden Inseln auffällig voneinander abwichen: Im Osten und Süden Lomboks sah er trockene Savannenlandschaften, die auf Bali komplett fehlten; auf Lombok lebten Beuteltiere, während auf Bali große Säugetiere wie (damals noch) der Bali-Tiger heimisch waren; auf Lombok flogen Kakadus und Paradiesvögel durch die Lüfte, auf Bali keine Spur davon; auf Lombok gediehen Eukalyptusbäume, während Bali mit tropischen Blütenbäumen übersät war ... Wallace zog daraus den Schluss, dass der schmale Wassergraben zwischen den Inseln eine – wie man heute sagen würde – biogeografische Grenze darstellt: Westlich dieser Grenze ist der Naturraum asiatisch geprägt, östlich davon australisch. Der Grund: Weil der Meeresspiegel während der erdgeschichtlichen Eiszeitperioden regelmäßig sank, bestand von den westlich der Grenze liegenden Inseln Sumatra, Java, Borneo und eben Bali mehrmals eine Verbindung zum asiatischen Festland, während die östlich gelegenen Inseln, darunter auch Lombok, dann jeweils mit dem australischen Urkontinent verbunden waren. Dass die Trennlinie genau zwischen Bali und Lombok verläuft, hat mit der oben erwähnten Tiefe der Straße von Lombok zu tun: Sie blieb auch in den Vereisungsperioden ein unüberwindbarer Graben, der den „biologischen Transfer" behinderte.

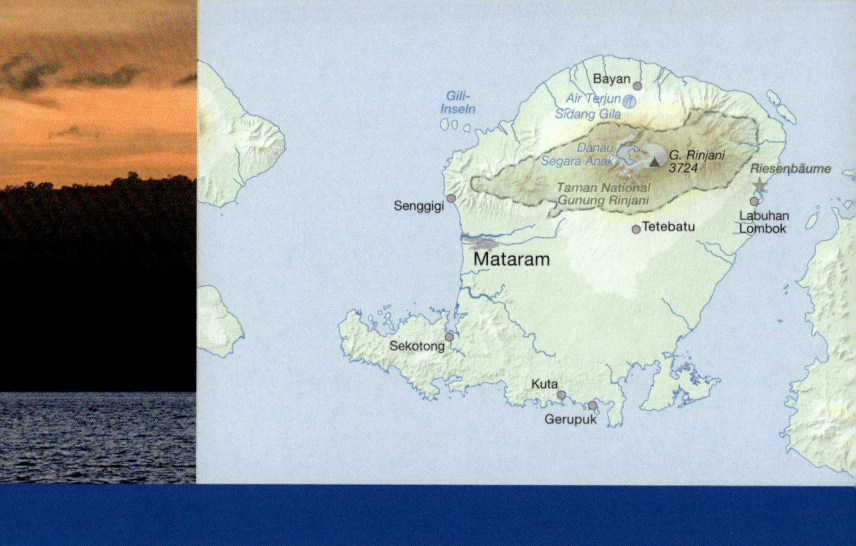

Dennoch sollte man sich die Wallace-Linie, wie die Übergangszone heute zu Ehren ihres Entdeckers genannt wird, nicht als eine Grenze zwischen zwei völlig unterschiedlichen Welten vorstellen. Die Übergänge sind fließend, und manches lässt sich ohnehin nur als Tendenz fassen. So ähnelt etwa das Landschaftsbild im Westen Lomboks noch stark dem, was man von Bali her gewohnt ist. Auch alte (tierische) Bekannte wie die Makaken wird man auf Lombok wiedertreffen, selbst den einen oder anderen Wasserfall gibt es, Traumstrände sowieso und mit dem Gunung Rinjani natürlich auch einen imposanten Vulkan. Wer allerdings den Westen bzw. Norden der Insel um den dortigen Nationalpark verlässt, wird schnell merken, dass er tatsächlich woanders angekommen ist: auf einer Insel mit vergleichsweise langen Trockenzeiten und dementsprechend weniger üppiger Natur. Die lebenspraktischen Auswirkungen sind hier allerorten sichtbar: Anstatt Reis werden oft Getreide und Maniok angebaut, und der Ertrag muss dem Boden mühsam abgerungen werden.

Markante Unterschiede zwischen den Nachbarinseln lassen sich auch in religiös-ethnischer Hinsicht ausmachen. Der Großteil der 2,7 Mio. Bewohner Lomboks zählt zur Volksgruppe der Sasak, von denen sich 85 % zum Islam bekennen, nur eine kleine Minderheit ist hinduistisch. Zum normalen Erscheinungsbild der Städte und Dörfer zählen deswegen auch nicht so sehr die von Bali gewohnten Tempel, sondern Moscheen. Allerdings gibt's auch hier wieder eine klare regionale Verteilung: Je weiter man in den Osten bzw. Süden Lomboks kommt, desto stärker ist das Bild der Insel islamisch geprägt; im Westen – dort, wo die meisten gebürtigen Balinesen auf Lombok leben – kann man sich dagegen sehr wohl den einen oder anderen sehenswerten Tempel anschauen. Der wichtigste davon, der Pura Lingsar bei Mataram, gilt sogar Moslems und Hindus gleichermaßen als Heiligtum – ein Indiz dafür, dass die religiösen Bekenntnisse auf Lombok vergleichsweise gut miteinander harmonieren und sich teilweise sogar die Grenzlinien zwischen den Religionen verwischen. So war der Islam auf Lombok in seiner traditionell praktizierten Variante eine synkretistische Religion, die hinduistische und sogar

Lombok → Karte S. 424/425

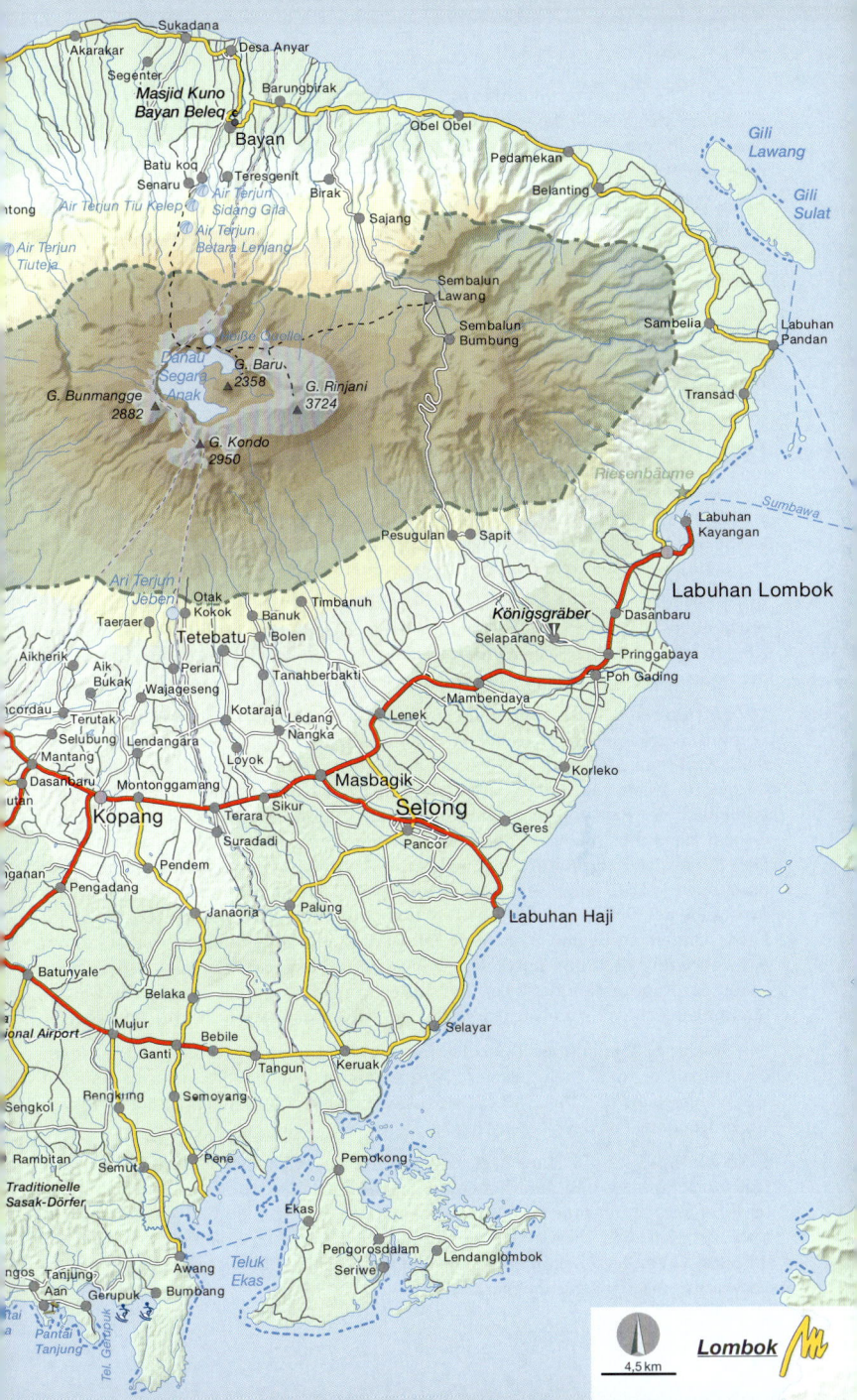

animistische Elemente miteinbezog. Noch heute gibt es insbesondere im Norden der Insel eine ganze Reihe von Anhängern dieses sog. Wetu-Telu-Islam, der erst seit dem 19. Jh. durch die mittlerweile dominierende orthodox-islamische Glaubensrichtung Waktu Lima zurückgedrängt wurde (→ Kasten).

Bleibt schließlich noch die dritte „Wallace-Linie", die Lombok von Bali trennt: die touristische. Auch wenn es hier seit 2011 einen brandneuen Flughafen gibt, der sich ganz unbescheiden „international" nennt – einen mit Bali vergleichbaren internationalen Tourismus gibt es auf Lombok nicht, sieht man von den zwei ausgesuchten Touristenenklaven im Westen, Senggigi und den Gili-Inseln, einmal ab. Andernorts auf der Insel ist die touristische Infrastruktur weit geringer ausgeprägt, will heißen: Es gibt weniger Touranbieter, weniger Restaurants und auch weniger Unterkünfte als auf Bali. Dafür aber gibt es eines im Überfluss: Platz, um die Seele baumeln zu lassen ...

Geschichte

Über die Geschichte und Ursprünge der Sasak weiß man bis heute wenig. Lediglich eine Chronik aus dem 14. Jh., die nahe dem Dorf Pagutan gefunden wurde, ist bekannt und weist Lombok als einen Teil des Majapahit-Reiches aus. Bis zum 16. Jh. stand die Insel unter dem Einfluss dieses großen Hindu-Imperiums.

Im 17. Jh. dehnte das Königreich von Makassar (Süd-Sulawesi) seinen Machtbereich über Sumbawa bis Ost-Lombok aus. 1677 intervenierte das balinesische Königreich mit militärischer Unterstützung des Sasak-Adels gegen die Herrschaft der Makassaren und vertrieb sie infolgedessen von der Insel.

1678 erreichten die Balinesen dann auch den durch Wildnis abgeschotteten Osten Lomboks, gewannen dort aber erst Ende der 1830er-Jahre machtpolitischen Einfluss. Zwischen 1755 und 1838 kam es zu wiederholten Auseinandersetzungen unter den im Westen existierenden Fürstentümern der Balinesen, an deren Ende sich schließlich der Raja von Mataram durchsetzte. Besonders Ost-Lombok wurde von diesem Herrscher finanziell durch die Erhebung drückender Steuern ausgebeutet. Dies führte zwar zur kulturellen Hochblüte Matarams, was noch heute anhand der prächtigen Paläste jener Zeit deutlich sichtbar ist, hatte aber wiederholt erbitterte Aufstände der Sasak zur Folge und führte ab 1891 zum militärischen Eingreifen der Niederländer: Zu Beginn zwar ohne Erfolg, aber mit Unterstützung von stärkeren Armeekontingenten und mit hohen Verlusten auf beiden Seiten kam es drei Jahre später zur Kapitulation des Rajas und dessen Verbannung nach Batavia. Der weiterhin unnachgiebige Kronprinz von Mataram, Anak Agung Ketut, wurde exekutiert.

Die Holländer übernahmen 1894 die Macht und begannen die Insel zum Leidwesen der Bewohner, weit mehr als ihre Vorgänger im gewohnt kolonialistischen Stil auszubeuten, bis im Jahr 1942 die japanische Invasion und damit die drakonische Unterdrückung der Bevölkerung folgte.

Noch bis 1949 (also 4 Jahre nach der indonesischen Unabhängigkeit) hielten die Holländer Lombok und die Kleinen Sunda-Inseln als Ostindonesische Provinz unter ihrer Verwaltungsmacht. Blutige Auseinandersetzungen und internationale Proteste setzten auch diesem letzten Kapitel holländischer Kolonialgeschichte auf indonesischem Territorium ein Ende. Seit 1951 zählt Lombok zum indonesischen Verwaltungsbezirk Nusa Tenggara.

In den 1960er-Jahren trafen die antikommunistischen Hetzkampagnen unter General Suharto Lombok besonders schwer. Da die Wetu-Telu-Religion vom indonesischen Staat nicht anerkannt wurde, nahm ein Großteil der Sasak den orthodoxen Islam an. Die Wetu-Telu-Religion zog sich in entlegene Gebiete Lomboks wie z. B. das Gebiet um Bayan zurück. Ende der 1980er-Jahre beginnt auch Lombok seine ersten Schritte in den internationalen Tourismus. Besonders in Senggigi und auf den Gili-Inseln erfolgte eine wirtschaftliche Neuorientierung. Der Aufschwung erreichte diese Gebiete, wurde aber im Jahr 2000 jäh abgewürgt. Nach gewaltsamen Ausschreitungen, die sich vorwiegend gegen die christliche Bevölkerung – vornehmlich die chinesische Minorität auf Lombok – richteten, flohen zahlreiche Einwohner und Touristen. Viele Investoren legten ihre Pläne erst einmal auf Eis. Erst in den letzten Jahren scheint dieser Wirtschaftszweig langsam wieder aus seinem Koma zu erwachen. Auf den Gili-Inseln ist er bereits hellwach. Bedingt wird der touristische Aufschwung nicht nur durch den Ende 2011 fertig gestellten internationalen Flughafen. In den letzten Jahren beganen überdimensionierte Moscheen, deren Größen keinesfalls den zugehörigen Dörfern entsprechen, die Straßen zu säumen und zeugen vom massiven wirtschaftlichen Einfluss arabischer Investoren.

Wetu Telu, Waktu Lima und die Boda

In Bayan soll sie entstanden sein, die Wetu-Telu-Religion – eine Mischung aus Elementen des Islams, Animismus, Ahnen- und Geisterglaubens und des Hinduismus. Obwohl sich die Anhänger als Moslems betrachten, sehen die orthodoxen Moslems Lomboks, die der Waktu-Lima-Religion angehören, das anders: So betet ein Wetu Telu nur drei- statt fünfmal am Tag, fastet im Ramadan nur drei Tage statt einen ganzen Monat, befolgt daneben noch die Regeln des *adat* (traditionelles Recht und Gebräuche) und praktiziert alte animistische Riten. Zwar wird Allah als einziger Gott verehrt, doch daneben herrscht ein starker Geister-, Natur- und Ahnenglaube, in dessen Folge z. B. der Gunung Rinjani, heilige Quellen und andere Naturphänomene angebetet werden. Die Rituale finden entsprechend dem Jahreszyklusl (Ernte, Neuanlegung von Feldern und Aussaat) und dem Lebenskreislauf mit seinen prägnanten Übergängen (Geburt, Pubertät, Heirat und Tod) statt.

Bei den Kommunistenverfolgungen 1965/66 liefen die Wetu-Telu-Anhänger Gefahr, als Atheisten und somit auch als Kommunisten angeklagt zu werden. Viele Anhänger mussten unter Druck zum orthodoxen Islam konvertieren. Die Religion wurde nur noch in abgelegenen Bergdörfern und hinter verschlossener Haustür im Geheimen praktiziert. Durch den Tourismus stieg in den letzten Jahrzehnten auch das Interesse an der Wetu-Telu-Religion und deren Ritualen. Doch noch immer bekennen sich nicht alle öffentlich dazu, weshalb die Zahl der Wetu Telu schwer festzustellen ist. Sie wird heute auf ca. 30.000 Anhänger geschätzt.

Daneben gibt es noch eine winzige Minorität von strikt animistischen Sasak, die sich Boda nennen. Sie machen offiziell nur 1 % der Bevölkerung aus und haben sich die Riten einer alten, animistischen Religion bewahrt, wie sie in Lombok noch vor dem 16. Jh. praktiziert wurde.

Noch wenig besucht: die Gilis im Südwesten von Lombok

West-Lombok

Lembar

Reisender, kommst du nach Lombok, führt kein Weg an Lembar vorbei. Und somit musst du dich nicht gegen Zyklopen und Sirenen behaupten, sondern den Kampf mit den gefürchteten Transportclans bestehen. Manch einer sucht hier gleich das Weite – wenn das doch nur so einfach wäre …

Der wichtigste Verbindungshafen nach Bali hat alles, was einen typischen Hafen eben ausmacht. Die idyllische Bucht, gesäumt von grünen Hügeln, verrät noch nicht, was den Ankömmling hinter dem Fährpier erwartet. Wer seine Weiterreise z. B. mit Perama gebucht hat, ist fein raus und verlässt das Hafengelände beinahe unbehelligt. Wer aber sein Fortkommen auf eigene Faust zu organisieren sucht, findet sich in einem abgekarteten Spiel wieder: Taxis, Bemos und Busse zu weiteren Destinationen wie Mataram, Senggigi oder Bangsal fahren außerhalb des Hafengeländes – und dieses ist wegen der aggressiv um Kundschaft werbenden Schlepper wirklich schwer ohne Probleme zu erreichen. Sobald man festen Boden betritt, stürmen Fahrer und Vermittler derselben auf den Besucher ein und versuchen, extrem überteuerte Charterfahrten zu verkaufen. Sie können jetzt entweder hartnäckig behaupten, ein Freund hole Sie ab, oder mit Hakenschlagen Ihren Weg durch das Gelände fortsetzen (am besten steuern Sie auf die Warungs am Ende der linken Seite des Areals zu, verkünden auf vielfache Nachfrage, dass Sie dorthin möchten, um etwas zu trinken, und schlagen dann kurz vor dem Ziel einen Haken Richtung Ausfahrt). Diskussionen und Verhandlungen nützen wenig. Wahrscheinlich wird Ihnen erklärt, es gebe weder Taxis noch öffentliche Bemos in Lembar – eine glatte Lüge. Hinzu kommt, dass sich die Situation abends oder spätnachts noch verschärft.

Von und nach Bali Von/nach Padang Bai auf Bali fahren die **Fähren** alle 90 Min. und benötigen 4–5 Std., bei schlechten Wetterbedingungen auch schon mal 6 Std. Erw. 31.000 IDR, Kinder 19.000 IDR.

Perama organisiert die Über- sowie auch die Weiterfahrt zu den wichtigsten Destinationen.

Weiter mit Bemo und Taxi An der Kreuzung vor dem Hafengelände kann man nach unglaublich harten Verhandlungen Bemos zum Bertais/Mandalika Terminal in Mataram (mind. 15.000 IDR/Pers.) oder Richtung **Pelangan** (mind. 30.000 IDR/Pers.) anhalten. Dort stehen auch Taxis – es empfiehlt sich, telefonisch vorzubestellen (☎ 0370/627000): bis **Mataram** ca. 65.000 IDR, bis nach **Senggigi** ca. 95.000 IDR. Die Mindestgebühr beträgt immer 15.000 IDR; in der Grundgebühr (5000 IDR) ist der erste Kilometer enthalten, jeder weitere kostet 4500 IDR; für Wartezeiten werden 30.000 IDR/Std. berechnet.

Weiter mit Perama Der Shuttlebus (mind. 2 Pers.) fährt ab Padang Bai auf Bali über Lembar/Hafengelände verschiedene Ziele auf Lombok an. Die Tickets sollten aber schon vor der Ankunft auf Lombok gekauft werden.

Batugendeng-Halbinsel

Die Halbinsel im Südwesten Lomboks ist ein noch nicht wirklich entdecktes Paradies. Abenteuerliche Straßen führen vorbei an kleinen Siedlungen die Küste entlang durch eine wildromantische Landschaft bis zum Ende der Welt. Immer wieder fällt der Blick auf malerische Felsklippen und winzige Buchten. Dazu ist die verschachtelte Küstenlinie von kleinen Inselchen gesäumt, viele sind von leuchtend weißem Sand umgeben. Die Strecke von Lembar nach Bangko Bangko beträgt nur ca. 62 km, kann aber, da die Straßen hinter Pelangan merklich schlechter werden, einige Zeit in Anspruch nehmen. Bis nach **Bangko Bangko** schlagen sich meist nur erfahrene und wagemutige Surfer durch, um den Desert Point Surf Break zu erreichen. Wer dort ankommt, gewinnt den Eindruck, wirklich ans Ende der Welt geraten zu sein – und wird feststellen, dass es wunderschön ist.

Die meisten Touristen zieht es aber wegen der vom Tourismus noch weitgehend unbeleckten Inselchen in diese Gegend. Neben einer Handvoll unbewohnter liegen dort die bewohnten Inseln **Gili Nanggu** und, weiter westlich, **Gili Gede** und **Gili Asahan**. Während Erstere mit einem herrlichen Strand aufwartet, trumpfen die anderen mit grandiosen Korallenriffen auf, die sowohl Taucher als auch Schnorchler mehr als glücklich machen. Die bunte Unterwasserwelt kann man am besten bei einem Trip zwischen den Inseln erkunden. Die Zeit an Land kann man sich prima mit Sonnenbaden, Muschelsammeln und Spaziergängen vertreiben.

Hin & weg

Am besten erkundet man die Batugendeng-Halbinsel mit dem eigenen Fahrzeug. Wer bis nach Bangko Bangko möchte, sollte zudem schauen, dass das Gefährt vor der Abfahrt in gutem Zustand ist.

Shuttlebusse/Bemos Shuttlebusse in diese Gegend gibt es nicht, und auch ein Bemo ist nicht leicht zu bekommen. Von z. B. Segenter/Lembar fahren die Kleinbusse bis zum frühen Abend zumindest bis nach Pelangan. Wer weiterwill, braucht Geduld, die Frequenz ist sehr unregelmäßig.

Taxis/Abholservice Alternativ kann man natürlich ein **Taxi** nehmen, z. B. in Lembar oder Mataram. Die meisten Unterkünfte organisieren zudem einen **Abholservice**: vom neuen Flughafen, von Senggigi, Mataram oder Lembar aus.

Boote Die meisten Resorts bieten ihren Gästen auch eine (meist kostenlose) Überfahrt zu den Inseln an.

Eine weitere Möglichkeit ist der **Boots-Charter**: nach Gili Nanggu ab Tawun für 250.000–350.000 IDR (Hin- und Rückfahrt); nach Gili Asahan, Gili Gede, Gili Rengit und deren Nachbarinsel ab Tembawong für 200.000–300.000 IDR.

Lombok → Karte S. 424/425

Übernachten

In Sekotong Nirvana Roemah Air. Wer etwas Ausgefallenes sucht, wird hier in jedem Fall fündig. Die beiden Bungalows liegen umspielt vom Meeresrauschen und fernab vom Ufer mitten im ruhigen Meer in der Bucht von Sekotong. Schöne, dunkle Holzwände und -böden, absolute Privatsphäre und eine Ausstattung mit Kühlschrank, Musikanlage sowie Kaffeezubereiter tun ein Übriges, damit man sich hier wohlfühlt. Das Essen kann man sich direkt ins Haus liefern lassen, oder man fährt mit dem kleinen Motorboot ins Restaurant. Etwas teuer, dafür Romantik pur. 150–200 $ plus 21 % Tax und Service. Über versch. Reiseveranstalter sind im Internet oft erheblich günstigere Pakete buchbar! ☏ 0370/629496, 640108, balisales@lombokandbeyond.com.

Entlang der Küste (von Ost nach West) Dolphins Bay Cottage. Etwa 2 km hinter Tawun werden auf einem länglichen Areal mit viel Rasen an einem schmalen, hellgrauen Strand urgemütliche wie urtümliche Unterkünfte geboten. Ein (wirklich) großes Gebäude kann mit zwei Schlafzimmern und einladendem Wohnzimmer mit TV und DVD-Player aufwarten, während Pärchen in den beiden kleineren Zimmern mit offenem Bad ihr Plätzchen finden. Alles aus dunklem Holz mit hübschen Bambusmöbeln und garantiertem Meerblick über die unbebaute Bucht. Das große Bambusrestaurant serviert Hauptgerichte ab 30.000 IDR und für Heimwehgeplagte auch deutsche Würstchen. Verschiedene Aktivitäten wie Windsurfing, Mountainbike- und Trekkingtouren sowie Tauchen können organisiert werden. Je nach Größe 500.000–650.000 IDR (inkl. Frühstück und Nachmittagstee, plus 21 % Tax und Service). Etwa 2 km hinter Tawun, ☏ 0370/6629000, 6646440, www.lombok-cottages.com.

In Pelangan Bola Bola Paradis. Hier warten fantasievoll gestaltete Unterkünfte im liebevoll angelegten Garten: 2 oktogonale Bungalows mit je 4 schön dekorierte Zimmer mit Tagesbetten auf der Veranda. Im Haupthaus kann man ebenfalls Zimmer beziehen, die direkten Zugang zur beeindruckenden Lobby gewähren. Diese beherbergt auch das etwas teurere, aber sehr gute und deswegen beliebte Restaurant. DZ 350.000–455.000 IDR, Extrabett 150.000 IDR.

2 km westlich von Pelangan, ☏ 081/75787355 (mobil), www.bolabolaparadis.com.

Palm Beach Garden. Hier hat Andreas Niehof ein Refugium für kommunikative Traveller geschaffen. In einem Palmenhain direkt am Meer verteilen sich bislang 4 Bungalows mit großen Räumen, ausladender Terrasse und Moskitonetz – zwei weitere sind in Planung. Im offenen Restaurant herrscht lockere Atmosphäre, und beim geselligen BBQ oder einem kühlen Bier treffen sich Einheimische und Traveller (aufgrund spezieller Kühlvorrichtungen garantiert Andreas, sogar bei einem der häufigen Stromausfälle immer kühles Bier im Haus zu haben). Motorradvermietung und Schnorchelausflüge. Bungalow je nach Belegung 100.000–150.000 IDR. ☏ 081/203747553 (mobil), aniehof@web.de.

Cocotinos Sekotong. Etwa 1,5 km östlich von Pandanan steht diese Nobeladresse auf einem weitläufigen Gelände direkt am Strand. Das Boutique-Hotel setzt auf stilvoll eingerichtete Zimmer und Villen in einem blühenden Garten. Die günstigeren Räume präsentierten sich gut ausgestattet, jedoch in leicht unterkühltem Design. Für Romantiker eignen sich die Bungalows und Villen – besonders die Rinjani-Villa mit eigenem Jacuzzi auf der oberen Etage. Dafür muss man aber tief in die Tasche greifen. Restaurant (mit WLAN-Zugang), Boutique, Bücherei, Spa und Swimmingpool angeschlossen. Die Preise sind für das Gebotene, trotz gehobenen Standards, gnadenlos übertrieben: Zimmer 116–190 $, Villen 253–548 $. Die günstigsten Preise sind nur bei einer Buchung über das Internet zu erzielen. ☏ 081/933136089, 081/338100208 (mobil), http://cocotinos-sekotong.com.

Desert Point Lodges. Im üppig blühenden Garten zwischen schwelgendem Grün locken 4 traditionelle Lumbung-Hütten mit luftigen Wänden aus Bambusmatten, fast schon beängstigend hohen Decken und herrlichen Open-Air-Bädern. Wer mehr auf klasse Atmosphäre und weniger auf Komfort setzt, hat hier genug Platz, um glücklich zu werden. Win und Wan kümmern sich um die Gäste im Restaurant, verleihen Motorräder, organisieren Angel- und Schnorchelausflüge und surfen gerne surfen. Je nach Belegung (1–4 Pers.) 150.000–275.000 IDR. Abholservice 250.000 IDR. ☏ 0370/

691902, 087/863338730, 081/805269667 (mobil), www.desertpointlodges.com.

In Deep. Auf einer großen Rasenfläche verteilen sich mehrere ein bisschen abgewohnte Steinbungalows (v. a. zur Nebensaison!). Alle mit Meerblick, AC, TV, DVD-Player und halboffenen Bädern. Auch ein Haus mit 3 Schlafzimmern, 2 Bädern, Wohnzimmer und Küche kann angemietet werden. Im Restaurant kocht das freundliche Personal gute lokale Gerichte. Bungalow ab 250.000 IDR, Haus ca. 750.000 IDR. ℡ 087/882499666, 081/806299666, 081/79858492 (jeweils mobil), mpuzz_mail@yahoo.co.id.

Gili Nanggu Gili Nanggu Resort. Auf der privaten Insel wartet dieses eine Resort auf Gäste. In geräumigen, vom Meer umspülten Bungalows und Cottages mit riesigen Veranden und einladenden Hängematten kann man getrost einmal Herr einer ganzen Insel sein. Das hauseigene Restaurant spaltet die Geister – hier herrscht ein reges Auf und Ab der Qualität. Cottage mit Fan 240.000–250.000 IDR, mit AC 350.000 IDR, Extrabett 100.000 IDR. Nach Voranmeldung kann die Überfahrt auch organisiert werden, Grundpreis ab Tawun 125.000 IDR/oneway, ab Lembar einfach 150.000 IDR, für jede weitere Person fallen 30.000 IDR zusätzlich an. ℡ 0370/623783, 081/385008585 (mobil), 📠 0370/623771, www.gilinanggu.com.

Gili Gede Secret Island Resort. Die älteste Unterkunft im Süden der Insel mit einem Restaurant, das die Atmosphäre eines urigen Yachtclubs hat. Verschiedene etwas in die Jahre gekommene Steinbungalows in verschiedenen Größen stehen zur Auswahl – teilweise mit spektakulärem Blick über die Klippe. Das absolute Highlight und ein unvergessliches Übernachtungserlebnis ist der auf Stelzen über dem Riff stehende Teakholzbungalow. Beim Plätschern des Meeres kann man sich hier wie der letzte Pirat fühlen und die herrlichsten Sonnenuntergänge genießen. Auf Nachfrage sind auch ein Haus mit zwei Schlafzimmern sowie einige Villen mit Küche und Wohnzimmer zu mieten. Auf Wunsch werden grandiose Schnorchelausflüge mit dem eigenen Speedboat organisiert, bei denen der freundliche Nazra auf die verborgenen Schätze der Unterwasserwelt aufmerksam macht (150.000 IDR/Pers). Nach Voranmeldung ist die Überfahrt zum Resort kostenlos. Preise von 200.000 IDR (DZ/Bungalow) bis 650.000 IDR (Villa für 4 Pers.). In der Ne-

Floating-Bungalow auf Gili Gede

bensaison sind Rabatte möglich. ℡ 081/803 762001 (mobil), www.secretislandresort.com.

Via Vacare. Die Ruheoase im Nordwesten der Insel hat 4 schöne Bungalows, die den traditionellen Stil der Sasak mit modernem Komfort kombinieren. Alle lichtdurchflutet, mit Meerblick und halboffenen Bädern. Meditation und Yoga sind für die Gäste kostenlos, zudem kann man sich die Zeit mit vielen weiteren (kostenpflichtigen) Aktivitäten wie Zeichenkursen, Massagen oder Angelausflügen vertreiben. Vollpension (15 €/Pers.) möglich, auf Wunsch wird die Anreise ab Lembar organisiert. Bungalow für 1 Pers./2 Pers. 250.000/400.000 IDR. Für Backpacker stehen zudem einfache, aber saubere Zimmer (ca. 75.000 IDR/Pers.) bereit. ℡ 081/999045106, 081/915904275 (mobil), www.viavacare.nl.

Gili Asahan Pearl Beach Resort. Die einzige Unterkunft der Insel. Brandneu, blitzsauber und so richtig schön. Geräumige, helle Steinbungalows mit Alang-Alang-Dächern und hübschen, offenen Bädern bieten herrlichen Meerblick. Fans der Unterwasserwelt können sich am direkt vor der Haustür gelegenen Schnorchelriff austoben oder Tauchgänge mit dem erfahrenen Team von Dive Zone unternehmen. Im urigen Restaurant mit Bambus-Bar werden in familiärer Atmosphäre lokale und europäische Gerichte (35.000–60.000 IDR) sowie kühles Bier kredenzt. Die Überfahrt kann nach Anmeldung mit dem eigenen Schnellboot organisiert werden. Bungalow 570.000 IDR. ℡ 081/907247696 (mobil), www.pearlbeach-resort.de.

Mataram, Ampenan und Cakranegara

Der einstige Sitz des ostbalinesischen Herrschers von Karangasem präsentiert sich heute voller Verkehrschaos, Lärm und Unmengen von Menschen. Eine Abwechslung zu den nahen Stränden, doch viele Reisende verzichten bewusst auf einen Abstecher in das Ballungszentrum um Mataram.

Der Übergang zwischen den einst autonomen Städten Mataram, Ampenan und Cakranegara ist mittlerweile fließend, und so erstreckt sich das größte Bevölkerungszentrum der Insel als deren „zusammengewachsene Hauptstadt" mittlerweile über ca. 11 km von Ampenan bis zum Busterminal in Bertais. Während Mataram der Verwaltungssitz ist, definiert sich Ampenan hauptsächlich durch seinen Hafen. Cakra – wie die Einheimischen den dritten Stadtteil abkürzen – wirkt mit seiner balinesischen Vergangenheit und den traditionellen Gebäuden am beschaulichsten und stellt das Gros der Geschäfte. Neben Sasak leben hier vor allem Balinesen (die höchste Konzentration der „Nachbarinsulaner" auf Lombok überhaupt) und Nachfahren chinesischer Arbeiter, welche von der niederländischen Kolonialmacht einst ins Land gebracht wurden. Letztere sind heute ein wichtiger Faktor in der Geschäftswelt.

Von Touristen wird die Großstadt überwiegend ignoriert. Mit ihren wichtigen Busterminals fungiert sie lediglich als Verkehrsknotenpunkt und mit ihren Supermärkten, Lädchen und Warungs als Versorgungszentrum. Manche ziehen sie immerhin als Ausflugsziel in Betracht, um die sehenswerten Tempel zu besichtigen.

Sehenswertes in Mataram

Chinesische Friedhöfe: Entlang der Küstenhauptstraße – sowohl vor dem Ortseingang von Ampenan als auch danach – erstrecken sich auf der Meeresseite die großen chinesischen Friedhöfe. Wer diese Stätten besucht, fühlt sich nicht unbedingt an einem Ort der Trauer, wie man es von Friedhöfen in Europa kennt. Die Grabstätten, auf denen munter Kühe und Pferde weiden, sprühen förmlich vor kreativ gestalteten Grabsteinen, Farbe und Lebensfreude. Mal ein anderer Blickwinkel auf die Ehrung der Toten.

Museum Negeri Nusa Tenggara Barat (Museum West Nusa Tenggara): Hier gibt es viel zu sehen und alles hat eines gemeinsam – es steht in direkter Verbindung zur Vergangenheit von Lombok und Sumbawa. Das interessante Museum wurde 1982 ins Leben gerufen und präsentiert eine große Keris-Sammlung, traditionelle Kleider sowie Gongs aus der Dong-Song-Dynastie. Darüber hinaus widmet es sich der Sasak-Architektur und gibt allerlei Informationen zu Sprache, Schrift und Geschichte der Volksgruppe.

Tägl. (außer Mo) 8–14 Uhr, Fr nur bis 11 Uhr. Eintritt 2000 IDR. Ampenan, Jl. Panji Tilar Negara 6.

Taman Mayura mit Bale Kembang: Der große Park ist eines der letzten Relikte der balinesischen Herrschaft über Lombok und spiegelt zugleich die Liebe seines Erbauers zu Wasserspielen und -gärten wider. 1744 ließ der Raja von Karangasem diesen Platz der Erholung bauen. Wie eine Oase ruht nun ein großer Lotussee im Zentrum des Taman Mayura, umgeben von Springbrunnen, schattigen Bäumen und Skulpturen. In der Mitte des Sees thront die Bale Kembang, eine ehemalige Versammlungs- und Gerichtshalle, die über einen schmalen Steg erreicht werden kann. Im hintersten Teil der Parkanlage versteckt sich ein sehr schöner balinesischer Tempel. Die Einhei-

Auch auf Lombok gibt es hinduistische Tempel

mischen nutzen die Anlage als Naherholungsgebiet für Picknicks, Spaziergänge und auch zum Angeln. Machen Sie es ihnen doch einfach nach.
Tägl. 8–19 Uhr. Cakranegara, Jl. Selaparang.

Pura Meru: Gleich gegenüber dem Taman Mayura liegt – oft vollkommen unbeachtet – Lomboks größter Hindutempel. Die Stätte wurde 1720 von Anak Agung Made Karang gegründet, um für die zahlreichen Hindus in West-Lombok eine zentrale Gebetsstätte zu schaffen. Im großen Vorhof finden sich entlang der Wand 33 Schreine, denen die jeweiligen balinesischen Gemeinden auf Lombok zugeordnet sind. Dann, im inneren Hof, fällt der Blick auf drei Pagoden *(meru)*, die sowohl für die hinduistische Trinität wie auch für die drei heiligen Berge als Wohnstätten der Götter stehen. Die mittlere, elfstufige ist Vishnu und dem Gunung Rinjani auf Lombok gewidmet; mit den beiden neunstufigen Pagoden zu ihrer Seite werden zum einen Shiva und der Vulkan Bromo auf Java, zum anderen Brahma und der Gunung Agung auf Bali verehrt. Der kleine Ziehbrunnen in der Mitte des Platzes soll heiliges Wasser enthalten, das für die seltenen Zeremonien benutzt wird – wenn keine stattfindet, ist man meist alleine auf dem großen Areal.
Eintritt gegen Spende, Sarung und Tempelschal können geliehen werden. Wer Glück hat, wird von dem uralten Tempelwächter durch das Areal geführt – natürlich freut sich dieser über eine kleine Spende.

Basis-Infos

Information Die Tourist Information liegt in der Jl. Majapahit in Mataram und hat nur bis zum frühen Nachmittag geöffnet. Freundliches Personal versorgt Ankommende mit Broschüren und wenigen hilfreichen Informationen. Tägl. außer So 7–14 Uhr, Fr bis 11 Uhr, Sa bis 13.30 Uhr. ℰ 0370/634800.

Dekompressionskammer Für Taucher ist die einzige Dekompressionskammer (Erstversorgung) der Insel wichtig. Diese befindet sich in der Jl. Adi Sucipto 13, Ampenan, ℰ 0370/6600333 (24-Std.-Notfallnummer).

Einkaufen Lombok Handicraft Center **5**. Hier wird viel Kunsthandwerk aus Lombok und Sumbawa zu relativ fairen Preisen angeboten. Cakranegara, Jl. Hasanuddin. Etwas weiter in der Jl. Jendral Sudirman kann man sich dann auf dem lebhaften **Sayang Sayang Kunstmarkt 4** austoben, um ein paar Souvenirs zu erstehen.

Pasar Cakranegara 11. Wer sich im Handeln üben möchte, kann sein Glück auf diesem wuseligen Markt versuchen und gute Ikat-Stoffe, Schmuck aus Edelmetallen und anderes Kunsthandwerk erstehen. Natürlich ist mit kleinen Straßenständen auch für das leibliche Wohl gesorgt. Cakranegara, Jl. Sultan Hasanuddin.

Lombok Pottery Center 12. Seit mehr als 20 Jahren ist dies das Aushängeschild für gute Töpferwaren aus Lombok. Die Waren werden in den Dörfern Lomboks in Handarbeit hergestellt, sind meist von überdurchschnittlicher Qualität und dazu noch erschwinglich. Mataram, Jl. Sriwijaya 111a, ✆ 0370/640351.

Mataram Mall 9. Nicht ganz so schillernd wie die Malls der Nachbarinsel Bali. Dennoch ist ein großes Angebot an allerlei Läden vorhanden: Optiker, Haushaltswaren, Elektronikgeschäfte, Klamottenläden, ein Supermarkt – alles, was man braucht, findet sich irgendwo auf einem der vielen Stockwerke. In der guten Auswahl an englischsprachigen Büchern können sich Leseratten versorgen, westliche Fast-Food-Ket-ten und östliche Essensstände vertreiben den Hunger. Mataram, Jl. Pejanggik.

Geld Mataram, aber besonders Cakranegara ist voller Banken, die Travellerschecks wie Bargeld tauschen und so gut wie alle über internationale ATMs verfügen. Viele finden sich in der Jl. Pejanggik in der Nähe der Mataram Mall.

Gesundheit Das öffentliche Krankenhaus **Rumah Sakit Umum Mataram** bietet bis zum Mittag einen speziellen Dienst für Touristen an. Die Ärzte sprechen Englisch. Mataram, Jl. Pejanggik 6, ✆ 0370/623498, 622254.

Einen relativ guten Ruf genießt auch das **Rumah Sakit Katolik Antonius** in der Jl. Koperasi, Mataram, ✆ 0370/633701.

Zahnärztlichen Rat und 24-Std.-Notfallservice erhält man in der Nähe der Mataram Mall im **Rumah Sakit Risa**, Jl. Pejanggik 115, ✆ 0370/625560.

Immigration Das **Kantor Imigrasi 6** liegt in der Jl. Udayana 2 in Mataram. Hier kann z. B. das Visa on Arrival verlängert werden. ✆ 0370/632520, 633346.

Notfallnummern Polizei 110, Feuerwehr 113, Ambulanz 118.

Polizei In der Jl. Langko, Ampenan, ein wenig östlich der Post.

Post Die **Hauptpost** liegt in der Jl. Srivijaya 37, Mataram; eine **Filiale** findet sich ein paar Hundert Meter westlich der Polizeistation in der Jl. Langko, Ampenan.

Hin & weg

Mit dem Speedboat Da der ca. 5 km östlich von Cakranegara gelegene Selaparang Airport am 30. September 2011 geschlossen wurde und alle Flieger von Denpasar/Bali nun auf dem Bandara International Airport (Bandara Internasional Lombok) nahe Praya (→ S. 490) landen, bevorzugen heute die meisten Reisenden das Speedboat. Genauere Informationen dazu → S. 130.

Stadtverkehr und Weiterfahrt Die hellblauen Wagen von **Lombok Taksi** verkehren im gesamten Stadtgebiet (Vorbestellung unter ✆ 0370/627000). Die Mindestgebühr beträgt immer 15.000 IDR; in der Grundgebühr (5000 IDR) ist der erste Kilometer enthalten, jeder weitere kostet 4500 IDR; für Wartezeiten werden 30.000 IDR/Std. berechnet. Eine Alternative ist **Express Taksi** (weiße Wagen).

Cidomo heißen die zweiachsigen Pferdekutschen. Da sie auf den Hauptrouten nicht mehr erlaubt sind, bedienen sie vorwiegend Ziele abseits und in Vororten. Preise müssen unbedingt vorher ausgehandelt werden, 2000 IDR/km sollten als Anhaltspunkt genommen werden.

Das **Hauptterminal für Bemos/Busse (Bertais/Mandalika/Sweta)** am östlichen Ende der Stadt ist wahrlich kein schöner Ort: hektisch und in seinem Chaos sehr schwer zu überblicken – sogar das Terminal selbst hat drei Namen: Bertais bzw. Mandalika oder Sweta Terminal! Zudem gesellen sich so gut wie immer „helfende Hände" zu einem, die überteuerte Tickets und Transporte an den Mann bringen wollen. Hier bleibt nur eins: Ruhe bewahren! Am Terminal werden alle Fernstrecken in-

Pemenang, Bangsal

Ü bernachten
1 Crocodile River Cottage
2 Losmen Tjabe Merah
8 Griya Asri Hotel
13 Grand Legi Hotel

S onstiges
3 TRACAstra Rent a Car
6 Kantor Imigrasi

E inkaufen
4 Sayang Sayang Kunstmarkt
5 Lombok Handicraft Center
9 Mataram Mall
11 Pasar Chakranegara
12 Lombok Pottery Center

E ssen & Trinken
7 Dua Em
9 Mataram Mall
10 Aroma

Senggigi

Chinesischer Friedhof

Kebon Roek Terminal

Jl. Adi Sucipto

Jl. Adi Sucipto

Jalan J. Sudirman

A m p e n a n

Jl. Koperasi

Antonius Catholic Hospital

Jangkok

Jl. Yos Sudarso

Jl. Saleh Sungkar

Jl. Energi

Jl. Udayana

Jl. Dr. Sutomo

Jl. Sartika

C a k r a - N e g a r a

Jl. Suryani

Jl. Yos Langko

Polizei

Jl. Pendidikan

Jl. Pemuda

Museum Negeri Nusa Tenggara Barat

M a t a r a m

Jl. Majapahit

Rumah Sakit Umum Mataram

Cokroaminoto

Jl. Transmigrasi

Jl. Gora

Perama

Jl. Pejanggik

Jl. Pancawarga

Selaparang

Taman Mayura

Rumah Sakit Risa

Pura Meru

Jl. Rahman Hakim

Jl. Airlangga

Jl. Pancawarga

Panca Usaha

Bung Karno

Jl. Hasanudin

Jl. Arya Banjar Getas

Jl. Panti Tilar Negara

Hauptpost

Jl. Sriwijaya

Jl. Guru Bangkol

Gunung Pengsong

300 m

Mataram

Lembar, Praya

Mandalika Bus und Bemo Terminal, Sweta, Taman Narmada, Pura Lingsar, Suranadi

---

nerhalb von Lombok bedient, und sogar Busse nach Bali, Java und Sumatra oder Sumbawa und Flores fahren hier ab. Die Überlandbusse finden sich im hinteren Teil des Terminals. Die Preise für die Strecken **innerhalb Lomboks** können je nach Ausstattung und Klasse der Busse variieren, z. B. nach Lembar (30 Min.) 5500–16.000 IDR, Praya (30 Min.) 6000–11.000 IDR oder Labuhan Lombok (ca. 2–3 Std.) 10.000–25.000 IDR.

Verbunden wird das Hauptterminal durch gelbe Bemos mit dem **Kebon Roek Terminal** in Ampenan (egal, wo Sie im Stadtgebiet aussteigen, die Fahrt kostet immer ca. 3000 IDR), wo tagsüber alle 20 Min. Bemos nach **Senggigi** (ca. 6000 IDR) abfahren.

Mietwagen Wer nicht unbedingt sofort ein Auto braucht, sollte sich seinen fahrbaren Untersatz in Senggigi mieten – sehr anspruchsvoll sollte man dabei allerdings nicht sein. Die Preise dort sind um ein Vielfaches günstiger. In Mataram selbst vermietet **TRAC Astra Rent a Car** 3 gute Autos und Motorräder mit ausgezeichnetem Service – allerdings zu nicht verhandelbaren hohen Preisen: Auto ab 360.000 IDR/Tag. Wer nicht selbst fahren möchte, sollte den Chauffeur-

dienst in Anspruch nehmen. Mataram, Jl. Adi Sucipto 5, ☎ 0370/626363, www.trac.astra.co.id.

Daneben lassen sich in der Hauptstadt viele **Fahrer** finden, die Sie gerne an Ihr Ziel bringen. Je nach Verhandlungsgeschick, Saison und Sympathie sollten Sie 300.000–600.000 IDR/Tag einplanen.

Shuttle-Service Ohne großen Stress bringt z. B. **Perama** Touristen nicht nur nach Mataram, sondern auch weiter, z. B. um 9 Uhr über Senggigi auf die Gili-Inseln (200.000 IDR) oder ab 2 Pers. nach Senggigi (25.000 IDR) oder um 6.30 Uhr nach Bangsal (60.000 IDR), aber auch jeweils um 10 Uhr nach Tetebatu und Kuta Lombok (125.000 IDR). Natürlich können auch Überfahrten nach Bali organisiert werden. Mataram, Jl. Pejanggik 66, ☎ 0370/635928, www.peramatour.com (→ Tabelle, S. 126/127).

Abholservice Wer schon weiß, wo er die nächsten Tage nächtigen wird, sollte im Hotel oder in der Tauchschule nach einem Transportservice fragen. Dieser Service wird von Jahr zu Jahr immer mehr ausgebaut – meist nicht erheblich teurer als die Shuttle-Service-Anbieter, dafür aber pünktlich und bequem.

Lombok → Karte S. 424/425

Übernachten (→ Karte S. 435)

Bei der Nähe zu Senggigi und Mangsit überrascht es nicht, dass die meisten Touristen gleich weiterfahren. Nur die wenigsten bleiben in der lauten Großstadtumgebung. Leider sind nur die Hotels der besseren Klasse wirklich zu empfehlen.

Grand Legi Hotel 🔢. Die mächtige, recht zentral gelegene Betonburg kann mit allerlei Nützlichem, aber auch Unnützlichem wie Poolbar, Amphitheater, Joggingstrecke und Minigolf aufwarten. Hier logiert man in großen, hellen Zimmern mit TV, Minibar und wahlweise Garten- oder Poolblick. Gehoben sind hier natürlich auch die Restaurantpreise. So schlägt schon alleine das Frühstück mit 85.000 IDR zu Buche. Bon appétit! DZ je nach Ausstattung 575.000–775.000 IDR. Mataram, Jl. Sriwijaya 81, ✆ 0370/636282, 📠 0370/636281, www.grandlegihotels.co.id.

Losmen Tjabe Merah 🔢. Sehr günstige, einfache Reihenzimmer mit schmaler Terrasse für Leute, die auf den großen Komfort verzichten können. Da in der Nähe des Kebon-Roek-Terminals an der Verbindungsstraße nach Senggigi gelegen, kein Ort der Stille. DZ ab 100.000 IDR, Ampenan, Jl. Sungkar, Gang Sawah, ✆ 0370/636150.

Griya Asri Hotel 🔢. Sehr zentral gelegenes Hotel an der Grenze von Ampenan zu Mataram. Die Zimmer sind modern und gepflegt und verfügen über Annehmlichkeiten wie AC, TV, Telefon und Kühlschrank. Die teureren haben ein geschmackvoll gestyltes Bad mit Natursteindusche und Terrasse mit Gartenblick. DZ 150.000 IDR, mit Terrasse 250.000 IDR. Mataram, Jl. Pendikan 58, ✆ 0370/638474, 📠 0370/649259, www.griyaasrihotel.com.

Crocodile River Cottage 🔢. In dieser herrlich an einem Fluss gelegenen Anlage ca. 3,5 km außerhalb der Stadt Ampenan nächtigt man in stilvoll gebauten, traditionellen Bambus- bzw. Tropenholzhütten. Die teureren verfügen im OG über einen großen Raum, der sich in Wohn- und Schlafbereich aufteilt. Aber die etwas kleineren Deluxe-Villen haben keinen Deut weniger Charme! 400.000–500.000 IDR plus 21 % Tax. Bei einem Langzeitaufenthalt (mehr als 1 Monat) halbieren sich die Preise beinahe. ✆ 0370/6629000, www.lombok-cottages.com.

Essen & Trinken (→ Karte S. 435)

Wie alle Großstädte bietet Mataram ein Überangebot an Straßenständen, die leckeres einheimisches Essen frisch zubereiten. Besonders in der Jl. Udanaya und um die Mataram Mall erfüllen gegen Abend dampfende Kochtöpfe die Luft mit den verschiedensten Gerüchen. Wer lieber Gewohntes zu sich nimmt, findet an derselben Adresse die bekanntesten Fast-Food-Ketten.

Mataram Mall 🔢. McDonald's, KFC und Pizza Hut erfreuen Fans von Fast Food, die Bäckereien versorgen süße Leckermäuler mit frischem Gebäck, und chinesische wie indonesische Ketten beglücken alle, die es gern herzhafter mögen. Mataram, Jl. Pejanggik.

Dua Em 🔢. Für alle, die es authentisch lieben! Das kleine Lokal serviert abenteuerliche Gerichte der Sasak-Küche, die nicht nur original und würzig, sondern auch ungemein scharf sind. Bei den Einheimischen sehr beliebte Adresse, die besonders für das leckere *Ayam Taliwang* gerühmt wird. Täglich wechselnde Angebote. Cakranegara, Jl. Transmigrasi, ✆ 0370/626734.

Aroma 🔢. Die beliebte Adresse eignet sich hervorragend, um sich durch die chinesische Küche zu schmausen. Viel frisches Seafood in interessanten Variationen zu moderaten Preisen (Hauptgerichte ab 25.000 IDR). In der kleinen Jl. Palapa, Mataram.

Umgebung von Mataram

Gunung Pensong: Nicht einmal 9 km südlich von Mataram erhebt sich der kleine Berg, der eine gute Aussicht über wogende Reisfelder bis hin zum Meer bietet. In knapp einer Viertelstunde hat man auch den Tempel auf dem „Gipfel" erreicht und kann einen beeindruckenden Sonnenuntergang über dem Ozean genießen.

Pura Lingsar: Der Tempel mit dem sprechenden Namen „Stimme des Wassers" liegt etwa 9 km östlich von Mataram in einem beeindruckenden Areal. Als wichtigster Tempel auf Lombok wird er sowohl von Hindus als auch von Moslems besucht und kann als außergewöhnliches Symbol für die Einheit der Religionen gesehen werden. Schon der Teich am Eingang des Geländes, der von den Einheimischen gerne zum Angeln und Entspannen genutzt wird, ist als Symbol zu verstehen: Der linke Teil stellt Lombok dar, der rechte Bali – also die Zwillinge *Kosali* und *Kosalu*, von denen einer auf jeder Insel wohnt. Das Tempelareal selbst darf nur mit entsprechender Kleidung betreten werden.

Der erhöht gebaute Hindutempel wurde 1714 von Anak Agung Gede Ngurah Karang Asem errichtet und ist architektonisch eine Mischung aus traditioneller Bali- und Lombok-Architektur. Während je ein Schrein auf den Gunung Rinjani in Lombok und auf den Gunung Agung in Bali ausgerichtet ist, versinnbildlicht der mittlere Doppelschrein die Einheit der beiden Inseln. Durch das nächste Tor gelangt man zu einer heiligen Quelle, die wohl von einem See auf dem Gunung Rinjani gespeist wird. Das Wasser soll gegen Krankheiten helfen und wird von Pilgern auch mit auf Reisen genommen. Wer eine Münze mit der rechten Hand über die rechte Schulter hineinwirft, der kann auf die Erfüllung eines Wunsches hoffen – also vergessen Sie Ihr Kleingeld nicht!

Der Wetu-Telu-Tempel dagegen hat einen kleinen, dem Gott Vishnu geweihten Teich sowie eine rituelle Badestätte (natürlich nach Männlein und Weiblein getrennt). Die Reinigung ist „good for everything", so die Einheimischen. Die heiligen Aale im Teich allerdings werden Sie nur zu sehen bekommen, wenn Sie sie mit gekochten Eiern an die Oberfläche locken. Auch dies soll Glück und eine gute Ernte bringen.

Ein „Krieg der Religionen" findet dennoch statt – allerdings in sehr spielerischer Form. Zum *Parang Topat* (auch *Rang Ketupat*), dem jährlichen Reiskrieg, der zu Beginn der Regenzeit stattfindet, bewerfen sich Hindus und Wetu-Telus ausgelassen mit gekochtem Reis, der vorher in geflochtene Bambuspäckchen gepackt wurde. Die „Munition" wird am Ende der Schlacht mit nach Hause genommen und als Glücksbringer aufgehängt oder als Bitte für gute Ernte auf den Feldern vergraben.

Tägl. 7–18 Uhr, Eintritt gegen Spende. Ein Führer lohnt sich, der Preis sollte allerdings vorher ausgehandelt werden. Sarung und Tempelschal können ausgeliehen werden, und sogar gekochte Eier (für die heiligen Aale) werden vor dem Eingang des Tempels verkauft. Wer mit dem Bemo anreist, startet am Mandalika Terminal und steigt meist am Taman Narmada um.

Taman Narmada: Etwa 10 km östlich von Mataram liegt ein großer Park, der wieder eine typische Mischung aus heiliger Stätte und Naherholungsgebiet ist. Anfang des 18. Jh. soll er von Anak Agung Gede Ngurah Karang Asem als Nachbildung des Gunung Rinjani samt Kratersee erbaut worden sein. Als der alternde König, der jahrein, jahraus auf den heiligen Berg gestiegen war, um seine Gebete zu verrichten, dieser Pflicht nicht mehr nachkommen konnte, soll er die Miniaturausgabe in Auftrag gegeben haben. Heute wird der Taman Narmada – besonders an Wochenenden – gerne von Einheimischen besucht, bietet er doch in idyllischem Ambiente auf dem großen, schattigen Gelände, das sich über mehrere hübsch angelegte Terrassen erstreckt, sowohl ein Schwimmbecken, einen Tempel, mehrere Seen als auch ausreichend Essensstände für das leibliche Wohl. Und – was besonders wichtig ist – einen Jungbrunnen. Das Wasser der heiligen, durch ein Häuschen geschützten Quelle soll Jugend und Schönheit bewahren. Wer es ausprobieren möchte, muss nur das allerorts angebotene Wässerchen kaufen. Wir taten es aus Rücksicht auf unseren Magen dann doch nicht. Im hinteren Bereich thront erhöht ein eindrucksvoller balinesischer Tempel mit vielen Verzierungen.

Tägl. 7–18 Uhr, Eintritt 20.000 IDR.

Traditioneller Tanz im Taman Narmada

Suranadi: Der kleine Marktort liegt eingebettet zwischen Bergen in kühler, grüner Natur ca. 6 km nordöstlich von Narmada und wartet mit seinem Tempel, einem eiskalten Swimmingpool und einem Erholungswald auf Besucher. Gegenüber dem Markt liegt der Pura Suranadi, einer der ältesten Hindutempel Lomboks, der mit seinen schwarzen Schreinen, umgeben von hohen Bäumen, ein gutes Fotomotiv abgibt. Eine heilige Quelle, die von ebenso heiligen Aalen bewohnt wird, ist wahrscheinlich die Hauptattraktion für Touristen. Für die Hinduisten ist dies ein wichtiger Ort, da im 16. Jh. der Priester Danghyang Nirartha, versunken in Trance, die heiligen Quellen hier lokalisiert haben soll. Gegenüber kann man gegen eine kleine Gebühr in den kristallklaren, aber – Vorsicht! – eiskalten Quellbecken des Hotels Suranadi baden.

Wer Lust hat, die Umgebung auf ausgedehnten Spaziergängen zu erkunden, kann das gleich nebenan im Hutan Wisata Suranadi gegen einen Eintritt von 15.000 IDR tun. Das Waldgebiet wirkte bei unserem letzten Besuch etwas vernachlässigt, dennoch bietet es angenehme Erholung. Wer einen Guide findet, kann auch geführte Touren unternehmen.

Hin & weg　Mit Bemos kommt man von Narmada für ca. 4000 IDR bis nach Suranadi. Notfalls kann man auch einen Minibus chartern (40.000–60.000 IDR).

Übernachten　Hotel Suranadi. Die in die Jahre gekommene Anlage diente schon während der holländischen Kolonialzeit als Unterkunft. Vom einfachen Fan-Zimmer mit Gemeinschaftsbad über AC-Zimmer mit Warmwasserbad bis zu neueren Bungalows stehen verschiedene Kategorien zur Auswahl. Der eiskalte Quellwasserpool wurde in einen grünen Garten eingebettet und kann auch von Nichtgästen besucht werden. Ein Restaurant ist angeschlossen. Zimmer 15 $, mit AC 25–30 $, Cottage 35 $. Jl. Raya Suranadi, ✆ 0370/6578410, info@suranadihotel.com.

Essen & Trinken　Auf dem kleinen Markt gegenüber dem Tempel gibt es günstige lokale Snacks. Wer lieber im Restaurant speist, ist gut beraten, dies im Hotel Suranadi zu tun.

Sesaot: Wer noch ca. 4 km weiter gen Norden fährt, kann in Sesaot die wundervolle Natur bei einem Picknick auf sich wirken lassen. Entlang des sich pittoresk vom heiligen Vulkan hinunterwindenden Flusses wurden zahlreiche Plätzchen für eine Rast und Abkühlung geschaffen.

Senggigi

Nördlich von Ampenan hat sich entlang der Küstenstraße eine wahre Tou-
ristenhochburg entwickelt – jedenfalls für Lombok-Verhältnisse. Trotzdem hat diese Siedlung, zu der man auch die nördlichen Außenposten um
Mangsit und die südlichen Ausläufer um Batu Bolong zählt, eher dörflichen Charakter.

Viele der Touristen tummeln sich am langen Strand oder kurieren die durchfeierte
Nacht in ihren Hotels aus. Viel mehr gibt es hier auch nicht zu tun, denn tagsüber
steht das Örtchen eher auf Stand-by in Erwartung des allnächtlichen Trubels.
Neben den Inseln Gili Trawangan, Gili Meno und Gili Air ist Senggigi der einzige
Ort auf Lombok, in dem (jedenfalls zur Hochsaison) das Nachtleben pulsiert. Mit
seinen nebeneinander aufgereihten Bars, Clubs, Shops und billigen wie noblen Hotels zieht es nicht nur viele ausländische, sondern auch lokale Feierwillige an. Bei
den Einheimischen ist die Stadt seit langem als Abschlepphochburg bekannt, worauf auch der Spitzname „Sex in Senggigi" – in Anspielung auf eine amerikanische
Fernsehserie – hinweist. Vielen Moslems der Insel ist dieses Treiben ein Dorn im
Auge. Zumindest im Ramadan scheint Normalität zurückzukehren, dann sind auch
hier die meisten Clubs geschlossen und Friede und Keuschheit kehrt ein.

Wandelt man durch die Straßen, bekommt man das Gefühl, dass sich das Touris-
musgeschäft hier etwas vergaloppiert hat. Im Gegensatz zu den Touristenorten auf
Bali hat sich Senggigi nicht so schnell vom Rückgang der Besucherzahlen erholt,
die z. B. durch die Bombenanschläge auf der Nachbarinsel ausgelöst wurden. Viele
der Boutiquen sind geschlossen, und den Besucher gähnen leere Schaufenster an.
Nichtsdestotrotz kommen viele Glücksritter aus ganz Lombok in die Siedlung, um
die schnelle Rupie zu machen – und sind teilweise mit der Situation überfordert.
Eine große Zahl an Verkäufern, die auf Biegen und Brechen ihre Waren an die
Touristen bringen möchten, bevölkern Strand und Straßen.

Das echte Senggigi bekommen die wenigsten Touristen zu sehen, dabei reicht es,
schon wenige Schritte abseits der Hauptstraße Richtung östliches Hinterland zu
gehen, um die Atmosphäre zu erleben, wie sie wahrscheinlich vor dem großen
Boom herrschte.

Das Hauptziel der meisten Touristen ist allerdings der ewig lange, wunderschöne
Strand. Ehemals weiß, zeigt er sich wie die Stadt in wechselndem Aufzug – je
nach Laune und Rumoren des Gunung Rinjani. Dieser hüllte ihn in den letzten
Jahren in ein graues Gewand. Aber vielleicht wäscht ja der nächste Monsun den
Sand wieder rein.

Wer die Augen fest zumacht, sich lediglich am Strand und im Hotel aufhält und
sich vorwiegend dem Feiern hingeben möchte, kann hier durchaus seinen Spaß haben und ein paar schöne Tage verleben. Wer allerdings Lombok und seine Kultur in
all ihrer Vielfalt, Freundlichkeit und Schönheit kennenlernen möchte, sollte nicht
mit Senggigi beginnen. Mit entspannterer Atmosphäre können lediglich die offiziell zu Senggigi zählenden städtischen Ausläufer Batu Bolong im Süden (→ S. 446)
und Mangsit im Norden (→ S. 448) aufwarten. So sind sie für viele Besucher
mittlerweile eine gute Alternative geworden.

Lombok → Karte S. 424/425

Basis-Infos

Einkaufen Kunsthandwerk wird in vielen Läden entlang der Hauptstraße angeboten. Eine besonders schöne Auswahl findet man in der **Asmara Gallery** 🔢 im gleichnamigen Restaurant.

Pasar Seni (Art Market) Der Markt im Norden Senggigis ist für Shoppingfreunde und Souvenirjäger sicher einen Besuch wert. In einer Vielzahl von Holzbuden wird Kunsthandwerk feilgeboten, z. B. Schmuck aus Perlen, Holz oder Muscheln, aufwendig geschnitzte Masken und kunstvoll gewebte Sarungs. Daneben gibt es dort allerlei Waren des täglichen Gebrauchs wie T-Shirts, Shorts und Sonnenbrillen. Etwas Verhandlungsgeschick und Ausdauer sollten Sie allerdings schon mitbringen, falls Sie einen guten Preis erzielen wollen.

Wer neuen Lesestoff braucht, sollte unbedingt den **Lex Book Shop** 🔢 aufsuchen. Der ungemein freundliche Besitzer des winzigen Ladens verleiht, tauscht und verkauft gebrauchte Bücher verschiedener Sprachen und ist auch sonst für ein Pläuschchen offen. ✆ 081/803695060 (mobil).

Im **Abadi Supermarket** 🔢 und im **Senggigi Jaya Supermarket** 🔢 kann man sich bis spätabends mit dem Nötigsten und Unnötigsten eindecken.

Geld Geldautomaten und Money Changer finden sich verstreut in Senggigi, jedoch besonders um den Senggigi Square.

Gesundheit Bei Verletzungen und Krankheit helfen die gut ausgebildeten Ärzte im **Holiday Resort** (✆ 0370/693444) sowie im **Senggigi Beach Hotel** (24-Std.-Notdienst).

Im Ort selbst befindet sich eine kleine **Krankenstation** 🔢, die aber nur wenige Stunden geöffnet ist und nur bei kleinen Wehwehchen zu empfehlen ist.

In Notfällen lassen Sie sich am besten mit dem Taxi nach Mataram in das öffentliche Krankenhaus **Rumah Sakit Umum** in der Jl. Pejanggik 6, ✆ 0370/623498, 622254 bringen. Dort gibt es Englisch sprechende Ärzte und bis zum Mittag einen speziellen Dienst für Touristen.

Mietfahrzeuge Motorroller sind relativ leicht zu bekommen. Am besten, Sie fragen in Ihrem Hotel nach. Schwieriger sieht es mit **Autos** aus, v. a. wenn man ein geländetaugliches Gefährt (z. B. einen Daihatsu Feroza) mieten möchte. Dies geht eigentlich nur über Privatpersonen. Auf jeden Fall sollten Sie jedes Auto Probe fahren; bei uns war erst das dritte Auto mit einer funktionierenden Bremse ausgestattet.

E-One Tours and Travel 🔢 hat neben älteren Jimneys die gängigen Modelle Toyota Avanza und Daihatsu Xenia im Angebot. Vor dem Mieten die Wagen unbedingt testen und auf Fehler checken! Das Office befindet sich an der Hauptstraße vor dem Hotel Asmara, ✆ 081/907229053 (mobil), www.lomboktoursandtravel.com.

Polizei Die Touristenpolizei liegt linker Hand der Hauptstraße nördlich des Pasar Seni (Art Market) am Ende des Ortes Richtung Mangsit. ✆ 0370/693110, 693267.

Post Gegenüber dem **Abadi Supermarket** kann man Nachrichten und erbeutete Waren nach Hause schicken.

Hin & weg

Shuttle Service **Perama** 🔢 hat sein Office an der Hauptstraße gegenüber dem Hotel Lina. Hier kann die Weiterfahrt nach Bangsal (8 Uhr, 60.000 IDR, mind. 2 Pers.), auf die Gili-Inseln (8 Uhr für 150.000 IDR, 10 Uhr für 200.000 IDR) oder zu anderen Zielen (z. B. Tetebatu oder Kuta Lombok jeweils um 10 Uhr, 125.000 IDR, mind. 2 Pers.) gebucht werden. Wer aus Bali das Kombiticket (öffentliche Fähre ab Padang Bai und Weiterfahrt mit dem Perama-Bus nach Senggigi) gebucht hat, wird hier eine Nacht seine Zelte aufschlagen müssen, um am

nächsten Morgen auf die Gilis zu kommen. Natürlich kann auch die Überfahrt nach Bali mit dem Schnellboot um 11 Uhr (ab 400.000 IDR) oder mit der öffentlichen Fähre und Bus um 10 Uhr (ab 100.000 IDR) gebucht werden. ✆ 0370/693007.

Bemos Am Tag verkehren regelmäßig Bemos zwischen dem Kebon Roek Terminal in Ampenan und Senggigi. Sie fahren über Mangsit (ca. 5000 IDR) weiter die Küste entlang. Wer weiter nördlich möchte (z. B. nach Bangsal), sollte sich ein Bemo chartern

Bangsal

Ü bernachten

1 Windy Beach Resort
2 Holiday Resort
3 Qunci Villas
4 Pondok Damai
5 Santai Beach Inn
6 Alang-Alang Boutique Beach Hotel
8 Sheraton Senggigi
9 Puri Bunga
28 Senggigi Beach Hotel
30 Made
32 Beach Club
33 Batu Bolong Cottages & Restaurant
34 Wayan Homestay
35 Sunset House
36 Dharmarie
38 Lina Hotel
39 Ray Hotel

N achtleben

18 Bahari
21 Happy Café
22 Sahara Club
24 Papaya Café
41 Marina Café

E ssen & Trinken

1 Windy Beach Restaurant
7 Coco Beach
10 Lotus Bayview
11 Bumbu
12 Asmara
14 Yessi Café
16 Salsa Restaurant & Bar
17 The Square
20 Taman
23 Angels's Cafe & Bale Tajuk
34 Café Wayan
35 Sunset House
40 Sunshine

S onstiges

2 Blue Marlin
8 Dream Divers
12 Asmara Gallery und E-One Tours & Travel
13 Lex Bookshop
15 Abadi Supermarket
19 Flamingo's Tour & Travel und Lombok Way Out
25 Lombok Biking Tours
26 Senggigi Jaya Supermarkt
27 Klinik
29 Dream Divers
31 Dive Zone
37 Perama

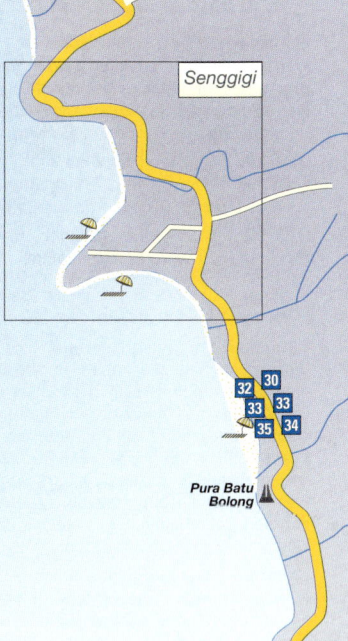

M a n g s i t

K a r a n g d a n g a n

Senggigi

Senggigi Beach

Polizei
Pasar Seni

Senggigi Square

Senggigi Plaza

Senggigi Beach

Senggigi Beach

Senggigi

200 m

Pura Batu Bolong

Ampenan, Mataram

Senggigi und Umgebung

400 m

(je nach Anzahl der Personen ca. 60.000–120.000 IDR) oder auf ein Taxi ausweichen.

Taxis Bis in die späten Abend hinein verkehren Taxis entlang der Hauptstraße von Senggigi (ca. 10.000–16.000 IDR von Senggigi nach Mangsit, ca. 90.000–120.000 IDR nach Lembar). Ein **Lombok Taksi** ist die beste Wahl und kann vorbestellt werden. ✆ 0370/627000, 645000.

Busse Überlandbusse können u. a. von **Perama** 37 organisiert werden. Eine Vielzahl von ständig wechselnden Transportunternehmen bietet Fahrten zu verschiedenen Zielen auf Lombok an.

Boote auf die Gili-Inseln Ab Bangsal, Teluk Nara, Teluk Kode und Mentigi Bai werden die Inseln direkt angefahren (→ S. 451) und (→ Kasten, Bangsal, S. 453), gegen einen kleinen Aufpreis organisieren die **Schnellbootanbieter** den Transport zu den einzelnen Buchten. **Perama** bietet Überfahrten um 8 bzw. 10 Uhr ab Senggigi (inkl. Transport zum Fährhafen oder mit dem Auslegerboot) für 150.000–200.000 IDR. Von den Gilis geht es um 8 Uhr mit dem Auslegerboot für 100.000 IDR zurück nach Senggigi. In Mangsit können Boote auch gechartert werden. Je nach Verhandlungsgeschick und Personenzahl zahlt man 300.000–400.000 IDR.

»» Unser Tipp: **Dream Divers** 29 fährt tägl. um 8 Uhr für 7,50 $ auf die Gilis und um 16 Uhr für denselben Preis wieder zurück nach Senggigi. Nach Absprache kann auch eine Fahrt mit dem Schnellboot (ca. 20–35 $) in die Wege geleitet werden. Auch Transporte von Lembar oder vom Flughafen sind verhandelbar. ✆ 0370/693738, 692047, www.dreamdivers.com. **««**

Aktivitäten   (→ Karte S. 441)

Radtouren Trotz der schweißtreibenden Klimaverhältnisse werden Radtouren immer populärer, weshalb sich einige spezialisierte Anbieter in Senggigi angesiedelt haben. Im Preis inbegriffen sind Ausrüstung, Transport zum Startpunkt sowie Snacks.

Lombok Biking Tours 25 (✆ 0370/692164, schräg gegenüber dem Papaya Café) und **Lombok Way Out Tour & Travel** 19 in der Jl. Raya Senggigi (✆ 0370/6669703, www.lombok-wayout.com) organisieren geführte Radtouren z. B. nach Lingsar oder Sekotong (90-minütige bis 5-stündige Touren 18–75 $).

Schnorcheln Besonders am nördlichen Strandabschnitt in Mangsit sind noch Korallen zu bewundern. Der Zugang ist direkt vom Strand aus möglich. Auch in Senggigi selbst kann man z. B. vor dem Senggigi Beach Hotel die (leider schon stark in Mitleidenschaft gezogene) Unterwasserwelt erkunden. Die meisten Tauchbasen nehmen Schnorchler (ca. 15 €) mit auf die Tauchausflüge zu den Gili-Inseln.

Tauchen Vor Senggigi gibt es ein paar weniger attraktive Tauchplätze, und so gehen die Ausflüge der Tauchbasen meist zu weiter entfernten Spots rund um Sekotong bzw. zu den nördlichen Gilis.

Dive Zone 31. Der renommierte, gut ausgestattete Tauchanbieter unter deutscher Leitung hat auch ein Office in Senggigi.

Hervorragend organisierte Tagesausflüge gehen zu den herrlichen Tauchrevieren im Süden Lomboks. ✆ 081/339544998 (mobil), www.divezone-lombok.com.

Blue Marlin 2 bietet neben PADI-Kursen v. a. Ausflüge auf die Gili-Inseln, ab 39 $ pro Tauchgang (50 $ Nitrox) – je mehr Tauchgänge, desto billiger. Tauchbasen in Mangsit im Holiday Resort (✆ 0370/693719) und im Alang Alang Boutique Resort (✆ 0370/693911). senggigi@bluemarlindive.com.

Dream Divers 8. Die deutsche Tauchbasis hat ihren Sitz im Hotel Sheraton Senggigi. Organisiert werden Tauchausflüge auf die Gilis, aber auch Tauchsafaris nach Flores und Komodo sowie Erkundungstouren an Land. Schnorchler sind bei den Ausflügen gern gesehene Gäste. ✆ 0370/693738, 692047, www.dreamdivers.com.

Trekking/Ausflüge Wer wenig Zeit hat, aber trotzdem den Gunung Rinjani erklimmen will, wählt oft Senggigi als Ausgangspunkt. Folgende Anbieter haben sowohl Touren auf den Vulkan als auch in die Umgebung im Programm. Mehr Infos zur Vulkanbesteigung (→ S. 477).

Flamingo's Tour & Travel 19 organisiert Ausflüge zu interessanten Sehenswürdigkeiten, aber auch Schnorcheltouren, Trekking sowie Angelausflüge. Zudem werden Autos (ab 250.000 IDR/350.000 IDR ohne/mit

Fahrer) vermietet. Büro Jl. Raya Senggigi, ✆ 0370/693732.

Dream Divers und Made 🗊 offerierten zahlreiche interessante Ausflüge und Touren ins Inland.

Lombok Way Out Tour & Travel 🗊 hat eine große Bandbreite an Touren im Angebot, ob Sie nun schnorcheln, Rad fahren, trekken oder k ulturelle Highlights

ansehen wollen. Jl. Raya Senggigi, ✆ 0370/6669703, www.lombok-wayout.com.

Auch **Perama** 🗊 hat eine 2- und eine 3-tägige Tour ins Landesinnere zu vielen Sehenswürdigkeiten im Programm. 2-Tages-Tour (ab 3 Pers.) 1.000.000 IDR/Pers., 3-Tages-Tour (ab 3 Pers.) 1.500.000 IDR/Pers. Jl. Raya Senggigi, ✆ 0370/693007, www.pera matour.com.

Übernachten   (→ Karte S. 441)

Ray Hotel 🗊. Am Hang werden in einem älteren Gebäude mit Hotelcharakter sehr einfache, ungemein kleine Zimmerchen zu günstigen Preisen vermietet. Nachts kann es wegen der direkten, lauten Nachbarschaft zum Marina Café mal rumpeln ... Zimmer mit Fan 100.000 IDR, mit AC 150.000 IDR. ✆ 0370/6605599.

Lina Hotel 🗊. Die etwas ältere Anlage vermietet einfache Zimmer mit kleinen Bädern und AC, ohne überflüssige Möbel, teils mit Wänden aus Bambusmatten. Die besseren mit Blick zum Strand, Minibar und Heißwasser; die simpelsten mit Blick zur Straße sind nachts oft lärmgeschwängert. 150.000–250.000 IDR. ✆ 0370/693157, 693237.

Dharmarie 🗊. Eigentlich eine hübsche, etwas in die Jahre gekommene Anlage mit Bungalows im grünen Garten direkt am Strand – wenn das Personal nicht so extrem unfreundlich und abweisend wäre und nicht dieser leicht mafiose Charme auf dem Grundstück herrschen würde. Wer einfach nur in guter Lage wohnen möchte und keinen Wert darauf legt, sich besonders aufgehoben zu fühlen, kann hier in den mit AC, Kühlschrank und offenen Bädern ausgestatteten Bungalows fündig werden. DZ 350.000–600.000 IDR. Jl. Raya Senggigi, ✆ 0370/693050, ✆ 0370/693099, www.dharmarie.com.

Puri Bunga 🗊. Weitläufige, in den Hang gebaute Anlage. Die geräumigen Steinbungalows warten unter den luftigen Grasdächern mit traditionellem und antikem Dekor auf und haben AC, TV, Minibar (mit erstaunlich moderaten Preisen) und Wannenbad mit Heißwasser. Besonders weit oben, aber auch vom großen Pool aus hat man einen grandiosen Blick aufs Meer. An den zahlreichen Mango- und Guavenbäumen können die Gäste nach Belieben den Jäger- und Sammlerdrang ausleben. Das

freundliche Personal spricht auch Deutsch. Zimmer 60–70 $, Suite 110 $, jeweils plus 21 % Tax und Service. ✆ 0370/693013, ✆ 0370/693286, www.puribungalombok.com.

Sheraton Senggigi Beach Resort 🗊. Für Sheraton-Verhältnisse etwas in die Jahre gekommene Anlage. Im weitläufigen Garten verteilen sich 5 große Häuserkomplexe, in denen die geräumigen Zimmer auf jeweils drei Etagen untergebracht sind. Die Räume erscheinen teilweise etwas abgewohnt, bieten aber durch ihre Ausstattung mit AC, Telefon, Safe, LCD-Fernseher, Minibar und Fön den erwarteten Komfort dieser Klasse. Internetzugang gegen Gebühr im Zimmer möglich, in der Lobby kostenlos. Ein herrlicher Pool mit Rutsche sorgt für Spaß bei Groß und Klein, ein Restaurant sowie eine Bar (auf entsprechendem Preisniveau) sorgen für das leibliche Wohl. Spa, Fitnesscenter und Tauchanbieter angeschlossen. DZ je nach Lage und Ausstattung 100–240 $ plus 21 % Tax und Service. Übers Internet sind hohe Rabatte möglich. ✆ 0370/693333, ✆ 0370/693241, www.star woodhotels.com/sheraton.

Senggigi Beach Hotel 🗊. Im grünen, weitläufigen Garten am Strand von Senggigi verteilen sich über 60 ansprechende Bungalows sowie mehrere Gebäude, die über 100 Zimmern Platz bieten. Viel Holz, schöne Terrassen und eine gute Ausstattung mit AC, TV, Wasserkocher, Safe und Minibar, dafür teilweise ein wenig in die Jahre gekommen. Für Unterhaltung sorgen ein Pool, ein Billardzimmer, der Kinderclub, ein Tauchcenter und ein gut eingerichtetes Spa. Des Weiteren verteilen sich auf dem großen Gelände mehrere Restaurants und Bars. Für das Gebotene dennoch ein wenig überteuert: Zimmer 80–100 $, Bungalows 120–160 $ ✆ 0370/693210, ✆ 0370/693200, www.senggigibeachhotel.com.

Lombok → Karte S. 424/425

Essen & Trinken (→ Karte S. 441)

Sunshine Restaurant 🔢. Auf drei Ebenen von der Straße bis zum plastikbestuhlten Strand wird in diesem großen, schmucklosen Restaurant frisches Seafood serviert. Die Speisen können die Gäste im künstlichen Bächlein auswählen. Fisch ab 50.000 IDR, lokale Gerichte oft günstiger. Jl. Raya Senggigi, ✆ 0370/93232.

Direkt nebeneinander bekämpfen zwei kleine Lokale mit unterschiedlichen Schwerpunkten den Hunger der Gäste: Im **Angel's Café** 🔢 (✆ 081/917058051) stehen mexikanische Spezialitäten wie Fajitas, Chili und Tacos auf der Speisekarte. Günstiges lokales Essen aus Lombok und Indonesien (z. B. Reistafel) bekommt man im schattigen **Bale Tajuk** 🔢 (✆ 087/865301042) zu einem Lächeln serviert.

Salsa Restaurant & Bar 🔢. Sehr großes Restaurant am Ende des Senggigi Square. Unter dem hohen Dach kann man zu vernünftigen Preisen wahlweise indonesisch oder chinesisch speisen. Sehr freundliches Personal. Jl. Tongkol, ✆ 0370/6828315, 081/7530625 (mobil).

》》 Unser Tipp: Taman 🔢. Obwohl direkt an der Hauptstraße gelegen, fühlt man sich dennoch wie in einer kleinen Oase inmitten von Senggigi. Um einen hübschen Brunnen reihen sich kleine, aus geschwungenem Metall gearbeitete Sitzgruppen. Wahlweise kann man auch auf der erhöhten überdachten Terrasse dinieren. Die Karte bietet neben lokalen Spezialitäten auch indische und italienische Gerichte sowie große Salate. Zu den Kaffeevariationen wählt man am besten süße Leckereien wie warmen Ingwerkuchen, Donuts und Croissants aus der hauseigenen Bäckerei. Und manch einer macht sich gleich über die reichhaltige Weinkarte her. Ein bisschen teurer, aber aufgrund der ansprechenden Atmosphäre durchaus auch ein lohnenswerter Stopp für Durchreisende. Jl. Raya Senggigi, ✆ 0370/693842. 《《

Bumbu 🔢. In freundlicher Atmosphäre wird lecker-scharfes Thaifood wie grünes und rotes Curry zu frischem Papaya-Salat serviert. Kurz vor dem Art Market.

Asmara 🔢. Auf der heimeligen Gartenterrasse können sich die Großen so richtig entspannen, während die Kleinen sich auf dem restauranteigenen Spielplatz austoben. Die deutsche Besitzerin umsorgt die Besucher aufmerksam und serviert eine umwerfende Bandbreite an Spezialitäten aus aller Welt. Für Heimwehgeplagte dürften v. a. die Frikadellen und das Wiener Schnitzel interessant sein, während sich Gourmets an den Fischen und Hummern aus dem Aquarium gütlich tun. Beim Warten aufs Essen empfiehlt sich ein Blick in den angeschlossenen Art Shop, in dem immer ausgewählte Stücke indonesischen Kunsthandwerks zu finden sind. Abholservice und freier WLAN-Zugang für Gäste. Jl. Raya Senggigi, ✆ 0370/693619, www.asmara-group.com.

Yessi Café 🔢. Sehr beliebtes Restaurant und daher immer gut gefüllt. Besonders das freundliche Personal und der charismatische Besitzer locken die immer wiederkehrenden Gäste. Viele indonesische Speisen zu moderaten Preisen. Gäste werden auf Wunsch abgeholt oder ins Ho-

Sonnenuntergang am Pantai Batu Bolong

tel zurückgebracht. Jl. Raya Senggigi, ☎ 0370/693148, 081/5700422 (mobil).

The Square Restaurant and Lounge 🔢 Einer der neuen und v. a. ultraschicken Treffs in Senggigi für alle, die nach gehobener Küche lechzen. Serviert Gaumen und Augen gleichermaßen eine ansprechende Küche mit mediterranem Schwerpunkt. Aber auch die Genusswelt Asiens mit all ihren Facetten kommt nicht zu kurz. Wem das noch nicht ausreicht, wird spätestens von der exquisiten Getränkekarte überzeugt. Zur hier stattfindenden Cellar Party werden die mit edlen Tröpfchen gefüllten Gläser gediegen feucht-fröhlich gehoben (300.000 IDR/Pers.). Die Preise sind selbstverständlich deutlich über dem Mittelmaß. Senggigi Square, ☎ 0370/693688, www.squarelombok.com.

Lotus Bayview 🔟. Dieses große Restaurant liegt inmitten des Kunstmarktes (Pasar Seni) und dennoch am Meer. So bietet es sich für einen Zwischenstopp beim Shoppen und Handeln an. Geboten wird wie in allen Restaurants der Lotus-Kette eine Auswahl an Gerichten aus aller Welt. Hier liegt der Schwerpunkt auf Pasta und frischem Seafood (Hauptgerichte ab 35.000 IDR). Transportservice. Am Art Market, ☎ 0370/693758.

Nachtleben (→ Karte S. 441)

Happy Café 🔢. In diesem Lokal ist v. a. zu später Stunde viel los, gemäß dem sprechenden Motto: „I drink, I get drunk, I fall down, no problem!" Lokale Livebands sorgen ab 21 Uhr für Stimmung, während sich Einheimische wie Touristen den ein oder anderen Cocktail in ausgelassener Stimmung genehmigen. Natürlich ist auch für den kleinen wie großen Hunger gesorgt: Neben westlichen Gerichten sind indonesische Klassiker sowie eine große Sushi-Auswahl und wechselnde Specials im Angebot. Plaza Senggigi, ☎ 0370/693984.

Marina Café 🔢. Weniger Café als Disco – das koffeinhaltige Getränk ist eher am nächsten Morgen dringend vonnöten. Livemusik macht den Anfang und wird zu später Stunde von wummernden Bässen abgelöst. Hierher wird die Errungenschaft des Tages abgeschleppt oder eine neue Eroberung für die Nacht gesucht. Baggern ist also Programm, was besonders alleinreisende Frauen beachten sollten! Jl. Raya Senggigi.

Sahara Club 🔢. Der Vorzeige-Discoclub Senggigis wird vorwiegend von der hippen Partyjugend aus Mataram besucht. Clubtypisches Dekor inkl. Tänzerinnen und verhältnismäßig teure Getränke. Dafür Party bis zum Morgengrauen.

Papaya Café 🔢. Das besonders abends gemütlich beleuchtete Restaurant lockt ab 20 Uhr mit guter Livemusik. Auf Rattanstühlen kann man zu chinesischer, lokaler und italienischer Küche das Treiben auf der Straße beobachten und die große Cocktailauswahl zur heiteren Stimmung genießen. Jl. Raya Senggigi, ☎ 0370/693616, 0370/693136.

Bahari 🔢. Am Ende einer kleinen Seitenstraße am Senggigi Square. Besonders hiesige Jugendliche machen hier die Nacht zum Tage. Oft spielen lokale Livebands, sonst sorgt eine gigantische Karaoke-Anlage mit ebenso großer Auswahlliste an Songs für Stimmung. Viele Cocktails.

Umgebung von Senggigi

Batu Bolong: Diese kleine Siedlung kurz vor Senggigi kann mit einem hellgrauen Sandstrand aufwarten. An manchen Tagen bekommt der Betrachter das Gefühl, dass der Strand das heranrauschende Meer förmlich verschlingt. Neben dem Meer ist die Hauptsehenswürdigkeit der gleichnamige Hindutempel, Pura Batu Bolong. Dort, wo einst Jungfrauen geopfert worden sein sollen, kann man heute den wundervollen Sonnenuntergang mit Blick auf Bali genießen. Der heilige Ort war wohl schon in vorhinduistischer Zeit eine Kultstätte und ist nach dem Loch *(bolong)* in der großen Steinformation *(batu* = Fels) benannt, über der der Tempel erbaut wurde. Mehrere kleine Altäre und Statuen säumen den Weg bis zur Spitze. Natürlich ist der Tempel nur mit Sarung und Tempelschal zu betreten, beides kann aber geliehen werden. Oft wird eine Spende verlangt.

Übernachten/Essen & Trinken (→ Karte S. 441) Sunset House ᴆ5. Oh ja, der Name hält, was er verspricht. Von den 6 geräumigen Zimmern kann man aus gemütlichen Korbsesseln einen unverbauten Meerblick durch die großen Glasfronten genießen. Alle Räume in den zweistöckigen Gebäuden sind pieksauber, mit riesigen Betten, stilvollen Wannenbädern, LCD-Fernsehern und AC ausgestattet und garantieren einen schönen Aufenthalt in sympathischer, kommunikativer Atmosphäre. Ein brandneuer Pool wie auch ein kostenloser WLAN-Hotspot stehen den Gästen zur Verfügung. Das Strandrestaurant liefert zur tollen Aussicht auf den Ozean auch hervorragende indonesische Gerichte. DZ 450.000–550.000 IDR, in der Hochsaison plus 100.000 IDR. Jl. Raya Senggigi, ℡ 0370/692020, 6584343, ℡ 0370/692170, www.sunsethouse-lombok.com.

Café Wayan & Homestay ᴆ4. Das von einer freundlichen Familie geführte Homestay liegt von der Straße zurückgesetzt in einem wild bewachsenen Garten. Die einfachen Zimmer sind in doppelstöckigen Gebäuden untergebracht, bieten große Bambusbetten, geräumige Bäder und riesige Veranden mit Bambussofas und Sesseln. Trotz der Nähe zur Straße ist die Anlage relativ ruhig, und in den Zimmern wird man vom Duft der frischen Hörnchen aus der hauseigenen Bäckerei geweckt. Neben den Backwaren werden im Restaurant auch lokale Köstlichkeiten ab 25.000 IDR serviert. Zimmer mit Fan ab 250.000 IDR, mit AC ab 300.000 IDR. Jl. Raya Senggigi, ℡ 0370/693098.

Made ᴆ0 Die ideale Unterkunft für Backpacker. In Reihe werden 6 einfache Zimmer vermietet. Alle sind einfach, aber hübsch dekoriert, sehr sauber und verfügen über kleine Basic-Bäder. Die teureren sind sogar mit DVD-Player ausgestattet. Das freundliche Personal organisiert auch Touren. DZ 100.000–150.000 IDR. ℡ 087/865618936 (mobil), ane_made@yahoo.com.

Gemütliche Berugas am Coco Beach

≫ Unser Tipp: Beach Club ᴆ2. Eine optisch sehr beeindruckende Anlage mit dichter Begrünung direkt am Strand. Auf dem Gelände verteilen sich geräumige Bungalows aus Naturmaterialien mit ansprechendem Dekor und riesigen umgehbaren Himmelbetten unter luftigen, hohen Dächern. Zur Ausstattung gehören Minibar, AC, Safe (manche auch mit TV und DVD-Player), ein hübsches halboffenes Bad aus Naturstein sowie der wundervolle Meerblick. Fürs kleine Budget stehen zwei saubere Backpackerräume (mit Fan) mit gemeinsamem „Wohnzimmer" inkl. TV und Sofa in einem Steingebäude zur Verfügung. Eine Strandbar mit vielen kleinen sowie einem langgezogenen Bambuspavillon direkt am Meer sorgt für Unterhaltung, der blaue Pool für Abkühlung und das große Restaurant für Energienachschub. Bungalows 60 $, Backpacker-Zimmer 17 $. Jl. Raya Senggigi, ℡/℡ 0370/693637, www.thebeachclublombok.com. ≪

Batu Bolong Cottages ᴆ3. Auf beiden Seiten der Straße erstreckt sich diese schöne, gepflegte Anlage. Auf der Meerseite sind die Bungalows ein wenig attraktiver und besser ausgestattet (AC, Kühlschrank, Heißwasser), liegen näher am Pool und haben Meerblick. Aber auch auf der Landseite warten geräumige Bungalows mit ansprechendem Dekor und einer großen Terrasse mit Blick auf den liebevoll begrünten Garten. Wahlweise mit Fan und Kaltwasser oder AC, TV und Heißwasser. Das Restaurant wirkt ein wenig unterkühlt, serviert dafür neben westlichen Gerichten auch original Sasak-Küche. Je nach Lage und Ausstattung: von 250.000 IDR (DZ mit Fan, im Garten) bis 550.000 IDR (DZ mit AC, TV, Kühlschrank, mit Blick auf Strand). ℡ 0370/693065, ℡/℡ 0370/693198, bbcresort_lombok@yahoo.com.

Weiter südlich 🍃 Pondok Siti Hawa. 4 km südlich von Senggigi haben der engagierte Pak Husin Abdullah und seine Frau Siti Hawa ein familiäres Plätzchen für umweltbewusste Backpacker geschaffen. Auf dem großen Familienanwesen warten zwischen üppig wuchernden Pflanzen und Büschen ein paar Zimmer sowie Bungalows aus Bambus und Holz auf Gäste. Alle natürlich einfach, aber individuell gestaltet. Das Frühstück ist inklusive – wer mehr Hunger hat, kann gegen einen kleinen Aufpreis zusammen mit der freundlichen Familie essen (Siti kocht wirklich gut!). Ein kleiner, sauberer Strandabschnitt lädt zum Sonnenbaden ein und wer das Kajak benutzen möchte, kann das natürlich kostenlos tun. Der sympathische Besitzer ist zudem eine unerschöpfliche Quelle zum Thema Umweltschutz und erklärt Interessierten gerne die Hintergründe des Projekts sowie seine Kompostierungsanlagen. 100.000–250.000 IDR. ✆ 0370/693414, 081/805701766 (mobil), pondok_sitihawa@yahoo.com. ▪

Coco Beach: Kurz vor Mangsit weist ein Schild linker Hand zum Coco Beach. Der dunkle Strand liegt hinter einem großen Palmenhain und ist von kleinen Warungs sowie an jeder Seite einem Café bevölkert und besonders bei Einheimischen beliebt. Für die Durchfahrt und das Parken zahlt man 2000 IDR am Eingang.

Essen & Trinken ≫ Unser Tipp: Waroeng Coco Beach (Karte S. 441, **7**). Dieser Warung ist sowohl eine kleine Oase der Entspannung als auch des gesunden Genusses. Unter grasgedeckten Pavillons, die im Kreis um die Bambusbar stehen, genießt man auf Sitzkissen lokale Gerichte der Sasak-Küche genauso wie frischen Fisch und heilsame Getränke. Die Zutaten kommen aus dem eigenen Garten. Ein Shuttle Service kann unter ✆ 081/75780055 (mobil) geordert werden. ≪

Mangsit: Wer dem Trubel in Senggigi entfliehen will und dennoch nicht weit vom Nachtleben sein Lager aufschlagen möchte, ist hier richtig. Zudem hat Mangsit noch weitere Vorteile: Ein langer, heller Strand (sofern es die Aschewolken des Rinjani zulassen), der in Richtung Norden immer schöner, breiter und feinsandiger wird,

🌿 Lombok – Bersih dan Hijau

Bereits vor 25 Jahren startete Pak Husin Abdullah den Versuch, Lombok schöner zu machen. Man hielt den gebürtigen Australier wegen seiner Sorge um die wachsenden Müllberge jedoch nur für einen „verrückten Ausländer". Ein Kampf gegen Windmühlen könnte man denken, doch Husin war sich sicher: Steter Tropfen höhlt den Stein – und so engagierte er sich für seine Umwelt und wurde zum inoffiziellen Müllexperten auf Lombok. In Senggigi kennt ihn mittlerweile so gut wie jeder aus Zeitung und Fernsehen. Seinem unerbittlichen Engagement ist es zu verdanken, dass verschiedene öffentliche Plätze wie die Mataram Mall und der Pasar Seni (Art Market) in Senggigi sowie die umliegenden Strände nicht nur sauber sind, sondern auch regelmäßig gesäubert werden. Getreu dem Motto seiner Initiative „Indonesia – Bersih dan Hijau" („Indonesien – sauber und grün") werden Müllbeutel verteilt und bei gefüllter Rückgabe „abgekauft", die Bevölkerung wird geschult und für das Thema Umweltschutz sensibilisiert. Auf dem eigenen Grundstück betreibt Husin sogar mehrere Kompostierungsanlagen und verarbeitet alte Autoreifen zu schönen Gefäßen und hübschen wie auch robusten Sitzgruppen. Wer sich selbst von seiner Arbeit überzeugen möchte, sollte einfach im Pondok Siti Hawa (ca. 4 km südlich von Senggigi) vorbeischauen. ▪

Umwelt-Engagement in Persona:
Pak Husin Abdulla

Lombok → Karte S. 424/425

wartet auf Besucher. Im Norden verbergen sich kleine Korallenriffe, die direkt vom Strand aus zu erreichen sind. Und ganz nebenbei: Hier sind sogar die Strandverkäufer etwas entspannter als in Senggigi.

Übernachten/Essen & Trinken (→ Karte S. 441)   Alang Alang Boutique Beach Hotel **6**. In dieser noblen Adresse wohnt man in perfektem Zusammenspiel von Komfort und landestypischer Architektur. Die 18 großen, modernen Bungalows sind mit edlen Steinböden, hohen Alang-Alang-Dächern, wundervoll geschnitzten Türen und Möbeln sowie traumhaft großen Himmelbetten ausgestattet. Natürlich haben alle AC, Minibar, Telefon, Satelliten-TV sowie schöne, offene Bäder. Im ausgezeichneten Restaurant sorgt ein deutscher Koch voller Inbrunst für das leibliche Wohl der Gäste, und ein großer Pool bietet einen freien Blick aufs schillernde Meer. Tauchbasis im Haus. Bungalow ab 100 $, Hochsaison plus 10 $, Villa mit eigenem Pool und Küche 500 $, Hochsaison plus 50 $. Jl. Raya Mangsit, ✆ 0370/693518, 693911, ✉ 0370/693194, www.alang-alang-villas.com.

≫ Unser Tipp: Santai Beach Inn **5**. In einem liebevoll gepflegten Garten voll duftender Blumen und hochgewachsener Palmen verstecken sich wunderschöne Holzbungalows für Romantiker, die keinen großen Luxus benötigen. In Hängematten und auf den Liegeflächen der Veranda saugt man die Atmosphäre des süßen Nichtstuns auf, in herrlichen Gartenbädern erfrischt man sich mit kaltem, aus Steinamphoren plätscherndem Wasser. Im Restaurant wird das Mittag- bzw. Abendessen (nach Voranmeldung, Erw. 35.000 bzw. 60.000 IDR, Kinder je nach Alter 12.000–40.000 IDR) gemeinsam eingenommen. Keine Karte, dafür wird man hier tägl. mit einer Auswahl an ausschließlich vegetarischen Gerichten überrascht, die auf den meisten Restaurantkarten schwer zu finden sind. Sehr lecker! Gegen Gebühr ist ein (nicht immer funktionierender) WLAN-Zugang möglich. Den Sandstrand erreicht man nach ca. 50 m entlang eines Schutzwalles. Bungalow 160.000–240.000 IDR (Einzelbelegung ca. 50.000 IDR günstiger), große Bungalows für 3 Pers. 310.000–330.000 IDR, alle zuzügl. 10% Tax. Jl. Raya Mangsit, ✆ 0370/693038, www.santaibeachinn.com. ≪

Pondok Damai 4. Hinter dem Strandrestaurant wartet eine Handvoll Bambusbungalows in einem kleinen, friedlichen Garten. Alle einfach eingerichtet, mit Fan und Kaltwasser – Warmwasser gegen Aufpreis möglich. Bungalow 150.000–300.000 IDR. Jl. Raya Mangsit, ✆ 0370/693019.

Qunci Villas **3**. Ultramodernes, bis ins letzte Detail durchgestyltes Boutique-Hotel. Die geräumigen Suiten, Villen und Bungalows kombinieren kühles, funktionalistisches Design mit warmen Naturmaterialien. Natürlich ist alles Erdenkliche an Annehmlichkeiten vorhanden. Zudem ein Spa, ein elegantes Strandrestaurant und ein hervorragender Pool – selbstverständlich mit Meerblick. Das Ganze hat seinen (in diesem Fall sogar berechtigten) Preis: Suite 90–295 $, Villen je nach Größe, Lage und Luxusgrad 195–750 $, jeweils plus 21 % Tax und Service. Jl. Raya Mangsit, ✆ 0370/693800, ✉ 0370/693802, www.quncivillas.com.

Windy Beach Resort 1. Im Schatten hoher Palmen verteilen sich Bungalows in traditioneller Optik. Alle mit Moskitonetz, schöner Veranda, Bambusmattenverkleidung und Heißwasser, die teureren mit AC. Eine besonders hübsche Aussicht bieten die zweistöckigen Lumbungs. Die geniale Strandlage lässt selbst den tollen Überlaufpool alt aussehen. Im guten Restaurant wird vom sympathischen Service ausgezeichnete landestypische Küche serviert. Die Gerichte kann man auch in einem der vielen über das Grundstück verteilten Pavillons genießen. Kostenloser WLAN-Zugang. Bungalow 450.000–550.000 IDR, Hochsaison plus 100.000 IDR. Jl. Raya Mangsit, ✆ 0370/693191, ✉ 0370/693193, www.windybeach.com.

Holiday Resort Lombok 2. Große Ferienanlage im typischen Stil mit aufmerksamem Service und allen Annehmlichkeiten, die diesen Anlagen eben zu eigen sind: Kinderbetreuung, Fitnessräume, Internetcafé, mehrere Restaurants und Bars und nicht zu vergessen: eine große Poollandschaft mit zahlreichen Liegeplätzen für Sonnenanbeter. Gegen die Langeweile stehen mehrere Sport- und Spielmöglichkeiten zur Auswahl (lediglich eine Eislaufbahn scheint noch zu fehlen …). Die unterschiedlichen Zimmer sind durchweg modern eingerichtet, alle mit AC, TV und Wannenbad (teilweise offen). Zimmer je nach Kategorie, Belegung und Ausstattung 70–150 $, Beachfront-Suite ab 400 $. Lohnender sind die Packages. Jl. Raya Mangsit, ✆ 0370/693800, www.holidayresort-lombok.com.

Inselfeeling pur!

Die Gili-Inseln

Die drei Inseln Gili Air, Gili Meno und Gili Trawangan sind sowohl das bekannteste als auch mit Abstand das beliebteste Reiseziel Lomboks. Nur eine Stunde vom Festland entfernt und sogar von Bali mit den neuen Schnellbootanbietern in zwei bis drei Stunden zu erreichen, zeigt sich das ehemalige „Südseeparadies" fernab jeden Touristenrummels heute zur Hochsaison nicht nur begehrt, sondern oft mehr als überlaufen.

Die drei Eilande sind von kristallklarem Meer umgeben, welches von teils noch intakten Korallengärten bevölkert ist. Verständlich, dass dies Unterwassersportler aus der ganzen Welt anzieht, denn beim Tauchen und sogar beim Schnorcheln kann man hier Schildkröten, Mantas und Delfine beobachten.

Die komplette Abwesenheit von Autos, Mopeds und sonstigen lärmenden Verkehrsmitteln verspricht herrliche Ruhe, und so bewegt man sich entweder in einachsigen Pferdekutschen *(cidomo)* oder per pedes fort. Die Preise für die Pferdekutschen sind mangels Konkurrenz entsprechend hoch (kurze Fahrten mind. 30.000 IDR, längere gar 70.000 IDR). Zudem sind die Tiere oft in einem recht abgemagerten, manchmal sogar ruinösen Zustand – was Tierliebhaber und Sparfüchse schon zu schweißtreibenden Märschen um die entlang der Küste häufig schattenlosen Inseln animiert hat.

Das Angebot an entspannten Backpacker-Unterkünften wurde in den letzten Jahren zunehmend um noblere Hotel- und Bungalow-Anlagen erweitert. Wer aber europäische Hotelstandards samt ununterbrochener Versorgung mit Strom, Frischwasser und immer funktionierende Klimaanlagen erwartet, ist auf den Gilis fehl am Platz. Viele Unterkünfte verfügen zwar inzwischen über einen eigenen Generator (der manchmal je nach Lage der Hütte kaum zu überhören ist), aber Trinkwasser muss vom Festland herübergeschifft werden.

Lombok → Karte S. 424/425

Gerade zur Hochsaison (von Juli bis September sowie um die Weihnachtszeit) schnellen die Preise in astronomische Höhen. Aufgrund der starken Nachfrage ist es einfach, den Besuchern die Preispistole auf die Brust zu setzen. Besonders Gili Trawangan wird dann dermaßen von einheimischen wie ausländischen Touristen überschwemmt, dass viele, die keine Reservierung haben, vor verschlossenen Türen stehen und am Strand campen müssen. Doch auch von einsamen, abgelegenen Stränden sieht man häufig vor lauter partylustigen Besuchern nicht mehr viel.

Sonst kann man auf „Gili Trallala", wie die Party-Insel auch salopp genannt wird, entspannt feiern, während die ruhigeren Schwestern Gili Air und Gili Meno noch mit Gelassenheit und (zumindest zur Nebensaison) Abgeschiedenheit aufwarten. Die notwendige Infrastruktur muss trotzdem niemand missen. Kleine Shops mit dem Nötigsten verteilen sich über die Inseln, Hotelrestaurants, Bars und Imbisse versorgen Hungrige, und wer eine der großen Hotelanlagen wählt, dem mangelt es eh an nichts. Lediglich die Versorgung mit Bargeld muss vor der Anreise sichergestellt sein, da es nur auf Gili Trawangan Geldautomaten gibt.

Der Klimawandel und seine Folgen

Touristen können sich auf den Gili-Inseln übrigens mit eigenen Augen von der Existenz des Klimawandels und seinen Auswirkungen in Kombination mit Umweltverschmutzung durch Massentourismus überzeugen. Alleine Gili Meno hat in den letzten fünf Jahren ca. 4 m Land verloren. Die ausladenden weißen Strände, die die Inseln einst umgaben, werden von Jahr zu Jahr schmaler. Besonders an den Nordküsten macht sich dies bemerkbar. Die schönsten Badestrände der Inseln finden sich an den Ostküsten – noch.

Basis-Infos

Geld Mittlerweile gibt es auf Gili Trawangan drei Geldautomaten. Der vor dem Hotel Vila Ombak nimmt nur VISA-Karten und ist wie alle ATMs des Öfteren mal leer, kaputt oder einfach schlecht gelaunt. Ein paar Hundert Meter weiter finden sich links und rechts des Art Market je ein Commonwealth-Bank-Automat. Die besseren Hotels und die meisten Tauchschulen akzeptieren die gängigen Kreditkarten – meist werden jedoch bis zu 12 % auf die Rechnung aufgeschlagen. Auch der eine oder andere Money Changer tauscht zu – seien wir ehrlich – miserablen Kursen. Wer nach Gili Air oder Gili Meno will, sollte sich mit genügend Bargeld eindecken!

Gesundheit Jede der drei Inseln verfügt über eine kleine Klinik. Besser ausgestattet und auf die Bedürfnisse von Touristen eingestellt ist die Klinik auf dem Gelände des Hotels Vila Ombak auf Gili Trawangan, wahlweise kann man auch die Creative Klinik in der Nähe der Bootsanlegestelle von Gili Trawangan aufsuchen.

Polizei Auf den Gili-Inseln gibt es (noch) keine Polizei. Hier wendet man sich bei Problemen an den Dorfvorsteher (*kepala desa*) oder an die SATGAS, eine nichtuniformierte Sicherheitsvereinigung, die von den Bewohnern der Inseln bezahlt wird. Meist ist sie ziemlich erfolgreich im Aufspüren gestohlener Gegenstände und sorgt dafür, dass Kriminelle der nächsten Polizeistation übergeben werden.

Religion/Ramadan Bei all dem Trubel, der Party und der offensichtlichen Gelassenheit sollte man nicht vergessen, dass die meisten Einwohner der Inseln Moslems sind. Dies sollten die Touristen respektieren. Oben-ohne-Sonnenbaden ist tabu, und abseits des Strandes, z. B. beim Bummel durchs Dorf, sind T-Shirts und Hosen bzw. Röcke weit angemessener als ein Bikini oder die Badeshorts.

Die Termine des **Ramadan** in den nächsten Jahren:
2012: 20. Juli bis 18. August
2013: 09. Juli bis 07. August
2014: 28. Juni bis 27. Juli
2015: 17. Juni bis 16. Juli

Spätestens zum Ramadan wird dann wieder jeder Besucher an die Religiosität der Bewohner erinnert: Während der Fastenzeit finden so gut wie keine großen Partys statt, und auch die meisten ausländischen Tauchanbieter fahren aus Respekt die Angebote runter. Das Leben läuft ein bisschen ruhiger, ein bisschen leiser und ein bisschen langsamer ab. Verhungern braucht trotzdem niemand, denn die meisten Restaurants servieren auch tagsüber Essen, und nur die wenigsten Bars schließen ganz. Dennoch ist es ein Zeichen von Respekt, vor Sonnenuntergang nicht direkt vor Gläubigen zu rauchen, zu essen und zu trinken.

Segeln   Interessante Segeltörns um die Gili-Inseln, entlang der Küste von Lombok bis nach Gili Nanggu oder Bali kann man bei Blue Water Cruises buchen. Natürlich geht es auf Wunsch auch zu anderen indonesischen Inseln, z. B. bis nach Komodo, Sulawesi oder Sumbawa. Tauchen und Wassersport werden auf Wunsch organisiert. Auch die Überfahrt nach Lombok kann hier recht entspannt organisiert werden. ✆ 081/145956861, 081/353292447 (mobil), www.bluewatercruises.com.

Tauchen   Zu Recht auf allen drei Inseln ein beliebter Freizeitsport (→ bei der jeweiligen Insel).

Hin & weg

Bei der Wahl des Transportmittels stellt sich die Frage, ob man mehr Geld oder mehr Zeit investieren möchte. Eilige können in nur 2:30 Std. mit dem Speedboat von Bali aus anreisen. Die drei Buchten **Teluk Nara, Teluk Kode** und **Mentigi Bay** ersetzen Bangsal zunehmend als Abfahrtsort zu den Gili-Inseln, und die meisten Speedboat-Anbieter legen an einer der drei Buchten ab. Sparfüchse und alle, für die sozusagen der Weg das Ziel ist, können mit der öffentlichen Fähre oder selbstorganisierten Transporten in einem halben Tag auf die Inseln kommen. Außerdem gibt es immer noch die Möglichkeit, mit dem Flugzeug nach Lombok und dann in nur 1–3 Std. auf dem Land- und Seeweg auf die Gilis zu reisen.

Schnellboote   Mit dem **Speedboat** kann man mehrmals tägl. vom Hafen in Benoa, Padang Bai, von Pulau Serangan und sogar von Nusa Lembongan und Amed abfahren. Ziel ist Gili Trawangan. Gili Air und Gili Meno werden meist nur auf Nachfrage und gegen Aufpreis angesteuert. Die meisten Anbieter offerieren einen kostenlosen Transport bzw. eine kostenlose Abholung zu/von den Touristenorten im Süden Balis. Manchmal wird eine Zusatzgebühr verlangt. Die Preise der verschiedenen Anbieter ähneln sich und liegen zwischen 400.000 und 600.000 IDR für die einfache Fahrt, für Kinder zahlt man oft erheblich weniger. So gut wie immer ist ein Kombiticket, das Hin- und Rückfahrt und den Transport einschließt, günstiger. Besonders zur Nebensaison lassen sich satte Rabatte aushandeln. Jedoch sollte man – v. a. zur Regenzeit – die Wetterverhältnisse checken und, wann immer möglich, auf das späte Boot verzichten. Die Überfahrten können bei schlechtem Wetter extrem gefährlich werden! Sollte das Boot überladen sein, reklamieren Sie sofort Ihr Ticket und weichen Sie auf ein anderes Boot aus (→ auch Anreise, S. 130). Natürlich können sich Abfahrtszeiten und Preise immer wieder ändern.

... von/nach Padang Bai   Perama-Schnellboot, Office in Padang Bai im Dona Restaurant neben der Bank, ✆ 0363/41419; Office auf Gili Trawangan (nahe dem Pasar Seni), ✆ 0370/638514, 0361/751875 (24-Std.-Hotline), www.peramatour.com.

Blue Water Express, ✆ 0361/8951082, 8413421, 081/338418988 (mobil), http://bwsbali.com.

Gili Gili Fast Boat, Office in Nusa Dua, Jl. Bypass Ngurah Rai 1c, ✆ 0361/773770, 081/808588777 (mobil), www.giligilifastboat.com.

Eka Jaya Fast Boat, Office in Padang Bai, Terminal Silayukti, ✆ /✉ 0363/41442; Office auf Gili Trawangan (Hafen), ✆ 081/934378970 (mobil). http://fastboat.baliekajaya.com.

Ocean Star Express, ✆ 0361/9271019, 081/13856038, 081/13856039 (mobil), www.oceanstarexpress.com.

Marina Srikandi, Office in Denpasar, Jl. Suwung Batan Kendal 8 C, ✆ 0361/2127999, 2128999, 729818, www.baligili.com.

Gili Cat, Office in Sanur, Jl. Danau Tamblingan 51, ✆ 0361/271680, www.gilicat.com.

... von/nach Serangan Harbour Island Getaway, Office in Serangan, Jl. Tukad Punggawa 25, ✆ 0361/8037171 (15–22 Uhr), 081/37074147, 081/916733051 (mobil); Office auf Gili Trawangan, ✆ 087/864322515 (mobil), www.giligetaway.com.

Mahi Mahi, Abholservice vom Hotel in Süd-Bali plus 100.000 IDR. Die Weiterfahrt zu einer der beiden anderen Inseln kann gegen Aufpreis arrangiert werden.

Blue Water Express, ✆ 0361/8951082, 8413421, 081/338418988 (mobil), http://bwsbali.com.

... von/nach Lombok So gut wie alle Schnellbootanbieter legen einen Zwischenstopp in Bangsal, Teluk Nara, Teluk Kode oder Mentigi Bay ein. Auch können Fischerboote von den Gilis z. B. nach Mangsit gechartert werden.

Blue Water Cruises bietet gute Boote von Mentigi Bay/Lombok nach Gili Trawangan. Herrlich entspannt, ohne Händler, Verkäufer und Tourguides kann hier entweder ein Boot für bis zu 10 Pers. mit Außenbordmotor (ca. 350.000 IDR) oder ein schnelles Speedboat für 4 Pers. (450.000 IDR) gechartert werden. Daneben kann man sich die

Spielplatz Boot

evtl. Wartezeit mit allerlei Wassersportmöglichkeiten vertreiben. Am besten einen Tag vorher Bescheid geben. ✆ 082/145956861 (mobil), christa@bluewatercruises.com.

... von/nach Nusa Lembongan und Sanur Scoot Fast Cruises fahren von Sanur über Jungut Batu/Nusa Lembongan nach Gili Trawangan. ✆ 0361/7802255, ✆/✆ 0366/24499, www.scootcruise.com.

... von/nach Amed Sporadisch verkehren Boote von Amed nach Gili Trawangan (z. B. Kudah Hitam, ✆ 0361/753241, buchbar über www.gili-fastboat.com). Fragen Sie vor Ort in Ihrem Hotel.

Von/nach Bali mit Fähre, Bus und Boot Perama bietet von so gut wie allen Destinationen im Süden Balis ein Kombiticket ab 250.000 IDR, das die öffentliche Fähre von Padang Bai nach Lembar und den anschließenden Transport per Minivan über Mataram nach Senggigi beinhaltet. Erst am nächsten Tag geht es um 8 Uhr früh weiter auf die Gilis. Büro in Padang Bai (im Dona Restaurant), ✆ 0363/41419. Büro auf Gili Trawangan (neben dem Pasar Seni), ✆ 0370/638514, www.peramatour.com.

... von/nach Senggigi Das Boot von Perama fährt um 8 Uhr von Gili Trawangan nach Senggigi (100.000 IDR). Um 10 Uhr fährt ein Boot von Senggigi nach Gili Trawangan (200.000 IDR). Auch die anderen Gilis werden – sofern sich genügend Passagiere finden – angesteuert.

... von/nach Bangsal Public Boats nach Gili Trawangan (10.000 IDR), Gili Meno (9.000 IDR) und Gili Air (8.000 IDR). Abfahrt (theoretisch) 8.30 Uhr, tatsächlich geht es aber erst los, wenn die Boote voll sind, d. h. mind. 20 Tickets verkauft sind.

Mehrere Shuttle-Boote starten zwischen 7.30 und 8.15 Uhr, danach vereinzelt, letztes Boot 16.30 Uhr (20.650–22.650 IDR, je nach Destination auf alle drei Inseln).

Von Gili Air nach Bangsal 8.30 Uhr (25.000 IDR). Von Gili Trawangan nach Bangsal 8.15 Uhr (30.000 IDR). Von Gili Meno nach Bangsal 8.15 Uhr (25.000 IDR). Oft startet ein weiteres Boot am Nachmittag zwischen 14 und 16 Uhr.

Transport durch Hotels und Tauchschulen Viele Tauchschulen und Hotels bieten ihren Gästen einen privaten Transport von Senggigi oder dem Flughafen – manchmal sogar ab Bali – auf die Gilis. Ein

Anruf oder Besuch der Website lohnt sich fast immer. Die Preise sind meist etwas höher als die der öffentlichen Anbieter, dafür kann der Transport ohne Umwege auf den Zeitplan der Gäste abgestimmt werden, ist meist schneller und zudem stressfrei.

»» Unser Tipp: **Dream Divers** fährt tägl. um 8 Uhr von Senggigi auf die Gili-Inseln (7,50 $) und um 16 Uhr für denselben Preis zurück nach Senggigi. Nach Absprache kann auch eine Fahrt mit dem Schnellboot (20-35 $) in die Wege geleitet werden. Auch Transporte von Lembar oder dem Flughafen sind verhandelbar. ✆ 0370/693738, 692047, www.dreamdivers.com. **«««**

Charter von Booten Von Bangsal nach Gili Air (155.000 IDR), nach Gili Meno (210.000 IDR) und nach Gili Trawangan (250.000 IDR). Generell ist es leichter, nach Gili Trawangan als auf die anderen beiden Inseln zu kommen. Wer Pech hat, muss (besonders in der absoluten Nebensaison) ein Boot von Gili Trawangan nach Gili Meno oder Gili Air chartern (ca. 200.000 IDR, hin und zurück durchaus 400.000 IDR, unbedingt verhandeln!).

Inselhüpfen zwischen den Gilis Zwischen den Inseln verkehrt tägl. der Island Hopper – eine schöne Alternative, die Nachbarinseln zu erkunden. Die Abfahrtszeiten und Preise können sich ständig ändern. An den jeweiligen Ticketschaltern am Pier hängen die aktuellen Zeiten und Tarife aus. Laut dem letzten Stand (Ende 2011) Abfahrt Island Hopper von Gili Air nach Gili Meno 8.30 und 15 Uhr (25.000 IDR), Abfahrt Gili Meno nach Gili Trawangan 9 und 15.15 Uhr (30.000 IDR ab Gili Air). Abfahrt von Gili Trawangan 9.30, und 15.00 Uhr in die umgekehrte Richtung zurück.

Bangsal – ewiger Höllenvorhof am Tor zum Paradies!

Bangsal, für viele Reisende ein Wort, das Schauder und schlechte Erinnerungen mit sich bringt. Tatsächlich sind es unangenehme bis üble Machenschaften, die hier ablaufen. Der ganze Ärger beginnt schon einen Kilometer vor dem Bootsterminal. Kein Transportunternehmen, keine öffentlichen Verkehrsmittel und auch keine Taxis dürfen direkt bis zum Hafen fahren. So werden alle Ankommenden an einer Schranke herausgelassen und meist sofort bestürmt. Wer nicht zu Fuß gehen möchte, kann eine Pferdekutsche chartern – allerdings zu horrenden Preisen. Nur nach zähen Verhandlungen ist ein anständiger Preis zu bekommen. Für die, die laufen wollen, gilt: Nerven behalten, Scheuklappen aufsetzen und stoisch den Weg Richtung Ticketschalter am Strand in Angriff nehmen!

Wer sein Gepäck von jemandem tragen lässt – und das geschieht oft ziemlich fix –, sollte vorher einen Preis aushandeln, um hinterher ärgerliche Diskussionen zu vermeiden.

Wichtig! Kaufen Sie die Tickets nur am offiziellen Bootsterminal direkt am Hafen! Die Tickets, die Ihnen zahlreiche Straßenhändler neben überteuerten Mückenmitteln und anderem unnützen Kram verkaufen wollen, erweisen sich so gut wie immer als ungültig bzw. wie so alles in Bangsal als überteuert. Die Händler und Guides agieren mit solcher Vehemenz, Hartnäckigkeit und roher Aufdringlichkeit, dass sie auch Taschenwärmer in den Subtropen an den Mann bringen könnten.

Unser Tipp: Weit entspannter ist die Anreise über die südwestlich von Bangsal gelegenen Buchten. Etliche Schnellbootanbieter haben ihren Stützpunkt in **Teluk Nara** oder **Teluk Kode** aufgeschlagen. Seit 2011 bieten Blue Water Cruises (**27**, → Karte S. 458/459) die Überfahrt ab **Mentigi Bay** an.

Lombok → Karte S. 424/425

Gili Trawangan

Die größte der Gili-Inseln ist zugleich auch die touristisch am besten erschlossene und am häufigsten besuchte. Quirlig offeriert sie zur Nebensaison einen gelungenen Mix aus Partyatmosphäre und entspanntem Strandleben, in der Hochsaison ist sie eher etwas für Menschenfreunde ohne Platzangst und mit extremer Partyambition.

Um die Anlegestelle konzentrieren sich eine Handvoll Bars und Restaurants, in denen es nach Sonnenuntergang mit Livemusik und diversen DJs hoch hergeht. Tagsüber lockt besonders der Strand an der Ostküste nördlich des Bootsanlegers: weißer Sand und – je weiter man nach Norden kommt – unter der Wasseroberfläche Korallen und viele bunte Fische. Leider gilt auch hier die Regel: Je näher die Korallen dem Strand sind, desto weniger Leben ist zu finden. Trotzdem lassen sich an guten Tagen Schildkröten, Muränen und eine Vielzahl bunter Fische beobachten. Am besten läuft man bis zum nördlichen Ende der Insel und lässt sich von der Strömung zurück bis auf die Höhe des Hotels Good Heart treiben. Die übrigen Strandabschnitte sind besonders bei Ebbe mit Korallenschrott durchsetzt. Wasserschuhe ermöglichen einen schmerzfreien Einstieg ins kühle Nass.

Als einzige der drei Inseln kann Gili Trawangan auch mit einem Berg aufwarten, wenn man die etwa 100 m hohe Erhebung denn so nennen will. Immerhin gibt es dort einen Aussichtspunkt, den man am besten zum Sonnenaufgang oder zum Sonnenuntergang erklimmt (Wasser nicht vergessen!). Von dort kann man den majestätischen Gunung Agung in geheimnisvolles Licht getaucht bestaunen. Mittags sollte man den Ausflug auf jeden Fall unterlassen – es gibt so gut wie keinen Schatten.

Zur Nebensaison ist noch reichlich Platz

Basis-Infos

(→ Karte S. 458/459)

Einkaufen Die nötigsten Kleinigkeiten, Drogerieartikel und Getränke gibt es zu relativ günstigen Preisen im **Melati Shop** 12, daneben versorgen unzählige **Shops** entlang der Straße sowie der **Aldi Supermarket** (allerdings kleiner und unsortierter als das deutsche Pendant) im Dorf die Reisenden.

Shoppingwütigen steht darüber hinaus ein kleiner **Kunstmarkt** (Pasar Seni) zur Verfügung (nicht spektakulär und auch nicht billig). Gegen Abend werden hier zahlreiche Stände aufgebaut, an denen man relativ günstiges Essen bekommt.

Gesundheit Die **Klinik** auf dem Gelände des Hotels Vila Ombak (→ S. 458) steht allen Touristen zur Verfügung. Daneben versorgt die **Crative Klinik** im Bereich des Bootsanlegers kleinere Wehwehchen.

Aktivitäten

(→ Karte S. 458/459)

Ausflüge Glasbodenboot-Fahrten, Angeltrips und Schnorchelausflüge werden von so gut wie allen Unterkünften organisiert.

Freediving Wer Tauchen mal ganz anders erleben möchte, hat auf den Gilis die einmalige Möglichkeit einen **Freediving-Kurs** 29 bei Mike zu erleben. Ab 2012 sind auch SSI-zertifizierte Kurse im Angebot. Buchbar über Manta Dive.

Kajakfahren Die beste Adresse für interessante Ausflüge mit dem Kajak ist das **Karma Kayak Resort** 3 im Norden der Insel. Astrid ist eine passionierte Kajakfahrerin und bietet – sofern es die Wetterverhält-

nisse zulassen – halbtägige Kajaktouren z. B. nach Gili Meno an. Ausrüstung, Snack und Drinks am Strand der Nachbarinsel sowie die kundige Führerin sind im Preis von 250.000 IDR inbegriffen. ☎ 081/803640538, 081/805593710 (mobil), www.karmakayak.com.

Reiten Stud Horse Riding **Adventures** 46 im äußersten Süden der Insel bietet Pferdefreunden Ausritte an: 30 Min. ab 150.000 IDR, mit Guide plus 100.000 IDR. ☎ 081/3325632.

Schnorcheln Die meisten Tauchschulen nehmen auch Schnorchler mit auf die Boote. Auch ein Ausflugsschiff, auf dem allerdings sehr viele Leute Platz finden, startet gegen 10 Uhr an der Anlegestelle und fährt Spots auf den drei Inseln an (Tickets am Hafen, ca. 60.000 IDR/Pers.). Schnorchelausrüstung (25.000–35.000 IDR) kann in den Tauchcentern sowie in den meisten Unterkünften gemietet werden.

Für ein eigenes gechartertes Boot sollte man ca. 600.000 IDR einrechnen. Wer eine der günstigen Schnorcheltouren bucht, muss sich im Klaren sein, dass das Boot mit bis zu 40 anderen Teilnehmern gefüllt wird.

Tauchen Blue Marlin 38 hat auf jeder der drei Gilis eine Tauchbasis. PADI-Kurse auch auf Deutsch und Englisch, getaucht wird vorwiegend in den Gewässern rund um die Gilis in Gruppen von 2–5 Pers. Pakete mit 5 oder 10 Tauchgängen werden entsprechend günstiger. ☎ 0 370/632424, www.bluemarlindive.com.

Der PADI- und SSI-Anbieter **Manta Dive** 29 unterhält eine Tauchbasis auf Gili Trawangan und seit 2008 auch auf Gili Air. Bei Buchung von mehreren Tauchgängen bis zu 20 % Rabatt. Eine Besonderheit sind die 2-tägigen **Freedving-Kurse**. Sehr freundliche Mitarbeiter. ☎ 0370/643649, 081/237889378 (mobil).

Dream Divers 40 unter deutscher Leitung ist sowohl auf Gili Air als auch auf Gili Trawangan zu finden. Interessant ist hier der Open-Water-Kurs (max. 4 Pers./Tauchlehrer), der neben den üblichen 3 Freiwassertauchgängen auch in das Nitroxtauchen einführt. Natürlich gibt es auch Pakete. Gili Trawangan, ℡ 0370/634496. Gili Air, ℡ 0370/634547. Büro in Sengiggi, ℡ 0370/693738, www.dreamdivers.com.

Übernachten

(→ Karte S. 458/459)

Wer zur absoluten Hochsaison (Ende Juli bis Anfang September, Weihnachten und Neujahr) nicht reserviert hat, sieht oft alt aus. Die Preise schnellen dann in astronomische Höhe und selbst die einfachsten Zimmer im Inland der Insel sind besetzt. Viele Urlauber müsen dann in extra dafür aufgeschlagenen Zelten am Strand campieren (um die 100.000 IDR/Pers.). Zur Nebensaison lassen sich durchaus interessante Deals machen und die hier angegebenen Preise halbieren sich bisweilen.

Warna Home Stay 20. Bietet einfache, aber geräumige und helle Bungalows mit AC, Heißwasser, großen Betten und großen Bädern. Pluspunkt ist der Kühlschrank im Zimmer. In der Hauptsaison überteuert: Bungalow 500.000–700.000 IDR. ℡ 0370/623856.

Horizontal/The H-Rooms 21. Hier ist nicht das gleichnamige Gewerbe gemeint, sondern eine kühl gestylte Hotelanlage, die mit ausgefallenen Villen inkl. futuristischen Bädern das anspruchsvollere Partyvölkchen lockt – sowohl zum Ausspannen auf den großen Sofaecken vor dem Plasma-TV als auch zum Revitalisieren im Open-Air-Jacuzzi. Private Sonnenterrassen, wahrlich ausladende Betten, Riesenkühlschränke, Massageduschen und viel stilvoll gestalteter Raum. Laut Aussage des Managers gibt es angeblich keine Beschränkung bei der Belegung der Zimmer mit Gästen (jedoch Aufpreis). Im gleichen ansprechenden Stil gehalten, ist die Lounge mit angeschlossener Bar und Restaurant, die sich von gemütlichen Sitznischen im hinteren Bereich bis zum Strand zieht. Gäste erhalten 15 % Rabatt auf die coolen Cocktails, fruchtigen Margaritas, Weine und ansprechenden Gerichte. Juli bis Sept. Villa 250 $, sonst 100–125 $, immer plus 10 % Tax. ℡ 0370/639248, 081/917446052 (mobil), ℡ 0370/639249, www.thegiliislands.com.

Blue Beach I 23. Hinter einem hohen Bambuszaun verstecken sich 13 verschiedenartige Bungalows und A-Frame-Hütten mit Alang-Alang-Dächern. Alle hübsch eingerichtet mit TV, die teureren auch mit DVD-Player, AC und Heißwasser und kleinem Pavillon vor dem Bungalow. Dafür verfügen die Bungalows mit Fan über hübsche Open-Air-Bäder. Zur Hochsaison 500.000–800.000 IDR, in der Nebensaison die Hälfte. ℡ 0370/623538, 623846.

Jessica Homestay 24. Im Haus werden 3 einfache, 2011 renovierte Zimmer in verschiedenen Größen angeboten. Das geräumigste bietet Platz für 6 Personen und verfügt über eine Veranda sowie ein kleines, sauberes, gefliestes Bad. Die Partykönige werden sich wohl eher im vordersten Zimmer Richtung Straße einquartieren, von dessen Balkon man einen genialen Blick auf die Strandpromenade genießt. DZ 250.000–500.000 IDR. ℡ 087/864523694 (mobil).

Sama-Sama Bungalows 32. Ein paar schön eingerichtete Lumbungs sowie zwei gut ausgestattete Zimmer warten auf Gäste. Alle hübsch dekoriert und gut ausgestattet mit großen Holzbetten, Safe, TV, DVD- und CD-Player sowie herrlich großen Veranden mit Korbmöbeln. Die Bäder in den Lumbungs befinden sich im EG und sind sauber und gefliest. Bücher und Filme zum Zeitvertreib können im Resort ausgeliehen werden. Natürlich ist es hier aufgrund der angeschlossenen Bar nicht immer ganz ruhig. Dafür nette Atmosphäre und gute Lumbungs in Partynähe. DZ 50–65 $. ℡ 0370/621106, www.thesamasama.com.

Flush Bungalows 17. In entspannter Hippie-Atmosphäre und mit rustikalem Charme werden leicht überteuerte Zimmer mit Fan im Gebäude und neue Lumbungs mit Fan und Kaltwasser vermietet. Zimmer/Lumbung 500.000–600.000 IDR. ℡ 081/917251532 (mobil), zainulping@yahoo.com.

Pesona Resort 41. Hinter zwei gut sichtbaren Swimmingpools und dem beliebten hauseigenen indischen Restaurant verstecken sich auch ein paar gute Schlafgelegenheiten. Für den nicht so üppigen Geldbeutel geeignet sind die kleinen, aber gut eingerichteten Fan-Zimmer (alle mit Safe, Heißwasser), die entweder eine Veranda mit Hängematte oder einen Balkon mit Korbmöbeln haben. Zudem werden 5 helle und mit TV, DVD-Player, Safe und großen Futons ausgestattete AC-Bungalows vermietet, auf deren Veranda man herrlich in der Hängematte entspannen kann. Familien und anspruchsvollere Gemüter kommen in den gut ausgestatteten Villen unter, die zwei Bäder, ein Familien- und ein Vorzimmer sowie eine große Veranda haben. Kann zur Hauptsaison teurer werden. Zimmer 30–50 $, Bungalow 50–85 $, Villa 65–100 $. ✆ 0370/623521, 081/805494876 (mobil), www.pesonaresort.com.

Unique Hotel 🄬. Hier gibt es quietschbunt gestrichene AC-Steinbungalows, umgeben von tropischen Kübelpflanzen, und kleinere dunkle Zimmer mit Betonboden in einem verwinkelten Gebäude. Alle sind mit Safe, Moskitonetz, Hängematte, (nicht immer funktionierendem) Heißwasser, WLAN sowie TV mit DVD- und CD-Player ausgestattet, wobei die Bungalows um einiges hübscher eingerichtet sind als die Zimmer und zusätzlich einen Kühlschrank haben. Auf den Lorbeeren, angeblich das beste Hotel 2008 gewesen zu sein, hat man sich leider ein wenig zu lange ausgeruht: Die Anlage wirkt in die Jahre gekommen, wird aber seit Ende 2011 unter neuem kompetentem Management kontinuierlich umgebaut. So sollen neue Deluxe-Bungalows mit Open-Air-Bädern entstehen – eine Nachfrage lohnt sich. In der Nebensaison stimmt der Preis: 200.000–400.000 IDR, in der Hochsaison wie die meisten Unterkünfte gnadenlos überteuert: 400.000–800.000 IDR. ✆ 087/846694267 (mobil).

Tir Na Nog 🄭. Versteckt hinter dem beliebten hauseigenen Strand-Pub werden in erstaunlich ruhiger Lage 20 AC-Bungalows vermietet. Alle mit genial großen Veranden, gut eingerichtet, mit sauberem Bad (Frischwasser) und Safe. Die teureren Zimmer haben zusätzlich einen eigenen Garten und verfügen über ein halboffenes Bad sowie TV. Im extra abgetrennten Bereich des Gartens sind die 2 Häuser mit eigener Küche und kleinem Pool besonders für Familien oder kleinere Gruppen interessant. Weitere Pluspunkte sind der Pool und der wirklich freundliche Service. Bungalow 65 $, Deluxe-Bungalow 99 $, Haus 180 $. In der Nebensaison bis zu 30 $ günstiger. ✆ 0370/6139463, 081/23754778 (mobil), www.tirnanogbar.com.

Scallywags Resort 🄮. Hinter dem Restaurant kann der Gast genauso stilvoll nächtigen, wie er vorher diniert hat. 10 Bungalows mit eigenem, höchst privatem Bereich verbergen sich hinter einer Steinmauer. Gemütliche Veranda, helle, pieksaubere AC-Zimmer mit großer Minibar, TV, DVD-Player und großem, gestyltem Open-Air-Bad sowie eigenem kleinem Garten. Zum Nachbarbungalow kann auf Wunsch (z. B. bei Familien) eine Verbindungstür geöffnet werden. Neben großer DVD-Bibliothek und WLAN-Anschluss steht den Gästen auch ein großer Überlaufpool zur Verfügung. Diese Adresse mit viel Ruhe und einer Menge Privatsphäre mitten im Zentrum des Geschehens hat dann auch ihren verdienten Preis: Hochsaison 135–150 $, Nebensaison ab 85 $, jeweils plus 21 % Tax und Service. ✆/✉ 0370/631945, ✆ 0370/6145301, www.scallywagsresort.com.

The Beach House Resort 🄯. Die beliebte Anlage kann mit einer großen Bandbreite an Unterkünften aufwarten: Vom traditionellen Fan-Bungalow über relativ geräumige Zimmer und Cottages in verschiedenen Lagen und Größen bis zur Villa mit 4 Schlafzimmern und Pool ist alles dabei. Alle Unterkünfte sind mit Heißwasser und Safe ausgestattet, sauber und variieren in der Qualität und Einrichtung. Die AC-Varianten bieten zusätzlich noch TV, DVD-Player, manche auch einen Kühlschrank. Ausflüge wie Angel- und Schnorcheltrips werden vom freundlichen Personal organisiert. Zudem ist ein beliebtes Restaurant angeschlossen. Die Preise variieren je nach Anzahl der Schlafzimmer. Zimmer 400.000–450.000 IDR, Bungalow 550.000–700.000 IDR, Bungalow mit Pool 850.000–1.150.000 IDR, Villa 1.400.000–2.500.000 IDR. ✆ 0370/642352, ✉ 0370/649365, www.beachhousegilit.com.

≫ Unser Tipp: Hari Puri Lumbung 🄱. In einem nach Edelhölzern duftenden, filigran geschnitzten Kunstwerk wohnen, das können Sie in diesem idyllischen Resort. In einem hübsch angelegten „Irrgarten" voller geschnitzter Figuren liegen die 4 aus Naturmaterialien erbauten AC-Hütten. Diese bieten im OG einen etwas dunklen Schlafraum und einen großen, den Bungalow halb umrundenden Balkon, während man sich unten auf der großen Bambussitzfläche auf gemütlichen Kissen entspannen kann. Daneben findet sich hier wohl das natürlichste, aber auch schönste Open-Air-Gartenbad der Insel. Kein großer Luxus im herkömmlichen Sinne, dafür pure Entspannung für die Seele. Im Zentrum der Anlage thront eine große, voll ausgestattete Villa, in der bis zu 8 Personen ausreichend Platz finden. Bungalow ca. 40 $, Villa 450 $, jeweils plus 21 % Tax und Service. ✆ 0370/643666, 643777. **«**

Hotel Vila Ombak 48. Die älteste und auch bekannteste Ferienanlage der Insel ist mit eigenen Läden, insgesamt 6 Restaurants, Bars und Cafés und einer eigenen Klinik eigentlich schon ein kleines Dorf für sich. Mit auf Luxus gepimpten Reisspeicherhütten, in denen man auf zwei luftigen Ebenen das Leben genießen kann, großzügigen, hellen Zimmern mit Open-Air-Bädern für 2 Personen oder ganze Familien und einem Megapool auf drei Ebenen setzt sich das Resort von anderen Unterkünften auf der Insel ab. Wer hier residieren möchte, muss etwas tiefer in die Tasche greifen: 1.500.000–4.750.000 IDR plus 21 % Tax und Service. Hier gibt es auch einen VISA-Geldautomaten. ✆ 0370/6142336, ✆ 0370/614337, www.hotelombak.com.

Bintang Terawangan 49. Hier endlich einmal was für die echten Low-Budget-Reisenden: Am abgelegenen südwestlichen Strandabschnitt vis-à-vis der hauseigenen Sunset-Bar (und deshalb besonders abends nicht wirklich ruhig) warten bunte, kleine Bungalows auf Anspruchslose. Die betagten Hütten wirken ein wenig so, als hätte man sich hier am Recycling verschiedenster Baumaterialien versucht. Dafür ist das Personal lustig und sympathisch, und der Preis ist der wohl günstigste der Insel. Bungalow ab 90.000 IDR. ✆ 087/850221269 (mobil).

Tanah Qita 15. Auf dem schmalen Areal stehen zwischen üppig wuchernden Bougainvillea-Büschen 4 geräumige Bungalows. Alle aus Naturmaterialien nach dem Vorbild traditioneller Reisspeicherhütten gestaltet und sehr ansprechend eingerichtet: mit weichen Himmelbetten, wallenden Moskitonetzen und steinernen Open-Air-Bädern. In jedem Zimmer gibt es zudem einen kleinen Safe. Einziger Nachteil: Die Terrassen kochen förmlich in der Mittagshitze. Zimmer mit Fan 300.000 IDR, mit AC 400.000 IDR (bei Vorausbuchung). Wer zur Hochsaison vorbeischaut, zahlt auch schon mal mehr. ✆ 0370/6194911, 081/337501041 (mobil), tanahqita@yahoo.de.

Blu d'aMare 14. In hübschen, rustikalen Holzbungalows können große, einfache, aber urgemütliche Räume mit ausladenden

Deep Turbo

1
2 **5**
7
3 **4**
6
8
9
10
11

13 **12**

14
15
16
19
17 **18**

Trawangan Wall

20
21

23
24
27
25 **26** **29**
28 **30**
31
32

35 **33** **34**

36

Pasar Seni
Nacht-
markt
37
Pier

Crative Klinik
38 **39**
40
41

42 **43**

44

45
47

46
48

50 **49**
Sunset Point **52**
51

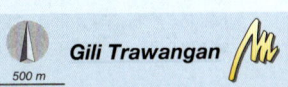

Gili Trawangan

500 m

Betten und farbenfrohen, teilweise offenen Bädern (Frischwasser) bezogen werden. Heißwasser, AC, Moskitonetze und Safe gehören zur Ausstattung. Wer es in Europa nicht gelernt hat, kann jetzt in Lombok die Chance ergreifen und einen italienischen Kochkurs bei den italienischen Besitzern belegen – dieser ist für Gäste kostenlos. Hochsaison 70 $. ✆ 085/857038680, 085/888662490 (mobil), www.bludamare.it.

Coral Beach Pizza 11. In entspanntem Ambiente stehen hier 5 AC-Lumbungs, 2 hölzerne Fan-Bungalows und 3 einfache Standard-Cottages für Gäste bereit. Teils mit hübsch angelegten, halboffenen Gartenbädern, die mit warmem und kaltem Frischwasser versorgt werden. Das überaus sympathische Personal serviert auch kleine Gerichte im angeschlossenen Restaurant. Hauptmahlzeit – Sie ahnen es schon – ist aber Pizza, und zwar aus dem Holzofen (auf die man überaus stolz ist). Der Strandabschnitt vor der Anlage bietet sich gut zum Schnorcheln an. Je nach Ausstattung 450.000–600.000 IDR. ✆ 081/23768534 (mobil). www.coralbeachpizza.com.

Gili View Bungalows 10. An einem dem Auge schmeichelnden Strandabschnitt werden hinter einem kleinen Shop Lumbungs aus dunklem Holz mit AC und sauberen, kleinen Bädern vermietet. Etwas dunkel, mit angenehmer Terrasse. Je nach Saison 300.000–800.000 IDR. ✆ 081/917167925, 081/237008877 (mobil), giliview_bungalows@yahoo.co.id.

Island Beach 9. 3 geräumige, hohe Lumbungs mit holzverschalten Bädern und Fan. Auf den Aufenthaltsplattformen unter den Hütten kann man sich so richtig ausbreiten. Verleih von Schnorchelequipment, schließlich gibt es an diesem Strandabschnitt ein herrliches Schnorchelrevier. Lumbung ca. 600.000 IDR. ✆ 081/805706626 (mobil).

Beachcombers 7. Auf dem gepflegten Gelände verteilen sich 4 moderne, neue und sehr saubere AC-Bungalows. Alle sind geräumig und hell sowie mit einem großen Bett, schönen Heißwasser-Bädern, dunklem Holzfußboden sowie DVD-Player ausgestattet. Die großen Fenster sorgen nicht nur für ein helles, freundliches Ambiente, sondern auch für eine umwerfende Aussicht aufs Meer – zumindest in der ersten Reihe. In der Freundlichkeit stark schwankendes Personal und sonderbarer Boss. In letzter Zeit vermehrt negative Kritiken. Im

angeschlossenen Shop kann das Nötigste besorgt und auch Schnorchelausrüstung ausgeliehen werden. Bungalow ab 500.000 IDR, zur Hochsaison auch schon mal 1.500.000 IDR, bei Aufenthalten ab 4 Nächten ist ein Rabatt möglich. ✆ 087/863333309, 081/803666598 (mobil), beachcombers.bungalows@gmail.com.

Coral Beach 1 5. Sehr freundlich, unglaublich entspannt und in guter Strandlage. Zur Auswahl stehen eine Handvoll AC- und Fan-Bungalows aus Stein oder mit Bambusmatten verkleidet. Alle sauber, mit eigener Veranda, teils mit halboffenem, kreativ gestaltetem Bad. Seit Neuestem sind auch 5 nagelneue Lumbungs im Angebot. Ein tolles, relativ günstiges Strandrestaurant bietet zur großen Cocktailauswahl umwerfende Blicke auf den Sonnenuntergang. In den pittoresken Strand-Bales oder den gemütlichen Sitzecken lassen sich die leckeren Holzofenpizzen (ab 45.000 IDR) sowie viele europäische Gerichte genießen. Je nach Saison und Bungalow 200.000–600.000 IDR. ✆ 0370/639890, 081/23768534 (mobil).

Pondok Windy 2. Hinter einem chilligen Strandrestaurant kann der Gast zwischen 8 hölzernen Lumbungs mit halboffenen Bädern und Safe oder verschiedenen kleinen A-Frame-Hütten wählen. Die meisten mit AC, manche sogar mit Kühlschrank. Einige sind schon etwas in die Jahre gekommen, andere aber brandneu, deshalb erst schauen, dann einziehen. Das Restaurant offeriert zwar die gängige Standardkarte mit Gerichten ab 30.000 IDR (BBQ ab 55.000 IDR), eignet sich mit den hübschen Strandpavillons aber perfekt zum Genießen des Sonnenuntergangs. Zudem sind die Cocktails hier mit 30.000–60.000 IDR wirklich günstig. Später werden oft Lagerfeuer angezündet. Preise variieren je nach Saison, Wahl der Hütte und Verhandlungsgeschick: 250.000–750.000 IDR. ✆ 081/353436936, 081/236860221 (mobil), pondok_windy@yahoo.com.

Alam Gili 1. In einem wunderschönen, lauschigen Garten voller duftender Pflanzen verteilen sich 7 verschiedene, aber immer wunderschön gestaltete Unterkünfte. Die balinesische Leitung ist schon am reichen Dekor und den verzierten Türen zu erkennen. Immer wird Wert auf viel Platz zur Entspannung gelegt, was sich in Tagesbetten und Sofas auf den großen Terrassen widerspiegelt. Die günstigsten Gartenbungalows sind nur mit Fan ausgestattet, können dafür aber mit einem begrünten Open-Air-Bad aufwarten. Wer mehr zahlt, bekommt nicht nur mehr Platz – bei der teuersten Option sogar zwei Etagen mit 2 Bädern –, sondern auch einen Fernseher mit DVD-Player, AC und reichhaltigere Dekorationen. Das unglaublich freundliche Personal, der kleine, tiefblaue Salzwasserpool sowie das angeschlossene Restaurant sind weitere Pluspunkte. Bungalow mit Fan 55 $, mit AC 75–95 $, jeweils plus 15 % Tax, Extrabett 15 $, Kinder bis 12 J. frei. ✆ 0370/630466, ✆/✉ 0361/974629 (über Alam Indah auf Bali), www.alamgili.com.

New Savana Beach ▨. Unter neuem Management erstrahlt die von Grund auf renovierte Anlage im neuen Kleid. Auf Gäste warten unterschiedlichste Räume, teils im Lumbung-Stil mit modern designten Bädern. Alle mit AC, TV und Frischwasser. Für Familien stehen Familienzimmer zur Verfügung. Für einen Hauch von Disneyland sorgt das große Restaurant in Schiffsform, das am herzförmigen, von Delfinwasserspeiern gespeisten Pool ankert. Bungalow 650.000–800.000 IDR, ✆ 0370/643153, 021/30012411 (Jakarta).

Karma Kayak ▨. Die herzlichen und hilfsbereiten Besitzer haben an dem ruhigen Strandabschnitt kreative Arbeit geleistet. Die Räume sind nach Ländern bzw. Reisezielen wie Karibik, Lombok, Bali, Afrika, Orient, China oder Indien benannt, entsprechend dekoriert und liebevoll in passenden Farben verziert. Alle sind sehr sauber, hell und geräumig sowie mit ausladenden, gemütlichen Veranden, Fan oder AC, Safe, teilweise mit hohen Decken und individuell gestalteten Bädern mit Heißwasser ausgestattet. Die leidenschaftliche Kajakfahrerin unter den Besitzern bietet auch Ausflüge und Tagestouren an. Und im offenen Restaurant werden leckere Tapas (10.000–30.000 IDR), Snacks, Schwarzbrot und Salate serviert. Wer mehr Privatsphäre wünscht, nimmt sein BBQ einfach mit an den Strand. Zimmer ca. 600.000 IDR, Nebensaison ab 450.000 IDR. ✆ 081/803640538, 081/805593710 (mobil), www.karmakayak.com.

Desa Dunia Beda ▨. Unglaublich ruhig und idyllisch – die großen Fan-Bungalows sind im javanischen Stil komplett aus Holz gebaut und laden mit 80 m² zum Ausbreiten in großem Stil ein: viele Sitzgelegenheiten, ein herrliches Open-Air-Bad (mit Salzwasserdusche und Frischwasser-Mandi) sowie viele Holzmöbel und große Himmelbetten. Durch die luftige Bauweise wird die Klimaanlage so gut wie überflüssig. Wer den-

Auf den „Straßen" von Gili Trawangan

noch nicht auf diesen – hier wirklich nicht nötigen – Luxus verzichten möchte, kann in die kleineren, aber immer noch geräumigen AC-Bungalows ziehen. Eine Familienvilla mit zwei Schlafzimmern, TV und DVD-Player ist auch vorhanden. Vom schönen Salzwasserpool mit Sonnendeck blickt man wahlweise auf das Restaurant oder das wogende Meer. Bungalow 110 $, Familienvilla 160 $, jeweils plus 21 % Tax und Service. ✆ 0370/641575, 081/1390676 (mobil), ✉ 0370/641585, www.desaduniabeda.com.

Good Heart ▨. Beliebte, aber zur Hochsaison leider gnadenlos überteuerte Adresse an einem hübschen Strandabschnitt. Zwischen tropischen Pflanzen reihen sich eng an eng kleine A-Frame-Hütten und etwas geräumigere Lumbungs. Alle mit AC und Open-Air-Bädern mit Heißwasser (Frischwasser), manche mit TV ausgestattet. Fahrradvermietung vorhanden, ein Restaurant nicht. Anfang 2012 herrschte eine rege Bautätigkeit auf dem Grundstück, in Planung sind enge, etwas günstigere Räume. Bun-

Lombok → Karte S. 424/425

galow 1.000.000 IDR plus 5 % Service. Zur Nebensaison ab 600.000 IDR. ℘ 0370/630255, 081/338066221 (mobil), www.goodheartbun galow.com.

Im Hinterland Von Jahr zu Jahr eröffnen immer mehr Unterkünfte abseits der strandnahen Ringstraße. Besonders zur Hochsaison können hier noch günstige Zimmer gefunden werden.

Permata Bungalows 🗵. Im Inland der Insel gelegen. Im begrünten Hinterhof werden im Haus 4 einfache Zimmer mit TV und kleinem Bad angeboten. Wirklich überzeugend waren die Bungalows aus dunklem Holz, ausgestattet mit geräumigen Open-Air-Bädern und großen Betten mit Moskitonetzen. Freundliches Personal. Zimmer ab 250.000 IDR, Bungalow zur Hochsaison ca. 400.000 IDR, zur Nebensaison erheblich günstiger. ℘ 087/861746390 (mobil).

Trinacria Village 🗵. Wählen Sie Ihr AC-Zimmer nach Farbe und Laune – ob Blau, Pink oder Rot mit farblich jeweils passendem Dekor und Bildern sowie Buntglasfenstern. Alles sehr gepflegt, mit großen Betten, Kühlschrank, TV mit DVD-Player, Safe und Warmwasser-Bad (Frischwasser), Bidet und abgetrennter Dusche. Der italienische Chef sorgt für gute Stimmung (sofern der richtige Fußballclub gewonnen hat), die sich auch auf die Laune des sehr freundlichen Personals auswirkt. WLAN für Gäste kostenlos. Natürlich ist auch ein italienisches Restaurant 🗵 mit Schwerpunkt auf Holzofenpizza angeschlossen. DZ 650.000 IDR, wer auf Heißwasser und AC verzichten kann, zahlt (je nach Verhandlungsgeschick) weniger. ℘ 081/338434211 (mobil), www.trina criaoro.com.

Coconut Dream 🗵. Etwa 200 m im Inland offeriert der sympathische Besitzer in einem wundervoll ruhigen Gärtchen eine Handvoll liebevoll gestalteter Bungalows. Besonders zu empfehlen sind die neugebauten, geräumigen Lumbung-Hütten. Pieksauber, mit großen Betten, AC und herrlichen Open-Air-Bädern aus Vulkangestein. Für Gruppen bis zu 5 Pers. stehen ältere, aber renovierte Cottages zur Verfügung, die allerdings viel angenehmer zu zweit zu bewohnen sind. 500.000–800.000 IDR. In der Nebensaison um Längen günstiger. ℘ 0370/628530, 081/353420926 (mobil).

Aaliku Bungalows 🗵. Nur 5 Min. vom Strand entfernt, bietet diese ruhige Anlage Unterkünfte in unglaublich freundlicher At-

mosphäre. Zur Verfügung stehen helle, hübsch eingerichtete Zimmer in doppelstöckigen Gebäuden sowie Bungalows, einige mit offenen Gartenbädern, andere mit herrlichem Ausblick von der Veranda. Alle sehr sauber, mit angenehmen Dekorationen, Frischwasser. Einige mit TV und DVD-Player, andere mit Kühlschrank. Zimmer/Bungalow mit Fan 500.000–600.000 IDR, mit AC 600.000–700.000 IDR. ℘ 081/916296536, 081/805203922 (mobil), www.aaliku.com.

Woodstock Home Stay 🗵. Hier wohnt man in tollen Bungalows aus Naturmaterialien, die nach Musikgrößen wie Jimi Hendrix oder Carlos Santana benannt sind. Alle sind individuell und hübsch eingerichtet und mit Heißwasser, bambusverkleideten Bädern, Moskitonetzen und Fan ausgestattet. AC in Planung. Die Family Cottages sind sogar zweistöckig, damit genug Platz und Privatsphäre für alle sichergestellt ist. Entlang der Salzwasserpools können Gäste auf quietschbunten Couchliegen entspannen. Schon allein das geniale, reichhaltige Frühstück ist ein Grund, hier zu übernachten. Zudem hat das Resort ein grünes Herz: Der Strom wird aus Solarenergie gewonnen, die Bungalows wurden aus umweltfreundlichen Materialien gebaut und viele Kräuter, Obst- und Gemüsearten kommen aus dem eigenen Öko-Garten. Freundliches Personal, relaxte Atmosphäre, deutsch-balinesische Leitung. Bungalow 400.000 IDR, Family Cottage 650.000 IDR. ℘ 081/23967744, 082/147655877 (mobil), www. woodstockgili.com. ▪

Matahari Bungalow 🗵. Etwa 100 m landeinwärts werden 10 quietschorangene Bungalows zwischen Bougainville und anderen Blumen vermietet. Etwas in die Jahre gekommen, aber freundlich. Cottage je nach Größe, Saison und Belegung 150.000–450.000 IDR. ℘ 081/23764533 (mobil), matahari _inngt@nz.com.

Eden Cottages 🗵. Nur 2 Min. vom Strand entfernt, blicken hier 3 blitzsaubere, helle Steinbungalows mit Alang-Alang-Dach auf einen herrlich dunkelblauen Pool (drei weitere sind geplant). Alle Zimmer sind mit großen Rattanbetten, AC und LCD-TV mit DVD-Player ausgestattet. Die Anlage ist brandneu, deshalb auch noch wenig begrünt, dafür wimmelt von hohen Kokosnusspalmen. DZ 550.000 IDR, zur Nebensaison 350.000 IDR. ℘ 081/917996151 (mobil), www.edencottages.com.

Essen & Trinken/Nachtleben (→ Karte S. 458/459)

Café Moz.art 18. In original inseltypischem Ambiente sitzt man in kleinen strohgedeckten Berugas mit Blick aufs Meer und isst – Apfelstrudel. Komisches Gefühl, hilft allerdings dem einen oder anderen gegen das kulinarische Heimweh. Natürlich werden auch weitere Spezialitäten der Donaumonarchie wie Wiener Schnitzel, Sachertorte und Gulasch neben einer feinen Auswahl an lokalen Speisen kredenzt. Die Preise sind wegen der gebotenen Exotik ein wenig gehoben, der Service allerdings genauso entspannt wie die Atmosphäre.

Wrap A. Snapper 30. Kleines Restaurant mit Take-away und Lieferservice, das sich auf Fish'n'Chips, Burger und Sandwiches spezialisiert hat. Wobei die Burger durch ihr Volumen schon die eine oder andere Maulsperre verursacht haben. Eine Salatbar sorgt für die Vitaminzufuhr. Hat der Magen Heimweh, so ist dies ein guter Ort. Lieferservice ✆ 0370/624217.

Gili Deli 34. Der deutsche Bäcker Klaus backt Brot, das liebevoll in „Design Wraps", Bagels, Panini und reich belegte Baguettes verwandelt wird. Zudem stehen interessante Vitaminkreationen wie Gartensalat mit warmem Hüttenkäse auf der Karte. Auf Sauberkeit wird nicht nur beim Waschen des Salats (mit Trinkwasser) geachtet. Guter Platz für den Snack beim Warten aufs Boot.

Beautiful Life 39. Wer die Mindestbestellung von 30.000 IDR/Pers. erfüllt, kann aus über 500 Filmen und Playstationspielen auswählen und in lustig gelben Boxen am Strand dem Medienkonsum frönen. Dazu bietet sich der Genuss von Crêpes, Eiscreme und Popcorn an, aber auch vollständige Gerichte stehen zur Auswahl.

Sama Sama 32. Ein guter Platz für relaxte Partys. Zu regelmäßig auftretenden Livebands genehmigt man sich einen der günstigen Cocktails, auf die schon die unkonventionellen Beschreibungen neugierig machen, oder eines der teureren Biere. Gute Stimmung und nette Leute. Wer Hunger hat, kann getrost die Speisekarte mit europäischen und indonesischen Gerichten antesten.

Pesona 41. Wen die Lust auf indische Küche einholt, ist hier genau richtig. An kleinen Liegetischen am Strand oder im landestypisch dekorierten Restaurant kann man sich durch Klassiker wie *Biryani*-Reis, *Palak Paneer* mit Käse aus eigener Herstellung, Leckereien aus dem Tandoori-Ofen oder eine Auswahl an frischgebackenen Broten und selbstgemachten *Raitas* und *Chutneys* schlemmen. Zeitweise recht kleine Auswahl, dafür wird daneben auch frisches Seafood gegrillt. Das Dinner lässt man dann am besten in einer Shisha-Runde mit Blick aufs Meer ausklingen. ✆ 0370/623521, 081/805494876 (mobil), www.pesonaresort.com.

Gili Gelato 43. Ein leckeres Eis für zwischendurch lässt sich hier günstig mit auf den Weg nehmen. Leider nur die klassischen Sorten.

Tir Na Nog 44. Freundlicher Pub mit großer Bar, an der besonders zwischen 19 und 22 Uhr die Happy Hour gefeiert wird. Der Höhepunkt sind die Sportübertragungen, die zu späterer Stunde von einem DJ abgelöst werden. In den kleinen Hüttchen können Filme zu Pub Grub (ab 40.000 IDR), Salaten oder Holzofenpizza angeschaut werden. Natürlich wird hier auch Sushi aus dem angeschlossenen japanischen Restaurant **Ryoshi** serviert. Einmal in der Woche lädt der Pub zur großen Party.

Cidomos warten auf Kunden …

>>> Unser Tipp: Scallywags 47. Die Adresse schlechthin für ein gelungenes Dinner am Meer. Mittags liegt der Schwerpunkt auf den kreativ belegten Bagels, Panini und Wraps (ab 45.000 IDR) aus der eigenen Bäckerei sowie ausgefallenen Suppen und Salaten (ab 30.000 IDR). Abends läuft das Fischrestaurant mit mediterraner und internationaler Küche zu Hochform auf und ergänzt das Angebot durch Tapas, ein beliebtes BBQ (35.000–100.000 IDR inkl. Beilagen und Salat) und eine herrliche Salatbar. Untermalt wird die Schlemmerei mit lockerer Loungemusik, die spontan in Gamelan-Klänge wechselt, und wer dringend seine Mails checken muss, kann das WLAN im Restaurant nutzen. Wahrlich „wagalicious"! ✆/☏ 0370/ 631945, www.scallywagsresort.com. **<<<**

Sunset Paradise Bar 52. Hierher pilgert man zum Sonnenuntergang. Auf Gili Trawangan schon fast eine Pflicht! An der großen Bambusbar werden eiskalte Getränke serviert, nach Einbruch der Dunkelheit oft Fireshows geboten und Lagerfeuer entzündet. Etwa 150 m weiter westlich bietet sich die Sunset Bar 50 als Alternative an. Etwas weniger professionell, dafür mindestens genauso laut und sehr sympathisch.

Karma Kayak Restaurant 3. In kommunikativer Runde kann man hier leckere, günstige Tapas in allen erdenklichen Variationen (10.000–30.000 IDR), würzige Aufstriche zu echtem Schwarzbrot, Pommes oder knackigen Salaten schlemmen. Natürlich gibt es auch die gängigen Gerichte sowie verschiedene Snacks. Wer mehr Privatsphäre wünscht, kann das vorbestellte BBQ to go einfach an der gewünschten Stelle am Strand aufschlagen (65.000 IDR). Die herzliche Besitzerin lässt keine Wünsche offen. ✆ 081/803640538, 081/805593710 (mobil), www.karmakayak.com.

>>> Unser Tipp: Café Kecil 25. Ein süßes kleines Warung-Restaurant, im Dorf gelegen, nicht weit vom Trinacria Resort. Hier bekommt man gute einheimische Küche zu einem top Preis-Leistungs-Verhältnis. *Pelecing Ayam*, *Tempeh*-Burger, *Nasi Campur* oder gegrillten Fisch gibt es zum Preis von 10.000 bis 50.000 IDR. Auch ein paar europäische Gerichte wie Spaghetti oder Boeuf Stroganoff stehen auf der Karte. Gegessen wird entweder in den gemütlichen Berugas oder an den kleinen Holztischen. Nette, entspannte Atmosphäre. **<<<**

Nachtmarkt . Gegen Abend gehen bei den zahlreichen Essensständen die Lichter an. Je nach Lust und Laune kann man aus verschiedensten asiatischen Gerichten – von Saté bis hin zum Thai-Curry – wählen. Für Trawangan-Verhältnisse unschlagbare Preise.

Gili Meno

Der perfekte Ort für Ruhesuchende! Auf Gili Meno stört kein Partytrubel den Frieden oder den leichten Hauch von Melancholie, der diese Insel umweht. Wer hier landet, hat nicht viel zu tun, außer in der Hängematte zu liegen, das eine oder andere Buch zu lesen und ab und an zu einem Spaziergang oder einer Schnorcheltour aufzubrechen.

Auf der kleinsten der drei Gili-Inseln leben nur ca. 300 Menschen, die meisten davon in dem im Hinterland gelegenen Dörfchen. Auf der Ostseite südlich des Bootsanlegers konzentrieren sich entlang des schönsten Strandes der Insel die meisten Unterkünfte. Wer allerdings einfache und mit viel Travellercharme ausgestattete Resorts sucht, versucht es besser an der Nordwestküste, auch wenn der dortige Strand schmal und mit Korallenschrott durchsetzt ist. Dafür entschädigen die Schnorchelmöglichkeiten, wie sie etwa die **Gili Meno Wall** bietet, die sich gut 300 m die Küste entlangzieht. Wer schlau ist, steigt kurz vor dem Leuchtturm ins Wasser und lässt sich von der Strömung wie mit einer Unterwasser-U-Bahn bis zum Resort Sunset Gecko mitnehmen. Ein weiterer guter Schnorchelplatz befindet sich etwas südlich eines kleinen Salzwassersees, erreichbar über den ausgedienten Bootssteg des geschlossenen Bounty-Resorts.

Wer nach dem Schnorcheln noch Lust auf eine andere tierische Spezies verspürt, kann dem **Taman Burung** im Herzen der Insel eine Besuch abstatten, wo Vertreter zahlreicher asiatischer und australischer Vogelarten zu begutachten sind (tägl. 9–17 Uhr, Eintritt 50.000 IDR). Wieder in Richtung Unterwassertierwelt orientiert man sich bei einem Abstecher zum **Turtle Sanctuary**, das sich der Aufzucht bedrohter Meeresschildkröten widmet. Die Eier der Tiere werden eingesammelt, sodass die Jungtiere in behüteter Umgebung schlüpfen können, um später wieder in die freie Natur entlassen zu werden. An den niedlichen Schildkrötchen, die in mehreren Becken am Strand herumwuseln, werden nicht nur Kinder ihre Freude haben. Spenden sind natürlich willkommen, genauere Infos zum Projekt erhält man unter www.gilimenoturtles.com.

Basis-Infos (→ Karte S. 467)

Einkaufen Nachschub für Leseratten gibt es in der winzig kleinen **Bücherbox 8**. Lebensmittel, Softdrinks und die notwendigsten Dinge für Backpacker verkauft Ali in seinem **Mini Shop 12** am Anlegesteg. Gut ausgestattet mit Drogerieartikeln, Schreibwaren und Lebensmitteln ist der **Rust Shop 13**. Die Preise sind allerdings teilweise gesalzen.

Tauchen **Blue Marlin** hält PADI-Kurse auch auf Deutsch und Englisch ab. Getaucht wird vorwiegend in den Gewässern rund um die Gilis in Gruppen von 2–5 Pers. Auch Pakete im Angebot. ✆ 0370/639979, www.bluemarlindive.com.

Übernachten (→ Karte S. 467)

Good Heart 7. Hinter einem beliebten Restaurant gleichen Namens stehen mehrere kleine, etwas in die Jahre gekommene zweistöckige Bungalows. Unten befindet sich das (ältere) Bad, oben der kleine Schlafraum mit Fan und Moskitonetz. Eine kleine Renovierung würde Wunder bewirken. Das relaxte Strandrestaurant trägt zur guten Stimmung bei. Auf Holz-Bales genießt man mit anderen Travellern einen leckeren Cocktail zum Sonnenuntergang. Je nach Lage 300.000–350.000 IDR. ✆ 081/339556976 (mobil).

Lombok → Karte S. 424/425

Jepun Bungalow [11]. 6 urige, grasgedeckte Lumbung-Hütten mit Fan, 2 saubere Steinbungalows mit gefliestem Boden sowie ein geräumiger Familienbungalow mit zwei Schlafzimmern warten auf Gäste. Alle mit Open-Air-Bädern. Zimmer mit Fan je nach Saison 27–45 $, mit AC 37–55 $, Family Room (4 Pers.) 50–75 $, jeweils plus 10 % Tax. ☎ 081/917394736 (mobil), www.jepun bungalows.com.

Villa Nautilus [15]. 5 gestylte Villen, gebaut aus feinsten Materialien wie Marmor und dunklem Tropenholz. Man wohnt auf zwei Etagen, wobei man oben schläft und im EG auf den gemütlichen Sitzgruppen relaxt oder sich auf der Sonnenfläche bräunt und in den grünen Garten blickt. Toilette und Bad sind getrennt und warten mit Heißwasser auf. Natürlich sind auch AC, Fan und Safe vorhanden. Hochsaison 99 $, Nebensaison ab 78 $, plus 20 % Tax und Service. ☎ 0370/642143, www.villanautilus.com.

Mallias Child Bungalows [16]. Am wunderschönen Strandabschnitt wurden 8 traditionelle Doppel- sowie Singlebungalows aus Bambusmatten und Holz in Reihe gebaut. Die einfachen Häuschen blicken alle aufs Meer, sind sauber und mit Fan, Moskitonetzen sowie älteren Bädern mit Frischwasser ausgestattet. Hochsaison ab 400.000 IDR plus 21 % Tax und Service. ☎ 0370/622007, 081/917323327, 085/937075663 (mobil), http://malliaschild.com.

Gazebo Meno [18]. Umgeben von vielen schattenspendenden Nadelbäumen stehen die Hütten in großem Abstand zueinander. Die 4 Fan-Zimmer mit großen Terrassen sind innen schöner, als das Äußere vermuten lässt. Unter der hohen Decke warten geschnitzte Möbel und ein gefliestes, sauberes Bad. Die hellen AC-Zimmer sind in Doppelbungalows untergebracht, haben Teakholzböden und auf kleinen Podesten gebaute Betten sowie zwei Terrassen und hübsche Außenbäder. Vielleicht ein wenig teuer, dafür entschädigen der tolle Strandabschnitt sowie das zuvorkommende Personal und (falls in Betrieb) der kühlende Pool. Zimmer mit Fan ab 55 $, mit AC ab 85 $. ☎/☏ 0370/635795, ☎ 0361/288425, gmeno @peneedaview.com.

🐟 **Tao Kombo** [17]. Ein wenig im Hinterland liegt dieses grundsympathische Resort, das mit seiner ruhigen, relaxten Atmosphäre und den einfachen Unterkünften aus Naturmaterialien v. a. die Bedürfnisse von Backpackern befriedigt. 8 einfache, aber individuell gestaltete Bungalows: Von der Reissspeicherhütte mit offenem Bad bis zum Bambusmattenbungalow mit erhöhtem Bett und lustig rotem Bad steht den Gästen alles offen. Auch zwei simpelste Backpackerhütten, die lediglich durch Bambusvorhänge geschlossen werden, warten auf abenteuerlustige Reisende. Der grüne Garten birgt auch ein Restaurant, in dem schmackhafte Sasak-Küche serviert wird, eine beliebte Bambusbar sowie eine kleine Bibliothek und hat Platz für Aktivitäten wie Billard und Badminton. Zudem machen sich die Betreiber in zahlreichen Hilfs- und Umweltprojekten stark für die Einheimischen und ihre Umwelt. Bungalow 30–40 €, Family Room 45–55 €, Hütte 23–27 €. ☎ 081/23722174 (mobil), www.tao-kombo.com. ∎

Kontiki Meno [20]. Hübsche, aber einfache Bungalows und Zimmer mit Bambusmattenwänden und eigenem Bad. Teils mit AC, teils mit Fan. 300.000–550.000 IDR. ☎ 0370/632824, www.kontiki-cottage.com.

Biru Meno [21]. Am südöstlichsten Zipfel der kleinen Insel, in direkter Strandlage sind 8 ansprechende Steinbungalows mit gestalteten Stein- und Bambusmattenwänden im Angebot. Einige etwas dunkel, mit angenehmen Möbeln und gemütlichen Bambussitzecken auf den großen Terrassen. Die Bäder werden mit kaltem Salzwasser versorgt. Zur Zeit der Recherche war allerdings nur extrem desinteressiertes bis unfreundliches Personal zugegen. Sonst eigentlich ein schöner Ort abseits des Getümmels. Hochsaison 60–70 $, Nebensaison ab 30 $. ☎ 081/339758968 (mobil), birumeno@yahoo.com.

Blue Coral [1]. Lediglich eine Handvoll Bambushütten mit toller Veranda sowie grandiosem Blick aufs Meer und den vorgelagerten Korallengarten. Sehr einfach und ein wenig in die Jahre gekommen, dafür gute Preise: Hochsaison 200.000–300.000 IDR. ☎ 081/75746349 (mobil).

Amber House [2]. In herrlicher Ruhe am nördlichen Zipfel von Gili Meno. Gute, einfache Bungalows aus Bambusmatten und Holz mit mittelprächtigen Open-Air-Bädern (Frischwasser gegen Aufpreis möglich), gemütlichen Bambusmöbeln und Moskitonetzen verteilen sich in einem liebevoll gepflegten, sandigen Garten. Große Veranda mit herrlichem Meerblick. Bungalow ab 250.000 IDR. ☎ 081/337579728 (mobil).

Salzsee

Bootsanlegestelle

★
Gili Meno
Bird Park

Gili Meno

150 m

Soraya ④. Mit Blick auf den Gunung Rinjani werden hier 5 achteckige Bungalows vermietet. Einfach und bereits in die Jahre gekommen, dafür sind die Unterkünfte erschwinglich, und das Personal ist hilfsbereit. Ab 250.000 IDR. ☎ 081/803661195 (mobil).

Royal Reef Beach Club ⑩. Der Name führt etwas in die Irre, denn einen exklusiven, gar königlichen Beach Club darf hier niemand erwarten, eher einen entspannten Platz für Backpacker. In direkter Nähe zum Anlegeplatz finden sich zwischen hohen Nadelbäumen im kleinen Garten 6 einfache Bungalows in V-Formation. Zwischen den Häuschen aus Bambus und Holz wurde genügend Platz für Privatsphäre gelassen, alle sind sauber und nur mit dem Nötigsten eingerichtet. So gibt es lediglich Kaltwasser, einen Fan sowie eine kleine Veranda mit Meerblick. Bis dato stimmt auch noch der Preis: ab 350.000 IDR. ℡ 085/646917343 (mobil).

Bugis Beach 3. Nur ein einsamer Bambusbungalow mit zwei durch eine riesige Veranda verbundenen Schlafkabinen, kleiner Küche und über die Staubpiste gelegenem Bad hinter einer Bambusfassade. Genau richtig für Romantiker, die einen Hauch von Robinsonade erleben möchten! Unzählige Sitzmöglichkeiten zum Lümmeln und Angeben auf der Veranda. Klar gibt es hier keine AC, kein TV und auch kein Warmwasser – die Exklusivität ist trotzdem mehr als offensichtlich. Bis 4 Personen um 350.000 IDR, mit Frischwasser ab 400.000 IDR. ℡ 081/917190261, 085/857264999 (mobil). Vor Ort hilft es meist auch, lautstark vor dem Bungalow zu rufen …

🌿 **Sunset Gecko 9**. Hier wird wirklich was getan! Dieses Eco Resort hat so einiges auf dem Kasten: Das Wasser wird umweltfreundlich wiederaufbereitet, speziell dafür geeignete und noch dazu hautpflegende Seife wird hergestellt, es wird kompostiert, Aufklärungsarbeit geleistet etc.

Ganz nebenbei werden auch noch wirklich gute Unterkünfte angeboten, die nachhaltig und mit Blick auf die Umwelt erbaut wurden. Natürlich ohne AC, aber das braucht hier eh niemand! Ein paar A-Frame-Bungalows und ❣ sehr kleine, zweckmäßige Backpackerzimmer (für 1 bzw. 2 Pers.) in einem Holzhaus teilen sich die grandiosen Gemeinschaftsduschen und sauberen Toiletten. Die 2 kreativ gestalteten Strandbungalows könnten nicht schöner sein, zudem bieten sie Platz auf zwei Etagen und haben ein eigenes Bad. Allerdings wirklich nur ein Tipp für Öko-Fans. Denn wer nicht gewillt ist, seinen Müll fachmännisch zu entsorgen (oder ganz zu vermeiden), Energie zu sparen und nicht die speziellen, recyclebaren Pflegeprodukte benutzen will, ist hier eindeutig fehl am Platze! Das angeschlossene Restaurant serviert sehr schmackhafte Gerichte direkt am Strand. Zimmer 1 Pers./2 Pers. 80.000/140.000 IDR, A-Frame 200.000 IDR, Bungalow 450.000–500.000 IDR, jeweils plus 10 % Tax. Extrapersonen zahlen 20.000 IDR für Frischwasser. ℡ 081/353566774 (mobil), www.thesunsetgecko.com. ■

Entspannen mit Meerblick

Essen & Trinken (→ Karte S. 467)

Auch auf Gili Meno können die meisten Unterkünfte mit einem eigenen Restaurant aufwarten. Das Gros schließt oft schon um 21 Uhr, spätestens aber, wenn die letzten Gäste gegangen sind.

Sunset Gecko 9. Aus frischen Zutaten werden hier leckere Currys mit Tempeh, Fleisch oder Gemüse, frisches Seafood und Satés in verschiedenen Schärfegraden gekocht. Genossen wird das Ganze in hübschen Pavillons oder an kleinen Tischen im Sand. Die entspannte Atmosphäre und der gute Ausblick entschuldigen die längeren Wartezeiten, die man sich getrost mit einem kalten Bier versüßen kann. ℡ 081/353566774 (mobil).

Balenta Café 5. Gleich neben dem Good Heart, in ähnlichem Stil erbaut und mindestens genauso entspannt. In der Hochsaison so gut wie immer geöffnet, in der Nebensaison nur, solange Gäste da sind. Serviert werden die gängigen Standardgerichte zu günstigen Preisen, aber auch Specials wie der leckere *Killer Tempeh Burger* und Sunset-Cocktails.

Rust Restaurant 🔢. Schon aufgrund der Lage das bekannteste Restaurant. In pittoresk am Anlegesteg liegenden Pavillons blickt man auf die Wellen und träumt bei einem Fruchtshake in den Tag. Gegen den Hunger können indonesische sowie einige europäische Snacks bestellt werden.

Sentigi Café 🔢 und Warung Ana 🔢. In der Nähe der neuen Bootsanlegestelle kann man in diesen beiden Restaurants den Hunger zu wirklich günstigen Preisen in sehr schöner Atmosphäre stillen. Beide kochen simple, aber schmackhafte Gerichte, die gemütlich in den wenigen Berugas am Mangrovenstrand verkostet werden können.

Tao Kombo 🔢. Ob Sie nun in der Jungle Bar den Rhythmen von Livebands lauschen und tropische Cocktails konsumieren oder sich lieber das BBQ sowie würzige, frische Gerichte der Sasak-Küche einverleiben wollen – gute Stimmung, frische Qualität und relaxte Atmosphäre sind garantiert. Und das Ganze noch zu wirklich fairen Preisen!

Mallias Child 🔢. An einem besonders pittoresken Abschnitt im Südosten der Insel gelegenes, sehr beliebtes Strandrestaurant, das sich besonders gegen Abend füllt. Spezialität ist die knusprige Holzofenpizza (ab 40.000 IDR). Aber auch viele Currys, kleine Snacks und große, frische Salatschalen können in den gemütlichen Rundecken, strohgedeckten Berugas am Strand oder direkt im Restaurant gegessen werden.

Gili Air

Das ideale Ziel für Unentschlossene, die weder allgegenwärtigen Partytrubel noch absolute meditative Ruhe suchen.

Was Gili Air (noch) von den anderen Inseln unterscheidet, ist, dass selbst in der Hochsaison die knapp 1400 Bewohner nicht in der Unterzahl sind. Leben, Schlemmen und Relaxen finden überwiegend an der Ostseite der Insel statt, wo entlang des hübschen Strandabschnitts eine Restaurantmeile entstanden ist. Korallen und Seeigel können das Badevergnügen trüben, erfreuen aber Schnorchler. Die Korallenriffe haben zwar schon bessere Zeiten gesehen, bieten aber ein abwechslungsreiches Betätigungsfeld als Kontrast zum süßen Nichtstun.

Basis-Infos (→ Karte S. 471)

Einkaufen   Kleine Lädchen wie der Ina Shop gleich neben Resota Bungalow oder der Ozzy Shop 🔢 versorgen die Reisenden mit dem Notwendigsten wie Seife, Softdrinks und Batterien.

Fahrräder   Im Ozzy Shop 🔢, bei 7 Seas 🔢 und Gili Gita 🔢 kann man Fahrräder mieten.

Internet/Telefon   Ozzy Shop 🔢, Internetplätze, Telefongespräche sowie Ticketservice für Flüge. Nimmt VISA- und Mastercard.

Spa   Nagelneu und ultrabeliebt zeigt sich das Spa Bulan Madu im gleichnamigen Resort. Hier kann man sich nicht nur von oben bis unten massieren lassen, auch Körper und Geist werden mit traditionellen Jamu-Behandlungsmethoden geheilt. Die Preise sind etwas gehoben, dafür ist die Behandlung spitze.

Tauchen   Blue Marlin 🔢 mit PADI-Kursen auch auf Deutsch und Englisch. Getaucht wird vorwiegend in den Gewässern rund um die Gilis in Gruppen von 2–5 Pers. ✆ 0370/634387, www.bluemarlindive.com.

Der PADI- und SSI-Anbieter Manta Dive 🔢 unterhält eine Tauchbasis auf Gili Trawangan und seit 2008 auch auf Gili Air. Eine Besonderheit sind die 2-tägigen Freediving-Kurse. Sehr freundliche Mitarbeiter. ✆ 0370/643649, 081/237889378 (mobil).

Dream Divers 🔢 unter deutscher Leitung ist sowohl auf Gili Air als auch auf Gili Trawangan zu finden. Interessant ist hier der Open-Water-Kurs (max. 4 Pers./Tauchlehrer), der neben den üblichen 3 Freiwassertauchgängen auch in das Nitroxtauchen einführt. Gili Trawangan, ✆ 0370/634496. Gili Air, ✆ 0370/634547. Büro in Senggigi ✆ 0370/693738, www.dreamdivers.com.

Übernachten

Auf Gili Air sind die meisten Anlagen kleiner gehalten als auf den anderen Inseln und so gut wie alle bieten ein familiäres Ambiente. Gerade in den günstigen Anlagen duscht man mit Salzwasser, und auch mit Stromausfällen ist oft zu rechnen.

Hotel Gili Air 1. Hinter einem klaren, runden Pool, der von vielen schön angelegten Schattenplätzen umgeben ist, erstreckt sich das weitläufige Areal, in dem mehrere Doppelbungalows aus Stein und Holz in vier Preiskategorien stehen. Die günstigsten Bungalows im traditionellen Stil mit offenen Bädern. In den höheren Kategorien bekommt man Steinbungalows, die mehr Platz, größere Bäder sowie eine bessere Ausstattung (Bambusmöbel, TV, AC, Minibar) haben, allerdings in etwas sterilerem Ambiente. Ein Restaurant direkt am Strand serviert etwas teurere, vorwiegend europäische Küche. große Auswahl an selbstgemachter WLAN-Anschluss gegen Gebühr. In der Hochsaison Bungalow mit Fan 75 $, mit AC 90–125 $, Extrabett 24 $, Halb- und Vollpension gegen Aufpreis. ☎ 0370/6621448, 643580, 🖂 0370/634435, info@hotelgiliair.com.

Sandy Cottage, hat relativ neue Bungalows und Lumbung – wahlweise aus Stein mit AC oder aus Holz mit Fan – im Angebot. Zur Nebensaison richtig günstig aber auch zur Hochsaison mit 300.000-550.000 IDR bezahlbar. Mobil 081/23789832.

Pelangi Cottages 5. Einfache Bambus-Cottages mit großen Betten, älteren gefliesten Bädern und Kaltwasser. Einige mit Bambusmattenwänden und Holzboden, andere aus Stein. Daneben sind zwei neue AC-Bungalows im Angebot. Mit Fan 400.000 IDR, mit AC 600.000 IDR. ☎ 081/933168648 (mobil).

Legend Reggae Island Bungalows 4. Hinter der relaxten Bar, die von nettem, lustigem Personal bevölkert ist, werden auch 4 Holzbungalows vermietet. Diese bieten einfache Zimmer mit großen Betten und Moskitonetzen sowie kleinen, älteren Bädern. Durch den Barbetrieb natürlich nichts für alle, die die absolute Ruhe suchen! 200.000–350.000 IDR. ☎ 087/864342832 (mobil).

Lombok Indah 3. Der direkte Nachbar der beliebten Legend Bar im hübschen Norden der Insel offeriert 10 einfache Bambus-Cottages mit Fan und chilliger Hängematte auf der Veranda. Die älteren Bäder sind nur mit Kaltwasser ausgestattet. Nicht die neuesten Hütten, dafür sympathisch. Bungalow 200.000–350.000 IDR.

Matahari 11. Zwischen unzähligen duftenden Blumen vermietet eine warmherzige Familie mehrere Bungalows unterschiedlicher Ausstattung und Qualität. Von ganz einfachen, alten Cottages über neuere, grasgedeckte Lumbungs bis zu geräumigen AC-Varianten. Die meisten aus Holz und Bambus errichtet, mit offenen Gartenbädern und alle mit kaltem Frischwasser. Im Restaurant wird frischer Fisch sowie eine kleine Auswahl an schmackhaften Gerichten direkt am Strand serviert. 250.000–400.000 IDR. ☎ 081/936736293, 085/239663201 (mobil).

Lucky's 29. Kleine Anlage mit Bungalows aus Bambus und Beton, einige gefliest, andere etwas schäbiger, alle mit Bad und wahlweise Fan oder AC. Meist gute Stimmung und relativ günstige Preise. Angeschlossen sind ein Restaurant und ein Tourservice. In der Hochsaison um 350.000 IDR. ☎ 081/907086601 (mobil), luckyscottages@yahoo.com.

Villa Karang Hotel 34. Etwas größere Hotelanlage, in deren Garten sich recht geräumige Steinbungalows mit AC und TV um den Pool verteilen. Trotzdem haben uns die einfachen Standardbungalows aus Bambus mit ihren offenen Bädern und großen Veranden am besten gefallen. Villen sucht man übrigens vergeblich … Im angeschlossenen Bambusrestaurant werden zum Meerblick Salate, frisches Seafood sowie selbstgemachte Pasta serviert. Bungalow mit Fan ca. 80–90 $, Zimmer mit AC je nach Ausstattung und Lage 50–65 $. ☎ 0370/637328, 081/803624841, 081/339904440 (mobil), www.villakarang.com.

Resota Bungalow 26. Unter hohen Palmen verteilen sich 5 Bambusbungalows in einem kleinen, mühevoll begrünten Garten. Einfach eingerichtet mit Bambusmöbeln und kleinen, sauberen Kaltwasserbädern und einladenden Hängematten auf der Veranda. Im hinteren Bereich des Gartens sind die Hütten günstiger. Die freundliche Familie führt auch ein Restaurant. 250.000–450.000 IDR. ☎ 081/805715798, 085/936185928 (mobil),marini_resota@yahoo.com.

Sunrise Hotel 24. Durch die liebevoll begrünte Anlage ziehen sich Steinmauern und -wege, die zu verschiedenen zweistöckigen Lumbungs führen. Im unteren Aufenthaltsraum kann man auf dem Tagesbett oder in der Hängematte entspannen. Die teureren sind hübscher dekoriert, mit mehr Möbeln

Übernachten

1 Hotel Gili Air
2 Sandy
3 Lombok Indah
4 Legend Reggae Island Bungalows
5 Pelangi Cottages
6 Gusung Indah
8 Ali Baba Homestay
10 Kira Kira Cottage
11 Matahari
12 Abdi Fantastic
15 Sejuk Cottages
16 Villa Juliantos by the Sea
17 Coconut Cottages
18 Biba Beach Village
19 Gili Air Santay
20 Villa Bulan Madu
21 Gita Gili Bungalows
23 Scallywags Mango Retreat
24 Sunrise Hotel
26 Resota Bungalows
29 Luckys
31 7 Seas
34 Villa Karang Hotel

Essen & Trinken

7 Ali Baba Restaurant
12 Abdi Fantastic
17 Frangipani Garden Restaurant
18 Biba Beach Restaurant
20 Sea View
25 Scallywags Organic Beach Club
27 Hik Man
30 Win Win
33 Zip Bar
34 Villa Karang Restaurant
35 Warung Sasak

Sonstiges

1 Internet
6 Fahrradverleih
9 Blue Marlin Dive
14 Ozzy Shop
22 Manta Dive
28 Dream Divers
31 Internet
32 Fahrradverleih

Nachtleben

4 Legend Bar
13 Space Bar
20 Dragon Bar

Hafen

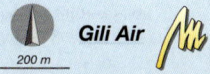

Gili Air

200 m

ausgestattet und bieten mehr Raum sowie AC und Kühlschrank. In der teuersten Variante, die sich im hinteren Teil des Gartens versteckt, haben Sie sowohl ein Gartenbad als auch ein kleineres Bad im Zimmer zur Auswahl und können auf der riesigen Veranda entspannen. Kein Pool, dafür lädt gleich vor der Tür der wohl schönste Strandabschnitt der Insel zum Schnorcheln und Baden ein. Je nach Ausstattung und Belegung Bungalow mit Fan 45–75 $, mit AC 70–100 $. ✆/📱 0370/642370, 📱 081/915992308 (mobil), www.sunrisegiliair.com.

Gita Gili Bungalow 21. In guter Strandlage mit hilfsbereitem Personal werden insgesamt 11 Cottages vermietet. Einfache Holz- und Bambusbungalows mit simplen Bädern, teurere Stein-Cottages (bis zu 4 Pers.) mit hübschen Kieselsteinböden in der Dusche sowie zwei AC-Lumbungs mit Hängematte im hinteren Bereich der Anlage. Beliebte Strandbar und Restaurant. Preise je nach Ausstattung 200.000–500.000 IDR. 📱 087/865484690, 082/147797643 (mobil).

Villa Bulan Madu 20. Übersetzt bedeutet *bulan madu* so viel wie Flitterwochen. Und genau für diesen Zweck hat der deutsche Besitzer wundervolle Häuschen im traditionellen Stil kreiert, in denen eine Kleinfamilie ausreichend Platz finden würde. 3 Villen mit ca. 85 m², kleiner Küche und einem Schlafzimmer, 2 Villen mit 115 m², großer Küche mit Esszimmer und zwei Schlafzimmern sowie TV und DVD-Player. Alle sind umgeben von einem liebevoll angelegten, riesigen Garten voller duftender Blumen und Sonnen-Bales mit Moskitonetzen für romantische Abende. Auch die Ausstattung lässt nichts vermissen. Stilvolle traditionelle Möbel, Teppiche, edle Stoffe und Himmelbetten, grandiose Open-Air-Bäder mit Heißwasser (Frischwasser), Safe, Kühlschrank, WLAN sowie ausreichend Sonnenflächen. Ein Platz zum Träumen! Ein Strandrestaurant mit vorwiegend deutscher Küche sowie die Dragon Bar sorgen für das leibliche Wohl. Körper und Seele kann man im beliebten Spa (→ S. 469) verwöhnen lassen. Hochsaison 143-198 €, Nebensaison ab 88 €, Extrabett 15 €. 📱 081/907330444 (mobil), www.bulan-madu.de.

Biba Beach Village & Restaurant 18. Das Resort unter italienischem Management wurde erst 2009 eröffnet. Alle Bungalows sind sehr geräumig, aus Holz und Bambus gefertigt und mit heimeligen Bambusmattenwänden und hübschen Deko-Elementen ausgestattet. Die großen Bäder sind aus Stein gestaltet. Auch ein Familienbungalow

mit 2 Schlafzimmern steht zur Verfügung. Von der Veranda oder einem der Tagesbetten kann man den tollen Blick über den Garten aufs Meer genießen. Ein leckeres Restaurant mit – natürlich – italienischen Spezialitäten ist angeschlossen. Sehr sympathische, temperamentvolle Besitzer. Allerdings müssen die Gäste mindestens 12 J. alt sein. AC 700.000 IDR, Fan 550.000 IDR, im August zuzügl. 100.000 IDR. 📱 081/917274648, 081/907637053 (mobil), www.bibabeach.com.

Gili Air Santay 19. So ein hübscher Garten, voll blühender Blumen, mit grünem Rasen, hohen Palmen und vereinzelten Bungalows! Letztere sind aus Holz oder Bambus gefertigt, sehr geräumig und mit *alang alang* gedeckt. Alle verfügen über eine Veranda mit Hängematte und Sitzmöglichkeiten, Kaltwasserbäder, Fan und große Bambusbetten mit Moskitonetzen. Kein Luxus, dafür Entspannen in freundlichster Atmosphäre. DZ/Standardbungalow 350.000–450.000 IDR, Familienbungalow 650.000 IDR. Jede weitere Person 40.000 IDR. Im Restaurant werden zum Blick auf Bali neben indonesischen und europäischen Gerichten auch Spezialitäten aus Thailand serviert. 📱 081/803758695, 081/915993782 (mobil), www.giliair-santay.com.

Villa Juliantos by the Sea 16. In einer Reihe stehen 4 große, doppelstöckige, grasgedeckte Steinhäuschen mit Meerblick. Die großen Zimmer sind hübsch eingerichtet und je nach Stockwerk mit Fan (oben) und großem Balkon oder AC und Terrasse (unten) ausgestattet. Alle verfügen über wundervolle kieselsteinverzierte Bäder, helle Möbel und Minibar sowie Heißwasser. Zuvorkommendes Personal. Den Strand vor dem Schorchelpunkt säumen Liegestühle auf einem Sonnendeck und ein Restaurant. Hochsaison 650.000–800.000 IDR, Familienapartment 1.250.000 IDR. 📱 0370/622179, 081/23700722 (mobil), juliantosbythesea.wordpress.com.

Coconut Cottages 17. Ein wirklich entspannter Ort im Inland, nur wenige Gehminuten vom Strand entfernt. Passend zum Namen liegen die Bungalows in einem tollen, blühenden Garten unter schattenspendenden Kokospalmen. Die liebevoll dekorierten Cottages wurden in großem Abstand zueinander gebaut und über die Jahre gut gepflegt. Von der urigen Holzhütte bis zur AC-Variante mit Tropenholzboden und Terakottawänden kann der Gast aus vielen Kategorien wählen. Die teuersten mit AC, andere mit Fan, alle mit Hängematten und eigenem Bad. Das angeschlossene Frangipani Garden Restaurant serviert eine große Bandbreite an leckeren Gerichten. 400.000–650.000 IDR. ℡ 081/74721177 (mobil), www.coconuts-giliair.com.

Abdi Fantastic 🄵. In guter Strandlage werden mehrere in die Jahre gekommene, dennoch gut gebaute Holz- und Bambusbungalows mit Hängematten auf der Veranda und eigenem Bad angeboten sowie ein paar neue Stein-Cottages. In der Hauptsaison ab 400.000 IDR, Familienbungalow (bis zu 6 Pers.) 800.000 IDR. ℡ 0370/636421, 081/907086184 (mobil).

Kira Kira Cottage 🄳. Ein wenig ins Inland versetzt warten 5 Fan-Bungalows aus Holz mit Bambusmattenwänden und Bambusmöbeln. Einfach, dafür geräumig und gemütlich eingerichtet. Heißwasser gibt es gegen 50.000 IDR Aufpreis, die Veranda mit Hängematte ist gratis. Ein Lumbung mit AC, Heißwasser und schönem Open-Air-Bad steht ebenfalls zur Verfügung. Angeschlossenes Restaurant mit Lombok-Küche. Bungalow mit Fan 250.000 IDR (Heißwasser gegen 50.000 IDR Aufpreis möglich), mit AC/Heißwasser 600.000 IDR. Zur Nebensaison 100.000– 150.000 IDR günstiger. ℡ 0370/641021, 081/ 917296237 (mobil), www.kirakiracottage.com.

Ali Baba Homestay 🄾. Hinter dem beliebten Ali Baba Restaurant. Recht eng wurde hier eine ganze Reihe neuer AC- und Fan-Bungalows gebaut. Die beiden zweistöckigen Fan-„Bungalows" sind der Knaller und perfekt für alle, die das Außergewöhnliche dem Luxus vorziehen. Die einfachen Stelzenhütten wurden komplett aus Holz und Bambus gebaut. Anstatt eines normalen Daches thront hier eine aufgesetzte Bale, die als einzigartige Aussichtsterrasse dient und mit Hängematte sowie Ruhekissen ausgestattet ist. 250.000– 600.000 IDR. ℡ 081/933171935 (mobil).

Gusung Indah 🄶. In einem mit viel Mühe angelegten Garten in direkter Strandlage stehen schöne Bungalows mit hübscher Einrichtung zur Auswahl. Die einfachen Fan-Zimmer sind mit viel Holz gebaut und haben geflieste Bäder. Alle verfügen über eine Terrasse mit Hängematte und haben eine große Fensterwand mit Blick zum Meer, wobei die Aussicht in der vordersten

Reihe natürlich um Längen besser ist. Im hinteren Bereich wurden muschelbesetzte Lumbungs mit AC gebaut. Ein Strandrestaurant, das BBQ und frisches Seafood serviert, ist angeschlossen. Bungalow 350.000–600.000 IDR. ℡ 087/864342852, 081/ 23789054 (mobil).

Sejuk Cottages 🄸🄵. Nur ca. 100 m ins Inland versetzt, lockt dieser wundervolle Ort. Ausgefallene Häuschen mit Außenterrasse, gut eingerichtete Bungalows mit großen Veranden oder hübsche Lumbungs mit grandiosen Open-Air-Bädern verteilen sich in einem liebevoll angelegten Garten zwischen Teichen und bunten Blumen. Egal für welche Option Sie sich entscheiden, gut ist sie allemal. Alle Häuschen aus Naturmaterialien erbaut, sauber und mit Heißwasser ausgestattet, die teureren verfügen über AC und Minibar, die Superior-Bungalows sind zusätzlich mit TV und DVD-Player ausgerüstet. Ein Swimmingpool sorgt auch an den heißesten Tagen für Abkühlung. Bungalow 500.000– 950.000 IDR. ℡ 0370/636461, 081/339535387 (mobil), www.sejukcottages.com.

7 Seas 🄷🄳. Hier erwarten Sie wunderschöne, geräumige Bungalows aus Bambus. Große Betten und ein noch größeres halbrundes Bad (Heißwasser). Jeder Bungalow versteckt sich im eigenen kleinen Hof. Da brandneu, natürlich erst mal noch nicht sehr begrünt. Für Backpacker steht ein einfacher Raum zur Verfügung. Mit AC 700.000 IDR, mit Fan 500.000 IDR. ℡ 0370/647779, 6604485, 081/ 13851212 (mobil), info@7seas.asia.

Scallywags Mango Retreat 🄷🄳. Die neue Filiale von Scallywags. Die angenehm modern eingerichteten Zimmer sind mit allen Annehmlichkeiten wie TV, DVD-Player, AC und hübschen Heißwasserbädern ausgestattet. Ein schön angelegter Pool mit Sonnenliegen rundet das Angebot ab. Auch hier gibt es ein Organic Beach Restaurant 🄷🄵 mit einer ähnlichen Speisekarte wie auf Gili Trawangan (→ S. 464). Wassersportangebote können für teures Geld gebucht werden. DZ 100–150 $ inkl. Tax und Service. ℡ 0370/6145301, www.scallywagsresort.com.

Essen & Trinken   (→ Karte S. 471)

So gut wie jedes Resort hat sein eigenes Restaurant, zudem verteilen sich entlang des Strandes kleine Warungs, Cafés und Restaurants. Besonders am wunderschönen östlichen Strandabschnitt gibt es auf der „Restaurantmeile" eine große Auswahl. Fast alle Lokalitäten sind gemütlich gestaltet und bei den meisten kann das Essen auf Berugas mit Meerblick genossen werden. Gegen 21 Uhr, spätestens aber um 22 Uhr schließen sich die Türen – die Küche oft eine Stunde früher. Achten Sie also darauf, rechtzeitig essen zu gehen und sich mit dem Notwendigsten zu versorgen.

Zipp Bar 33. Hier wird auch zu späterer Stunde knusprige Steinofenpizza nebst kaltem Bier serviert.

Hik Man Café 27. Dieses Café trumpft mit fett belegten, hausgemachten Baguettes und Sandwiches auf.

Win Win Café 30. Hier wählt man entweder sein Seafood fürs Dinner aus dem Aquarium, um es frisch zubereiten zu lassen, oder aber man entscheidet sich für eine Holzofenpizza. Viele vegetarische, indonesische, aber auch chinesische Gerichte.

Warung Sasak 35. Hier werden traditionelle Gerichte sowie Indo Food zu *brem* (balinesischer Wein) und kaltem Bier serviert.

Sea View 20. Wer Abwechslung von Reis, Nudeln und Pizza sucht und Gelüste nach deutschen Klassikern hat, dessen Gaumen findet hier einen kulinarischen Zufluchtsort. Je nach Tageskarte werden zu selbstgebackenem Brot und vielen Kartoffelvariationen (vom Knödel bis zu Bratkartoffeln) deftige Gerichte wie Würstchen, Buletten oder Currywurst in verschiedenen Schärfegraden kredenzt. Als Nachtisch empfiehlt sich der frisch gebackene Kuchen. Etwas gehobenere Preise (Hauptgerichte 38.000–90.000 IDR), dafür absolut exotisch. Natürlich werden auch viele indonesische Gerichte sowie frisches Seafood serviert.

Ali Baba 7. Vollkommen zu Recht extrem beliebtes Restaurant. Ali bekocht seine Gäste mit ungemein schmackhaften lokalen Ge-

richten und hat so einige Specials auf Lager. Natürlich gibt es auch hier frisches Seafood und Pizza (Hauptgerichte ab 20.000 IDR). Das Ambiente spricht für sich und lässt so manchen Schlemmer wiederkehren.

Frangipani Garden Restaurant 17. Warum nicht mal im Inland zwischen üppigen Blumen und hohen Bäumen speisen? Auf Berugas oder im Restaurant werden frisches Seafood und würzige indonesische Gerichte serviert. Vegetarier können zwischen Gemüsecurrys und vielen Speisen mit Tempeh oder Tofu wählen. Wer es lieber europäisch mag, findet sicher etwas bei Pasta und Burger. ☎ 0370/635365, www.coconuts-giliair.com.

Biba Beach Restaurant 18. Der Italiener Claudio sorgt für Qualität bei der selbstgemachten Pasta, den frischen Gnocchi und den tägl. wechselnden Ravioli-Variationen mit verschiedenen Füllungen (ab 35.000 IDR). Letztere werden mit herrlichen Soßen oder einfach nur mit zerlassener Butter serviert. Als Vorspeise empfehlen wir die knusprigen Bruschette. Wem der Sinn nicht nach italienischem Essen steht, bekommt hier auch cremige Currys und andere indonesische Gerichte. ☎ 081/917274648 (mobil).

Villa Karang Restaurant 34. Der Hit in diesem Strandrestaurant aus Bambus ist die selbstgemachte Pasta (ab 35.000 IDR, möglichst einen Tag im Voraus bestellen). Außerdem werden verschiedene Pizzen, Steaks und Salate neben einer etwas teuren Auswahl an lokalen Gerichten serviert.

(Nachtleben (→ Karte S. 471)

Fast alle Restaurants haben eine gute Auswahl an Cocktails. Da ab 22 Uhr die Bordsteine hochgeklappt werden, kann man sich noch in die wenigen, dafür immer gemütlichen Bars begeben. Auch am östlichen Strandabschnitt mit seinen vielen Restaurants findet sich die eine oder andere Bar, die länger geöffnet hat.

Legend Bar 4. Hier ist sie endlich, die sympathische Reggae Bar der Insel. Zu chilliger Musik gönnt man sich den einen oder anderen Cocktail – besonders zur günstigen Happy Hour. Bei den supernetten Leuten und den gemütlichen Strandpavillons lässt es sich nicht nur zum Sonnenuntergang lange aushalten. Jeden Mittwoch steigt eine große Party mit Specials.

Space Bar 13. Selten haben wir eine Bar gesehen, die ihren Namen in diesem Maße verdient. Klein, chillig und v. a. absolut spacig.

Zwischen grellen Farben, vielen Schwarzlicht-Effekten und weichen Sitzkissen schaltet man zu Trance-Musik ab. Cocktails werden ab 25.000 IDR gemixt. Höhepunkt an jedem Neumond sind die Goa-Partys.

Dragon Bar 20. Hier werden extrem gut mit importierten Spirituosen gemischte Cocktails serviert. Der Preis ist höher (ab 70.000 IDR), dafür stimmt die Qualität. Wer es richtig krachen lassen möchte, hat hier die Chance, edlen Champagner in Südseeatmosphäre zu schlürfen.

Die Wasserfälle im Norden versprechen herrliche Abkühlung

Nord-Lombok

Von Senggigi nach Norden

Hat man Senggigi erst einmal hinter sich gelassen, wird es wieder Zeit für schöne Naturerlebnisse. Diese können die Wasserfälle bei Gangga bieten – jedenfalls zur Regenzeit.

Auf den ersten Wasserfall verweist in Gondang ein Schild landeinwärts mit der Aufschrift „Waterfall 4 km". Erreichbar ist der **Air Terjun Tiu Pupas** über eine sehr schlechte Straße, vorbei an Erdnuss- und Kakaoplantagen und durch die engen Gassen kleiner Dörfchen. Und nach ca. 4 km erkennt man, dass bei der angegebenen Entfernung mindestens 2 km unterschlagen wurden ... Zur Regenzeit ist der Wasserfall wundervoll anzusehen. Noch toller ist ein Bad in seinem großen Pool oder eine Dusche unter dem herabfallenden Wasser. Dabei entdeckt man dann die Besonderheit: Der Pool wird von zwei Wasserfällen gespeist, einem kalten und einem mit relativ warmem Wasser.

Die Steigerung wartet in einiger Entfernung und ist nur mit etwas Mühe zu erreichen. Wer jedoch gut zu Fuß ist und einen der lokalen Führer anheuert, kann über verschlungene Pfade, vorbei an weiteren kleinen Wasserfällen, in etwa einer Stunde den wundervollen **Air Terjun Kerta Gangga** erreichen und sich dort im Badebecken von den Strapazen erholen oder die kleinen Höhlen erkunden.

Lombok → Karte S. 424/425

Bayan

Biegt man in Anyar Richtung Inland ab, erreicht man nach ca. 4 km die Siedlung Bayan und durchschreitet damit sozusagen das Tor zum Gunung Rinjani. Die wichtigste Sehenswürdigkeit des Örtchens fällt den meisten Durchfahrenden gar nicht auf: eine sehr alte Moschee, die von der Islamisierung Lomboks zeugt und vor mehr als 300 Jahren erbaut worden sein soll. Die **Masjid Kuno Bayan Beleq** liegt ca. einen Kilometer östlich des Zentrums und soll die älteste Moschee in ganz Lombok sein – ein Titel, um den man sich bis heute mit den Bewohnern der Sasak-Dörfer im Süden (→ Rambitan, S. 491) streitet. Doch egal, wer gewinnt – eindrucksvoll ist die hiesige Moschee in ihrer Schlichtheit mit Bambuswänden und grasgedecktem Dach allemal.

Vom Mandalika Busterminal in Mataram verkehren Busse und Bemos über Anyar nach Bayan (25.000–35.000 IDR). Leichter ist die Anreise mit dem eigenen Auto. Wahlweise kann man von Mataram auch ein Taxi nehmen (ca. 300.000 IDR).

Senaru

Bekannt ist die kleine Siedlung Senaru, die unmerklich in den Nachbarort Batu Koq übergeht, vor allem als Ausgangspunkt für Besteigungen des Gunung Rinjani (→ S. 477 und S. 481). Doch auch jene, die sich diesen kräftezehrenden Akt sparen möchten, können hier ein paar zwar kühle, aber dennoch interessante Tage inmitten der fruchtbaren Natur erleben. Die einheimischen Guides organisieren Ausflüge zu den nahe gelegenen Wasserfällen, führen durch traditionelle Dörfer und haben halbtägige Touren mit umwerfenden Ausblicken im Angebot. Aber auch auf eigene Faust lassen sich herrliche Spaziergänge unternehmen, auf denen nicht nur Vogel- und Schmetterlingsliebhaber auf ihre Kosten kommen.

In ca. 30 Minuten ist der knapp 40 m hohe Wasserfall **Air Terjun Sidang Gila** nahe Senaru zu erreichen. Er ist nicht nur bei Touristen, sondern auch bei den Einheimischen sehr beliebt – besonders an Wochenenden und Feiertagen ist man hier sicher nicht alleine. Am „Ticketschalter", wo man 2000 IDR Eintritt zahlt, warten Führer und mehrere einfache Souvenirlädchen auf Touristen. Die Pfade sind anfänglich ausgetreten und führen an einem Kanal entlang (oft wird auch die einen Hügel durchquerende Röhre des Kanals als Abkürzung genutzt – wirklich nichts für Leute mit Arachnophobie!).

Nicht nur höher, sondern tatsächlich noch schöner, ruhiger und hervorragend zum Baden geeignet ist der nächste Wasserfall, der **Air Terjun Tiu Kelep.** Man erreicht ihn nach einer weiteren einstündigen, durchaus anstrengenden Wanderung, die über Regenwaldpfade, aber auch durch Wasserläufe und Kanaltunnel führt. Für die Strapazen entschädigt ein Bad im tief ausgewaschenen Becken. Und das sollte wirklich niemand verpassen, denn die lokalen Legenden besagen, das Wasser hätte eine verjüngende Wirkung. Jedes Mal, wenn man hinter dem Wasserfall hindurchschwimmt, soll der Körper die Last eines Jahres abschütteln.

Wer noch nicht genug hat und gut klettern kann, sollte (mit einem Führer!) auch noch den letzten Wasserfall aufsuchen, den **Betara Lenjang.**

Hin & weg

Vom Mandalika-Busterminal in Mataram fahren tägl. **Busse** und **Bemos** über Anyar, manche fahren weiter bis Bayan (ca. 25.000–35.000 IDR). Von Bayan oder Anyar aus geht es mit einem Motorradtaxi oder Bemo (10.000–20.000 IDR) Richtung Senaru. Mittlerweile holen viele Tourorganisatoren oder Hotelbesitzer die Gäste in Mataram,

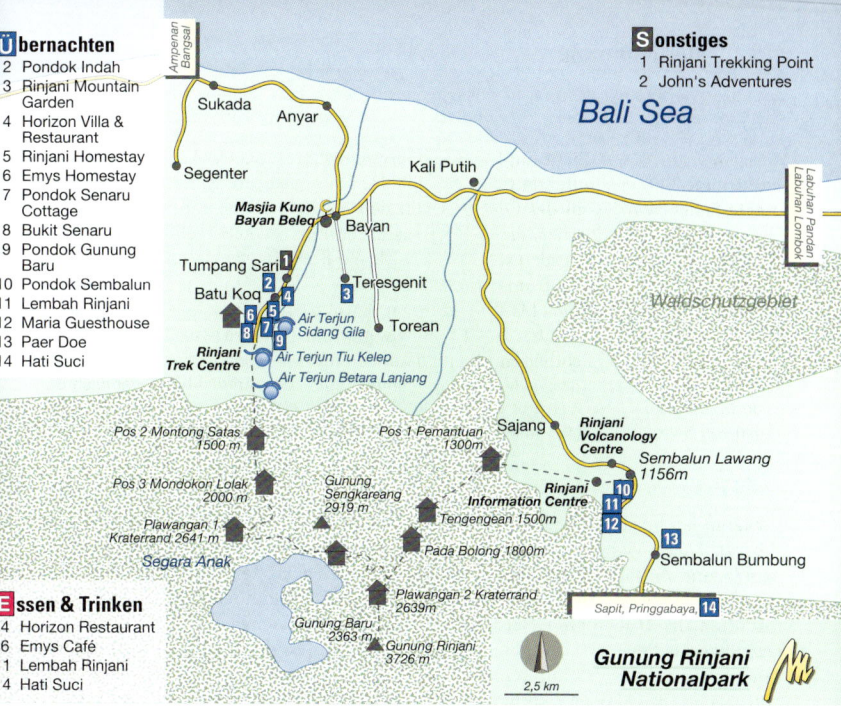

Senggigi oder sogar Lembar ab. In Trekkingpaketen ist die Abholung meist inbegriffen; für alle, die selbst anreisen oder nur anreisen und nicht auf den Vulkan wollen, sind die Preise verhandelbar.

Aktivitäten

Nahezu alle Reiseagenturen in ganz Lombok bieten **Besteigungen des Gunung Rinjani** an. Die günstigsten Preise sind natürlich in Senaru zu erzielen. Und hier führt so gut wie jede Unterkunft und jedes Restaurant die Gäste auf den Berg. Beim Vergleich der Pakete sollte darauf geachtet werden, welche Leistungen (z. B. Eintritt, Anzahl der Führer und Träger, Anzahl der Teilnehmer, Umfang der Ausrüstung etc.) inbegriffen sind. Verhandeln bringt so gut wie immer Preisnachlässe.

Rinjani Trek Centre Senaru (RTC). Am südlichen Ende von Senaru, direkt vor dem Zugang zum Nationalpark. Wer auf den Gunung Rinjani will, muss hier ein Trekking Permit (150.000 IDR/Pers.) erwerben. Gleichzeitig kann man hier auch Führer und Träger anheuern. Neben Vulkanbesteigungen werden auch Touren in die Umgebung organisiert und zuverlässiges, gutes Infomaterial bereitgestellt. Notwendiges Equipment kann geliehen werden. Guide 125.000 IDR/Tag, Träger 125.000 IDR/Tag. Die Ausrüstung wird für den ganzen Trip, nicht pro Tag berechnet: Zelt 50.000 IDR, Schlafsack 25.000 IDR, Matratze 20.000 IDR, Toilettenzelt 50.000 IDR, Kochausrüstung 100.000 IDR. Touren (ab 2 Pers.): z. B. 3 Tage/2 Nächte für 2.300.000 IDR inkl. einer Übernachtung vor der Tour, Transport von Senggigi oder Mataram, Ausrüstung, Verpflegung, Eintritt, Führer und Träger. ℡ 086/812104132 (mobil), www.lombokrinjanitrek.com.

John's Adventures ❷. Seit 1982 im Geschäft, hat der sog. Rinjani Master viel Erfahrung aufzuweisen. Neben kurzen Wanderungen und bis zu fünftägigen Trips können auch Soft-Trekking-Touren gebucht werden. Je nach individuellem Anspruch an Komfort und Bequemlichkeit kann man zwischen der Budget-Variante mit dem Nötigsten und der Luxus-Variante mit besserer Ausrüstung wie Thermomatratze, Kissen, mehr Verpflegung, Speise- und Toilettenzelt wählen. Die Preise staffeln sich nach Teilnehmerzahl, z. B. 3 Tage/2 Nächte zum Kraterrand inkl. heiße Quellen (Deluxe-/Budget-Trip) für 1 Pers. 375/345 $, 2–4 Pers. 205/180 $, 5–9 Pers. 185/160 $, mehr als 10 Pers. 170/150 $. ℡ 081/ 75788018 (mobil), www.rinjanimaster.com.

Rinjani Trekking Point 1. Mr. Awenk, der langjährige Erfahrung als Guide und Träger hat, bietet ebenfalls geführte Touren auf den Gunung Rinjani an. Tourpakete ähnlich wie bei allen anderen Anbietern, sehr gutes Englisch und informative Homepage. ℡ 081/757 73878 (mobil), www.rinjanitrekkingpoint.com.

In **Emys Café** trifft man auf einen indonesischen Tourguide mit dem „Künstlernamen" Hardy Krüger, der mit langer Erfahrung und Deutschkenntnissen auf den Vulkan führt. Die Preise unterscheiden sich nicht von denen anderer Anbieter. ℡ 081/75750585 (mobil), www.rinjanitrackspot.com.

Der **Rinjani Trekking Club** in Senggigi arbeitet ebenfalls eng mit dem Nationalpark zusammen und besteht aus einem Team von Biologen und Naturwissenschaftlern, die sich dem Umweltschutz in Kombination mit sanftem Tourismus verschrieben haben. Zusammengearbeitet wird mit den lokalen Führern der Umgebung. Im Angebot sind mehrere Touren in verschiedenen Klassen: Von günstigsten Trips mit mehreren Pers. und Basic-Equipment über Touren mit max. 2 Pers. bis zum privaten „Luxus-Trekking". Je nach Kategorie werden die Zeltmaße größer, man ist weicher gebettet, kann aus einer größeren Bandbreite an Nahrung wählen und hat in der Luxusversion auch ein Toilettenzelt zur Verfügung. Preise z. B. 3 Tage/2 Nächte 175 $, 210 $ und 255 $/Pers. Senggigi, Jl. Raya Senggigi, ℡ /✉ 0370/ 693202, www.info2lombok.com.

Perama bietet ebenfalls Vulkanbesteigungen, die 3 Tage (2.500.000 IDR) bzw. 4 Tage dauern und meist eine Übernachtung und Erkundungstouren in die nähere Umgebung einschließen (3.000.000 IDR). Ab Senggigi bzw. Mataram. Büro in Senggigi: Jl. Raya Senggigi, ℡ 0370/693007. Büro in Mataram: Jl. Pejanggik 66, ℡ 0370/635928, www.peramatour.com.

Übernachten (→ Karte S. 477)

In Senaru Die Unterkünfte in Senaru sind bis auf wenige Ausnahmen alle einfach gehalten.

Bukit Senaru 8. Im üppig begrünten Garten werden in 2 Doppelbungalows 4 einfache Zimmer vermietet. Von den Terrassen kann man die Aussicht in die umgebende Natur genießen. Angeschlossenes Restaurant. DZ ab 100.000 IDR. ℡ 081/803687215 (mobil).

》》 Unser Tipp: Pondok Gunung Baru Cottages & Restaurant 9. Die ungemein freundliche Familie vermietet 6 große Bungalows in einem Garten. Alle sauber und gefliest, mit einfachem Bad und ohne Schnickschnack wie überflüssige Möbel. Im kleinen Restaurant wird hervorragende Sasak-Küche zu wirklich guten Preisen in sympathischer Atmosphäre serviert. Bungalow 85.000 IDR. ℡ 081/907411211 (mobil), gunungbaru-trekkingholiday@yahoo.com. 《《

Emys Café/Homestay 6. In einem zweistöckigen Gebäude werden 8 große, einfache Zimmer vermietet, die oberen sind eindeutig besser. Zu den einfachen Gerichten im angeschlossenen Restaurant bekommt man einen kostenlosen Ausblick bis zum Meer. Der deutschsprachige indonesische Trekkingguide, der sich Hardy Krüger nennt, organisiert von hier Tickets und Transporte. In der Hochsaison etwas überteuert: 200.000 IDR, sonst ab 90.000 IDR. ℡ 081/75750585 (mobil), www.rinjanitrackspot.com.

Pondok Senaru Cottage 7. Um einen künstlichen Rinjani inkl. Kratersee in Miniaturformat verteilen sich Unterkünfte in mehreren Kategorien. Die günstigeren Zimmer sind mit gemütlichem Bambus verkleidet, die teureren können mit Sat-TV, Heißwasser und Minibar aufwarten, alle sind sauber und mit herrlichem Panoramablick von der Terrasse. Angeschlossen sind ein gutes Restaurant und ein kleiner Shop. DZ 200.000–400.000 IDR. ℡ 081/803624129, 081/ 805247803 (mobil). Tiwi.pondoksenaru@ yahoo.com.

Rinjani Guesthouse 5. Pak Suma vermietet kleine, aber saubere Zimmer mit TV und Mandi. Von der kleinen Terrasse blickt man übers Land Richtung Norden zum Meer. DZ 150.000 IDR. ℡ 081/75750889 (mobil).

Rinjani Homestay 5. Auf der anderen Straßenseite, aber unter derselben Leitung wie das Rinjani Guesthouse liegt dieses Home-

stay, das kleine, sehr einfache Reihen-zimmer mit halboffenem Bad und Blick auf die umgebenden Reisfelder bereitstellt. DZ 100.000 IDR. ☎ 081/75750889 (mobil).

Horizon Villa & Restaurant ■. In herrlicher Lage mit genialem Blick wartet ein hübsches Häuschen auf anspruchsvollere Gäste. 2 Schlafzimmer, 2 Bäder und ein Aufenthaltsraum können entweder als Ein-heit oder separat gemietet werden. Das freundliche Personal umsorgt die Gäste auch im Restaurant. Neben scharfen loka-len Gerichten mit Hühnchen oder Tofu gibt es natürlich auch eine westliche Sparte auf der Speisekarte. Villa 650.000 IDR, nur Pano-ramaschlafzimmer und Wohnzimmer 450.000 IDR. ☎ 081/75760936 (mobil), www.horizonsenaru.com.

Pondok Indah ■. Unter der Leitung des sog. Rinjani Master. In einem hübschen Gar-ten mit tollem Blick bis zum Meer finden sich die einfachen Zimmer in Reihe. Die teu-reren bieten westliche Toiletten, auch Drei-bettzimmer sind vorhanden. Ein nettes Res-taurant serviert schmackhafte, günstige Ge-richte, theoretisch kann die Internetverbin-dung von Gästen kostenlos genutzt werden. DZ 100.000–175.000 IDR. ☎ 087/865433344, 081/75788018 (mobil), www.lombok-rinjanitrek.com.

In Teresgenit 》》 **Unser Tipp:** Rinjani **Mountain Garden** ■. Wer in der wohl einmaligsten Unterkunft am Fuße des Rin-jani nächtigen möchte, muss sich nach Te-resgenit begeben. Die Schwaben Toni und Roland haben hier ein kleines Paradies ge-schaffen, das perfekt ist für alle, die ein paar Tage die Seele baumeln lassen und

neue Kraft tanken wollen. Der große, liebe-voll angelegte Garten bietet allein schon al-lerhand zum Entdecken. Zwischen duften-den Pflanzen, Fischteichen und einem Quellwasserpool tummeln sich Truthähne, ein Pferd, ein Hausaffe (der leider nicht allzu gut auf Frauen zu sprechen ist), unzäh-lige Enten, Gänse, ein paar Schafe, Hunde und Katzen. Der Blick schweift über die an-grenzenden Felder und Reisterrassen bis zum Meer. Im Restaurant umsorgen die sympathischen Besitzer ihre Gäste mit lo-kale wie deutschen Gerichten, Fisch aus der eigenen Zucht, und wer Glück hat, kommt auch in den Genuss der weltbesten Käsespätzle. Allein schon das Frühstück mit frischem, selbstgebackenem Brot, Wurst und Käse, Ingwertee und frischem Kaffee lohnt die Anfahrt, und wenn nachts an der Bar das resorteigene Pferd vorbei-schaut, scheint der Tag perfekt. Roland or-ganisiert Vulkanbesteigungen sowie Aus-flüge in die nähere und weitere Umgebung, steht mit Tipps zur Seite und kann auf Wunsch die Gäste (nach Voranmeldung!) auch von Senggigi, vom Flughafen etc. ab-holen. Wenn die liebevoll gestalteten Reiss-peicherhütten belegt sind, zelten die Gäste oder beziehen einfache Pondoks bzw. „Holzzelte" und teilen sich die piek-sauberen Sanitäranlagen. Reisspeicher-hütte für 2 Pers. 300.000–350.000 IDR, einfa-ches Pondok mit Bett 210.000 IDR, Zelt 180.000 IDR, Einzelpersonen natürlich güns-tiger, Kinder bis 6 J. frei, bis 12 J. 40.000 IDR, ab 12 J. 80.000 IDR. ☎ 081/8569730 (mobil), rinjanigarden@hotmail.com. 》》

Gunung Rinjani

Auch Lombok hat einen Sitz der Götter – und der ist mehr als beeindru-ckend! Der karge Gipfel erreicht eine Höhe von 3726 m und erhebt sich majestätisch über ausgedehnten Reisfeldern und grünem Regenwald.

Nach dem Gunung Kerinci auf Sumatra ist der Gunung Rinjani der zweithöchste Vulkan des indonesischen Archipels und seit 1901 in einen unruhigen Schlaf gefal-len. Nicht so der Nebenvulkan Gunung Baru Jati, der bei den Ausbrüchen des Gu-nung Rinjani 1994/95 entstanden ist. Er thront inmitten des 2000 m über dem Meeresspiegel gelegenen Kratersees Segara Anak, atmet oft dichten Rauch aus und spuckt bisweilen auch Feuer. Der See selbst schimmert geheimnisvoll in Blau- und Türkistönen und ist seit über drei Jahrhunderten einmal im Jahr das Ziel hinduisti-scher Pilger. Diese ersuchen in der Mulang-Pakelem-Zeremonie – meist vor Be-ginn der Regenzeit – die Götter des Sees um Wohlstand und Sicherheit. Während des Vollmonds halten auch die Anhänger der Wetu-Telu-Religion regelmäßig Zere-

Immer noch unruhig: der Gunung Rinjani

monien ab. Ansonsten ist der Vulkan ein beliebtes Ziel anspruchsvoller Trekkingtouren. Diese kann man in dem 1997 gegründeten Nationalpark, der sich über eine Fläche von 41.330 ha ausdehnt, in allen Schwierigkeitsgraden unternehmen.

Besteigung des Gunung Rinjani: Lohnenswert, aber nicht ohne. Wanderer können je nach Kondition und Zeitaufwand zwischen verschiedenen Zielen wählen: Während der Weg zum Kraterrand (jedenfalls für erfahrene Trekker) noch ohne große Schwierigkeiten zu bewältigen ist, sollte bei mehrtägigen Touren zum Kratersee oder gar zum Gipfel aus Sicherheitsgründen immer ein Führer mitgenommen werden.

Voraussetzung für alle Touren ist eine gute Kondition. Außerdem sollte niemand ohne eine (ausreichend geprüfte) Ausrüstung aus Zelt, Schlafsack, festem Schuhwerk, Regenkleidung, Taschenlampe, Campingkocher und genügend Trinkwasser aufbrechen. Alles kann im Rinjani Trek Centre (→ S. 477) oder in vielen Unterkünften geliehen werden. Da die Temperaturen bis auf 4 °C sinken können und des Öfteren starker Wind weht, ist warme Kleidung unerlässlich – besonders nachts kann es bitterkalt werden!

Zur Regenzeit – meist von Dezember bis Mitte März – und bei erhöhter vulkanischer Tätigkeit ist der Aufstieg streng untersagt! Über eventuelle Sperrungen kann man sich unter *www.lombokrinjanitrek.org* informieren.

Alle, die den Aufstieg in Angriff nehmen möchten, müssen sich im Rinjani Trek Centre (→ S. 477) am südlichen Ende von Senaru melden und eine Erlaubnis (Trekking Permit, 150.000 IDR/Pers.) kaufen. Hier können für Touren auf eigene Faust auch Träger und Führer angeheuert werden. Verpflichtend ist mindestens ein Träger – was bei dem schweißtreibenden Unterfangen keine schlechte Idee ist, denn es muss die gesamte Ausrüstung sowie Verpflegung (auch für Träger und evtl. Führer) mitgenommen werden.

Die günstigsten und verlässlichsten Touren kann man in **Senaru** (→ Senaru/Aktivitäten S. 477) direkt im Rinjani Trek Centre oder in **Sembalun Lawang** im Rinjani Information Centre buchen. Wer in **Senggigi** weilt, kann im Büro des Rinjani Trekking Clubs eine Tour samt Anreise ordern. Die meisten Touren dauern 3 Tage, starten entweder in Senaru oder in Sembalun Lawang und füh-

ren über Kraterrand, Kratersee und Gipfel zum jeweils anderen Ort. Die Preise staffeln sich nach der Teilnehmerzahl und sollten immer die volle Ausrüstung, Träger, Führer sowie Verpflegung beinhalten.

Wichtig: Immer darauf achten, dass der Müll wieder im eigenen Rucksack mit ins Tal wandert!

Lombok → Karte S. 424/425

Das Sembalun-Tal (→ Karte S. 477)

Nimmt man, von Bayan kommend, bei Kali Putih die Abzweigung Richtung Süden auf den sog. Round Rinjani Drive, macht man sich auf den Weg in eine vollkommen andere Welt. Über steile, enge Straßen geht es auf und ab vorbei an herrlichen Ausblicken durch das weite Sembalun-Tal. Eine fruchtbare Landschaft voller Felder, gesäumt von hoch aufragenden Bergen, die sich zur Regenzeit im satten Grün zeigen. Zum Ende der Trockenzeit hingegen kann man Kolonnen mannshoher, leuchtend rot blühender Weihnachtssterne am Straßenrand bestaunen. Zur Rechten des tiefen Tals erhebt sich majestätisch der Gunung Rinjani, und zur Linken wird es von schroffen Bergen flankiert, über die man von Zeit zu Zeit einen Blick auf die Küste erhaschen kann. Wenn der Weg zur Regenzeit gesperrt ist, muss man die – keinesfalls weniger eindrucksvolle – Strecke entlang der Küste nach Pringgabaya nehmen.

Etwa 18 km südlich von Kali Putih stößt man auf die die knapp 2 km voneinander entfernten Dörfer **Sembalun Lawang** und **Sembalun Bumbung**. Die Lava garantiert hier gute Ernteerträge, und der Knoblauch wie auch der Reis, der in unmittelbarer Nähe der Ortschaften angebaut wird, werden inselweit gerühmt.

Von Sembalun Lawang kann man mit geringerem Zeitaufwand als von Senaru aus (jedoch nicht mit weniger Kraftaufwand) durch die Lavalandschaft den Vulkankrater erklimmen. Das ortsansässige Rinjani Information Centre organisiert aber nicht nur Vulkanbesteigungen, sondern bietet auch zweitägige Wildblumenwanderungen, Webereibesichtigungen oder halbtägige Spaziergänge durch die traditionellen Dörfer an. Unter anderem für die Messung der vulkanischen Aktivität ist das ebenfalls in Sembalun Lawang beheimatete Rinjani Volcanology Centre zuständig.

Landwirtschaft im Sembalun-Tal

In der Dorfmitte von Sembalun Bumbung kann man sich ein Freilichtmuseum anschauen, in dem ein traditionelles Sasak-Dorf nachgebaut wurde (Eintritt gegen Spende). Meist ist hier nicht viel los, und oft findet sich auch kein Führer, der einem die Anlage erklärt.

Etwa 15 km südlich von Sembalun Bumbung liegt das Dörfchen **Sapit,** das wundervolle Ausblicke bis zur Küste bietet. Man ereicht es über noch steilere Straßen, vorbei an hochgewachsenen Bambushainen und Bäumen, in deren Kronen sich schwarze Affen tummeln. In der friedvollen, grünen Umgebung kann man heiße Quellen und Wasserfälle aufspüren.

Hin & weg Am besten kann man die Reise mit dem eigenen Auto genießen. Wer keines zur Verfügung hat, nimmt am **Mandalika Terminal in Mataram** einen Bus nach Aikmel (ca. 12.000–20.000 IDR) und von dort einen anderen Bus nach Sembalun Lawang (ca. 10.000–16.000 IDR). Auch in Sembalun werden mittlerweile von vielen Hotels und Touranbietern Gäste auf Wunsch abgeholt. Bei Tourpackages ist der Transport von Senggigi bzw. Mataram bereits im Preis enthalten. Alle anderen sollten die Summe vor der Abholung aushandeln. Wer von Senaru aus nach Sembalun möchte, muss chartern (ca. 100.000 IDR).

Vulkanbesteigung/Wanderungen Rinjani Information Centre. Dieses Zentrum in Sembalun Lawang arbeitet wie das Rinjani Trek Centre (RTC) in Senaru eng mit der Nationalparkverwaltung zusammen. Hier bekommt man gute Informationen und Kartenmaterial. Natürlich werden auch Vulkanbesteigungen organisiert. Führer (150.000 IDR) und Träger (125.000 IDR) können angeheuert werden. Die Preise ähneln denen des RTC in Senaru. Zudem hat das RIC auch interessante Spaziergänge und Wanderungen im Programm, die zum Teil von den lokalen Frauen geführt werden. www.lombokrinjanitrek.org.

Übernachten/Essen in Sembalun Lawang Da Sembalun erst seit Kurzem auf Touristen eingestellt ist, sind die Unterkünfte meist noch sehr einfach und befinden sich oft auf dem Grundstück der jeweiligen Vermieter-Familie; allen ist aber ein Restaurant angeschlossen. Wer sich darauf einlässt, kann interessante Einblicke ins tägliche Leben der Bewohner erhaschen.

Lembah Rinjani Homestay **11**. Zwischen Feldern findet sich diese gute Unterkunft. Einfache, saubere Bungalows, recht geräumig mit schlichtem Dekor und Fliesen. Von der schmalen Veranda blickt man auf das Ziel vieler Trekkingtouren, den Gunung Rinjani. Ein Restaurant sorgt für das leibliche Wohl, die Zutaten für die lokalen Spezialitäten kommen nach Möglichkeit aus dem eigenen Garten. 275.000 IDR. ✆ 085/239543279, 081/803652511 (mobil), http://sites.google.com/site/lembahrinjani.

Maria Guesthouse 12 Nur 3 hübsche, pastellfarbene Bungalows mit eigenem Kaltwasserbad, das von einer Quelle gespeist wird. Alle sauber, mit Veranda und Wasserkocher samt Zutaten für Tee und Kaffee. Das offene Restaurant serviert vorwiegend lokale Küche. Vulkanbesteigungen und Trekkingtouren werden organisiert. Bungalow um 250.000 IDR. ✆ 085/239561340, 081/997882691 (mobil), www.mariaguesthouse.com.

Pondok Sembalun 10. Kurz vor dem Lembah Rinjani Homestay. Die einfachen Bungalows mit Bambusmattenwänden, hoher Decke, kleinen, simplen Bädern und Veranda wurden Anfang 2012 gerade renoviert und ausgebaut. Sehr nettes und hilfsbereites Personal. Das kleine Restaurant serviert auch einfache Gerichte. Bungalow ca. 125.000 IDR. ✆ 087/863480064 (mobil), lombok.nature@hotmail.com.

… in Sembalun Bumbung Paer Doe **13**. Im liebevoll angelegten Hofgarten werden von einer sympathischen Familie einfache, pastellfarbene Bungalows vermietet. Alle mit kleiner Terrasse und Mandi. Ein kleines Restaurant ist angeschlossen. Eine Ideale Unterkunft für alle, die in familiärer Atmosphäre wohnen möchten. DZ ca. 100.000 IDR. ✆ 081/917714514, 085/239778818 (mobil).

… in Sapit Hati Suci **14**. Sehr sympathische Unterkunft. Zwischen vielen Blumen und sattem Grün werden simple, aber dennoch schöne Bungalows mit Bambusmöbeln und -wänden vermietet. Die freundlichen Besitzer betreiben auch ein kleines Restaurant, in dem man zum genialen Ausblick bis zum Meer günstige lokale Gerichte genießen kann. Trekkingtouren und Spaziergänge werden organisiert. DZ ab 80.000 IDR, EZ 50.000 IDR. ✆ 081/8545655 (mobil), www.hatisuci.tk.

Tetebatu

Der kleine Ort erstreckt sich am südlichen Hang des heiligen Vulkans entlang einer staubigen „Hauptstraße". Umgeben von grünen Reisfeldern, Tabakplantagen und Wäldern voller Wasserfälle und Affen, ist die weitläufige Siedlung das perfekte Ziel für Naturliebhaber und alle, die ausgedehnte Spaziergänge lieben. Wegen seiner Lage auf 400 m Höhe kann Tetebatu mit angenehmen Temperaturen aufwarten, die ein erholsames Kontrastprogramm zur heißen Südküste bieten. Von hier aus lässt sich das Inselzentrum mit seinen Geheimnissen erkunden. Ganz nebenbei kann man im Zentrum der Wetu-Telu-Religion nachts auch die eine oder andere Zeremonie belauschen und schnell das Gefühl bekommen, ganz weit weg von daheim zu sein. Die Siedlung ist mittlerweile gut auf Touristen eingestellt. Zahlreiche Unterkünfte bieten einfache Nachtlager, genügend Restaurants sorgen für das leibliche Wohl und um den Zeitvertreib kümmern sich zahlreiche Touranbieter und Guides, die Touristen durch traditionelle Dörfer oder zu Wasserfällen begleiten. Einige davon plätschern im **Taman Wisata Tetebatu**, einem naturbelassenen Erholungsgebiet, das etwa 4 km nördlich von Tetebatu beginnt und sich problemlos auf einem gemütlichen Spaziergang erreichen lässt. Außer Wasserfällen gibt's hier Makaken zu bestaunen; zu Gesicht bekommt man beides allerdings in der Regel nur, wenn man sich auf die Dienste eines Guides verlässt, der sich in dem Gebiet auskennt.

Wenig spektakulär ist der nordwestlich von Tetebatu gelegene **Air Terjun Joben,** ein relativ kleiner Wasserfall, der von vielen Einheimischen besucht wird. Viel schöner anzusehen ist der **Air Terjun Jukut,** den man auf einer etwa zweistündigen Wanderung durch Reis- und Tabakplantagen ansteuern kann. Führer lohnen sich und werden von so gut wie jeder Unterkunft vermittelt. Wer schon genug gelaufen ist, kann mit dem Auto bis zum Parkplatz fahren (1000 IDR), von dem es nur noch 2 km auf einem gut ausgetretenen Pfad bis zum Wasserfall sind. Am Ziel erblickt man inmitten des üppigen Dschungels einen kleinen, von Efeu und Schlingpflanzen begrünten und von Steilwänden umgebenen Pool, in den sich das Wasser ergießt. Die Leute aus der Gegend glauben, ein Bad in seinem Wasser würde das Haarwachstum fördern.

Basis-Infos

Hin & weg   Die öffentlichen Verkehrsmittel nach Tetebatu fahren recht unregelmäßig, sind für Ortsfremde schwer zu finden, und die Reise ist langwierig. Am einfachsten ist es, den **Perama-Shuttlebus** ab Senggigi (10 Uhr) über Mataram (10.30 Uhr) zu buchen (125.000 IDR, ab 2 Pers.). Von Tetebatu geht es vom Green Orry Inn zurück nach Senggigi oder Mataram.

Eine weitere Alternative ist das **Chartern** eines Fahrers (z. B. im Pondok Tetebatu). Je nach Ziel sollte man 300.000–500.000 IDR veranschlagen.

Motorräder kann man sowohl im Green Orry Inn als auch im Pondok Tetebatu (ca. 60.000 IDR) mieten. Letzteres vermietet auch Fahrräder.

Wer es dennoch mit den **öffentlichen Verkehrsmitteln** versuchen möchte, steigt in Mataram am Mandalika Terminal in den Bus bzw. das Bemo nach Pomotong (ca. 15.000 IDR) und nimmt von dort aus ein Motorradtaxi oder Bemo nach Tetebatu (10.000–16.000 IDR). Wenn in Kotaraja Markttag ist (nur Mo und Mi), sind die Verbindungen ab Pomotong über Kotaraja nach Tetebatu regelmäßiger.

Geld   In Tetebatu gibt es noch keinen ATM, auch Geldwechsler sind nur schwer zu finden, und die Unterkünfte nehmen allesamt keine Kreditkarten. Am besten, man bringt genug Bargeld mit. Der nächste ATM findet sich erst wieder in Masbagik.

Touren   Meist bieten die Unterkünfte interessante Touren an, die durch Dschungel und Reisfelder führen oder zu verschiedenen Wasserfällen. Alle werden von den Guides mit zahlreichen Hintergrundinformationen über die umgebende Natur und Kultur gespickt. Preis je nach Länge der Tour: 50.000–100.000 IDR/Pers. Bei mehreren Teilnehmern sind Gruppenpreise verhandelbar, manchmal kann auch nur ein Guide (ca. 100.000 IDR) angeheuert werden, statt eine Tour zu buchen.

Achtung! Da in der Vergangenheit besonders in der Gegend um die Wasserfälle von Raubüberfällen auf Touristen berichtet wurde, scheint ein lokaler Guide mehr als sinnvoll. Und wer einen mit guten Englischkenntnissen gewählt hat, wird in jedem Fall mehr von der Wanderung mit nach Hause nehmen.

Übernachten/Essen & Trinken

Übernachten Pondok Tetebatu **2**. In der freundlichen Unterkunft inmitten eines Gartens werden in Reihenhäusern einfache Zimmer vermietet. Im Restaurant im Kolonialstil (mit kleiner Bücherei) werden gute lokale Gerichte serviert. Das freundliche Personal hat auch einige Touren und Guides im Angebot und vermietet sowohl Fahrräder als auch Motorräder. DZ 125.000–150.000 IDR. ✆ 081/805767153, 081/991174498 (mobil).

Green Orry Inn 8. Nicht nur dem Namen nach muss der Besitzer eine Vorliebe für Grün haben. Die 23 Zimmer wie die Umgebung spiegeln diese Farbe wider. Alle Zimmer sind in Reihenbungalows untergebracht, verfügen über eine kleine Terrasse und sind wirklich sauber. In der teureren Kategorie gibt es Heißwasser und etwas mehr Platz. Das große, offene Restaurant ist auch auf Gruppen eingestellt und beherbergt eine Tischtennisplatte sowie einen kleinen Shop mit Handwerkskunst und das Perama-Büro. Motorradvermietung und Touren. DZ 200.000–300.000 IDR. ✆ 0376/632233, 081/23724040, 081/917716440 (mobil), greenorryinn@yahoo.com.

»» Unser Tipp: Auf der gegenüberliegenden Straßenseite locken 4 nagelneue, riesige Lumbungs in einem langgezogenen Garten. Die zweistöckigen Bungalows verfügen oben über ein großes Bett und einen kleinen Balkon mit toller Aussicht. Ein Tageslichtbad sowie ein weiteres Bett erwarten den Gast im EG. Je nach Belegung 400.000 IDR (2 Pers.) bzw. 600.000 IDR (bis 4 Pers.). Buchbar über das Green Orry. **«**

Hakiki Inn 4. Hier schläft man inmitten weiter Reisfelder, und man kann zwischen kleinem Lumbung, größerem Familienbungalow und Häuschen über zwei Etagen wählen. Die Bäder sind teils mit westlicher Toilette, teils nur mit indonesischem Mandi und Hockklo ausgestattet, dafür sind die Veranden der Knaller. Das 8-eckige Restaurant inmitten eines Reisfeldes ist ein wahrer Augenschmaus, und auch die Speisekarte mit original Sasak-Gerichten, einer guten indonesischen und kleineren westlichen Auswahl enttäuscht nicht (Hauptgericht vegetarisch ab 20.000 IDR, Fleisch ab 30.000 IDR). Zum Frühstück hat man einen herrlichen Blick auf den Gunung Rinjani. Kleinere Bungalows 100.000 IDR, die größeren 200.000 IDR. ✆ 081/803737407 (mobil), hakikiinn@gmail.com.

Cendrawashi 7. In einem dicht bewachsenen Garten warten 4 hübsche, zweistö-

Übernachten	**E**ssen & Trinken	**S**onstiges
1 Wisma Soedjono	1 Wisma Soedjono	2 Fahrrad- und
2 Pondok Tetebatu	4 Hakiki Inn	Motorradverleih
3 Kembar Kuning	5 Salabuse Café	8 Perama
4 Hakiki Inn	6 Bale Bale Café	9 Ojek Haltestelle
7 Cendrawashi	7 Cendrawashi	
8 Green Orry Inn		
10 Pondok Bulan		

Taman Wisata Tetebatu

Air Terjun Jukut (Wasserfall)

Kotaraja

Tetebatu

200 m

ckige Reisspeicherhäuser mit hoch ge-
wölbten Alang-Alang-Dächern auf Gäste.
Im erhöht gebauten Restaurant sitzt man
auf Bambusmatten zu Tisch und genießt
das lokale Essen zur herrlichen Aussicht
über die Reisfelder. Zeitweise extrem unfreundliches   Personal.   DZ   200.000–
300.000 IDR. ✆ 081/917361273, 081/237076061
(mobil), cendrawasih_han1@yahoo.com.

Wisma Soedjono ❶. Das großzügige Gelände zwischen weiten Feldern beherbergt
nicht nur die 1920 erbaute Ferienvilla des javanischen Arztes Dr. Soedjono (erster Arzt
auf Lombok), sondern auch eine Vielzahl an
unterschiedlichen Unterkünften. Zweistöckige Reisspeicherhütten und größere Steinbungalows mit teilweise unansehnlichen
Bädern stehen ebenso zur Auswahl wie
normale Reihenzimmer. Am besten, man
wählt sorgfältig aus, bevor man einzieht.
Die meisten Zimmer sind mit Heißwasser
und einer hübschen Veranda ausgestattet.
Im hinteren Teil der Anlage kann es bei den
häufigen Stromausfällen der Gegend sehr,
sehr dunkel werden ... Das kleine Restaurant serviert leckere Gerichte mit vielen Zutaten aus dem heimischen Garten. Bunga-
low/Zimmer   150.000–600.000   IDR   ✆ 0376/
21309,   082/83701750,   081/8279774   (mobil),
www.wismasoedjono.com.

Pondok Bulan ❿. Unter neuem Management wurde die kleine Anlage umgebaut
und renoviert. Im Angebot stehen nun 3
Bungalows aus rot leuchtendem Ziegelstein
mit kleinen Bädern (150.000 IDR) sowie ein
Familienbungalow für 3 Pers. (250.000 IDR).
Alle umgeben von einem hübschen Garten.
✆ 0376/63258, 087/865923240 (mobil).

Kotaraja

Kembar Kunign ❸. Hier wird man schnell
Teil der Familie. An diesem Ort für Individu-
alisten mit Vorliebe fürs Einfache wohnt
man in einem umgebauten Tabakspeicher.
Die Zimmer sind recht simpel, dafür ist die
Aussicht auf die umgebenden Reisfelder
(jedenfalls im oberen Stockwerk) herrlich
authentisch und der sympathische Besitzer
Christ stets um das Wohl seiner Gäste be-
müht. Interessierte können die Vanilleplan-
tagen besichtigen oder die Herstellung von
Kopi Lombok, dem lokalen Kaffee, erlernen.
Angeschlossen ist ein kleiner, günstiger
Warung, der leckere lokale Speisen kredenzt.
DZ 100.000 IDR. ✆ 081/904050403 (mobil).

Essen & Trinken   So gut wie alle Unterkünfte verfügen über ein Restaurant. Die
meisten servieren neben einer kleinen Auswahl an westlichen Snacks günstige lokale
Gerichte. Wer außer Haus essen möchte,
sollte die folgenden Adressen ausprobieren:

🐟 Bale Bale Café ❻. Ein wirklich guter
Anlaufpunkt für Hungrige. Das gemütliche
Restaurant serviert hervorragende lokale
Gerichte (Hauptgerichte um 20.000 IDR) und
europäische Snacks. Die verwendeten Produkte sind aus eigenem biologischen Anbau, auf Wunsch können auch Kochkurse
organisiert werden. Wer Glück hat, kann
auch eine der ausliegenden Karten abstau-
ben, die Wanderungen und Ziele in der
Umgebung von Tetebatu auflisten. ✆ 081/
997844421 (mobil). ▪

Salabuse Café ❺. Günstige indonesische
Gerichte, eine kleine Auswahl traditioneller
Sasak-Speisen sowie ein paar europäische
Snacks können in freundlichem Ambiente
genossen werden.

Das Städtchen 5 km südlich von Tetebatu ist nicht nur Verkehrsknotenpunkt und
Marktort, sondern auch für den traditionellen Stockkampf der Sasak berühmt.
Beim *peresehan* bekämpfen sich die Männer mit langen Stöcken aus Rattan. Zur
Abwehr werden mit Fellen bezogene Schilde benutzt. Die Kämpfe finden nur zu
besonderen Anlässen wie Festen oder Zeremonien statt. Für Touristen werden ab
und an abgemilderte Versionen veranstaltet. Erkundigen Sie sich am besten bei den
Guides oder in Ihrer Unterkunft in Tetebatu. Montags und mittwochs findet ein
Markt statt, auf dem auch interessante Handwerkskunst aus der Umgebung verkauft wird, z. B. Korbwaren aus **Loyok,** einzigartige Töpferwaren aus **Rungkang**
oder farbenfrohe Webkunst aus **Pringgasela.** Wer früh aufsteht, hat vielleicht
Glück und darf den viel gerühmten Schmieden der „Stadt der Könige", so die Übersetzung von Kotaraja, bei ihrer harten Arbeit zusehen. Wer den Markt verpasst hat,
kann sich in den jeweiligen Ortschaften mit den Waren eindecken.

Ost-Lombok

Hierher verschlägt es nur die wenigsten Touristen. Wenn überhaupt, werden die Ziele der Region auf Tagesausflügen vom Fuß des Rinjani aus besucht. So ist man ziemlich alleine in dem trockenen Gebiet an der Küste – eine Erfahrung, die sich lohnt! Vor allem, wenn man von den unbewohnten Inselchen in kristallklarem Wasser weiß ...

Zwangsläufig in den Osten der Insel muss, wer mit dem Schiff auf die südöstlich von Lombok gelegene Insel Sumbawa übersetzen will. Die Fähren starten vom Hafen des Städtchens **Labuhan Lombok,** das sich wahrlich nicht zum Verweilen eignet. Lediglich Fischliebhaber sollen schon eigens wegen der gepriesenen Seafood-Warungs am Hafen hierhergekommen sein. Wer nicht unbedingt in einer Truckerunterkunft mit indonesischen Überlandfahrern schlafen möchte, übernachtet besser nicht hier, sondern fährt etwa eine Stunde weiter nach Norden bis Labuhan Pandan (→ S. 488).

Einzige Attraktion in der unmittelbaren Nähe von Labuhan Lombok (etwa 5 km nördlich) sind die gigantischen **Brettwurzelbäume** auf halber Strecke zwischen Menangabais und Permatan. Sie versuchen, sich dort hinter einem hohen Maschendrahtzaun zu verstecken – vollkommen vergeblich, denn bei einer Höhe von bis zu 30 m ist es unmöglich, übersehen zu werden. Die mächtigen Wurzeln sind mannshoch, und wer die Bäume komplett umfassen wollte, müsste schon ein Riese sein. Einige Einheimische glauben, dass die Bäume nur an Orten wachsen, die von bösen Mächten beseelt sind ... ein bisschen Nervenkitzel gehört bekanntlich dazu.

Hin & weg Viele Busse und Bemos fahren vom Mandalika Terminal in Mataram in 2–3 Std. zum Marktplatz von Labuhan Lombok (10.000–25.000 IDR). Von dort aus nimmt man ein weiteres **Bemo** oder ein **Motorradtaxi** zum Fährhafen Labuhan Kayangan. Aufgrund der Entfernung sollten selbst Sparfüchse auf einen Fußmarsch verzichten. Wer weiter nach Sumbawa möchte, hat meist schon in Mataram einen Überlandbus inkl. Fährticket gebucht. Alle anderen können vor Ort ein Ticket für die Fähre nach Sumbawa am Fährhafen lösen.

Perama hat ein Büro an der Hauptstraße zum Fährhafen und kann bei der Weiterfahrt behilflich sein. ✆ 0376/2924534.

Brettwurzelbäume Sollte das Tor zur Anlage verschlossen sein, kann man sich von der Familie, die im Verwaltungsgebäude gegenüber wohnt, aufsperren lassen. Eine kleine Spende ist als Dankeschön angebracht.

Brettwurzelbäume sind echte Giganten

Nördlich von Labuhan Lombok

Pantai Pulau Lampu: Der dunkle Strand liegt ca. 14 km nördlich von Labuhan Lombok und ist insbesondere bei Einheimischen beliebt. Das gilt auch für die wenigen einfachen Unterkünfte, die dort vermietet werden – vor allem am Wochenende sind sie oft belegt. Außer zum Schwimmen und Sonnen eignet sich der Strand vor allem auch als Ausgangspunkt für Ausflüge zu ein paar kleinen Inselchen, die nur einen Steinwurf von der Küste entfernt liegen; meistens werden sie jedoch von Labuhan Pandan (s. u.) aus angesteuert. Wer mit dem eigenen Auto unterwegs ist, muss sich übrigens nicht mit dem Pantai Pulau Lampu bescheiden: Entlang der Küstenlinie gibt es noch viele Badestellen mit herrlich weißem Sand, die nur darauf warten, entdeckt zu werden.

Hin & weg Von Labuhan Lombok kommt man mit unregelmäßig verkehrenden Bemos bis zum Strand (ca. 6000 IDR).

Übernachten Pondok Gili Lampu. Direkt hinter dem Strand werden unterschiedliche Bungalows vermietet. Die meisten sind aus Naturmaterialien gebaut und ein wenig in die Jahre gekommen. Trotzdem haben alle Charme, eine kleine Veranda zum Entspannen und sind mit (oft westlichen) Toiletten, Kaltwasser und Fan ausgestattet. Das große Restaurant am Strand serviert einfache Gerichte und kühle Getränke. Auch Ausflüge zu den Inseln können organisiert werden. Bungalow 100.000–250.000 IDR. ✆ 085/239548496, 087/863365666, 081/803637405 (mobil).

Labuhan Pandan: Die verschlafene Siedlung zieht sich entlang der Landstraße und ist bei den Einheimischen noch immer unter dem Namen Maroak bekannt. Bei ein paar wenigen Touristen erfreut sich der Ort in erster Linie wegen der oben erwähnten vorgelagerten Inseln einer gewissen Beliebtheit. Gili Petagan, Gili Kondo, Gili Lampu und Gili Bidara sind die größten, dazwischen verteilen sich zahlreiche Korallenriffe und Mini-Inseln im glasklaren Wasser. Die Fischer verdienen sich ein Zubrot, indem sie schnorchelwütige Touristen zu den Inselchen hinüber- und wieder zurückbringen. Und so manch einer mag beim Anblick der hübschen weißen Strände und der unzähligen Fische und Korallen eigentlich gar nicht mehr zurück. Tatsächlich kann man auf Gili Kondo auch zelten, sogar ein paar einfache Bungalows stehen für Auserwählte bereit.

Blickt man weiter Richtung Norden, sieht man schon von der Küste aus die zwei unbewohnten Inseln Gili Sulat und Gili Lawang. Beide sind von Mangroven umgeben, doch gibt es immer wieder ein wenig Platz für weißen Sand. Die Unterwasserwelt lockt mit großem Fischreichtum und auch relativ intakten Riffen. Boote für Tagesausflüge auf die Inseln lassen sich in Labuhan Pandan chartern.

Hin & weg Von Labuhan Lombok geht's mit dem Bemo zunächst bis zum Pantai Pulau Lampu (ca. 6000 IDR) … und mit etwas Glück von dort weiter nach Labuhan Pandan. Am leichtesten ist es, gleich ein Bemo (ca. 30.000–60.000 IDR) zu chartern.

Übernachten in Labuhan Pandan Tiara Homestay. Der sehr freundliche Besitzer vermietet in einem großen Haus an der Landstraße eine Handvoll einfacher Zimmer. Entweder mit geteiltem indonesischem Bad in familiärer Atmosphäre (100.000 IDR) oder einfache Reihenzimmer (200.000 IDR). Für die meisten Besucher noch interessanter sind die Campingausflüge zu den vorgelagerten Inseln, z. B. nach Gili Kondo für 600.000–800.000 IDR/2 Pers. (inkl. Ausrüstung, Boot und 3 Mahlzeiten). Auch Schnorchelausflüge nach Gili Didara oder Gili Kondo sind im Programm (2–4 Pers., inkl. Lunch für ca. 400.000 IDR). Labuhan Pandan, ✆ 087/863315014 (mobil).

Dewi Tunjung Biru. So etwas erwartet man nicht in dieser Gegend! Das neue Hotel bietet 6 hübsche Zimmer für alle, die auch fernab der Touristenspots keine Annehmlichkeiten missen möchten. Große Betten, AC, Fan, LCD-TV. Und dazu strahlt alles in

Blau – die Wände, die Fliesen, die Vorhänge. Schönes offenes Restaurant unter einem Alang-Alang-Dach. Die einfachsten Zimmer (ohne TV) 175.000 IDR, die größeren 250.000–300.000 IDR. ✆ (+65)93/504651, 081/933150225 (mobil), www.dewitunjungbiru.com.

... auf Gili Kondo Perama Resort. Ab 2 Pers. organisiert Perama die Anfahrt (z. B. aus Senggigi) sowie Überfahrt (z. B. von Labuhan Lombok) auf die Insel Gili Kondo inkl. Angel- und Schnorcheltrips sowie volle Verpflegung und Unterbringung im Perama Resort. Natürlich sind die Unterkünfte einfach, dafür hat man mit etwas Glück die Insel für sich! Paket inkl. Transport und einer Übernachtung inkl. Verpflegung 1.000.000 IDR/Pers., Verlängerung 500.000 IDR/Tag. Buchbar in Mataram unter ✆ 0370/635928, ✆ 0370/653936 oder in Senggigi unter ✆ 0370/693007, 693008, ✆ 0370/693009.

Ausflüge Zum Schnorcheln oder für einen Trip zu den Inseln können bei den Fischern und in den Unterkünften (s.o.) Boote gechartert werden (ca. 250.000–350.000 IDR/Boot). Ab mind. 2 Pers. bietet Perama ebenfalls Tagesausflüge inkl. Schnorchelausrüstung, Transport (z. B. ab Senggigi), Guide, Eintritt und Lunch (500.000 IDR/Pers.).

Südlich von Labuhan Lombok

Makam Selaparang: In dem kleinen Örtchen Selaparang befinden sich die Grabstätten einiger Ikonen der indonesischen Geschichte: die des Königs von Selaparang und die von Gajah Mada, dem bedeutenden militärischen Führer des Majapahit-Reiches, unter dessen Herrschaft Lombok ab 1334 stand. Die wundervoll gestaltete Grabanlage besteht aus mehreren terrassenförmigen Gräbern, die allesamt mit flachen Kieselsteinen verziert sind, und strahlt wohltuenden Frieden aus. Die alten Bäume vor der Anlage sollen übrigens Wünsche erfüllen. Etwas weiter die Straße entlang findet sich das Grab der Königinnen. Hier soll die Stiefschwester des Königs nebst Hofstaat begraben sein. Die flachen Steine vor der Anlage werden von den Einheimischen mit nach Hause genommen, da sie Glück bringen sollen.

Etwa 8 km südlich von Labuhan Lombok biegt man in Pringgabaya Richtung Inland auf den „Round Rinjani Drive" ab, um nach weiteren 4 km auf eine kleine Straße in nördliche Richtung nach Selaparang zu wechseln. Die Grabanlagen sind meist verschlossen. Allerdings warten oft Jugendliche auf Besucher und führen durch die heilige Stätte. Ein Trinkgeld ist natürlich angebracht.

Selong und Pancor: Selong, die Verwaltungshauptstadt Ost-Lomboks, ist mittlerweile mit der im Westen angrenzenden Stadt Pancor zusammengewachsen. Für Touristen ist der „Doppelort" lediglich montags interessant, wenn der große, äußerst lebhafte Viehmarkt in Selong abgehalten wird. Und wer schon einmal da ist, sollte einen Blick auf die beeindruckende Moschee Masjid Raya Selong werfen. Sonst ist das Orts-Duo eher als Verkehrsknotenpunkt von Bedeutung, denn viele Bemos und Busse fahren das Terminal in Pancor an.

Labuhan Haji: Von Selong fährt man auf der Landstraße weiter zur Küste, wo man Labuhan Haji besuchen kann. Wie der Name bereits andeutet (Haji = Haddsch = Pilgerfahrt), war dies der Ausgangspunkt für Pilgerfahrten der orthodoxen Moslems von Lombok. Heute hat der Ort allerdings viel an Bedeutung verloren. So ist der wundervolle schwarze Strand mit seinem – jedenfalls zur Regenzeit – interessanten Surf Break meist verlassen.

Altehrwürdige Königsgräber

Süd-Lombok

Umwerfende Strände mit blendend weißem Sand, kristallklares, in allen Facetten schimmerndes Wasser, Surf Breaks, die ihresgleichen suchen, mehr oder weniger traditionelle Sasak-Dörfer und der Wirklichkeit entrückte Landschaften – das ist Süd-Lombok.

Praya

Der Verwaltungssitz des Distrikts Lombok Tengah ist so gar nicht auf Touristen eingestellt und höchstens aufgrund seiner Ursprünglichkeit interessant, die sich besonders samstags offenbart. Dann wird hier ein großer Markt aufgebaut, auf dem es von Obst über Textilien bis hin zu Alltagsgegenständen so ziemlich alles zu sehen und zu kaufen gibt, was man sich vorstellen kann. Auch aufgrund seiner Infrastruktur ist die Distrikthauptstadt für Touristen wichtig, denn es gibt Geldautomaten, Banken, größere Einkaufsläden sowie einen Supermarkt und ca. 3 km nördlich des Zentrums auch ein Busterminal, das Praya mit allen drei Terminals in Mataram verbindet. Und seit Oktober 2011 gibt es noch etwas: einen Flughafen. Der liegt wenige Kilometer südlich des Ortszentrums, heißt **Bandara Internasional Lombok** und hat den Selaparang Airport in Ampenan abgelöst, der zeitgleich geschlossen wurde. Die Statuszuweisung „internationaler Flughafen" ist allerdings bislang noch reichlich hochgegriffen: Anfang 2012 waren es gerade einmal zwei ausländische Linien, die den Flughafen bedienten, eine davon steuerte Nowosibirsk an ... Wirklich funktional ist der Airport aber als schnelles Sprungbrett von und nach Bali (→ Anreise auf S. 73) oder als Station fürs Island-Hopping zwischen den Inseln Indonesiens. Leider hat sich der Flughafen schon innerhalb kurzer Zeit den Ruf eingehandelt, ein Garant für Verspätungen zu sein.

Hin & weg Mit dem **Flugzeug** kommt man außer nach Denpansar/Bali u. a. nach Jakarta und Surabaya auf Java (u. a. mit Garuda Indonesia), nach Bima auf Sumbawa (u. a. mit Merpati Nusantara Airlines) und nach Labuhan Bajo auf Flores (mit Trans Nusa Air). Die Flughafensteuer für Inlandsflüge beträgt 30.000 IDR und 100.000 IDR für Flüge ins Ausland. Jeweils bar zu bezahlen.

Weiter ab dem Flughafen Direkt am Ausgang fahren die dunkelblauen **Airporttaxis** zu verschiedenen Destinationen. (Öffentliche Taxis wie Bluebird oder Express Taxi dürfen keine Passagiere am Flughafengelände mitnehmen.) Hierfür muss man am Taxi Service Desk linker Hand des Ausgangs einen Taxi Coupon für 17.500 IDR erwerben, der einen zur Benutzung eines der Airporttaxis berechtigt. Die weitere Fahrt wird dann per Taxameter abgerechnet. Nach Mataram sollte man je nach Verkehr ca. 70.000–110.000 IDR einrechnen, nach Senggigi ca. 120.000–160.000 IDR. Taxis mit festen Listenpreisen (Prepaid-Taxwn) wie in Denpasar sind angedacht.

Von/nach Senggigi oder Mataram wurden **DAMRI-Airport-Busse** eingerichtet. Diese verkehren ca. alle 90 Min. vom Flughafen über Mataram nach Senggigi (40.000 IDR). Erste Fahrt zum Flughafen: von Senggigi (am Art Market) um 3.30 Uhr, von Mataram (Mandalika Terminal) um 4 Uhr; letzte Fahrt zum Flughafen: von Mataram um 19 Uhr, von Senggigi um 20 Uhr. Der Bus ist auch über Perama (50.000 IDR inkl. Abholung vom Hotel 30 Min. vorher) buchbar. Office in Mataram: Jl. Pejanggik 66, ✆ 0370/635928; Office in Senggigi: Jl. Raya Senggigi, ✆ 0370/693007, 693008.

Ein **privater Transport** wird z. B. von Hotels oder Tauchschulen oft angeboten, muss aber natürlich im Voraus gebucht werden.

Umgebung von Praya

Im unmittelbaren Umkreis von Praya und ein Stück weiter Richtung Süden, fast schon vor den Toren Kutas (→ S. 492), warten zwei **Handwerkerdörfchen** und zwei traditionelle **Sasak-Dörfer** auf shopping- und sightseeingfreudige Touristen. Da sie allesamt auch auf dem Programmzettel von Touranbietern stehen, sollte man eines nicht erwarten: allzu viel Authentizität.

Das ca. 4 km westlich von Praya gelegenen Örtchen **Sukarara** ist bekannt für qualitativ hochwertige Stoffe, die an urig anmutenden Webstühlen gefertigt werden. Die meisten Läden befinden sich entlang der Hauptstraße, und man kann den Weberinnen, die in mühevoller Feinarbeit die herrlichen Muster in die Stoffe einpflegen, direkt über die Schulter schauen. Die Preise sind hier oft höher als anderswo – die Qualität allerdings auch. Wer es etwas billiger haben will, kauft nicht in den großen Souvenirläden, sondern bei den Weberinnen direkt – Verhandeln ist ja bekanntlich Ehrensache.

Etwa 5 km südlich von Praya in **Penujak** hat man sich aufs Töpferhandwerk spezialisiert. In allen Größen werden hier – vorwiegend vormittags – gute Töpferwaren in dunklen Brauntönen gefertigt und natürlich den ganzen Tag zu erstaunlich günstigen Preisen an den Mann bzw. die Frau gebracht. Bleibt nur die Frage, wie man die teils über einen Meter hohen Vasen jetzt nach Hause bringen soll …

Wer sich anstatt für Vasen eher für die Kultur der Sasak interessiert, fährt von Penujak aus noch etwa 15 km weiter Richtung Süden. Mit Rambitan und Sade liegen dort ganz nah beieinander die beiden absoluten „Renner" unter den Sasak-Dörfern im Süden Lomboks. **Rambitan** hat es sich auf einem Hügel gemütlich gemacht und wirkt auch insgesamt ein wenig gemütlicher als seine nur 2 km entfernte Schwester. Sehenswert ist die **Masjid Kuno**, eine der ältesten Moscheen Lomboks: Das Gebäude ist ganz aus Bambus und Holz gefertigt und gekrönt von einem hübschen Alang-Alang-Dach. Betreten darf man die Moschee allerdings nicht.

Am Ortseingang von **Sade**, das in den letzten Jahren mithilfe von Regierungsgeldern renoviert und herausgeputzt wurde, wird eine Spende fällig und dem Besucher ein Guide zugeteilt. Dieser führt mit mehr oder weniger Begeisterung durch das Dorf und gibt hilfreiche Informationen zu den urigen Reisspeicherhütten, den Baumaterialien, der Handwerkskunst oder den Riten, die in der Gemeinschaft gepflegt werden. Die Ursprünglichkeit wirkt hier inszeniert, und das Dorf umweht ein Hauch von Ausverkauf: An jeder Ecke werden die nahezu gleichen Webstoffe, Armkettchen und Schmuckstücke angeboten (und die Gäste aus diesem Grund auch gerne in die Häuser gelassen). Die Souvenirstände ziehen sich schon bis zur Straße, Frauen präsentieren sich an Webstühlen und kassieren für jedes Foto Trinkgeld, und natürlich landet man am Ende am Shop des eigenen Guides. Wer darüber hinwegsehen kann, erlebt einen abwechslungsreichen, interessanten Spaziergang durch eine andere Kultur.

In **Rambitan** und **Sade** muss man sich ins Gästebuch eintragen, außerdem wird eine „freiwillige" Spende verlangt. Hier sollten Sie nicht vergessen, dass der Führer später noch einmal eine „Spende" fordert. Jeweils 15.000–25.000 IDR/Pers. sollten ausreichen, auch wenn die Gästebücher von Spenden über 100.000 IDR erzählen.

Kuta Lombok

Das beschauliche Fischerdörfchen hat sich in den letzten Jahren zu einer gemütlichen Traveller-Enklave entwickelt, in der besonders Surfer ihr Eldorado finden. Aber auch Sonnenanbeter und Badenixen werden hier mehr als glücklich.

Dafür müssen sie sich gegenwärtig allerdings ein Stück vom eigentlichen Ortsstrand wegbewegen, wo man – egal, welche Richtung man ansteuert – an zum Teil puderweißen Stränden herrlich entspannen kann (→ ab S. 499). Die Lage in Kuta selbst gab dagegen zumindest bei unserem letzten Besuch Anfang 2012 keinen Anlass zu uneingeschränkter Freude: Abgesehen vom östlichen Ortsstrand war es dort weder sonderlich beschaulich noch sonderlich sauber. Für Ersteres sorgten die zahllosen Händler, die dort ihre Waren anboten, für Letzteres die vielen kleinen

Kutas „Hotelmeile"

Strand-Warungs ohne sanitäre Anlagen, aber mit erheblichen Problemen bei der Müllbeseitigung. Ob die lokalen Behörden wie angekündigt regulierend eingreifen werden (angedacht ist eine Verlegung der Warungs hinter den Küstensaum), muss abgewartet werden. Wenn's denn so sein sollte, könnte sich der eigentlich herrliche, pittoresk von Felsformationen umrahmte Strand schon bald wieder in seiner alten Pracht präsentieren.

Kuta ist trotz seiner (hoffentlich nur temporär etwas eingeschränkten) Reize bislang vom touristischen Mega-Bauboom verschont geblieben. Zwar kommen Jahr für Jahr neue Unterkünfte hinzu, doch ist das Angebot weiterhin im Wesentlichen auf die Bedürfnisse von Surfern und Backpackern zugeschnitten. Dazu passt die entspannte Atmosphäre im Dorf, wo's nur etwas wuseliger wird, wenn Markttag ist.

Einmal im Jahr ist allerdings richtig die Hölle los – dann, wenn im wahrsten Sinne des Wortes der Wurm drin ist. Im zehnten Monat des Sasak-Kalenders (meist Februar/März) füllen sich für drei Tage die sonst so beschaulichen Strände um Kuta mit Menschenmassen, um eines der außergewöhnlichsten Feste Lomboks zu begehen: **Bau Nyale** – was in der Sasak-Sprache so viel bedeutet wie „Seewürmer fangen". Das Objekt der Begierde, der Nyalewurm, erstrahlt in verschiedenen Neonfarben und taucht nur wenige Male im Jahr zu Millionen an der Wasseroberfläche auf, wo er dann zum Opfer zahlloser Fangwütiger wird. Je reichhaltiger der Ertrag, desto besser gestalten sich die Ernte und das persönliche Lebensglück im Folgejahr. Untermalt wird die Jagd durch traditionelle Pantun-Gesänge, was schon darauf hinweist, dass es in Wahrheit um weit mehr geht als um einen bloßen Wurm. Tatsächlich rankt sich um die bei Licht besehen nicht sonderlich attraktiven Tierchen eine uralte Legende um eine in Gewissensnot geratene Prinzessin (→ Kasten). Dem Wurm hilft das nicht viel: Nach dem Fang wandert er in die Pfanne, um anschließend verspeist zu werden – vielleicht auch, weil dem Verzehr der proteinhaltigen Kost aphrodisierende Wirkung nachgesagt wird. Roh übrigens noch mehr als gebraten.

Außer Würmerfangen, Würmeressen und Gesang wird bei der Veranstaltung natürlich auch noch allerlei Spektakel geboten, darunter traditionelle Stockkämpfe, Tanzdarbietungen und Wayang-Kulit-Theater.

Es war einmal …

Die Palolowürmer beim Bau-Nyale-Fest sollen die Reinkarnation von Prinzessin Mandalika sein, die damit ihr Versprechen einlöst, jedes Jahr nach ihrem Volk zu sehen: Als die wunderschöne Königstochter ins heiratsfähige Alter kam, entbrannte unter den Prinzen der Fürstentümer im Lande ein heftiges Werben um die Hand der Schönen. Die Auseinandersetzungen wurden immer schlimmer, bis sie beinahe zu einem schrecklichen Krieg führten. Da rief der König alle Untertanen und Werber zusammen und befahl seiner Tochter, bis zum nächsten Tag ihren Ehemann zu benennen. Diese stürzte sich daraufhin mit den Worten „Ich wähle euch alle" vor dem am Strand Pantai Seger versammelten Volk in die Fluten – sie hatte Angst, durch ihre Wahl einen blutigen Krieg zu entfachen und entschied sich aus Liebe zum Volk für den Freitod. Obwohl man das Meer verzweifelt nach ihr absuchte, fand man nichts außer Tausenden von Nyalewürmern, in die sich die schöne Prinzessin verwandelt hatte. Von diesem Tage an erfüllen diese jedes Jahr das Versprechen der Prinzessin, nach ihrem Volk zu sehen.

Basis-Infos

Einkaufen Der zweimal die Woche (Mi und Sa) stattfindende **Markt** ist nicht nur hübsch anzuschauen, er bietet auch frisches Obst, viele Nahrungsmittel und ein paar Essensstände.

In zahlreichen **kleinen Läden** entlang der Parallelstraße zum Hauptstrand bekommt man das Nötigste wie Getränke, Alkohol, Toilettenartikel und Snacks. Kunsthandwerk kann man an der Strandpromenade oder bei den vielen Strandverkäufern erstehen.

So gut wie niemand wird um sie herumkommen: Kinder und Teenager, die mit unglaublicher Ausdauer Armbänder, Kettchen und anderen Schmuck anbieten, obwohl sie doch eigentlich die Schulbank drücken sollten. Angeblich dient der Gewinn zur Finanzierung des Schulgeldes … Da die Kinder allerdings bis spät in die Nacht arbeiten und auch schon am Vormittag auftauchen, fragt man sich, wann sie in die Schule gehen.

Geld Es gibt keinen ATM in Kuta, der nächste befindet sich in Praya (ca. 25 km entfernt). Einige der Unterkünfte wechseln Bargeld, allerdings zu schlechten Kursen.

Internet In vielen Unterkünften kann das Internet genutzt werden (ca. 500 IDR/Min.). Auch das **Ketapang Café** bietet Computer und WLAN-Zugang. Viel Geduld mitbringen – die Verbindungen könnten nicht langsamer dahinschleichen.

Thema Sicherheit

Obwohl sich die Situation in den letzten Jahren sehr verbessert hat, gibt es immer wieder Berichte über Diebstahl, Bedrohungen und Überfälle. Man sollte sich nicht verrückt machen, aber dennoch wachsam sein: Wertsachen nicht zu abgelegenen Stränden mitnehmen, Motorräder im Hotel mieten und abstellen etc. Viele Hotels beschäftigen Sicherheitskräfte, und sogar an den abgelegenen Stränden zahlt man inzwischen für bewachte Parkplätze (Motorrad 2000–5000 IDR, Auto 5000–10.000 IDR sowie jeweils eine zusätzliche „Sicherheitsgebühr" von meist 10.000 IDR).

Hin & weg

Die Anreise mit **öffentlichen Verkehrsmitteln** nach Kuta ist kompliziert und sehr langwierig (ca. 4–5 Std.), da sie mehrmaliges Umsteigen beinhaltet. Vom Mandalika Teminal in Mataram fährt man nach Praya (ca. 10.000 IDR), wechselt in den Bus nach Sengkol (ca. 6000 IDR), wo man wieder in ein anderes Fahrzeug nach Kuta steigt (ca. 8000 IDR).

Besser ist es, einen **Shuttlebus-Service** in Anspruch zu nehmen, z. B. Perama: Deren Busse starten u. a. in Mataram (um 10.30 Uhr) und in Senggigi (um 10 Uhr) und benötigen für die Fahrt nach Kuta ca. 2 Std.

(125.000 IDR, mind. 2 Pers.). Von Kuta aus geht es in die Gegenrichtung um 6.30 Uhr. Andere Ziele sind gegen Aufpreis buchbar.

Wer am neuen Flughafen Bandara Internasional Lombok landet, nimmt am besten ein **Taxi** (40.000–50.000 IDR).

Eine weitere, recht unkomplizierte Variante, nach Kuta zu reisen, ist der **Transportservice** von Hotels und Surfschulen. Kimen Surf z. B. bietet die Abholung von Lembar (260.000 IDR), Senggigi (300.000 IDR) und sogar Labuhan Lombok (400.000 IDR) an. ✆/✆ 0370/655064, 081/7362971 (mobil), www.kuta-lombok.net.

Aktivitäten

Angeln Wer schon immer mal sein Urlaubsfoto mit einem großen Fisch aufmotzen wollte, der kann bei **Mimpi Manis** einen mehrstündigen Angeltrip buchen und sein Glück versuchen. Trip im traditionellen Ausleerboot 800.000 IDR inkl. Getränke, Ausrüstung für 1–3 Pers. sowie Guide. ✆ 081/8369950 (mobil).

Reiten Hoch zu Ross die wundervolle Umgebung von Kuta erkunden, durch Sasak-

Tanjung Aan,
Kerupuk, Kuta Horses

Awang, Praya

Strandmarkt

Markt/
Bemostop

Mawun, Mawi,
Selong Blanak,

200 m

Kuta Beach Lombok

Dörfer reiten und an wenig besuchten Ständen das Panorama genießen – **Kuta Horses** macht es möglich. Die Pferde können stündl. oder tageweise gemietet werden, Ausflüge und Tagestouren werden genauso organisiert wie Reitstunden. 1 Std. mit Guide 400.000 IDR, jede weitere halbe Stunde 120.000 IDR, ca. 6-stündiger Ausflug inkl. Picknick, Pferdebad etc. 1.600.000 IDR. Reservierung am Vortag ist erwünscht. Rankap Satu, Jl. Bypass, Kuta, ☎ 081/915999436 (mobil), kutahorses@hotmail.com.

Surfen Kimen Surf **23** bedient alles, was das Surferherz begehrt. Ausrüstung und Surfbretter werden verliehen, Bretter repariert, getauscht, verkauft. Im Shop gibt es auch allerlei Accessoires. Halbtages-Surftrip mit Guide und Transport nach Gerupuk (1–2 Pers.) 320.000 IDR, Trips nach Mawi oder Are Goling 370.000 IDR, Tagestrip zu beiden Zielen 560.000 IDR (bis zu 3 Pers.). Weitere Personen jeweils 75.000 IDR,

4-stündige Surfkurse (max. 4 Pers., jeder Teilnehmer hat einen eigenen Guide) 360.000 IDR. ☎/☏ 0370/655064, ☎ 081/7362971 (mobil), www.kuta-lombok.net.

Corner Surf 15 ist eine gute Adresse für Surfer. Sowohl Anfängerkurse als auch Ausflüge für Profis. Zudem kann im Surfshop Equipment geliehen und gekauft oder auch einfach nur ein Drink mit Gleichgesinnten genommen werden. ☎ 087/865919336, 081/805228442 (mobil), thecorner.surf@gmail.com.

Tauchen Wer lieber die intakte Unterwasserwelt erkunden möchte, sollte sich an die Kuta-Filiale von **Dive Zone 22** wenden. Diese organisiert Tauchgänge in der direkten Umgebung von Kuta (viel Makrotauchen), aber auch Ausflüge zu anderen hervorragenden Plätzen wie Sekotong oder Belongas. Gutes Equipment, ungemein freundliches Personal und viel Erfahrung. ☎ 0370/6603205, www.divezone-Lombok.com.

Übernachten

(→ Karte S. 495)

Anda Bungalows 7. 16 ältere Zimmer in Reihenbungalows sowie Fan-Bungalows im hinteren Bereich. Ewas abgewohnt und eng, dafür günstig und freundlich. Ein Internetcafé ist im Restaurant integriert. Gäste bekommen Rabatt aufs Essen und sollten das Sasak-Menü mit drei traditionellen Gerichten und Beilagen ausprobieren (100.000 IDR für 2 Pers.). Zimmer mit AC 150.000 IDR, mit Fan ab 100.000 IDR. ☎ 0370/655049, 654836.

Sekar Kuning 8. In einem größeren zweistöckigen Gebäude werden große, saubere Fan-Zimmer vermietet, einige mit Schachbrettmuster an der Decke. Von der Terrasse blickt man in den Garten voller Blumen, vom Balkon sogar aufs Meer. In den Reihenbungalows gibt es auch Zimmer für 3 Pers. Für 350 IDR/Min. kann man den Internetzugang im Restaurant nutzen. DZ 140.000–200.000 IDR. ☎ 0370/654856.

Segare Anak Bungalow and Cottages 9. Die alteingesessene Anlage ist noch immer eine ruhige, entspannte Backpacker-Adresse. Nach hinten versetzt verteilen sich in einem hübschen Garten mehrere Wohnmöglichkeiten: von alten, sehr einfach eingerichteten Bambusbungalows über Reihenbungalows mit Bambuswänden bis zum AC-Zimmer. Alle mit Kaltwasser und eigenem Bad, die meisten mit Fan ausge-

stattet. Ein kleiner Pool lädt zum Planschen ein. Dem resorteigenen Restaurant sind ein Perama-Büro, eine Postfiliale sowie ein Geldwechsler angeschlossen. WLAN möglich. Zimmer bzw. Bungalow mit Fan je nach Größe und Beschaffenheit 120.000–200.000 IDR, Zimmer mit AC 250.000 IDR. ☎ 0370/654846, 081/7366457 (mobil), ☏ 0370/654835.

Surfers Inn 10. Diese moderne Anlage ist seit 2004 voll auf Surfer eingestellt. Um den zentralen Pool reihen sich Steinbungalows verschiedenster Kategorien. Alle gefliest, gepflegt und sauber, wenn auch von etwas unterkühltem Charme, den die AC-Zimmern durch die ausgefallenen achteckigen Fenster aufgelockert wird. Je mehr man zahlt, desto mehr Platz und Ausstattung wie AC, Minibar und in der höchsten Preisklasse auch TV mit DVD-Player ist vorhanden. Alle Zimmer wahlweise mit 1 oder 2 Betten. 24-Std.-Security-Service, Surfausflüge, Surfbrettverleih, Bar, Restaurant und WLAN-Hotspot. Zimmer mit Fan ab 200.000 IDR (Hochsaison plus 25 %), Zimmer mit AC 320.000–475.000 IDR (Hochsaison plus 10 %). ☎ 0370/655582, ☏ 0370/655583, www.lombok-surfersinn.com.

Tastura Beach Resort Hotel 11. In einem großen, sehr gepflegten Garten voller Springbrunnen, tropischer Pflanzen und sehr viel (für einen Hauch von Golfplatzcharakter sorgendem) Rasen warten 20 Bungalows und 4 Suiten sowie ein luxuriöser Garuda-Bungalow auf anspruchsvollere Gäste. Alle Bungalows sind schön dekoriert, kombinieren moderne und traditionelle Stilelemente und verfügen über eine Minibar, TV, Heißwasser und AC sowie hübsche Open-Air-Bäder. Auf der gemütlichen Veranda kann man entspannen, der teuerste Bungalow verfügt sogar über einen eigenen Garten. Für Abkühlung sorgt der nierenförmige Pool mit Kinderbecken, und den Hunger können nicht nur Hotelgäste im Restaurant stillen. Der bewachte Parkplatz allerdings wirkt schon sehr kasernenartig … Zimmer 65 $, Suiten 95 $, Garuda 125 $, jeweils plus 21 % Tax und Service, in der Hochsaison alles 10 % teurer. Bei geringer Auslastung lassen sich allerdings auch tolle Schnäppchen aushandeln. ☎ 0370/655540, 📠 0370/655398, tastura@telkom.net.

Melon Homestay 🔟. An der Straße werden 2 einfache Zimmer im Doppelbungalow vermietet und im zweistöckigen Haus 2 Apartments mit komplett eingerichteter Küche und großer Veranda. Das Apartment im EG fällt etwas kleiner aus, dafür bietet es Heißwasser. Ab und zu schaut auch das Äffchen vom Nachbarn vorbei. Zimmer 150.000 IDR, Apartment ab 250.000 IDR. Der Preis für jede weitere Person ist verhandelbar. ☎ 081/7367892 (mobil).

Mimpi Manis 2️⃣1️⃣. Sympathische Unterkunft im Inland Richtung Praya. Auf einem hübschen Familienanwesen stehen 2 saubere Zimmer (mit AC oder mit Fan und Moskitonetz) sowie ein kleines Häuschen zur Verfügung. In Letzterem kann man sich im Wohnzimmer bei einem Kaffee auf gemütlichen Bambusmöbeln entspannen und schläft im OG. Alle Unterkünfte sind mit einem sauberen, etwas älteren Bad, TV mit DVD-Player, Safe sowie einem Doppel- und einem Einzelbett ausgestattet. Die Engländerin Gemma und ihr indonesischer Mann Made organisieren auch Bootsausflüge, Angeltrips, vermieten Fahr- und Motorräder und haben (nicht nur für Gäste) eine extrem umfangreiche Sammlung an DVDs. Zimmer 120.000 IDR, Häuschen (2 Pers.) 220.000 IDR, zur Hauptsaison kann es bei guter Auslastung auch schon mal etwas teurer werden. Jl. Raya Mong, ☎ 081/907495040, 081/8369950 (mobil), www.mimpimanis.com.

Lombok Baru 3️⃣. Direkt am Strand von Kuta verteilen sich in einem kleinen, schattigen Garten helle Bambusbungalows mit Alang-Alang-Dächern, gemütlichen Bambusmöbeln und eigenen Kaltwasserbädern. Auch Steinbungalows mit AC und gefliestem Bad werden vermietet. Zum schmalen Strandabschnitt gibt es einen direkten Zugang durch das Resort. Ein Bambusrestaurant mit hohem Dach und kleiner indonesischer Speisekarte vertreibt den Hunger. Zimmer mit Fan 200.000 IDR, mit AC 350.000 IDR. ☎ 0370/654715, 081/936751647 (mobil).

Puri Rinjani 6️⃣. Relativ große, aber dennoch sehr freundliche, relaxte Anlage im

Hätte das Potenzial zum Traumstrand: Kuta Beach

Herzen von Kuta, die von sehr sympathischem, kommunikativem Personal geführt wird. Man kann sowohl in einfachen Bambusmattenhütten als auch in pastellfarbenen, großen Steinbungalows mit AC und TV nächtigen. Alle mit großer Veranda mit Blick auf den weitläufigen Garten, angenehmen Möbeln, die teureren auch mit Heißwasser. Ein paisleyförmiger Pool mit Bar thront in der Mitte des Gartens. Im angeschlossenen Restaurant finden nachts oft Gitarrensessions statt, die Speisekarte bietet gutes europäisches Essen wie Schnitzel oder Burger, aber auch leckere indonesische Gerichte. Je nach Saison und Ausstattung 150.000–650.000 IDR. ☏ 0370/654849, 0370/653749, 🖷 0370/654852.

Ketapang Café 🔢 **12**. Hinter dem Restaurant werden in Doppelbungalows auch 5 einfache, saubere Zimmer mit Dusche vermietet (100.000 IDR). Ein paar Pflanzen sorgen für Grün. ☏ 081/917135725 (mobil), psuwitra@yahoo.com.

Mandalika Homestay 🔢 **14**. Klassische Budgetunterkunft. Die Reihenzimmer mit Veranda sind einfach, ohne Deko, aber sauber und mit Frischwasser ausgestattet. Zwei davon geräumiger als der Rest. DZ 90.000–120.000 IDR. ☏ 081/936731720 (mobil).

G'Day Inn 🔢 **17**. Etwas im Inland in der Nähe der Hauptkreuzung liegt dieses schnuckelige Homestay. Die im balinesischen Stil erbauten Steingebäude beherbergen einfache, aber gut instand gehaltene Zimmer mit Fan und Kaltwasserbad. In familiärem Ambiente kann man für 80.000–150.000 IDR nächtigen. ☏ 0370/655342.

Kuta Indah 🔢 **28**. Große Anlage westlich des Marktes, die – sofern keine Reisegruppe eingecheckt hat – oft ziemlich leer steht. Die Zimmer und Bungalows verteilen sich auf dem weitläufigen Gelände in einem Palmengarten und wirken – obwohl (je nach Kategorie) gut mit TV, Minibar, Safe und AC ausgestattet – doch sehr in die Jahre gekommen. Dafür ist der Service mehr als freundlich, und der schmale, beschauliche Strandabschnitt wird durch einen großen Pool im Herzen des Resorts ergänzt. Restaurant und Security Service sind vorhanden. DZ mit Fan und Kaltwasser 200.000 IDR, mit AC je nach Größe und Ausstattung 250.000–500.000 IDR. Für Gruppen/Familien ist die Family Suite interessant – zwei verbindbare, gut ausgestattete Räume für 850.000 IDR. Alle plus 21 % Tax und

Service. Verhandeln ist v. a. in der Nebensaison möglich. ☏ 0370/653781, 653782, 655222, 🖷 0370/654628, www.kutaindahhotel.com.

Homestay Dewy 🔢 **24**. Hier warten 5 neue Zimmer mit Bambusmöbeln, großen Matratzen, Moskitonetz und schmaler Veranda auf anspruchslose Backpacker. Die kleinen Bäder sind gefliest und verfügen über westliche Toiletten und Mandi. DZ 125.000 IDR. ☏ 081/933138312 (mobil).

»» Unser Tipp: The Spot 🔢 **20**. Hier ist alles aus Bambus ... und das ist gut so. Die luftigen Fan-Bungalows verfügen über kleine, aber feine Bäder und total relaxte schattige Veranden. Alle gruppieren sich um einen Garten mit Aufenthalts-Bale. Das ungemein freundliche Personal sorgt für tolle Atmosphäre nicht nur im Restaurant. In diesem kann man lokale und europäische Speisen schlemmen und nebenher bei Live-Sportübertragungen auf dem großen Bildschirm mitfiebern. Bungalow 150.000 IDR. ☏ 087/859642482, 081/933164580, 081/8366307 (mobil), www.thespotbungalows.com. **««**

Matahari Inn 🔢 **25**. In einem weitläufigen, von Götter- und Dämonenstatuen, Springbrunnen und allerlei tropischen Pflanzen bevölkerten Garten verteilen sich unterschiedliche Unterkünfte, die eines gemein haben: ein gutes Preis-Leistungs-Verhältnis. Die günstigsten sind etwas dunkel, klein und einfach, mit Kaltwasser und Fan, doch je teurer, desto himmlischer werden auch das Dekor und die Einrichtung. Besonders die Deluxe- und Honeymoon-Räume mit ihren ausladenden Schnitzereien sind sehr verlockend. Ein weiterer Pluspunkt ist der wundervoll geschwungene Pool. Allerdings hat die etwas in die Jahre gekommene Anlage bereits etwas Patina angesetzt. DZ mit Fan 175.000–200.000 IDR, mit AC 350.000–550.000 IDR. Zur Nebensaison kann man gute Schnäppchen aushandeln. ☏ 0370/655000, 081/805228555 (mobil), 🖷 0370/654909.

Kuta Paradise 🔢 **2**. Hinter einer Mauer gruppieren sich 6 neue Bungalows um einen kleinen Pool. Geboten werden angenehme Zimmer mit der vollen medialen Ausstattung (Sat-TV, DVD-Player), Kingsize-Betten, großen Bädern und AC. Wirkt etwas steril, dafür recht modern und pieksauber. Angeschlossen ist ein Bar-Restaurant mit internationaler Küche, frischen Fruchtsäften und einer breiten Cocktailauswahl. Bungalow ab 400.000 IDR. ☏ 087/864311153 (mobil), www.kutaparadise.webstarts.com.

Ketapang Café 12. Das Eckrestaurant serviert den wahrscheinlich besten Tempeh-Burger der Umgebung! Aber auch die Fleischvariante sowie die Pizza können sich sehen lassen. Das Ganze verdrückt man in relaxter Atmosphäre, an gemütlichen Bambustischen und -bänken unter freiem Himmel. Computer mit Internetzugang können am Tisch genutzt werden (500 IDR/Min.).

»» Unser Tipp: Warung Bule 19. In diesem sympathischen kleinen Restaurant mit nur 5 Tischen wird sehr gut gekocht und mit Gewürzen jongliert. Die einheimischen Gerichte sind vorzüglich, der gegrillte Fisch (ab 35.000 IDR) unbedingt zu empfehlen. Interessant ist auch das Sasak-Dinner (nach Voranmeldung, ab 4 Pers., 275.000 IDR/Pers.). Romantikern wird ein Romantic Dinner mit Lobster oder Filet Mignon am Strand serviert (497.500 IDR). **««**

Dwiki's Cuisine 27. In diesem Restaurant findet man eine große Auswahl an Gerichten aus aller Welt. Vom kambodschanischen Huhn über griechischen Salat und indonesische Klassiker bis zu mexikanischen Quesiladas. Auch original italienische Pizza in ausgefallenen und althergebrachten Variationen aus dem Holzofen ist zu bekommen. Große Wein- und Cocktailauswahl, sehr freundlicher Service. Auch Lieferung ins Hotel möglich. Kostenloser WLAN-Zugang für Gäste. ✆ 085/935034489 (mobil).

Kelapa Café 26. Gegenüber gibt es kleine Gerichte in freundlicher Atmosphäre. Kostenloser WLAN-Zugang.

Friendly Café 5. Eines der vielen Strandcafés direkt am Meer. Sehr angenehm aus Holz und Bambus gebaut, mit gemütlichen Liegeecken und großen Bambustischen. Ein schönes, schattiges Plätzchen, um bei der sanften Meeresbrise abzuhängen. Angeboten wird die gängige Standardkarte, bestehend aus den üblichen Verdächtigen von Burger, Sandwiches und Omeletts bis zu einigen indonesischen Gerichten.

Café 7 18. Hübsch eingerichtetes Bar-Restaurant. Entweder nimmt man an den gemütlichen Lounge-Möbeln oder den großen Holztischen Platz und genießt Burger, asiatische oder europäische Küche. Breite Auswahl an Cocktails und spaßiges Personal. Besonders zu empfehlen, wenn die gute Liveband (Mo und Fr) aufspielt, oder zu einem der Spezialevents. ✆ 081/933130370 (mobil), Tengku00@yahoo.com.

Gecko 16. Gestylte Bar mit vielen Außenplätzen. Unter lauschiger Begrünung genießt man das große Angebot der Bar oder die knusprige Pizza aus dem Holzofen. Natürlich gibt es auch eine große Auswahl an lokalen und europäischen Gerichten.

The Shore Beach Bar 4. Sobald es dunkel wird, ist diese Bar *der* Platz in Kuta, und wenn eine der lokalen Bands aufspielt, wirklich eine gute Wahl. Auf der Terrasse stärkt man sich mit lokalen und europäischen Gerichten, um dann im Inneren an der Bar über die umfangreiche Cocktailkarte herzufallen oder sich zum Abtanzen unter die vielen Einheimischen zu mischen. Oft werden aktuelle Filme gezeigt, zur Hauptsaison Di, Do und Sa Livemusik.

Strände westlich von Kuta

Die Strände westlich von Kuta bieten – sofern die Wellenbedingungen stimmen – gute Surfbedingungen auf unterschiedlichen Leveln. Wenn die Brandung nicht allzu stürmisch ist, kann man an allen Stränden auch herrlich baden. Den Weg sollte man auf keinen Fall unterschätzen und am besten nur mit einem geländetauglichen Gefährt in Angriff nehmen. Einige Reisende mit dem falschen fahrbaren Untersatz mussten schon vor den Schlaglochpisten den Hut ziehen und umdrehen – ohne die Schönheiten gesehen zu haben, die hinter den Hügeln warten.

Are Goling: Die weite, palmengesäumte Bucht mit feinem weißen Strand und beeindruckenden vorgelagerten Felsformationen liegt etwa 4 km von Kuta entfernt. Nach etwa 2 km erreicht man ein auffälliges Schild, das zum *Are Goling – Beach*

Traumbuchten um Kuta:
Are Goling, Mawi, Selong Blanak
und der Novotel-Strand

Bungalows & Restaurant weist. Man folgt der Beschilderung auf eine schmale, abenteuerliche Straße, die landeinwärts über Stock und Stein immer höher den Hügel hinaufführt – bis man voller Ehrfurcht hinunter zum Meer blickt, dessen Wellen gutes Surfen verheißen.

Übernachten/Essen & Trinken Are Goling – Beach Bungalows & Restaurant (🏠,→ Karte S. 495). Dieses nagelneue Resort ist die bislang einzige Unterkunft. Okay, sie liegt nicht wirklich am Strand, sondern auf dem steilen Hügel direkt über der Bucht. Aber so bietet sich vom Restaurant und den Veranden der Bungalows ein umwerfender Panoramablick. Die Bungalows wurden alle luftig aus Bambusmatten und Holz erbaut und erinnern an verträumte Budgetunterkünfte vergangener Tage. Die gemeinschaftlichen Sanitäranlagen sind brandneu und sehr sauber. Bis auf einen AC-Bungalow aus Stein sind alle mit Fan ausgestattet. Das angeschlossene Restaurant serviert lokale Gerichte und Snacks zu etwas höheren Preisen. Bungalow 200.000 IDR. ☎ 081/75739322 (mobil), (+61)414/878645 (Australien), http:// aregoling.com.

Mawun: Nachdem man ca. 8 km von der Schlaglochpiste ordentlich durchgeschüttelt wurde, verschlägt es einem beinahe den Atem! Die sichelförmige Bucht mit weißem Puderzuckersand, der in herrlich klares Wasser übergeht, könnte jeder Bounty-Werbung Konkurrenz machen. Das Wasser lädt zum Schwimmen ein, wird aber recht schnell tief, und die Strömung kann mitunter sehr stark sein. Vorsicht also mit Kindern! Sofern das Meer ruhig ist, kann man in den Morgenstunden auch schnorcheln.
Parkgebühr 5000 IDR/Auto, 3000 IDR/ Motorrad. Ein paar Einheimische verkaufen Mie Goreng und Getränke.

Mawi: Folgt man der Straße nach Mawun weiter Richtung Westen und biegt nach kurzer Zeit am Wegweiser Richtung Mawi links ab, gelangt man

nach ca. 2 km zu einem Strand, der Surfer und Wasserratten gleichermaßen begeistern sollte. Allerdings ist der Weg hierher so richtig schön abenteuerlich. Nachdem man den Sicherheitsposten passiert und gezahlt hat (10.000 IDR/Auto, 5000 IDR/Motorrad), begibt man sich auf eine Schlamm-Schotter-Schlagloch-Piste, die öfters von weidenden Wasserbüffeln bevölkert ist. Besonders nach Regenfällen kann es hier richtig lustig werden. Der Weg lohnt allemal und endet an einem herrlichen, von schroffen Felsen umrahmten Strand. Unter improvisierten Palmendächern kann man ein kühles Getränk mit Blick auf das vorgelagerte Inselchen Anak Ewok und weitere kleine Strände genießen. Die Surfbedingungen sind (meist) optimal – sowohl für Anfänger als auch für Fortgeschrittene. Selbst zum (Sonnen-)Baden ist dieser Strand wunderbar geeignet.

„Sicherheitsgebühr" 10.000 IDR/Auto, 5000 IDR/Motorrad. Parkgebühr 10.000 IDR/Auto, 5000 IDR/Motorrad. Einheimische verkaufen oft auch Softdrinks aus Kühlboxen oder Kaffee aus Thermosflaschen.

Selong Blanak: Auf der Hauptstraße nach dem Abzweig Richtung Mawi weiter an der Küste entlang, ist es nicht mehr weit zum langen, flach ins Meer abfallenden Puderzuckerstrand von Selong Blanak. Diesen teilt man sich – jedenfalls am Wochenende – mit den Einheimischen, doch bei der Weite dieser Bucht findet sich so gut wie immer ein stilles Plätzchen. Herrliches Badevergnügen ist garantiert. Direkt an der Anfahrt zum Strand versorgt ein Café bis 17 Uhr die Besucher mit etwas teureren, dafür kreativ zubereiteten und hübsch angerichteten Essenskreationen. Bisher werden nur hier Sonnenschirme und Liegen vermietet, ansonsten ist der noch jungfräuliche Strand schattenlos. Auch hier wird hin und wieder eine Parkgebühr verlangt.

Wer sich die holprige Piste entlang der Küste ersparen möchte, kommt seit Ende 2011 auch über die neu ausgebaute Straße, die von Penujak zur Küste führt, zum Strand von Selong Blanak. Ab Kuta ist dies zwar eine Verdopplung der Strecke. Doch aufgrund der hervorragenden Straßenverhältnisse lässt sich der Weg in ca. 1 Std. bewältigen.

Strände östlich von Kuta

Hier kommen insbesondere Surfer voll auf ihre Kosten! Alle Ziele sind über relativ gute Straßen bei Weitem einfacher zu erreichen als die Strände im Westen.

Pantai Seger: Dieser Strand mit seinem herben Charme ist über einen 2 km langen Fußmarsch von Kuta aus erreichbar. Von den majestätischen, dunklen Felsen, die diese pittoreske Bucht umrahmen, soll sich die Königstochter Mandalika in die tosenden Fluten gestürzt haben, um einen Krieg um ihre Hand zu verhindern (→ S. 493). Heute kommen bei guten Windbedingungen in erster Linie Surfer hierher – wenn nicht gerade das einmal im Jahr stattfindende Bau-Nyale-Fest abgehalten wird (→ S. 493).

Tanjung Aan: Die hübsche, u-förmige Bucht ca. 5 km von Kuta bietet gleich mehrere wunderschöne Bademöglichkeiten. Strahlend weißer Sand und türkisblaues, klares Meer sind nur zwei Gründe für seine Beliebtheit! Hierher verschlägt es immer wieder viele Tagesausflügler – eigentlich kein Problem, so zieht man einfach ein paar Meter zur einsamen Strandmitte weiter.

An den beiden Parkplätzen, die am westlichen und östlichen Ende der Bucht liegen, wird eine Parkgebühr von 5000 IDR/Auto bzw. 3000 IDR/Motorrad verlangt. Hier verkaufen Einheimische auch einfache Speisen, Getränke und Souvenirs.

Die Bucht von Gerupuk ist nicht nur Spielplatz für Surfer

Gerupuk: Noch einmal ca. 2,5 km weiter auf der Hauptstraße liegt das Fischerdörfchen, das ein großer Anlaufpunkt für Surfbegeisterte ist. Aufgrund seiner geschützten Lage herrschen hier ganzjährig hervorragende Surfbedingungen – an mindestens einem der fünf Surf Breaks. Und so lassen sich die Wellenreiter von den Fischern einfach zu einem davon hinausfahren (ca. 100.000 IDR/Boot für ca. 2–3 Std.). Ganz nebenbei können hier auch Schnorchler glücklich werden.

Surfen Gerupuk Surf organisiert Surfausflüge, repariert und verleiht Bretter und bringt Anfängern das Surfen bei (mind. 2 Pers., ab 150.000 IDR/Pers.). Vor Edo's Surf Café.

Essen & Trinken Kleine Warungs versorgen die Reisenden, z. B. Edo's Surf Café, wo man sich kleine Gerichte oder große Burger einverleibt und den Fischern am Strand zusieht. Surfbrettverleih.

Übernachten Lakuen. Von den Veranden der 5 geräumigen Steinbungalows blickt man über einen gepflegten Garten direkt aufs Meer. Alle Bauten kombinieren traditionelle Architektur mit modernem Komfort und sind mit Heißwasser, TV mit DVD-Player

sowie AC ausgestattet. Ein Pool mit Sonnenliegen und ein Restaurant stehen für die Gäste bereit. DZ 500.000 IDR. ✆ 081/74704161, 087/865653232 (mobil), www.lakuen.net.

Spear Villa. Ansprechende, moderne Zimmer, die auf einen schmalen Pool blicken. Komplett eingerichtet mit TV und DVD-Player, breiten Betten und sauberen Bädern. DZ 350.000 IDR. gerupukvilla@yahoo.com.

Edo Homestay. Wer wenig Ansprüche hat, kann Edo nach den kleinen, einfachen Zimmern mit Fan vor Edo's Surf Café fragen und diese mit etwas Glück günstig mieten. DZ um 120.000 IDR. ✆ 081/803710521 (mobil).

Bumbang: Dieses weitere Kleinod liegt nur etwa eine halbe Stunde mit dem Auto von Gerupuk entfernt. Folgen Sie der Straße nach Awang, bis nach ca. 6 km ein buntes Schild auf das nagelneue Bumbangku Resort aufmerksam macht. Die Straße ist schlecht und holprig, soll aber im Laufe des Jahres 2012 ausgebessert werden. Bequemer ist sicherlich die Anfahrt mit dem Boot ab Gerupuk. Am Zielort erwartet den Besucher eine herrliche Bucht mit goldgelbem Sand und einem genialen Surf Break in nur 200 m Entfernung.

Boot ab Gerupuk Für 2 Pers. 150.000 IDR (Dauer knapp 20 Min.), vorher über das

Bumbangku Resort reservieren.

Übernachten **Bumbangku Resort.** Wer den beschwerlichen Weg hinter sich gebracht hat, kann in diesem 4 ha großen Resort erst mal durchatmen und entspannen. Die grasgedeckten Bambushütten bieten zum Meerblick Robinson-Feeling! Die Bungalows sind sehr einfach und gemütlich mit Bambusmöbeln, Bambuswänden und Open-Air-Bädern, manche mit indonesischem Mandi und Hockklo ausgestattet. Neue AC-Zimmer aus Stein, mit großen Kühlschränken, LCD-TV und Leselampen bieten allen Unterschlupf, die etwas mehr Luxus benötigen. Im offenen Restaurant wird frisches Seafood zu angenehmen Preisen serviert. Auch an die Freizeitgestaltung wurde gedacht: Beachvolleyball, eine kleine Bibliothek, Liegestühle in grasgedeckten Pavillons – alles ist vorhanden. Angelausrüstungen, Boote und sogar Autos können gemietet, Ausflüge organisiert und Kochkurse belegt werden. Abholung von nahezu allen Touristenzentren auf Lombok möglich (z. B. Flughafen 250.000 IDR, Lembar 400.000 IDR, Gerupuk 75.000 IDR, max. 4 Pers.). Bungalow je nach Saison 350.000–750.000 IDR, Hochsaisonaufschlag 100.000 IDR. ✆ 0370/620833, 081/907871311, 085/237176168 (mobil), www.bumbangkulombok.com.

Awang: Ein kleines Fischerdorf, in dessen Nähe auch Seegrasanbau betrieben wird, ist über die Straße nordöstlich vor Tanjung Aan zu erreichen. Von hier aus kann man ein Boot nach Ekas chartern (ca. 100.000–150.000 IDR).

Ekas: Bei der kleinen Siedlung von Fischern und Seegrasfarmern liegt ein weiterer Himmel für Surfer, aber auch Schnorchler und Taucher werden hier fündig. Die einzigen Unterkünfte sind die von Neuseeländern betriebenen Resorts Heaven on Planet und das neuere Ocean Heaven. Wer ein Paket bucht, wird überall in Lombok abgeholt. Wer mit dem eigenen Auto anreist, sollte sich auf eine holprige Schlagloch-piste gefasst machen, die wirklich nur mit geländetauglichen Fahrzeugen zu meistern ist. Zur Trockenzeit kommt man auch über den Landweg, der östlich von Keruak nach Süden abzweigt, nach Ekas. Wer allerdings nicht hier übernachten, sondern nur den Tag verbringen möchte oder gar einfach eine Erfrischung im Restaurant zu sich nehmen will, sei gewarnt: Mehrere Einheimische berichteten uns von rüden Umgangsformen gegenüber Nichtgästen, die im Rauswurf endeten.

Übernachten **Heaven on Planet.** Hat man das Resort erst einmal erreicht, ist man wirklich im Himmel angekommen. Von den unterschiedlichen Villen und Bungalows hat man eine umwerfende Sicht über die steile Klippe aufs Meer inkl. Surfpoints. Auch kleine Hüttchen mit Gemeinschaftsbad stehen zur Verfügung. Am besten, man bucht ein Paket, in dem u. a. die Abholung, drei Mahlzeiten, Massagen, Schnorchel- und Windsurfequipment sowie einige Ausflüge enthalten sind. Alle anderen müssen etwas Glück haben, um überhaupt ein Zimmer zu bekommen, und zudem mind. zwei Tage bleiben – aber das ist wohl das kleinste Problem. Tauchgänge, Tagesausflüge, Surfkurse und Bootstouren werden organisiert, Surfer können mit dem resorteigenen Boot zu den Breaks hinausfahren, und zwei hübsche Strände sind in Laufweite. Das Restaurant serviert hochwertige indonesische und westliche Gerichte, darunter eine große Auswahl an leckeren veganen und vegetarischen Speisen. Ein Spa und ein kleiner Pool sind vorhanden. Was will man mehr? Paket (unter 10 Tage) im Bungalow 150 AU$/Pers. und Tag, Reef Palace mit eigenem Pool 225 AU$/Pers. und Tag. Ab 10 Tage gibt es einen spürbaren Rabatt. Die Einzelbelegung ist ca. 50 % teurer. Kleines Cottage mit Gemeinschaftsbad (ohne Paket) 35 AU$ plus 15 % Tax. Nov. geschlossen. ✆ 081/237974846, 081/23751103 (mobil), www.heaventheplanet.co.nz.

Ocean Heaven. Über der Küste oder direkt am herrlichen Strand liegen im Schatten von Kokospalmen 5 Bungalows. Alle aus Naturmaterialien gebaut, mit großer Veranda und grandiosen Ausblicken. Ein Restaurant mit Bar sorgt für das leibliche Wohl der Gäste, ein wirklich schöner Pool für die nötige Abkühlung. Preise, Service und Inhalt der Pakete sind mit denen im Heaven on the Planet zu vergleichen: In der Hauptsaison Paket 140 AU$, ohne Paket 65–85 AU$, jeweils plus 21 % Tax. Ende Dez. bis Anfang April geschlossen. ✆ 081/237974846 (mobil), www.oceanheaven.co.nz.

Literatur

Deutschsprachige Reiseliteratur

Abt, Otto: **Das Ramayana: Botschaft der Hoffnung und Freude.** Horlemann (2003) und Abt, Otto: **Von Liebe und Macht. Das Mahabharata.** Horlemann (2001). Die beiden, für das Verständnis der balinesischen Kultur wichtigen und in Statuen, Malerei und Tanz- wie Schattentheater allgegenwärtigen Mythen wurden von Otto Abt in die deutsche Sprache übersetzt und in die Prosaform übertragen. Lesenswert, unterhaltsam und vor allem verständlich.

Baum, Vicki: **Liebe und Tod auf Bali.** Kiepenheuer & Witsch (2007). Nicht zu unrecht seit Jahrzehnten ein Besteller wenn es um Literatur über Bali geht. Vor dem Hintergrund der Ereignisse um den Puputan werden die Schicksale verschiedenster Menschen – vom Bauern über die Tänzerin bis hin zum Herrscher – in poetischer Sprache dargelegt.

Barley, Nigel: **Der Löwe von Singapur: Eine fernöstliche Reise auf den Spuren von Thomas Stamford Raffles.** Klett-Cotta (1996). Auf der Suche nach der Wahrheit über Stamford Raffles verschlägt es den Ethnologen Nigel Barley nach Bali – wenn auch nur am Rande der Erzählung. Wie alle Bücher Barleys eine gelungene Mischung aus Information, Recherche, Sarkasmus und Witz.

Bindemann, Rolf; Bischof, Alex; Greven; Jochen Leitess, Lucien: **Reise nach Bali: Kulturkompass fürs Handgepäck.** Unionsverlag; (2007). Interessante und witzige Anekdoten, Ausschnitte und Aufsätze bringen die Insel auch völlig Fremden näher.

Blank, Stefan: **Bali mittendrin: Notizen aus der Poppies Lane.** Schardt; (2010). Kurzweilig, unterhaltend und amüsant beschreibt Blank die Erlebnisse und Missgeschicke des deutschen Travellers Michael auf Bali.

Dreesen, Walter und Beermann, Freddy: **Märchen aus Bali.** Wede (1947) und Hooykaas, Jacoba **Märchen aus Bali.** Die Waage (1963). Zwei großartige Märchensammlung, die dem Leser die Kultur der Insel mal auf anderen Wege nahebringen. Leider nur noch antiquarisch erhältlich.

Drüke, Milda: Ratu Pedanda: **Reise ins Licht – bei einem Hohepriester auf Bali.**

Malik NG (2006). Die Autorin beschreibt detailliert ihre Zeit bei einem balinesischen Hohenpriester der ihr die Ehre zuteil werden ließ, ein ganzes Jahr bei ihm zu leben, ihn zu fotografieren und seine Arbeit festzuhalten. So lässt sie den Leser an ihren gewonnenen Eindrücken teilhaben und vermittelt einen immer subjektiven aber intensiven Einblick ins balinesische Leben.

Flint, Shaimi: **Der Mann, der zweimal starb: Inspektor Singh ermittelt auf Bali.** Spannend ermittelt der Detektiv aus Singapur auf der indonesischen Insel vor dem Hintergrund der Bombenattentate in Kuta. Empfehlenswert für Krimi- und Asienfans.

Gilbert, Elizabeth: **Eat Pray Love: Eine Frau auf der Suche nach allem quer durch Italien, Indien und Indonesien.** DER Bestseller der letzten Jahre! Anrührend und Stellenweise durchdrungen von Selbstmitleid lässt Elisabeth Gilbert den Leser am Selbstfindungstrip ihrer Protagonistin teilhaben. Dieser führt Liz nach Etappen in Italien (Eat), Indien (Pray) schließlich auch nach Bali und sorgte dort für einen Hype – besonders in Ubud (siehe auch Kasten S. 240).

Hommel, Hoger: **Witwentröster und lila Pudel: Asiatische Momente – oder was passiert, wenn die Götter zu selten auf die Erde kommen.** Conbook Medien; (2010) Ein richtig schönes Buch für Liebhaber von Reiseliteratur und ehrlichen Geschichten über Asien. Natürlich widmet Hommel auch Bali ein entsprechendes Kapitel. Witzig, unterhaltsam und dabei immer informativ ohne zu belehren.

Link, Manolo: **Ein neues Leben auf Bali: Insel der Götter.** Wiesenburg; (2010). Bali bildet hier die Hintergrundkulisse für diese Geschichte um Verlust, Trauer und Hoffnung in der der Ich-Erzähler die Urne seiner verstorbenen Frau auf die Insel der Götter bringt um ihren letzten Wunsch zu erfüllen.

Oka Rusmini: **Erdentanz. Roman aus Bali.** Horlemann; (2007). Die balinesische Schriftstellerin beschreibt in ihrem Buch das Schicksal ihrer weiblichen Protagonistinnen über drei Generationen. Mal anrührend, mal trocken doch dabei immer informativ und absolut lesenswert. Ein Buch nicht nur für Frauen.

Englischsprachige Reiseliteratur:

Barley, Nigel: **Island of Demons**. Monsoon Books (2010). Das neue Buch des herrlich sarkastischen Ethnologen befasst sich mit der Legende Walter Spies ... manch einer würde auch sagen: wahrscheinlich eher mit der Dekonstruktion dieser Legende. Bisher leider nur auf Englisch erschienen.

Die folgenden drei Bücher handeln über inhaftierte mutmaßlichen Drogenhändler (die ersten beiden sogar von dem selben Mädchen) und deren Zeit im Gefängnis von Kerobokan: Corby,Schapelle und Bonella, Kathryn: **No More Tomorrows**: The Compelling True Story of an Innocent Woman Sentenced to Twenty Years in a Hellhole Bali Prison. Mainstream Pub Co (2008) / Bonella, Kathryn : **Hotel K: The Shocking Inside Story of Bali's Most Notorious Jail.** Quercus Publishing Plc; Trade Paperback. (3. Februar 2011)/Wockner, Cindy und King, Madonna: **Bali 9: The Untold Story**. Harper Collins Publishers (2008.

Sprache

Krause, Erich-Dieter: **Lehrbuch der indonesischen Sprache**. Dickes, ausführliches Lehrbuch für alle die es ernst meinen und genügend Ausdauer mitbringen. Vom selben Herausgeber sind noch das Gesprächsbuch und ein Wörterbuch erschienen.

Für alle Fälle gewappnet ist man mit den folgenden drei Minisprachführern: Roseno, Bambang: **ReiseWortSchatz, Indonesisch**. Reise Know-How Verlag, Bielefeld (2001).

Spritzig, Günter: **Kauderwelsch, Balinesisch Wort für Wort**. Reise Know-How Verlag Rump; (2004). Zu diesem Titel ist auch ein gleichnamiger Aussprachetrainer erhältlich.

Urban, Gunda: **Kauderwelsch, Indonesisch Wort für Wort**. Reise Know-How Verlag, Bielefeld; (2009). Zu diesem Titel ist auch ein gleichnamiger Aussprachetrainer erhältlich.

Sachbüchrer/Hintergrund

Covarrubias, Miguel, Adrian Vickers: **Island of Bali** (Periplus Classics). Periplus ed (2008). Die Neuauflage des Klassikers von 1930 zählt immer noch zu den wichtigsten Werken über Bali. Hier bekommt man eine Fülle von Hintergrundinformationen, tiefe Einblicke in Kultur und Gesellschaft, ergänzt von herrlichen schwarz-weiß Fotos.

David, Bettina: **KulturSchock Indonesien**. Reise Know-How Verlag Rump (2010). Auf amüsante Weise werden dem Leser die großen wie die kleinen Unterschiede zwischen Indonesien und der westlichen Welt vermittelt.

Bali: **Sekala & Niskala: Essays on Religion, Ritual, and Art**. Informative Aufsätze für alle die wirklich tief in die Kultur Balis eintauchen wollen.

Uhlig, Helmut: **Leben mit Göttern. Feste auf Bali**. DA, (1995). Ein Fest der Bilder und der Informationen.

Vickers, Adrian: **Bali. Ein Paradies wird erfunden**. Reise Know-How Verlag, Bielefeld. Lesenswertes, sehr gut geschriebenes Buch voller Hintergrundinfos.

Kochbücher

Für alle die sich ein Stück Bali in die heimische Küche holen wollen empfehlen wir folgende Kochbücher:

Donhauser, Rose Marie: **Balinesisch kochen**

Holzen, Heinz von: **Die Küche Balis - Originalrezepte und kulinarische Kultur von der „Insel der Götter"**

Hutton, Wendy (Hg): **The Food of Bali**

Noni Siauw, Britta Rath: **Essen wie im Paradies. Die Küche auf Bali und Java**.

Der Affengeneral Hanuman ist nur einer der Helden des Ramayana

Etwas Indonesisch

Aussprache

Die meisten Buchstaben werden wie im Deutschen ausgesprochen. Lediglich die folgenden weichen davon ab:

aa, ae,		**k**	wie im Deutschen ausgesprochen, nur am Wortende als Knacklaut (für Deutsche nicht ganz leicht)
ue	werden getrennt ausgesprochen		
ai	wird wie das deutsche „ei" ausgesprochen		
		ngg	sowohl „n" als auch „g" hörbar wie im deutschen „Angabe" (einfaches „ng" dagegen wie im deutschen „Schlange")
c	wird „tsch" ausgesprochen wie im deutschen „Rutsch"		
e	je nach Stellung als unbetontes „e" wie im deutschen „Gurke" oder als betontes „e" wie im deutschen „Rest", in anderen Positionen auch gerundet als „ö".	**r**	wird gerollt ausgesprochen (Zungenspitzen-r)
		w	wie im englischen „window"
		y	wie das deutsche „j" in „Jürgen"
h	am Wortanfang wie im Deutschen, am Wortende nur leicht aspiriert	**z**	stimmhaftes „s" wie in „Wesen"
j	wie „dj" in „Dschungel"		

Die Betonung erfolgt in der Regel auf der vorletzten Silbe. Endet diese auf ein reduziertes „e", wird die letzte Silbe betont.

Anrede und Pronomen

Männer werden gerne mit **pak** bzw. **bapak** (wörtlich „Vater"), Frauen mit **ibu** („Mutter") angesprochen. Wenn Sie jemanden nicht kennen, können Sie entweder eine dieser beiden Anredeformen verwenden, oder Sie benutzen die geschlechtsneutrale Höflichkeitsform **anda,** die etwa dem deutschen „Sie" entspricht. Vertrautere Personen spricht man – ebenfalls geschlechtsneutral – mit **kamu** an. Für die Pronomen gilt insgesamt Folgendes:

ich – mein	*saya*	wir – uns	
du – dein		(ohne den Angesprochenen)	*kami*
(für vertraute Personen)	*kamu*	ihr – euer	*kalian*
er – sein, sie – ihr	*dia*	sie – ihr	*mereka*
wir – unser		Sie (höfliche Anrede)	*anda*
(inklusive Angesprochenen)	*kita*		

Höflichkeit

ja	*ya*	z. B. Bitte setzten	
nein	*tidak*	Sie sich!	*Silakan duduk!*
vielleicht	*munkin*	bitte (bittend)	*tolong*
danke	*terima kasih*	z. B. Bitte helfen Sie mir!	
Herzlichen Dank!	*Terima kasih banyak!*		*Tolong bantu saya!*
bitte (auffordernd)	*silakan*	Sorry!	*Sorry!*
		Entschuldigung	*Ma'af*

Entschuldigen Sie bitte vielmals	*Saya mohon ma'af*	Was?	*Apa?*
		Achtung!	*Awas!*
Entschuldigung, wie bitte?	*Ma'af, bagaimana?*	Vorsicht!	*Hati-Hati!*

Hallo und Tschüß

Hallo	*Helo*	Wie geht's (Ihnen/dir)?	*Apa kabar (anda/kamu)?*
Herzlich willkommen	*Selamat datang*		
Guten Morgen (Sonnenaufgang bis 11 Uhr)	*Selamat pagi*	Danke, gut	*Kabar baik, terima kasih*
		...sehr gut	*baik baik saja*
Guten Tag (ca. 11–15 Uhr)	*Selamat siang*	Auf Wiedersehen (zum Gehenden)	*Selamat jalan*
Guten Tag (15 Uhr bis Sonnenuntergang)	*Selamat sore!*	Auf Wiedersehen (zum Bleibenden)	*Selamat tinggal*
Gute Nacht	*Selamat malam*	Bis bald	*Sampai jumpa lagi*
Schlaf gut	*Selamat tidur*	Bis später	*Sampai jumpa nanti*

Zahlen

0	*nol/kosong*	12	*dua belas*	500	*lima ratus*
1	*satu*	..	*...*	1000	*seribu*
2	*dua*	19	*sembilan belas*	5000	*lima ribu*
3	*tiga*	20	*dua puluh*	10.000	*sepuluh ribu*
4	*empat*	21	*dua puluh satu*	100.000	*seratus ribu*
5	*lima*	22	*dua puluh dua*	500.000	*lima ratus ribu*
6	*enam*	23	*dua puluh tiga*	1.000.000	*sejutah*
7	*tujuh*	...	...	Zahlenbeispiele:	
8	*delapan*	30	*tiga puluh*	153 ·	*seratus lima puluh tiga*
9	*sembilan*	40	*empat puluh*		
10	*sepuluh*	50	*lima puluh*	1783	*seribu tujuh ratus delapan puluh tiga*
11	*sebelas*	...	...		
10	*sepuluh*	90	*sembilan puluh*	500.300	*lima ratus ribu tiga ratus*
11	*sebelas*	100	*seratus*		

Kennenlernen

Sprechen Sie/ sprichst du	*Apa anda/ kamu berbicara*	Wie heißen Sie/ heißt du?	*Siapa nama anda/ kamu?*
... Indonesisch?	*... bahasa indonesia?*	Ich heiße ...	*Nama saya ...*
... Englisch?	*... bahasa inggris?*	Ich freue mich, Sie/dich kennenzulernen	*Saya senang perkenalan dengan anda/kamu*
...Deutsch?	*... bahasa jerman?*		
Ich spreche nur nur wenig Indonesich	*Saya hanja berbicara sedikit bahasa indonesia*	Wie alt bist du?	*Umur berapa kamu?*
		Ich bin (28 Jahre) alt	*Saya (dua puluh delapan) tahun*
Ich verstehe nicht	*Saya tidak mengerti*	Ich habe keine Zeit	*Saya tidak punya waktu*

Haben und Wollen

Ich will/möchte	*Saya mau*	Das gefällt mir nicht	*saya kurang suka ini*
Ich möchte nicht	*Saya tidak mau*	Ich brauche	*Saya perlu …*
Nein, danke!	*Tidak, terima kasih!*	Ich suche	*Saya cari …*
Kann ich bitte … haben/bestellen? (sehr höflich)	*Boleh saya minta …*	Gibt es …?	*Ada …*
		Nein, es gibt kein (Wasser)	*Tidak ada (aqua)*
Ich möchte (einen Kaffee) bestellen	*Saya mau pesan (satu kopi)*	Ya, ada	*Ja, gibt es*
Das gefällt mir	*Saya suka ini*	Wo gibt es …?	*Di mana ada …?*

Fragewörter

Wo	*di mana*	Was	*apa*
Wohin	*ke mana*	Welcher/welches	*yang mana*
Woher	*dari mana*	Wer	*siapa*
Wie viel	*berapa*	Wie lange?	*berapa lama*
Warum	*kenapa*	Wann	*kapan*
Wie	*bagaimana*		

Zeit

Wie spät ist es jetzt?	*Jam berapa sekarang?*	Tag	*hari*
jetzt	*sekarang*	Woche	*minggu*
später	*nanti*	Monat	*bulan*
heute	*hari ini*	Jahr	*tahun*
gestern	*kemarin*	Feiertag	*hari raya*
morgen	*besok*		

Einkaufen und Essen

offen/geschlossen	*buka/tutup*	Geht das billiger?	*Bisa harganya dikurangin?*
verboten	*dilarang*		
groß/klein	*besar/kecil*	Ich habe Hunger/Durst	*Saya lapar/haus*
kalt/warm	*dingin/panas*	Das Essen schmeckt (sehr) gut	*Makanan enak (sekali)*
schön	*indah*	Guten Appetit!	*Selamat makan!*
kaputt	*rusak*	Bitte nicht scharf	*Tolong jangan pedas*
gut	*baik/bagus*	Bitte ohne Eis	*Tidak pakai es*
schlecht	*kurang baik*	Ich möchte zahlen	*Saya mau bayar*
besser	*lebih baik*	Die Rechnung bitte	*Minta bon*
schnell/langsam	*cepat/ pelan*	Behalten Sie den Rest	*Ambil kembalian*
billig/teuer	*murah/mahal*	Darf ich fotografieren?	*Boleh saya memotret?*
zu teuer	*terlalu mahal*		

Notfall und Krankheit

Hilfe!	*Tolong!*	… Zahnschmerzen	*… sakit gigi*
Bitte helfen Sie mir!	*Tolong bantu saya!*	Wo ist ein Krankenhaus/Doktor?	*Di mana ada rumah sakit/dokter?*
Ich bin krank	*Saya sakit*	Zahnarzt	*dokter gigi*
Kopfschmerzen	*pusing*	Notfall	*darurat*
Ich habe Fieber	*Saya demam*	Medizin	*obat*
… Husten	*… batuk*	Apotheke	*apotik*
… Grippe/Erkältung	*… inpluensa/flu*		
… Durchfall	*… menceret/diare*		

Unterwegs/Übernachten/Auto

Wo willst du hin?	*Mau ke mana?*	… für eine Nacht	*… untuk satu malam*
Ich will nach …	*Saya mau ke …*	Wie viel kostet das Zimmer?	*Berapa harga kamar ini?*
Wie lange dauert es bis …?	*Berapa lama ke …?*	… inklusive Frühstück?	*Dengan makan pagi?*
Zwei Tickets nach … und zurück	*Dua ticket ke … dan kembali*	Ich möchte das Zimmer vorher sehen	*Saya mau lihat kamar dulu*
Bitte nach links/ rechts abbiegen	*Tolong belok kiri/kanan*	Auto/Motorrad	*mobil/sepada motor*
Bitte anhalten!	*Tolong berhenti!*	Ich möchte ein Auto mieten	*Saya mau menyewa mobil*
Haben Sie ein freies Zimmer?	*Ada kamar kosong?*	Tankstelle	*setasioun bensin*
… für zwei Personen	*… untuk dua orang*	Werkstatt	*bengkel*
… mit Klimaanlage	*… dengang AC*	Ölwechsel	*ganti oli*

Indonesisch – Deutsch

air terjun	Wasserfall	*jalan*	Straße	*puksemas*	öffentliches Krankenhaus
bandar udara	Flughafen	*kantor*	Amt/Büro		
bale	offener Pavillon, Gebäude (Bali)	*kota*	Stadt	*pulau*	Insel
		labuhan	Hafen	*pura*	Tempel
beruga	offener (Strand-) Pavillon (Lombok)	*losmen*	kleines Hotel	*puri*	Palast
		meru	Tempelschrein	*subak*	Reisgenossenschaft
desa	Dorf	*nusa*	Insel	*taman*	Park
danau	See	*pantai*	Strand	*teluk*	Bucht
gili	Insel (Lombok)	*pasar*	Markt	*toko*	Geschäft
goa	Höhle	*perahu*	traditonelles Ausleger-Boot	*tirtha*	heiliges Wasser
gunung	Berg			*warung*	kleines Restaurant

Botschaften und Konsulate

Indonesische Botschaften und Konsulate in Deutschland

Indonesische Botschaft Berlin: Botschaft der Republik Indonesien, Lehrter Str. 16-17, 10557 Berlin, ✆ 030/478070, 📠 030/44737142, http://botschaft-indonesien.de. Konsular- und Visaabteilung: Mo–Do 09–12.30 und 14.30–15.30 Uhr, Fr 9–12 Uhr.

Generalkonsulat der Republik Indonesien Frankfurt am Main: Zeppelinallee 23, 60325 Frankfurt am Main, Tel.069/2470980, 📠 069/24709840, www.indonesia-frankfurt.de.

Hamburg: Bebelallee 15, 22299 Hamburg, ✆ 040/512071, 📠 5117531, www.kjrihamburg.de.

Honorarkonsulate der Republik Indonesien Bremen: Herr Friedrich Lürssen, Zum Alten Speicher 11, 28759 Bremen, ✆ 0421/660400, 0421/6604322, Fax: 0421-6604300. Zuständig

für den Konsularbezirk Hansestadt Bremen. **Hannover:** Herr Günter Karl Willi Nerlich, Friedrichswall 10, 30159 Hannover, Tel. : 0511/3612150, 📠 0511/3618668. Zuständig für den Konsularbezirk Land Niedersachsen. **Kiel:** Dr. Dieter Murmann, Brauner Berg 15, 24159 Kiel, ✆ 0431/394020, Fax: 0431/394025. Zuständig für den Konsularbezirk Land Schleswig-Holstein. **München:** Herr Wolfgang Schoeller, Widenmayerstraße 24, 80538 München, ✆/📠 089/292126. Zuständig für den Konsularbezirk Freistaat Bayern. **Baden-Baden:** Herr Karlheinz Kögel: ✆ 07221/366511, Frau Albrecht: ✆ 07221/366666, Medien Centrum, Augusta Platz 8, 76530 Baden-Baden, Zuständig für den Konsularbezirk Baden Württemberg und Saarland.

Indonesische Botschaften und Konsulate in Österreich

Indonesische Botschaft Wien: Botschaft der Republik Indonesien, Gustav Tschermakgasse 5-7, 1180 Wien, Österreich, ✆ 0043/1476230, 📠 0043/14790557, www.kbriwina.at. Visastelle: Mo–Do 9–12 und Fr 9–12 Uhr (Visaantrag) sowie Mo–Do 13.30–16 Uhr und Fr. 9–12 Uhr (Visaabholung).

Honorarkonsulate der Republik Indonesien Hallein: Mr. Robert Neubauer, Salzburgerstr. 80, 5400 Hallein, Austria, ✆ 0043/6245891346, 📠 0436/245891 589, office@aep-projects.at **Klagenfurt:** Mr. Christian Bradach, Hoffmanng. 15, 9020 Klagenfurt, ✆ 0043/4635 04677, 📠 00434/63504344, http://www.konsul.cc/.

Indonesische Botschaft in der Schweiz

Bern: Botschaft der Republik Indonesien, Elfenauweg 51, 3006 Bern, ✆ 0041/31-3520983, -84,

📠 0041/313516765, www.indonesia-bern.org. Konsular- und Visastelle: Mo–Fr 9–12 Uhr.

Deutsche Vertretungen in Indonesien

Deutsche Botschaft Jakarta: Jl. M.H. Thamrin 1, 10310 Jakarta, ✆ 021/39855000, 📠 021/3901757. www.jakarta.diplo.de. Mo 07.15–15.30 Uhr, Di–Do 07.15–15.45 Uhr, Fr 07.15–13 Uhr, Visastelle: Mo–Fr 7.30–11.30.

Deutsches Honorarkonsulat auf Bali Sanur: Herr Reinhold Jantzen, Jl. Pantai Karang 17, Sanur, Anschrift: P.O.Box 3100, Denpasar 80228, ✆ 0361/288535, 📠 0361/288826, Zuständig für den Amtsbezirk: Bali und Lombok.

Österreichische Vertretungen in Indonesien

Österreichische Botschaft Jakarta: Jalan H. R. Rasuna Said Kav. X/3 N° 1, Jakarta, Jakarta Selatan 12950Postanschrift: P.O.B. 2746, Jakarta Pusat 10001. ✆ 021/2593037, 📠 021/529 20651, Notfallnummer: Mobil 081/1833790 . www.austrian-embassy.or.id. Mo–Do 8-16 Uhr,

Fr 8–14 Uhr. Publikumsverkehr 9–12 Uhr.

Österreichisches Konsulat auf Bali Das **Schweizer Konsulat** vertritt als Verbindungsstelle auf Bali die österreichischen Interessen. Allerdings ist es nicht befugt, österreichische Reisepässe auszustellen.

Schweizer Vertretungen in Indonesien

Schweizer Botschaft Jakarta: Jl.H.R. Rasuna Said, Blok X 3/2, Kuningan, Jakarta-Selatan 12950, ✆ 021/5256061, -5207451, 📠 021/5202289, www.eda.admin.ch/jakarta. Mo–Fr 9–12 Uhr.

Schweizer Konsulat auf Bali Kuta: Kompleks Istana Kuta Galleria (Kuta Central

Park), Blok Valet 2 No 12, Jl. Patih Jelantik, 80361 Kuta. Postadresse, Consulate of Switzerland, P.O. Box 2035, 80361 Kuta/Bali, ✆ 0361/751735, 📠 0361/754457, www.eda.admin.ch/jakarta. Mo–Fr 9–12.30 Uhr.

Abruzzen • Ägypten • Algarve • Allgäu • Allgäuer Alpen *MM-Wandern* • Altmühltal & Fränk. Seenland • Amsterdam *MM-City* • Andalusien • Andalusien *MM-Wandern* • Apulien • Athen & Attika • Australien – der Osten • Azoren • Bali & Lombok • Baltische Länder • Bamberg *MM-City* • Barcelona *MM-City* • Bayerischer Wald • Bayerischer Wald *MM-Wandern* • Berlin *MM-City* • Berlin & Umgebung • Bodensee • Bretagne • Brüssel *MM-City* • Budapest *MM-City* • Bulgarien – Schwarzmeerküste • Chalkidiki • Cilento • Cornwall & Devon • Dresden *MM-City* • Dublin *MM-City* • Comer See • Costa Brava • Costa de la Luz • Côte d'Azur • Cuba • Dolomiten – Südtirol Ost • Dominikanische Republik • Ecuador • Elba • Elsass • Elsass *MM-Wandern* • England • Fehmarn • Franken • Fränkische Schweiz • Fränkische Schweiz *MM-Wandern* • Friaul-Julisch Venetien • Gardasee • Gardasee *MM-Wandern* • Genferseeregion • Golf von Neapel • Gomera • Gomera *MM-Wandern* • Gran Canaria • Graubünden • Griechenland • Griechische Inseln • Hamburg *MM-City* • Harz • Haute-Provence • Havanna *MM-City* • Ibiza • Irland • Island • Istanbul *MM-City* • Istrien • Italien • Italienische Adriaküste • Kalabrien & Basilikata • Kanada – Atlantische Provinzen • Kanada – der Westen • Karpathos • Katalonien • Kefalonia & Ithaka • Köln *MM-City* • Kopenhagen *MM-City* • Korfu • Korsika • Korsika Fernwanderwege *MM-Wandern* • Korsika *MM-Wandern* • Kos • Krakau *MM-City* • Kreta • Kreta *MM-Wandern* • Kroatische Inseln & Küstenstädte • Kykladen • Lago Maggiore • La Palma • La Palma *MM-Wandern* • Languedoc-Roussillon • Lanzarote • Lesbos • Ligurien – Italienische Riviera, Genua, Cinque Terre • Ligurien & Cinque Terre *MM-Wandern* • Liparische Inseln • Lissabon & Umgebung • Lissabon *MM-City* • London *MM-City* • Lübeck *MM-City* • Madeira • Madeira *MM-Wandern* • Madrid *MM-City* • Mainfranken • Mallorca • Mallorca *MM-Wandern* • Malta, Gozo, Comino • Marken • Mecklenburgische Seenplatte • Mecklenburg-Vorpommern • Menorca • Mittel- und Süddalmatien • Mittelitalien • Montenegro • Moskau *MM-City* • München *MM-City* • Münchner Ausflugsberge *MM-Wandern* • Naxos • Neuseeland • New York *MM-City* • Niederlande • Niltal • Nord- u. Mittelgriechenland • Nordkroatien – Zagreb & Kvarner Bucht • Nördliche Sporaden – Skiathos, Skopelos, Alonnisos, Skyros • Nordportugal • Nordspanien • Normandie • Norwegen • Nürnberg, Fürth, Erlangen • Oberbayerische Seen • Oberitalien • Oberitalienische Seen • Odenwald • Ostfriesland & Ostfriesische Inseln • Ostseeküste – Mecklenburg-Vorpommern • Ostseeküste – von Lübeck bis Kiel • Östliche Allgäuer Alpen *MM-Wandern* • Paris *MM-City* • Peloponnes • Pfalz • Pfalz *MM-Wandern* • Piemont & Aostatal • Piemont *MM-Wandern* • Polnische Ostseeküste • Portugal • Prag *MM-City* • Provence & Côte d'Azur • Provence *MM-Wandern* • Rhodos • Rom & Latium • Rom *MM-City* • Rügen, Stralsund, Hiddensee • Rumänien • Rund um Meran *MM-Wandern* • Sächsische Schweiz *MM-Wandern* • Salzburg & Salzkammergut • Samos • Santorini • Sardinien • Sardinien *MM-Wandern* • Schleswig-Holstein – Nordseeküste • Schottland • Schwarzwald Mitte/Nord *MM-Wandern* • Schwäbische Alb • Shanghai *MM-City* • Sinai & Rotes Meer • Sizilien • Sizilien *MM-Wandern* • Slowakei • Slowenien • Spanien • Span. Jakobsweg *MM-Wandern* • St. Petersburg *MM-City* • Südböhmen • Südengland • Südfrankreich • Südmarokko • Südnorwegen • Südschwarzwald • Südschwarzwald *MM-Wandern* • Südschweden • Südtirol • Südtoscana • Südwestfrankreich • Sylt • Teneriffa • Teneriffa *MM-Wandern* • Thassos & Samothraki • Toscana • Toscana *MM-Wandern* • Tschechien • Tunesien • Türkei • Türkei – Lykische Küste • Türkei – Mittelmeerküste • Türkei – Südägäis • Türkische Riviera – Kappadokien • Umbrien • Usedom • Venedig *MM-City* • Venetien • Wachau, Wald- u. Weinviertel • Westböhmen & Bäderdreieck • Warschau *MM-City* • Westliche Allgäuer Alpen und Kleinwalsertal *MM-Wandern* • Westungarn, Budapest, Pécs, Plattensee • Wien *MM-City* • Zakynthos • Zentrale Allgäuer Alpen *MM-Wandern* • Zypern

Register

Lombok

420

Nehmen Sie Platz im „Besten Economy Class Sitz"* der Welt und genießen Sie das „Beste Economy Class Catering"* über den Wolken.

*Im Rahmen der weltweit größten Fluggastbefragung durch „Skytrax" konnte sich Thai Airways 2011 unter den Top 5 der besten Airlines der Welt platzieren und belegte in den Rubriken „Economy Class Sitz" und „Economy Class Catering" den ersten Rang.

I FLY 🌀
THAI

Was haben Sie entdeckt?

Haben Sie eine einen gemütlichen Warung, eine besonders herzliche Unterkunft oder einfach einen tollen Ort entdeckt? Oder hat sich etwas verändert und ist nun gar nicht mehr so wie beschrieben? Wenn Sie Ergänzungen, Verbesserungen oder neue Tipps zum Buch haben, lassen Sie es uns bitte wissen!

Schreiben Sie an: Susanne Beigott u. Otto Braun | Stichwort „Bali & Lombok" | c/o Michael Müller Verlag GmbH | Gerberei 19, D - 91054 Erlangen | susanne.beigott@michael-mueller-verlag.de

Vielen Dank!

Herzlichen Dank an unsere Familien und Freunde für die Unterstützung. An Christine Forster für ihr Engagement und ihre Hilfe, an Peter Ritter für Geduld, Ideenreichtum und Hilfsbereitschaft und an Hana Gundel für durchgearbeitete Wochenenden. Des Weiteren möchten wir allen danken, die uns mit Tipps, Unterstützung, Informationen und guten Gesprächen geholfen und so unsere Recherche erleichtert haben: Ayu und Remco aus Padang Bai, Mr. Banana aus Kuta Lombok, Christina und Karl-Michael Beigott, Maria und Stefanie Beigott, Andela Braun, Corinna Brauer, Alka Chmelová, Inge Croè, Wayan Bob Dinderas, Roland und Toni aus Teresgenit, Claudia Hutter, Astrid Löhner, Jan Michel, Mathilde und Konrad Neuner, Gerald Prell, Werner Schaeffer, Steve, Stefan von Villa Bulan Madu, Britta Sippens und Christa von Blue Water Cruises, Gede Putu Sudarma aus Padang Bai und seiner Familie in Lombok, Helena Winkels, Ruslan Wyriadi, dem Team vom ZSL-Erlangen … und nicht zuletzt an R. P. Cola, O.R. Su und Biker Lilly.

ISBN 978-3-89953-655-3

Aktuelle Infos zu unseren Titeln, Hintergrundgeschichten zu unseren Reisezielen sowie brandneue Tipps erhalten Sie in unserem regelmäßig erscheinenden Newsletter, den Sie im Internet unter **www.michael-mueller-verlag.de** kostenlos abonnieren können.